国家学原理

王海明 著

序　言

我1950年二月初二生于吉林镇赉铁路公寓，4岁搬到农田环绕的小乡镇坦途火车站，一家八口住在铁道西附带半亩菜园子的一间半土房，一直住到18岁。我至今依然记得，还没到入学年龄，我就经常跑到绿树环抱的坦途三完小，趴在教室窗户外听课。1957年，距上学年龄还差一年，我就自己做主到学校报名上学。结果，有一天老师真到我家来了，我远远看到，就飞也似地跑回家洗脸，好给老师一个好印象。1963年我小学毕业，获优秀毕业证书，升入邻校镇赉三中。不论小学还是初中，我的学习成绩总是全班第一。但学得最好的并不是语文和政治，而是数学。当时校长吴国兴教数学，他对我很好奇，因为我小小年纪，竟然重新编写数学教科书，而且一贯不做数学习题，只靠领会原理，但每次考试几乎总是第一。一天吴校长来我们班讨论，他微闭双眼，静静听我们发言。会后，他找我谈话，让我写一下数学学习体会，给全校学生做个报告。我那时只有16岁，报告的题目居然是《我走过的路》。幸好还没有交给校长，那场史无前例的运动就开始了；否则，他看了一定会笑掉大牙。

这场运动不仅要了这位我心中最好的中学校长的命，而且也改变了我的命运。没有它，我或许会成为数学家。然而，当其时也，举国上下，差不多每个人胸前都挂着一个形状犹如心脏的红牌子，牌子上写个"公"或"忠"字。不论挂着"忠"还是"公"的牌子，每个人都必须积极参加"公字化"和"忠字化"运动。

"公字化"运动最重要的内容，就是全国各级单位都必须大轰大嗡开展大立"公"字、大破"私"字、狠斗"我"字、把自己从"我"字中解放出来的"公字化讲用会"。讲用会最流行的话就是大庆人的豪言壮语："离我远一寸，干劲增一份；离我远一丈，干劲无限涨；我字若全忘，刀山火海也敢上。"

"忠字化"主要是"三忠于"和"四无限"运动。每个人必须天天宣誓：永远忠于毛主席和无限热爱毛主席。登峰造极之时，全国人民都要跳忠字舞。当时我还在部队当侦察兵。我们的副团长是战斗英雄，脖子打歪了，胸前弹伤累累，也一边满脸庄严肃穆、笨手笨脚地跳着忠字舞，一边瓮声瓮气、信誓旦旦地唱着“敬爱的毛主席，我们心中的红太阳……”。不但人人必须跳忠字舞，而且人人饭前必须祝福：祝愿毛主席万寿无疆。每个人每天还必须毕恭毕敬站在毛主席像前，向毛主席“早请示”和“晚汇报”，诉说自己的“活思想”。

我自然也必须积极参加这些活动，但内心异常苦闷和困惑，遂决心研究这些问题。但部队没有研究条件，要进行研究和写作必须离开部队。

从1968年一直到今天，45年来，我变成了地地道道的吝啬鬼：吝啬的是时间而不是金钱。我几乎谢绝一切社会交际和亲朋往来而只做四件事：著书立说、锻炼身体、睡觉和应付工作。吾师杨焕章和魏英敏早有警告：如此独往独来，岂不注定前途坎坷多难！诚哉斯言！但我惜时如金，无论如何也要将一切时间都尽可能用到写作上来。著书立说就是我人生的目的和意义，实在比性命还重要：坎坷和磨难又算得了什么？

就这样，到1970年2月复原前夕，写出两篇论文：《反对“公字化”：论个人利益与公共利益的关系》和《反对“忠字化”：论领袖与群众的关系》。到1983年，经过14年的孤注一掷疯狂写作，七易其稿，终于完成了一部80余万字的《新哲学》书稿。1984年，我开始在这部书稿有关“公字化”等道德哲学部分的基础上，撰写《新伦理学》，虽然置一切于不顾，竟然也一直写到2006年11月26日，这部150余万字的书稿才最终完成，历时22年。

接着，我运用《新理论学》关于国家制度道德原则——亦即国家制度根本价值标准“公正与平等”和国家制度最高价值标准“人道与自由”以及国家制度终极价值标准“增减每个人利益总量”——理论，在《新哲学》书稿有关“忠字化”等政治哲学部分的基础上，撰写我40年来一直关注、思考和研究的国家理论。2012年6月29日，在海南琼海官塘“忘机轩”书房，完成了142万字的《国家学》，送交中国社会科学出版社出版。是日也，雨过天晴，恰有彩虹高悬，瞬间消散。当此风云变幻之际，不禁思绪万千。

《国家学》完稿后，我已疲惫不堪。妻子孙英怕我累死，让我到漳州悠哉游哉修养几年。于是2012年11月，退休前夕，我接受闽南师范大学聘请，告别了我万分眷恋的北京大学图书馆、颐和园和圆明园，来到漳州。每天上午，我大都在家里撰写《中国论》和修改《国家学》。略有倦意，便走到房顶，观赏我喂养的兔子和鸡，鸡兔同笼，见我走来，各呈天真，很是有趣。下午几乎都去九龙江畔游泳和种地。滔滔大江，逆流而上，顺流而归，虽六十有四，却仍健壮如鱼龙戏水，何等快活！上岸耕耘，眼见菜蔬日长，生机盎然，不禁情怀舒畅，偶有陶渊明当年之感慨:“善万物之得时,感吾生之行休。”

就这样亦耕亦读一年左右,完成了《国家学》修改,并按照教材体例,简化为《国家学原理》。所以,《国家学原理》的写作算起来不过六年,却是四十余年思考和研究的结果。不过,写作《国家学》之初,我并没有想写国家问题。因为我撰写的核心问题始终是“忠字化”和“公字化”所关涉的专制主义与共产主义。2007年正式动笔写作时,我依然深信马克思的国家理论:国家就是阶级压迫的工具,因而共产主义没有国家。这意味着:对共产主义的研究在国家学之外。可是,我很快就认识到,人类在任何情况下都因其必然结成社会而必然存在权力和最高权力,必然存在拥有最高权力的社会,因而必然存在国家:国家就是拥有最高权力的社会。因此,国家从来就有并将永远存在而不可能消亡,国家只能随着社会发展和阶级生灭而不断转型:已由原始社会无阶级的部落国家,转型为阶级社会的阶级国家;已由公元前一千年多达一百万个国家,转型为今日一百多个国家,势必将由这一百多个阶级国家,在全球化过程中,转型为只拥有一个主权和一个政府的世界大同的无阶级的共产主义的全球国家。

这样一来,共产主义就属于国家学的研究对象了。诚然,在科学领域,似乎并没有国家学,更没有国家学的研究机构和学校课程。但是,国家学作为一门科学,早在古希腊时代就已经创立。它的奠基之作,就是柏拉图的《理想国》:国家学就是关于理想的、优良的、正义的、应该的、好的国家制度及其实现条件的科学。自苏格拉底、柏拉图和亚里士多德以降,两千五百年来,国家理论研究的核心问题,一直是国家制度好坏的价值问题,一直是好的优良的理想的国家制度及其实现条件问题。这个问题,自柏拉图《理想国》以来,又一直具体表现为两方面。一方面是,以执掌最高权力的公民人数(或政体)为划分根据的诸种国家制度——民主共和与寡头共和以及有限君主制与专制君主制——究竟何者堪称优良?另一方面,以生产资料所有制(或经济形态)为划分根据的诸种国家制度——原始公有制、奴隶制、封建制、资本主义、社会主义和共产主义——究竟何者堪称优良?我的研究的结论是:

首先,就各种国家制度的自身内在价值来说。只有普选制民主与共产主义制度是好国家制度;而其他任何国家制度都是坏国家制度。因为国家制度好坏,根本说来,取决于有无权力垄断:权力垄断是剥削和压迫的根源。哪里有权力垄断,哪里分为无权群体与有权群体,哪里就必定存在压迫与剥削:垄断权力的群体必定压迫和剥削无权群体。准此观之,一方面,唯有普选制民主是所有国民完全平等地共同执掌国家最高权力，从而不但消除了政治权力垄断及其必然导致的剥削和压迫，而且完全符合国家制度价值标准——国家制度根本价值标准"公正与平等"和国家制度最高价值标准"人道与自由"以及国家制度终极价值标准"增减每个人利益总量"——因而是唯一好的国家制度；而限选制民主和非民主制（寡头共和与有限君主制以及君主专制）都不但程度不同地存在着政治权力垄断，而且程度不同地违背国家制度价值标准，因而都程度不同地是坏国家制度。另一方面，唯有共产主义因实行生产资料全民所有制，每个人都完全平等地拥有生产资料，亦即完全平等地拥有经济权力，从而不但消除了经济权力垄断及其必然导致的剥削和压迫，而且完全符合国家制度价值标准，因而是唯一好的国家制度；而其他任何国家制度，特别是奴隶制与封建制以及资本主义都实行生产资料私有制，都程度不同地存在着经济权力垄断，都程度不同地违背国家制度价值标准，因而都程度不同地是坏国家制度。

其次，就各种国家制度的外在适用价值来说。以经济形态为划分根据的六种国家制度——原始共产主义、奴隶制、封建制、资本主义、社会主义和共产主义——都被生产力发展水平所必然决定，都具有不依人的意志而转移的历史必然性，都只应该实行于一定的国家一定的时代，而不应该实行于一切国家一切时代，因而都不具有普世性和普世价值。试想，奴隶制岂不仅仅对于它所取代的原始社会来说才是应该的、好的和具有正价值的？岂不仅仅在原始社会生产力水平逐渐提高以致出现了剩余产品的时代才是应该的、好的和具有正价值的？而对于其他任何时代任何社会岂不都是最坏的制度？资本主义是不好的不应该的制度，岂不仅仅对于生产力高度发达的社会才能成立？对于生产力不够发达的社会，资本主义岂不是最好的制度？共产主义是最美好的制度，岂不也仅仅对于生产力高度发达的社会才能成立？而对于生产力不够发达的国家来说，实行共产主义岂不意味着莫大的灾难？

相反地，任何政体，不论民主制还是非民主制，都曾出现于生产力和经济发展的任何历史阶段，都曾出现于原始社会、奴隶社会、封建社会、资本主义社会和社会主义社会。这意味着，任何政体，不论是民主制还是专制等非民主制，都不是被生产力和经济发展水平所必然决定的，都是偶然任意的而不具有历史必然性，都能够实行于任何国家任何时代任何生产力和经济发展水平，因而都具有普世性和普世价值。这样一来，民主制不但是唯一好的国家制度，而且对于任何时代任何历史条件下的任何社会都是唯一好的国家制度，任何时代任何历史条件下的任何社会都应该和适宜于实行民主制：民主制具有绝对的普世正价值。反之，专制等非民主制不但都是坏的国家制度，而且对于任何时代任何历史条件下的任何社会都绝对是坏的国家制度，任何时代任何历史条件下的任何社会都不应该和不适宜实行专制等非民主制：专制等非民主制具有绝对的普世负价值。

最后，就理想国家制度的实现条件来说。实现民主与实现共产主义或社会主义的客观条件的性质——是否必要条件——根本不同。生产力高度发达是实现社会主义的直接的客观条件，而资本主义与民主（只有资本主义与民主才能够创造实现社会主义所必须的高度发达的生产力）则是实现社会主义的根本的客观条件。民主实现的客观条件主要是财富加速度增长（经济条件）、发达的公民社会（社会条件）和盛行公民文化（文化条件）。民主实现的偶然任意性和普世性，决定了民主实现的客观条件，不论是经济条件还是社会条件抑或文化条件，与民主的实现都不具有必然联系，都不是民主的决定性因素，因而都既不是民主的充分条件，也不是民主的必要条件，而只是民主的有利条件与不利条件。民主能否实现的唯一决定因素，乃是民主的主观条件，亦即人们实行民主的欲求和行动。因此，不论民主的客观条件如何不利于民主的实现，只要欲求民主的人们的力量占据上风，民主就能实现；相反地，只要反对民主的人们的力量占据上风，不论客观条件如何有利于民主，民主都不能够实现。这就是为什么，尽管原始社会的经济条件极其有利于实现民主，却仍有僭主政体等非民主制产生；尽管封建社会的经济条件极其有利于实现专制，却仍出现过威尼斯和佛罗伦萨共和国；尽管资本主义社会的经济条件极其有利于实现民主，却仍有拿破仑和希特勒专制；尽管印度不但贫穷，而且其经济类型原本属于亚细亚生产方式，极其不利于实现民主，却仍然实现了民主。

相反地，社会主义或共产主义的历史必然性和非普世性，决定了社会主义的客观条件——生产力高度发达与民主以及资本主义——与社会主义的实现具有必然联系，是实现社会主义的决定性因素，是实现社会主义的必要条件。因为，一方面，生产力高度发展——从而使每个人的物质需要得到相对满足——乃是国民思想品德和政治觉悟普遍提高的根本条件。如果没有实现民主，如果资本主义没有充分发展，说到底，如果生产力不够发达从而产品还不能满足全体社会成员物质需要，那么，国民思想品德和政治觉悟决不可能普遍提高。这样一来,便唯有私有制才有效率;而公有制则注定无效率:生产力不发达的社会主义必定效率低下。另一方面,没有实现民主、资本主义没有充分发展因而生产力不发达的国家,要实现社会主义几乎不可能通过民主的议会的道路,而势必通过非民主的、为民做主的武力征服、暴力革命道路:暴力革命是生产力不发达的社会主义革命的普遍规律。暴力地、不民主地、为民做主地夺取的政权,势必成为一种暴力的、不民主的、为民做主的政权,势必继续为民做主执掌政权,从而导致专制等非民主制的社会主义。问题的关键在于,只要实行非民主制,就意味着政治权力垄断,就意味着存在垄断政治权力的官吏阶级和没有政治权力的庶民阶级。社会主义实行非民主制,则意味着全权垄断,意味着官吏阶级不但垄断了政治权力,而且通过垄断国有资源和公有制生产资料而垄断全国主要经济权力,进而垄断文化权力(如言论出版权力)和社会权力(如结社集会权力),成为全权垄断阶级;庶民群体不但没有政治权力,而且没有经济权力、文化权力和社会权力,是全权丧失阶级。这样一来,庶民阶级不但遭受人类历史上最严重的压迫与剥削——全权垄断的压迫和剥削——而且不服从官吏阶级就意味着没有工作,就意味着活活饿死:不服从者不得食。因此,不具备实现社会主义客观条件——生产力高度发达与资本主义充分发展以及民主——的社会主义,必定是一种政府官员拥有控制国民全权的奴役制社会主义,无疑比资本主义坏得多,最终必定如苏东九国那样,抛弃社会主义而选择或复辟资本主义。这就是为什么,马克思、恩格斯曾一再说:生产力高度发达与资本主义充分发展以及民主是实现社会主义的必要条件;如果在这些条件还不具备的时候就实行社会主义,即使胜利了,也必定是暂时的,是一种唐·吉诃德式的荒唐行为。这就是为什么,当我读到恩格斯的政治遗言——亦即逝世前几个月写就的《卡尔·马克思〈1848年至1850年的法兰西阶级斗争〉一书导言》——不禁感慨万端,唏嘘不已,崇敬之情油然而生。因为在该遗言中,恩格斯修正了他和马克思的暴力革命理论,转而盛赞德国社会民主党利用普选权竞选所取得的成就,认为它是无产阶级争取解放的最锐利的武器。

本书的主要价值,与其说是对这些结论的证明,毋宁是对证明过程中所遭遇的大大小小数以百计的学术界一直争论不休而至今未决难题之解析。难题如此之多,显然是因为国家学包容政治学和经济学以及伦理学和共产主义四门科学核心理论,因而也就几乎囊括了四门科学的全部主要难题。当我遭遇每个难题而阅读了能够找到的有关全部书刊文献之后，差不多每次都觉得：这个难题我可能真的解决不了啦！但是，我从来没有越过一个难题，而一定是绞尽脑汁不间断地苦苦思索，几乎每天夜半醒来都要思考一两个小时再入睡，甚至梦中还在努力推理呢。恰像孕育胎儿一样，慢慢酝酿一定时间必有结果，总能隐约发现难题之谜底。这时我便坐在电脑前，一句话一句话地写出来，一句话一句话地推导下去，难题的庐山真面目也就越来越清楚，最终一定会完全显现出来，也就完成了该难题之解析。我想，真正研究这些难题的人都会看到，本书——当然是在前人研究的基础上——首次说清楚了所有这些难题。

错误是真理之母。更何况，共产主义是人类所能创造的唯一好和最理想的国家制度，这种制度如何实现，乃是千古难题，以致围绕这一难题而形成的思想流派极为众多，纷纭复杂，仅在19世纪的欧洲就多达260余种。但是，真理只有一个。因此，无论是谁，无论他多么伟大，他关于共产主义——尤其是其实现途径——的理论都可能存在各种各样的错误；而随着共产主义运动遇到挫折，这些错误才会不断被检验和显现出来。

毫无疑义，如果马克思、恩格斯还活着，他们一定还会不断修正自己的错误。因为共产主义能否成立，乃是攸关共产党生死存亡的最根本的问题。所以，对共产党最有利的事情，莫过于像马克思、恩格斯那样，不断修正错误，这样共产主义才会不断完善，人们才会在共产主义的挫折中重拾信心，坚信共产主义。相反地，对共产党最有害的事情，莫过于像极左派那样，顽固坚持已被失败证明是错误的所谓马克思主义原理：这样做势必导致共产主义被唾弃。

特别是，今天苏东九国资本主义复辟，共产主义江河日下，人们普遍不相信共产主义。当此际，一种理论只要能够令人信服地证明共产主义能够成立，证明共产主义是唯一好的国家制度，证明这种制度一定能够实现，那么，不论这种理论有多少缺憾，不论它有多少观点与所谓正统马克思主义相悖，它都最有利于共产党，每个共产党员都应该热诚地欢迎它。相反地，当此际，一种理论只要使人不再相信共产主义，不论它多么符合正统马克思主义，它都最有害于共产党，每个共产党员都应该坚决地摈弃它。

写作《国家学原理》，我心中虽然只围绕真理的太阳旋转，但是，我四十余载的沤心沥血，说到底，无非是向往唯一好的国家制度——共产主义——的巨大热情所磨研的结果。我聊以自慰的是，我在北京大学讲授国家学原理课程时，一开始，学生们大都否定共产主义，甚至公开嗤之以鼻。但到最后，特别是通过我根据共产主义的挫折——如苏东九国资本主义复辟——对以往共产主义理论的反思和修正，这些学生几乎无不变成共产主义的热诚信徒。

本书承蒙恩师杨焕章先生审阅指教；超星数字图书馆全程录制并已开始播放我在北京大学讲授国家学原理110集；本书的写作还得到闽南师范大学教材建设资金和北京大学创建世界一流大学计划经费资助；在此一并深致谢忱。特别感谢生活·读书·新知三联书店副总编常绍民先生，他不问地位权威而唯真才实学是举，十五年来，一直关心和扶植我的学术研究。

王海明

2014年4月18日

九龙江畔闽南师大闲快活书斋

目　　录

中卷　价值论:国家制度应该如何

下卷 实现论：理想国家如何实现之条件

绪论

提要 国家制度虽然都是人制定的，但是，只有坏国家制度才可以随意制定；好国家制度则必须符合国家应该如何之价值，因而只能通过国家目的等国家制度价值标准，从人性与社会发展规律等国家事实如何的客观本性中推导出来。于是，国家制度之好坏，直接说来，取决于是否符合国家应该如何之价值。归根结底，一方面取决于是否符合国家目的等国家制度价值标准，另一方面取决于是否符合人性和社会发展规律。符合国家制度价值标准和人性以及社会发展规律，就是好国家制度；违背国家制度价值标准和人性以及社会发展规律，就是坏国家制度。

一、国家学界说

在科学的领域，似乎并没有国家学，更没有国家学的研究机构和学校课程。但是，国家学作为一门科学，早在古希腊时代就已经创立。它的奠基之作，就是柏拉图的《理想国》。然而，国家学是一种包容政治学、伦理学、经济学、哲学和社会主义诸科学的跨学科科学，最早也要在这些科学都成为一门独立和成熟的科学之后，它才可能成为一门独立和成熟的科学。这恐怕就是国家学至今还远未成为一门独立和成熟的科学的缘故。那么，国家学究竟是一门怎样的科学？

毫无疑义，国家学就是关于国家的科学。可是，国家问题极其复杂，绝非一门科学能够研究，而只能分成若干方面和部分，分别由不同科学进行研究。因此，国家是若干门不同科学的研究对象，任何一门关于国家的科学都只可能研究国家的一部分。那么，国家学究竟研究国家的哪一部分呢？无疑应该研究最根本、最主要、最能够代表国家整体的那一方面、部分或属性，否则，不配称之为国家学。那么，这样的国家的属性或方面究竟是什么？在亚里士多德看来，这样的国家属性就是决定各种国家同异、使一种国家之所以成为一种国家而区别于其他国家的属性，就是使一种国家保持其同一性的属性，说到底，就是国家制度。①

确实，国家制度就是使一种国家之所以成为一种国家而区别于其他国家的属性，就是国家最根本、最能够代表国家整体的属性。国家学就是关于国家制度的科学。诚然，全面言之，国家学乃是关于国家制度和国家治理活动的科学，国家制度与国家治理是最根本、最主要、最具代表性的国家属性。国家制度与国家治理是根本一致的。因为国家制度是决定性的、根本性的和全局性的；国家治理是被决定的、非根本的和非全局性的。如果一个国家的国家治理活动出了问题、错误，就表明国家制度存在缺陷。真正堪称好的、优良的国家制度，一定是这样的制度：在这种制度下，就是坏的和恶的国家统治者也只能做好事，而无法为非作歹。②

然而，细究起来，界说国家学为国家制度的科学，仍然不够确切。因为那样一来，国家学就属于事实科学。可是，国家学的奠基之作《理想国》表明，国家学是一种研究国家制度好坏的价值科学。不但柏拉图的《理想国》，而且以国家制度为主要研究对象的亚里士多德的《政治学》，也是关于优良的、正义的、应该的、理想的国家制度之研究。③ 自苏格拉底、柏拉图和亚里士多德以降，两千年来，国家理论研究的核心问题，一直是国家制度好坏的价值问题，一直是好的、优良的、理想的国家制度及其实现条件的问题。这个问题，自柏拉图《理想国》以来，一直具体表现为两方面。一方面，以执掌最高权力的公民人数或政体为划分依据的诸种国家制度——民主共和与贵族共和以及有限君主制与专制君主制——究竟何者堪称优良？另一方面，以生产资料所有制或经济形态为划分依据的诸种国家制度——原始公有制、奴隶制、封建制、资本主义、社会主义和共产主义——究竟何者堪称优良？

那么，究竟为什么国家制度好坏的价值问题，一直是国家理论研究的核心问题？原因很简单，国家制度好坏是对于人类具有最大价值的问题。因为人是社会动物，是政治动物，说到底，是拥有国家的动物。每个人的一切，每个人

---

① 亚里士多德：《政治学》，117—120页，商务印书馆，1996。
② 参阅《邓小平文选》，第二卷，333页，人民出版社，1994。
③ 亚里士多德：《政治学》，43页，商务印书馆，1996。

的最根本、最主要、最重要的利益，都是社会和国家给予的。因此，国家制度好坏的价值问题，乃是每个国民最大利益之所在，是国家最主要、最重要、最根本、最核心、最具决定性的属性，也就是国家最具代表性的属性，因而唯有对于这种属性的研究才堪称国家学。国家学就是关于国家制度好坏的价值科学，就是优良国家制度及其实现条件的科学。

二、国家制度价值推导公式

国家学是关于国家制度好坏的价值科学，意味着，国家学就其根本特征来说，是一种规范科学和价值科学，而不是描述科学或事实科学。这样，在科学领域里，国家学便属于价值科学而与描述科学相对立。那么，这是否意味着，国家学只研究国家制度之应该如何，而不研究其事实如何？是、事实、事实如何与应该、价值、应该如何究竟是什么关系？这就是所谓"休谟难题"或"休谟法则"，因为休谟首次提出了这个问题：能否从"是"推导出"应当"？这是关于国家制度好坏价值的来源、依据问题，是如何确定国家制度好坏价值的问题，是如何科学地确定国家学的研究对象的问题，是国家学等一切价值科学的核心问题。元伦理学对于这个问题的研究表明[①]：

规范或制度——制度亦即规范体系——与价值根本不同。规范或制度都是人制定或约定的；价值却不是人制定或约定的。试想，玉米、鸡蛋、猪肉的营养价值怎么能是人制定或约定出来的呢？鸡蛋的营养价值不是人制定的，人只能制定应该如何吃鸡蛋的行为规范。人们所制定的应该如何吃鸡蛋的行为规范既可能与鸡蛋的价值相符，也可能不相符。与价值相符的规范就是优良的规范，不相符者就是恶劣的规范。一个人每天应该吃10个鸡蛋的行为规范，是恶劣的，因为这种行为规范与鸡蛋的营养价值显然不相符。反之，一个人每天应该吃一个鸡蛋的行为规范，是优良的，因为这种规范与鸡蛋的营养价值相符。那么，价值是怎么来的？

"价值、好坏、应该如何"与"是、事实、事实如何"都是客体的属性。只不过，"是、事实、事实如何"是客体不依赖主体需要而具有的属性，是客体无论与主体的需要发不发生关系都具有的属性，是客体的事实属性。反之，"价值、好

---

① 参阅王海明：《新伦理学》(修订版)，全三册，266—273页，商务印书馆，2008。

坏、应该如何”则是客体依赖主体需要而具有的属性，是客体的“是、事实、事实如何”与主体的需要、欲望、目的发生关系时所产生的属性，是客体的“是、事实、事实如何”对主体的需要、欲望、目的的效用，是客体的关系属性。客体事实属性是价值、好坏、应该如何产生的源泉和实体，叫作价值实体；主体需要、欲望、目的则是它们从客体事实属性中产生的条件和标准，叫作价值标准。

因此，“价值、好坏、应该如何”产生于“是、事实、事实如何”，是从“是、事实、事实如何”推导出来的。只不过，仅仅“是、事实、事实如何”自身绝不能产生“价值、好坏、应该如何”，因而仅仅从“是、事实、事实如何”绝不能推导出“价值、好坏、应该如何”。只有当“是、事实、事实如何”与主体需要、欲望、目的发生关系时，从“是、事实、事实如何”才能产生和推导出“价值、好坏、应该如何”：“好、应该、正价值”等于“事实符合主体需要、欲望、目的之效用”；“坏、不应该、负价值”等于“事实不符合主体需要、欲望、目的之效用”。

举例说，燕子是客体，人类是主体。于是，“燕子吃害虫”与“燕子是好鸟”都是客体燕子的属性。只不过，“燕子吃害虫”是燕子独自具有的属性，是无论是否与人的需要、欲望、目的发生关系都具有的属性，是燕子的事实属性。而“燕子是好鸟”则不是燕子独自具有的属性，而是“燕子吃害虫”的事实属性与人的需要、欲望、目的发生关系时所产生的属性，是燕子的关系属性。“燕子吃害虫”是“燕子是好鸟”的价值实体；主体需要、欲望、目的则是“燕子是好鸟”的价值标准。因此，“燕子是好鸟”便产生于“燕子吃害虫”的事实，是从该事实推导出来的。但是，仅仅“燕子吃害虫”的事实还不能产生和推导出“燕子是好鸟”；只有当“燕子吃害虫”的事实与人类的需要、欲望、目的发生关系时，从“燕子吃害虫”的事实才能产生和推导出“燕子是好鸟”。“燕子是好鸟”等于“燕子吃害虫”的事实符合人的需要、欲望、目的之效用。因此，爱护燕子的规范与燕子的价值相符，是优良的好的规范；捕杀燕子的规范与燕子的价值不符，是恶劣的坏的规范。这就是燕子的价值与规范的推导方法，我们可以将它归结为一个公式：

前提1：燕子吃害虫（价值实体）

前提2：人类需要消灭害虫（价值标准）

结论1：燕子是好鸟（价值）

结论2：爱护燕子的行为规范是优良的（与价值相符的规范）

这就是休谟难题之答案，是规范或制度与价值的产生和推导的过程，是好坏、价值、应该如何的发现和证明方法。我们可以将它归结为一个公式而名之为“价值和规范推导公式”：

前提 1：客体事实如何（价值实体）
前提 2：主体需要、欲望、目的如何（价值标准）

结论 1：客体应该如何（价值）
结论 2：规范之好坏（规范是否与价值相符）

这是一切价值和规范的普遍的推导方法，如果将其推演于国家制度价值领域，显然可以得出结论说：国家制度与国家价值根本不同。国家制度是人制定或约定的，国家应该如何的价值却不是人制定或约定的。但是，人们只能根据关于国家应该如何的价值来制定国家制度：好的国家制度是与国家应该如何之价值相符的制度；坏的国家制度是与国家应该如何之价值不符的制度。国家应该如何之价值，则是国家事实如何与国家目的发生关系时所产生的属性，是国家事实如何对国家目的之效用：国家事实如何是国家应该如何产生的源泉和存在的实体；国家目的则是国家应该如何从国家事实如何中产生的条件和标准。因此，国家之应该如何的好坏价值，是通过国家目的（价值标准）从国家事实如何（价值实体）中产生和推导出来的：“国家应该如何”等于“国家事实如何符合国家目的之效用”；“国家不应该如何”等于“国家事实如何违背国家目的之效用”。

这就是国家制度好坏的产生和推导过程，是国家制度好坏的发现和证明方法，也是如何确定国家学研究对象的科学方法。我们可以将它归结为一个公式而名之为“国家制度价值推导公式”：

前提 1：国家事实如何（价值实体）
前提 2：国家目的如何（价值标准）
前提 3：国家应该如何（价值）

结论：国家制度之好坏（制度是否与价值相符）

试举一例以释之：

> 前提1：苏联社会主义是一种生产力不发达的社会主义（国家事实如何·价值实体）。
>
> 前提2：国家最终目的是增进每个人利益（国家目的如何·价值标准）。
>
> 前提3：生产力不发达的社会主义因违背国家目的而是不应该的（国家应该如何·价值）。
>
> 结论：苏联社会主义制度（亦即认为应该在生产力不发达条件下实行社会主义的规范体系）不符合生产力不发达的社会主义的价值（在生产力不发达条件下实行社会主义是不应该的），因而是坏制度（国家制度之好坏·制度是否与价值相符）。

可见，人们所创建的国家制度之好坏，直接说来，取决于是否符合国家应该如何之价值。归根结底，一方面取决于是否符合国家目的，另一方面取决于是否符合国家事实如何之本性。符合国家目的和国家事实如何之本性，就是好国家制度；违背国家目的和国家事实如何之本性，就是坏国家制度。因此，归根结底，国家目的——亦即国家好坏的价值标准——也就是国家制度好坏的价值标准，可以称之为国家制度价值标准；国家事实如何——亦即国家好坏的价值实体——也就是国家制度好坏的价值实体，可以称之为国家制度价值实体。

诚然，国家事实如何外延极为广泛，难以确定。但是，国家事实作为国家制度好坏的价值实体，当然仅仅包括与国家制度有关的事实，并且因其作为国家学对象而仅仅是有关事实的普遍的客观本性：国家学等科学都是关于事物普遍客观本性的理性知识体系。这些国家事实如何的普遍客观本性，一方面无疑可以归结为国家性质、国家起源、国家类型和社会——国家是拥有最高权力的社会，因而属于社会范畴——发展规律；另一方面则显然应该包括国家所由以构成的人——任何社会都无非是两个以上的人因一定联系所结成的共同体——之本性，亦即人性，人性与社会发展规律无疑是决定国家制度好坏的最重要的价值实体。

举例说：共产主义制度究竟应该按劳分配还是按需分配，便取决于共产主义社会人性究竟如何。试想，如果共产主义社会人们相互间仍然计较利益得失，那么，按需分配就必定会剥夺需要少而贡献大者按照公正原则应该多得的权利，因而是不公正的。这样一来，共产主义社会显然不应该实行按需分配制度，按需分配是一种不公正的坏的制度。反之，如果共产主义社会人们相互间不计较利益得失，那么，按需分配就无所谓公正不公正，而是超越公正的仁爱原则了。这样一来，共产主义社会就应该实行按需分配制度了，按需分配是一种高于公正的仁爱制度。因此，人性乃是决定一种社会制度究竟应该如何的极其重要的价值实体。

然而，一个国家究竟应该实行何种制度，并不仅仅取决于该国家的人性究竟如何，而且取决于社会发展规律究竟如何。试想，奴隶制无疑惨绝人寰，根本违背国家制度价值标准，是最坏的制度。但是，为什么恩格斯说奴隶制曾是巨大的进步，曾是一种好制度？原来，马克思关于“生产力决定生产关系，经济基础决定政治制度等上层建筑”的历史唯物论原理，是社会发展基本规律的发现，根据这一发现，以经济形态为划分根据的六种国家制度——原始共产主义、奴隶制、封建制、资本主义、社会主义和未来共产主义——都不具有普世性和普世价值，它们都因时因地而异，只可能和只应该实行于一定的国家、一定的社会、一定的时代，而不可能和不应该实行于一切国家、一切社会、一切时代。当一种经济制度适应和促进生产力发展的时候，就是好的、应该的和具有正价值的。可是，随着生产力的发展，当同一种经济制度阻碍和不适应生产力发展的时候，它就是坏的、不应该的和具有负价值的了。

试想，奴隶制岂不仅仅对于它所取代的原始社会来说才是好的、应该的和具有正价值的？岂不仅仅在原始社会生产力水平逐渐提高以至出现了剩余产品的时代才是好的、应该的和具有正价值的？而对于其他任何时代、任何社会岂不都是最坏的制度？资本主义是不好的、不应该的制度，岂不仅仅对于生产力高度发达的社会才能成立？对于生产力不够发达的社会，资本主义岂不是最好的制度？共产主义是最美好的制度，岂不也仅仅对于生产力高度发达的社会才能成立？而对于生产力不够发达的国家来说，实行共产主义岂不意味着莫大的灾难？

综上可知，国家制度虽然都是人制定的、约定的，但是，只有恶劣的、坏的、不应该的和具有负价值的国家制度才可以随意制定、约定。反之，优良的、应该的、好的或具有正价值的国家制度决非可以随意制定，而必须符合国家应该如何之价值。因而只能通过国家目的（国家制度价值标准），从人性与社会发展规律等国家事实如何的客观本性（国家制度价值实体）中推导、制定出来。于是，国家制度之优劣好坏，直接说来，取决于是否符合国家应该如何之价值。归根结底，一方面取决于是否符合国家目的或国家制度价值标准，另一方面取决于是否符合人性和社会发展规律。符合国家制度价值标准和人性以及社会发展规律，就是好的、应该的、正确的、善的和具有正价值的国家制度；违背国家制度价值标准和人性以及社会发展规律，就是坏的、不应该的、错误的、恶的和具有负价值的国家制度。

三、国家学对象

国家制度好坏的价值推导公式是确定国家学研究对象的科学方法，原本是国家学的定义——国家学就是关于国家制度价值的科学——应有之义。但是，国家学显然不仅应该研究各种国家制度好坏之价值，而且还应该研究好的理想的国家制度如何实现之条件。因此，国家制度价值推导公式作为国家学对象的确定方法，便应该包括理想国家如何实现之条件，因而可以归结如下：

前提 1：国家事实如何（价值实体）
前提 2：国家目的如何（价值标准）
前提 3：国家应该如何（价值）

结论 1：国家制度之好坏（制度是否与价值相符）
结论 2：好国家制度如何实现之条件

这一国家制度价值推导公式，之所以是确定国家学对象的科学方法，就是因为从这五个命题所构成的国家制度价值推导公式，可以推导出国家学全部对象：国家学的全部内容就是对这个公式所由以构成的五个命题的研究。

首先，国家学第一部分“本性论：国家事实如何”就是对国家制度价值推导公式“前提 1：国家事实如何”的研究。该部分详尽研究国家界说、国家起源和国家类型：一方面是以执掌最高权力的公民人数为根据的四种国家制度，亦即民主共和与贵族共和以及有限君主制与专制君主制；另一方面是以生产资料所有制为根据的六种国家制度，亦即原始公有制、奴隶制、封建制、资本主义、社会主义和共产主义。由此出发，进一步探讨决定国家制度好坏的最重要的价值实体：人性与社会发展规律。该卷包括政治学、伦理学、历史唯物主义与科学社会主义等科学的核心理论。

其次，国家学第二部分“价值论：国家价值标准体系”就是对国家制度价值推导公式“前提 2:国家目的如何”的研究。该部分研究国家制度价值标准体系,亦即从国家最终目的“增进每个人利益”,推导出国家制度终极价值标准“增减每个人利益总量”,进而推导出国家制度根本价值标准“公正与平等”以及国家制度最高价值标准“人道与自由”。该部分包括伦理学的最主要理论——国家制度和国家治理道德原则体系。

再次,国家学第三部分“价值论:国家应该如何”就是对国家制度价值推导公式“前提 3:国家应该如何”和“结论 1:国家制度之好坏”的研究。该部分一方面研究“民主与非民主制国家之价值:基于政体不同的四种国家制度之价值”,辨析专制主义与民主主义之争;另一方面研究“公有制与私有制国家之价值:基于经济形态不同的六种国家制度之价值”,主要研究资本主义与共产主义价值,因而必须研究商品价值与商品价格以及劳动的价值与价格,辨析劳动价值论与边际效用论之争。该卷包括经济学核心理论和某些政治学理论。

最后,国家学第四部分“实现论:理想国家如何实现之条件”就是对国家制度价值推导公式“结论 2:理想国家如何实现之条件”的研究。该部分一方面研究民主实现的客观条件和主观条件;另一方面研究共产主义实现的客观条件和主观条件。该部分包括政治学和科学社会主义核心理论。国家学第二部分和第三部分都属于价值论,因而国家学也可以归结为上卷《本性论:国家事实如何》、中卷《价值论:国家制度应该如何》与下卷《实现论:理想国家如何实现之条件》。

国家学
- 上卷 本性论:国家事实如何:国家界说、国家起源、国家类型以及人性与社会发展规律
- 中卷 价值论:国家制度应该如何
  - 上篇 国家制度价值标准体系
  - 中篇 民主与非民主制国家之价值
  - 下篇 公有制与私有制国家之价值
- 下卷 实现论:理想国家如何实现之条件:民主与共产主义实现的主客观条件

那么，从国家制度价值推导公式所推导出来的这些研究对象，就是国家学的全部对象吗？是的。因为国家学就是关于国家制度价值的科学，而这些对象显然包括了国家制度价值的全部东西：国家制度价值实体、国家制度价值标准、国家制度价值和理想国家制度实现条件。

四、国家学性质

国家制度价值推导公式及其所由以构成的五个命题，可以推导出国家学的全部对象、全部内容，因而可以称之为“国家学公理”。这样一来，国家学便不仅因其包括政治学、经济学、历史唯物主义、伦理学和科学社会主义等科学部分内容而成为一门跨学科科学，而且是一门可以公理化的跨学科科学。诚然，国家制度价值推导公式及其所由以构成的五个命题，并不是自明的、直觉的、公认的，并不是不需要证明的；而按照亚里士多德和欧几里得的古典公理法的观点，公理和公设是不需要证明的，因为它们是自明的、直觉的、公认的、不言而喻的。然而，非欧几里得几何学的产生表明这种观点是片面的。因为非欧几里得几何学的第五公设——经过直线外的一点可作多条直线和原有的直线平行——显然不是自明的、直觉的；恰恰相反，它是完全违背人们的直觉的。因此，公理和公设不必是自明的、公认的。

公理之所以为公理，正如波普所说，只在于从它能够推演出该门科学的全部命题或全部内容：“公理是这样被选择的：属于该理论体系的全部其他陈述都能够从这些公理——通过纯逻辑的或数学的转换——推导出来。”[①]因此，国家学公理之为公理，也只在于从它能够推演出国家学的全部命题或全部内容，而与是否自明无关。国家制度价值推导公式及其所由以构成的五个命题之为国家学公理，与非欧几里得几何学的第五公设相似，并不是因为它们是自明的——它们是人类思想的最大难题之一——而是因为由它们可以推导出国家学的全部内容、全部对象。

当然，国家学的公理化体系与几何学、数学、力学的公理化体系有所不同。几何学是从若干公理和公设直接推出该门科学的全部命题；国家学则是从若

---

① Karl R. Popper, *The Logic of Scientific Discovery*, New York: Harper Torchbooks Harper & Row Publishers, 1959, p. 71.

干公理直接推出构成国家学全部内容的各个部分，而间接推出国家学的全部命题。无疑，这是国家学公理化体系的缺憾。因为几何学的公理化体系是从若干公理和公设直接推出或通过定理间接推出该门科学的全部命题，因而它所具有的真值传递功能遍及该门科学的全部命题：它能够把公理的真值直接或间接地传递给该门科学的全部命题。所以，几何学的公理化体系是完全精密的：不仅体系是精密的，而且这个体系所包含的全部命题也因其公理化而都是精密的。相反，国家学是从若干公理和公设直接推出构成国家学全部内容的各个部分，而间接推出国家学的全部命题，因而它所具有的真值传递功能只能及于构成该门科学的各个部分和某些命题，而不能遍及该门科学的全部命题。所以，国家学的公理化体系是部分精密的：只有体系自身因其公理化而是精密的，而这个体系所包含的全部命题却不能因其公理化而都是精密的。

但是，这恰恰也是国家学公理化体系优越于几何学等数学公理化体系之处。因为国家学是从若干公理通过直接推出构成国家学全部内容的各个部分而间接推出国家学的全部命题，因而国家学公理化体系具有绝对的完全性：任何国家学的命题都逃不出这个体系。相反，几何学等数学的公理化体系是从若干公理和公设直接推出或通过定理间接推出该门科学的全部命题，因而它所具有的完全性总是相对的、不完全的：总是存在着这样一些命题，这些命题是该门科学的公理所不能推出来的，因而游离于该公理化体系之外。这样，我们说数学比国家学精密便是相对的：只是就构成公理化体系的每个命题来说，数学才比国家学精密；然而，就公理化体系自身来说，国家学却比数学更为完全，因而也就更为精密。

国家学不但是一门精密的科学，而且堪称价值最大的科学。因为国家制度的好坏，乃是每个国民最大利益之所在，对于每个人具有最大价值。而问题的关键在于，国家制度无疑是人们在有关国家制度好坏理论的指导下创造的。这意味着，人们所创造的国家制度的好坏，直接说来，取决于人们所信奉的国家制度好坏的理论之真谬：如果人们所信奉的国家制度好坏的理论是真理，在其指导下所创造的国家制度就是好的、优良的，因而对每个国民具有最大正价值；如果人们所信奉的国家制度好坏的理论是谬误，在其指导下所创造的国家制度就是坏的、恶劣的，因而对每个国民具有最大负价值。这就是国家学——关于国家制度好坏的价值科学——是价值最大的科学的缘故。

思考题：

1. 辨析“价值”与“规范”以及“制度”之不同。“每人每天应该吃10个鸡蛋的规范”为什么说是坏规范？该规范与“每人每天吃10个鸡蛋的价值”有什么关系？好规范和好制度的根本特征是什么？

2. 苏联社会主义制度的核心是：生产力不发达的社会主义具有正价值。苏联社会主义价值的核心是：生产力不发达的社会主义具有负价值。这种观点对吗？试析苏联社会主义制度与苏联社会主义价值之不同。

3. 举例说明规范和价值推导公式，并用以解释国家制度价值推导公式。

上　卷

本性论：国家事实如何

第一章　国家概念

提要　国家是拥有最高权力及其管理组织或政府的社会，因而也就是拥有主权的社会，也就是最大且最高的社会，也就是独立自主的社会。因此，最高权力及其管理组织或政府乃是国家区别于其他社会的最根本特征。这种特征是如此根本，以至现代主流思想竟然将国家与最高权力及其管理组织或政治组织、政治实体等同起来，从而认为国家就是最高权力及其管理组织，就是政权、政治组织或政治实体。这样一来——阶级社会的政权和政治组织在某种意义上无疑是阶级压迫工具——就可以得出结论说：在阶级社会，国家就是阶级压迫的工具，就是阶级统治机器。所以，“国家亦即阶级压迫工具”的定义不过是“国家亦即政权或政治组织”的现代主流定义在阶级社会的推演而已。

何谓国家？在人类所创造的概念中，国家恐怕是最难界说的了。C. H. 泰特斯于1931年所列举的国家定义竟有145种之多，以致克烈逊和斯卡尔尼克说：“几乎每位学者都会提出自己的国家定义，这些定义不可避免地会同已有定义有细微差别，虽然其中有些由于有相似的方法而可以被认为是组成了一些‘学派’。因此，要达到一种综合事实上是不可能的。”[①]然而，有一点几乎无人质疑，那就是，国家最邻近的上位概念乃是社会：国家是一种特殊的社会，属于社会范畴。因此，界说国家须先定义它的最邻近的上位概念——社会。这恐怕就是“国家与社会”会成为研究国家问题的新兴分析范式的缘故。

① 谢维扬：《中国早期国家》，37页，浙江人民出版社，1995。

一、社会与权力:界说国家的两个前提

1. 社会:国家最邻近的上位概念

何谓社会?就中文来说,“社”本为祭地神之所。《孝经·纬》说:“社,土地之主也。土地阔不可尽敬,故封土为社,以报功也。”“社会”则是指人们在“社”这种地方的会合,进而指人们在节日里的会合、集会。宋孟元老在《东京梦华录·秋社》中写道:“八月秋社……市学先生预敛诸生钱作社会……春社、重午、重九亦如此。”逐渐地,“社会”便泛指人们的任何群居、会合了。西文“社会”,society(英)和 societe(法)都源于拉丁语 socius,意为“伙伴”,后经西塞罗引申为“人类的共同体”。德语中的“社会”gesellschaft,原意也是“伙伴”,后来引申为“人与人的结合”。

可见,“社会”的词源,中西相通,均为人与人的集合体、结合体、共同体。细察先哲论著,对于“社会”的概念,亦多如此界说:“社会是个人的集合。”①(横山宁夫)“社会就是某一部分人为实现某些特定目的而合作的集合体。”②(罗素)“社会仅仅是一群有交往的人的名字。”③(席穆尔)“社会就是任何一群人,他们之间或多或少在意识上存在着关系。”④(艾尔活)“社会就是一群享有共同地域和共同文化的相互作用着的人。”⑤(罗伯逊)

确实,社会乃是因一定的人际关系而结合起来的人群,是两个以上的人因一定的人际关系而结合起来的共同体,是两人以上的集合体。因此,社会之为社会,在于两个特点。一个是,社会与个人对立,社会不是个人,而是个人的集合,是两人以上的共同体,是两个以上的人联合起来的人群。另一个是,仅仅有两个以上的人在一起,仅仅有人群,还不是社会;只有当这些人发生一定的人际关系从而结合起来,才是社会。设有一群毫无联系的人行走在深山老林,那么这一群人便仅仅是人群而非社会。然而,同是这一群人,如果行走于闹

---

① 横山宁夫:《社会学概论》,33 页,上海译文出版社,1983。

② 谢康:《社会学研究》,1 页,台湾商务印书馆,1974。

③ 张德胜:《社会原理》,12 页,巨流图书公司,1986。

④ 同上。

⑤ 伊恩·罗伯逊:《社会学》,上册,103 页,商务印书馆,1990。

市,那就是社会了。因为前者是一种毫无人际关系的人群;而后者则因行走在闹市而具有了一定的人际关系,如是否遵守交通规则,是否妨碍他人,等等。所以,孙本文先生说:"凡是具有交互与共同关系,与表现交互与共同行为的一群人,都可称为社会。"①

进言之,因一定人际关系而结合起来的人群可以分为两类。一类是无组织的,如电影院里看电影的人群、候车室里候车的人群、街道上来来往往的人群;另一类则是有组织的,即所谓团体、集体、集团,如省、市、县、党、团、工会、阶级等。社会显然主要是指后者。社会,要言之,就是有组织的人群,就是团体、集体。所以费希特说:"一个社会是有组织的人们的一个集体。"②

综上可知,所谓社会,主要地讲,亦即团体、集体,是有组织的人群;全面地说,则是因一定人际关系而结合起来的人群,是两个以上的人因一定人际关系而结合起来的共同体。界定了社会,似乎就可以定义国家了。因为国家不过是社会的下位概念,国家是一种特殊的社会。那么,国家究竟是一种怎样的社会?国家区别于其他社会的种差或根本特征,乃在于权力,国家是拥有最高权力的社会。但是,权力概念,如所周知,堪称社会科学最复杂且最关键的概念,自古以来,一直众说纷纭。然而,不懂得何为权力,也就不可能懂得何为最高权力,也就不可能确定国家区别于其他社会的种差或根本特征,因而也就不可能界定国家。所以,界定国家的另一个前提,是界定权力概念,国家的种差就存在于权力概念的外延之中。

2. 权力:管理者拥有的具有合法和强制性的影响

在西方语系中,"权力"的英文是 power,来自法文 pouvoir;而 pouvoir 则源自拉丁文 potestas 或 potentia,两者又都源自动词 potere,意为"能够"、"能力",引申为一个人或物影响他人或他物的能力和力量。③ 汉语"权力"的词源含义比较复杂。在汉语中,"权力"往往被简称为"权","权力"与"权"是同一概念。就"权"的词源含义来说,原本指一种测定物体重量的器具,亦即秤锤和秤,引申为动词,表示衡量。所以,《广雅·释器》说:"锤谓之权。"《汉书·律历

---

① 孙本文:《社会学原理》,上册,10页,商务印书馆,1934。

② 龙冠海:《社会学》,78页,三民书局,1986。

③ 参阅米勒等编:《布莱克尔政治学百科全书》,595页,中国政法大学出版社,1992。

志上》说："权者，铢、两、斤、钧、石也，所以称物平施，知轻重也。"这样，进一步引申于社会人际关系，"权"便因其能够称物平施、决断轻重而具有某种"控制力、影响力、能力和力量"之意蕴。"权"与"力"合起来构成"权力"一词，无疑使这种意蕴显示出来，表示一个人影响、控制他人的能力和力量。

可见，无论中西，权力的词源含义说到底都是指影响，表示一个人影响他人的能力和力量。权力的定义就是从其词义而来。因为从概念上看，正如特伦斯·鲍尔所言："权力基本上是指一个行为者或机构影响其他行为者或机构的态度和行为的能力。"[①]这就是为什么达尔会将权力归属于"影响"范畴。[②]然而，正如迪韦尔热所指出的，影响或影响力概念外延极其宽泛："影响——或影响力——的形式多种多样，罗伯特·达尔竟举出了1400种！影响是建立在各种不同因素之上，如物质力量、进行奖惩的可能条件、财产、威望、拥戴、标准、价值等等。"[③]这样一来，权力固然是一种使人服从的力量，因而属于影响范畴，但是，影响显然并不都是权力。我劝说我的朋友努力工作，认真讲课。他听从了我的劝说。使他努力工作认真讲课，显然只是我的影响，而并不是我的权力。所以，达尔说："权力是影响力的一种形式。"[④]那么，权力究竟是一种怎样的影响？或者说，权力这种影响区别于其他影响的根本特征是什么？

权力区别于其他影响的根本特征在于强制：权力是具有强制性的影响，是使人服从的强制力量。因为所谓强制，就是必须服从的力量，就是不得不服从的力量，就是使人不得不放弃自己意志而服从他人意志的力量："当一个人被迫采取行动以服务于另一个人的意志，亦即实现他人的目的而不是自己的目的时，便构成强制。"[⑤]进言之，所谓必须或不得不服从的力量，就是这样一种力量，对于这种力量，不服从便会受到惩罚、制裁，如肉体惩罚、行政惩罚和舆论惩罚等。于是，强制必定蕴含惩罚或制裁，强制是一种不服从就会受到惩罚

---

① 米勒等编：《布莱克尔政治学百科全书》，595页，中国政法大学出版社，1992。

② Robert A. Dahl, Bruce Stinebrickner, *Modern Political Analysis* (6th edition), New Jersey: Upper Saddle River, 2003, p. 12.

③ 莫里斯·迪韦尔热：《政治社会学》，108页，华夏出版社，1987。

④ Robert A. Dahl, Bruce Stinebrickner, *Modern Political Analysis* (6th edition), New Jersey: Upper Saddle River, 2003, p. 13.

⑤ 哈耶克：《自由秩序原理》，164页，生活·读书·新知三联书店，1997。

或制裁的力量。因此，迪韦尔热说："强制权指的是能够进行惩罚，以迫使受到威胁的人表示屈服。"[①]

不难看出，一种影响，不论如何能够使人服从，不论如何具有使人们服从的莫大力量，但是，如果不具有强制性，不具有惩罚制裁机制，便绝不是权力；权力必定具有强制性，必定具有惩罚制裁机制。试想，一个极具影响力的大演说家，他的天才演说完全征服了听众，因而具有使听众服从的莫大力量。但是，我们显然不能说这种影响力是一种权力，不能说这位大演说家的演说具有使人服从的权力。因为他的演说固然具有影响力，却不具有使人服从的强制性，不具有惩罚不服从者的制裁机制。所以，达尔一再说，权力这种影响区别于其他影响的根本特征在于有无制裁或强制："正是制裁的威胁把权力同一般意义上的影响力区别开来。权力是施加影响力的特例：这是借助制裁背离拟行政策的行为来影响他人的决策的过程。"[②]

权力是使人服从的强制力量或强制性的影响，但是，反过来，使人服从的强制力量并不都是权力，迫使人们不得不服从的强制力量或强制性的影响力并不都是权力。只有得到社会承认、认可或同意的强制力量才是权力。试想，为什么强盗拥有强迫我交出钱财的强制力量，却没有强迫我交出钱财的权力？岂不就是因为强盗所拥有的这种强制力量不会得到社会的承认、认可或同意？因此，迫使人们不得不服从的强制力量并不都是权力，权力区别于其他强制力量的根本特征和性质，乃在于社会的承认、认可或同意。权力的这一根本特征和性质，自卢梭以来，便被称为"合法性"。合法性固然有强制必须符合法律之意，但并不局限于符合法律；而是泛指一个社会的强制力量所具有的被该社会的成员承认、认可或同意的性质，亦即被该社会成员普遍承认、认可、同意的性质。[③]

于是，权力区别于其他强制力量的根本性质便在于合法性：权力是具有合法性的强制力量，是具有合法性的迫使人们不得不服从的强制力量，说到底，是社会成员普遍同意的迫使人们不得不服从的强制力量。因此，迪韦尔热把社会的普遍同意当作权力之为权力的根本特征而称之为"权力的合法性"。[④]

---

① 莫里斯·迪韦尔热：《政治社会学》，108 页，华夏出版社，1987。

② Robert A. Dahl, Bruce Stinebrickner, *Modern Political Analysis* (6th edition), New Jersey: Upper Saddle River, 2003, p. 20.

③ 卢梭：《社会契约论》，8 页，商务印书馆，1991。

④ 莫里斯·迪韦尔热：《政治社会学》，117 页，华夏出版社，1987。

这样一来，权力便是具有合法性和强制性的使人服从的力量，因而具有一种内在的对立：合法性与强制性以及必须与应该。从权力是使人们服从的具有强制性的力量方面来看，权力具有必须性，是人们必须服从的力量，不服从就会受到惩罚制裁；从权力是社会承认或大家同意的具有合法性的力量方面来看，权力具有应该性，是人们应该服从的力量。合而言之，权力是具有强制性和合法性的使人服从的力量，因而是必须且应该服从的力量。

那么，具有合法性或社会同意的强制力量都是权力吗？否。因为具有合法性或社会同意的强制力量，可能仅仅是权力资源，而并不是权力。设有两个人，一个是富人，一个是穷人。这个富人拥有迫使这个穷人为自己劳作的强制力量——金钱；并且这个穷人也同意为他劳作以换取富人的金钱。这样一来，这个富人就拥有了迫使这个穷人为自己劳作的具有合法性的强制力量——金钱。可是，我们能说这个富人有权迫使这个穷人为自己劳作吗？不能。这个富人只拥有迫使这个穷人为自己劳作的强制力量，只拥有迫使这个穷人为自己劳作的权力资源——金钱；却不拥有迫使这个穷人为自己劳作的权力。

但是，如果这个富人与这个穷人就劳资合作缔结了一种社会关系，比如说，签订了一个劳资合同，从而使富人成为雇主，而穷人成为雇员，那么，这个富人就不但拥有了迫使这个穷人为自己劳作的合法的强制力量，不但拥有了迫使这个穷人为自己劳作的权力资源——金钱；而且拥有了迫使这个穷人为自己劳作的权力了。为什么？因为权力只能为社会的管理者所拥有，只有社会的管理者所拥有的合法的强制力量才是权力：权力是管理者所拥有的具有合法性和强制性的影响。富人只拥有迫使穷人为自己劳作的权力资源，只拥有迫使穷人为自己劳作的合法的强制力量；富人作为雇主才拥有迫使穷人为自己劳作的权力。只有社会的管理者、领导者所拥有的合法的强制力量才是权力；而非管理者或被管理者所拥有的合法的强制力量并不是权力。因此，权力是管理者所拥有的具有合法性和强制性的影响，也就是社会成员因其社会角色所拥有的具有合法性和强制性的影响，说到底，也就是仅为管理者拥有且被社会承认的使被管理者服从的具有强制性的力量。那么，为什么只有管理者拥有权力呢？

原来，任何社会，即使仅由两人组成，即使是最小的社会——家庭——要存在和发展，都必须进行管理，因而必须有管理者和被管理者的角色之分。同时，管理者还必须拥有一种被社会成员普遍同意的迫使被管理者服从的强制力量，亦即权力。因为只有这样，只有管理者拥有权力，只有管理者拥有得到社会成员普遍同意的迫使被管理者服从的强制力量，方可确保被管理者的社会行为服从管理者的管理，从而使人们的社会行为互相配合、遵守秩序；否则，人们各行其是、互相冲突、乱成一团，社会便不可能存在、发展了。所以，管理者所拥有的、社会成员普遍同意的、迫使被管理者服从的强制力量，是任何社会存在和发展的根本条件。这就是只有管理者才拥有权力的缘故，这就是权力只能与一个人的某种社会角色相关联的缘故，这就是社会成员会普遍同意只有管理者才拥有权力的缘故，这也就是权力合法性的唯一源头。

3. 权威：权力是管理者所拥有的权威性强制力量

权力是管理者所拥有的具有合法性和强制性的影响，意味着，权力是管理者所拥有的权威性强制力量。因为权威与权力一样，一方面，显然都属于影响范畴，都是一种使人服从的力量；另一方面，显然都是一种使人自愿服从的力量，都是一种大家同意、自愿服从的力量，说到底，都是一种具有合法性的影响。所以，达尔说："当领袖的影响力被披上了合法性的外衣时，通常就被称为权威。那么，权威就是一种特殊的影响力，即合法的影响力。"① 因此，权力——管理者所拥有的具有合法性和强制性的影响——岂不就是管理者所拥有的权威性强制力量？

诚然，权力与权威根本不同。一方面，权力具有强制性，是一种具有强制性的使人服从的力量；权威则不具有强制性，是一种不具有强制性的使人服从的力量。另一方面，权力仅为管理者所拥有；权威则可以为任何人——不论是管理者还是被管理者——拥有。一个特立独行、穷困潦倒的学者，环睹萧然，一无所有，仍然可以是一个学术权威。一个巫婆或江湖术士，也可以拥有使人自愿服从的力量，因而也是一个权威。

权威虽然与权力根本不同，却因其是一种合法性影响而成为权力结构的一个要素，即其合法性要素，亦即其社会承认、认可和同意要素。因为权力是管理者所拥有的具有合法性和强制性的影响，意味着权力原本由"管理者"、"强制性"与"合法性"三大要素构成。换言之，权力由管理者、强制与权威三大要素构成：权力＝管理者＋权威＋强制。

---

① 达尔：《现代政治分析》，77页，上海译文出版社，1986。

这意味着，权力的目的——使被管理者服从——通过权威和强制两种途径或手段实现。不难看出，一方面，权威与强制两种手段恰成反比：管理者越有权威，他所使用的强制手段便越少；越无权威，他所使用的强制手段便越多。另一方面，权力的有效性——亦即使被管理者服从的效用性——与权威成正比，与强制成反比：管理者越有权威，使用的强制便越少，权力便越有效；管理者越没有权威，使用的强制便越多，权力便越无效；管理者如果彻底丧失权威而完全依靠强制，权力便失去合法性而成为纯粹强力，因而也就不成其为权力，沦为所谓“捆猪的力量”了。

因此，迪韦尔热说：“实际上，权力很少使用强制方法，害怕惩罚在强迫服从权力的过程中只起一种很小的作用。这里有必要提一下泰尔柯特·帕森斯的比喻。他认为，正如黄金来自货币一样，强制来自权力。只有在危机时期才采用金本位制，货币的价值主要是建立在以信用为主的其他基础之上的。同样，权力只有在特殊情况下才使用强制权。”①

综上可知，权力是管理者所拥有的具有合法性和强制性的影响，是管理者所拥有的具有合法性和强制性的使人服从的力量，是仅为管理者拥有且被社会承认的使被管理者服从的具有强制性的力量，是管理者拥有的迫使被管理者必须且应该服从的力量。这就是权力的定义。这样一来，我们既界定了权力概念，又界定了社会概念，从此出发，也就可以界定国家概念了。因为国家属于社会范畴，国家不同于其他社会的种差或根本特征，就在权力概念外延之中。那么，国家不同于其他社会的种差究竟是什么？国家究竟是什么？

二、国家界说

1. 国家与社会：构成要素之比较

国家不同于其他社会的种差或根本特征，虽难捕捉，却可以根据构成社会的要素推导出来。从社会的定义——两个以上的人因一定人际关系而结合起来的共同体——不难看出，构成社会的基本要素包括人口与人口聚集之

---

① 莫里斯·迪韦尔热：《政治社会学》，109页，华夏出版社，1987。

处——土地。没有二者，显然不可能存在社会。所以，周鲸文说："社会是在一个地方，人们过共同的生活……马克微尔说：'据我的意思，社会是共同生活的场所，例如村庄、城市、区域、国家，或是再比较广大的区域。'此处我们看出社会的特性，它有土地性，及人群性。"①

然而，只有土地与人口，还不能构成社会，二者只是社会构成的必要条件，而不是社会构成的充分条件。社会的构成无疑还需要一个要素，那就是权力（及其管理组织或机关），权力（及其管理组织或机关）是任何社会存在发展的必要条件。只不过，权力管理机关的复杂程度与社会的复杂程度成正比，社会越复杂，它的权力管理组织便越复杂；社会越简单，它的权力管理组织便越简单。比较复杂的社会，如阶级社会以来的国家，其权力管理组织也比较复杂，因而从社会其他组织脱离出来而成为一种独立的实体；比较简单的社会，如氏族部落，其权力管理组织也比较简单，因而还没有与该社会其他组织脱离出来而成为一种独立的实体；最简单的社会，如家庭，其权力组织与该社会则完全是同一组织。

权力（及其管理组织或机关）是任何社会存在发展的必要条件，因而便与人口、土地一起构成社会三要素。任何社会，不论是家庭、学校还是乡县区市，不论是氏族部落还是国家城邦，皆由人口、土地和权力（及其管理组织或机关）三要素构成。那么，是否只要具备人口、土地和权力及其组织或机关，就必定存在社会呢？是的。人口、土地和权力（及其管理组织或机关）显然是构成社会的充分且必要条件。

但是，人们所构成并生活于其中的社会，并非简简单单只有一种，而是林林总总、多种多样的，如家庭、乡、县、市、省、国家等。这些社会的构成，固然也不外人口、土地和权力（及其管理组织或机关）三要素，但构成这些社会的权力（及其管理组织或机关），相互间必须形成一种具有领导和被领导关系的上级和下级的等级结构，从而存在一种不可抗拒的统率所有权力的最高权力及其管理组织或机关。只有这样，这些社会相互间才可能互相配合、统一和谐，从而得以存在发展；否则，如果没有最高权力及其管理组织或机关，那么，林林总总的社会便势必各行其是、互相冲突、混乱无序、分崩离析，从而也就不可能存在发展了。

---

① 周鲸文：《国家论》，4页，天津大公报馆，1935。

最高权力管理组织或机关就是所谓政府。政府就是执掌和行使最高权力的一切管理组织或机关，就是掌握与行使最高权力或国家政权的团体及其成员，就是国家的政权机关、政治组织或政治社会，是国家的领导集团，因而只是构成国家的一种要素，只是构成国家的一部分，也就是能够代表国家的那个部分，就是国家的代表，正如一切社会的领导者和管理者都是该社会的代表一样。

政府或最高权力及其管理组织，固然还不是国家，而只是构成国家的一种要素，但是，这种要素乃是国家区别于其他社会的根本特征或种差。国家就是拥有最高权力的社会，就是拥有最高权力管理组织的社会，就是拥有政府的社会。因为国家属于社会范畴，是一种特殊的社会，它与其他社会——如家庭、学校、乡、县、区、市等——的区别，显然不在于土地和人口两要素，而只在于权力及其组织：最高权力及其组织或政府是国家区别于其他社会而为国家所特有的要素。季尔克立斯在讨论国家的这一要素时讲得很清楚："此为国家之最高元素，而国家与其他社会团体之分别，亦在于此。其他团体，虽亦能有一定之地域，统率一部分之人民，及备有管理之机关，但有以上三者而又兼有主权者，仅有一个团体，此一团体，即是国家。"①

可见，土地、人口和权力及其组织乃是构成一切社会的三要素，因而也是构成国家的三要素，只不过，构成国家的权力及其组织要素，乃是最高权力及其组织罢了，国家就是拥有最高权力及其组织或政府的社会。试想，为什么家庭、学校、县、市、州、省、自治区等只是社会而不是国家？岂不就是因为它们虽然拥有土地、人口和权力，却不拥有最高权力？为什么诸如西藏、新疆那样大的自治区都不是国家，而只有百余英亩土地和千余人口的梵蒂冈城邦却是国家？岂不就是因为梵蒂冈拥有最高权力，而西藏、新疆却不拥有最高权力？岂不就是因为构成梵蒂冈的三要素是土地、人口和最高权力，而构成西藏和新疆的要素却是土地、人口和权力？

2. 国家：最大最高的社会

国家是拥有最高权力的社会，意味着，国家内部具有一种权力的等级结构，较低的权力被较高的权力所领导，而最高权力则领导一切权力。拥有较高权力的社会，如省、市、自治区等，是由拥有较低权力的社会——如县、乡、家庭

---

① 季尔克立斯：《政治学原理》，30页，黎明书局，1932。

等——构成的;而拥有最高权力的社会,亦即国家,则是由一切社会构成的。这样一来,国家便呈现一种由较小社会构成较大社会的包括与被包括关系的等级结构。在这种结构中,较小的社会,如家庭、乡和街道,所拥有的权力就较小,并被包括在较大的社会中而成为较大社会的一部分;较大的社会,如县、市、省,则包括较小的社会而成为这些较小社会的总和,因而拥有的权力就比较大,领导着它所由以构成的这些较小社会;最大的社会,亦即国家,则包括家庭、乡、县、市、省等一切社会而成为一切社会的总和,因而拥有最高权力,领导一切社会。

可见,国家是一切社会按照从小到大和从低级到高级的"包括与被包括以及领导与被领导"的关系所构成的最大最高的社会。国家是最大社会,因为它是一切社会的总和,是一切社会所构成的一个有机整体。国家是最高社会,因为它拥有领导一切社会的最高权力。国家是一切社会的总和,是最大且最高的社会,显然意味着国家是社会发展的最高级最完备的形态。因此,亚里士多德说,国家是"社会团体中最高而包含最广的一种"①。"等到由若干村坊组合而为城邦,社会就进化到高级而完备的境界。在这种社会团体以内,人类的生活可以获得完全的自给自足。"②

究竟言之,任何一种较大较高的社会,如省、自治区,显然都不是一种与较小的社会分离独立的社会,而是一切较小社会——如县乡和家庭——的结合、总和:一切较小的社会都是构成较大社会的一部分;而较大社会则是较小社会结合而成的整体。同理,国家这种最大且最高的社会,也不是一种与其他社会分开独立的社会,而是一切社会的结合、总和:一切社会都是构成国家的一部分;而国家则是一切社会结合而成的整体。这就是国家为什么是最大最高的社会:整体大且高于部分。

另一方面,国家是最大且最高的社会,完全是相对的,而不是绝对的。因为任何一个国家,都只是其领土范围内的一切社会的总和,因而都只是其领土范围内的最大且最高的社会,都只是相对于其领土范围内的社会来说,才是最大且最高的社会。对于领土范围之外的社会来说,一个国家完全可能是一个不大的、很小的甚至极小的社会。就拿梵蒂冈国家来说,它只是其百余英亩领

---

① 亚里士多德:《政治学》,3页,商务印书馆,1965。

② 同上书,7页。

土内的一切社会的总和，因而只是对于这些社会来说，才是最大且最高的社会。如果相对于梵蒂冈领土之外的中国西藏、内蒙古来说，那么，这个百余英亩土地上的千余人口的国家岂非区区弹丸之地？谈何最大且最高社会？

3. 国家：拥有主权或独立自主的社会

不难看出，一个社会，如果不拥有最高权力，如省、市、县，那么，该社会便必受拥有最高权力的社会——国家——的领导，便必定依附于拥有最高权力的社会而不能够自己说了算，不是独立自主的社会。反之，如果一个社会拥有最高权力，则显然意味着，这个社会不受其他社会领导，不依附于其他社会，而完全自己说了算，完全是独立自主的。最高权力就是独立自主的权力；拥有最高权力的社会就是独立自主的社会。因此，国家最高权力又叫作主权，主权就是国家独立自主的权力，就是国家最高权力。

这样一来，国家是拥有最高权力的社会，便意味着国家就是拥有主权的社会，说到底，就是独立自主的社会。"拥有最高权力的社会"、"拥有主权的社会"与"独立自主的社会"三者是同一概念。因为一切拥有最高权力或主权的社会，显然都是独立自主的社会；反过来，一切独立自主的社会，也都是拥有最高权力或主权的社会。诚然，独立自主的社会可能存在两种情形。一种是独立自主社会之常规，亦即由一切社会的总和所构成的独立自主的复合社会，如由家庭、乡、县、省等社会所构成的现代国家。这种社会之所以独立自主，显然是因为它拥有最高权力或主权，独立自主的社会是拥有最高权力或主权的社会。

反之，另一种则是独立自主的社会之例外，亦即极为原始的不包括其他任何社会的最简单的社会单位。举例说，大约一百万年以前，尚处于"狩猎—采集"阶段的原始社会的"队群"或"游团"(bands)，少则只有 20 人，多则几百人。这种"队群"或"游团"虽然极为简单，不包括任何其他社会，通常却是一种独立自主的社会。粗略看来，这种社会并不拥有最高权力或主权。其实不然。因为主权或最高权力就是独立自主的权力，它无疑具有双重含义：高于一切权力的权力和没有更高权力的权力。现代国家高于一切权力的权力，是不受其他权力领导和支配的权力，因而是独立自主的权力，是主权或最高权力，是领导和支配一切权力的最高权力或主权。同样，"队群"或"游团"没有更高权力的权力，也是不受其他权力领导和支配的权力，因而也是独立自主的权力，也是主权或最高权力。

可见，不但一切拥有最高权力或主权的社会都是独立自主的社会，都是国家，而且一切独立自主的社会，也都是拥有最高权力或主权的社会，也都是国家，国家、拥有最高权力的社会与独立自主的社会三者实为同一概念。因此，马里旦说："什么是主权概念的严格的和真正的意义呢？主权指两件事情：第一，一种享有最高独立性和最高权力的权利……第二，一种享有某种独立性和某种权力的权利，这种独立性和权力在它们的固有的范围内是绝对的或超越地最高的。"①

三、国家界说理论

1.现代西方主流定义

国家的四个定义——拥有最高权力及其管理组织或政府的社会、拥有主权的社会、最大且最高的社会和独立自主的社会——的推演顺序表明，最高权力及其管理组织或政府是国家之所以为国家的最根本的特征。这种特征是如此根本，以致思想家们竞相将国家与最高权力及其管理组织或政府等同起来，将国家与政权、政治组织和政治实体等同起来，从而认为国家就是最高权力及其管理组织或政府，就是政权、政治组织或政治实体。亚里士多德说："至高而广涵的社会团体就是所谓'城邦'，即政治社团。"②马里旦说："国家不过是一个有资格使用权力和强制力并由公共秩序和福利方面的专家或人才所组成的机构，它不过是一个为人服务的工具。"③凯尔森说："既然社会是由组织构成的，那么将国家界说为'政治组织'就更加正确……有时人们以国家具有或就是'权力'为理由，将它说成是一个政治组织。"④"实质的国家概念，指国家官吏组成的吏治器官而言。"⑤莱斯利·里普森说："国家是把政治的动力组织起来并使之形式化的机构。"⑥贾恩弗朗哥·波齐说："政治权力的最基本和最重

① 马里旦：《人和国家》，38、48页，商务印书馆，1964。

② 亚里十多德：《政治学》，3页，商务印书馆，1965。

③ 马里旦：《人和国家》，15页，商务印书馆，1964。

④ 凯尔森：《法律与国家》，213页，台北正中书局，1976。

⑤ 同上书，242页。

⑥ 莱斯利·里普森：《政治学的重大问题》，42页，华夏出版社，2001。

要的现代形式，即国家。”①韦伯说：“当行政班子成功地维持了合法使用暴力的垄断权来贯彻自己的命令时，这种能够持续运作的强制性政治组织就将被称为‘国家’。”②狄骥写道：“把国家本身理解为唯一执掌着发号施令的权力的观念，几乎为四十年来从事公法著述的德国法学者一致公认。”③甚至明确指出“最高权力是国家根本特征”的拉斯基也居然将国家与权力或最高权力等同起来：“国家可以合理地被视为组织公共的强制权力，以便在一切正常情形下，使政府的意志能贯彻执行的一种方法。它是在全部人民以外而且超过全部人民的一种权力。”④德莱什克则将这种思想归结为一句名言：“国家就是权力。”⑤

这种将“国家等同于最高权力和政权机构、政治实体或政府”的界说，有其词源学根据。因为现今西文“国家”——state（英）、etat（法）、staat（德）诸词，皆源于意大利文 stato，专指政权、政治机构或政治组织。所以，《布莱克尔政治学百科全书》的“国家”词条指出，这种将“国家等同于最高权力和政权机构”的定义，逐渐形成于 14—17 世纪，而成为现代西方主流定义：“最一般的用法也许是把‘国家’等同于政治实体或政治共同体……这种用法有其词源学根据。国家一词是在 14 世纪到 17 世纪逐渐演变为表示政治实体的一般概念。”⑥

2. 马克思主义定义

马克思主义经典作家继承了这种将“国家等同于最高权力和政权机构、政治实体”的主流定义。恩格斯一再说：“国家无非是有产阶级即土地所有者和资本家对被剥削阶级——农民和工人——施行的有组织的总和权力。”“随着法律的产生，就必然产生出以维护法律为职责的机关——公共权力，即国家。”⑦列宁也这样写道：“系统地采用暴力和强迫人们服从暴力的特殊机构，这样的机构就叫做国家。”⑧

---

① Gianfranco Poggi, *The State: Its Nature, Development and Prospects*, Cambridge: Polity Press Ltd., 2007, p. 18.

② 转引自迈克尔·曼：《社会权力的来源》，第二卷上，63 页，上海世纪出版集团，2005。

③ 狄骥：《宪法论》，438 页，商务印书馆，1959。

④ 拉斯基：《国家的理论与实际》，10 页，商务印书馆，1959。

⑤ 狄骥：《宪法论》，385 页，商务印书馆，1959。

⑥ 米勒等编：《布莱克尔政治学百科全书》，741 页，中国政法大学出版社，1992。

⑦ 《马克思恩格斯选集》，第二卷，539 页，人民出版社，1972。

⑧ 《列宁选集》，第四卷，44 页，人民出版社，1972。

如果国家就是管理机构、政治组织、政权和最高权力,就是国家的政治权力机构、政府或政治实体,那么,在阶级社会,在某种意义上,国家就可能是阶级压迫的工具,就可能是阶级统治机器。因为在阶级社会,非民主制国家政权必定是垄断政治权力的官吏阶级对没有政治权力的庶民阶级的专政工具,必定是维护统治阶级对被统治阶级进行剥削和压迫的工具,是镇压被剥削被压迫阶级反抗的机器,是一个阶级压迫和剥削另一个阶级的机器。维护君主或寡头利益而剥夺绝大多数人权益乃是非民主国家政权之最根本的任务和职能。

这样一来,如果国家的现代主流定义——国家就是国家政权,就是政权、最高权力和政治组织或政府——是真理,那么,在专制等非民主制的阶级社会,根本说来,国家岂不就是阶级镇压的机器?岂不就是镇压被剥削被压迫阶级反抗的机器?岂不就是维护统治阶级对被统治阶级进行剥削的工具?岂不就是一个阶级压迫和剥削另一个阶级的机器?因此,恩格斯说:“迄今在阶级对立中运动着的社会需要有国家,即需要一个剥削阶级的组织,以便维护它的外部的生产条件,特别是用暴力把被剥削阶级控制在当时的生产方式所决定的那些压迫条件下(奴隶制、农奴制、雇佣劳动制)。”①

可见,马克思主义关于国家即阶级镇压的机器的定义,依据于国家的现代主流定义——国家亦即政治权力机构或政治实体——因而其能否成立,关键在于国家的现代主流定义能否成立。那么,后者是真理吗?非也。因为,一方面,政权或最高权力并非国家,而是国家区别于其他社会的种差,是国家之所以为国家的根本特征:国家是拥有最高权力的社会。因此,绝不能将国家与最高权力或政权等同起来,而将国家界说为最高权力或政权。国家包括家庭、学校、企业、工厂、省市县等一切社会,包括土地、人口和最高权力。国家是所有这一切的总和,是这一切所构成的整体,它怎么能仅仅是一种政权、权力、最高权力呢?难道报效国家仅仅是报效最高权力,仅仅是报效政权?难道说热爱中国仅仅是热爱中国的政权或权力?难道包括13亿人口和960万平方公里土地的中国仅仅是一种权力或政权?

另一方面,正如拉斯基所指出的,政治组织或政治实体和政府也并非国家,而是掌握与行使最高权力或政权的团体及其成员,是构成国家的一部分,也就是能够代表国家的那个部分,是国家的代表。“国家需要一个人的团体替

① 《马克思恩格斯全集》,第二十卷,305页,人民出版社,1971。

它行使它所掌握的最高的强制性的权威;而这个团体就被我们唤作国家的政府。政治学的基本原则之一,就是我们必须把国家和政府区分得清清楚楚。政府只是国家的代理人;它的存在,就是要贯彻执行国家的意旨。它本身并不是那个最高的强制权力,它不过是使那个权力的意旨发生效力的行政机构。"①

这样一来,如果将国家与国家的政治组织或政府、政治实体等同起来,而将国家界说为政治组织、政治实体、政治社会或政府,便正像杨幼炯所言,是将一个法团的董事会与该法团自身等同起来,犯了以偏概全的错误。"政府是国家所必不可少的机关或代理者,但它并不是国家本身,就如同一个公司的董事会不是公司本身一样。"②确实,国家怎么能是一种政治组织、政治机构或政府呢?难道中国仅仅是中国政府,仅仅是中国的政治组织、政治机构,而不包括13亿人民和960万平方公里的土地?难道热爱中国仅仅是热爱中国政府和国家领导机构,而不包括热爱中国人民和中国山河?显然,国家绝不仅仅是政治实体、政治社会或政府,而是一切社会的总和。所以,鲍桑葵说:"国家就不仅仅是政治组织,'国家'(State)一词确实主要是指统一体的政治方面,并与那种无政府状态社会的概念相对立。但是,它包括从家庭到行业、从行业到教会和大学各方面决定生活的整套组织机构。"③

综上可知,关于国家的现代主流定义——亦即将国家等同于最高权力、政权和政治组织或政府、政治社会或政治实体——是不能成立的。这样一来,马克思主义关于国家亦即阶级压迫工具的定义也就不能成立了。只有国家政权、最高权力和政治组织或政府才可能是阶级压迫工具;而国家乃是家庭、学校、工作单位等一切社会的总和,它怎么能是阶级压迫工具呢?只有国家政权、最高权力和政治组织或政府才可能是阶级压迫工具,而包括人口和土地的国家怎么能是阶级压迫工具呢?国家亦即阶级压迫工具的定义的根本错误,显然在于等同国家与国家政权、政治组织或政府,因而也属于国家的现代主流定义范畴:"国家亦即阶级压迫工具"的定义不过是"国家亦即政权或政治组织"的现代主流定义在阶级社会的推演而已。

---

① 拉斯基:《国家的理论与实际》,7页,商务印书馆,1959。

② 杨幼炯:《政治科学总论·现代政府论》,322页,台北中华书局,1967。

③ 鲍桑葵:《关于国家的哲学理论》,163页,商务印书馆,1995。

思考题：

1. 国家就是最高权力及其管理组织；最高权力及其管理组织是一个阶级压迫和剥削另一个阶级的工具；国家是一个阶级压迫和剥削另一个阶级的工具。试析该推论之真假对错。

2. 我们应该爱国；国家是阶级压迫工具；我们应该爱阶级压迫工具。试辨析这三个命题之真假。

3. 国家是阶级压迫工具；中国是国家；中国是阶级压迫工具。这个推论能成立吗？

第二章　国家起源

提要　国家是拥有最高权力及其管理组织或政府的社会，是最大且最高的社会。因此，一方面，从人的社会本性来看，国家必然起源于每个人对于社会最大化的需要（每个人需要的满足程度与社会的大小规模成正比）和使各种社会成为一个统一整体的需要（最高权力或国家是各种社会成为一个统一体的最根本的必要条件）。这是国家的内在的、间接的和终极的起源，它只是说明国家乃人类固有需要，只是说明国家产生的必然性，而未能说明国家产生的实然性和应然性。另一方面，从国家实际的产生状况来看，任何权力无疑必然都产生、形成和起源于社会成员的普遍同意；最高权力属于权力范畴，因而必定产生、形成和起源于社会成员的普遍同意。任何两个以上的人就某种利益交换关系所达成的同意无疑都是契约。于是，最高权力或国家便必然直接产生、形成和起源于契约，起源于社会成员就最高权力所关涉的权利与义务等利益之交换所缔结的契约，但究竟起源于何种最高权力契约则是偶然的。唯有起源于民主地缔结的民主的最高权力契约，才是善的、应该的和道德的；否则便是恶的、不应该和不道德的。这是国家的直接的外在的起源，它说明国家实际上是怎样产生的，说明国家产生的实然性和应然性。

一、国家终极起源

1. 国家从来就有：从国家的科学的定义来看

从国家的科学的定义——亦即“拥有最高权力的社会”、“拥有主权的社会”、“最大且最高的社会”和“独立自主的社会”——可以看出，国家与社会一样，是从来就有的。因为现代人类学研究表明，人类最早的社会或最古老的原始社会，就是“队群”或“游群”。它是大约一万年以前，人类尚处于农业产生之前的“狩猎—采集”阶段的社会组织的普遍形态。对于这种社会形态，现代人类学家恩伯曾这样描述道：“有些社会是由若干相当小的、通常是游动的群体组成。我们习惯于称每个这样的群体为队群，它在政治上有自主权。这就是说，在这种社会中，队群是最大的政治单位。鉴于大多数近代的食物采集者都曾经有过队群组织，一些人类学家认为，在农业产生以前，或者一直到大约一万年以前，队群这种类型的政治组织几乎是所有社会的特征。……队群的规模很小，通常不足百人，甚至更少。每个队群都拥有广大领土，因而人口密度很低。”①

可见，“队群”虽然通常只有几十个人，极为简单，不包括任何其他社会，却是一种独立自主的社会，因而也就是一种国家，亦即人类最原始、最古老、最简单的国家。这样一来，国家也就是一种人类最早的社会，是一种最古老的社会，因而是人类从来就有的社会。所以，鲍桑葵说：“从某种意义上讲，可以说凡是有人类居住的地方就有国家。也就是说，从来就有某种规模比家庭大而且不承认任何权力高于它的联合组织或自治组织。”②

诚然，问题在于，说原始社会20人构成的独立自主的小小“队群”或“游团”是一个国家，岂不荒唐？乍一看来，确实荒唐。其实不然。因为哪一种极其高级伟大的事物，不是由极其简单渺小的事物发展而来的？现代国家固然极其庞大复杂，但它显然并不是一下子无中生有，而无疑是从人类最原始、最古老、最简单的国家发展进化而来的。那么，这种人类最原始、最古老、最简单的国家由20人构成，何荒唐之有？柏拉图早就指出，最小的国家可能只有4—5人：“最小的城邦起码要有4—5人。”③更何况，如果千余人口的梵蒂冈是一个国家并不荒唐，那么，千余人口的“队群”是一个国家也就不荒唐了。如果千余人口的“队群”是一个国家不荒唐，那么，百余人口的“队群”是一个国家也就不荒唐了。如果百余人口的“队群”是一个国家并不荒唐，那么，20个人构

---

① Carol R. Ember, Mevin Ember, *Cultural Anthropology*, Ninth Edition, Prentice Hall, Inc., 1999, p. 222.

② 鲍桑葵：《关于国家的哲学理论》，46页，商务印书馆，1995。

③ 柏拉图：《理想国》，59页，商务印书馆，1986。

成的“队群”是一个国家，何荒唐之有？

显然，问题的关键全在于国家的定义。如果像我们在前面所证明的那样，国家的定义是“拥有最高权力、主权或独立自主的社会”，那么，一个社会，不论如何庞大复杂，不论有多少人，哪怕是2亿人，只要它不拥有主权、不能独立自主，它就不是国家；相反地，一个社会，不论如何简单原始，不论有多少人，哪怕它只有两个人，但只要它拥有主权、独立自主，它就是国家。因此，我们决不能因为“队群”或“游群”是人类最简单、最古老、最原始的社会而否定其为国家。“队群”或“游群”究竟是不是国家，只能看它是否拥有主权，是否独立自主。既然“队群”或“游群”确实是一种拥有主权、独立自主的社会，那么，它无疑是国家。所以，国家从来就有，它是一种人类从来就有的社会。

2. 国家并非从来就有：从国家的现代主流定义来看

如果不是从国家的科学的定义出发，而是从国家的现代主流定义——国家就是最高权力、政治权力和政治组织或政府、政治实体——来考察国家起源，那么顺理成章，自然会得出结论说：原始社会不存在独立的政治组织或政治实体，不存在专业化的武装队伍，因而不存在国家；只有到了阶级社会，政治组织才独立出来而成为一种政治实体，才存在专业化的武装队伍，因而才产生了国家。国家是阶级社会的产物，是剥削阶级镇压被剥削阶级的工具。这就是基于国家的现代主流定义的国家起源论，它不仅是马克思主义的国家起源论，而且是摩尔根、塞维斯以及哈维兰等所代表的现代人类学主流理论。①

显然，这种国家起源论的错误在于，它所依据的国家现代主流定义（国家亦即政治实体，亦即正规、专门或独立的政治组织）是错误的，将国家与国家的一部分——国家的政治组织或政府——等同起来。殊不知，国家之所以为国家、国家区别于其他社会的根本特征，不在于是否拥有正规、专门或独立的政治组织，而仅仅在于是否拥有最高权力、主权或独立自主。这样一来，原始社会便存在国家，国家便是从来就有的了。因为原始社会无疑存在着拥有最高

① Lewis H. Morgan, *Ancient Society*, Cambridge: The Belknap Press of Harvard University Press, 1964, p.14; Carol R. Ember, Mevin Ember, *Cultural Anthropology*, Ninth Edition, Prentice Hall, Inc., 1999, p. 226.

权力或主权的社会，无疑存在着独立自主的社会，拥有最高权力或主权从而独立自主的社会无疑是从来就有的。只不过，原始社会的国家是一种原始国家，因而不存在独立的政治组织或政治实体，不存在专业化的武装队伍，不存在警察、监狱和军队，不存在税收；而阶级社会的国家则恰恰以独立的政治组织或政治实体为特征，因而存在专业化的武装队伍，存在警察、监狱和军队，存在税收罢了。国家既然从来就有，那么，它是否永远存在？

按照国家定义及起源的现代主流理论和马克思主义理论，国家既然是一种独立的、专门的政治组织或政治实体——如官署、警察、监狱、军队等——既然并非从来就有而只是产生于阶级社会，是阶级镇压工具，那么，毫无疑义，国家必将随着阶级的消灭而消亡。[①] 因此，国家消亡是依据国家定义和起源的现代主流理论而从阶级必将消灭的事实推导出来的结论。这一推导过程可以归结为一个公式：

前提 1：国家产生于阶级社会，是阶级镇压工具。

前提 2：阶级必将消灭。

结论：　国家必将消亡。

这一推论的前提 2“阶级必将消灭”固然是真理，但前提 1“国家产生于阶级社会，是阶级镇压工具”和结论“国家必将消亡”却皆为谬误。因为独立的、专门的、特殊的政治组织或政治实体和专业化的武装队伍——军队、警察和监狱——固然产生于阶级社会而可以成为阶级镇压工具，但它们绝不仅仅起因于阶级镇压需要，而同时也起因于人口增长、经济发展管理组织日益庞大复杂等需要。因此，随着阶级消灭而消亡的，仅仅是阶级镇压所必需和特有的那种政治组织或政治实体，如臃肿的官僚机构和庞大的军队等。与阶级镇压无关而起因于人口、经济、科学、教育、文化、艺术、卫生、体育等事业的发展和管理对象日益复杂之独立的、专门的政治组织或政治实体，显然不会因阶级消灭而消亡。

退一步说，即使一切独立的、专门的政治组织或政治实体皆随着阶级消灭而消亡，国家也不会消亡。因为即使不存在独立的、专门的政治组织或政治实

---

① 《马克思恩格斯选集》，第四卷，170 页，人民出版社，1972。

体，也绝不可能不存在权力和最高权力。因为只要存在社会，就必定存在权力和最高权力；如果没有了权力和最高权力，也就不可能存在任何社会。而只要存在权力和最高权力，也就存在国家了，国家是拥有最高权力的社会。所以，究竟言之，只有在一种情况下国家才可能消亡，那就是，每个人不再是社会动物，不再结成社会过社会生活，而完全形单影只孤零零地生活。只有在这种每个人都独自生存而彼此老死不相往来的情况下，国家才会消亡。否则，哪怕只有两个人在一起生活，也会因其是一种社会而必定拥有权力和最高权力，因而必然存在国家。

问题的关键在于，人是社会动物，人们绝不可能各自形单影只独自生活，而必然结成社会，过社会生活。这样一来，人类在任何情况下便都因其必然结成社会而必然存在权力和最高权力，必然存在拥有最高权力的社会，因而必然存在国家。所以，一方面，国家固然与社会根本不同，国家是拥有最高权力的社会；但是，另一方面，国家却与社会一样，从来就有并将永远存在，永恒性与绝对性乃是国家的存在本性。因此，国家不可能消亡，而只能随着社会发展和阶级生灭而不断转型：已由原始社会无阶级的部落国家，转型为阶级社会的阶级国家；已由公元前一千年多达一百万个国家，转型为今日一百多个国家；势必将由这一百多个阶级国家，转型为一个只拥有一个主权和一个政府的世界大同的无阶级的共产主义的全球国家。

3. 国家终极根源：国家最终源于社会的统一和最大化需要

国家与社会一样，从来就有并将永远存在，意味着：对于国家起源的研究，不应该考究国家最初是怎样产生的，不应该考究所谓前国家时代的社会是怎样产生国家的；而应该考究新国家是怎样产生的，应该考究各个国家的生灭更替，从而发现国家起源的普遍规律。准此观之，柏拉图和亚里士多德关于国家的“自然起源说”揭示了国家终极的必然的普遍的根源。柏拉图说：“在我看来，之所以要建立一个城邦，是因为我们每一个人不能单靠自己达到自足，我们需要许多东西。你们还能想到什么别的建立城邦的理由吗？”①

确实，每个人单独说来原本都是弱小无能而难以独自生存的动物，只有建立人际联系，分工协作，结成各种社会——如家庭、村庄、城镇和国家等——才

① 柏拉图：《理想国》，58页，商务印书馆，1994。

能生存发展,满足自己的各种需要。因此,人注定是一种社会动物,国家起源于每个人的社会需要,起源于每个人生存和发展之普遍的、必然的、自然的社会需要。诚然,这只是国家与其他一切社会的共同的起源——因而也就是国家的最普遍最根本的根源——而不是国家特有的起源,因而与其说是国家起源,不如说是社会起源。但是,从此出发,便不难发现国家特有的起源了。

原来,人是社会动物,每个人的生存发展需要不但只有通过社会才能够获得满足,而且这些需要的满足程度,显然与社会规模的大小成正比。社会的规模越小,人才的种类便越少,分工协作便越简单,从而每个人需要获得满足的程度便越低越少越差;社会的规模越大,人才的种类便越多,分工协作便越复杂,每个人需要获得满足的程度便越多越高越好。因此,每个人不仅需要和追求社会,而且需要和追求最大的社会,需要社会最大化,最大的社会就是每个人的需要可以获得最完备、最充分、最优良满足的社会。国家与最大的社会原本是同一概念。因此,这就是国家不同于其他社会的起源,这就是国家的特有起源。国家起源于每个人所固有的对于最大社会的需要,起源于每个人的需要的满足程度与社会的大小成正比之本性。这就是为什么亚里士多德认为国家起源于人对完备的、自给自足的、至善的、优良的生活之追求。①

然而,问题在于,如果说国家起源于人所固有的对于最大社会的需要,那么,国家就应该通通是大国,最终形成只有一个政府的全球国家。可是,实际上,为什么会存在那么多小国家呢?原来,国家或最高权力还有一个更为根本和重要的起源,那就是使社会成为一个统一的整体的需要。因为正如阿奎那所言,任何社会,不论大小,不论人数多少,它存在与发展的最根本的条件,无疑是统一,是"完整地结合为一个单位"。只有当社会如同一个人那样"构成一个整体",亦即成为一个统一体、一个"公共的大我"、一个"公共人格",它才能够存在发展;否则,四分五裂,各行其是,势必崩溃灭亡。②

那么,社会如何才能够成为一个统一的整体呢?显然不但需要权力,而且需要一种统率所有权力的最高的不可抗拒的权力。因为正如狄骥所言,如果

---

① 亚里士多德:《政治学》,7页,商务印书馆,1965。

② A. P. D'entreve, *Aquinas Selected Political Writings*, Totowa New Jersey, Barnes & Noble Books, 1981, p. 54.

只有权力而没有最高的不可抗拒的权力，人们势必各行其是，社会便会处于四分五裂无政府状态而崩溃瓦解。[①] 因此，最高权力乃是社会成为一个统一整体的最根本的必要条件。只有形成最高的不可抗拒的权力，社会才能够成为一个统一的整体，才能如拉斯基所说而“完整地结合为一个单位”，才能如卢梭所说而成为一个“公共的大我”。[②]

因此，只要有社会，就必定有最高权力或国家，最高权力或国家是社会成为一个统一的整体的最根本的必要条件，是社会存在发展的最根本的必要条件。这就是为什么国家从来就有并且永远存在，这就是最高权力或国家的最根本、最重要的起源和目的。最高权力或国家源于社会成为一个统一体的需要，目的在于使社会成为一个统一体，从而避免四分五裂，各行其是，最终保障社会存在发展。

可见，国家所特有的起源具有双重性：国家起源于每个人对于社会最大化的需要和使社会成为一个统一体的需要。不难看出，二者具有反比例关系：社会越大，便越难以统一；社会越小，便越易于统一。这恐怕就是为什么国家虽然起源于社会最大化的需要，可是实际上却存在众多小国家。但是，随着社会和人类的进步，大国统一之困难必定会逐步被克服，从而不断实现社会最大化和国家最大化。事实正是如此，我们已经由公元前一千年多达一百万个国家，最大化为今日一百多个国家；最终岂不必定会最大化为一个拥有一个主权和一个政府的全球国家？

综上可知，一方面，国家与其他社会一样，起源于每个人生存和发展的社会需要，为了满足每个人生存和发展需要；另一方面，国家与其他社会不同，起源于每个人的这些需要的满足程度与社会的大小规模成正比之本性，起源于每个人对于社会最大化的需要和使社会成为一个统一体的需要，为了最充分地满足每个人生存和发展的需要。但是，这些显然都只是国家的内在的、间接的、终极的起源，只是说明国家是人类需要，人类需要国家，只是说明了国家产生的必然性；而未能说明国家产生的实然性和应然性，未能说明国家实际上是怎样产生的以及应该是怎样产生的。国家或最高权力究竟是武力征服的结果还是上帝创造的抑或是人类契约而成？国家或最高权力究竟应该怎样产生？这就是国家的直接的、外在的、应然的起源问题。

---

① 狄骥：《宪法论》，383 页，商务印书馆，1959。

② 卢梭：《社会契约论》，23—25 页，商务印书馆，1991。

二、国家直接根源：国家直接源于最高权力之契约

1. 最高权力契约：国家直接且必然起源

契约是两个以上的人就某种利益交换关系所达成的同意，这恐怕是契约的精确定义。但是，契约概念极为重要且幽深晦涩，因而对于契约概念的定义，正如科宾所指出的，学术界众说纷纭。[①] 然而，不论人们的见地如何不同，有一点却是毫无争议的共识，那就是：两个以上的人就某种利益交换关系所达成的同意是契约。换言之，对于"任何契约都是两个以上的人就某种利益交换关系所达成的同意"的定义，绝非共识而必有持异议者；反过来，对于"任何两个以上的人就某种利益交换关系所达成的同意都是契约"的判断，却是共识而绝无持异议者。

不论从"任何契约都是两个以上的人就某种利益交换关系所达成的同意"的定义出发，还是从"任何两个以上的人就某种利益交换关系所达成的同意都是契约"的共识出发，都可以得出结论说，国家直接且必然起源于契约，说到底，必然直接起源于最高权力契约。因为国家是拥有最高权力的社会，它区别于其他社会的根本性质是最高权力。这就意味着，哪里有最高权力，哪里就有国家；最高权力的起源和原因就是国家的起源和原因。

最高权力无疑必然产生、形成和起源于社会成员的普遍同意。因为权力的概念分析告诉我们，一切权力——最高权力并不例外——都具有合法性；而合法性之所以为合法性，固然有强制必须符合法律之意，但并不局限于符合法律，而是泛指一个社会的强制力量所具有的被该社会成员普遍同意的性质：权力是仅为管理者拥有且被社会成员普遍同意的迫使被管理者服从的强制力量。这意味着，一切权力必然都产生、形成和起源于社会成员的普遍同意。失去社会成员普遍同意的权力便不再是权力，而仅仅是强制力量；强制力量一旦获得社会成员的普遍同意，就变成了权力，而不仅仅是强制力量。

然而，问题的关键在于，被管理者为什么会同意服从管理者所拥有的强制

① Arthur Linton Corbin, *Corbin on Contracts*, One Volume Edition, West Publishing Co., 1952, p. 4.

力量或权力？显然只能是因为，被管理者服从管理者的权力，就会获得利益，特别是获得受到管理者的权力所保障的利益，获得权利（权利就是受权力所保障的利益）。被管理者服从管理者权力的义务和利益，只能是对管理者给予的权利和利益的交换；管理者拥有权力的权利和利益，只能是对保障被管理者享有权利和利益的义务之交换。因此，一切权力，说到底，必然都产生、形成和起源于管理者和被管理者就权力所关涉的权利与义务等利益之交换所达成的普遍同意。

最高权力是一种权力，属于权力范畴，因而必定产生、形成和起源于社会成员的普遍同意。最高权力之所以是最高权力，只是因为它获得了社会成员的普遍同意；而一旦失去社会成员的普遍同意，最高权力便不再是最高权力，而仅仅是强制力量。那么，被管理者为什么会同意服从最高管理者所拥有的强制力量或最高权力？显然也只能是因为，被管理者服从最高管理者的最高权力，就会获得受最高权力所保障的利益和权利。被管理者服从最高管理者的最高权力的义务和利益，只能是对最高管理者给予的权利和利益的交换；最高管理者拥有最高权力的权利和利益，只能是对保障被管理者享有权利和利益的义务之交换。因此，最高权力必然产生、形成和起源于最高管理者和被管理者就最高权力所关涉的权利与义务等利益之交换所达成的普遍同意。

最高管理者和被管理者就最高权力所关涉的权利与义务等利益之交换所达成的普遍同意，无疑属于契约范畴：任何两个以上的人就某种利益交换关系所达成的同意都是契约。因此，最高权力或国家便必然产生、形成和起源于契约。一种最高管理者和被管理者就最高权力所关涉的权利与义务等利益之交换所缔结的契约，可以称为“最高权力契约”。这就是源远流长的“社会契约论”之真谛。

究竟言之，人类一切社会——从家庭到国家——无不必然源于某种契约。社会必然源于人们就“权力”问题所缔结的契约；国家则必然源于人们就“最高权力”问题所缔结的契约。因为社会是两个以上的人因一定人际关系而结合起来的共同体，这里所谓的“一定人际关系”，其最重要者，正如狄骥所指出的，乃是统治与被统治或管理与被管理的关系，说到底，也就是权力关系。[①] 因此，权力是社会形成的充分且必要条件。哪里有权力，哪里就有管理者和被管

① 狄骥：《宪法论》，382页，商务印书馆，1959。

理者,哪里就有两个以上的人因管理与被管理关系而结成的共同体,哪里也就有了社会。所以,权力的起源就是社会的起源。因此,权力必然产生、形成和起源于管理者和被管理者就权力所关涉的权利与义务等利益之交换所达成的普遍同意,便无异于说,社会产生、形成和起源于契约。一种管理者和被管理者就权力所关涉的权利与义务等利益之交换所缔结的契约,可以称为"权力契约"。

总之,人类一切社会——从家庭到国家——无不必然源于某种契约。这可以从两方面看。一方面,任何社会皆必然起源于权力契约,起源于管理者和被管理者就权力所关涉的权利与义务等利益之交换所缔结的契约,可以名之为"社会原初契约"。社会原初契约亦即权力契约,就是缔结任何社会的契约。因此,社会原初契约不必是人类缔结最早出现的那个原始社会之契约,而是缔结和建立任何一个社会——如某个新家庭——之契约。这种契约之所以叫作原始契约,是因为它是该社会诞生之契约,完全相对该社会诞生之后所缔结的一切契约而言。另一方面,国家则起源于最高权力契约,亦即起源于最高管理者和被管理者就最高权力所关涉的权利与义务等利益之交换所缔结的契约,可以名之为"国家原初契约"。国家原初契约亦即最高权力契约,就是缔结和建立国家的契约。所以,康德说:"人民根据一项法规,把自己组成一个国家,这项法规叫作原始契约。"[①]因此,国家原初契约不必是人类所缔结的那个最早出现的原始国家之契约,而是缔结和建立任何一个国家——如中国的唐朝或宋朝——之契约。这种契约之所以叫作原始契约,完全相对于该国诞生之后所缔结的一切契约(如该国的道德和法、法律、纪律、政策等)而言。

社会原初契约无疑属于社会契约范畴。那么,国家原初契约呢?也属于社会契约范畴。因为国家属于社会范畴,国家是最高且最大的社会。所以,国家原初契约便是最高且最大的社会原初契约,因而也就是最高且最大的社会契约。这样一来,岂不正如社会契约论者所言,国家起源于社会契约?是的。但是,这样说不够准确。因为社会契约的外延极为广泛,就连法和道德也都属于社会契约范畴,法和道德乃是规范一切社会行为的最普遍的社会契约。

岂止法和道德,真正讲来,一切契约都属于社会契约范畴,契约与社会契约乃是同一概念。因为任何契约都是两个以上的人就某种利益交换关系所达成的同意;而社会就是两个以上的人因一定人际关系而结合起来的共同体。

---

① 康德:《法的形而上学原理》,143 页,商务印书馆,1991。

所以，任何契约，哪怕是爱情的信誓旦旦，也都是一种社会活动，都是一种社会契约，只不过爱情婚姻契约是最小的社会——家庭——契约罢了。

因此，断言国家必然起源于社会契约固然不错，但确切说来，国家必然起源于最高权力契约，必然起源于国家原初契约，必然起源于缔结国家的契约。相应地，断言社会必然起源于社会契约也不错误，但确切说来，社会必然起源于权力契约，必然起源于社会原初契约，必然起源于缔结社会契约。最高权力契约或缔结国家的契约无疑是最根本的社会契约，它统摄权力契约或缔结社会契约而成为推演道德与法（宪法、法律、纪律和政策）等一切社会契约的基础和源泉。这恐怕就是欧内斯特·巴克说缔结国家的契约是宪法的缘故："一国之宪法即为构建该国契约的条款。"

2. 国家起源于武力征服：国家必然起源于契约之否定

否认国家必然起源于契约的最主要的根据，正如戴维·里奇所言，可见于休谟的批评："对社会契约论最重要且最有教益的批评来自休谟的批评。"[①]边沁甚至断言社会契约论已经被休谟彻底摧毁了。[②] 那么，休谟否定国家必然起源于契约的理由究竟是什么？他的理由说起来颇为简单，那就是，几乎所有国家和政府事实上都是武力征服或篡夺的产物，而并非起源于社会成员的同意或契约："几乎所有现存的政府，或所有在历史上留有一些记录的政府开始总是通过篡夺或征伐建立起来的，或者二者同时并用，它们并不自称是经过公平的同意或人民的自愿服从。……地表上的情况在不断变化，小的王国发展成大的帝国，大的帝国分解成许多小王国，许多殖民地陆续建立，一些种族迁居他乡。在这一切事件中除了武力和强暴你还能看到什么呢？何处有那些文人奢谈的什么相互同意和自愿联合呢？"[③]

确实，几乎所有国家皆是武力征服或篡夺的结果，因而皆起源于武力征服和暴力强制。然而，这并不否定所有国家皆起源于社会成员的同意或契约，暴力强制与同意或契约并不矛盾。因为同意或契约可以分为两类：一类是自由的、无强制的、心甘情愿的同意或契约；一类是被迫的、强制的、不自由和不情

① 迈克尔·莱斯诺夫等：《社会契约论》，252页，江苏人民出版社，2005。

② 边沁：《政府片论》，149页，商务印书馆，1995。

③ 休谟：《休谟政治论文选》，122—123页，商务印书馆，1993。

愿的同意或契约,亦即所谓“强制缔约”。我到市场买东西,与卖者就钱货交换所达成的同意或契约,就是自由的、无强制的、心甘情愿的同意或契约。反之,强买强卖所达成的同意或契约,则是被迫的、强制的、不自由和不情愿的同意或契约,属于“强制缔约”范畴。试想,强盗持刀逼我交出钱财,我惧怕死亡而不做反抗,交出了钱财,是不是一种同意?是的。我只有拒绝交出钱财而进行反抗,才是不同意。我不做反抗而交出了钱财,就是与强盗达成了同意,只不过不是自由的、无强制的、心甘情愿的同意;而是被迫的、强制的、不自由和不情愿的同意罢了。

可见,强制与同意或契约并不矛盾,武力征服或暴力强制既可能造成反抗、不同意从而未能缔结契约,也可能造成屈服、同意从而缔结契约。因此,几乎所有国家总是通过篡夺或征伐建立起来的,并不否定这些国家皆起源于社会成员的同意或契约,只不过不是起源于自由的、无强制的、心甘情愿的同意或契约,而是起源于被迫的、强制的、不自由和不情愿的同意或契约——亦即强制缔约——罢了。那么,几乎所有国家总是通过篡夺或征伐建立起来的,是否意味着几乎所有国家总是起源于强制缔约,亦即起源于被迫的、强制的、不自由和不情愿的同意或契约?

是的。因为征服者或篡夺者既然通过篡夺或征伐建立了国家,那就意味着,征服者或篡夺者已经取得了最高权力。而任何权力都具有合法性,都具有社会成员普遍同意的性质。权力就意味着同意,不具有社会成员普遍同意的权力决非权力,而只是强制力量。所以,征服者或篡夺者已经建立国家从而取得了最高权力,便意味着,征服者或篡夺者已经与国家其他成员就最高权力所关涉的权利与义务等利益交换达成了普遍同意,缔结了最高权力契约,只不过这种同意和契约总是被迫的、强制的、不自由和不情愿的同意或契约,总是属于强制缔约罢了。否则,如果没有达成普遍同意,如果没有缔结最高权力契约,那么,征服者或篡夺者充其量也就仅仅拥有可能转化为最高权力的强制力量,而绝没有取得最高权力,绝没有建立起国家。

因此,当休谟发现几乎所有国家总是通过篡夺或征伐建立起来的,实已意味着几乎所有国家总是起源于强制缔约,亦即起源于被迫的、强制的、不自由和不情愿的同意或契约。休谟的错误,一方面在于不懂得权力就意味着同意,不懂得不论经过怎样的征伐或篡夺,只要建立了国家从而取得了最高权力,那就意味着达成了同意和缔结了契约;另一方面,则在于误以为同意皆是自由的、无强制的、心甘情愿的，而不懂得被迫的、强制的、不自由和不情愿的同意也是同意，于是便由“几乎所有国家总是通过篡夺或征伐建立起来的”的正确前提，错误地得出结论说：几乎所有国家皆非起源于社会成员的同意或契约。

3. 何种最高权力契约：国家直接且偶然起源

国家起源于最高权力契约，亦即起源于社会成员就最高权力所关涉的权利与义务等利益之交换所缔结的契约，是必然的、普遍的、不可选择的，因而是不能进行道德评价的。但是，它究竟起源于何种最高权力契约，是起源于自由的、无强制的、心甘情愿的最高权力契约，还是起源于被迫的、强制的、不自由和不情愿的最高权力契约，则是偶然的、特殊的、可以选择的，因而是可以进行道德评价的。因为任何契约都是人制定的，因而皆具有可以自由选择的偶然性和主观任意性，既可能缔结自由的、公正的、道德的、应该的、优良的契约，也可能缔结不自由的、不公正的、不道德的、不应该的、恶劣的契约。因此，最高权力的本性——合法性或同意——虽然决定了国家起源于同意或契约是必然的、普遍的、不可选择的，但是，一个国家究竟起源于何种契约，是起源于自由的、公正的、道德的、应该的契约，还是起源于不自由的、不公正的、不道德的、不应该的契约，则是偶然的、特殊的、可以选择的。那么，究竟何种最高权力契约是道德的、应该的、好的和具有正价值？换言之，国家究竟应该起源于何种最高权力契约？说到底，衡量最高权力契约是否应该的价值标准究竟是什么？

最高权力契约的应然性主要包括两个方面：缔约过程的应然性或契约缔结的应然性与缔约内容或契约内容的应然性。毋庸赘言，任何契约缔结过程的主要价值标准都是“自由缔约”或“缔约自由”，人们往往称之为“契约自由”。按照这一原则，缔结最高权力契约应该是缔约者自由缔结的，而不应该是被迫缔结的，从而所缔结的是自由的、无强制的、心甘情愿的最高权力契约，而不是被迫的、强制的、不自由和不情愿的最高权力契约。

这样一来，在最高权力契约的缔结过程中，实现契约自由的前提无疑是缔约者相互间的政治地位完全平等。否则，如果最高权力缔约者的政治地位是不平等的，譬如一边是征服者，另一边是被征服者，那么，他们所缔结的最高权力契约，显然不可能是自由的、无强制的、心甘情愿的，而必定是被迫的、强制的、不自由和不情愿的。因此，当休谟发现几乎所有国家都是通过篡夺或征伐建立起来的，实已意味着：几乎所有国家都是起源于被迫的、强制的、不自由和不情愿的同意或契约，因而都违背契约自由原则，都是恶的、不应该和具有负价值的。

不难看出，符合契约自由的关于最高权力契约的缔结过程，只能是一种民主的缔约过程。因为，一方面，民主——并且只有民主——才意味着每个缔约者的政治地位完全平等："每个人只顶一个，不准一个人顶几个。"这种政治地位的完全平等，便保障了每个缔约者在最高权力契约的缔结过程中，谁也强制不了谁，谁也不会被谁强制，从而达成一种无强制的、自由的、心甘情愿的最高权力契约。

另一方面，缔结最高权力契约的全体社会成员往往数以千万计，怎样才能缔结毫无强制而为人人一致自由同意的最高权力契约呢？无疑只有实行民主，从而通过代议制和多数裁定原则而间接地取得一致的自由的同意。按照代议制原则，代表们所缔结的最高权力契约可能有一些条款是很多社会成员不同意的，但代表既然是他们自己选举的，那么，这些他们直接不同意的最高权力契约条款，却间接地得到了他们的同意。按照多数裁定原则，多数代表所确定的最高权力契约，可能有一些条款是少数代表不同意的，但他们既然同意少数服从多数的原则，那么，这些他们直接不同意的最高权力契约条款，也就间接地得到了他们的同意。

因此，正如洛克所言，只有实行民主，通过代议制和多数裁定原则，数以千万计的社会成员才可能缔结人人一致自由同意的最高权力契约。[①] 不但最高权力契约的缔结只有通过民主的缔约过程才能够实现契约自由原则，而且最高权力契约的内容也只有达成民主才是应该的。诚然，契约内容的价值标准比契约缔结的价值标准复杂得多。契约缔结的价值标准主要是契约自由；而契约内容的价值标准却似乎可以涵盖全部价值标准，如善、公正、平等、人道、自由、诚实、为己利他、己他两利等。但是，最高权力契约的契约内容之价值标准要狭窄得多，因为最高权力契约的首要且根本的内容，显然在于约定谁是主权者、谁执掌最高权力。对于这一问题，无疑只能有四种契约：约定由一个人不受任何限制地掌握最高权力，亦即专制契约或君主专制契约；约定由一个人受宪法或议会等机构限制地掌握最高权力，亦即君主立宪契约；约定由少数公

---

① John Locke, *Two Treatises on Civil Government*, London: George Routledge and Sons, Ltd., 1884, pp. 240 - 241.

民掌握最高权力，亦即寡头共和契约或寡头契约；约定由全体公民共同掌握最高权力，亦即民主契约或民主共和契约。衡量这些最高权力契约是否应该的价值标准——亦即最高权力契约内容的价值标准——显然是政治自由和政治平等两大国家制度价值标准。

毫无疑义，只有民主的最高权力契约才符合政治平等与政治自由两大国家制度价值标准，从而才是应该的、具有正价值的。因为只有民主——专制、君主立宪与寡头共和则不然——意味着全体公民完全平等地共同掌握最高权力，意味着被统治者能够与统治者完全平等地共同使国家政治按照自己的意志进行，因而也就意味着被统治者与统治者完全平等地拥有政治自由。这样一来，岂不只有民主的最高权力契约，才符合"每个人都应该完全平等地共同执掌国家最高权力"的政治平等标准？岂不只有民主的最高权力契约，才符合"每个人都应该同样享有使国家政治按照自己意志进行的政治自由"的政治自由标准？

相反地，专制的最高权力契约极端违背——君主立宪和寡头共和则程度轻重有所不同地违背——政治平等与政治自由两大国家制度价值标准，从而是极端不应该的。因为一方面，一个人不受限制地独掌最高权力，岂不意味着，一个人拥有全部最高权力而所有人拥有的都是零？岂不极端违背"每个人都应该完全平等地共同执掌国家最高权力"的政治平等标准？另一方面，一个人不受限制地独掌最高权力，岂不意味着，国家的政治只能按照专制君主自己一个人的意志进行，而不可能按照所有人的意志进行？岂不意味着，只有专制君主自己一个人拥有政治自由，而所有人都没有政治自由？岂不极端违背"每个人都应该同样拥有政治自由"的政治自由标准？

于是，衡量最高权力契约——契约缔结与契约内容——是否应该的价值标准便可以归结为十个字："民主地缔结民主的契约"。这就是说，一个国家唯有起源于民主地缔结的民主的最高权力契约，才是善的、应该的和具有正价值的，否则便是恶的、不应该的和具有负价值的。因此，洛克说，这样而且只有这样才能创立世界上任何合法的国家。①

毫无疑义，一个国家只有产生、形成和起源于民主地缔结的民主的最高权

① John Locke, *Two Treatises on Civil Government*, London: George Routledge and Sons, Ltd., 1884, p. 242.

力契约，才是善的、应该的和具有正价值的，否则便是恶的、不应该的和具有负价值的。这固然是真理，却是相对的有条件的真理，它只有在一般的正常的常规的情况下才是真理。因为在一般的正常的常规的情况下，只有民主地缔结最高权力契约，才可能导致民主的最高权力契约。美国的建立，它的《独立宣言》和"独立宪法"（亦即1787年颁布的《美利坚合众国宪法》），堪称这种"民主地缔结的民主的最高权力契约"之典范。然而，凡是常规皆有例外。在例外的非常的特殊的情况下，正如柏拉图和波普的"自由的悖论"所说，全体公民可能一致同意由一个无与伦比的伟大领袖独掌最高权力，从而民主地缔结一种专制的最高权力契约。[①] 反之，也不能排除同样例外的非常的特殊的情况，在这种情况下，由于种种原因，一个专制者——姑且假设戈尔巴乔夫和蒋经国就是这样的专制者——可能主动将最高权力转由全体公民掌握，从而专制地缔结了一种民主的最高权力契约。

这就是最高权力契约的两种例外：民主地缔结非民主的契约与非民主地缔结民主的契约。这两种例外显然意味着契约缔结的价值标准（契约自由）与契约内容的价值标准（契约正义等）发生了冲突而不能两全：如果坚持契约自由标准而民主地缔约，就会导致所谓"自由悖论"，亦即违背契约正义等价值标准而缔结非民主或专制的契约；如果坚持契约正义等价值标准缔结民主的契约，就会违背契约自由标准而非民主地强制缔约。那么，在这种情况下应该怎么办？

在这种情况下，民主地缔结非民主的契约显然是恶的、不应该的和具有负价值的；而非民主地强制缔结民主的契约则是善的、应该的和具有正价值的。因为契约正义的价值无疑大于契约自由的价值；契约内容的价值无疑大于契约缔结的价值。这恐怕就是现代契约法更加重视契约内容和契约正义——而不是契约缔结和契约自由——的缘故："现代契约法的中心问题，已不是契约自由而是契约正义的问题。约款内容的规制、消费者的保护、对新的契约类型的调整、附随义务理论等与其说是自由问题，不如说是正义问题。契约法已从重视其成立转移到契约内容上来了。"[②]这样一来，当二者发生冲突而不能两全之际，民主地缔结非民主的最高权力契约之价值净余额是负价值，因而是不

① 波普：《开放的社会及其敌人》，130页，山西高校联合出版社，1992。

② 王晨：《日本契约法的现状与课题》，载《外国法译评》，1995(2)。

应该的;而非民主地强制缔结民主的最高权力契约之价值净余额是正价值,因而是应该的。

总而言之,一方面,在正常的常规的一般的情况下,亦即在契约缔结与契约内容的道德性不发生冲突的情况下,一个国家只有产生、形成和起源于民主地缔结的民主的最高权力契约,才是善的、应该的和具有正价值的。另一方面,在非常的例外的特殊的情况下,亦即在契约缔结与契约内容的应然性发生冲突而不能两全的情况下,一个国家只有产生、形成和起源于非民主地强制缔结民主的最高权力契约,才是善的、应该的和具有正价值的;而产生、形成和起源于民主地缔结的非民主的最高权力契约,则是恶的、不应该的和具有负价值的。

三、国家起源理论:社会契约论

国家起源问题极端复杂且极其重要,自古以来,思想家们围绕这个问题一直争论不休。这些争论可以归结为五大学说:神源说、武力起源说、阶级斗争起源说、自然起源说或进化说和社会契约论。

1. 神源说、武力起源说、阶级斗争起源说与自然起源说或进化说

神源说以为国家起源于神意,最高权力执掌者是神的代理人,如帝王乃真龙天子云云。这种说辞显然是非科学的。武力起源说以为国家乃是征服的产物,无不起源于武力或强制力量。这种学说的错误在于以偏概全。因为,即使如休谟所言,几乎所有国家都是通过征服或篡夺建立的,毕竟不是所有国家都是通过征服或篡夺建立的。总是有些国家——如美国——并非通过征服、篡夺和武力或强制建立的,而是通过民主地缔结民主的宪法等契约建立起来的。这样一来,断言国家起源于武力征服等强制力量,岂非以偏概全?

阶级斗争起源说认为国家起源于阶级社会,是从控制阶级对立、冲突和斗争的需要中产生的,是阶级矛盾不可调和的产物,说到底,是剥削阶级镇压被剥削阶级反抗的工具。对于这种学说,前面已有专门分析,其谬误主要在于将国家与国家的一部分——正规的、专门的和独立的政治组织——等同起来,从而由正规的、专门的和独立的政治组织产生于阶级社会的事实,错误地得出结论说:国家起源于阶级社会,是剥削阶级镇压被剥削阶级反抗的工具。

神源说和武力起源说以及阶级斗争起源说都是错误的,而自然起源说或

进化说与社会契约论则堪称真理。自然说或进化说的代表人物主要是柏拉图、亚里士多德和斯宾塞。该说以为国家起源于人类需要，是为了满足人类需要而必然且自然产生和进化的结果。柏拉图说："在我看来，之所以要建立一个城邦，是因为我们每一个人不能单靠自己达到自足，我们需要许多东西。你们还能想到什么别的建立城邦的理由吗？"[①]诚然，这只是国家与其他一切社会的共同的起源——因而也就是国家的最普遍最根本的根源——而不是国家特有的起源。

亚里士多德则进一步揭示了国家特有的起源，认为国家是"社会团体中最高而包含最广的一种"，起源于人类对于社会最大化的需要，为了最充分地满足每个人的生存和发展需要。"等到由若干村坊组合而为'城市（城邦）'，社会就进化到高级而完备的境界，在这种社会团体以内，人类的生活可以获得完全的自给自足；我们也可以这样说：城邦的长成出于人类生活的发展，而其实际的存在却是为了'优良的生活'。"[②]

如果说国家起源于人类对于社会最大化的需要，那么，实际上为什么会存在众多小国家呢？斯宾塞的"社会有机体说"回答了这个问题。他将国家看成或比作有机体，揭示了国家起源于使社会成为一个统一体或有机体的需要。这样，一方面，国家起源于每个人对于社会最大化的需要；另一方面，国家又起源于使社会成为一个统一体的需要。不难看出，二者具有反比例关系：社会越大，便越难以统一。这恐怕就是国家虽然起源于社会最大化的需要，可是实际上却存在众多小国家的缘故。

可见，"自然起源说"确为真理，它揭示了国家必然起源于每个人生存和发展的社会需要，必然起源于这些需要的满足程度与社会的大小规模成正比之本性，说到底，必然起源于每个人对于社会最大化的需要和使社会成为一个统一体的需要。然而，这只是国家的内在的、间接的和终极的起源，它只是说明国家乃人类固有需要，只是说明国家产生的必然性；而未能说明国家产生的实然性和应然性，未能说明国家实际上是怎样产生的以及应该是怎样产生的，这是国家的直接的、外在的、实然的和应然的起源问题。社会契约论所致力解析的，恰恰就是这些难题。

---

① 柏拉图：《理想国》，58页，商务印书馆，1994。

② 亚里士多德：《政治学》，7页，商务印书馆，1965。

2. 社会契约论:自然状态

社会契约论,如所周知,认为国家起源于社会契约,原本由社会成员的同意或契约缔结而成。社会契约论就是认为国家起源于社会契约的学说。该学说不仅是最为重要、影响最大的国家起源理论,而且堪称西方主流政治思想,一些学者甚至说:“契约理论作为一种纯粹理论,其繁荣兴盛无任何其他理论所能比拟。”[①]确实,从古希腊的智者学派和伊壁鸠鲁一直到当代的道德哲学家罗尔斯和诺齐克,历代都不乏伟大的思想家倡导社会契约论。然而,真正讲来,恐怕唯有霍布斯、洛克和卢梭堪称经典社会契约论的主要代表人物。

社会契约论的基本概念是自然状态。社会契约论认为,人类生活的最初状态或原初状态是自然状态。但是,究竟何为自然状态,在社会契约论者之间,可谓仁者见仁,智者见智,意见纷呈,莫衷一是。不过,有一点却是他们的共识,那就是自然状态乃是一种不存在共同权力——亦即最高权力——的人类生活状态,这种状态的尽人皆知的事例就是不存在共同权力的各个国家的相互关系。

因此,在自然状态中,一方面,由于不存在迫使人必须服从的政治权力或共同权力,每个人便都是完全自由的,而相互间则是完全平等的,自然状态是一种完全自由和平等的状态。另一方面,在自然状态中,由于不存在迫使人必须服从的政治权力或共同权力,人们势必各行其是、相互冲突、对抗争夺、混乱无序,不但没有国家,而且也不可能存在任何社会,自然状态是一种人人相互为敌的孤独而残忍的战争状态。霍布斯有见于后者,强调自然状态的混乱无序方面,因而认为自然状态就是一种战争状态,在这种状态下,不可能存在任何社会,人的生活孤独而残忍。[②] 洛克有见于后者,强调自然状态的自由平等方面,因而认为自然状态就是一种完全自由和平等的状态。[③]

然而,这样一来,洛克岂不承认了霍布斯的“自然状态乃战争状态”?是的。只不过,洛克比较全面,他不仅强调自然状态的自由平等方面,而且也看到自然状态的侵犯战争方面。于是,洛克便与霍布斯一样,认为处于自然状态

---

① 夏勇:《为权利而斗争》,273 页,中国法制出版社,2000。

② 霍布斯:《论公民》,103 页,贵州人民出版社,2003。

③ John Locke, *Two Treatises on Civil Government*, London: George Routledge and Sons, Ltd., 1884, p. 256.

的人们必然因其种种缺陷、争夺、侵犯和战争而努力摆脱自然状态，从而建立最高权力或国家。[①] 那么，究竟如何建立最高权力或国家呢？

3. 社会契约论："明示"或"默示"的最高权力契约

究竟如何建立最高权力或国家，这是社会契约论的核心问题。科学地解决这个问题的出发点，正如卢梭《社会契约论》第一卷的题旨所言，乃是权力的合法性，亦即权力区别于其他强制力量的根本性质，亦即社会的承认、认可或同意，权力是社会的承认、认可或同意的强制力量。权力的这一根本性质，自卢梭以来，便一直被称为"合法性"。权力的合法性意味着，一切权力——最高权力并不例外——都具有合法性，因而必然都产生、形成和起源于社会成员的普遍同意或所谓社会契约。从此出发，社会契约论发现建立最高权力或国家从而脱离自然状态只有一个途径，那就是人们一起订立所谓"明示"或"默示"的社会契约，亦即订立"明示"或"默示"的最高权力契约，说到底，亦即就最高权力所关涉的权利与义务等利益之交换达成的"明示"或"默示"的普遍同意。最高权力或国家起源于"明示"或"默示"的社会契约。

因此，洛克与霍布斯都十分明确地强调：缔结社会契约乃是建立共同权力或国家的唯一的道路和方法。这意味着，国家或最高权力只能——亦即必然——产生、形成和起源于社会契约。但是，进言之，最高权力或国家究竟产生、形成和起源于何种社会契约——是使最高权力由一人执掌从而缔结君主制的契约，还是由所有人执掌最高权力从而缔结民主制的契约——在霍布斯、洛克和卢梭等社会契约论者看来，则完全是偶然的、可以自由选择的。因此，霍布斯主张君主制，因而以为缔结君主制的契约是最佳的；[②]洛克和卢梭则主张民主制，因而以为唯有缔结民主制的契约才是合法的和应该的。[③]

4. 社会契约论：真理与迷误

综观社会契约论可知，社会契约论的研究对象可以归结为两个问题：为什

① John Locke, *Two Treatises on Civil Government*, London: George Routledge and Sons, Ltd., 1884, pp. 240 - 236.

② 霍布斯：《论公民》，104 页，贵州人民出版社，2003。

③ John Locke, *Two Treatises on Civil Government*, London: George Routledge and Sons, Ltd., 1884, p. 242.

么和怎么样建立最高权力或国家？自然状态理论回答的是“为什么建立最高权力或国家”的问题：人们之所以建立最高权力或国家，就是为了避免自然状态的种种缺陷与不便，从而能够过上令人满意的生活。这意味着，国家或最高权力起源于每个人生存发展的社会需要。所以，自然状态理论实乃柏拉图和亚里士多德的国家起源自然说或进化说之复兴：国家起源于人类需要，是为了满足人类需要而必然且自然产生和进化的结果。因此，自然状态理论揭示了国家的内在的、间接的和终极的起源，说明了国家乃人类固有需要，说明了国家产生的必然性。

社会契约论的社会契约或普遍同意理论，回答的则是“怎样建立最高权力或国家”的问题。它从权力的合法性出发，发现最高权力或国家只能产生、形成和起源于社会成员的普遍同意或社会契约，但究竟起源于何种社会契约则是偶然的、可以自由选择的。洛克和卢梭认为唯有起源于民主制的社会契约才是合法的和应该的；霍布斯则以为唯有起源于君主制的社会契约才是最佳的。这样一来，社会契约或普遍同意理论便揭示了国家的直接的、外在的、实然的和应然的起源，说明了国家产生的实然性和应然性，说明了国家实际上是怎样产生的以及应该是怎样产生的。

显然，社会契约论乃是一种十分全面且深刻的国家起源论，它既揭示了国家的内在的、间接的和终极的起源，又揭示了国家的直接的、外在的、实然的和应然的起源。特别是，它从权力的合法性出发，因而发现最高权力或国家只能产生、形成和起源于社会成员的普遍同意或社会契约。试问，人类政治思想领域还有比这一发现更伟大的真理吗？但是，国家起源乃公认极其复杂艰深的难题，因而解析这一难题的社会契约论难免存在种种缺憾、局限和错误。这些缺憾、局限和错误，如所周知，主要存在于它的自然状态理论，自然状态究竟是真实的历史还是纯粹的理论假设？

经典社会契约论以为自然状态是一种真实的历史。不但洛克和卢梭如此，霍布斯也是如此——虽然有研究者认为他将自然状态只是当作一种理论假设。因为霍布斯曾反驳否认自然状态历史真实性的观点，并且认为自然状态在他那个时代还实际存在着。[①] 经典社会契约论的这种观点可以称为“自然状态真实论”。这种理论，现在看来，显然是不能成立的。因为人是社会动

---

① Thomas Hobbes, *Leviathan*, New York: Simon & Schuster Inc., 1997, pp. 101－102.

物,社会性是每个人生而固有的普遍本性,不可能存在没有社会而生活于纯粹自然状态的人类。自然状态真实论无疑是一种谬误,然而由此绝不能断言经典社会契约论的自然状态理论完全错误。

因为霍布斯、洛克和卢梭等经典社会契约论者虽然都肯定自然状态是一种人类的真实状态,但是,自然状态在他们那里却首先是一种理论假设,亦即用以说明最高权力或国家起源的理论假设,说到底,亦即用以说明最高权力或国家产生和存在的必然性及其应然性的理论假设。对此,卢梭在论及自然状态时说得很清楚:“不应该把我们在这个主题所能着手进行的一些研究认为是历史真相,而只应认为是一些假定的和有条件的推理。这些推理与其说是适于说明事物的真实来源,不如说是适于阐明事物的性质,正好像我们的物理学家,每天对宇宙形成所作的那些推理一样。”①

自然状态在诺齐克和罗尔斯等当代社会契约论者那里,已非人类的真实历史,而仅仅是一种理论假设。诺齐克在《无政府、国家与乌托邦》的第一篇《自然状态,或如何自然而然地追溯出一个国家》一开篇就这样写道:“假如国家不存在,有必要发明它吗?假如国家有必要,人们必须去发明它吗?政治哲学和一种解释政治现象的理论要面对这些问题,要通过探讨‘自然状态’——在此用传统政治理论的术语——来回答这些问题。”那么,社会契约论者的自然状态的理论假设究竟是怎样说明最高权力或国家起源的必然性与应然性的呢?

原来,在社会契约论那里,如前所述,自然状态亦即不存在共同权力、最高权力或国家的人类生活状态。于是,便存在两种恰恰相反的人类生活状态:自然状态与存在最高权力或国家状态。这样一来,岂不正如诺齐克所言,只要能够证明国家状态甚至优越于人们所能够期望的最好的自然状态,就证明了国家起源的必然性和应然性?所以,不论社会契约论者们所设想的自然状态如何不同,却至少都承认国家状态必然远远优越于自然状态;自然状态因不存在最高权力而必然存在种种不便和缺憾,这种不便和缺憾甚至如此严重,以至人类无法在其中生存。且不说霍布斯和洛克,就是极端美化自然状态的卢梭也这样写道:“我设想,人类曾达到过这样一种境地,当时自然状态中不利于人类生存的种种障碍,在阻力上已超过了每个个人在那种状态中为了自存所能运

---

①　卢梭:《论人类不平等的起源和基础》,71页,商务印书馆,1962。

用的力量。于是，那种原始状态便不能继续维持；并且人类如果不改变其生产方式，就会消灭。”①

不难看出，自然状态作为揭示国家起源的理论假设是完全能够成立的。因为揭示国家或最高权力起源的最有效的方法，岂不就是假设：如果没有最高权力或国家，人类将会怎样？如果真像卢梭所说的那样，不存在最高权力或国家人类就会消灭，岂不就最有效地证明了最高权力或国家产生的必然性和应然性？确实，卢梭与霍布斯所言甚真：如果没有最高权力或国家，人类势必处于一种纯粹的自然状态而终至灭亡。因为，如果没有最高权力或国家，即使存在各种社会，这些社会也必然因不存在统率它们的最高权力而各行其是、互相冲突、混乱无序、分崩离析，最终势必统统解体灭亡；而一旦没有了社会，沦为纯粹自然状态的人类岂不也注定随之灭亡？因此，自然状态作为一种真实的历史固然错误，但作为一种理论假设，确实可以科学地说明最高权力或国家乃人类生存发展的固有需要，可以科学地说明国家产生与存在的必然性及应然性，因而堪称国家起源之真理。这恐怕就是当代社会契约论者高明于经典社会契约论者之处：否认自然状态的历史真实性而仅仅将其当作一种理论假设。

思考题：

1. 几乎所有国家皆是武力征服或篡夺的结果，因而皆起源于武力征服和暴力强制。这一事实否定了国家起源于社会成员的同意或契约吗？如果国家起源于阶级斗争，是剥削阶级镇压被剥削阶级反抗的工具，那么，这足以否定国家起源于剥削者和被剥削者的同意或契约吗？

2. 一位君子遭遇持刀抢劫者。抢劫者问：要钱还是要命？君子回答说要命，并乖乖将钱掏出来交给抢劫者，是否意味着他与抢劫者达成了一项契约？如果他宁死不交钱而与抢劫者搏斗呢？

3. 试析国家起源的现代西方主流理论，该理论可以归结为一个公式：

前提 1：国家是正规的独立的政治组织或政治实体，其治理以地域为基础。

前提 2：原始社会不存在正规或独立的政治组织，其治理以血缘为基础；正规或独立的政治组织出现于阶级社会，其治理以地域为基础。

结论：原始社会不存在国家；国家是阶级社会的产物。

① 卢梭：《论人类不平等的起源和基础》，69 页，商务印书馆，1962。

第三章　国家类型

提要　国家分类的科学依据主要有两个：政体与经济形态，说到底，亦即最高权力由谁掌握和生产资料归谁所有。以政体为根据，说到底，以最高权力由谁掌握为根据，国家分为四大类型：民主共和制国家、寡头共和制国家、有限君主制国家和专制君主制国家。以经济形态为根据，说到底，以生产资料归谁所有为根据，国家分为六大类型：原始国家（原始公有制国家）、奴隶制国家、封建制国家、资本主义国家、社会主义国家和共产主义国家。这两大类型系列结合起来，可以形成如下21种复合国家类型：

类型＼政体 经济形态	民主共和制	寡头共和制	有限君主制	专制君主制
原始共产主义	1.原始共产主义民主共和制	2.原始共产主义寡头共和制	3.原始共产主义有限君主制	4.原始共产主义专制君主制
奴隶制	5.奴隶制民主共和制	6.奴隶制寡头共和制	7.奴隶制有限君主制	8.奴隶制专制君主制
封建制	9.封建民主共和制	10.封建寡头共和制	11.封建有限君主制	12.封建专制君主制
资本主义	13.资本主义民主共和制	14.资本主义寡头共和制	15.资本主义有限君主制	16.资本主义专制君主制
社会主义	17.社会主义民主共和制	18.社会主义寡头共和制	19.社会主义有限君主制	20.社会主义专制君主制
共产主义	21.共产主义民主共和制			

一、国家分类的科学标准:国体、政体与经济形态

1. 国体与政体

国家定义和起源的研究揭示了国家是什么和国家是怎样产生、建立或缔结的。接下来的问题是:究竟应该建立、缔结什么样的或哪一种类的国家?理想国究竟是怎样的?这些无疑是国家学的核心问题,因而极其复杂难解。解决这些难题的起点显然是:国家究竟有哪些种类或类型?这样一来,国家分类或类型便成为国家学的重大问题。因此,亚里士多德极为重视国家、政府和政体的类型问题;[①]凯尔森甚至将它看作政治理论的中心问题:"政治理论的中心问题是政府的分类。从法学的角度来说,这是宪法的不同模式之间的差别。因而这一问题也可以作为不同国家形式之间的差别提出来。"[②]

因此,古今中外,讨论国家分类或国体以及政体的著述,正如巴路捷斯和迦纳所言,可谓汗牛充栋、不胜枚举。"国家之形体问题,自古及今,聚讼纷纭,政治学上之问题中,其著述之多,无出此问题之右者也。"[③]但是,这些分类,或许如巴路捷斯和迦纳所言,大都没有科学价值。然而,迦纳却走向极端,竟然否定对国家进行科学分类的可能性。"因为国家的特种性质关系,欲求国家的分别和分类合于科学,殊属无益之举。"[④]迦纳此言差矣!普天之下,哪里有什么不可以进行科学分类的东西!对国家进行科学分类绝非不可能,只不过极其困难罢了。细究起来,不难看出,破解这一难题的关键在于解析两个概念:国体与政体。

政体概念比较简单,没有什么争议。几乎无人质疑,政体就是政治及其组织或机关——亦即政府——的具体的分类或类型。这个定义是不错的。因为各种类型的政治,如君主政治与共和政治,是"政治"的具体表现形式;而"政治"则通过各种类型的具体的政治表现出来。所以,政治与政治类型是抽象与具体以及内容与形式的关系:政治类型是政治的具体表现形式,因而叫作政

---

① 亚里士多德:《政治学》,176—177页,商务印书馆,1965。

② 凯尔森:《法律与国家》,314页,台北正中书局,1976。

③ 巴路捷斯:《政治学与比较宪法论》,上册,75页,商务印书馆,1932。

④ 迦纳:《政治学大纲》,221页,世界书局,1935。

体。因此，政体就是政治的具体形式，就是政治及其机关的具体形式，就是政治及其机关的具体分类、类型和形式，就是政治和政府的具体分类、类型或形式。

从此出发，不难理解，国家的分类或类型就是所谓的国体(form of state)。因为各种类型的国家，如奴隶制国家与封建制国家，是“国家”的具体表现形式；而“国家”则通过各种类型的具体的国家表现出来。所以，国家与国家类型是抽象与具体以及内容与形式的关系：国家类型是国家的具体表现形式，因而叫作国体。因此，国体就是国家的具体分类、类型或形式。这就是为什么迦纳在《政治科学与政府》第十一章《国体》中研究的都是国家类型。由此看来，国体概念似乎也并不复杂，其实不然。

原来，以各种性质为依据，国家有多种多样的分类、类型或国体。但最根本的国家分类、类型或国体，无疑是奴隶制国家、封建制国家、资本主义国家和社会主义国家。这种国家类型或国体的划分依据，是各阶级在国家中的地位，亦即国家的阶级性质，说到底，是生产资料所有制的性质：生产资料归谁所有。这种国家类型或国体固然最为根本，但毕竟仅仅是国家类型或国体划分之一；国家类型或国体还有其他的划分，如君主国与共和国等。然而，我国学术界却以偏概全，竟然以为国体仅此一种划分，以为国体就是以国家的阶级性质(亦即各阶级在国家中的地位)为根据对国家的划分，因而并不包括君主国与共和国，而只包括奴隶制国家、封建制国家、资本主义国家和社会主义国家。

这真是一种偏见！难道只有奴隶制国家、封建制国家、资本主义国家和社会主义国家四大国家类型才是国体，而君主国与共和国两大国家类型就不是国体？难道以国家阶级性质为根据对国家的分类是国家类型和国体，而以国家最高权力执掌者的人数为根据对国家的分类就不是国家类型和国体？从这种片面性出发，我国学术界进而将这种国家和国体划分的依据“各阶级在国家中的地位”与国体定义等同起来：“所谓国体，是指社会各阶级在国家中的地位，指国家的阶级性质。”[1]国体怎么能是一种地位和阶级性质？各阶级在国家中的地位或国家阶级性质岂不仅仅是划分国家为各种类型——亦即奴隶制国家、封建制国家、资本主义国家和社会主义国家四大国家类型——的国家或国体的分类根据吗？所以，以为“国体是指社会各阶级在国家中的地位”的定

---

① 严家其：《国家政体》，4页，人民出版社，1982。

义乃是一种双重错误：既以偏概全地将国体等同于国体之一种，又误将国体划分根据当作国体定义。

2. 国家分类的科学依据

界定了国体与政体，便不难确立国家的科学分类了。自柏拉图与亚里士多德以降，西方思想家大都以最高权力由谁掌握为根据，将国家分为君主国、共和国、君主立宪国家、君主专制国家、民主共和国、寡头共和国等。马克思主义思想家则更看重从柏拉图和亚里士多德有关生产资料公有制与私有制的国家理论出发，以生产资料归谁所有或经济形态为根据，将国家分为奴隶制国家、封建制国家、资本主义国家、社会主义国家等。还有研究者依据国家的演进，将国家分为部落国家、城市国家、王朝国家、封建国家、民族国家和世界国家；依据国家力量，将国家分为强国、弱国、小国、大国、超级大国、发达国家、不发达国家、第三世界等；依据领土位置，将国家分为大陆国、濒海国、岛国等。还有人将国家分为单一国与联邦国、一党制国家、两党制国家和多党制国家、内阁制国家与总统制国家以及农业国、商业国、实业国、军国、极权国家等。

这些国家分类或国体显然并不都具有科学价值，尤其不都具有国家学或政治学价值。因为其中某些分类或国体，正如迦纳所指出："它们皆只涉及国家之附属的特征和现象，而未涉及国家之基本的构成要素；而且大多数并未从基本的特征上来区别国家。以幅员、人口富力、财源、产业的性质、文明的程度、债权的多寡、生死统计等为根据的分类法，对于历史家、经济学家和社会学家也许有用，但在法学家或政治科学家看来，则完全不能认为满意，并且毫无价值。至于分国家为农业国、商业国、实业国、军国、领土国等的分类法，对于政治科学家来说也没有什么用处，犹如以大小、高低或颜色为标准的动物分类或植物分类对于自然科学家没有多大的用处一样。"①那么，对于国家学或政治学具有重大价值的国家分类或国体究竟是怎样的？

不难看出，这种国体或国家分类的确立，亦如迦纳所言，乃在于找到国家分类的科学标准或依据："欲求一满意的国家分类法，首要的问题是在寻得一种能在形式上、精神上或基本特质上区别国家的科学原则或法理标准。"②确

---

① 迦纳：《政治科学与政府》，第二册，452 页，商务印书馆，1935。

② 同上书，453 页。

实，国家分类的科学的标准或依据乃是国家的根本性质和根本特征，因为科学的分类标准或依据就是被划分的事物的根本性质和根本特征。那么，国家的根本性质和根本特征是什么？

国家最根本的性质和特征无疑存在于经济与政治之中。因为不但国家最根本最重要的活动就是经济与政治；而且国家的代表就是政府，政府就是国家的政治机关，政府的活动就是政治，政治与政府的根本和基础就是经济。因此，国家分类的科学标准或依据，真正讲来，也就是经济与政治及其机关的根本性质，就是政府、政治与经济的根本性质。经济的最根本的性质无疑是生产资料归谁所有；政府和政治的最根本性质无疑是最高权力由谁执掌。于是，国家分类的科学标准或依据，要言之，便可以归结为两条：生产资料归谁所有和最高权力由谁掌握。因此，国家分类的科学标准或依据，说到底，便可以归结为马克思主义的分类标准和亚里士多德的分类标准：生产资料归谁所有和最高权力由谁掌握。这样一来，国家的科学分类，要言之，便可以归结为两个分类系列：以生产资料归谁所有的性质为根据，国家分为奴隶制国家、封建制国家、资本主义国家和社会主义国家等若干种国体；以最高权力由谁掌握为根据，国家分为君主国、共和国、君主立宪国家、君主专制国家、民主共和国、寡头共和国等若干种国体。这两个系列结合起来，则形成多种多样不胜枚举的混合国体，如社会主义共和国、封建制君主国、资本主义民主共和国等。

3. 国体类型与政体类型以及经济形态类型的同一性

问题在于，最高权力由谁掌握是政府和政治的根本性质，因而也是政府和政治的分类依据；以此为根据，政治和政府分为君主政治或政府与共和政治或政府，进而分为君主立宪、君主专制、寡头共和与民主共和政治或政府。生产资料归谁所有是经济形态的根本性质，因而也是经济形态的分类依据；以此为根据，经济形态分为公有制经济形态与私有制经济形态，进而分为五种：原始公社制的、奴隶占有制的、封建制的、资本主义的和社会主义的经济形态。这样一来，岂不使国家的分类与政府、政治以及经济形态的分类混同起来？迦纳和季尔克立斯等人的回答是肯定的。[①] 因此，迦纳等人虽然认为诸如君主制与共和制的国家分类法“最普通而又最能令人满意”，却否定其科学性，而斥之

① 季尔克立斯：《政治学原理》，291页，黎明书局，1932。

为“国家分类与政府分类的混同”。

“最普通而又最能令人满意的国家分类是以各国政府之异同做根据的分类法。但仔细分析起来，此种分类实在不是国家的分类，而是政府的分类。近代的政治学，在理论上与实际上，对于国家与政府已加以明白的区别，是则以政府形体为根据的国家分类，显然是混同了国家与政府。所以为求理论上的一贯和合乎科学的逻辑起见，我们应当把这种分类放置在与其相称的范畴内，不称其为国家的分类，而称其为政府的分类。我们在本章中讨论国家的分类时，若有违左这个原则之处，那是因为我们为欲顺从普通的习惯用法，不得不尔，决不可以为我们承认这个习惯用法在科学上是切当的。”①

这就是说，按照科学的眼光，君主国与共和国并不是国家类型，而只是政府和政治的类型“君主政治与共和政治”之习惯滥用。以此类推，奴隶制国家与封建制国家也并不是国家类型，而只是经济形态类型“奴隶制经济形态与封建制经济形态”之习惯滥用。迦纳此见能成立吗？如果政府、政治和经济是存在于国家之外的东西，因而政府、政治和经济的性质并不是国家的性质，那么，迦纳此见或许能够成立。但是，实际恰恰相反，政治和政府以及经济形态不但都是国家的构成要素，都是国家的一部分，而且是国家构成的决定性的和代表性的要素和部分，是国家最根本最重要的部分和要素。因此，政府、政治和经济的性质也就是国家的性质，而且是国家的根本性质。试想，一个国家的经济形态的性质如果是资本主义的，那么，该国家岂不就具有资本主义性质？资本主义岂不就是该国家的根本性质？一个国家的政治和政府的性质如果是共和制，那么，这个国家岂不就具有共和制的性质？共和制岂不就是该国家的根本性质？

既然国家的根本性质完全决定于政治与经济的性质，一个国家的政治、政府或经济的性质同时也是该国家的根本性质，那么，这种性质作为分类根据岂不就既是政治、政府或经济的分类根据，同时又是该国的国家分类根据？只不过，作为分类根据的政治（或经济）的某种性质，直接是政治（或经济）的分类根据，而间接或最终是国家的分类根据罢了。试想，最高权力由谁掌握，作为分类根据，岂不直接是政治的分类根据和间接是国家的分类根据？这样一来，一个国家的政治、政府和经济的类型同时也就是该国家的国家类型；一个国家的

---

① 迦纳：《政治科学与政府》，第二册，449页，商务印书馆，1935。

政体类型和经济形态类型同时也就是该国家的国体类型：直接是政体类型和经济形态类型；间接或最终是国体类型。

因此，一个国家的政体类型与国体类型是完全一致的，它的经济形态类型与国体类型也是完全一致的。一个国家有什么样的政治、政府和经济的类型，有什么样的政体和经济形态，也就有什么样的国家类型，也就有什么样的国体。一个国家的经济形态如果是资本主义类型，那么，它的国家类型或国体也就是资本主义的，它就是资本主义国家。资本主义直接是经济形态类型；间接是国家或国体类型。一个国家的政体如果是共和政体，它的政治和政府是共和类型，那么，它的国家类型或国体也就是共和的，它就是共和国。共和直接是政治、政府和政体类型；间接是国家或国体类型。这恐怕就是辛亥革命以来国体和政体会被混用的缘故。清帝退位后第二天，袁世凯致电南京临时政府："共和为最良国体……永不使君主政体再行于中国。"梁启超则与迦纳一样，只看到国体与政体根本不同，却不懂得二者的必然一致性："立宪与非立宪，政体之名词也；共和与非共和，则国体之名词也。"[①]殊不知，立宪与非立宪以及共和与非共和，皆既是政体之名词也，亦是国体之名词也。

二、国家分类：以最高权力由谁掌握为依据

1. 国家基本类型：民主与专制等 4 种类型

不难看出，"最高权力由谁掌握"固然不及"生产资料归谁所有"基本，但作为国家分类依据，其重要性并不逊于"生产资料归谁所有"。因为国家就是拥有最高权力的社会，最高权力乃是国家区别于其他社会的种差或根本性质。这样一来，以最高权力由谁掌握为根据的国家类型，岂不是国家最为根本和重要的类型？这就是为什么自柏拉图和亚里士多德以降，国家最重要、最普遍、最流行的分类根据就是最高权力执掌人数。

以最高权力执掌人数为根据，国家显然可以分为两类：一人执掌最高权力叫作君主制；若干人平等地共同执掌最高权力叫作共和制。君主制分为两种：君主专制、专制或完全君主制是一个人独掌最高权力，亦即一个人不受他人及

---

① 梁启超：《异哉所谓国体问题》，见《饮冰室合集》，第九册，98 页，上海中华书局，1932。

其组织限制地执掌最高权力；有限君主制或分权君主制、不完全君主制是一人为主而与他人及其组织——如议会、等级会议、教会、贵族、领主或地方割据势力等——不平等地共同执掌最高权力。共和制分为两种：寡头共和或贵族共和是少数人平等地共同执掌最高权力；民主或民主共和是多数人或所有人平等地共同执掌最高权力。这就是传统或流行的国家分类。

细究起来，这种分类并不精确。因为照此说来，最典型的古代民主国家——梭伦和克里斯提时代的雅典城邦国家——就不是民主国家了。那时能够参政从而执掌最高权力的人只占人口的一小部分，而多数人——奴隶和妇女——均被排除在外。这样一来，界说民主为多数人或所有人平等地共同执掌最高权力，岂不大错特错？那么，民主是什么？国家的精确分类究竟如何？

民主一词源于希腊文 demokratia，由两个词构成：一个是 demos，意为民、民众、平民、庶民、人民、贫民；另一个词是 kratein，意为统治或权力。这两个希腊词的合成词就是民主：demokratia。该词于 16 世纪演变为拉丁文 democratia，17 世纪成为英文 democracy。因此，民主就其词源含义来说就是民治、庶民的统治、平民的统治或人民的统治。然而，有研究者强调民主的确切词义是人民的统治。殊不知，从词源上看，人民在拉丁语中对应的词是 populus，意为平民群体。因此，从词源来说，人民与平民和庶民实为同一概念。只不过，人民概念多有歧义；而庶民与平民概念简单明了，就是没有官职的人的意思。所以，民主固然是人民的统治，但说到底，却是平民的统治或庶民的统治。这样一来，从词源上看，民主实有悖论的意蕴：民主就是被统治的庶民或人民的统治，就是没有官职的人的统治，就是被统治者的统治，就是老百姓的统治。

中文“民主”一词是由“民”与“主”两个词构成，并且“民”与希腊文的 demos 含义完全相同，都是指被统治的或没有官职的庶人。《辞海》对“民”的词源含义这样写道：“古代泛指被统治的庶人。”因此，就中文的词源含义来说，“民”与“官”相对，“民”相对于“官”而言，民就不是官，民就是不当官的庶人。但是，中文的“主”与希腊文的 cracy 却有很大的不同。“主”虽然也有掌握、统治之意，但它在古代“民主”一词中的含义却如同在“国主”和“家主”中的含义一样，意指君、长、主人。所以，中国古代的“民主”一词的含义就是民之主，亦即民的主人、为民做主，说到底，就是君主、官吏。君主及其各级官吏就是民主，就是没有官职的庶民的主人。如《三国志·吴志·钟离牧传》写道：“仆为民主,当以法率下。"时至今日,我们仍将官吏看作民之主人,如所谓"当官不为民做主,不如回家卖红薯"云云。

因此,从词源来看,中国的"民"虽然与古希腊语的 demos 含义相同,都是指没有官职的庶民或人民,但是,中国的"民主"与古希腊语的 democracy 含义相反,不是指民乃官主,而是指官乃民主。这恐怕是因为中国与西方根本不同:一方面,自大禹开创家天下的专制主义制度直至清朝,四千年来,中国一直是专制帝国;另一方面,四千年来,诸子百家——儒家、墨家、法家和道家等——无不倡导专制主义,而竟然没有一个民主主义思想家。但是,今日我们的"民主"一词的含义已经与古代"民主"根本不同。今日的民主的"民"虽然仍然与"官"相对,是指不当官的庶人,但"民主"的"主"却不是指君、长、主人,而是指执掌、统治,民主就是没有官职的庶人的统治。所以,民主一词虽然中国古已有之而不是舶来品,但今日民主的词义——民主就是没有官职的庶人的统治——却是舶来品,是西学东渐的结果。

因此,"民主"就其词义来说,虽然古代中西根本不同,但今日中西却无不同,都是指被统治者的统治,亦即没有官职的人的统治,就是老百姓的统治。那么,从概念来看,民主也可以如此定义吗?答案是肯定的,不论传统的定义还是精确的定义。按照民主的传统定义,民主就是多数人或所有人执掌最高权力的政体,就是多数人或所有人的统治。照此说来,民主就是没有官职的庶人的统治。因为没有官职的人显然是所有人中的绝大多数人,因而按照民主所固有的多数裁定原则,民主——不论多数人执掌最高权力还是所有人执掌最高权力——必定是按照庶民的意志进行的统治。这样一来,多数人或所有人的统治,说到底,也就是没有官职的庶民统治,民主的传统定义与其词源含义完全一致。

但是,民主的传统定义是不够周全的,不具有普遍适用性。试想,如果民主亦即多数人或所有人的统治,那么,最典型的古代民主国家——雅典民主共和国——也就不是民主国家了。因为经过梭伦和克利斯蒂尼两次改革,雅典城邦国家所确立的民主制之所以是民主,如所周知,只是因为最高权力被全体公民执掌,亦即被所有公民都可以参加——发言和表决——的公民大会执掌;而其他各种国家机关,如五百人议事会、陪审法庭、贵族院、十将军委员会、执政官都隶属于公民大会。但是,当时雅典城邦国家的公民只占人口的一小部分,约十分之一,而多数人——奴隶、妇女和外邦人等——都不是公民。这样一来,雅典民主制虽然是全体公民执掌最高权力,却仍然是少数人执掌最高权力。这意味着,民主是所有公民——而未必是所有人——执掌最高权力的政体,这就是民主的科学的精确的定义。

如果说所有公民执掌最高权力的政体是民主的精确定义,那么,民主是多数或所有公民执掌最高权力的政体,是否更加全面和精确?否。不可能存在多数公民执掌最高权力的政体。因为,权力的大小与同一权力享有者的人数成反比。如果最高权力为一个人拥有,他所拥有的政治权力无限大;如果为少数公民(寡头共和政体)拥有,每个公民所拥有的政治权力也极其巨大;如果为一个国家多数公民拥有,每个公民所拥有的便是最小的政治权力了,甚至比最低等的官吏所拥有的政治权力还小,它不过是亿万张选票中一张选票的权力罢了。

多数公民执掌最高权力,意味着每个人执掌最小的政治权力,也就意味着没有执掌最高权力的少数公民连最小的政治权力也没有,因而等于毫无政治权力。毫无政治权力的人不可能是公民,因为公民是享有从事管理社会和国家等公共事务的权利的人,亦即享有政治权力的权利的人。因此,多数公民执掌最高权力,说到底,意味着没有执掌最高权力的少数公民不是公民。

这样一来,多数公民执掌最高权力,实际上就等于所有公民执掌最高权力,因而也就不可能存在多数公民执掌最高权力——断言多数公民执掌最高权力是自相矛盾——而只可能存在所有公民执掌最高权力、少数公民执掌最高权力和一人执掌(无人限制地执掌与被人限制地执掌)最高权力。这就是为什么西塞罗、霍布斯和边沁等思想家一再说,最高权力执掌者只可能有三种情形:一人执掌、少数人执掌和所有人执掌。这就是为什么他们说民主是所有人执掌最高权力。可是,为什么柏拉图与亚里士多德却断言最高权力只可能一人执掌、少数人执掌和多数人执掌?

原来,多数裁定是民主固有的原则,没有多数裁定也就没有民主。因为民主是所有公民完全平等地共同执掌最高权力。但是,所有公民的意见不可能完全一致,而势必存在着分歧和不一致,因而所有公民完全平等地共同做出决定和选择是不可能的,于是只好少数服从多数、多数裁定。多数裁定最接近——亦即比少数裁定和一人独裁更接近——所有公民完全平等地共同做出决定和选择。

因此,民主——亦即所有公民执掌最高权力——的实现途径和形式,必定是按照多数公民的意志进行统治:获得多数选票的政党是执政党。但是,按照多数公民的意志进行统治，与多数公民执掌最高权力根本不同。因为按照多数公民的意志进行统治，乃是所有公民共同执掌最高权力的实现途径，显然并没有剥夺少数公民所执掌的最高权力；少数公民仍然与多数公民共同执掌最高权力。柏拉图和亚里士多德的错误就在于，将民主（所有公民执掌最高权力）与民主的实现途径（按照多数公民的意志进行统治）等同起来，将按照多数公民的意志进行统治，与多数公民执掌最高权力等同起来，因而误以为民主是多数人执掌最高权力。

可见，民主的定义是所有公民——而不是多数公民——执掌最高权力。这个民主的精确定义完全否定了传统定义——民主是所有人执掌最高权力——吗？显然并没有。它只是表明传统定义不具有普遍适用性："所有人执掌最高权力或所有人的统治"的民主定义，不适用于只有部分国民才是公民——因而是不应该、不道德、不公正、不完善的——的古代的民主，却适用于每个国民都是公民——因而是应该的、道德的、公正的、完善的——的现代民主或普选制民主。反之，"所有公民执掌最高权力"的民主定义，则具有普遍适用性。它既适用于每个国民都是公民的现代民主，也适用于只有部分国民才是公民的古代民主。那么，民主的这一精确的定义是否与其词源含义一致？答案是肯定的。因为按照这一定义，民主是所有公民执掌最高权力；而所有公民执掌最高权力的实现途径，必定是按照多数公民的意志进行统治，说到底，也就是按照庶民的意志——庶民的意志无疑是多数公民的意志——进行统治：民主就是庶民的统治。因此，民主的科学的精确的定义——所有公民执掌最高权力——与其词源含义完全一致。

更确切些说，如果执掌最高权力的是全体公民，那么，在这些公民中，低级官员必定多于高级官员，没有官职的庶民必定多于低级官员从而处于绝大多数状态，这是不言而喻之理。这意味着，如果执掌最高权力的是全体公民，那么，在执掌最高权力的公民中，没有官职的庶民必定居于绝大多数，因而民主就是按照庶民的意志进行统治，就是庶民的统治。因此，所有公民共同执掌最高权力，实际上就是没有官职的庶民的统治。这样一来，民主的科学的精确的定义也便与其词源含义完全一致：民主就是所有公民共同执掌最高权力，说到底，就是没有官职的庶民的统治。这就是为什么全体公民执掌最高权力叫作民主之真谛。

民主的概念分析告诉我们，国家分类的科学的精确的根据，不是执掌最高权力的人数，而是执掌最高权力的公民人数。民主或民主共和是所有公民平等地共同执掌最高权力；寡头、寡头共和或贵族共和是少数公民平等地共同执掌最高权力；专制、君主专制或无限君主制是一个公民独掌最高权力；有限君主制或分权君主制是一人为主而与其他公民共同执掌最高权力，是一个公民受到其他公民及其组织限制地执掌最高权力。这就是国家的科学的精确的基本类型、基本分类。只有执掌最高权力的公民人数——而不是执掌最高权力的人数——才是国家分类的科学依据。

因为，如所周知，一方面，公民是享有从事管理社会和国家等公务活动权利的人，这是公民定义；另一方面，公民应该是具有从事管理社会和国家等公务活动能力的人，这是公民身份或公民资格。准此观之，岂不只有公民才可能执掌国家最高权力，而非公民不可能执掌国家最高权力？因此，所谓执掌国家最高权力的人数的"人"，岂不只可能是公民，而不可能包括非公民？于是，岂不只有执掌最高权力的公民人数——而不是执掌最高权力的人数——才是国家分类的科学依据？

然而，令人困惑的是，为什么自柏拉图和亚里士多德以降，两千年来，学者们一直将执掌最高权力的人数——而不是执掌最高权力的公民人数——作为国家分类的依据？这恐怕是因为，几乎所有学者都认为，只有民主的国家才有公民，而其他国家——特别是君主专制的封建社会——似乎不存在公民，而只有臣民和君主。君主主宰一切，而其他一切社会成员都丧失了管理国家等公务活动的政治权利，因而皆非公民。菲利普·施米特便这样写道："公民是民主政治最与众不同的要素。所有的政体都有统治者和一个公共领域，但只有在它们是民主政治的意义上它们才有公民。"①

这种观点是不能成立的。因为公民就是享有从事管理社会和国家等公务活动权利的人，就是享有政治权利——政治自由权利和政治职务权利——的人。这样一来，不论任何社会，一切当官的或担任政治职务的人，无疑都是执掌政治权力从而享有政治权利的人，都是公民。君主专制社会——不论是君主专制的封建社会还是君主专制的资本主义社会——的官吏所丧失的只是执掌最高权力的政治权利，而仍然享有执掌其他政治权力（如宰相或县令的政治权力）的政治权利，因而仍然是享有政治权利的人，仍然是公民。在君主专制

① 刘军宁编：《民主与民主化》，23页，商务印书馆，1999。

社会，只有不当官或不担任政治职务的人，才因其毫无政治权利——既不可能享有执掌最高权力的政治权利也不可能享有执掌其他政治权力的政治权利——而皆非公民。所以，君主专制社会同样有公民。只不过，一方面，该社会的公民就是以君主为首的各级官员；另一方面，该社会只有一个公民——亦即君主——执掌最高权力。

可见，公民是普遍存在的，任何国家都有公民，任何国家享有政治权利的人都是公民，任何国家的官吏都是公民，任何国家执掌最高权力的人都是公民，只不过执掌最高权力的公民人数有所不同，因而国家类型有所不同罢了。这就是我们将执掌最高权力的公民人数——而不是执掌最高权力的人数——作为国家分类的科学依据的缘故。

2. 国家混合类型："名义民主而实为专制"等16种混合政体

君主专制与分权君主制以及寡头共和与民主共和，乃是国家基本类型；这四大基本类型结合起来，可以形成众多混合类型，亦即所谓混合政体或混合国体。然而，在芝诺、柏拉图、亚里士多德、西塞罗和霍布斯等思想家看来，混合政体就是君主制与贵族制以及民主制混合而成的政体，就是君主与贵族精英以及庶民共同执掌最高权力的政体。西塞罗论及混合政体时便这样写道："它由三种良好的国家体制均衡地混合而成。要知道，最好是国家包含可以说是卓越的王政因素，同时把一些事情分出托付给显贵们的权威，把另一些事情留给民众们协商和决定。"①

然而，这种君主与贵族精英以及庶民共同执掌最高权力的政体果真是混合政体吗？不是。因为君主与贵族精英以及庶民共同执掌最高权力，无非四种情形：君主、贵族精英和庶民三者同等执掌最高权力以及分别以其一占据主导地位的三种不同等执掌最高权力。首先，如果像西塞罗所说的那样，"元老院具有与民众同等的权力"，亦即执政官或君主、贵族精英与人民大众同等地执掌最高权力，那么，这并不是什么混合政体，而是全体公民执掌最高权力，是民主政体。其次，如果像西塞罗生活于其中的罗马那样，元老院占据主导地位而与执政官和人民大会共同执掌最高权力，那么，这实际上也不是混合政体，而是少数公民执掌最高权力的贵族或寡头共和政体。再次，如果像古希腊梭

---

① 西塞罗：《论共和国　论法律》，8页，中国政法大学出版社，1997。

伦时代那样，公民大会占据主导地位而与贵族院、执政官等共同执掌最高权力，那么，这显然也不是混合政体，而是全体公民共同执掌最高权力，是民主共和政体。最后，如果像封建割据时期的法兰西、德意志和俄国的一些大公国，君主占据主导地位而与贵族元老院或地方割据势力共同执掌最高权力，那么，这就是一种有限君主制，亦即所谓贵族君主制或分权君主制，而并不是什么混合政体。

诚然，这种有限君主制自柏拉图、亚里士多德以来，一直被当作混合政体。这就是为什么传统的政体基本类型并不包括有限君主制而仅为君主制、贵族制和民主制。但是，有限君主制无疑与无限君主制或专制君主制对立而同属君主制。因此，就是将这种政体看作混合政体的西塞罗，最后也不得不承认，君主占主导地位而与元老院以及人民共同执掌最高权力事实上仍然属于君主制："事实上，一个国家如果由某一个人拥有长期的权力，而且是王政性的权力，尽管这个国家有元老院，如王政时期的罗马，吕库尔戈斯时期按法律统治的斯巴达，并且尽管在这样的国家里甚至人民也享有一定的权力，如我们的国王统治时期那样，但这样的国家仍然是王政占优势，并且这样的国家不可能不是王政的和不被称为王政。"①

可见，君主与贵族精英以及庶民共同执掌——不论是同等地还是不同等地共同执掌——最高权力的政体并不是混合政体。那么，混合政体并不存在吗？非也。但是，混合政体，大体说来，只能以两种方式存在。一种如亚里士多德所言，是拼凑、混合、兼收并蓄民主与寡头等不同政体的构建因素、特征和方法。② 举例说，全体公民都拥有选举权与被选举权是民主制的特征；而只有部分公民拥有选举权和被选举权则是寡头制的特征。这样一来，如果一种政体，全体公民都拥有选举权，而只有部分公民——如名人、富人和精英等——才拥有被选举权，那么，这就是一种民主制与寡头制的混合政体。远在原始社会就存在这样的混合政体：享有酋长选举权的是全体公民，而享有被选举权的却是极少数人，往往局限于酋长的亲戚。

另一种混合政体远为复杂、重要和普遍，可以称之为内容与形式不一致——或名义与实际不一致——的混合政体。它是不同政体在形式与内容两

① 西塞罗：《论共和国 论法律》，83页，中国政法大学出版社，1997。

② 亚里士多德：《政治学》，200—201页，商务印书馆，1965。

个层面上的混合，亦即一种政体作为形式，另一种政体作为内容。因为任何国家、国体与政体，都具有形式和内容或名义与实际的二重性；并且形式与内容或名义与实际既可能相符一致，也可能不相符不一致。就是说，一种政体名义上或形式上是民主，而实际上或内容上则既可能是民主，从而形式与内容一致；也可能是专制，从而形式与内容不一致。这种形式与内容或名义与实际不一致的政体显然是一种混合政体，亦即两种不同政体的混合：一种政体是形式，另一种政体是内容。蒋介石国民政府时期的中国政体堪称这种混合政体的典型：国家最高权力形式上、名义上由全体公民掌握，因而形式上、名义上是民主制，实际上却为蒋介石一人独掌，因而实际上、内容上是君主制。所以，蒋介石时代的中国政体是一种君主专制与民主共和的混合政体，亦即名义上的民主共和与实际上的君主专制的混合政体。

内容与形式不一致——或名义与实际不一致——的混合政体在全部混合政体中，无疑是最重要也最具现实意义的类型。那么，这种混合政体是否只有民主与专制的混合？显然不是。从理论上看，名义与实际不一致的混合政体可以有 12 种之多。因为政体的基本类型有 4 种：专制君主制、有限君主制、寡头共和制与民主共和制。每一种都既可能名义与实际——或形式与内容——一致，也可能只是个名义和形式，而实际上却以其他 3 种政体为内容。就拿民主制来说，一个国家显然既可能名义与实际一致，是名副其实的民主制；也可能名义为民主制而实为寡头制、名义为民主制而实为有限君主制、名义为民主制而实为专制。这样 4 种政体结合起来便可以形成 16 种政体，其中 4 种是名义与实际一致的，亦即政体、国体和国家的基本类型或正宗；12 种是名义与实际不一致的，亦即混合政体或政体、国体和国家的混合类型或变体。如下表：

类型 名义 实际	民主共和制	寡头共和制	有限君主制	专制君主制
民主共和制	**1. 名义与实际一致的民主制**	5. 名义寡头制实际民主制	9. 名义有限君主制实际民主制	13. 名义专制君主制实际民主制
寡头共和制	2. 名义民主制实际寡头制	**6. 名义与实际一致的寡头制**	10. 名义有限君主制实际寡头制	14. 名义专制君主制实际寡头制

续表

有限君主制	3. 名义民主制 实际有限君主制	7. 名义寡头制 实际有限君主制	**11. 名义与实际一致的有限君主制**	15. 名义专制君主制 实际有限君主制
专制君主制	4. 名义民主制 实际专制君主制	8. 名义寡头制 实际专制君主制	12. 名义有限君主制 实际专制君主制	**16. 名义与实际一致的专制君主制**

该表中黑体字部分为基本类型或正宗，其余皆为混合类型或变体。对于这些混合类型，历史和现实都告诉我们，一方面，民主制是最灵活的政体形式，它最易且最多地被用来当作任何政体的外在形式；另一方面，专制是最灵活的政体内容，它最易且最多地借助任何政体形式表现出来，这就是为什么"名义民主而实为专制"乃是最常见且最重要的混合政体。但是，在政体、国体和国家的这些混合类型中，常见且重要的并不仅仅是"名义民主而实为专制"；"名义共和而实为专制"与"名义有限君主制而实为民主制"等混合类型无疑也相当重要且极具现实意义。

"名义有限君主制而实为民主制"的典型当推英国的君主立宪制。1689年《权利法案》的通过和实施，标志着英国君主立宪制的确立。确立之初，是以国王为主而与国会共同执掌最高权力，因而是名副其实的君主立宪制或有限君主制。但是，从1714年乔治一世继承王位的汉诺威王朝开始，王权急剧衰落，议会成了凌驾于国王之上的国家最高权力机关。从此，英国最高权力只是名义上、形式上由国王执掌，而实际上却执掌于议会和内阁，因而是一种名义君主立宪制或有限君主制而实为民主制的混合政体。

名义是民主或共和而实为专制的混合类型，虽然主要见之于民主已深入人心的最近百年的一些国家，但早在古希腊和罗马就已经存在。雅典继梭伦之后出现的庇西特拉图——梭伦的堂兄弟——之独裁，就是"名义民主而实为专制"的混合政体："他也像奥古斯都一样，了解如何依民主的让步和形式来装饰和支持独裁。执政官照旧选举，民众大会和公共法院、四百人议会和最高法院的程序和执掌都照旧进行，唯一不同的是庇西特拉图的提议能得到特别的注意。"[①]不过，奥古斯都还是与庇西特拉图有所不同：后者是"名义民主而实为专制"；前者是"名义共和（亦即贵族共和）而实为专制"。奥古斯都虽然实际

① 威尔·杜兰：《世界文明史·希腊的生活》，上卷，156页，东方出版社，1999。

上独掌国家最高权力，却恢复和保留了贵族共和国的外在形式。对此，杜兰真可谓一言中的："奥古斯都曾 13 次竞选执政官，跟别人一样去拉选票；这真是高雅的让步和戏剧性技巧的配合。"①

这或许正是奥古斯都比他舅舅凯撒高明之处：凯撒追求名副其实的君主专制，结果被共和派元老刺死；奥古斯都只求专制之实，牺牲专制的名义和形式，而披上共和的外衣，结果玩弄元老院和人民于股掌之中，在位 44 年，死后由其养子提比略继位，历经四帝。这恐怕也是斯大林高明于袁世凯之处：袁世凯追求名副其实的君主专制，结果称帝 18 天便在席卷全国的讨袁声浪中死于非命；斯大林只求专制之实，牺牲专制的名义和形式而披上民主的外衣，虽然其专制的程度堪称前不见古人后不见来者，却竟然直至今日人们还对他缅怀不已！

综上可知，以政体性质为根据的国家类型可以归结为 4 类 16 种，亦即君主专制、分权君主制、寡头共和与民主共和 4 类及其在形式与内容两个层面上结合而成的 16 种：4 种是名义与实际一致的国家之基本类型或正宗；12 种是名义与实际不一致的国家之混合类型或变体。

3. 国家具体类型：民主与专制等 4 种基本类型的再分类

极权主义专制与非极权主义专制　君主专制、分权君主制、寡头共和与民主共和四大国家基本类型还可以进一步划分，分为众多国家具体类型。"专制"、"君主专制"或"无限君主制"、"完全君主制"——四者是同一概念——可以分为极权主义专制与非极权主义专制两大具体类型。所谓极权主义（Totalitarianism），顾名思义，就是登峰造极的权力垄断，就是极端的权力垄断。只有民主，才因其是全体公民共同执掌最高权力，而不存在政治权力垄断；专制等非民主制，因其只有一个人或少数人执掌国家最高权力，因而存在政治权力垄断。那么，是否只有专制才堪称极端权力垄断？答案是肯定的，极权主义属于专制政体范畴。因为极端的权力垄断，必定都是专制，亦即一个人独掌国家最高权力。如果不是专制，而是有限君主或寡头共和——更不用说民主了——那么，无论如何，都不是极端权力垄断，不是极权主义。但是，反过来说，专制却未必都是极权主义。因为专制仅仅意味着政治权力极端垄断；极权

① 威尔·杜兰：《世界文明史·凯撒与基督》，上卷，283 页，东方出版社，1999。

主义乃是全部权力——政治权力和经济权力以及社会权力和文化权力等——的极端垄断，极权主义是全权垄断的专制政体。①

然而，按照西方主流观点，极权主义只是墨索里尼、希特勒等专制政体的特征，因而只是20世纪的现象。② 这是极其片面的。诚然，对于西方来说，确实如此。但是，对于东方来说却是错误的。因为古代东方亚细亚生产方式的专制国家，如中国和印度，实行的都是全权垄断的极权主义专制制度。特别是中国，自大禹开创家天下的专制主义制度，四千年来，专制君主不但垄断了政治权力，而且垄断了经济权力，进而垄断了社会权力（如结社权力）和文化权力（如言论出版权力），成为全权垄断的极权主义专制者，以至《诗经》如是说："普天之下，莫非王土；率土之滨，莫非王臣。"

贵族君主制、等级君主制、议会君主制或君主立宪 在有限君主制中，与君主共同执掌最高权力的人们及其组织，主要是贵族元老院或地方割据势力、等级会议和议会，因而可以分别叫作贵族君主制、等级君主制、议会君主制或君主立宪，它们是三种比较典型的具体的有限君主制。贵族君主制是以君主为主而与贵族元老院或地方割据势力共同执掌最高权力的政体。这种政体主要存在于奴隶社会和封建社会，如封建割据时期的法兰西、德意志和俄国的一些大公国，国王虽然执掌最高权力，却不可独自行使，而必须得到某种形式的贵族会议的同意。等级君主制是以君主为主而与等级会议——亦即教会贵族、世俗贵族和市民组成的三级会议——共同执掌最高权力的政体。它是君主借助中小封建主和市民限制大封建主专横，从而加强王权，最终向专制君主制过渡的一种有限君主制。议会君主制或君主立宪制是以君主为主而与议会共同执掌最高权力的政体，如1688年英国"光荣革命"后所建立的政体。它是君权减弱而议会权力加强从而向民主政体过渡的一种有限君主制。议会君主制或君主立宪与等级君主制以及贵族君主制虽然有所不同，但同样都是一人为主而与他人及其组织共同执掌最高权力。这就是为什么它们都与一人独掌最高权力的无限君主制对立而属于有限君主制，这就是有限君主制为什么也可以叫作分权君主制、二元君主制或不完全君主制——四者是同一概念。

这样一来，有限君主制虽然与共和制根本对立而属于君主制范畴，却与共

---

① 戴维·米勒等编：《布莱克威尔政治学百科全书》，769页，中国政法大学出版社，1992。

② 同上书，770页。

和制一样，都是若干公民共同执掌最高权力。只不过，共和制是若干公民平等地共同执掌最高权力；而有限君主制是若干公民不平等地共同执掌最高权力，是一人为主而与他人及其组织共同执掌最高权力。因此，共和制——寡头制和民主制——与君主制极易相互转化而并没有不可逾越的鸿沟。如果若干公民平等地共同执掌最高权力就是共和制，如果平等地执掌最高权力的公民逐渐增多而达到多数，就是民主政体；如果平等地执掌最高权力的公民逐渐减少而成为少数人，就是寡头政体。当寡头制或民主制出现了不平等地执掌最高权力，从而使某个公民的权力逐渐增大，以至人们是以他一人为主而共同执掌最高权力时，民主制或寡头制就蜕变为有限君主制；当一人的权力越来越大，以至独掌最高权力时，民主制或寡头制就蜕变为无限君主制或君主专制。反之亦然。因此，共和制与君主制的根本区别，说到底，乃在于平等。有限君主制是若干公民不平等地共同执掌最高权力，是一人为主而与他人及其组织共同执掌最高权力；共和制是若干公民平等地共同执掌最高权力——寡头共和制是少数公民平等地共同执掌最高权力；民主共和制是所有公民平等地共同执掌最高权力。

直接民主与代议民主以及政治民主、经济民主和社会民主　民主的具体类型远为复杂，以至康德叹曰："民主政体是所有国家形式中最复杂的。"[①]确实，民主类型五花八门，不胜枚举，如普选制民主与限选制民主、抽签制民主与投票制民主、多数制民主与比例制民主以及混合制民主、一党独大制民主、两党制民主与多党制民主、议会制民主与总统制民主以及委员会制民主、单一制民主与联邦制民主，等等。不过，细究起来，可以看出，这些类型都属于民主运作范畴，亦即都属于民主的选举制度和政党制度以及政府制度范畴，因而是下卷《实现论：理想国家如何实现之条件》的研究对象。作为本卷《本性论：国家事实如何》研究对象的民主类型，主要讲来，可以归结为三类：1. 直接民主（参与民主基本属于直接民主范畴）与代议民主以及与二者相近的政治民主与经济民主、社会民主；2. 协商民主与聚合民主（多头民主属于协商民主范畴）；3. 宪政民主与非宪政民主。

所谓直接民主，顾名思义，就是直接进行统治的民主，是人民亲自行使最高权力从而直接进行统治的民主。这种民主的典型是雅典民主。因为雅典城

---

① 康德：《法的形而上学原理》，174页，商务印书馆，1997。

邦国家的最高权力机关是公民大会，它不是由公民代表组成，而是全体公民都可以参加。公民大会每年至少召开40次，每次一天。也就是每隔不到十天时间，雅典公民们便聚集一起，讨论并表决国家各种公共事务。每个公民在公民大会都有平等的发言权，都拥有平等的权利阐明自己的主张，平等地参与辩论和表决。这样一来，雅典公民们便是亲自行使最高权力从而直接进行政治统治，直接管理国家大事，因而叫作直接民主。

如果人民并不亲自行使最高权力，而是将其委托给政府及其官吏来代表自己进行统治，从而不是直接而是间接地统治国家，那么，这就是间接民主。间接民主亦即代议民主或代议制民主，就是间接进行统治的民主，就是人民通过其代表来进行统治——而不是自己直接进行统治——的民主，就是人民将最高权力委托给政府及其官吏来代表自己进行统治的民主。英国的议会制代议制和美国的总统制代议制堪称间接民主的典型。因为两国都是公民们将最高权力委托给他们所选出的议会及其内阁或总统和国会，让他们来代表自己进行统治。英国是选民委托所选出的议会及其内阁进行统治；美国是选民委托所选出的总统和国会进行统治。

因此，直接民主与间接民主或代议民主的根本区别，乃在于国家最高权力的所有与行使之关系。在直接民主中，国家最高权力的所有与行使是不分离的，最高权力既归人民所有又由人民亲自行使。人民不但是拥有最高权力的主人，而且直接行使最高权力，直接统治国家。一句话，主人与主事是不分离的。相反地，代议制民主或间接民主的根本特点则是主人与主事分离，是国家最高权力的所有与行使分离，最高权力归人民所有而由人民代表行使。人民拥有最高权力的所有权，拥有主权，是主人；人民代表是人民所聘用的仆人，只拥有最高权力的行使权，只拥有治权。也就是说，主权在民，而治权或主事权——亦即主权的行使权——则在人民代表。

毋庸赘述，古今中外世界上的民主国家实行的几乎都是间接民主制或代议制民主。就是直接民主制的发祥地希腊，如今实行的也是代议制民主。但是，真正讲来，一方面，任何国家都不可能实行完全的纯粹的间接民主或代议制民主，代议制民主必定以一定的直接民主为补充；另一方面，也不可能实行完全的纯粹的直接民主，直接民主也必定以一定的代议制民主为补充。雅典是典型的直接民主，每隔10天公民们就在公民大会中亲自行使最高权力，直接决定国家大事。但是，雅典的政体仍然含有间接民主或代议制民主的成分。

因为公民大会不可能天天进行。在两次大会休会期间，公民们便不得不将最高权力委托给议事会的500名议员，由他们代表公民大会行使最高权力。这样一来，议事会岂不就是地地道道的代议制机构？就是否认雅典民主存在代议制机构的王绍光教授，也不能不承认议事会是公民大会休会期间最高权力的代表："在两次大会休会期间，议事会是大会最高权力的代表。"①

同样，任何代议制民主也都难免直接民主成分。因为在代议制民主中，每个公民都应该享有选举权、罢免权、创制权和复议权。这四权岂不就是人民在亲自行使最高权力？岂不就是人民直接进行统治？岂不就是任何代议制民主所必定包含的直接民主成分？当然，我们绝不能说人民行使了四权的国家就是直接民主国；四权仅仅是代议制民主所包含的直接民主成分，而并非直接民主制。"如果我们把表决权和民众的立法创制权当作直接民主的现代等价物和替代物，只不过是自欺而已。"②

因此，任何国家都不可能实行完全的纯粹的直接民主或代议制民主，因而衡量一个国家实行的是何种民主，是代议制民主还是直接民主，只能根据何种民主占据主导地位：直接民主国就是直接民主占据主导地位的国家；代议制民主国就是代议制民主占据主导地位的国家。准此观之，古今中外的民主国家实行的确实几乎都是代议制民主而不是直接民主。但是，这仅仅是就国家政体——而不是就村镇和公司或其他社团——来说才能成立。

诚然，就民主与非民主的本义来说——亦即就古希腊以来的西方传统来说——都仅仅属于政治范畴，仅仅属于国家政体范畴，都是以国家最高权力执掌人数为根据的政体分类：民主是全体公民平等执掌国家最高权力的政体；君主制是一人执掌国家最高权力的政体。然而，国家最高权力统率和决定其他一切权力。因此，一个国家如何执掌国家最高权力，一般说来，也就如何执掌其他权力。换言之，国家最高权力的执掌方式如果是民主的，那么，其他社团权力的执掌方式也将是民主的。

这样一来，也就有了国家层面的民主和非国家层面的民主。国家层面的民主，也就是国家最高权力的民主，是古希腊以来的本来意义的民主，属于政

---

① 王绍光：《民主四讲》，6页，生活·读书·新知三联书店，2008。

② Giovanni Sartori, *The Theory Democracy Revisited*, Chartham, New Jersey: Chatham House Publisher, Inc., 1987, p. 283.

治民主范畴。非国家层面的民主，也就是国家最高权力之外各种权力执掌方式的民主，是近百年前始有名称的经济民主与社会民主以及属于政治民主范畴的乡镇等地方政府的民主。[①]

首先，所谓政治民主，不言而喻，亦即政治权力的民主执掌方式，亦即政权的民主执掌方式，说到底，也就是全体公民平等执掌国家各级最高政治权力。政治民主分为两类，亦即中央政治机构的民主与地方政治机构的民主，前者是古希腊以来的本来的传统意义上的民主。

其次，所谓经济民主，顾名思义，就是全体公民平等执掌各级经济组织最高权力的民主，说到底，也就是消除经济权力垄断。这样一来，经济民主便具有双重含义：一方面，消除生产资料或物质财富的垄断，说到底，亦即废除私有制而代之以公有制，但必须在生产力高度发达因而应该废除私有制的历史条件下；另一方面，在生产力尚未高度发达因而私有制不应该废除的历史条件下，雇员与雇主共同——尽可能接近平等——执掌最高经济权力。[②] 令人振奋的是，欧洲各国社会民主党通过执政或参与执政已经普遍做到，使雇员与雇主共同拥有经济权力，亦即建立参与共决等经济民主制度，使雇员在劳资工资协议和企业决策等经济活动中，拥有信息权、协商权、共决权、监督权等经济权力，从而能够与雇主共同商定雇员工资、经济战略、劳动组织、职业教育等方针大计。

最后，何谓社会民主？所谓社会，如前所述，亦即两个以上的人因一定联系而结合起来的共同体，这种共同体存在发展的根本条件是权力，权力与人口以及土地是构成社会的三要素。人们所构成并生活于其中的社会，并非简简单单只有一种，而是多种多样，如乡、县、市、省、国家等。这些社会不论自身内部还是相互间，不但都存在权力，而且必定都存在着统率所有权力的最高权力。只有这样，这些社会自身和相互间才可能成为一个统一体，从而得以存在发展。一个社会，如果其最高权力为该社会所有成员平等执掌，就是社会民主。社会民主就是所有社会成员平等执掌该社会最高权力——因而每个人的社会地位完全平等——的社会制度。所以，萨托利说："社会民主是一种所有社会成员都拥有平等社会地位的社会制度。"[③]

---

① Giovanni Sartori, *The Theory Democracy Revisited*, Chartham, New Jersey: Chatham House Publisher, Inc., 1987, p. 8.

② Ibid., p. 10.

③ Ibid., p. 9.

然而，细究起来，政府和经济组织也属于社会范畴。可是，每个人平等执掌政府最高权力和每个人平等执掌经济组织最高权力，却分别属于政治民主与经济民主，而不属于社会民主范畴。因此，社会民主并不是任何社会的民主，而是政治组织和经济组织之外的社会的民主，说到底，也就是公民社会的民主。因为公民社会的英文是 Civil Society，又被译为"市民社会"或"民间社会"。顾名思义，这种社会的根本特点就是与"官"对立，就是"民"，就是公民性、民间性、市民性、庶民性、人民性，非官方性。因此，公民社会就是一种民间公共组织，就是一种非官方的社会，就是独立于官吏和政府的自治性公共团体。因此，公民社会不但与政府、官方根本不同，而且与经济组织根本不同。因为经济组织并不独立于官方或政府。即使是民主国家的自由市场经济，也必须遵循官方或政府所确立的经济运行规范，从而接受政府的监督和干预。[①]

这样一来，实现社会民主，主要讲来，也就是创造公民社会。因为公民社会的根本特征无疑是民主，公民社会是非官方的民主自治公共团体。因为所谓公民，如前所述，就是享有从事管理社会和国家等公共事务的权利的人。这一定义原本在亚里士多德那里已有相当清楚确切的阐述。他一再说："全称的公民是凡得参加司法事务和治权机构的人们。"[②]"凡有权参加议事和审判职能的人，我们就可以说他是那一城邦的公民。"[③]于是，所谓公民社会，就是这样一种社会，在这种社会中，每个成员都是公民，都是享有从事管理该社会公共事务的权利的人。每个成员都是享有从事管理该社会公共事务的权利的人，当然并不意味着每个成员都担任管理职务或政治职务，而只能意味着社会民主：每个成员都完全平等地执掌该公民社会最高权力。

不难看出，正如萨托利所言，古希腊以来的传统意义上的民主——亦即国家最高权力或中央政府的民主——是全局性的、根本性的、决定性的宏观民主；而百年前兴起的所谓经济民主和社会民主以及地方政府民主，则是局部的、非决定性和非根本性的微观民主。[④] 确实，微观民主——经济民主和社会民主以及地方基层民主——虽然不具有全局性和决定性，却并非不重要。这

---

① 哈贝马斯：《公共领域的结构转型》，29 页，学林出版社，1999。

② 亚里士多德：《政治学》，111 页，商务印书馆，1965。

③ 同上书，113 页。

④ Giovanni Sartori, *The Theory Democracy Revisited*, Chartham, New Jersey: Chatham House Publisher, Inc., 1987, p. 11.

些微观民主的重要性，不但如萨托利所指出的，乃在于其为宏观民主的基础，而且还在于其规模小而可以实行直接民主。相反地，宏观民主则因其规模大，总体说来，只能实行代议民主。问题的关键在于，直接民主是依靠自己，是人民直接行使所拥有的最高权力；代议民主则是依靠别人，是人民将所拥有的最高权力委托代表行使。显然，依靠别人不如依靠自己；最高权力委托代表行使，极易被代表篡夺——寡头统治几乎是代议民主的铁律——因而远不如自己直接行使，代议民主实乃无奈之举。因此，只要有可能，人民就应该自己直接行使最高权力，因而不但应该尽可能直接参与宏观民主，增进宏观民主的直接民主成分，而且更应该直接行使微观民主最高权力，使其完全成为直接民主。这就是卢梭、柯尔、马尔库塞、托夫勒、贝尔、奈斯比特和佩特曼等人所代表的源远流长的参与民主理论之真谛。

这样一来，直接民主与代议民主以及政治民主、经济民主和社会民主就是具有内在联系的民主类型。因为，一方面，直接民主不但应该实行于小国寡民的全部——亦即宏观民主与微观民主——领域，而且应该实行于大国众民的微观民主领域，亦即大国的经济民主和社会民主以及属于政治民主的地方基层政府领域；另一方面，代议民主不但只应该实行于大国众民，而且只应该实行于大国的宏观民主领域，亦即国家最高权力领域，说到底，亦即中央政府领域。如图：

民主
- 代议民主：大国宏观民主领域
- 直接民主：大国微观民主领域和小国全部领域

协商民主与宪政民主　20 世纪 80 年代以来，西方学术界兴起研究协商民主的热潮；及至 90 年代，俨然成了主流民主理论，其代表人物，不胜枚举，如约瑟夫・M. 毕塞特、利基发特・阿伦、伯纳德・曼宁、乔舒亚・科恩、詹姆斯・博曼、乔恩・埃尔斯特、马克・沃伦、戴维・米勒、伊桑・J. 莱布、弗兰克・L. 米歇尔曼、苏珊・斯托克斯、迪戈・甘贝塔、约翰・S. 德雷泽克、何包钢以及英国工党领袖布莱尔的政治顾问安东尼・吉登斯等。哈贝马斯——甚至还有罗尔斯——则被认为是协商民主理论大师。那么，究竟何谓协商民主？

协商民主的英文是 deliberative democracy。deliberative 的词义是协商、商议、商量、审议和辩论等，因而 deliberative democracy 又被译为“审议民主”

或“商议民主”。协商民主概念，在主流协商民主理论看来，顾名思义，就是协商作出决策的民主，就是决策由公民自由而平等地协商达成的民主。[①] 照此说来，岂不只有专制等非民主制才可能独断而不协商，而任何民主岂不都是协商民主？因为专制等非民主制是一个人或几个寡头垄断最高权力，因而不必协商；相反地，民主是全体公民共同执掌国家最高权力，说到底，是人民、庶民执掌最高权力，众多庶民显然只有经过协商才能执掌和行使最高权力。因此，只要有民主就必定有协商，决策势必由公民自由而平等地协商达成，因而协商乃是民主的应有之义，任何民主或多或少都具有协商的性质。这样一来，任何民主岂不都是协商民主？可是，为什么20世纪80年代以来的协商民主理论家却都将协商民主当作一种独特的理想的民主类型？

原来，协商民主看似简单，可以顾名思义，但真正讲来，却极难定义，以至博曼叹曰：“所有的人都在谈论协商，但没有人能说出它是什么。”[②]然而，细考较去，可以看出，协商民主理论的真正源头乃是民主定义（民主是所有公民平等执掌最高权力的政体）与民主实现途径（多数裁定原则）的矛盾，协商民主就是对于这一矛盾的科学解决。因为民主是所有公民平等执掌最高权力，意味着：一方面，只有所有公民平等执掌最高权力才是民主，只有按照所有公民意志进行统治才具有民主的合法性；另一方面，多数公民执掌最高权力不是民主，按照多数公民意志进行统治不具有民主的合法性。可是，民主的实现途径只能是多数裁定，却意味着民主的最高权力实际上更可能是多数人执掌，民主实际上更可能是按照多数人的意志进行统治。这样一来，民主定义与民主实现途径岂不相互否定、南辕北辙？

怎样解决这一矛盾？废除多数裁定吗？决不可以。因为全体公民及其代表议事时，意见不可能完全一致，而势必存在着分歧和不一致，因而全体公民及其代表完全平等地共同做出决定是不可能的，于是只好少数服从多数，多数裁定。多数裁定最接近——亦即比少数裁定和一人独裁更接近——全体公民完全平等地共同做出决定。因此，废除多数裁定就意味着少数裁定或一人独裁，民主只能通过多数裁定原则才能实现。因此，解决的方法只能是既要多数

---

① 毛里西奥·帕瑟林·登特里维斯：《作为公共协商的民主：新的视角》，139页，中央编译出版社，2006。

② 詹姆斯·博曼：《公共协商：多元主义、复杂性与民主》，1页，中央编译出版社，2006。

裁定，又要保护少数人的权利，亦即保护少数人与多数人共同执掌最高权力的权利。怎样做到这一点呢？只有一个办法，那就是多数人必须与少数人协商，尽力达成共识。

如果能够达成共识，就意味着决策因体现所有人——多数人与少数人——的共同意志而具有民主的合法性，就意味着所有公民共同执掌最高权力，就意味着完全的真正的民主的实现；如果不能达成共识，既然所有人都同意多数裁定，那么，多数裁定的决策虽然直接说来没有得到少数人同意，却因为少数人同意多数裁定，最终还是得到了少数人的同意。

这样，只要经过多数人与少数人的平等协商，不论是否达成共识，决策便都体现了所有人的意志而具有合法性，都意味着所有人共同执掌最高权力，都意味着完全的、真正民主的实现。相反地，如果多数人仰仗多数裁定原则而拒绝与少数人协商，就使决策仅仅体现多数人的意志而不具有民主的合法性，就剥夺了少数人执掌最高权力的权利，就意味着只是多数人而不是所有人执掌最高权力，就不是完全的、真正的民主。

因此，协商民主原本与多数人民主对立，乃是多数派与少数派平等协商从而共同执掌最高权力的政体；相反地，多数派不与少数派协商而执掌最高权力的政体，亦即多数派仰仗多数裁定原则而剥夺少数派执掌最高权力的权利的政体，则叫作多数人民主。这就是为什么利基发特·阿伦出版于1984年的一本专著将协商民主与多数人民主对立起来，而名之为《民主——21国的多数人政府模式与协商政府模式》。这就是为什么首次使用"协商民主"(deliberative democracy)一词的毕塞特的论文，题目叫作"协商民主：共和政府的多数原则"。这篇天才的论文发现，美国三权分立制衡的宪政民主的最深刻也最令人困惑的特征，其实就是所谓的协商民主；因为它既坚持多数裁定原则，又对多数裁定进行种种限制，如参议院和总统否决权对国会的限制，从而保障少数派享有与多数派共同执掌最高权力的权利。[①]

可见，协商民主是为解决民主最深刻的本性(民主是所有公民平等执掌最高权力的政体)与民主唯一实现途径(多数裁定原则)矛盾而诞生，是既坚持多数裁定又保护少数权利从而实现所有公民平等执掌最高权力的民主，是多数派与少数派平等协商尽力达成共识从而具有民主合法性的民主，也就是多数

① 陈家刚主编：《协商民主与政治发展》，37页，社会科学文献出版社，2011。

派与少数派平等协商从而共同执掌最高权力的民主，也就是全体公民——亦即多数派与少数派以及强势群体与弱势群体等——平等执掌最高权力的政体，因而是完全的、真正的民主。相反地，非协商民主，亦即多数人民主或聚合民主、合计民主（聚合民主或合计民主就是限于投票、选举和偏好的合计或聚合的民主），也就是造成民主本性（民主是所有公民平等执掌最高权力的政体）与民主实现途径（多数裁定原则）矛盾的民主，是只坚持多数裁定而不能保护少数派权利从而不能实现所有公民平等执掌最高权力的民主，也就是多数派不与少数派协商以及强势群体不与弱势群体协商因而不具有合法性的民主，也就是多数派或强势群体执掌最高权力的民主，因而是片面的、不完全的民主。

那么，究竟如何才能实现协商民主？制度是大体，是决定性的、根本性的和全局性的，是实质；统治和治理活动则是小体，是被决定的、非根本的和非全局性的，是现象。因此，协商民主实现的主要途径是建立协商民主制度。不难看出，协商民主制度存在于全部的民主制度之中而可以分为三大方面，亦即协商民主选举制度与协商民主政党制度以及协商民主政府制度。

首先，协商民主选举制度是比例代表制。因为按照协商民主，多数人应该与少数人平等协商而共同执掌最高权力。因此，多数人与少数人都应该拥有发言权，都应该有自己的代表。只不过，多数人的代表应该多；少数人的代表应该少，多数人与其代表的量的比例，与少数人与其代表的量的比例应该相等。准此观之，唯有比例制符合协商民主。因为比例制就是各政党所获议席的比例与其所获选票的比例尽量吻合的当选制度，因而使少数人与多数人都有相应比例的代表，属于多数人与少数人协商的民主选举制度。相反地，按照多数代表制，只有获得多数选票的候选人才能当选代表，因而少数人没有自己的代表，所有代表都仅仅代表多数人，完全违背协商民主多数人与少数人协商原则，是非协商民主选举制度。混合制无疑介于协商民主与非协商民主选举制度之间，因为混合制是将多数制与比例制结合起来——部分议席按多数制选举而其他议席按比例制选举——的制度。

其次，协商民主的政党制度可以包括两党制和多党制；唯有一党独大制属于非协商民主政党制度。因为一党独大是一党独掌政权，意味着政府仅由多数公民的代表组成，而少数公民没有自己的代表。相反地，两党制则基本属于协商民主政党制度。因为两党制是两党轮流（或联合）执政，意味着，政权轮流执掌于多数公民代表和少数公民代表。诚然，两党制不是完全的协商民主政党制度；完全的协商民主政党制度只有多党制。因为多党制是三个以上政党联合(或轮流)执政。这意味着，多党制与两党制有所不同：两党制是多数公民代表与第一少数公民代表轮流执政，第二少数公民以下的所有少数派都没有自己的代表执政；多党制则是多数公民代表与第一少数派以及第二少数派以下的众多少数派代表联合执政，最接近完全符合“多数公民与少数公民协商而共同执掌最高权力”的协商民主原则。

最后，内阁制与总统制以及二者的变种——半总统制与委员会制——都属于协商民主的政府制度。因为内阁制是议会主权，议会则是多数党与少数党协商而共同执掌主权；总统制是三权分立制衡，实现了多数派与少数派协商而共同执掌最高权力。但是，协商民主的根本前提和基本精神仍然是多数裁定，协商民主乃是在多数裁定的前提下多数人与少数人协商而共同执掌主权。因为多数裁定是民主固有的原则，没有多数裁定也就没有民主。这样一来，总统制虽然属于协商民主政府制度，但总统的权力过大，协商结果却可能不是多数裁定，而是总统一人独裁，往往违背多数裁定；相反地，内阁制则是议会主权，议会主权意味着多数裁定。因此，总统制是比较恶劣的协商民主政府制度，而内阁制则是比较优良的协商民主政府制度。然而，一方面，总统制并不是最恶劣的协商民主制；最恶劣的协商民主制是半总统制。因为半总统制中的总统如果属于议会多数党，那么，他的权力势必超过总统制中总统的权力，以至像戴高乐那样成为独掌国家最高权力的君主。[①] 另一方面，内阁制也并不是最优良的协商民主制，最优良的是委员会制。因为委员会制就是无首相的内阁制，就是废除首相特权的内阁制。委员会制是几个委员轮流担任主席而完全平等执掌最高行政权，委员们地位完全平等，集体议事，多数裁定。所以，委员会制是最充分体现多数裁定精神的协商民主制，因而堪称最优良的协商民主政府制度。

自20世纪80年代兴起协商民主研究而到90年代成为一种思潮以来，协商民主理论逐渐神秘化、理想化、完美化而无所不能，以至形成一种势不可当的协商民主拜物教，所有协商民主论者都以为协商民主是最理想、最完美、最

---

① 罗德·黑格、马丁·哈罗普：《比较政府与政治导论》，第五版，395页，中国人民大学出版社，2007。

优良的民主类型。殊不知，协商民主仅仅优良于非协商民主，仅仅优良于多数人民主；它不过是所有公民——多数与少数或没有多数的多元少数——平等协商共同执掌最高权力的政体罢了。这意味着，协商民主仍然可能与多数人民主一样违背自由等国家制度价值标准而导致民主的暴政。

只不过，多数人民主是多数暴政；而协商民主是所有人的暴政罢了。因为最高权力，就其本性来说，便倾向于被滥用而趋于腐败；最高权力则绝对趋于腐败："权力导致腐败，绝对权力导致绝对腐败。"①因此，最高权力无论掌握在谁的手里，无论是掌握在君主手里，还是掌握在人民手里，抑或为多数与少数协商而共同执掌，都极易被滥用而沦为暴政。因此，托克维尔说："当我看到任何一个权威被授以决定一切的权力和能力时，不管人们把这个权威称作人民还是国王，或者称作民主政府还是贵族政府，或者这个权威是在君主国行使还是在共和国行使，我都要说，这是给暴政播下了种子。"②

避免协商民主沦为暴政的途径，无疑只有一个，那就是使协商民主受到国家制度价值标准——国家制度最高价值标准"人道与自由"和国家制度根本价值标准"公正与平等"以及国家制度终极价值标准"增减每个人利益总量"——的指导和限制，亦即使多数人与少数人及其平等协商共同执掌的最高权力受到这些国家制度价值标准的指导和限制。这种所有人及其所平等执掌的最高权力受到国家制度价值标准有效限制的民主，就叫作宪政民主（Constitutionalism）。

因为所谓宪政，顾名思义，就是立宪政体或立宪政府（Constitutional government），是一种权力有限的政府或政体，是以宪法及其所衍生的法律限制政府权力从而使之遵守宪法和法律的政体。各国的宪法虽可能有遵循与违背自由等国家制度价值标准之分，但是，就宪政思想的传统来说，宪法的主要法案——强调分权原理的政府的组织机构法案和强调自由等人权原理的权利法案——所体现和遵循的，乃是自由和公正等国家制度价值标准。因此，就宪政思想的传统来说，宪政民主就是限制民主的权力而使之遵循宪法的民主，说到底，就是限制民主的权力而使之遵循自由和公正等国家制度价值标准的民主；非宪政民主就是最高权力不受宪法限制因而可以不遵循宪法的民主，说到底，

① 阿克顿：《自由与权力》，342页，商务印书馆，2001。

② 托克维尔：《论美国的民主》，上卷，289页，商务印书馆，1996。

就是最高权力不受国家制度价值标准限制因而可以不遵循国家制度价值标准的民主。

这样一来，宪政民主便优良于协商民主等任何民主政体，乃是最优良、最完善、最理想的民主。因为，一方面，协商民主仅仅意味着所有公民——多数与少数或没有多数的多元少数——平等协商共同执掌最高权力，而未必是宪政民主，未必遵循宪法，未必遵循国家制度价值标准，从而仍然可能沦为民主的暴政。另一方面，宪政民主必定遵循宪法，必定遵循自由和公正等国家制度价值标准体系，从而不但必定是完善的政治民主和经济民主以及社会民主，而且必定遵循多数裁定和保护少数权利原则，必定是多数与少数平等协商而共同执掌最高权力，宪政民主必定是协商民主。因此，罗尔斯说："一个良好的宪政民主——我起初就使用过的术语——也可以被理解为协商民主。"①

三、国家分类：以生产资料归谁所有为根据

1. 国家六类型：五种社会形态说的诘难与辩护

生产资料归谁所有是一切国家经济形态的根本性质，因而直接是经济形态的分类依据，最终是国家分类根据。以生产资料归谁所有为根据，经济形态分为公有制经济形态与私有制经济形态。私有制经济形态依其私有者的性质不同可以进一步分为三类：奴隶制经济形态（生产资料归奴隶主所有的经济形态）、封建制经济形态（生产资料归地主所有的经济形态）和资本主义经济形态（生产资料归资本家所有的经济形态）。公有制经济形态以历史发生顺序为根据分为原始公有制经济形态与非原始公有制经济形态；后者又分为社会主义公有制经济形态与共产主义经济形态。

这样一来，经济形态便可以归结为六大类型：原始公有制经济形态、奴隶制经济形态、封建制经济形态、资本主义经济形态、社会主义经济形态和共产主义经济形态。因此，以经济形态类型为根据——最终以生产资料所有制性质为根据——国家或社会也就相应地分为六大类型：原始国家或原始社会（原始公有制国家）、奴隶制国家或奴隶社会、封建制国家或封建社会、资本主义国

---

① 陈家刚主编：《协商民主与政治发展》，54页，社会科学文献出版社，2011。

家或资本主义社会、社会主义国家或社会主义社会和共产主义国家或共产主义社会。

显然，这就是马克思主义“五种社会形态说”所揭示的五种社会类型：原始社会、奴隶社会、封建社会、资本主义社会与共产主义或社会主义社会（社会主义是共产主义的低级阶段）。然而，近年来，五种社会形态说却遭到冯天瑜、袁林、季正矩和叶文宪等学者的质疑和驳斥，其中较有学术分量而需要认真对待者，正如冯天瑜所言，可以归结为三大诘难。

第一，他们认为“五种社会形态”违背了概念分类规则。袁林写道：“从概念划分的角度看，五种社会形态说有两个缺陷：一、违反了概念划分中每一次划分应当使用同一个划分标准的规则，将不等位概念并列于同一等级；二、违反了概念划分中各子项必须穷尽母项的规则，误将各社会形态间的对立（反对）关系视为矛盾关系，忽视了它们之间中间类型或过渡时期的存在。”[①]这种驳斥是不能成立的。因为五种社会形态是对社会进行两次连续划分的结果，每一次都使用同一划分标准。第一次划分，是以生产资料是否公有的性质为标准，将母项“社会”分为“公有制社会”与“私有制社会”两个子项，二者显然穷尽了“社会”的全部外延。第二次是分别对两个子项进行划分。一方面，以历史发生顺序为标准，将子项“公有制社会”分为“原始公有制社会”与“非原始公有制社会”；后者又分为“社会主义社会”与“共产主义社会”，三者无疑穷尽了“公有制社会”的全部外延。另一方面，以生产资料私有者的性质为标准，将子项“私有制社会”分为奴隶社会、封建社会和资本主义社会三类：奴隶社会是生产资料主要归奴隶主所有的社会；封建社会是生产资料主要归地主所有的社会；资本主义社会是生产资料主要归资本家所有的社会。试问，除了奴隶社会、封建社会和资本主义社会，还有什么私有制社会吗？没有了。所以，这三种社会也穷尽了“私有制社会”的全部外延。可见，五种社会形态是连续两次划分的结果，不但每一次划分都使用同一标准，而且穷尽了母项“社会”的全部外延，因而完全符合概念划分规则。

第二，他们认为五种社会形态说误以单线历史观描述多线历史过程，将多样化的历史发展纳入单一、机械的模式之内。季正矩写道：“‘五种社会形态说’无法解释这样一个历史事实，即除了西欧之外，几乎没有一个民族的发展

① 袁林：《两周土地制度新论》，38—52页，东北师大出版社，2000。

是依次经历'五种社会形态'的。对历史的深入考察使我们得知,奴隶社会、封建社会、资本主义社会都被不同的民族在不同的历史条件下超越过。"[①]这种驳斥,就其否定五种社会形态分类的科学性来说,也是不能成立的。因为,一方面,我们不能根据五种社会形态依次更替并非人类社会发展变化的普遍规律,就否定五种社会形态是对社会的普遍的科学的划分,正如君主国与共和国依次更替并非普遍规律,并不能否定其为国家普遍的科学的划分一样。另一方面,任何一种社会形态类型的成立,也并不需要它必须普遍存在于一切国家或一切社会。即使中国不存在奴隶社会和封建社会,我们也不能因此就否定奴隶社会和封建社会是一种类型的社会形态。

第三,他们认为五种社会形态以生产关系——归根结底以生产资料所有制——为根据划分社会形态,忽略了非经济的社会形态,因而将社会形态等同于社会经济形态。[②] 这种驳斥虽然荒唐无稽,但持此见者却多有学者,如袁林、冯天瑜和黄敏兰等。这种驳斥似乎不懂得概念分类的逻辑常识,实属荒唐无稽。因为照此说来,根据某种性质对任何事物所进行的分类,就都忽略了该事物的其他性质,都是将该事物等同于该性质了。然而,我们不能说,根据性别将人分为男人与女人,就忽略了人的其他性质,就将人与性别等同起来。同样,我们也不能说,根据生产关系将社会形态分为五种,就忽略了社会形态的其他性质,就将社会形态与社会经济形态等同起来。

2. 原始国家

游群国家 考古学和人类学的研究表明,原始社会按其历史发展的一般顺序,呈现三种性质不同的社会形态:游群(bands,也译为游团、队群或群队)、部落(tribe)和酋邦(Chiefdom)。游群是人类最早的社会形态,因而与人类同时诞生,出现于二三百万年前,终结于一万年前,历时二三百万年,人类的游群时代也就是旧石器时代。因此,在人类历史的百分之九十九以上的时间里,人们都是生活在游群社会。在这漫长的二三百万年中,社会经济处在狩猎—采集阶段,人类完全依靠采集和狩猎为生,因而到处游荡,没有固定居所,以至其独立自主的社会形态——游群——的规模相当小,实在与猿群、猴群或狼群差

---

① 季正距:《关于"五种社会形态说"的若干论争》,载《北京日报·理论周刊》,2008年5月5日。

② 袁林:《两周土地制度新论》,38—52页,东北师大出版社,2000。

不多,少则几人、几十人,多则几百人。游群的社会构成极其简单,原本是一种血缘家族群,是一种核心家庭的联合。[①] 一般说来,游群实行公有制、平均分配和民主制,没有独立的、专门的、正规的政治组织。[②]

因此,游群属于国家范畴,是一种国家,可以称之为"游群国家"。游群国家就是人类处于狩猎—采集阶段的四处游动的自主的血缘社会。因为如前所述,一方面,国家属于社会范畴,是一种特殊的社会;一种社会是不是国家,与其是否拥有独立的、专门的、正规的政治组织无关。国家是拥有最高权力的社会,是独立自主的社会,而不必是拥有独立的、专门的、正规的政治组织的社会。另一方面,"游群"虽然可能只有几十个人,没有独立的、专门的、正规的政治组织,却是一种独立自主的社会,是最高且最大的社会,不受其他权力领导和支配,拥有独立自主的权力[③],亦即拥有主权或最高权力,因而也就是一种国家,只不过是人类最原始、最古老、最简单的国家罢了。

部落国家　部落继游群而起,原本在旧石器时代和中石器时代就已经存在,但只有到新石器时代,亦即距今八九千年,才广泛地散布于世界各地。部落的形成,说到底,源于社会经济由狩猎—采集阶段向农耕—畜牧阶段的转化。部落是人类处于农耕和畜牧阶段因而趋向定居的社会。[④]

部落虽然与游群一样,也是一种血缘社会,但是,部落存在——游群却没有——一种泛部落组织,如氏族、年龄群、社团组织等。[⑤] 氏族无疑是泛部落组织的核心,因而也就是部落社会的基础和中心。[⑥] 那么,究竟何谓氏族?摩尔根答道:"氏族是一个由共同祖先传下来的血亲所组成的团体。"[⑦]因此,一般说来,同一氏族内部不可以通婚。[⑧] 这样,任何氏族便都不可能单独存在,而至少必定伴有另一个可以通婚的氏族,两个氏族在通婚关系基础上结合起

---

① William A. Haviland, *Anthropology*, Ninth Edition, New York: Harcourt College Publishers, 2000, p. 655.

② 哈维兰:《当代人类学》,468页,上海人民出版社,1987。

③ Carol R. Ember, Mevin Ember, *Cultural Anthropology*, Ninth Edition, Prentice Hall, Inc., 1999, p. 222.

④ Ibid., p. 224.

⑤ 恩伯:《文化的变异》,400页,辽宁人民出版社,1988。

⑥ Lewis H. Morgan, *Ancient Society*, Cambridge: The Belknap Press of Harvard University Press, 1964, p. 203.

⑦ Ibid., p. 61.

⑧ 罗纲:《初民社会》,67页,江苏教育出版社,2006。

来就构成了最初的部落。“部落是一些氏族结成的集团。”[①]

氏族是一个由共同祖先传下来的血亲所组成的团体，因而其为部落的基础和核心，便决定了部落与游群一样，实质上仍然是一种“家庭式”的平等社会。[②] 这种平等，一方面，是经济平等，主要是共产制[③]；另一方面，表现为政治平等。民主是部落政治的主流，专制等非民主政体不过是偶尔出现的特例。[④] 部落虽然是一种基本定居的社会，社会规模远远大于游群，却同样没有独立的、专门的、正规的政治组织。[⑤] 但是，部落也与游群一样，是一种“最高政治整合体”[⑥]，拥有最高权力，对各氏族选出来的首领和酋帅有授职、罢免之权，设有一个由酋长会议组成的最高政府等。部落是一种拥有最高权力的社会，因而也就是一种国家，可以称之为“部落国家”(tribal state)。部落国家就是人类处于农耕和畜牧阶段因而趋向定居的拥有最高权力的血缘社会。

酋邦国家 赛维斯和弗里德等现代人类学家认为，在平等的部落社会与阶级社会之间，存在一个过渡的等级氏族社会。[⑦] 这种等级氏族社会就叫作酋邦。酋邦就是处于平等的部落社会向阶级社会过渡阶段的等级社会。酋邦与部落一样，仍然处于农耕和畜牧阶段，但其生产专门化的程度较高，出现较多剩余产品，因而从部落的实物和劳役的互惠原则，转化为行政性的再分配制度。[⑧]

这样一来，便产生了专门的、正式的、独立的、常设的官僚管理机构和政治组织。哈维兰和恩伯等人称这种酋邦社会为“酋长社会”或“酋长领地”。[⑨] 这种正式的、常设的官僚管理机构无疑使酋长的权力和地位极大提高，甚至可能

---

① Lewis H. Morgan, *Ancient Society*, Cambridge: The Belknap Press of Harvard University Press, 1964, p. 63.

② Carol R. Ember, Mevin Ember, *Cultural Anthropology*, Ninth Edition, Prentice Hall, Inc., 1999, p. 224.

③ 马克思、恩格斯:《马克思恩格斯选集》,第 4 卷,92 页,人民出版社,1972。

④ Lewis H. Morgan, *Ancient Society*, Cambridge: The Belknap Press of Harvard University Press, 1964, pp. 110 - 111.

⑤ William A. Haviland, *Anthropology*, Ninth Edition, New York: Harcourt College Publishers, 2000, p. 657.

⑥ Carol R. Ember, Mevin Ember, *Cultural Anthropology*, Ninth Edition, Prentice Hall, Inc., 1999, p. 224.

⑦ 转引自易建平:《部落联盟与酋邦》,152 页,社会科学文献出版社,2004。

⑧ 同上书,339 页。

⑨ 哈维兰:《当代人类学》,476 页,上海人民出版社,1987。

使他独掌最高权力而成为专制君主。即使酋长的统治不是专制的而是民主的，毕竟也使酋长家庭成员及其亲族群家庭成员的地位高于普通家庭成员，从而处于社会的中心位置，最终形成一种不平等的等级制社会。[①]

不过，一方面，这种不平等的社会分层和等级只在政治和社会方面，而并不在经济方面。酋邦社会各个不同的社会阶层和等级之间，并无截然不同的经济差异，并没有生产资料私有制，并没有那样的经济地位不同的集团，以至某些集团依靠生产资料的独占而能够剥削另一些集团所创造的剩余价值。另一方面，酋邦社会虽然存在正式的、独立的、专门的、常设的政治组织和管理机构，却没有正式的合法的暴力镇压工具。[②]

然而，赛维斯等现代人类学家却由酋邦没有正式的合法的暴力镇压工具而断言酋邦仍然是一种亲族社会而并非国家。这是不能成立的。因为国家之所以为国家只在于是否拥有最高权力，而与是否存在正式的合法的暴力镇压工具无关，正式的合法的暴力镇压工具只是阶级社会或文明社会的国家之特征。问题的关键在于，正如恩伯所言，酋邦无疑与游群和部落一样，是一种"最高政治整合体"[③]，是一种拥有最高权力的社会。因此，酋邦仍然属于国家范畴，属于原始国家范畴，可以称之为酋邦国家。酋邦国家就是处于平等的部落社会向阶级社会过渡阶段的拥有最高权力的等级社会。

综上可知，原始国家按其历史演进的一般顺序，分为三类：游群国家和部落国家以及酋邦国家。这些原始国家不论如何不同，却都实行生产资料公有制，因而都属于公有制国家范畴，可以称之为原始公有制国家，原始国家与原始公有制国家是同一概念。原始公有制国家与私有制或阶级社会国家同样是拥有最高权力的社会，因而同样是国家，同样属于国家范畴。只不过，私有制或阶级国家拥有正式的、独立的、专门的、常设的政治组织和合法的暴力镇压工具；原始国家则没有合法的暴力镇压工具，整体说来，也没有正式的、独立的、专门的、常设的政治组织。酋邦国家不过是原始国家向阶级国家的过渡阶段，因而兼具二者特征：有正式的政治组织，却没有合法的暴力镇压工具。

---

① 哈维兰：《当代人类学》，476 页，上海人民出版社，1987。

② 转引自易建平：《部落联盟与酋邦》，197 页，社会科学文献出版社，2004。

③ Carol R. Ember, Mevin Ember, *Cultural Anthropology*, Ninth Edition, Prentice Hall, Inc., 1999, p. 224.

3. 奴隶制与封建制国家:两种封建概念

奴隶制 当原始国家由游群进化到部落,复由部落达于酋邦时,虽然仍处于农耕和畜牧阶段,但其生产专门化的程度较高,以至出现第一次社会大分工和金属劳动工具,提高了劳动生产率,从而能够生产较多剩余产品,形成一种财产私有和不平等的等级制社会。这样一来,战争的胜利者便不再屠杀俘虏,而使他们成为自己的一种私有财产,亦即能够生产剩余价值的奴隶;而后,一些债务人也沦落为债权人的奴隶。这就是所谓的奴隶制。

因为奴隶制虽然与原始国家一样,属于自然经济范畴,但其根本特征,如所周知,乃是奴隶主占有全部生产资料和奴隶,奴隶与牲畜一样,不过是奴隶主的私有财产。因此,奴隶制就是使一些人成为另一些人的财产的自然经济形态或自然经济制度。这样一来,奴隶主对奴隶便如同对其牲畜等财产一样,可以随意使用、买卖乃至处死奴隶。奴隶的价格也很便宜,在古代的巴比伦,一个奴隶的价格与租用一头牡牛的价钱相等。因此,奴隶主对奴隶的剥削便是人世间最为残酷的剥削。奴隶主不但占有奴隶的全部剩余劳动,而且还占有奴隶部分必要劳动。分配给奴隶消费的那部分产品,仅能维持奴隶生命,使奴隶能继续劳动,因而使奴隶常因饥饿和过度劳累而死。

封建制:封建概念的原初含义与后来含义 "封建社会"恐怕是人类所创造的争议最大且最难界定的概念。它曾经是20世纪二三十年代中国社会史论战的焦点。半个世纪后,亦即80年代末、90年代初,论战的波澜再起,而争论的核心问题仍然是:如何看待封建概念及其演变?中国秦汉以后是否属于封建社会?

"封"字在甲骨文中状如"植树于土堆",本义是堆土植树、划分田界。唐代考据家颜师古说:"封,谓聚土以为田之分界也。"从此出发,进而引申为帝王将土地分赐给亲戚或功臣作领地、食邑。所以,《说文解字》写道:"封,爵诸侯之土也。从之,从土,从寸,守其制度也。公侯百里,伯七十里,子男五十里。"组成"封建"的"建"字,起配搭作用,与"封"义近,本义为"立"。唐人孔颖达说:"建是树立之义。"

"封"与"建"合为"封建"一词,意为"封土建国"、"封爵建蕃"。《左传》曰:"故封建亲戚,以蕃屏周。"孔颖达疏:"故封立亲戚为诸侯之君,以为藩篱,屏蔽周室。”这也就是“封建”概念的原初含义。“封建”就是帝王以土地爵位分赐亲戚或功臣,使他们在该地建立邦国或拥有某种最高权力的社会,邦国就是拥有某种最高权力的社会。

因此,“封建”概念的原初含义与其词源含义完全相同,亦即以土地封人而使之建立拥有某种最高权力的社会,因而属于政体或政府制度范畴,与“郡县”相对立。二者之优劣,遂成为秦汉以降列朝政论的大问题,历经千百年而不衰。郡县制的特征是地方政府没有主权,主权完全执掌于中央政府,因而属于单一制政府制度;封建制的特征是宗主国与诸侯国分享主权,是中央与地方政府分享主权,因而属于联邦制政府制度。因此,就封建概念的原初含义来说,秦汉至明清便不是封建社会,而只有商周才堪称封建社会,这种社会划分的根据是某种政体或政府制度的性质。

与中文“封建”对译的英文 feudalism 一词,从拉丁文 feodum(采邑、封地)演化而来,原本指封土封臣、采邑庄园,因而与中文“封建”概念的含义相同,都是以土地封人使其在该封地建立拥有某种最高权力的社会——诸侯邦国与领主庄园。所以,西欧 feudalism 概念的原初含义,正如布洛赫所言,也不是指社会经济形态,而是与中国“封建”概念的原初含义一样,指一种与中央集权相反的分权政体。“最初的命名者们在他们称作‘封建主义’的社会制度中,所意识到的主要是这种制度中与中央集权国家观念相冲突的那些方面。”①

显然,中西封建概念的原初含义完全相同,都是指一种政体、政府制度,都属于政体范畴,因而所谓封建社会便都是以政体的某种性质——单一制还是联邦制——为根据而对于社会的分类。但是,这只是封建社会的原初含义;封建概念后来是指一种经济形态。② 那么,它指的究竟是一种怎样的经济形态呢?这种后来大行其道而今成为主流意识形态的封建概念,如所周知,指的就是封建主占有绝大部分土地而农民或农奴却完全没有土地或只有极少土地的自然经济形态,就是生产资料主要归地主所有的自然经济形态。

封建概念的这种含义,固然与其原初含义大相径庭,却同样源于其词源而有其词源依据。因为“封建”的词源,不论中西,都是“封土”、“封地”,因而从其词源看,“封建制”的根本特征就是土地的所有制。因此,从“封建”的词源含义

① 马克·布洛赫:《封建社会》,下卷,697 页,商务印书馆,2007。

② 马克尧:《中西封建社会比较研究》,4 页,学林出版社,1997。

不仅引申出“以土地封人而使之建立拥有某种最高权力的社会”的封建概念的原初定义，而且引申出“封建制以土地所有制为根本特征”的封建概念的后来定义：封建制就是封建主占有绝大部分土地而农民或农奴却完全没有土地或只有极少土地的制度，就是生产资料主要归地主所有的制度。

于是，中文“封建”与英文 feudalism 不但词源含义相同，都是“封土”、“封地”的意思，而且两词所称谓的概念的定义也相同：“原初定义”都是指以土地封人而使之建立拥有某种最高权力的社会；“后来定义”都是指土地所有制，亦即生产资料主要归地主所有的制度。因此，严复以中文“封建”对译英文 feudalism 是完全正确的。问题显然并不在于翻译，而在于不论中西原本就同样有两种根本不同的“封建”概念，原本就有两种根本不同的“封建”定义。一种是原初的封建概念，是指以土地封人而使之建立拥有某种最高权力的社会，是指一种政体，属于政体范畴，因而所谓封建社会便是以政体的某种性质——单一制还是联邦制——为根据而对于社会的分类。准此观之，殷周是封建社会，而秦汉至明清则是非封建社会。另一种是后来大行其道的封建概念，是指生产资料主要归地主所有的制度，是一种经济制度，属于自然经济形态，因而所谓封建社会是以经济形态的某种性质——所有制——为根据对于社会的分类。准此观之，秦汉至明清无疑是封建社会。

这样一来，两种封建概念或封建概念的两种定义便造成了概念的混乱和矛盾，同一种社会——秦汉至明清——是封建社会又不是封建社会。怎么办？最为稳妥的办法，恐怕是尊重约定俗成，继续使用两种封建概念。但是，后来的封建概念不但远远重要于原初的封建概念，而且 20 世纪中叶以来对于封建社会的这种理解已经普被国中而成为主流历史理念。因此，一般说来，我们所谓封建社会都是指这种封建概念，而原初的封建概念则只在某些相当特殊和极其必要的场合——如论及封建制与郡县制——才会使用。本书研究的国家类型，其划分的根据是执掌最高权力的公民人数和生产资料所有制，因而与封建制的原初定义无关，而是指后来的封建概念，亦即“五种社会形态”中的封建社会概念。

这种封建制的根本特征，如上所述，就是封建地主阶级占有绝大部分土地和生产资料，农民或农奴虽然拥有部分生产资料，如农具、牲畜、种子等，却完全没有土地或只有极少土地。这样一来，农民便不得不使用地主土地，而地主则向农民收取地租，从而占有农民剩余劳动。封建制就是封建主占有绝大部分土地而农民或农奴却完全没有土地或只有极少土地的自然经济制度，就是生产资料主要归地主所有的自然经济制度，就是地主依靠拥有土地而占有农民（或农奴）剩余劳动的自然经济制度。

然而，在这种经济制度下，农民和农奴毕竟可以用自己的农具在归自己支配的小块土地上耕作，“独立地经营他的农业和与农业结合在一起的农村家庭工业”①，从而拥有了自己的小私有经济。不过，这种小私有经济并不具有完全的独立性。因为农民和农奴为了从地主那里取得土地，不但必须交纳地租，而且还必须接受某种超经济强制，亦即丧失自己的人身自由而依附于地主，不能离开本土和户籍，这就是所谓的人身依附。人身依附是地主从拥有自己小私有经济的农奴或农民身上榨取地租等剩余价值的超经济强制手段。人身依附是封建制的显著特征。因为封建制与奴隶制虽然同属于超经济强制的自然经济制度，但奴隶主占有全部生产资料和奴隶，因而其超经济强制是人身占有；而地主阶级只占有绝大部分生产资料，并不占有农奴和农民，因而其超经济强制是人身依附。

4. 资本主义国家

何谓资本主义？所谓资本，如所周知，就是能够产生或带来财货的财货，是能够产生或带来物质财富的物质财富，是能够增值的物质财富，是能够增值的价值。那么，顾名思义，所谓资本主义，也就是一种使资本增值的经济形态或经济制度，是一种使财货能够产生或带来财货的经济形态或经济制度，是使物质财富能够产生或带来物质财富的经济形态或经济制度，是使物质财富增值的经济形态或经济制度，是使价值能够增值的经济形态或经济制度。然而，这是资本主义的定义吗？答案是肯定的。资本主义就是直接目的在于使投入的资本或物质财富增值——而不是满足消费需要——的经济形态或经济制度，就是直接目的在于获得利润或更多的交换价值——而不是使用价值或直接消费——的经济形态或经济制度。

这样，一方面，资本主义便与封建制以及奴隶制经济形态根本不同。奴隶

---

① 马克思：《资本论》，第3卷，890页，人民出版社，1975。

制和封建制经济形态都是自然经济，目的都是为了直接满足生产者个人或经济单位的需要，而不是为了交换，不是为了更多的交换价值或获得利润。相反地，资本主义则是交换经济，是商品经济，目的是为了交换价值，是为了获得更多的交换价值，而不是为了直接满足生产者个人或经济单位的需要。更确切些说，资本主义乃是一种商品普遍化的经济制度，在这种制度下，商品成为一切经济活动的普遍的和统治的形式。所以，马克思《资本论》的第一句话就是："资本主义生产方式占统治地位的社会的财富，表现为'庞大的商品堆积'。"[①]

另一方面，资本主义与社会主义根本不同。虽然社会主义也应该是商品经济，但是，社会主义是公有制的商品经济；相反地，资本主义则是私有制商品经济。鲍尔斯称之为资本主义第二个特征："资本主义的第二个本质特征（商品生产是第一个本质特征）在于，生产中所使用的资本品是资本家的私人财产。"[②]因此，资本主义是一种生产资料与劳动者相分离的经济制度，在这种制度下，生产资料被资产阶级占有，成为雇用劳动者的资本；劳动者有人身自由而没有生产资料，成为只能靠出卖劳动力过活的雇佣劳动者。

因此，所谓资本主义，说到底，也就是资本拥有者雇用没有资本的劳动者从而使投入的物质财富或资本增值的经济形态，是资本通过雇佣劳动而增值的经济制度。这样一来，资本主义便可以归结为一个中心和两个基本点。一个中心：使资本或财货能够增值。两个基本点：商品经济和雇佣劳动。合而言之，资本主义乃是一种交换经济、商品经济或市场经济，是一种使资本或财货能够增值的商品经济形态或经济制度，是目的在于资本或物质财富增值而不是满足消费需要的商品经济形态或经济制度，说到底，是资本通过雇佣劳动而增值的商品经济制度。

奴隶制、封建制和资本主义都属于经济形态、经济制度范畴，而不属于国家范畴。那么，何谓奴隶制、封建制和资本主义国家？如前所述，人们大都将"国家"与"国家政权"等同起来，因而大都以为奴隶主阶级执掌政权的国家就是奴隶制国家、地主阶级执掌政权的国家就是封建制国家、资产阶级执掌政权的国家就是资本主义国家。这是一种似是而非的观点。因为奴隶制、封建制

---

① 马克思：《资本论》，第1卷，11页，中国社会科学出版社，1983。

② Samuel Bowles, Richard Edwards and Frank Roosevelt, *Understanding Capitalism: Competition, Command, and Change*, Third Edition, New York: Oxford University Press, 2005, p. 135.

和资本主义国家都是以经济形态——而不是政权或政体——为划分根据的国家分类,因而原本与政权如何无关。一个国家,只要其基础的、核心的、支配的或主导的经济形态是资本主义,那么,即使资产阶级还没有执掌政权,即使政权仍然执掌于封建地主阶级或人民大众、无产阶级,它也已经是资本主义国家,而不再是封建制国家或社会主义国家了。这就是为什么资本主义国家诞生的标志并不是政治革命而是工业革命。

准此观之,一个国家存在奴隶制,未必就是奴隶制国家;只有当奴隶制是一个国家的基础的、核心的、支配的或主导的制度时,该国才堪称奴隶制国家。奴隶制国家就是奴隶制自然经济居于支配地位的国家,就是一些人成为另一些人之财产的制度居于支配地位的国家。封建制国家就是封建制自然经济居于支配地位的国家,就是地主依靠土地而占有农民(或农奴)剩余劳动的经济制度居于支配地位的国家。资本主义国家就是资本主义经济制度居于支配地位的国家,就是商品经济或市场经济居于支配地位的国家,就是一种使资本或财货能够增值的商品经济形态或经济制度居于支配地位的国家,是目的在于资本或物质财富增值而不是满足消费需要的商品经济形态或经济制度居于支配地位的国家,说到底,是资本通过雇佣劳动而增值的商品经济制度居于支配地位的国家。

因此,奴隶制国家最早形成于公元前4000年到前3000年之间,如埃及、美索不达米亚等奴隶制国家,诞生于公元前3500年左右。但是,最发达的奴隶制国家,是公元前5世纪至前4世纪的古希腊奴隶制国家和公元前2世纪至公元1世纪的古罗马奴隶制国家。在西欧,奴隶制国家一直存在到公元3世纪至5世纪才被封建制国家取而代之。封建制国家存在的时间也比较长,从公元5世纪罗马帝国灭亡开始,最迟到18—19世纪英、法等国发生工业革命,而终于被资本主义国家所取代,经历了1000余年。中国的封建制国家比西欧长得多,一直到1840年鸦片战争以后,随着外国资本主义的侵入,才开始解体而沦为半殖民地半封建国家。

我们考察了原始国家、奴隶制国家、封建制国家和资本主义国家,接下来似乎毫无疑问,应该考察社会主义和共产主义国家。其实不然,因为与其他四种国家根本不同,共产主义国家乃是一种理想国,即使其低级阶段(社会主义)已经实现而变成事实,但就其实质来说,显然并不属于国家事实如何范畴,而属于国家应该如何范畴，因而并非本书上卷《本性论：国家事实如何》的研究对象，而是中卷《价值论：国家制度应该如何》的研究对象。否则，如果在对原始国家、奴隶制国家、封建制国家和资本主义国家事实如何的考察之后，接下来考察社会主义和共产主义国家，那么，就会发现这种考察是无法科学地进行的。因为共产主义是一种完全符合国家制度价值标准——公正与平等以及人道与自由等——的理想国，因而在考察共产主义之前，必须考察国家制度价值标准体系，进而用以衡量原始国家、奴隶制国家、封建制国家和资本主义国家之价值，然后，才能科学地描述共产主义（社会主义是共产主义的低级阶段）究竟是一种怎样的国家。这些正是中卷《价值论：国家制度应该如何》的研究对象。

5. 国家分类总结：两大系列之21种复合类型

综观国家类型可知，国家分类的科学依据主要有两个：政体与经济形态，说到底，亦即最高权力由谁掌握和生产资料归谁所有。以政体为根据，说到底，以最高权力由谁掌握为根据，国家分为四大类型：民主共和制国家、寡头共和制国家、有限君主制国家和专制君主制国家。以经济形态为根据，说到底，以生产资料归谁所有为根据，国家分为六大类型：原始国家（原始公有制国家）、奴隶制国家、封建制国家、资本主义国家、社会主义国家和共产主义国家。这两大类型系列结合起来，粗略看来，可以形成24种复合国家类型，但实际上只可能形成21种复合国家类型。因为共产主义是完全符合国家制度价值标准的理想国家，因而只可能与符合国家制度价值标准的类型——亦即民主共和一种类型——相结合，而不可能与违背国家制度价值标准的类型——亦即寡头共和制、有限君主制和专制君主制三大类型——相结合。如下表：

类型 政体 / 经济形态	民主共和制	寡头共和制	有限君主制	专制君主制
原始共产主义	1. 原始共产主义民主共和制	2. 原始共产主义寡头共和制	3. 原始共产主义有限君主制	4. 原始共产主义专制君主制
奴隶制	5. 奴隶制民主共和制	6. 奴隶制寡头共和制	7. 奴隶制有限君主制	8. 奴隶制专制君主制

续表

封建制	9.封建民主共和制	10.封建寡头共和制	11.封建有限君主制	12.封建专制君主制
资本主义	13.资本主义民主共和制	14.资本主义寡头共和制	15.资本主义有限君主制	16.资本主义专制君主制
社会主义	17.社会主义民主共和制	18.社会主义寡头共和制	19.社会主义有限君主制	20.社会主义专制君主制
共产主义	21.共产主义民主共和制			

不难看出,这21种国家的复合类型囊括了国家主要的科学分类。因为这些国家类型的划分依据是政体与经济形态之结合,说到底,是最高权力由谁掌握和生产资料归谁所有之结合,是国家分类的两大系列主要的科学依据之结合。但是,四大类型政体,如前所述,依内容与形式是否一致又可以分为16种具体政体类型,如“名义与实际一致的民主制”、“名义民主而实为专制”等。这样一来,16种政体类型与原始共产主义、奴隶制、封建制、资本主义和社会主义5种经济形态结合起来,便形成80种具体的复合国家类型。共产主义因其是完全符合国家制度价值标准的理想国家,因而只可能有一种类型:名义与实际一致的共产主义民主共和国。于是,国家分类,说到底,便有81种复合国家类型;其中有一些极端重要,如“名义民主而实为专制的社会主义国家”,前苏联社会主义模式无疑属于这一类型。不过,对于这些极为具体的国家类型的分析,显然属于各种类型的国家的实际运作和实现问题,因而属于下卷《实现论:理想国家如何实现之条件》的研究对象。

思考题:

1.西塞罗、霍布斯和边沁等思想家一再说,最高权力执掌者只可能一人执掌、少数人执掌和所有人执掌:民主是所有人执掌最高权力。可是,柏拉图与亚里士多德却断言最高权力只可能一人执掌、少数人执掌和多数人执掌:民主是多数人执掌最高权力。谁是谁非?

2.西方主流学者以为极权主义是人类社会发展到20世纪才出现的现象,如墨索里尼和希特勒专制。这种观点正确否?中国自大禹开创家天下的专制主义制度,四千年来,专制君主不但垄断了政治权力,而且垄断了经济权力,进而垄断了社会权力(如结社集会权力)和文化权力(如言论出版权力),成为全权垄断的专制者,以至《诗经》如是说:“普天之下,莫非王土;率土之滨,莫非王臣。”试问:这种制度是否属于极权主义范畴?

3.菲利普·施米特说:“公民是民主政治最与众不同的要素。所有的政体都有统治者和一个公共领域,但只有在它们是民主政治的意义上它们才有公民。”(刘军宁编:《民主与民主化》,23页,商务印书馆,1999)这种观点能成立吗?

4.冯天瑜等学者以为只有中央集权的秦汉至明清才是专制社会,而封建就不是专制,因而讥笑“封建专制”、“封建专制帝王”、“封建专制皇权”等短语概念实属内在抵牾、自相矛盾的“封建箩筐”。(冯天瑜:《封建考论》,228页,武汉大学出版社,2006)此言当否?

5.李嘉图认为资本是人类任何社会都存在的:“即使是在亚当·斯密所说的那种早期状态中,一些资本虽然可能是由猎人自己制造和积累的,却是他捕猎鸟兽所必需的。没有某种武器,就不能捕猎海狸和野鹿。所以这些猎物的价值不仅要由捕猎所需的时间和劳动决定,而且也要由制造那些使猎人能够有效捕猎的资本——武器——所需的时间和劳动决定。”(Divid Ricardo, *Principles of Political Economy and Taxation*, London: George Bell and Sons, 1908, p. 17.)李嘉图此见是否荒谬可笑?

第四章　国家本性：人类社会发展规律与人性定律

提要　最重要的社会发展规律是经济制度的历史必然性与政体制度的偶然任意性。马克思关于"生产力决定生产关系，经济基础决定政治制度等上层建筑"的历史唯物论原理，是社会发展基本规律的发现，堪称19世纪人类思想最伟大的成就。根据这一发现，一个国家究竟实行何种经济制度，亦即何种经济形态占据统治地位，说到底，六种经济形态——原始共产主义、奴隶制、封建制、资本主义、社会主义和共产主义——中的何种经济形态占据统治地位，皆取决于该国的生产力发展水平究竟如何，因而具有历史必然性，是历史的、必然的、不依人的意志而转移和不可自由选择的。相反地，任何政体制度，不论是民主制还是非民主制，却都曾出现于生产力发展的任何历史阶段，都曾出现于原始社会、奴隶社会、封建社会、资本主义社会和社会主义社会。这是因为，任何政体制度都不是被生产力和经济发展水平所必然决定的，不具有历史必然性，不是必然的、不可选择的、不可避免的，而是充满各种可能，是偶然任意的、可以自由选择的。

国家是拥有最高权力的社会。社会是两个以上的人因一定联系所结成的共同体。因此，所谓国家最普遍、最一般的本性——因而也是最根本、最重要、最主要的本性——可以分为两方面。一方面，这种国家本性可以归结为人类社会——国家是一种特殊社会——发展规律，说到底，可以归结为"经济制度的历史必然性"与"政体制度的偶然任意性"；另一方面可以归结为人——社会和国家都属于人类共同体范畴——的本性，亦即人性，说到底，可以归结为"爱有差等"的人性定律。

一、经济制度的历史必然性

1. 生产关系高低与生产力高低正比例定律

毋庸赘言，生产关系与经济、经济基础或经济活动是同一概念，都是关于物质财富的活动，亦即生产与交换以及分配与消费之和。经济制度与生产关系或经济、经济形态固然并不相同，却也相去不远。因为所谓制度，正如罗尔斯所言，无非是一定的行为规范体系："我将把制度理解为一种公开的规范体系。"[①]因此，所谓经济制度，就是经济、经济形态或生产关系的行为规范体系。这样一来，生产关系或经济活动虽然不是经济制度，但是，一个社会实行、选择何种生产关系或经济形态与经济制度却是同一概念，实行何种生产关系或经济形态属于生产关系或经济形态的行为规范体系范畴。

最重要的人类社会发展规律，恐怕是马克思历史唯物主义原理所揭示的经济制度的历史必然性，亦即一个社会实行何种生产关系或经济形态的历史必然性。这一规律可以名之为"生产关系高低与生产力高低正比例规律"。首先，马克思发现，生产关系具有不以人的意志为转移的历史必然性："人们在自己生活的社会生产中发生一定的、必然的、不以他们的意志为转移的关系，即同他们的物质生产力的一定发展阶段相适合的生产关系。"[②]

确实，一个社会实行何种生产关系、经济形态或经济制度，具有不以人的意志为转移的历史必然性。因为，如果某种生产关系或经济形态、经济制度适合生产力，就会促进生产力发展，就会给人们带来巨大利益，那么，即使人们讨厌和不想实行这种生产关系，或迟或早也必定实行这种生产关系。相反地，如果某种生产关系不适合生产力，就会阻碍生产力发展，就会给人们带来巨大损失，那么，即使人们喜欢与渴望实行这种生产关系，或迟或早也必定改变和抛弃这种生产关系，而代之以与生产力相适合的生产关系。"为了不致丧失已经

① John Rawls, *A Theory of Justice* (Revised Edition), Cambridge, Massachusetts: The Belknap Press of Harvard University Press, 2000, p. 47.

② 《马克思恩格斯选集》，第2卷，32页，人民出版社，1995。

取得的成果，为了不失掉文明的果实，人们在他们的交往方式不再适合于既得的生产力时，就不得不改变他们继承下来的一切社会形式。"①

生产关系所具有的适合或不适合生产力的性质，不是生产关系独自具有的属性，不是生产关系的固有属性；而是生产关系被生产力发展变化所决定的属性，是生产关系的关系属性。因此，任何生产关系、经济形态或经济制度，即使是惨绝人寰的奴隶制，在生产力发展的一定限度——亦即没有变成新的更高级的生产力的限度——内，都是适合、促进生产力发展的。但是，当生产力的发展超过一定限度，从而成为新的更高级的生产力的时候，原来的生产关系便由适合、促进生产力发展，变成不适合与阻碍生产力发展了，或迟或早，必定发生生产关系革命，转化为新的更高级的生产关系，从而能够适合、促进新的更高级的生产力。"社会的物质生产力发展到一定阶段，便同它们一直在其中运动的现存生产关系或财产关系（这只是生产关系的法律用语）发生矛盾，于是这些关系便由生产力的发展形式变成生产力的桎梏。那时社会革命的时代就到来了。随着经济基础的变更，全部庞大的上层建筑也或慢或快地发生变革。"②

新的更高级的生产关系，只能适合且产生于新的更高级的生产力，而不适合或不可能产生于比较低级的生产力。奴隶制或封建制比原始共产主义更高级，因而只能适合比原始社会更高级的生产力，如金属工具生产力；而不适合原始社会生产力，不适合石器生产力。如果在生产力还处于石器水平因而没有剩余产品的时代，就实行奴隶制或封建制，奴隶或农奴必定饿死无疑。因此，不但比较低级的生产关系只能适合比较低级的生产力，不能适合比较高级的生产力；而且比较高级的生产关系也只能适合比较高级的生产力，而不能适合或不可能产生于比较低级的生产力。

因此，任何生产关系便都只能适合一定的生产力，而不能适合一切生产力；它对于生产力的适合或不适合都是暂时的、历史的，随着生产力的发展变化而变化。"人们借以进行生产、消费和交换的经济形式是暂时的和历史性的形式。随着新的生产力的获得，人们便改变自己的生产方式，而随着生产方式的改变，他们便改变所有不过是这一特定生产方式的必然关系的经济关系。"③

---

① 《马克思恩格斯选集》，第4卷，533页，人民出版社，1995。

② 《马克思恩格斯选集》，第2卷，32页，人民出版社，1995。

③ 《马克思恩格斯选集》，第4卷，533页，人民出版社，1995。

这样一来，一个社会究竟实行比较高级的生产关系，还是比较低级的生产关系，便决定于生产力发展水平，因而具有不以人的意志为转移的历史必然性。这可以从两方面看。一方面，正如马克思所指出的，比较高级的生产力，必定产生比较高级的生产关系。如果仍然是比较低级的不发达的生产关系，或迟或早，必定会发生生产关系的革命，从而产生比较高级的生产关系。[①] 因为只有比较高级的生产关系，才能适合、促进比较高级的生产力，给人们以巨大利益；而比较低级的生产关系则不适合、阻碍比较高级的生产力，给人们以巨大损害。

另一方面，正如马克思所断言的，比较低级的生产力，必定产生比较低级的生产关系。如果产生了比较高级的生产关系，或迟或早，必定又回到比较低级的生产关系。"当使资产阶级生产方式必然消灭、从而也使资产阶级的政治统治必然颠覆的物质条件尚未在历史进程中、尚未在历史的'运动'中形成以前，即使无产阶级推翻了资产阶级的政治统治，它的胜利也只能是暂时的，只能是资产阶级革命本身的辅助因素……他们在自己的发展进程中首先必须创造新社会的物质条件，任何强大的思想或意志力量都不能使他们摆脱这个命运。"[②]因为只有比较低级的生产关系才能适合与促进比较低级的生产力的发展，给人们以巨大利益；而比较高级的生产关系必定阻碍与不适合比较低级的生产力，给人们以巨大损害。

于是，无论哪一种生产关系，只要生产力还没有成为新的、比较高级的生产力，因而还适合生产力发展，是决不会灭亡的；而新的比较高级的生产关系，是决不会产生的。在新的比较高级的生产力还没有获得以前，如果比较低级的生产关系灭亡了，新的比较高级的生产关系产生了，那么，或迟或早，必定会发生生产关系的复辟，又回到原来比较低级的生产关系。

因此，马克思说："无论哪一个社会形态，在它所能容纳的全部生产力发挥出来以前，是决不会灭亡的；而新的更高的生产关系，在它的物质存在条件在旧社会的胎胞里成熟以前，是决不会出现的。所以，人类始终只提出自己能够解决的任务，因为只要仔细考察就可以发现，任务本身，只有在解决它的物质条件已经存在或至少是在生成过程中的时候，才会产生。大体说来，亚细亚

① 《马克思恩格斯选集》，第 2 卷，32 页，人民出版社，1995。

② 《马克思恩格斯选集》，第 1 卷，171 页，人民出版社，1972。

的、古代的、封建的和现代资产阶级的生产方式可以看做是经济的社会形态演进的几个时代。”①

2. 生产关系高低与生产力高低微观正比例定律

马克思关于生产关系高低与生产力高低关系理论，无疑是历史唯物主义的核心原理，堪称19世纪人类所发现的最伟大的规律，可以名之为“生产关系高低与生产力高低正比例定律”；更确切些，毋宁名之为“生产关系高低与生产力高低宏观正比例定律”。因为只是宏观言之，生产力产生和决定生产关系，生产力较高，生产关系必较高；生产力较低，生产关系必较低：生产关系高低与生产力高低成正比。倘若微观言之，则因为生产关系高低与生产力高低成正比，所以，较高与较低生产力的高低差异程度，必定与它们所产生的较高级与较低级生产关系重要属性的差异程度成正比。

较高级与较低级生产关系重要属性差异越多越大，它们所适合的较高与较低生产力的高低差异就越大越显著；较高级与较低级生产关系的重要属性差异越少越小，它们所适合的较高与较低生产力的高低差异就越小越不显著；较高级与较低级生产关系的重要属性接近完全相同，它们所适合的较高与较低生产力的高低差异就接近消失而归于零，它们就能够同样适合同一水平的生产力。

这就是生产关系高低与生产力高低微观正比例定律，它随着生产力和生产关系由低级到高级的发展而越来越彰显昭著。举例说，奴隶制或封建制生产关系与原始共产主义生产关系，相同点极少，似乎只有自然经济；而不同属性较多且重要，如公有制与私有制之别、无阶级无剥削与有阶级有剥削之别等。因此，奴隶制或封建制生产关系所适合的生产力，高于原始共产主义生产力，二者截然不同。资本主义生产关系与奴隶制或封建制生产关系，共同点极少，似乎只有私有制；而不同点较多且重要，如自然经济与市场经济之别，经济强制与超经济强制之别等。因此，资本主义所适合的生产力，远远高于奴隶制或封建制所适合的生产力，二者极为不同。

相反地，奴隶制与封建制生产关系虽有高低之分，但就其重要属性来说，几乎完全相同：都是私有制，都是自然经济，都是超经济强制。二者的不同点，只不过在于，奴隶制的超经济强制是人身占有，而封建制的超经济强制是人身

① 《马克思恩格斯选集》，第2卷，33页，人民出版社，1995。

依附罢了。封建制与奴隶制生产关系重要属性几乎完全相同，意味着，封建制与奴隶制生产关系所适合的生产力之间的高低差异极其微小，接近于零，因而能够与奴隶制一样适合同样低级的生产力，亦即一样适合原始社会末期生产力：铜器生产力。试想，奴隶与农奴，岂不同样能够使用铜器生产工具？岂不同样能够进行以铜器生产工具为基础的自然经济劳动？这就是为什么，封建制生产关系虽然比奴隶制生产关系高级，封建制生产力却未必高于奴隶制生产力。

可见，封建制生产力未必高于奴隶制生产力，不是别的，恰恰是"生产关系高低与生产力高低微观正比例定律"所能够解释的典型事实，完全符合这一定律，因而并没有否定"生产关系较高，生产力必定较高；生产关系较低，生产力必定较低"，并没有否定"生产关系高低与生产力高低正比例定律"。那么，社会主义社会生产力普遍低于资本主义社会的事实，否定了这一定律吗？也没有。

诚然，按照这一定律，社会主义生产力必定远远高于资本主义生产力。因为社会主义生产关系高于资本主义生产关系，二者不同属性多且重要，如公有制与私有制之别、有经济强制和经济权力垄断与没有经济权力垄断和经济强制之别、无阶级和剥削与有阶级和剥削之别等。更何况，社会主义与资本主义的不同，虽然跟原始共产主义与奴隶制或封建制的不同极为相似，但是，一方面，原始共产主义与奴隶制或封建制是私有制取代公有制，而社会主义与资本主义是公有制取代私有制，公有制取代私有制无疑需要远为高级且复杂的条件；另一方面，原始共产主义与奴隶制或封建制是社会发展的低级阶段，而社会主义与资本主义是社会发展的高级阶段，因而二者生产力的高低差异必定更为巨大。

因此，社会主义生产关系所适合的生产力，与资本主义生产关系所适合的生产力之间的差异必定极大，社会主义生产力必定远远高于资本主义生产力。如果说资本主义生产力是发达的生产力，那么，社会主义生产力必定是高度发达的生产力，高度发达的生产力是实现社会主义的必要条件。这是必然的、不以人的意志为转移的客观规律。然而，事实却是，几乎所有社会主义国家的生产力都低于资本主义生产力。这一事实岂不否定了社会主义生产力必定高于资本主义生产力的理论？岂不否定了生产关系较高、生产力必定较高的论断？岂不否定了生产关系高低与生产力高低正比例定律？不，绝没有否定。

因为社会主义生产力低于资本主义生产力的事实，充其量，不过意味着对"生产关系高低与生产力高低正比例定律"的违背；而任何规律或必然性都决不会因其被违背而不成其为规律或必然性。违背规律或必然性的自由活动必定受到规律或必然性的惩罚，必定达不到目的而失败；只有遵循和利用规律或必然性的自由活动，才能够达到目的获得成功。因此，违背规律或必然性的人们，或迟或早，必定会改正错误，遵循规律或必然性，最终达到目的获得成功，违背规律不过是遵循规律的一段弯路而已。社会主义与资本主义重要属性极为不同，决定了社会主义所适合的生产力与资本主义所适合的生产力的高低差距必定极为巨大，决定了社会主义生产关系只可能适合高度发达的生产力，而不可能适合不发达的生产力。

如果违背这一定律和历史必然性，强行在不发达的生产力基础上建立社会主义，那么，必定要受到这一定律和历史必然性的惩罚，遭受极大苦难。结果，或迟或早必定改正错误，抛弃较高的生产关系，抛弃社会主义，而回到较低的生产关系，复辟资本主义：或者是完全复辟，或者是不完全复辟。苏东九国违背这一定律和历史必然性，在不发达的生产力基础上建立社会主义，尽管长达半个多世纪之久，结果终因遭受这一规律和历史必然性的严重惩罚，而无不改正错误，复辟资本主义。中国经济体制改革也以恢复私有制和市场调节为主要特征。这岂不足以证明：生产力产生和决定生产关系，生产力较高，生产关系必较高；生产力较低，生产关系必较低？岂不足以证明生产关系高低与生产力高低成正比？

综上可知，一个国家究竟实行何种经济制度，亦即何种经济形态占据统治地位，说到底，六种经济形态——原始共产主义、奴隶制、封建制、资本主义、社会主义和共产主义——中的何种经济形态占据统治地位，皆取决于该国的生产力发展水平究竟如何，因而具有历史必然性，是历史的、必然的、不依人的意志而转移和不可自由选择的。这就是为什么以经济形态为划分根据的六种国家制度——原始国家、奴隶制国家、封建制国家、资本主义国家、社会主义国家和共产主义国家——具有历史必然性。

二、政体制度的偶然任意性

1. 政体制度偶然任意性之事实

马克思关于“生产力决定生产关系，经济基础决定国家政治制度等上层建筑”的历史唯物论原理，无疑是人类思想的伟大成就。然而，人们却往往将其绝对化，以为任何国家制度都必然决定于经济基础和生产力，都具有历史必然性，都是历史的、时代的，都仅仅适用于一定历史条件下的一定的社会和一定的时代，而不能普遍适用于一切社会一切时代，因而不具有普世性。殊不知，只有以经济形态性质为划分根据的六种国家——原始公有制国家、奴隶制国家、封建制国家、资本主义国家、社会主义国家和共产主义国家——制度，才必然决定于经济基础和生产力，才具有历史必然性，才都是历史的、时代的，都仅仅适用于一定历史条件下的一定的社会和一定的时代，而不能普遍适用于一切社会一切时代，因而不具有普世性。以经济形态性质为划分根据的六种国家制度之所以都仅仅适用于一定历史时代而不具有普世价值，只是因为一个国家实行何种经济形态具有历史必然性，是被生产力的发展水平所必然决定的。

倘若不是以经济形态，而是以政体的根本性质——亦即执掌最高权力的公民人数——为划分根据，那么，所划分的民主制与非民主制国家制度，便不具有历史必然性，便与经济发展的历史阶段没有必然联系，便是超经济、超阶级、超历史、超时代的，因而都具有普世性和普世价值。因为一个国家究竟实行何种政体，究竟实行民主制还是君主专制等非民主制国家制度，完全取决于执掌国家最高权力的人数，完全取决于掌握最高权力的人数究竟是一个人（君主制）还是少数人（寡头制）抑或是多数人（民主制），因而完全是偶然的、可以自由选择的，而不具有历史必然性，不是必然的、不可选择的、不可避免的。

确实，执掌国家最高权力的人数——究竟是一个人还是少数人抑或是多数人——怎么可能与经济以及生产力发展水平有必然联系？怎么可能被经济和生产力发展水平所必然决定？怎么会具有历史必然性？怎么可能不是偶然的呢？任何时代任何国家的最高权力岂不都既可能独掌于一个人，也可能执掌于少数人，还可能执掌于多数人？显然，掌握最高权力的人数的多少的本性就是偶然性和普世性。因此，政体——政体就是以执掌最高权力的人数的多少为根据的政治分类——的根本的特征就是偶然性和普世性。任何一种政体，不论民主制还是专制等非民主制，都具有普世性，都超经济超历史超社会超阶级超时代而能够普遍实行于任何国家任何时代任何生产力和经济发展水平。

这就是为什么，世界历史告诉我们，任何一种政体，不论是民主制还是非民主制，都既可能实行于原始社会，也可能实行于奴隶社会，还可能实行于封建社会和资本主义社会以及社会主义社会。首先，考古学和人类学的研究表明，原始社会按其历史发展的一般顺序，呈现三种性质不同的社会形态：游群、部落和酋邦。游群是人类处于狩猎—采集阶段的四处游动的自主的血缘社会，出现于二三百万年前，终结于一万年前，历时二三百万年，人类的游群时代也就是旧石器时代。部落——氏族为其基础和中心——是人类处于农耕和畜牧阶段因而趋向定居的社会，只有到了新石器时代，亦即距今约八九千年，才广泛地散布于世界各地。酋邦是处于平等的部落社会向阶级社会过渡阶段的等级社会。

游群和部落虽然也有实行非民主制的可能性，但一般说来，都实行民主制。因此，哈维兰说："群队一般说来是相当民主的：任何群队成员都不会告诉别的人去干什么、怎么狩猎、跟谁结婚。"①恩伯说："具有部落政治组织的社会与队群社会相似，都是平等的社会。"②酋邦虽然是一种等级社会，特别是正式的官僚管理机构使酋长的权力极大提高，甚至可能使他独掌最高权力而成为专制君主，但也可能未必如此。"处于酋长领地政治发展阶段的社会可能在政治上完全统一于酋长的统治之下，但也可能不完全是这样。"③

可见，在原始社会，民主制固然是主流，但是，不管怎样与人心背道而驰，还是出现过专制等非民主制。"不论在地球上任何地方，不论在低级、中级或高级野蛮社会，都不可能从氏族制度自然生出一个王国来……君主政体与氏族制度是矛盾的，它发生于文明社会比较晚近的时期。处于高级野蛮社会的希腊部落曾出现过几次专制政体的事例，但那都是靠篡夺建立起来的，被人民视为非法，实际上与氏族社会的观念也是背道而驰的。"④

奴隶社会可能实行任何政体——民主共和制与寡头共和制以及君主专制和有限君主制——已经是事实。古巴比伦、亚述帝国、波斯帝国、古埃及托勒密王朝和古印度孔雀帝国，无疑都是典型的君主专制。相反地，古希腊和古罗

---

① 哈维兰：《当代人类学》，468 页，上海人民出版社，1987。

② Carol R. Ember, Mevin Ember, *Cultural Anthropology*, Ninth Edition, Prentice Hall, Inc., 1999, p. 224.

③ 恩伯：《文化的变异》，406 页，辽宁人民出版社，1988。

④ Lewis H. Morgan, *Ancient Society*, Cambridge: The Belknap Press of Harvard University Press, 1964, pp. 110 - 111.

马则实行共和制。斯巴达是寡头共和制。雅典初期也是寡头制，梭伦改革使雅典由寡头制转变为民主制，到伯里克利时代，雅典民主制臻于全盛。公元前509—前27年的古罗马，国家最高权力实际上执掌于原本由贵族组成的元老院，堪称贵族共和制——贵族共和属于寡头共和范畴——的典范。从公元前27年到公元476年，罗马实行帝制，一人独掌国家最高权力，是典型的君主专制。奴隶社会还存在有限君主制，特别是贵族君主制，如公元前2369—前2314年，阿卡德城的国王萨尔贡一世建立的统一的阿卡德国家，实行的就是贵族君主制，亦即以君主为主而与贵族元老院共同执掌最高权力的政体。

封建社会大都实行君主专制与有限君主制：贵族君主制与等级君主制。贵族君主制是以君主为主而与贵族元老院或地方割据势力共同执掌最高权力的有限君主制，如封建割据时期的法兰西、德意志和俄国中的一些大公国，国王虽然执掌最高权力，却不可独自行使，而必须得到某种形式的贵族会议的同意。等级君主制是以君主为主而与等级会议——亦即教会贵族、世俗贵族和市民组成的三级会议——共同执掌最高权力的有限君主制，如俄国伊凡三世和伊凡四世的大贵族杜马和缙绅会议的等级君主制，法国腓力四世“三级会议”的等级君主制，英国爱德华一世和爱德华三世的议会君主制等。诚然，封建社会更为盛行的政体还是君主专制，如英国威廉一世、亨利一世和亨利二世以及都铎王朝和斯图亚特王朝的君主专制；俄国彼得一世和叶卡特琳娜二世的君主专制；法国路易十三、路易十四、路易十五和路易十六的君主专制；德国威廉一世和威廉二世的君主专制。中国封建社会的君主专制最为漫长，自大禹开创家天下的专制政体，直至清朝，实行君主专制竟然有四千余年。

封建社会虽然盛行君主制，但也曾存在过共和政体。中世纪的威尼斯共和国便属于封建社会的寡头共和制：最高权力掌握在少数公民（贵族和富商）选举的大议会、元老院和共和国元首（总督或执政）手中。从12世纪开始，威尼斯设立大议会，拥有国家最高立法和监察权力。议员480人，皆从姓名列入“黄金簿”的少数贵族和富商中选出。国家最高行政权力则执掌于大议会所选出的40人委员会（元老院）。佛罗伦萨则堪称民主共和政体：国家最高权力执掌于庶民——亦即“肥民”和“瘦民”——的代表所组成的议会。所谓肥民，主要是企业主、银行家、大商人、律师和医生；所谓瘦民，主要是小行东和手工业者，如鞋匠、成衣匠、铁匠和泥瓦匠等。肥民结成7个行会，叫作“大行会”，包括丝绸商行会、毛皮商行会、羊毛商行会、银行家行会、律师行会和医生行会等。瘦民则结成 14 个行会,叫作"小行会"。佛罗伦萨国家最高权力执掌于这些行会会员所选出的议会。最高管理机关叫作执政团或长老会议,由每个大行会选出一个代表和两个小行会代表组成。长老会议的主席叫作旗手,由行业议会推选,任期 2 个月,可以连选连任;其他八人叫作"首长",协助旗手管理国家内政和外交等事务。

资本主义社会最主要、最普遍、最典型的政体无疑是民主制,以至今天世界上所有资本主义国家几乎统统实行民主制。但是,资本主义社会也曾存在过君主制:君主专制与君主立宪制。法国资产阶级 1789 年大革命推翻封建社会君主专制,1791 年通过新宪法,确立君主立宪制。该宪法规定,法国实行按分权原则建立的君主立宪制:"政府是君主制,行政权委托给国王……但在法国,没有比法律的权力更高的权力;国王只能依据法律来治理国家。"1799 年拿破仑发动政变,独掌国家最高权力,1804 年加冕为皇帝,建立了资本主义君主专制政体。20 世纪意大利和德国出现的墨索里尼与希特勒独掌国家最高权力的法西斯独裁政体,则是资本主义君主专制的另一种类型。资本主义社会还存在一种民主制与君主制的混合政体:名义君主立宪制而实为民主共和制。这种政体的典型,如所周知,就是明治维新后的日本和 1714 年乔治一世以后的英国。绝大多数社会主义国家也都实行民主制与君主制的混合政体,只不过与英国和日本"名为君主立宪而实为民主共和"恰恰相反,乃是"名为民主而实为专制",如苏东九国的所谓苏联社会主义模式。

可见,一方面,所有政体——民主共和制与寡头共和制以及有限君主制与君主专制及其混合政体——几乎都曾经出现在生产力和经济发展的任何历史阶段,几乎都曾出现在以经济形态性质为划分根据的历代社会,几乎都曾出现在原始社会、奴隶社会、封建社会、资本主义社会和社会主义社会。这意味着,任何政体,不论是民主制还是非民主制,都不是被生产力和经济发展水平所必然决定的,都不具有历史必然性,都是超经济超历史超社会超阶级超时代的,都能够普遍实行于任何国家任何时代任何生产力和经济发展水平,都具有普世性。

另一方面,绝大多数封建社会都实行君主制和绝大多数资本主义社会都实行民主制的事实,特别是,人类迄今在 99%以上的时间——亦即原始社会二三百万年的游群和部落时代——都生活在民主制社会的事实,显然又意味着,政体类型与经济发展水平密切相关,一个社会实行何种政体在很大程度上是被生产力和经济发展的水平决定的。但是，生产力和经济发展水平对政体类型的决定作用，并不具有必然性，并不是必然的决定作用，并不必然决定政体类型，并不必然导致民主制或非民主制。否则，全部封建社会岂不统统都只能实行君主制？只要有一个封建社会实行共和制，岂不就意味着封建社会并不必然实行君主制？因此，只要有一个封建社会实行共和制，就意味着，封建社会的生产力和经济发展水平对君主制的决定作用不是必然的，封建社会的生产力和经济发展并不必然导致实行君主制。

2. 政体制度偶然任意性之原因

确实，无论生产力和经济发展水平对政体类型的决定作用是多么巨大，即使巨大到大势所趋，顺之者昌逆之者亡，也不是必然的，也不可能必然导致某一种政体。因此，亨廷顿说："经济因素虽然对民主化有重大影响，却不是决定性的。在经济发展水平与民主之间有一种全面的相关性。然而，没有一种经济发展的水平和模式，就其自身来说，是造成民主化的必要条件或充分条件。"[①]王绍光则援引雪瓦斯基的话说："经济发展不一定能导致民主，民主可以在任何情况下随机出现。换句话说，在经济发展的任何水平都可以出现民主。在一些被人们认为最不太可能实现民主的国家或地区，也出现过民主政权。"[②]

那么，是否有其他因素能够必然导致某一种政体？许多学者的回答是肯定的。在他们看来，可以必然导致某一种政体的因素，除了生产力和经济，还有政治状况，亦即国内外的某种政治局势和政治需要，如革命、战争、分裂、无序、武力征服和激烈的阶级斗争等必然需要集权和独裁，因而必然导致独掌最高权力的伟大人物的出现，专制具有历史必然性。恩格斯也曾这样写道："恰巧拿破仑这个科西嘉人做了被本身的战争弄得筋疲力尽的法兰西共和国所需要的军事独裁者，这是个偶然现象。但是，假如没有拿破仑这个人，他的角色也会由另一个人来扮演。这一点可以由下面的事实来证明：每当需要有这样一个人的时候，他就会出现，如凯撒、奥古斯都、克伦威尔等等。"[③]

---

① Samuel P. Huntington, *The Third Wave: Democratization in the Late Twentieth Century*, Norman: University of Oklahoma Press, 1991, p. 59.

② 王绍光：《民主四讲》，87页，生活·读书·新知三联书店，2008。

③ 《马克思恩格斯选集》，第4卷，733页，人民出版社，1995。

诚然，在国家发生革命、战争、分裂、无序和激烈的阶级斗争等非常时期，需要集权和强有力的伟大领袖，因而极易导致专制，如凯撒、奥古斯都、克伦威尔、拿破仑、希特勒、斯大林等就是如此。但是，这种非常政治局势只是极易导致专制，却非必然导致专制。否则，我们如何解释美国独立战争为什么没有导致华盛顿的专制？难道还有比美国独立战争时期的国内外政治局势更需要集权、更需要一个强有力的伟大的铁腕人物吗？显然，政治局势、政治因素与经济因素一样，对政体类型的决定作用可能极其巨大，甚至大势所趋，但也不是必然的，也不可能必然导致某一种政体。

经济因素与政治因素都是偶然因素，其他因素就更不用说了。因此，亨廷顿认为民主化是多种具体的特殊的偶然的原因相结合的结果："寻找一个可以在解释这些不同国家政治发展中具有重要作用的共同的普遍的自变项，几乎注定是不成功的，如果不是同义语反复的话。民主化的原因因时因地而异。理论的多重性和经验的多样性意味着下述命题可能成立：(1)没有一个单一的因素足以解释所有国家或一个国家的民主的发展。(2)没有一个单一的因素是所有国家的民主发展的必要条件。(3)每一个国家的民主化都是各种原因复合的结果。(4)这些产生民主的原因之复合因国家不同而不同。(5)通常导致一波民主化的复合原因不同于导致其他各波民主化的复合原因。(6)在民主化波浪中最初政权变化的原因可能不同于这一波中后来政权变化的原因。"①

确实，任何一种政体——不论是民主制还是非民主制——的实行都是当时社会的地理环境、生产力、经济、政治、文化、法律、道德、意识形态、阶级结构、争夺最高权力者的斗争、国民的人格、传统习俗、国内外形势和思想家们的理论等多种因素的具体的特殊的偶然的情况共同决定的。这些因素对于导致某种政体虽然有根本与非根本、内因与外因以及主因与次因之分——生产力和经济发展状况无疑是最根本的原因——但无论是哪一种因素都不足以必然导致某种政体，因而都是某种政体产生的偶然性原因。在这些偶然的具体的特殊的多种因素作用下，人们争夺最高权力的斗争便既可能使最高权力无限制地被一个人所掌握(君主专制)，也可能使最高权力受限制地被一个人所掌握(有限君主制)，还可能使最高权力被少数公民所掌握(寡头共和制)，亦可能

① Samuel P. Huntington, *The Third Wave: Democratization in the Late Twentieth Century*, Norman: University of Oklahoma Press, 1991, p. 38.

使最高权力被多数或全体公民所掌握(民主共和制)。

因此,任何社会实行何种政体便都是偶然的、可能的、可以自由选择的和依人的意志而转移的;而不具有历史必然性,不是必然的、不可选择的、不可避免的和不依人的意志而转移的。这意味着,任何社会在任何条件下实行任何一种政体,不论是民主制还是专制等非民主制,都不具有历史必然性,都是可能的、偶然的、可以自由选择的和依人的意志而转移的;实行何种政体绝对不具有历史必然性,是绝对偶然的、绝对可能的、绝对可以自由选择的和依人的意志而转移的。否则,如果一个社会只有在一定历史条件下才可能实行民主政体,那就无异于说,在不具备这种历史条件的时候,只可能实行非民主政体,非民主制具有历史必然性。因此,实行何种政体的偶然性如果不是绝对的,就等于说实行何种政体具有历史必然性。所以,一个社会实行何种政体,不仅不具有历史必然性,而且绝对不具有历史必然性;不仅是偶然的、可能的和可以自由选择的,而且是绝对偶然的、绝对可能的、绝对可以自由选择的。

诚然,任何偶然都表现着某种必然性,没有纯粹的、不表现必然性的偶然性。但是,这并不能否定实行何种政体的本性是一种纯粹的绝对的偶然性。因为“纯粹的绝对的偶然性”与“不表现必然性的纯粹的绝对的偶然性”根本不同。纯粹的绝对的偶然性,无论如何,也总是表现着某种必然性。一个人究竟如何死亡,是纯粹的绝对的无条件的偶然性。但是这种纯粹的绝对的无条件的偶然性也总是表现着某种必然性:他必有一死。他必有一死,是纯粹的绝对的无条件的必然性。同理,实行何种政体是一种纯粹的绝对的偶然性,也并没有否定这种纯粹的偶然性表现着某种必然性。这种必然性就是:任何社会都必然存在政体。任何社会都必然存在政体是绝对的无条件的,任何社会都存在政体具有绝对必然性。相反地,任何社会存在何种政体则绝对地无条件地是偶然的,任何社会存在何种政体具有绝对的偶然性和绝对的可能性。

任何一种政体,不论是民主制还是专制等非民主制,都绝对可能实行于任何社会。这仅仅是说,民主制或非民主制实现的可能性是无条件的,而不是说民主制或非民主制的实现是无条件的。任何政体都具有绝对的无条件的可能性,但是,任何政体的实现却都是相对的有条件的。换言之,任何政体都是绝对可能的,任何社会都绝对可能实行任何政体。但是,可能变成现实,却是有条件的。一个社会要将实行某种政体的可能性变成现实,是有条件的。就拿民主来说，任何社会都绝对可能实行民主。但是，要将这种可能性变成现实，亦即实现民主，是有条件的。毋庸置疑，一些社会具备实现民主的条件；另一些社会则不具备实现民主的条件。然而，问题的关键在于，一个社会不论是否具有实现民主的条件，民主都是可能的，而不是不可能的。

只不过，对于具备民主实现条件的社会，民主具有所谓"现实的可能性"或"实在可能性"，亦即经过人们的活动现在就可以实现的可能性；而对于不具有民主实现条件的社会，民主则具有"抽象的可能性"或"形式可能性"，亦即只有将来才可以实现——而现在则不会实现——的可能性，是需要经过人们的活动到将来才会实现的可能性。试想，秦皇汉武时代，确实不具有实现民主的条件。今日的中国则具有实现民主的条件。但是，即使对于秦皇汉武时代，能否实现民主也同样是完全依人的意志而转移的，因而也是偶然的、可能的、可以自由选择的。假设当时人们都想实行民主，或者想实行民主的人的力量占据上风，那么，民主就会实现。因此，秦皇汉武时代，专制也不具有历史必然性，民主也不是不可能的。那时民主也具有可能性，只不过不是实在可能性，而是抽象可能性，是要经过努力奋斗才会在将来实现的抽象可能性。

抽象可能性与不可能性根本不同：抽象可能性的本性是偶然性，因而依人的意志而转移；而不可能性的本性是必然性，因而不依人的意志而转移。想当年秦始皇寻求长生不老，无疑是荒唐的。因为长生不老是不可能的，是不依人的意志而转移的。相反，如果他寻求长寿，立志活到100岁，则并不荒唐。因为他活到100岁，不是不可能的，而是可能的，是依人的意志而转移的；只要他经过漫长的养生年月在遥远的将来就可能实现，因而属于抽象可能性范畴。这种可能性几率极小，几乎是不可能。但可能性几率不论如何小，仍然属于可能性和偶然性范畴，是依人的意志而转移的；而不属于不可能范畴，不属于必然性范畴，不是不依人的意志而转移的。秦皇汉武时代民主的可能性就属于这种抽象可能性范畴，这种可能性几率极小，接近于零，因而几乎是不可能。但是，即使可能性接近于零，也仍然是可能性，仍然是依人的意志而转移的；而不是不可能性，不是必然性，不是不依人的意志而转移的。因为，说到底，民主实现条件与民主实现可能根本不同。任何社会，不论是否具备实现民主的条件，都具有实行民主的可能性，民主可能或能够实行于任何社会。

因此，任何一种政体，不论是民主制还是专制等非民主制，在任何历史条件下，不论是否具备实现的条件，都具有实行的可能性，都是绝对可能的、绝对偶然的、绝对可以自由选择的和绝对依人的意志而转移的，都是绝对超经济超历史超社会超阶级超时代的，都绝对能够实行于任何国家任何时代任何生产力和经济发展水平，都具有绝对的普世性。

综上可知，任何政体，不论是民主制还是非民主制，事实上都曾出现于生产力发展的任何历史阶段，都曾出现于原始社会、奴隶社会、封建社会、资本主义社会和社会主义社会。这意味着，任何政体都不是被生产力和经济发展水平所必然决定的，都不具有历史必然性。究其原因，可知任何一种政体的实行，都是当时社会的地理环境、生产力、经济、政治、文化、社团、法律、道德、意识形态、阶级结构、争夺最高权力者的斗争、领袖们的人格、才能和贡献以及国民的人格、传统习俗、国内外形势和思想家们的理论等多种因素的具体的特殊的偶然的情况相互作用、共同决定的。这些因素对于导致某种政体虽然有根本原因与非根本原因以及主因与次因之分——生产力和经济发展状况无疑是最根本最主要的原因——但无论哪一种因素都不足以必然导致某种政体，皆非必然产生某种政体的必要条件或充分条件；而都只是某种政体产生的偶然性原因，都只是产生某种政体的有利条件或不利条件。在这些偶然的特殊的有利或不利的多种因素作用下，人们争夺最高权力的斗争便既可能使最高权力无限制地被一个人所掌握（君主专制），也可能使最高权力受限制地被一个人所掌握（有限君主制），还可能使最高权力被少数公民所掌握（寡头共和制），亦可能使最高权力被全体公民所掌握（民主共和制）。这就是为什么，一个国家实行何种政体，不具有历史必然性，不是必然的、不可选择的、不可避免的；而是充满各种可能，是偶然任意、可以自由选择的。这就是为什么，以政体为划分根据的国家制度——民主制与专制等非民主制——是偶然任意而并不具有历史必然性。

三、人性

人性与其他任何具有多层次本性的复杂事物一样，都是若干门不同科学的研究对象，而皆非一门科学的研究对象，一门科学只研究其一部分本性。那么，国家理论所研究的人性究竟是人性的哪一部分呢？任何社会——国家属于社会范畴——说到底，不过是一种“我为人人，人人为我”的利益合作形式。这样一来，任何国家，说到底，无非是一种利益合作形式。因此，国家等任何社会存在的根本条件，正如斯密和休谟所言，一方面，必须避免人们相互间的伤害；另一方面，必须使每个人努力增进社会和他人利益。[①] 因此，国家理论所研究的人性，说到底，乃是每个人对社会、他人与自己具有利害效用的行为之本性，是人的利己与利他以及害己与害他行为之本性，是人的受利害己他意识支配的行为之本性，说到底，是人的伦理行为之本性。受利害己他意识支配的行为与伦理行为是同一概念。因此，作为国家理论研究对象的人性，说到底，也就是人的伦理行为事实如何之本性。这种本性，要言之，可以归结为爱有差等，爱有差等是国家理论必须研究的最深刻的人性定律。

1. 爱：原因与结果

人生在世，恐怕没有什么比爱和恨更熟悉的了。可是，爱与恨究竟是什么，却很难说清。不过，遍查典籍，推敲生活，可以看出，洛克、斯宾诺莎、休谟、费尔巴哈、弗洛伊德的阐释较为真切："我们的爱恨观念，一般说来，不过是快乐和痛苦所引起的一些心理特质而已。"[②]"爱不是别的，乃是为一个外在的原因观念所伴随着的快乐。恨不是别的，乃是对一个外在原因的观念所伴随着的痛苦。"[③]"谁喜欢帮助我们，我们就爱他……谁企图损害我们，我们就恨他。"[④]"任何人都知道，通过他的服务、他的美貌或他的献媚，从而使他对于我们是有利的或令人愉快的，就一定会得到我们的爱；而在另一方面，任何人伤害我们或使我们不快，就必定会引起我们的愤怒或憎恨。"[⑤]"对现在或后来成为愉快的感觉的原因的东西的爱也是人的本质。反过来，对不愉快的感觉的原因的仇恨也同样。"[⑥]"爱就是自我与其快乐之源的关系。"[⑦]"恨原本表示自我与异己的、给他以痛苦的外部世界之关系。"[⑧]

---

① Adam Smith, *The Theory of Moral Sentiments*, Beijing: China Sciences Publishing House Chengcheng Books Ltd, 1979, p. 86.

② John Locke, *An Essay Concerning Human Understanding*, Oxford: The Clarendon Press, 1975, p. 230.

③ 斯宾诺莎：《伦理学》，102 页，商务印书馆，1962。

④ 周辅成编：《西方伦理学名著选辑》，下卷，120 页，商务印书馆，1987。

⑤ David Hume, *A Treatise of Human Nature*, Oxford: The Clarendon Press, 1949, p. 348.

⑥ 《费尔巴哈哲学著作选集》，上卷，430 页，生活·读书·新知三联书店，1959。

⑦ Sigmund Freud Collected Papers, volume 4, New York: Basic Books, Inc. Publishers, 1959, p. 78.

⑧ Ibid., p. 79.

总之，爱与恨乃是一种心理反应，它们与快乐、利益和痛苦、损害有必然联系。爱是自我对其快乐之因的心理反应，是对给予自己利益和快乐的东西的心理反应；恨是自我对其痛苦之因的心理反应，是对给予自己损害和痛苦的东西的心理反应。可是，这个定义能成立吗？

父母之爱似乎与这个定义相违。因为按照这个定义，爱与恨都是有条件的：爱以快乐和利益为条件；恨以痛苦和损害为条件。可是，根本说来，正如弗洛姆和蔡元培所言，母爱乃是一种无条件的、生而固有的本能。“母爱，就其真正的性质来说，是无条件的。”[①]“父母之爱其子也，根于天性，其感情之深厚，无足以尚之者。”[②]然而，这种无条件的本能形成的原因是什么？细究起来，其原因恐怕正如无数先哲所说，乃在于：人生的最重大、最根本的苦痛和不幸，无过于意识到自己总有一天要死亡；而人生的最重大、最根本的渴望便是永生。父母爱其子女的感情之所以“无足以尚之者”，说到底，岂不就是因为子女给了父母最重大、最根本的利益和快乐：满足了父母永生的渴望？因此，柏拉图说：“不要为所有的人都爱自己的子孙而感到惊奇，因为这普遍的关切和爱都是为了通向永生。”[③]这就是说，父母之爱的本能是无条件的，但产生这种本能的原因却是有条件的：给予父母以利益和快乐。所以，父母之爱的本能，说到底，也是对于子女所给予的利益和快乐的心理体验，只不过这种心理体验代代相传因而进化为先天的、无意识的罢了。

不过，全面地看，父母之爱显然不仅仅是先天固有的本能，而且还有后天习得的部分。先天固有的父母之爱，如上所述，乃是对子女给予的利益和快乐的无意识的心理反应。反之，那后天习得的父母之爱，则是对子女给予的利益和快乐的有意识的心理反应。茅盾先生在谈到这种后天习得的父母之爱时，便这样写道：“凡母亲爱子的感情，总是和一个强烈的快感相连的。做母亲者当偎抱子女柔软的身体时，简直可以使自己忘却种种愁苦，而只觉得快感。”[④]如果子女不是给父母以利益和快乐，而是给父母以痛苦和损害，那么，父母便

---

① Erich Fromm, *The Art of Love*, New York and Evanston: Harper Colophon Books Harper & Row Publishers, 1962, p. 41.

② 蔡元培语，转引自《人生哲学宝库》，620 页，中国广播电视出版社，1992。

③ 柏拉图：《柏拉图“对话”七篇·会饮篇》，198 页，辽宁教育出版社，1998。

④ 《茅盾全集》，第 14 卷《爱伦凯的母性论》，转引自《人生哲学宝库》，598 页，中国广播电视出版社，1992。

不会爱而会恨子女了。那些控告子女于法庭甚至亲手勒死子女的父母，为什么对自己的子女那么恨？岂不就是因为这些子女给他们父母以极大的痛苦和损害？反过来，子女之所以爱父母，也是因为父母给了自己莫大的利益和快乐。“父母之恩，世岂有足以比例之者哉！”[①]如果父母给予子女的不是快乐而是痛苦，那么，子女也不会爱而会恨父母。那个控告母亲而使她被判处无期徒刑的儿子，为什么这样恨自己的母亲？岂不就是因为她杀了自己的父亲而给自己以莫大的痛苦和损害？

可见，父母之爱，不论就其先天固有的本能还是就其后天习得的部分来说，都是对于子女给予的快乐和利益的心理反应，爱就是对给予自己利益和快乐的东西的心理反应。这个道理，在其他类型的爱中就更加直接、简单、一目了然了。试想，我为什么爱国？岂不就是因为祖国生我、养我、育我，给了我巨大的利益？相反，如果祖国压迫我、剥削我、折磨我、蹂躏我，我还会爱国吗？穆勒甚至说：“在独裁统治下最多只有一个爱国者，那就是独裁者本人。”[②]试想，我为什么会博爱而爱一切人？岂不就是因为“除了人，没有别的东西对于人更为有益”？[③] 相反，如果张三诬陷我、损害我、欲置我于死地而后快，我又怎么会不恨他呢？同理，我爱狗爱猫，是因为它们给我的生活带来了情趣，可是，如果它们每天咬我一口，我还会爱它们吗？试问，谁会爱给他痛苦的东西，而恨给他快乐的东西？给谁快乐谁不爱，给谁痛苦谁不恨？

因此，就像铁遇氧必然生锈、水加热必然蒸发一样，人遭受损害和痛苦必恨，而接受利益和快乐必爱。爱是一个人对给予他利益和快乐的东西的必然的、不依人的意志而转移的心理反应；恨是一个人对给予他损害和痛苦的东西的必然的、不依人的意志而转移的心理反应。

这样一来，每个人，不管他多么自私，必定都或多或少地存在着无私利他的行为。因为每个人，不管多么自私，必定都或多或少会从他人那里得到快乐和利益，从而必然或多或少有爱人之心：爱人之心是对于成为自己快乐之因的他人的心理反应。爱人之心这种对于成为自己快乐之因的他人的心理反应，便会驱使自己相应地为了他人的快乐和利益而劳作，爱人之心会导致无私利

---

① 蔡元培语，转引自《人生哲学宝库》，620页，中国广播电视出版社，1992。

② 《西方思想宝库》，250页，中国广播电视出版社，1991。

③ 斯宾诺莎：《伦理学》，170页，商务印书馆，1962。

人的行为。

举例说，据1993年《印度斯坦时报》报道，在印度西部古吉拉特邦的哈特米塔雅纳村，一名小童希什在他家附近玩耍时，被一头雌狮攻击压倒在地。他27岁的母亲拉娜闻声出来看见，便飞身撞向狮子，大声呼叫。村民赶到，吓跑母狮。母亲身受重伤，儿子化险为夷。试问，这位母亲的行为是不是无私利他、自我牺牲？有人说不是，因为她救的是自己的儿子。照此说来，一个人为了他的朋友也是为了自己，因为那是他的朋友，他只有为了路人才是无私利他。即使为了路人也是为自己，因为那是他的同胞，他只有为外国人才是无私利他。即使为外国人也是为自己，因为那是他的同类，他只有为了驴马、狮虎，才堪称无私利他。难道还有比这更荒唐的吗？所以，一个人只要不为自己，那么，不管他所为的别人离他多么近，都是无私利他。只不过他所为的别人离他越近，他的无私利他的境界便越低；离他越远，他的无私利他的境界便越高罢了。所以，这位母亲撞狮救子是一种无私利他、自我牺牲的行为。

那么，驱使她如此无私利他、自我牺牲的根本原因究竟是什么？无疑是对儿子的爱，是母爱。"一个年轻胆小的母亲，"达尔文说，"在母爱的驱策下，会毫不犹豫地为了救自己的婴儿而甘冒天大的危险。"[①]任何一位深爱自己子女的母亲，受着爱的驱使，为了救她所爱的子女出危难，岂不都可能牺牲自己的幸福乃至生命吗？爱人便会无私利人乃至自我牺牲的道理，先哲论述颇多。孔子曰："爱之能勿劳乎？"[②]孟子亦曰："爱之，欲其富也。"[③]斯宾诺莎说："假如一个人爱另一个人，他将努力设法为后者谋幸福。"[④]休谟也说："爱总是跟随着一种使被爱者幸福的欲望。"[⑤]弗洛伊德多次说："不管是性爱还是升华了的爱，它都会发展到牺牲自己的地步。"[⑥]弗洛姆也一再说："爱，原本是给予，而不是接受。"[⑦]

---

① Charles Darwin, *Descent of Man and Selection in Relation to Sex*, John Murray, Albemarle Street, W. London, 1922, p. 168.

② 《论语·里仁》。

③ 《孟子·公孙丑章句上》。

④ 斯宾诺莎：《伦理学》，120页，商务印书馆，1962。

⑤ David Hume, *A Treatise of Human Nature*, Oxford: The Clarendon Press, 1949, p. 367.

⑥ 弗洛伊德：《弗洛伊德自传》，81页，上海人民出版社，1987。

⑦ Erich Fromm, *The Art of Love*, New York and Evanston: Harper Colophon Books Harper & Row Publishers, 1962, p. 22.

可见,爱的本性乃在于利益交换,因而爱的原因与结果相反相成:爱的原因是从他人那里获得了快乐和利益,因为爱是自我对于给予自己的快乐和利益的东西的心理反应;爱的结果则是为所爱的人谋取快乐和利益,爱人之心会导致无私利人的行为。

2. 爱有差等:最深刻的人性定律

爱的因果关系实已蕴含爱有差等之人性定律。因为爱是自我对于给予自己的快乐和利益的东西的心理反应,显然意味着:谁给我的利益和快乐较少,谁与我必较疏远,我对谁的爱必较少,我必较少地为了谁谋利益;谁给我的利益和快乐较多,谁与我必较亲近,我对谁的爱必较多,我必较多地为了谁谋利益。

试想,为什么我会觉得自己的祖国比他人的祖国对我更亲近?为什么我对自己祖国的爱多于对他人祖国的爱?为什么我无私为自己祖国谋利益多于无私为他人祖国谋利益?岂不仅仅是因为自己的祖国给我的利益多于他人的祖国?否则,如果我自幼及老一直生活于他人的祖国,从而他人的祖国给我的利益多于自己的祖国,那么,他人的祖国必亲近于自己的祖国,对他人祖国的爱必多于对自己祖国的爱,无私为他人祖国谋利益必多于无私为自己祖国谋利益。为什么自己的父母更亲近于他人的父母,对自己父母的爱多于对他人父母的爱,无私为自己父母谋利益多于无私为他人父母谋利益?岂不仅仅是因为自己的父母给我的利益多于他人父母?否则,如果我不幸被父母遗弃而被他人的父母收养,从而他人父母给我的利益多于自己父母,那么,他人父母必亲近于自己父母,我对他人父母的爱必多于对自己父母的爱,我无私为他人父母谋利益必多于无私为自己父母谋利益。

人生在世,为什么我最亲近的人是自己的父母、配偶、儿女、兄弟、姐妹?为什么我对他们的爱最多,为他们谋利益最多?岂不仅仅是因为他们给我的利益和快乐最多?否则,如果父母遗弃我、妻子背叛我、儿女虐待我、兄弟姐妹敲诈我,从而他们给我的利益和快乐少于朋友给我的利益和快乐,那么,朋友对于我必亲近于父母、妻子、儿女、兄弟,我对朋友的爱必多于对父母妻儿兄弟姐妹的爱,我为朋友谋利益必多于为父母妻子儿女兄弟姐妹谋利益。

可见,谁给我的利益和快乐较少,谁与我必较远,我对谁的爱必较少,我必较少地为了谁谋利益;谁给我的利益和快乐较多,谁与我必较近,我对谁的爱必较多，我必较多地为了谁谋利益。于是，说到底，我对我自己的爱必最多，我为了我自己谋利益必最多，亦即自爱必多于爱人，为己必多于为人，说到底，每个人必定恒久为自己，而只能偶尔为他人。恒久者，多数之谓也，超过一半之谓也；偶尔者，少数之谓也，不及一半之谓也。这就是“爱有差等”之人性定律。这个定律可以用若干同心圆来表示：

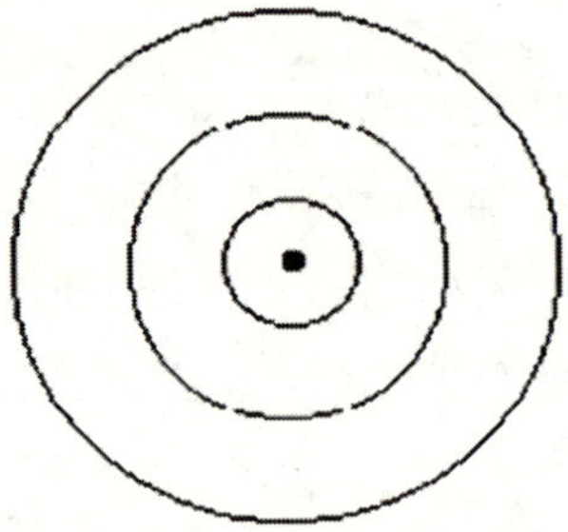

圆心是自我，圆是他人。离圆心较远的圆，是给我利益和快乐较少因而离我较远的人：我对他的爱必较少，我必较少地无私为他谋利益。反之，离圆心较近的圆，是给我的利益和快乐较多因而离我较近的人：我对他的爱必较多，我必较多地无私为他谋利益。因此，我对圆心即自我本身的爱必最多，我为自己谋利益的行为必最多，亦即自爱必多于爱人、为己必多于为人：每个人必定恒久为自己，而只能偶尔为他人。

然而，发现这一人性定律的最早理论，恰恰是反对“为自己”的利他主义开创者孔子。这个理论就是儒家那鼎鼎有名的“爱有差等”。何谓爱有差等？《论语》等儒家典籍对此解释说：爱父母，是因为我最基本的利益是父母给的；爱他人，是因为我的利益也是他人给的。但是，父母给我的利益多、厚、大；而他人给我的利益少、薄、小。所以，爱父母与爱他人的程度便注定是不一样的，是有多与少、厚与薄之差等的。谁给我的利益较少，我对谁的爱必较少；谁给我的利益较多，我对谁的爱必较多。因此——墨子进而引申说——我对我自己的爱必最多。《墨子·耕柱》便借用巫马子的口，对孔子的爱有差等这样概述道：“巫马子谓子墨子曰：‘我与子异，我不能兼爱。我爱邹人于越人，爱鲁人于邹人，爱我乡人于鲁人，爱我家人于乡人，爱我亲人于我家人，爱我身于吾亲，以为近我也。’”

对于这段话，冯友兰说：“巫马子是儒家的人，竟然说‘爱我身于吾亲’，很可能是墨家文献的夸大其词。这显然与儒家强调的孝道不合。除了这一句以外，巫马子的说法总的看来符合儒家精神。"[①]

其实，冯友兰只说对了一半。他忽略了"爱有差等"具有双重含义：一是作为行为事实如何的客观规律的"爱有差等"；一是作为行为应该如何的道德规范的"爱有差等"。从道德规范看，"爱我身于吾亲"确与儒家的孝道不合，也与儒家认为"为了自己即是不义"的义利观相悖。墨子断言"爱我身于吾亲"是儒家的主张，无疑是夸大、歪曲。这一点，冯友兰说对了。但是，从行为规律来说，既然谁离我越近、给我的利益越多，我对谁的爱必越多，那么，我对我自己的爱无疑必最多，爱我身必多于爱吾亲。因此，"爱我身于吾亲"虽是作为儒家道德规范的"爱有差等"所反对的，却是作为行为规律的"爱有差等"的应有之义，是其必然结论，而绝非墨子夸大其词。儒家回避这个结论，适足见利他主义体系不能自圆其说之一斑而已。

这个爱有差等之人性定律，无疑是极其重要的人性定律。然而，耐人寻味的是，西方对于这一定律的研究，主要讲来，并不是伦理学，而是其他的人性科学：心理学、社会心理学和社会生物学。心理学家弗洛伊德和社会生物学家威尔逊以及社会心理学家埃尔伍德，通过大量论述都得出结论说，仅仅看到每个人既有利己目的，又有利他目的，是肤浅的；问题的本质乃在于：每个人的主要的、经常的、多数的行为目的必定是自爱利己；而无私利他只可能是他的次要的、偶尔的、少数的行为目的。[②]

当然，不能说西方伦理学家们没有研究这一人性定律。但是，恐怕一直到19世纪，边沁才看破了这一点："每个人都是离自己最近，因而他对自己的爱比对任何其他人的爱，都是更多的。"[③]包尔生则将这个规律叫作"心理力学法则"："显然，我们的行为实际上是由这样的考虑指导的：每个自我——我们可以说——都以自我为中心将所有其他自我安排到自己周围而形成无数同心圆。离中心越远者的利益，它们引发行为的动力和重要性也就越少。这是一条心理力学法则(a law of psychical mechanics)。"[④]比包尔生小33岁的"厚黑

① 冯友兰：《中国哲学简史》，87页，北京大学出版社，1985。

② Edward O. Wilson, *On Human Nature*, New York: Bantam Books, 1982, p. 160.

③ Ignacio L. Gotz, *Conceptions of Happiness*, New York: University Press of America, Inc. Lanham, 1995, p. 287.

④ Friedrich Paulsen, *System of Ethics*, Translated by Frank Thilly, Charles Scribner's Sons, New York, 1908, p. 393.

教主”李宗吾,似乎由此受到启发,进而贯通中西,颇为机智地阐释了这一定律。通过这些阐释,他得出结论说:

“吾人任发一念,俱是以我字为中心点,以距我之远近,定爱情之厚薄。小儿把邻人与哥哥相较,觉得哥哥更近,故小儿更爱哥哥。把哥哥与母亲相较,觉得母亲更近,故小儿更爱母亲。把母亲与己身相较,自然更爱自己。故见母亲口中糕饼,就取来放在自己口中。……由此知人之天性,是距我越近,爱情越笃,爱情与距离,成反比例,与磁电的吸引力相同。”①

思考题:

1.如果说生产关系高低与生产力高低必然成正比,那么,为什么封建制生产关系比奴隶制生产关系高级,生产力却未必高于奴隶制生产力?社会主义社会生产力普遍低于资本主义社会的事实,岂不否定了生产关系高低与生产力高低必然成正比?

2.绝大多数封建社会都实行君主制和绝大多数资本主义社会都实行民主制的事实,特别是,人类迄今在99%以上的时间——亦即原始社会二三百万年的游群和部落时代——都生活在民主制社会的事实,是否意味着,一个社会实行何种政体,不论是民主制还是非民主制,都是被生产力和经济发展水平所必然决定的,都具有历史必然性?

3.爱有差等的人性定律是否意味着:按需分配是共产主义国家的不公正的分配原则?

4.公共选择理论从休谟的“无赖假设”出发,认为经济学的“经济人”假定同样适用于政府官员,政府官员也是一种“经济人”,他们的一切行为也都是为了谋取自己的个人利益。可是,文天祥、颜真卿和岳飞等政治人的行为目的不但不是谋求自己的个人利益,而且为了国家利益而牺牲了自己的性命。那么,公共选择理论的假设不能成立吗?爱有差等的人性定律是否可以印证公共选择理论的“经济人”假设,恒久来说,可以成立?

---

① 李宗吾:《厚黑学续编》,108页,团结出版社,1990。

中　卷

价值论：国家制度应该如何

导　论

提要　国家制度终极价值标准（增减每个人利益总量）和根本价值标准（公正与平等）以及最高价值标准（人道和自由）是衡量各种国家制度好坏的标准。符合这些标准的国家制度，无论有多少缺点、错误和恶，都是具有正价值的、应该的、好的、善的国家制度；违背这些标准的国家制度，无论有多少优点、正确和善，都是具有负价值的、不应该的、坏的和恶的国家制度；完全符合这些标准的国家制度，就是最好的国家，就是人类的理想国家了。

上卷《本性论：国家事实如何》研究国家定义、起源和类型及其发展规律，揭示国家根本性质和本质，显现各种国家事实如何之本性，因而名曰《本性论：国家事实如何》，亦即研究国家事实如何之本性。《本性论：国家事实如何》的研究对象就是各种国家事实如何之本性，亦即国家制度价值推导公式“前提1：国家事实如何（国家制度价值实体）”。完成了对各种国家事实如何之本性的研究，接下来应该研究什么？显然应该像自柏拉图和亚里士多德以降的国家理论那样，接下来研究这些国家应该如何之价值：哪些是具有负价值的、不应该的、坏的、恶的国家；哪些是具有正价值的、应该的、好的、善的国家？哪种国家堪称理想国？这就是本书中卷《价值论：国家制度应该如何》的研究对象。《价值论：国家制度应该如何》的研究对象就是国家制度价值标准体系和国家制度应该如何之价值，亦即国家制度价值推导公式“前提2：国家目的如何（价值标准）”和“前提3：国家应该如何（价值）”以及“结论1：国家制度之好坏”（制度是否与价值相符）的研究。那么，对于三者的研究应该如何进行？国家制度和国家治理好坏价值评估的科学方法究竟如何？

一、制度与治理：国家好坏科学评估之对象

综观先贤评估某种国家制度，大都不免将国家制度和国家治理混淆起来。

所谓国家制度，如民主制、君主制和寡头制等国家制度，波普称之为“建构的因素”；所谓国家治理，就是在某种国家制度中统治者的治理活动，波普称之为“人的因素”。波普发现，民主的批评者犯了一个错误，就是将民主制国家中统治者的治理活动的缺点（人的因素）归咎于民主（建构因素）：“在一个社会中，人的因素和建构的因素之间的区别，是民主的批评者们往往忽略的问题……把某民主国家的政治缺点归咎于民主是不对的。我们倒应该归咎于自己，即归咎于这个民主国家的公民。”①波普此见能成立吗？

答案是否定的。因为国家制度与国家治理——亦即建构因素与人的因素——是根本一致的。国家制度或所谓建构因素是大体，是决定性的、根本性的和全局性的；国家治理或所谓人的因素是小体，是被决定的、非根本的和非全局性的。国家制度的优劣好坏决定国家治理优劣好坏；国家治理的优劣好坏表现国家制度的优劣好坏。因此，邓小平说：“制度好可以使坏人无法任意横行，制度不好可以使好人无法充分做好事，甚至会走向反面。即使像毛泽东同志这样伟大的人物，也受到一些不好的制度的严重影响，以至于对党对国家对他个人都造成了很大的不幸……不是说个人没有责任，而是说领导制度、组织制度问题更带有根本性、全局性、稳定性和长期性。”②

因此，如果一个国家的国家治理活动出了问题、错误，就表明国家制度存在缺陷，就可以归咎于国家制度存在缺陷。真正堪称好的、优良的国家制度，一定是这样的制度，在这种制度下，就是坏的和恶的国家统治者也只能做好事，而无法为非作歹。休谟的“无赖假设”讲的也是这个道理：“许多政论家已经将下述主张定为一条格言：在设计任何政府体制和确定该体制中的若干制约、监控机构时，必须把每个成员都设想为无赖之徒，并设想他的一切作为都是为了谋取私利，别无其他目标。我们必须利用这种个人利害来控制他，并使他与公益合作，尽管他本来贪得无厌，野心很大。不这样的话，他们就会说，夸耀任何政府体制的优越性都会成为无益的空谈，而且最终会发现我们的自由或财产除了依靠统治者的善心，别无保障，也就是说根本没有什么保障。因此，必须把每个人都设想为无赖之徒确实是条正确的政治格言。”③

---

① 波普：《开放的社会及其敌人》，134页，山西高校联合出版社，1992。

② 《邓小平文选》，第二卷，333页，人民出版社，1994。

③ 刘军宁：《民主二十讲》，40页，中国青年出版社，2008。

确实，好的、优良的国家制度一定是使坏的、恶劣的统治者也无法作恶的国家制度；相反地，坏的、恶劣的国家制度一定是好的、贤达的统治者也无法不作恶的国家制度。试想，在一个专制的国家里，即使专制者能够像柏拉图所说的"哲学王"那样贤达，他有可能不剥夺全体公民的政治自由和政治平等的权利吗？他有可能不剥夺全体公民原本神圣不可侵犯的人权吗？他有可能不使国民丧失人权和免于政治被奴役吗？显然不可能。否则，他就不是独掌国家最高权力，他就不是专制者了。因此，国家制度与国家治理乃是一枚硬币的两面：制度是内容和实质；治理是形式和现象。这样一来，评估任何一种国家制度，既不应该像以往批评家那样混淆制度与治理；也不应该像波普那样，将治理或人的因素看成与制度或建构根本不同的东西；而应该既看制度又看治理，二者不可偏废。

二、国家制度与国家治理好坏的价值标准体系

不难看出，要确定国家制度好坏之价值，必须有衡量国家制度价值之标准。国家制度好坏的价值推导公式告诉我们，国家目的是衡量国家制度好坏的价值标准。诚然，问题的关键还在于，国家的目的、政府的目的、政治的目的、法律的目的和道德的目的，如果就其具体的特殊的目的来说，固然有所不同，但就其终极的目的来说，无疑完全一样，都是为了增进每个人的利益。因为国家是拥有最高权力的社会，而任何权力无疑必然都产生、形成和起源于社会成员的普遍同意。失去社会成员普遍同意的权力便不再是权力，而仅仅是强制力量。任何两个以上的人就某种利益交换关系所达成的同意无疑都是契约。于是，最高权力或国家便与法律、道德和政治一样，必然直接产生、形成和起源于契约：一种全体社会成员就最高权力所关涉的权利与义务等利益之交换所缔结的契约。

国家、政治、法律和道德皆起源于契约，都由全体社会成员的同意缔结而成，显然意味着：国家、政治、法律和道德的最终目的是为了每个契约的缔结者——亦即每个国民——谋利益。因为任何契约皆为两个以上的人就某种利益交换关系所达成的同意，因而其最终目的都是为了达成每个契约缔结者的利益。这就是为什么国家最终目的——增进每个人利益——既是国家最终目的，也是道德最终目的，也是法律最终目的，也是政治最终目的，五者实为同一

概念。因此，增减每个人利益总量，既是衡量国家和政府好坏的终极价值标准，也是衡量法律好坏的终极价值标准、政治好坏的终极价值标准、道德好坏的终极价值标准，五者实为同一概念。于是，可以断言，增减每个人利益总量，乃是衡量国家制度好坏的价值终极标准：增进每个人利益总量的国家制度就是具有正价值的、应该的、好的、善的国家制度；减少每个人利益总量的国家制度就是具有负价值的、不应该的、坏的、恶的国家制度。对于这个道理，科恩可谓一语中的："政策是否明智，最终要依据所有社会成员的利益来判断。"①

国家制度好坏的价值终极标准是最普遍、最一般、最抽象、绝对的价值标准，因而极其稀少、贫乏、简单、笼统，以至只有一个：增减每个人利益总量。然而，国家类型及其行为却极其复杂、具体、丰富、多样。因此，仅凭终极标准便不可能准确和迅速地衡量各种国家类型的价值和指导国家的各种行为。于是，便须从终极标准引申、推演出与国家类型及其行为相应的复杂、具体、多样的价值标准，从而才可以准确、迅速地衡量各种国家类型价值和指导国家的各种行为。

粗略看来，从国家价值终极标准推导出的价值标准或价值原则似乎有法律原则、政治原则和道德原则等原则之分。但是，细究起来，从国家价值终极标准推导出的普遍的国家价值标准或价值原则，却无不属于道德原则范畴。因为，如果抛开规范所依靠的力量而仅就规范本身来讲，道德的外延显然宽泛于法。一般说来，二者是普遍与特殊、整体与部分的关系。一方面，道德不都是法，如谦虚、谨慎、贵生、勤劳、中庸、节制、勇敢、仁爱等都是道德，却不是法；另一方面，法同时都是道德，如"不得滥用暴力"、"不得杀人"、"不得伤害"、"不可盗窃"、"抚养儿女"、"赡养父母"等岂不都既是法律规则同时也是道德规则吗？所以，法是道德的一部分，道德是法的上位概念。那么，法究竟是道德的哪一部分呢？无疑是那些最低的、具体的道德要求：法是最低的、具体的、具有重大社会效用的道德。这个道理被耶林(Jelling，1851—1911)概括为一句名言："法是道德的最低限度。"法就是最低的、底线的道德；反之，最低的、底线的道德就是法。因此，最低的、底线的道德与法乃是同一规范；二者的不同并不在于规范，而在于规范所赖以实现的力量：同一规范，若依靠权力实现，即为法；若其实现不依靠权力而依靠舆论、良心等，则是道德。

① 科恩：《论民主》，215页，商务印书馆，2004。

可见,抛开规范所依靠的力量而仅就规范本身来讲,一切法都不过是那些具体的、最低的道德,因而也就都产生于、推导于、演绎于道德的一般的、普遍的原则。所以,法自身都仅仅是一些具体的、特殊的、琐琐碎碎的规则,法自身没有原则,法是以道德原则为原则的,法的原则就是道德原则。法的原则、法律原则,如所周知,是正义、平等、自由等。这些原则,真正讲来,并不属于法或法律范畴,而属于道德范畴,属于道德原则范畴。这是不言而喻的,因为谁会说正义是一项法律呢?谁会说平等是一项法律呢?谁会说自由是一项法律呢?岂不是只能说正义是道德、平等是道德、自由是道德吗?正义、平等、自由等道德原则都是法的原则,因而也就应该是政治——政治以法为规范因而应该是法的实现——的原则。这就是法理学和政治哲学的核心问题都是正义、平等、自由的缘故:正义、平等、自由都是法和政治的原则。

法和政治应该如何的价值原则既然都属于道德原则范畴,那么,从国家价值终极标准所推导出的价值标准或价值原则也就没有法律原则、政治原则和道德原则之分,它们都是道德原则。这样一来,一方面,国家制度好坏的价值终极标准——增减全社会和每个人利益总量——与法律价值终极标准、政治价值终极标准和道德价值终极标准虽然是同一概念,但是,说到底,原本属于道德价值终极标准或道德终极标准范畴。另一方面,道德终极标准或道德价值终极标准——道德价值标准与道德标准是同一概念——就是法律价值终极标准、政治价值终极标准和国家价值终极标准;国家价值原则、政治价值原则和法律价值原则就是道德原则。不过,国家价值终极标准与道德终极标准固然是同一概念,但是,道德原则与国家价值原则并非同一概念。因为道德原则纷繁复杂,显然不可能都是衡量国家好坏的价值标准。试想,谁能说勇敢或谦虚是衡量国家好坏的价值标准呢?那么,衡量各种国家好坏价值的道德标准究竟是哪些道德原则?

细究起来,所谓各种类型的国家好坏之价值,显然也就是各种类型国家的行为及其规范——亦即国家制度——的价值,亦即各种类型国家的治理行为和国家制度的价值。因此,衡量各种国家好坏价值的道德原则,也就是国家治理和国家制度道德原则。但是,没有规矩,不成方圆。各种类型的国家治理行为,说到底,无疑应该是各种类型国家行为规范——亦即国家制度——的实现。因此,国家治理的道德原则、道德标准,说到底,也就是国家制度的道德原则、道德标准,二者实为同一概念。那么,国家制度或国家治理的道德原则或道德标准究竟是什么？

无疑是公正（平等是最重要的公正）和人道（自由是最根本的人道）两大系列道德原则。因为这两大系列道德原则有一个极其重要的共同点：它们不但都是约束一切人的道德，是每个人的行为所当遵循的道德原则；而且，更重要的，它们都是国家应该如何治理的道德原则，都是国家制度应该如何的道德原则。诚然，被统治者也有如何公正与人道地善待他人的问题。但是，主要讲来，公正与人道却只是约束统治者而不是约束被统治者的道德。因为公正的主要原则是社会公正，是社会对于每个人的权利与义务的分配的公正。能够对每个人的权利与义务进行分配的岂不只是社会和国家的统治者吗？平等的全部原则不过是社会公正原则的推演，不过是社会和国家对于每个人的比较具体的权利（基本权利、非基本权利、政治权利、经济权利、机会权利）的分配的公正。能够对每个人的这些权利进行分配的岂不也仅仅是社会和国家的统治者吗？人道的主要原则是应该和怎样使人自我实现，是使人自由和消除异化，这些岂不也都仅仅是统治者的行为吗？

因此，公正、平等、人道和自由看似任意排列，实为一个有机整体，构成了国家制度以及国家治理的价值标准体系；在这一体系中，人道显然不如公正根本，却高于公正。因此，人道——主要是自由——诸原则是衡量国家治理和国家制度好坏的最高价值标准；公正——特别是平等——诸原则是衡量国家治理和国家制度好坏的根本价值标准。这样一来，公正、平等、人道、自由等道德原则，便与仁爱、宽恕和善等道德原则根本不同。仁爱、宽恕和善是约束一切人的道德，是每个人的行为所当遵循的道德原则；而公正等道德原则则主要是约束统治者、领导者、管理者的道德，是衡量国家治理和国家制度好坏的价值标准。最早发现这一伟大真理的，是柏拉图："当我们建立这个城邦时，从一开始我们就已经确定了一条普遍原则。我想，这条原则，或这条原则的某种形式，就是正义。"[①]及至文艺复兴，思想家们才发现国家制度好坏的另一个系列的价值标准——人道与自由。但丁说："好的国家是以自由为宗旨的。"[②]

---

① 柏拉图：《理想国》433A-D。

② 周辅成编：《从文艺复兴到十九世纪资产阶级哲学家政治思想家有关人道主义人性论言论选辑》，21页，商务印书馆，1973。

三、国家好坏价值评估的科学方法

《价值论：国家制度应该如何》研究国家制度和国家治理好坏之价值，也就是运用国家制度好坏的终极价值标准（增减每个人利益总量）和根本价值标准（公正与平等）以及最高价值标准（人道和自由）来衡量各种国家制度和国家治理。符合这些标准的国家制度和国家治理，无论有多少缺点、错误和恶，都是具有正价值的、应该的、好的、善的国家制度和国家治理；违背这些标准的国家制度和国家治理，无论有多少优点、正确和善，都是具有负价值的、不应该的、坏的和恶的国家制度和国家治理；完全符合这些标准的国家，就是最好的国家，就是人类的理想国家了。这就是国家制度和国家治理价值评估的科学方法。罗尔斯《正义论》一开篇就将这一见地概括为一段气势磅礴的宣言："公正是社会制度的首要善，正如真理是思想体系的首要善一样。一种理论，无论多么高尚和简洁，只要它不真实，就必须拒绝或修正；同样，某些法律和制度，无论怎样高效和得当，只要它们不公正，就必须改造或废除。"①

因为正如布莱斯所言："所有制度都不是十全十美的"②，不可能有十全十美的国家制度。有一利必有一弊，任何一种国家的治理和制度，不论是民主还是专制，都必定既有一些优良的、好的、善的和正确的方面，又有一些恶劣的、坏的、恶的和错误的方面，而不可能全部优良正确或全部恶劣错误。这就是为什么自柏拉图和亚里士多德以降，一直有思想家否定民主而赞成贤人政治或贵族政治。他们否定民主，因为民主有很多弊端和缺憾；他们赞成贵族政治，因为贵族政治有很多的优越和美好。这样来评估各种国家制度好坏价值的方法是不科学的。按照这种方法，我们既可以说任何制度都是好的、优良的，因为任何制度都有很多优越和美好；也可以说任何国家制度都是坏的、恶劣的，因为任何制度都有很多弊端和缺憾。

因此，评价一种国家制度或国家治理之好坏价值，只能是就其处于基础与核心地位的——亦即具有决定意义——价值来说的。如果处于基础与核心地

---

① John Rawls, *A Theory of Justice* (Revised Edition), Cambridge, Massachusetts: The Belknap Press of Harvard University Press, 2000, p. 3.

② 詹姆斯·布莱斯：《现代民治政体》，下册，1027 页，吉林人民出版社，2001。

位的价值是优良的，该国家制度就是优良的；如果处于基础与核心地位的价值是恶劣的，该国家制度就是恶劣的。国家制度好坏的三大价值标准——终极价值标准和根本价值标准以及最高价值标准——无疑构成了衡量国家制度好坏的基础与核心价值的标准，三者所衡量的就是国家制度的基础与核心价值。因此，无论如何，只有符合或违背三者的国家才是好国家或坏国家，三者所构成的价值标准体系是衡量国家制度好坏价值的科学标准。

细究起来，各种国家制度的价值又分为自身内在价值与外在适用价值。举例说，如果民主制符合国家制度价值标准，因而自身具有正价值，是好东西，那么，民主是否对于全世界一切时代的一切社会都是好东西？民主是否普适全世界一切时代的一切社会？假如非民主制不符合国家制度价值标准，因而具有负价值，是坏东西，那么，非民主制是否对于全世界一切时代的一切社会都是坏东西？非民主制的负价值是否普适全世界一切时代的一切社会？民主与非民主制的自身价值（value-in-itself），就叫作民主与非民主制的内在价值（Intrinsic value）或自身内在价值；民主与非民主制的适用价值，就叫作民主与非民主制的外在价值（extrinsic value）或外在适用价值。

国家分类的科学依据，如前所述，主要有两个，亦即政体与经济形态。以经济形态为根据，国家分为六大类型：原始国家（原始公有制国家）、奴隶制国家、封建制国家、资本主义国家、社会主义国家和共产主义国家。以政体为根据，国家分为四大类型：民主共和制国家、寡头共和制国家、有限君主制国家和专制君主制国家。因此，研究各种国家之价值，说到底，也就是研究这两大系列十大类型国家之价值，亦即运用国家制度好坏的终极价值标准（增减全社会和每个人利益总量）和根本价值标准（公正与平等）以及最高价值标准（人道和自由），来考量这两大系列十大类型国家的国家治理和国家制度之价值。这就是中卷《价值论：国家制度应该如何》的研究对象。

因此，中卷分为三部分：第一部分研究国家治理和国家制度的价值标准体系，亦即国家治理和国家制度终极价值标准（增减全社会和每个人利益总量）、国家治理和国家制度根本价值标准（公正与平等）以及国家治理和国家制度最高价值标准（人道与自由）；第二部分运用这些国家治理和国家制度价值标准衡量以政体为划分根据的四种国家——民主共和制国家、寡头共和制国家、有限君主制国家和专制君主制国家——的国家治理和国家制度之价值；第三部分则运用这些国家治理和国家制度价值标准衡量以经济形态为划分根据的六种国家——原始国家、奴隶制国家、封建制国家、资本主义国家、社会主义国家和共产主义国家——的国家治理和国家制度之价值。

思考题:

1. 如果一个国家官吏贪污受贿成风,那么,杜绝的方法,主要讲来,究竟是改革制度还是加大打击力度?

2. 当你走入圆明园,看到被八国联军抢劫烧毁后留下的惨不忍睹的废墟时,不禁义愤填膺。但察其原因,根本讲来,究竟是八国联军之野蛮侵略,还是中国专制制度之积贫积弱?

3. 罗尔斯说:"公正是社会制度的首要善,正如真理是思想体系的首要善一样。一种理论,无论多么高尚和简洁,只要它不真实,就必须拒绝或修正;同样,某些法律和制度,无论怎样高效和得当,只要它们不公正,就必须改造或废除。"试回答:此言是否片面?

第五章 国家制度价值标准体系

提要 国家制度终极价值标准是增减每个人利益总量,说到底,是最大多数人的最大利益标准;按照该标准,在利益发生冲突而不能两全时,即使保全少数人利益更能够增进利益总量,也应该保全多数人利益而牺牲少数人利益。国家制度根本价值标准是公正,是等利害交换,说到底,是平等,特别是政治平等:一方面,每个人不论政治贡献如何不平等,都应该完全平等地享有政治自由,亦即完全平等地共同执掌国家最高权力从而完全平等地共同决定国家政治命运;另一方面,每个人又因其政治贡献的不平等而应该担任相应不平等的政治职务,从而使每个人所担任的政治职务的不平等,与自己的政治贡献的不平等的比例完全平等。国家制度最高价值标准是人道,是使人成为人,亦即使每个人实现自己的创造性潜能,说到底,是自由,特别是思想自由:言论与出版应该完全自由而不应该受到任何限制。

一、增减每个人利益总量:国家制度终极价值标准

国家制度终极价值标准的提出,源于各种国家制度价值标准之间时常发生冲突。举例说,如果像柏拉图所说的那样,发生了所谓"自由悖论",亦即一个国家的全体公民的意志竟然是推举一个僭主,委托他进行专制统治,那么,按照全体公民的意志而由这个僭主进行专制统治,虽符合政治自由标准,却违背政治平等标准,政治自由标准与政治平等标准发生了冲突。在这种情况下,应该怎么办呢?无疑应该牺牲较不重要的价值标准而遵守更为重要的价值标准,最终应该服从国家制度终极价值标准,它是产生、决定、推导出其他一切价值标准的标准,是在一切价值标准发生冲突时都应该服从而不应该违背的价值标准,是在任何条件下都应该遵守而不应该违背的价值标准,是在任何条件

下都没有例外而绝对应该遵守的价值标准,因而也就是绝对价值标准,亦即终极价值标准。这一终极价值标准究竟是什么?国家制度好坏的价值推导公式表明,国家最终目的是衡量国家制度好坏的终极价值标准。那么,国家最终目的是什么?

1.增减每个人利益总量:国家制度终极价值总标准

国家起源无疑蕴含国家目的。国家起源的研究表明,一方面,国家起源于每个人对于社会最大化的需要(每个人需要的满足程度与社会的大小规模成正比)和使各种社会成为一个统一整体的需要(最高权力或国家是各种社会成为一个统一体的最根本的必要条件);为了保障各种社会成为一个统一整体从而能够存在发展,最终充分地满足每个人生存和发展的需要。于是,每个人不仅需要和追求社会,而且需要和追求社会的统一和最大化,需要和追求统一的和最大的社会,亦即需要和追求国家。国家既是拥有最高权力因而能够保障各种社会成为一个统一整体的至高无上之社会,又是每个人的需要可以获得最完备最充分最优良满足的最大的社会。这显然意味着:国家直接目的是保障各种社会成为统一体从而能够存在发展;国家最终目的则是为了最充分地满足每个人的生存和发展需要。

另一方面,国家起源的研究表明,国家是拥有最高权力的社会,因而哪里有最高权力,哪里就有国家;最高权力的起源和原因就是国家的起源和原因。任何权力无疑必然都产生、形成和起源于社会成员的普遍同意,失去社会成员普遍同意的权力便不再是权力,而仅仅是强制力量;强制力量一旦获得社会成员的普遍同意,就变成了权力,而不仅仅是强制力量。最高权力属于权力范畴,因而必定产生、形成和起源于社会成员的普遍同意。任何两个以上的人就某种利益交换关系所达成的同意无疑都是契约。于是,最高权力或国家便必然直接产生、形成和起源于契约,一种全体社会成员就最高权力所关涉的权利与义务等利益之交换所缔结的契约。国家直接且必然起源于契约,系由全体社会成员的同意缔结而成,显然意味着:国家的最终目的就是为了每个契约的缔结者——亦即每个国民——谋利益。因为任何契约皆为两个以上的人就某种利益交换关系所达成的同意,因而其最终目的都是为了达成每个契约缔结者的利益。

可见,不论从国家的直接起源来看,还是从国家的终极起源来看,国家的最终目的皆如亚里士多德所言，是为了每个国民谋利益，最充分地满足每个人的生存和发展需要，使每个人实现“最优良的生活”或“自足而且至善的生活”。“城邦是若干生活良好的家庭或部族为了追求自足而且至善的生活，才结合而成的。”[①]“城邦的目的是人类所可能达到的最优良生活。”[②]由此可以理解，为什么季尔克立斯在考察各种国家目的学说之后得出结论说：“至今尚无一说，其完善程度超出亚里士多德之箴言者。”[③]

增进每个人利益是国家最终目的，因而也就是衡量国家制度好坏的终极价值标准。诚然，任何标准之为标准，都必须是一种可以量化的东西。所以，精确言之，国家制度终极价值标准并非全等于国家最终目的；国家制度终极价值标准乃是国家最终目的之量化：增减每个人利益总量。增减每个人利益总量是衡量一切国家制度和国家治理之优劣的终极标准，意味着：增进每个人利益和减少每个人损害总量的国家制度和国家治理，就是好的国家制度和国家治理；减少每个人利益和增进每个人损害总量的国家制度和国家治理，就是坏的国家制度和国家治理。因为所谓利益，正如边沁和穆勒所言，具有双重含义，一方面是积极的，指增进利益或快乐；另一方面是消极的，指避免损害或痛苦。[④]

这样一来，评价国家制度和国家治理好坏优劣，决不能看它本身如何，而只能看它对每个人利益的效用如何。哪种国家制度和国家治理对国民的欲望和自由侵犯最少，促进经济和文化发展速度最快，保障人际交往的自由和安全的系数最大，最终增进每个人利益最多，给予每个人的利与害的比值最大，哪种国家制度和国家治理便最优良；反之，则最恶劣。这恐怕就是关于国家制度和国家治理活动好坏终极价值标准——亦即道德终极标准和法律终极标准以及政治终极标准——的真正堪称精确的表述。诚然，更精确些说，增减每个人利益总量，与其说是国家制度好坏的终极价值标准，毋宁说是国家制度好坏的终极价值总标准。因为这一标准在不同情况下有不同表现，从而衍生出三个终极价值分标准：“最大利益净余额标准”、“最大多数人最大利益标准”和“无害一人地增进利益总量标准”。

---

① 亚里士多德：《政治学》，140页，商务印书馆，1965。

② 同上书，364页。

③ 季尔克立斯：《政治学原理》，547页，黎明书局，1932。

④ Jeremy Bentham, *An Introduction to the Principles of Morals and Legislation*, Oxford: The Clarendon Press, 1823, p. 2.

2. 最大利益净余额:利益冲突条件下的国家制度终极价值标准

虽然“增减每个人利益总量”是衡量一切国家制度好坏的终极标准,但是,在人们的利益发生冲突而不能两全的情况下,增进每个人利益总量却是不可能的。因为在这种情况下,要增进一些人的利益,就必然减少另一些人的利益,因而不可能增进每个人利益总量,而只可能增进利益净余额。增进与减少之余额叫作利益净余额。如果增进的利益少于减少的利益,便是减少了利益净余额;如果增进的利益多于减少的利益,便是增进了利益净余额。

在这种利益发生冲突的情况下,粗略看来,“增减利益净余额”是国家制度终极价值标准:增进利益净余额的国家制度,就是好的国家制度;减少利益净余额的国家制度,就是坏的国家制度。其实不然。因为在这种情况下,显然应该最小地减少不得不减少的利益,而最大地增进可能增进的利益,从而使利益净余额达到最大限度,最大利益净余额是解决利益冲突的国家制度终极价值标准。举例说,在董存瑞托炸药炸敌人碉堡的情况下——亦即在只能由人去托炸药炸敌人碉堡的情况下——不论一个人还是两个人托炸药炸碉堡,都增进了利益净余额。因为用一个人或两个人的生命换来更多人的生存,都是增进了利益净余额,而不是减少了利益净余额。但是,显然不应两个人而只应该一个人托炸药。原因无疑是:牺牲一个人符合最小地减少不得不减少的利益;而牺牲两个人则不符合最小地减少不得不减少的利益。

因此,最大利益净余额标准具有正与反或积极与消极两方面内容。正的或积极方面,是在增进一方利益同时必定减少另一方利益的情况下的最大利益净余额标准,可以概括为“两利相权,取其重”,应该选择最大的利益而牺牲较小的利益。因为在这种情况下,选择最大的利益而牺牲较小的利益,是最大地增进了利益净余额。例如,要增进老百姓的安全利益,必定要打击扒手,减少和牺牲扒手的利益。在这种情况下,显然应该选择增进老百姓的安全利益而打击和牺牲扒手偷窃利益。因为老百姓的安全利益远远大于扒手的偷窃利益,增进老百姓的安全利益而打击和牺牲扒手偷窃利益,是最大地增进了利益净余额。

“最大利益净余额”的反的或消极的方面,是在不可避免要遭遇到两种以上的损害情况下的最大利益净余额标准,可以概括为“两害相权,取其轻”,选择最小的损害而避免更大的损害。因为在这种情况下,选择最小的损害而避免更大的损害，是最大地增进了利益净余额。就拿今日西方学术界十分流行的“电车”的理想实验来说。一辆飞驰而来的电车，如果不驶向左面的铁道轧死一个人，就必定要驶向右面的铁道轧死五个人。电车的司机应该驶向哪一条铁道？应该驶向左面的铁道轧死一个人。因为这样做，是选择最小的损害而避免更大的损害，是最大地增进了利益净余额。

合而言之，“最大利益净余额”便是选择最小损害而避免更大损害，选择最大利益而牺牲最小利益，便是最小地减少不得不减少的利益，而最大地增进可能增进的利益，从而使利益净余额达到最大限度。不难看出，最大利益净余额标准不但是解决人们相互间的利益冲突的国家制度终极价值标准，也是解决自我利益冲突的终极价值标准，它是解决一切利益冲突的终极标准。举例说，我既想放纵情欲，尽情玩乐；又想健康长寿，二者发生冲突，不可得兼。怎么办？我们都知道，应该选择健康长寿、节制玩乐。可是，理由何在？无非是因为，健康长寿的利益大于尽情玩乐的利益，选择健康长寿而牺牲尽情玩乐，净余额是利；选择尽情玩乐而牺牲健康长寿，净余额是害；选择健康长寿而牺牲尽情玩乐，符合最大利益净余额标准。

最大利益净余额乃是解决一切利益冲突——不论是他人之间的利益冲突，还是己他之间的利益冲突，抑或自我各种利益之间的冲突——的终极价值标准，因而也就是国家治理和国家制度解决一切利益冲突的终极价值标准。不过，人们相互间的一切利益冲突，说到底，无疑可以归结为多数人与少数人的利益冲突。如果是一般的、正常的、常规的情况，多数人的利益的价值显然大于少数人利益的价值，因而当二者发生冲突时，最大利益净余额标准便表现为最大多数人最大利益标准，应该牺牲少数人利益而保全多数人利益。

但是，既有常规，必有例外。在例外的、非常的情况下，少数人的利益可能大于多数人的利益，因而当二者发生冲突时，按照最大利益净余额标准，就应该牺牲多数人利益而保全少数人利益。这样一来，最大利益净余额标准就与最大多数人最大利益标准发生了冲突，究竟应该服从哪一个标准？粗略看来，无疑应该服从最大利益净余额标准而牺牲最大多数人最大利益标准，因为最大多数人最大利益标准是从最大利益净余额标准推导出来的分标准或子标准。但是，细究起来，却恰恰相反，应该服从最大多数人最大利益标准而牺牲最大利益净余额标准：最大多数人最大利益标准对于最大利益净余额具有绝对的优先性。原因何在？

3. 最大多数人最大利益标准：优先于最大利益净余额标准

当多数人与少数人的利益发生冲突之时，按照国家制度终极价值标准，一般说来，应该保全最大多数人最大利益而牺牲最少数人最小利益。因为在这种情况下，一般说来，保全最大多数人最大利益而牺牲最少数人最小利益，其净余额是最大的利益，符合最大利益净余额标准，因而是应该的、善的、好的和具有正价值的；反之，如果保全最少数人最小利益而牺牲最大多数人最大利益，其净余额是最大的损害，违背最大利益净余额标准，因而是不应该的、恶的、坏的和具有负价值的。

这就是所谓"最大多数人的最大利益"或"最大多数人最大幸福"标准，它是国家治理和国家制度解决国民利益冲突的终极价值标准。不难看出，这一标准不但直接推导于最大利益净余额标准，是解决人们利益冲突的"最大利益净余额"之终极分标准的体现；而且也直接推导于"增减每个人利益总量"终极总标准，是"增减每个人利益总量"之国家制度终极价值总标准的体现，"最大多数人最大利益"是解决利益冲突的近似的国家制度终极价值总标准。因为在人们利益发生冲突时，无疑只有保全最大多数人利益而牺牲最少数人利益，才最接近符合"保全每个人利益"。保全最大多数人利益，比保全最少数人利益，更接近保全每个人利益；牺牲最大多数人利益，比牺牲少数人利益，更接近牺牲每个人利益。

最大多数人最大利益标准既然直接推导于"最大利益净余额"和"增减每个人利益总量"标准，是这两个标准在利益冲突情况下的具体体现，那么，它就蕴含着两个标准发生冲突的内在可能性。这种可能性表现在：最大多数人的利益可能不是最大利益；最大利益可能是少数人利益。这样一来，只有保全少数人利益而牺牲最大多数人利益，才能得到最大利益净余额；反之，如果保全最大多数人利益而牺牲少数人利益，净余额便是负价值。那么，在这种情况下，应该牺牲最大多数人利益而保全少数人利益吗？如果答案是肯定的，那么，"最大多数人最大利益"或"最大多数人最大幸福"标准的名称就是不确切的了，而应该更名为"最大利益"或"最大幸福"标准了。这就是诱使边沁把贝卡利亚和赫起逊的"最大多数人最大幸福"标准更名为"最大幸福"标准的陷阱。[①]

---

① 边沁：《政府片论》，36 页，商务印书馆，1995。

果真可以像边沁那样，把“最大多数人最大幸福”标准更改为“最大幸福”标准吗？如果像边沁所说的那样，最大幸福是保全少数人的集中的利益而牺牲多数人的分散的利益，那么，应该保全少数人的集中的利益而牺牲多数人的分散的利益吗？答案是否定的。因为任何价值标准——“最大利益净余额”也不例外——与终极价值总标准“增减每个人利益总量”发生冲突，都应该服从终极总标准。终极总标准“增减每个人利益总量”的关键词，乃是“每个人”，而不是“利益总量”，因为它与“最大利益净余额”诸终极分标准的区别，显然是“每个人”，而不是“利益总量”。因此，如果增进每个人利益，即使比增进一些人的利益而减少另一些人的利益，就利益总量来说，少得多，那么，按照终极总标准，也应该增进每个人利益，而不应该增进一些人的利益、减少另一些人的利益，以求得最大利益净余额。因为国家最终目的、国家制度终极价值标准乃是增进每个人利益总量，而并不是最大利益净余额，也不是增进一些人或大多数人利益总量；最大利益净余额和最大多数人最大利益不过是在利益冲突因而不可能增进每个人利益情况下的权宜之计罢了。

这样，增进一些人利益而减少另一些人利益，不论如何能够增进利益总量，不论如何符合最大利益净余额标准，也都只有在不可能增进每个人利益总量的情况下——亦即在利益发生冲突而不能两全的情况下——才是应该的；而在可能增进每个人利益总量的情况下——亦即在利益不相冲突的情况下——则不论增进每个人利益所造成的利益净余额是如何小，不论增进一部分人的利益而减少另一部分人利益会达到何等巨大的利益净余额，也都只有增进每个人利益才是应该的。

这显然意味着，在利益发生冲突时，即使保全少数人利益比保全多数人利益，更能够增进利益总量，更能够使利益净余额达到最大限度，也不应该保全少数人利益而牺牲多数人利益；恰恰相反，即使如此，也应该保全多数人利益而牺牲少数人利益。因为在人们利益发生冲突时，只有保全最大多数人利益和牺牲最少数人利益，才最接近符合“增减每个人利益总量”的国家制度终极价值总标准：保全多数人利益，比保全少数人利益，更接近保全每个人利益；牺牲多数人利益，比牺牲少数人利益，更接近减少每个人利益。因此，按照“增减每个人利益总量”的国家制度终极价值总标准，在多数人利益与少数人利益发生冲突时，即使少数人利益价值大于多数人利益价值，也应该保全多数人利益而牺牲少数人利益。这样做，虽然违背“最大利益净余额”，却符合“增减每个人利益总量"，"最大利益净余额"等任何价值标准与终极价值总标准"增减每个人利益总量"发生冲突都应该服从终极总标准。

这样一来，"最大多数人最大利益标准"虽然推导于"最大利益净余额标准"，却因其最接近于"增减每个人利益总量标准"而对于"最大利益净余额标准"具有绝对的优先性。还是拿那个电车的理想实验来说。假设道岔右边站着的那一个人是伟大的价值极大的爱因斯坦，而左边的那五个人则是加起来价值也远远小于爱因斯坦的芸芸众生，于是轧死爱因斯坦的净余额是负价值，而轧死五个芸芸众生的净余额是正价值。那么，究竟应该轧死谁？正确的答案是：应该轧死伟大的爱因斯坦而保全五个芸芸众生！因为轧死爱因斯坦而保全五个芸芸众生，虽然违背最大利益净余额标准，却因其符合最大多数人最大利益标准，而最接近符合增减每个人利益总量标准，最大多数人最大利益标准优先于最大利益净余额标准。

因此，在人们利益发生冲突的情况下，首先应该根据最大多数人最大利益标准，保全最大多数人的利益而牺牲最少数人利益；而后才应该根据最大利益净余额标准，保全最大利益而牺牲最小利益，从而使利益净余额达到最大限度。举例说，如果在利益冲突的情况下，最大多数一方的人数是90%，就应该保全这90%的人的利益而牺牲与其冲突的10%的人的利益，即使相反的选择会达到更大的、最大的利益净余额。如果最大多数一方的人数是51%，就应该保全这51%的人的利益而牺牲49%的人的利益，即使相反的选择会达到更大的、最大的利益净余额。只有在冲突双方的人数都是50%的情况下，保全哪一方的利益净余额最大，才应该保全哪一方，而牺牲另一方。

但是，这些情况无疑统统都是例外而不是常规。按照常规，最大利益净余额标准与最大多数人最大利益标准是完全一致的。因为按照常规，最大多数人的利益无疑都是最大利益；最少数人的利益，无疑都是最小的利益。因而只要保全最大多数人的利益而牺牲最少数人的利益，就能够得到最大利益净余额，最大利益净余额与最大多数人最大利益是一致的。

总之，最大多数人最大利益——亦即应该保全最大多数人最大利益而牺牲最少数人最小利益，从而使利益净余额达到最大限度——是解决人们之间利益冲突的国家制度终极价值标准。按照这一标准，在国民之间利益冲突的任何情况下，都应该保全最大多数人利益而牺牲最少数人利益，即使最大的利益例外地是最少数人的利益，而不是最大多数人的利益。因此，"最大多数人最大幸福”标准的关键词，乃是“最大多数人”，而不是“最大幸福”。所以，这一标准决不可以省略“最大多数人”而更改为“最大幸福”。因为最大幸福毕竟有可能——不论这种可能性是如何小、如何例外——是少数人的幸福，而不是最大多数人的幸福。

4. 无害一人地增进利益总量：利益不相冲突条件下的国家制度终极价值标准

“最大利益净余额”和“最大多数人最大利益”标准，如上所述，都仅仅是利益冲突情况下的国家制度终极价值标准，都仅仅是终极总标准“增进每个人利益总量”在利益冲突情况下的体现。那么，在人们利益一致、不发生冲突或可以两全的情况下，终极标准是什么？或者说，在这种情况下，终极总标准“增进每个人利益总量”的具体表现是怎样的？

在利益一致不相冲突或可以两全的情况下，终极总标准便具体化为“不损害任何人地增加利益总量”或“无害一人地增进利益总量”标准。按照这一标准，便应该不损害任何一个人地增加人们的利益，便应该无害一人地增进每个人利益或一些人利益，便应该使每个人的境况变好或使一些人的境况变好而不使其他人的境况变坏。这是因为，国家最终目的或国家制度终极价值总标准，如前所述，是增进每个人利益总量，而并不是增进最大利益净余额或最大多数人最大利益，最大利益净余额或最大多数人最大利益不过是在利益发生冲突因而不可能增进每个人利益情况下的无奈选择。因此，在人们利益不相冲突或可以两全的情况下，也就只有无害一人地增进利益总量——亦即使每个人的境况变好或使一些人的境况变好而不使其他人的境况变坏——的国家制度和国家治理，才符合“增进每个人利益总量”之终极总标准，因而才是好的、应该的、具有正价值的；反之，如果为了最大多数人最大利益而牺牲最少数人最小利益，那么，不论这样做可以使利益净余额达到多么巨大的、最大的程度，不论这样做可以给最大多数人造成多么巨大的、最大的幸福，便都违背了“增进每个人利益总量”之终极总标准，因而便都是不好的、不应该的和具有负价值的。

举例说，假设损害一小撮人，某国家就会突飞猛进，从而给最大多数人带来极为巨大的幸福，使利益净余额达到最大限度。反之，如果不损害一小撮人，该国家最大多数人也并不会受到任何损害，但该国家却会发展较慢，从而最大多数人得不到最大幸福,利益净余额达不到最大限度。在这种情况下,怎样做才是应该的?如果选择前者,损害一小撮人而使最大多数人得到最大幸福,那么,既不符合"增进每个人利益总量"之终极总标准,更不符合利益不相冲突情况下的"无害一人地增进利益总量"之终极分标准,因而是不应该的。只有选择后者,不损害任何人,即使该国家因此而停滞不前,也符合"增进每个人利益总量"之终极总标准,符合利益不相冲突情况下的"无害一人地增进利益总量"终极分标准,因而是应该的。

可见,"无害一人地增进利益总量"乃是终极总标准"增进每个人利益总量"在利益一致不相冲突或可以两全条件下的体现,是利益一致不相冲突或可以两全条件下的终极标准,因而也就是国家治理和国家制度在国民利益不相冲突或可以两全条件下的终极价值标准。最早提出这一标准的,恐怕是孟子。他将这一标准概括为一句话:"杀一无辜而得天下,不为也。"[①]但是,真正确证这一标准的,并非政治学家和伦理学家,而是经济学家帕累托,因而被称为"帕累托标准"(Pareto Criterion)或"帕累托最优状态"(Pareto Optimum)。对于这一标准或状态,帕累托这样写道:"我们看到,要取得一个集体的福利最大化,有两个问题待解决。如某些分配的标准为既定,我们就可以根据这些标准去考察哪些状态将给集体的各个人带来最大可能的福利。让我们来考虑任何一种特定状态,并设想作出一个与各种关系不相矛盾抵触的极小变动。假如这样做了,所有各个人的福利均增加了,显然这种新状态对他们每个人是更为有利;相反地,如各个人的福利均减少了,这就是不利。有些人的福利仍旧不变亦不影响这些结论。但是,另一方面,如这个小变动使一些人的福利增加,并使别人的福利减少,这就不能再说作此变动对整个社会为有利的。因此,我们把最大效用状态定义为:作出任何微小的变动不可能使一切人的效用,除那些效用仍然不变者外,全都增加或全都减少的状态。"[②]

可见,所谓"帕累托最优状态"乃是这样一种状态:当且仅当该状态没有一种改变能使一些人的境况变好而又不使至少一个人的境况变坏。这一状态之所以为最优状态的依据,则是所谓的"帕累托标准":应该使每个人的境况变好或使一些人的境况变好而不使其他人的境况变坏。简言之,应该至少不损害

---

① 《孟子·公孙丑章句下》。

② 转引自胡寄窗:《1870 年以来的西方经济学说》,191 页,经济科学出版社,1988。

一个人地增加社会的利益总量:无害一人地增进利益总量。

这恐怕是新福利经济学大师帕累托高明于旧福利经济学大师庇古的根本之处。庇古根据边际效用递减规律——亦即一个人的财富越多,其边际效用越小——得出著名的"收入应该均等化"的结论:"假如有一个富人和十个穷人。从富人拿出一镑钱,并把它给予第一个穷人,总满足量就增加了。但是富人还是比第二个穷人富。所以,再转移一镑钱给第二个穷人,就又增加了总满足量。如此转移,直到原来的富人不比其他任何人富裕为止。"①庇古的错误,显然在于夸大"最大利益净余额标准",不懂得这个标准仅仅是利益冲突不能两全情况下的终极标准,却误以为在任何情况下只要能增进社会的利益净余额都是应该的。反之,帕累托则确立了利益不相冲突情况下的终极标准:应该至少不损害一个人地增加社会的利益总量——如果损害了哪怕是仅仅一个人的利益,则不论增进了何等巨大的利益净余额,也都是不应该的。

综上可知,国家制度好坏的终极价值标准并非单一标准,而是由若干标准构成的价值标准体系,是"一总两分":一个总标准和两个分标准。总标准是绝对的,是在任何条件下都应该遵循的终极标准:增减每个人的利益总量。分标准是相对的,一个是在人们利益不发生冲突而可以两全条件下的终极标准,亦即所谓的帕累托标准:无害一人地增加利益总量;另一个则是在人们利益发生冲突而不能两全的条件下的终极标准:"最大利益净余额"标准和"最大多数人的最大利益"标准。但是,不难看出,二者虽然都是相对的,却有所不同:"不损害一人地增加利益总量"是恒久适用的标准;"最大利益净余额"和"最大多数人的最大利益"则是偶尔适用的标准。因为任何社会存在和发展的前提无疑是:在这个社会里,人们的利益一致而不相冲突是正常的、常规的、一般的情况,因而是恒久的;反之,人们的利益发生冲突、不可两全则是例外的、非常的情况,因而是偶尔的。

二、公正与平等:国家制度根本价值标准

1. 公正:国家制度根本价值标准

公正、正义、公平和公道,如所周知,都是同一概念。只不过,正义一般用

① 庇古:《福利经济学的几个方面》,载《美国经济评论》,299页,1951(6)。

在庄严、重大的场合。例如,就战争来讲,大都说正义战争,而不说公道战争、公平战争或公正战争。但是,说公道战争、公平战争或公正战争也不算错,它们与正义战争无疑是一回事。公平与公道,一般用于社会生活的各种日常领域。例如,我们常说公平与效率、公平分配、待人公道,而不说正义与效率、正义分配、待人正义。但是,说正义与效率、正义分配、待人正义也不算错,这两种说辞显然也是一回事。公正则介于正义与公平或公道之间,它比公平和公道更郑重一些,比正义更平常一些,因而适用于任何场合。那么,究竟何谓公正?

不难看出,公正就是善有善报、恶有恶报,就是等利交换和等害交换,就是等利(害)交换的善行,就是平等(相等、同等)的利害相交换行为;不公正则是不平等(不相等、不同等)的利害相交换的恶行,是不等利交换和不等害交换的恶行,是不等利(害)交换的恶行。举例说,救人和杀人,无所谓公正不公正。但是,若出于报恩,救的是自己昔日的救命恩人,便是等利交换,便是公正的行为;若是为父报仇,杀的是曾杀死自己父亲的恶棍,便是等害交换,因而也是一种公正的行为;若是忘恩负义,见昔日恩人有难而坐视不救,便是不等利交换的恶行,便是不公正的行为;若是因对方辱骂自己而竟然杀死对方,便是不等害交换的恶行,因而也是一种不公正的行为。

显然,就道德境界的高低来说,公正原则远远低于仁爱和宽恕原则。仁爱和宽恕属于无私利他境界,是道德的最高境界,是善的最高境界;而公正则与无私无缘,不属于无私利他境界,不属于最高的道德境界、善的最高境界。那么,公正究竟属于怎样的道德境界?所谓善或道德善,可以分为三大境界:无私利他是善的最高境界,是至善;为己利他是善的基本境界,是基本善;单纯利己是最低善,是善的最低境界。显然,公正既不属于善的最高境界"无私利他",也不属于善的最低境界"单纯利己",而属于善的基本境界"为己利他"。因为一方面,就公正之为等利交换来说,当然不是无偿给予,而是通过给予对方利益,来换取对方的同等利益;另一方面,就公正之为等害交换来说,因其能够使人们避免相互损害,极为有利于社会的存在发展。因此,等害交换与等利交换的道德价值大体相当,都属于为己利他的道德境界。

公正属于为己利他范畴,因而就其道德境界高低来说,远远低于仁爱和宽恕,远远低于无私利他。但是,就公正的道德价值——亦即公正对于道德目的的效用——的大小轻重来说,却远远大于、重要于仁爱和宽恕,远远大于、重要于无私利他,也大于、重要于其他一切道德,公正是最重要的道德。因为道德目的是为了保障社会存在发展和增进每个人利益。要达此目的，正如斯密和休谟所言，一方面，必须避免人们相互间的伤害；[①]另一方面，必须使每个人努力增进社会和他人利益。[②]

避免人们相互间的伤害的最重要、最有效的原则，无疑是等害交换的公正原则。因为等害交换意味着：你损害社会和他人，就等于损害自己；你损害社会和他人多少，就等于损害自己多少。这样一来，每个人岂不就能够像不损害自己一样，不损害社会和他人？增进社会和他人利益的最重要、最有效的原则，无疑是等利交换的公正原则。因为等利交换意味着：你增进社会和他人利益，就等于增进自己利益；你为社会和他人增进多少利益，就等于你为自己增进多少利益。这样一来，每个人岂不就能够像积极增进自己利益一样，积极增进社会和他人利益？每个人岂不就能够像努力使自己利益最大化一样，努力使社会和他人利益最大化？

可见，公正虽然并不崇高而有斤斤计较之嫌，却正如亚里士多德所言，乃是最根本最重要的善原则："在各种德性中，人们认为公正是最重要的。"[③]然而，仅仅看到公正是最重要的善原则，还没有真正揭示公正与仁爱等道德原则的根本区别。因为公正的主要原则是社会公正，是社会对于每个人的权利与义务的分配的公正，能够对每个人的权利与义务进行分配的岂不只是国家制度和国家治理者？因此，公正与仁爱、宽恕根本不同：仁爱和善是每个人的行为所当遵循的道德原则；而公正则主要是国家治理和国家制度的价值标准，说到底，是衡量国家治理和国家制度好坏的最根本最重要的价值标准。最早发现这一伟大真理的，虽然是柏拉图，但说得最确切的，还是亚里士多德："城邦以正义为原则。由正义衍生的礼法，可凭以判断人间的是非曲直，正义恰正是树立社会秩序的基础。"[④]

2. 平等：最重要的公正

平等总原则　公正问题虽然纷繁复杂，但根本讲来，无非权利与义务相交

---

① Adam Smith, *The Theory of Moral Sentiments*, Beijing: China Sciences Publishing House Chengcheng Books Ltd, 1979, p. 86.

② David Hume, *A Treatise of Human Nature*, Oxford: The Clarendon Press, 1949, p. 199, p. 202.

③ 《亚里士多德全集》，第八卷，96页，中国人民大学出版社，1997。

④ 亚里士多德：《政治学》，9页，商务印书馆，1996。

换的公正，说到底，亦即社会对于每个人的权利与义务的分配公正：分配公正是最根本、最重要、最主要的公正。那么，权利与义务究竟如何分配才是公正的？不难看出，社会应该按照贡献分配权利，按照权利分配义务，说到底，社会分配给每个人的权利，应该与他的贡献成正比，而与他所负有的义务相等。这就是所谓"贡献原则"，亦即社会公正根本原则。因为权利与义务原本分属"索取"与"贡献"概念而同属"利益"范畴：权利是应受权力保障的应该且必须得到的利益，是应该且必须的索取；义务则是应受权力保障的应该且必须付出的利益，是应该且必须的贡献。一目了然，贡献在先，索取在后：贡献是索取的源泉。因为每个人只有先为社会贡献利益（贡献），而后社会才有利益分配给每个人（索取）：社会分配给每个人的利益，无非是每个人所贡献的利益，无非是每个人所贡献的利益之交换而已。因此，社会分配给每个人多少利益，也就只应该依据每个人贡献了多少利益，贡献是权利的源泉和依据。然而，当我们依据这一贡献原则对每个人的基本权利（如吃饱穿暖）与非基本权利（精食美服）进行分配时，便会发现，权利义务分配的公正原则——亦即最根本、最重要、最主要的公正——说到底，可以归结为平等：一方面，每个人所享有的基本权利应该完全平等；另一方面，每个人所享有的非基本权利应该比例平等。

不难看出，每个人都应该完全平等地享有基本权利的依据乃在于：每个人都是缔结、创建社会的一个成员。因为，正如无数先哲所论，人是社会动物。脱离社会，人便无法生存。所以，每个人的一切利益，说到底，便都是社会给予的，社会对于每个人具有最高效用、最大价值。而社会又不过是每个人的结合，不过是每个人所结成的大集体。因此，每个人不论如何，只要他生活在社会中，便为他人做了一大贡献：缔结、创建社会。任何人的其他一切贡献皆基于此！因为若没有社会，任何人连生存都无法维持，又谈何贡献？没有社会，贝多芬能贡献《命运交响曲》、曹雪芹能写出《红楼梦》、瓦特能发明蒸汽机吗？

那么，每个人在社会中能得到什么呢？显然，每个人不论贡献如何，最低都应该得到作为人类社会的一员、一分子、一个人所应该得到的东西。可是，作为人类社会的一员、一个人究竟应该得到什么呢？无疑至少应该得到生存和发展的必要的、起码的、最低的权利，即享有所谓基本权利。每个人不仅应该享有基本权利，而且应该完全平等地享有基本权利。因为虽然人的才能有大小、品德有高低、贡献有多少，但在缔结、创建社会这一最基本、最重要的贡献却完全相同。因为每个人并不是在成为总统或平民、文豪或文盲之后才来缔结、创建社会的，而是一生下来就自然地、不可选择地参加了社会的缔结、创建。而每个人一生下来显然完全同样地是结成社会的一分子、一股东，完全同样地参加了社会的缔结、创建。每个人之所以不论具体贡献如何都应该完全平等地享有基本权利，就是因为并且仅仅是因为每个人参与缔结社会这一最基本、最重要的贡献是完全相同的。所以，分配给那目不识丁的老百姓与那名震寰宇的大总统同样多的基本权利，就决不是什么恩赐，而是必须偿还的债务。潘恩说得好："社会并未白送给他什么。每个人都是社会的一个股东，从而有权支取股本。"①

可见，基本权利平等分配不但未违背而且恰恰是依据按贡献分配权利的原则，基本权利是每个人因其同样是缔结社会的一股东而应平等享有的权利，是每个人因其同样是结成人类社会的一个人而应平等享有的权利。因此，基本权利又被叫作"人权"。人权是每个人因其同样是结成人类社会的一个人而应平等享有的基本权利。问题的关键还在于，每个人只要一生下来，就自然地、不可选择地参加了社会的缔结、创建而成为人类社会一股东。所以，人权或基本权利是人人与生俱来、自然赋予的：天赋人权。一句话，基本权利、人权、天赋权利三者是同一概念。②

每个人应该完全平等享有人权、基本权利，似乎意味着：每个人应该不平等地享有非人权权利、非基本权利或比较高级的权利。其实不然。因为平等之为权利分配原则意味着：任何权利分配的不平等都是不道德的。那么，非基本权利究竟应该如何分配？应该比例平等。每个人所享有的权利的多少与自己所做出的贡献的大小之比例应该完全平等。举例说，张三做出一份贡献，应享有一份权利；李四做出三份贡献，便应享有三份权利。这样，张三与李四所享有的权利是不平等的。但是，张三与李四所享有的权利之比例与他们所做出的贡献之比例却是完全平等的，换言之，他们所享有的权利与自己所做出的贡献的比例是完全平等的：

$$\text{张三}\ \frac{\text{一份权利}}{\text{一份贡献}}=\text{李四}\ \frac{\text{三份权利}}{\text{三份贡献}}\quad\text{或者}\quad\frac{\text{张三一份权利}}{\text{李四三份权利}}=\frac{\text{张三一份贡献}}{\text{李四三份贡献}}$$

① 《潘恩选集》，143页，商务印书馆，1963。

② Tom L. Beauchamp, *Philosophical Ethics*, New York: McGraw-Hill Book Company, 1982, p. 206.

非基本权利应该比例平等原则表明，社会应该不平等地分配每个人的非基本权利。但是这种权利不平等的分配应该完全依据贡献的不平等，从而使人们所享有的权利与自己所做出的贡献的比例达到完全平等。为了做到这一点，在这种权利不平等的分配中，正如罗尔斯的补偿原则所主张的，获利较多者还必须给较少者以相应的补偿权利："社会和经济的不平等，如财富和权力的不平等，只要其结果能给每个人——特别是那些最少受益的社会成员——带来补偿利益，它们就是正义的。"①

那么，为什么获利较多者必须给较少者以补偿权利？因为获利多者比获利少者较多地利用了双方共同创造的资源："社会"、"社会合作"。并且，获利越少者对共同资源"社会合作"的利用往往越少，因而所得的补偿权利便应该越多；获利最少者对"社会合作"的利用往往最少，因而便应该得到最多的补偿权利。举例说，那些大歌星、大商贾、大作家，是获利较多者。他们显然比工人、农民等获利较少者较多地使用了双方共同创造的资源："社会"、"社会合作"。若是没有社会、社会合作，这些大歌星、大商贾、大作家统统都会一事无成，若非较多地使用了社会合作，他们也决不可能做出那些巨大贡献。这些获利较多者的贡献之中既然包含着对共同资源的较多使用，因而也就间接地包含着获利较少者的贡献。于是，他们因这些巨大贡献所取得的权利，便含有获利较少者的权利。所以，便应该通过个人所得税等方式从获利较多者的权利中，拿出相应的部分补偿、归还给获利较少者。否则，获利多者便侵吞了获利少者的权利，是不公平的。

不难看出，基本权利完全平等分配原则优先于非基本权利比例平等分配原则，当二者发生冲突时，应当牺牲后者以保全前者。举例说，当一个社会的物质财富极度匮乏时，如果人人吃饱从而平等享有基本权利，那么，就几乎不会有人吃好而享有非基本权利。这样，每个人就几乎完全平等享有经济权利，因而便违反了比例平等原则，侵犯了有大贡献者在经济上所应该享有的非基本权利。反之，如果一些有大贡献者吃好而享有非基本权利，那么，就会有人饿死而享受不到基本权利。这样，基本权利便不是人人平等享有的，因而便违反了完全平等原则，侵犯了一些人的基本权利。在这种情况下，应该怎么办？

---

① John Rawls, *A Theory of Justice*, Revised Edition, Cambridge, Massachusetts: The Belknap Press of Harvard University Press, 2000, p. 13.

显然应该违反比例平等原则而侵犯某些有大贡献者的非基本权利"吃好"，以便遵循完全平等原则而保全每个人的基本权利"吃饱"。人权是神圣、优先、不可侵犯、不可剥夺的。严格说来，任何一个社会，如果它是公平的、正义的，那么，在这种社会里，只要有一个人不能吃饱、没有享受到人权，那么，任何人，不管他的贡献有多大，便都不应该吃好，不应该享有非基本权利。

然而，为什么一个人不论多么渺小，他的人权也优先于另一个人——不管他多么伟大——的非基本权利？这是因为，正如罗尔斯所说，社会不过是"一个目的在于增进每个成员利益的合作体系"[①]。每个人都是这个合作体系、合作集体的一个股东。在这个大集体中，毫无疑义，贡献多者所享有的权利应该多；贡献少者所享有的权利应该少。但是，一个人的贡献再少，也与贡献最多者同等是缔结社会的一个股东，因而至少也应该享有最低的、起码的、基本的权利，即人权。反之，那些有大贡献者的贡献再大，也完全是以社会的存在为前提，因而也就完全是以每个人缔结社会这一最基本的贡献为前提。所以，有大贡献者究竟应否享有非基本权利，也就完全应该以每个人是否已享有基本权利为前提。

一句话，每个人的人权、基本权利之所以是优先的、神圣不可侵犯的，就是因为赋予这一权利的每个人参加缔结社会的这一基本贡献，优先于、重要于任何其他贡献。不过，人权的神圣性、优先性、不可侵犯性、不可剥夺性并不是绝对的、无条件的，而是相对的、有条件的。因为，一个人如果完全逃离社会或侵犯了他人的人权，那么，他也就不应该享有相应的人权了。他的人权只有相对于其他人的非基本权利来说，只有在与其他人的非基本权利发生冲突的条件下，才是优先的、神圣的、不可侵犯、不可剥夺的。

完全平等与比例平等不过是权利平等原则的两个侧面。合而言之，可以得出结论说：一方面，每个人因其最基本的贡献完全平等——每个人一生下来便都同样是缔结、创建社会的一个股东——而应该完全平等地享有基本权利，完全平等地享有人权，这是完全平等原则，亦即所谓人权原则；另一方面，每个人因其具体贡献的不平等而应享有相应不平等的非基本权利，也就是说，每个人所享有的非基本权利的不平等，与自己所做出的具体贡献的不平等的比例

① John Rawls, *A Theory of Justice*, Revised Edition, Cambridge, Massachusetts: The Belknap Press of Harvard University Press, 2000, p. 4.

应该完全平等，这是比例平等原则，是非人权权利分配原则。这就是权利平等总原则的两个方面，这就是平等总原则，这就是衡量、指导国家治理和国家制度好坏的最根本、最重要的价值总标准。它之所以被称为平等总原则、总标准，乃是因为从中可以推导出一系列更为具体的平等原则或标准，如政治平等原则、经济平等原则和机会平等原则等。

政治平等原则 所谓政治平等原则，亦即政治权利平等原则。政治权利分为政治自由权利与政治职务权利两大类型。政治自由乃是全体公民使国家政治按照自己的意志来进行的自由，因而也就只有执掌国家最高权力才能办到，政治自由的权利也就是执掌国家最高权力的权利。享有政治自由的全体公民共同享有的，固然是最高最大的权力，但分散到每个公民自己所享有的，却并非最高最大权力，而是最低最小的权力了。它比最低等的官吏所拥有的权力还小，它不过是亿万张选票中的一张选票的权力罢了。所以，每个人所享有的政治自由权利，是最低最小的权利，是基本权利，是人权；反之，一个人所享有的担任政治职务的权利，则是较高较大的权利，是非基本权利而不是人权。

政治自由是人权，因而根据人权应该完全平等原则，每个人都应该完全平等地享有政治自由。换言之，每个人都应该完全平等地共同决定国家政治命运。说到底，每个人都应该完全平等地共同执掌国家最高权力："每个人只顶一个，不准一个人顶几个。"①这就是政治权利完全平等原则，这就是政治人权原则，这也就是所谓的人民主权原则，因而也就是民主政治的最基本的依据。

不难看出，一方面，这一原则所规定的平等，乃是实现人与人相互间一切平等的根本保障。因为，如果完全平等地享有政治自由，从而每个人都完全平等地共同执掌国家最高权力，那么，每个人的其他平等，如经济平等和机会平等，能否实现，便完全取决于自己的意志，因而是有保障的。反之，如果不能完全平等地享有政治自由，从而国家最高权力不是完全平等地掌握在每个人手中，而是仅仅掌握在一个人或一些人手中，那么，每个人的其他平等能否实现，便完全取决于握有最高权力的那一个人或那一些人的意志，而不是取决于自己的意志，因而是无保障的。所以，平等地享有政治自由或最高权力的平等，决定其他一切平等，是实现一切其他平等的根本保障。

---

① 《潘恩选集》，145页，商务印书馆，1963。

另一方面，这一原则所规定的平等，无疑是人与人之间的最重要、最根本的平等。因为，按照这一原则从而每个人完全平等地享有政治自由，每个人便完全平等地共同执掌国家最高权力，每个人便完全平等地是国家的最高权力的掌握者，每个人便完全平等地是国家的最高统治者，每个人便是完全平等地握有最高权力的国家的主人。这样一来，人们相互间便真正达到了平等，即使他们相互间的贫富贵贱相当悬殊，毕竟没有主奴之分，而同样是握有最高权力的国家的主人，因而根本说来是完全平等的。反之，如果违背这一原则，每个人不能完全平等地享有政治自由，从而国家最高权力掌握在一个人或一些人手中，那么，便只有最高权力的执掌者才是主人，而其他人则都是最高权力执掌者的奴隶，因而不论如何，人们相互间毕竟是一种主奴关系，因而根本说来是极不平等的。

与政治自由相反，政治职务不是人权，不是基本权利，而是非基本权利、非人权权利。所以，根据非基本权利比例平等原则，人们应该按其政治贡献大小而比例平等地享有担任政治职务的权利。也就是说，谁的政治贡献大，谁便应该担任较高的政治职务；谁的政治贡献小，谁便应该担任较低的政治职务：每个人因其政治贡献不平等而应担任相应不平等的政治职务。这样，人们所享有的担任政治职务的权利虽是不平等的，但每个人所享有的担任政治职务的权利与自己的政治贡献之比例却是平等的。如图：

$$\text{张三}\ \frac{\text{较高政治职务}}{\text{较高政治贡献}} = \text{李四}\ \frac{\text{较低政治职务}}{\text{较低政治贡献}}$$

这意味着，一方面，不应该仅仅按照政治才能分配政治职务，即不应该“任人唯才”。如果一个人有才无德，政治才能高而道德品质坏，那么，他不但不会为社会和他人做出政治贡献，反而会严重危害社会和他人。另一方面，也不应该仅仅按照道德品质分配政治职务，即不应该“任人唯德”。因为如果一个人有德无才，道德品质好而政治才能低，那么，他不但不可能为社会和他人做出较大政治贡献，反而往往会好心办坏事，同样严重危害社会和他人。于是，也就只应该兼顾德才分配政治职务，即“任人唯贤”。一个人只有德才兼备，只有政治才能高又道德品质好，才能为社会和他人做出较大政治贡献。

总而言之，一方面，每个人不论具体政治贡献如何，都应该完全平等地享有政治自由，亦即完全平等地共同执掌国家最高权力，从而完全平等地共同决定国家政治命运；另一方面，每个人又因其具体政治贡献（政治才能＋道德品质）的不平等而应该担任相应不平等的政治职务，从而使每个人所担任的政治职务的不平等与自己的政治贡献（政治才能＋道德品质）的不平等的比例完全平等。这就是政治平等总原则，这就是衡量、指导国家治理和国家制度好坏的政治平等标准。

经济平等原则 不难看出，每个人在经济上所享有的权利与其在经济上所做出的贡献或义务，说到底，实为同一事物，即都是每个人所提供的产品。我的经济贡献，说到底，是我给予社会和他人的产品；而我的经济权利，说到底，则是社会和他人给予我的产品。所以，社会对于每个人经济权利的分配过程，说到底，无非是每个人所提供的产品的互相交换的过程。准此观之，按照等利交换的公正原则，应该根据每个人所贡献的产品的交换价值，而分配给他含有等量交换价值的产品或经济权利，等价分配、等值分配或等价值分配是经济权利平等原则。

然而，问题的关键在于，产品的交换价值因生产资料所有制不同而不同。在私有制社会，产品中所凝结和耗费的生产三要素——劳动、资本和土地等自然资源——是创造和决定产品交换价值的终极源泉和实体。边际效用论发现，这些生产要素所创造的交换价值份额，即其边际产品价值：单位劳动所创造的价值量＝劳动边际产品价值量；单位资本所创造的价值量＝资本边际产品价值量；单位土地所创造的价值量＝土地边际产品价值量。这样一来，根据等利交换的公正原则，显然应该按照每个人所提供的生产要素的边际产品价值，而分配给他含有等量交换价值的产品或经济权利。这就是所谓按生产要素分配，按生产要素分配是私有制社会的经济权利平等原则。

相反地，在公有制社会，生产资料——资本和土地等自然资源——公有制显然意味着：每个人使用资本和土地等自然资源，就如同使用自己的东西一样，都无需代价，都是无偿的；只有劳动才是个人私有的，因而只有劳动才是有偿的，才是需要支付代价的。这样一来，资本、土地和劳动固然是创造产品价值的三个源泉和实体，但是，产品的交换价值却显然与资本和土地等无需支付代价的公有物无关，而仅仅决定于需要支付代价的劳动，劳动是创造和决定交换价值的唯一的源泉或实体。劳动是创造和决定交换价值的唯一的源泉或实体，意味着：产品的交换价值量决定于产品的创造所需要的社会必要劳动时间。于是，在公有制社会，最终说来，便应该按照每个人所提供的产品的社会必要劳动时间，分配给他含有等量社会必要劳动时间的产品，按劳分配是公有制社会经济权利平等原则。

按生产要素分配与按劳分配原则虽然根本不同，却都属于比例平等原则范畴。因为按生产要素分配和按劳分配，每个人所享有的经济权利虽因各自的资本、土地和劳动量不平等而是不平等的，但每个人所享有的经济权利与自己所贡献的资本、土地和劳动量的比例却是完全平等的。如图：

$$\text{张三}\ \frac{\text{三份经济权利}}{\text{三份资本或土地或劳动量}} = \text{李四}\ \frac{\text{一份经济权利}}{\text{一份资本或土地或劳动量}}$$

然而，比例平等仅仅是非基本权利分配原则。所以，按生产要素分配与按劳分配也就仅仅是非基本经济权利分配原则。那么，基本经济权利、经济人权的分配原则是什么？是按需分配。因为根据“基本权利应该完全平等”的平等总原则可以推知：每个人不论劳动多少、贡献如何，都应该完全平等享有基本经济权利，完全平等享有经济人权。而完全平等分配基本经济权利，也就是按人类基本物质需要分配基本经济权利。这一方面是因为基本经济权利就是满足每个人基本物质需要的权利；另一方面则是因为人们物质需要的不同或不平等仅仅存在于非基本的、比较高级的领域，而基本的、最低的、起码的物质需要则是相同的、平等的：“自然需要对所有人都是一样的。”[①]进言之，按基本物质需要分配基本经济权利，实际上又等于按需要分配基本经济权利：按需分配。诚然，按基本需要分配经济权利与按需要分配经济权利根本不同。但是，基本经济权利与经济权利不同，基本经济权利仅仅能满足人的基本物质需要，而不可能满足人的非基本物质需要。因此，按需分配基本经济权利与按基本物质需要分配基本经济权利便是同一概念，正如按需分配食品与按生理需要分配食品是同一概念一样。

综上可知，一方面，在任何社会，每个人不论劳动多少、贡献如何，都应该按人类基本物质需要完全平等地分配基本经济权利（即按需分配）。另一方面，在私有制社会，应该按照每个人所提供的生产要素的边际产品价值，而分配给他含有等量交换价值的非基本经济权利，以便使每个人所享有的非基本

① Mortimer J. Adler, *Six Great Ideas*, New York: A Touchstone Book Published by Simon & Schuster, 1997, p. 180.

经济权利的不平等与自己所贡献的生产要素的边际产品价值的不平等的比例完全平等（即按生产要素分配）；在公有制社会，则应按每个人所贡献的社会必要劳动时间，而分配给他含有同量社会必要劳动时间的非基本经济权利，以便使每个人所享有的非基本经济权利的不平等与自己所贡献的社会必要劳动时间的不平等的比例完全平等（即按劳分配）。这就是经济平等总原则，这就是国家治理和国家制度好坏的经济平等之价值标准。

机会平等原则　与政治、经济平等原则一样，机会平等原则也是一种权利平等原则。但是，一方面，这种权利并非政治或经济等具体权利本身，而是获得这些具体权利之机会；另一方面，该原则所关涉的权利之机会，仅仅是竞争非基本权利——主要是社会的职务、地位、权力和财富——之机会，而不是竞争基本权利之机会，因为基本权利应该人人完全平等享有，它的获得既不需要竞争，也不需要机会。机会据其提供者的性质，可以分为两类：政府提供的机会与非政府提供的机会。非政府提供的机会，比较复杂，主要包括家庭提供的机会、天资提供的机会、运气提供的机会。

出身于不同的家庭，则所享有的竞争非基本权利的机会显然是不平等的。萨缪尔森曾就此写道："到了一周岁时，出身富有家庭并经双亲精心照料的孩子在经济和事业地位的竞争中已经略占上风。到了进小学一年级时，城市近郊的六岁儿童比贫民窟或农村同龄儿童具有更大的领先地位。在以后的12—20年中，已经领先的人越来越走在前面。"[①]家庭所提供的这种机会不平等，不但罗尔斯，而且许多人，如奥肯，都认为是不公平的。因为"当一些人面前障碍重重时，另一些竞争者已经率先起跑了。各种家庭的社会地位与经济地位不同，使得这场赛跑并不公平"[②]。奥肯等人不懂得，人生的赛跑乃是一场世代相沿的无休止的接力赛。每个人的起点不在一条起跑线上并非不公，因为他们的最初祖先们的起点是在同一条起跑线上的。更确切些说，家庭提供的竞争非基本权利的机会，无非是家庭成员之间的一种权利转让。子女所享有的机会，正如诺齐克所言，是父母转让的权利，因而也就转化为子女自己的权利。[③] 家庭提供的机会，既然是机会享有者的权利，那么，这种机会不平

① 萨缪尔森：《经济学》，下卷，232页，商务印书馆，1982。

② 阿瑟·奥肯：《平等与效率》，38页，华夏出版社，1987。

③ Robert Nozick, *Anarchy, State and Utopia*, Beijing: China Sciences Publishing House Chengcheng Books Ltd, 1999, p. 151.

等便是应得的、公平的；而使其平等，便侵犯了机会所有者的权利，便是不公平、不应该的。

天资不同的人，竞争职务、地位、权力和财富等非基本权利的起点和获胜的机会显然也是不平等的。这种机会不平等也是应得的、公平的。因为社会说到底不过是每个人获得利益的合作形式。每个人的天资、努力等便是其入股社会的股本。因此，正如诺齐克所说，每个人对其股本"天资和努力"及其收益"职务和地位、机会和财富"等都是有权利的。① 这样，每个人因其天资不平等所带来的机会不平等，便是他应得的权利；若使其平等，便侵犯了他的权利而是不公平、不应该的。

人们竞争非基本权利的机会不平等，往往是个人的运气所致。那么，运气所提供的机会不平等是否公平？布坎南的回答是："运气并不破坏基本公正的准则。"②这个回答很对。因为社会公平的根本原则是：按照贡献分配权利。而任何人的贡献、成就，正如曾国藩所说，都含有运气因素，都是天资、努力、运气诸因素配合的结果。③ 因此，运气也就与天资、努力一样，可以通过产生贡献而带来权利；运气所带来的收益，也就与天资和努力所带来的收益一样，乃是收益者的权利。所以，运气所提供的收益、所提供的机会不平等，确是幸运者的权利；若剥夺幸运者的机会而使其平等，便侵犯了幸运者的权利，便是不公平、不应该的。

家庭、天资、运气等非社会提供的机会，总而言之，是幸运者的个人权利，因而无论如何不平等，社会和他人都无权干涉。但是，幸运者在利用较多机会去做贡献、获权利的过程中，必定较多地使用了与机会较少者共同创造的资源——社会、社会合作。反之，机会较少者对社会合作的利用自然较少。机会较多者的贡献之中既然包含着对共同资源的较多使用，因而也就间接地包含着机会较少者的贡献。于是他们因这些较大贡献所取得的权利，便含有机会较少者的权利。所以，便应该通过高额累进税、遗产税、社会福利措施等方式从他们的权利中，拿取相应部分补偿、归还给机会较少者。这样，机会较多者的权利与其义务才是相等的、公平的，否则，机会较多者便侵吞了机会较少者

---

① Robert Nozick, *Anarchy, State and Utopia*, Beijing: China Sciences Publishing House Chengcheng Books Ltd, 1999, p. 226.

② 詹姆斯·M. 布坎南：《自由、市场和国家》，130 页，北京经济学院出版社，1989。

③ 参阅《三松堂全集》，第四卷，681 页，河南人民出版社，1988。

的权利,是不公平的。

政府提供的机会,与家庭、天资、运气提供的机会根本不同。家庭、天资、运气所提供的机会皆属私人权利,都是机会享有者的个人权利。政府提供的机会,则属于公共权利,是全社会每个人的权利。更确切说,则正如杰斐逊所指出的:政府提供的机会乃是全社会每个人的基本权利,是每个人的人权。[①]因为机会平等原则所说的"机会",并不是竞争基本权利的机会——基本权利无须竞争而为人人完全平等享有——而是竞争非基本权利的机会。而政府所提供的竞争非基本权利的机会,显然不是非基本权利,而是基本权利,是人权。这样,根据基本权利、人权应该完全平等的原则,政府所提供的竞争非基本权利的机会,也就应该为人人完全平等享有。人人应该完全平等享有政府所提供的发展自己潜能的受教育机会;人人应该完全平等享有政府所提供的做出贡献的机会;人人应该完全平等享有政府所提供的竞争权力、财富、职务和地位等非基本权利的机会。

总之,政府所提供的发展才德、做出贡献、竞争职务和地位以及权力和财富等非基本权利的机会,是全社会每个人的基本权利,是全社会每个人的人权,应该人人完全平等。家庭、天赋、运气等非社会所提供的机会,则是幸运者的个人权利,无论如何不平等,他人都无权干涉,但幸运者利用较多机会所创获的较多权利,却因较多地利用了共同资源"社会合作"而应补偿给机会较少者以相应权利。这就是机会平等原则,这就是衡量国家治理和国家制度好坏的机会平等之价值标准。

3. 社会公正理论

社会对于每个人权利与义务的分配究竟如何才是公正的?这不但是社会公正的根本问题,而且是伦理学、政治哲学、法哲学和经济哲学最根本的跨学科难题。围绕这个难题,从柏拉图和亚里士多德到罗尔斯和诺齐克,一直争论不休。这些争论可以归结为四种理论:贡献论、需要论、平等主义和自由公正论。

贡献论　所谓贡献论,顾名思义,就是将贡献作为权利分配依据的社会公正理论,也就是将"按贡献分配权利"奉为社会公正原则的理论。贡献论者阿

---

① 艾德勒、范多伦编:《西方思想宝库》,1047页,吉林人民出版社,1988。

德勒曾将这一原则概括为一句话:“根据每个人对大家合作生产的全部财富所做出的贡献进行分配。”[①]但是,细究起来,贡献无疑有潜在与实在之分:潜在贡献就是才能、品德等自身内在的贡献因素和运气、出身等非自身的外在贡献因素,是导致贡献的因素、原因,是尚未做出但行将做出的贡献,是可能状态的贡献;实在贡献则是德才、运气、出身诸贡献因素相结合的产物,是已经做出来的贡献,是现实状态的贡献。因此,主张按照才能分配权利的“才能论”和按照品德分配权利的“品德论”都属于贡献论范畴,只不过都是片面的贡献论而已。贡献论的奠基者是亚里士多德,自亚里士多德以降,两千多年来,贡献论近乎不言而喻之公理,它不但被历代贤明的统治者奉为治理国家的金科玉律,而且为众多的思想家所倡导。

确实,一方面,“权利”属于“索取”范畴,因而“按照贡献分配权利”,也就是贡献与索取相交换,符合“等利交换”的公正总原则,堪称社会公正的根本原则。另一方面,德与才是潜在贡献,是权利分配的潜在依据;而贡献则是德与才的实在结果,是权利分配的实在依据。所以,德才原则无非是潜在的贡献原则,是社会根本公正的潜在原则;而贡献原则则是社会根本公正的实在原则。因此,贡献论是真理,而才能论和品德论则是片面真理。因为品德和才能只有结合起来,才是决定贡献的必然因素、充分条件;反之,德与才若分离独立,也就与运气、出身一样,是偶然导致贡献的因素和必要条件。一个人不论是有德无才还是有才无德,都同样既可能做出也可能做不出贡献。所以,如果把德与才分离开来,单独作为权利分配的依据,便可能导致不做贡献而享权利,因而也就背离了按贡献分配权利的公正原则。因此,社会公正的根本原则既不是按照才能分配权利,也不是按照品德分配权利,而是兼顾德才分配权利,才能论和品德论是片面真理。

需要论 所谓“需要论”,也就是将“按需分配”奉为社会公正根本原则的理论。这种理论的倡导者虽然灿若繁星、不胜枚举,但主要是社会主义和共产主义的思想家,如莫尔、康帕内拉、温斯坦莱、葛德文、摩莱里、马布利、欧文、卡贝、德萨米、布朗以及科学社会主义的创立者马克思和恩格斯。今日西方仍然有众多的思想家,如迈克尔·沃尔泽、戴维·米勒和伯纳德·廉斯等,将按需

① Mortimer J. Adler, *Six Great Ideas*, New York: A Touchstone Book Published by Simon & Schuster, 1997, p. 178.

分配当作社会公正根本原则。[①]

殊不知，按需分配实际上并不是公正原则，而或者是个高于公正的仁爱原则，或者是个不公正原则——它究竟是个什么原则完全取决于实行它的社会是个什么社会。如果一个社会的全体成员的基本联系是各自的利益而不是相互间的爱，那么，该社会的成员便会计较利益得失。因此，贡献较多而需要较少者也就不会把自己按照公正原则所应分有的较多权利自愿转让、馈赠给贡献较少而需要较多者。这样，如果实行按需分配，便是对贡献多而需要少者按照公正原则所应多得的权利的强行剥夺，便侵犯了贡献多需要少者的权利，因而是不公正的。所以，按需分配如果实行于以利益为基础的社会，便是个不公正的原则。反之，如果一个社会——如家庭——全体成员的基本联系是相互间的爱而不是各自的利益，那么，该社会的成员便不会计较利益得失，而会心甘情愿按需分配。这样，虽然贡献多需要少者分有较少权利，而贡献少需要多者分有较多权利，却并非不公正。因为贡献多需要少者是出于对贡献少需要多者的爱，而完全自愿按需分配，因而也就是自愿把自己按照公正原则所应多得的权利转让、馈赠给了贡献少需要多者。反之，贡献少需要多者也就只是接受而并未侵犯贡献多需要少者所转让、馈赠的权利。这样一来，按需分配如果实行于以爱为基础的社会，便是个高于公正、超越公正而无所谓公正不公正的仁爱原则。[②]

自由公正论　“自由公正”原本是哈耶克公正理论的一个基本范畴，这个范畴的内涵可以归结为一句话：自由的原则就是正义的原则，就是自由正义原则。[③] 其实，这种自由与公正的等同乃是哈耶克、诺齐克和罗尔斯等自由主义论者的社会公正理论的根本特征。因此，我们就用“自由公正论”来称谓这些思想家所主张的社会公正理论。这种理论的典型特征就是将自由与公正等同起来从而将权利分配的自由原则奉为社会公正原则。

罗尔斯是这种自由公正论的真正大师。在他看来，他所提出的两个正义

---

① 参阅沃尔泽：《正义诸领域》，25页，译林出版社，2002；米勒：《社会正义原则》，28页，江苏人民出版社，2001；Robert Nozick, *Anarchy, State and Utopia*, Beijing: China Sciences Publishing House Chengcheng Books Ltd, 1999, p. 233.

② Joel Feinberg, *Social Philosophy*, Englewood Cliffs, New Jersey: Prentice_Hall, Inc., 1973, p. 114.

③ Friedrich A. Hayek, *The Constitution of Liberty*, The University of Chicago Press, 1978, p. 153.

原则之所以是正义的，并不是因为它们依据于每个人的贡献，而是因为它们是一种社会契约，人人一致同意就是它们的正义性的证明："某些正义原则被证明，是因为它们在一种平等的原初状态中能够得到一致同意。"①这样，罗尔斯就将自由的原则等同于正义的原则。因为自由的原则的根本特征，无疑就在于人人一致同意：自由的原则就是人人一致同意的原则。罗尔斯将自由的原则等同于正义的原则，因而由正义原则的自由性的证明是人人一致同意而得出结论说：正义原则的正义性的证明是人人一致同意。他的《正义论》的基本内容，如所周知，就是对他的两个正义原则如何是处于原初状态的人们人人一致同意的原则之证明，这就是罗尔斯对于这两个正义原则正义性的契约论证明。所以，罗尔斯对于两个正义原则正义性的契约论证明，完全基于自由原则与正义原则之等同。那么，将"自由的原则"与"正义的原则"等同起来究竟是对还是错？

所谓自由的原则，也就是人人一致同意的原则。这就是说，一种原则是不是自由的原则，只能看该原则是否被人人一致同意：人人一致同意的原则，就是自由的原则；并非人人一致同意的原则，就是不自由的原则。因为所谓自由，如所周知，就是能够按照自己的意志进行的活动。所以，一种原则，如能直接或间接得到全社会人人一致同意，从而成为"公共意志"的体现，那么，每个人对它的服从，也就是在服从既属于别人也属于自己的意志，因而也就是自由的，真正自由的原则就是人人直接或间接一致同意的原则。反之，一种原则，如不能直接或间接得到全社会人人一致同意，不能成为公共意志的体现，那么，不同意者对它的服从，也就仅仅是在服从别人的意志而不是服从自己的意志，因而也就是不自由的，不自由的原则就是不能直接或间接取得人人一致同意的原则。

这样一来，一种原则是不是自由的原则与一种原则是不是正义的原则显然根本不同。自由的原则既可能是正义的、优良的原则，也可能是非正义的、恶劣的原则。因为任何原则，不管它多么不正义、多么恶劣，只要人人一致同意，就是自由的原则；不论多么正义、多么优良，只要不能取得人人一致同意，就是不自由的原则。设有一个 3000 人结成的社会。这 3000 人一致同意制定

---

① John Rawls, *A Theory of Justice* (Revised Edition), Cambridge, Massachusetts: The Belknap Press of Harvard University Press, 2000, p. 19.

这样一个原则:均财富,等贵贱。这是个自由原则,却不是正义原则,因为它违反了"按贡献分配权利"的社会正义原则。因此,我们可以得出结论说:自由的原则与正义的原则根本不同。这样一来,罗尔斯对于两个正义原则的正义性的证明便是根本不能成立的:人人一致同意的契约论证明,只能证明这两个正义原则的自由性,却不能证明这两个正义原则的正义性。这种证明的根本错误,显然在于等同正义的原则与自由的原则,因而由正义原则的自由性的证明是人人一致同意的正确前提,而得出错误的结论:正义原则的正义性的证明是人人一致同意。

平等主义　所谓平等主义(egalitarian),顾名思义,就是将社会对于每个人权利的平等分配原则奉为社会公正原则的理论。这种理论可以归结为两大类型:极端平等主义或绝对平等主义——亦即所谓平均主义——与相对平等主义。平均主义是将一切权利完全平等分配奉为社会公正原则的理论,其代表人物,主要有莫尔、闵采尔、马布利、康帕内拉、摩莱里、葛德文、狄德罗、巴贝夫和邦纳罗蒂以及旧福利经济学家庇古等。平均主义显然违背社会公正根本原则——亦即按贡献分配权利原则——因而是根本错误的。反之,相对平等主义则是反对一切权利完全平等而将权利相对平等——如基本权利完全平等和非基本权利比例平等——奉为社会公正原则的理论。这种理论,以权利分配的相关项或相关性质为依据,又具体分为四种类型:需要论的平等主义、人性论的平等主义、自由正义论的平等主义和贡献论的平等主义。

所谓需要论的平等主义,为主张按需分配的社会公正理论所倡导,因而主要为社会主义和共产主义思想家所倡导。这种平等主义显然是需要论与平等主义的结合,也就是将每个人的需要作为权利分配依据的平等主义,也就是主张按需分配的平等主义,也就是将按照需要分配权利的事实平等(或真正平等)原则奉为社会公正原则的平等主义,它其实是一种仁爱理论而并不属于公正理论范畴。人性论的平等主义——17 世纪以来西方社会的主流意识形态——也就是将人人完全相同的人性作为权利分配的依据的平等主义。这种平等主义是不能成立的,因为照此说来,一个人不论多么坏,也因其是人而应该与好人——好人与坏人同样是人——平等享有权利。自由正义论的平等主义主要以罗尔斯为代表,这种平等主义无非是自由正义论与平等主义的结合,也就是将自由作为权利分配正义性的依据的平等主义,换言之,也就是将人人一致同意作为权利分配正义性的依据的平等主义,说到底,也就是将人人一致同意作为权利平等原则正义性的依据的平等主义。它的根本缺憾在于：将自由的原则等同于正义的原则。贡献论的平等主义则主要以亚里士多德为代表，是贡献论与平等主义的结合，也就是将按照贡献分配权利的平等原则——基本权利完全平等和非基本权利比例平等——奉为社会公正原则的平等主义，只有这种平等主义才因其符合"等利交换"的公正总原则而堪称社会公正理论之真理。

三、人道与自由：国家制度最高价值标准

1. 人道：国家制度最高价值标准

人道主义恐怕是人类思想史上最为庞大的流派，历代大思想家差不多都可以算作人道主义论者。那么，究竟何谓人道主义？人道主义(humanism)的含义，就其词源来说，就是人文主义，就是人文教育、世俗教育，就是通过古典的人文科学教育而最大限度地发展人的精神才智。这就是为什么 humanism 既可以译为人道主义，也可以译为人文主义。但是，人道主义的定义与其词源含义并不完全相同，人道主义与人文主义并非同一概念。就定义来说，人道主义并不完全像其词源那样，意指复兴古典人文教育，而是指复兴古典人文教育的那种新精神、新态度和新信念。这种新精神、新态度和新信念就在于：人本身，特别是人的创造性潜能之实现，乃是最高价值。

诚然，人道主义，就其定义来说，首先是指这样一种思想体系，这种思想体系的根本观点，是认为人本身是最高的价值或尊严。可是，为什么人本身是最高的价值或尊严？这可以从两方面来看。一方面，正如霍尔巴赫和斯宾诺莎诸多先哲所言，对于人来说，人本身之所以是最高价值，乃是因为人最需要的东西就是人，因而人对于人具有最高效用、最高价值。[①] 人最需要的东西之所以是人，则是因为每个人的一切利益，都是人类社会给予的，人类社会对于每个人具有最高效用、最高价值。人类社会又不过是每个人之和。所以，人类社会是每个人的最高价值，归根结底，便意味着，每个人对于每个人具有最高价值：人对于人具有最高价值。

---

① 周辅成编：《西方伦理学名著选辑》，下卷，89页，商务印书馆，1987。

另一方面，对于人来说，人本身之所以是最高价值，则是因为人本身或每个人是社会的目的，而社会和国家不过是为人本身或每个人服务的手段而已。这一真理的最为系统而深刻的阐述，当推康德那“人本身就是目的”的著名理论。[①] 人是社会的目的，因而也就是社会的价值尺度，是评价社会一切事物的价值标准而超越于社会一切事物的价值之上：人是最高的价值或尊严。因为正如康德所言：“一个有价值的东西能被其他东西所代替，这是等价；与此相反，超越于一切价值之上，没有等价物可代替，才是尊严。”[②]

既然人本身是最高价值，那么，不言而喻，对于任何人，不管他多么坏，对他的坏、他给予社会和他人的损害，固然应予相应的惩罚，应把他当作坏人看，但首先应因其是人、是最高价值而爱他、善待他，把他当人看，这是待人的最高道德原则。所以，人们大都将“博爱”或“把人当人看”与“人本身是最高价值”并列，作为人道主义根本特征。人道主义便是视人本身为最高价值从而将“善待一切人、爱一切人、把一切人都当作人来看待”奉为待人最高原则的思想体系。简言之，便是视人本身为最高价值从而将“把人当人看”奉为待人最高原则的思想体系。

然而，细究起来，作为最高价值的“人本身”是个十分笼统含糊的概念。因为人的缺点、残忍、嫉妒、病痛、不幸等也是“人本身”的东西。这些东西若说有价值，也只是负价值，而根本谈不上什么最高价值。显然，作为最高价值的“人本身”，并非“人本身”的全部东西，而只是其中的部分东西。是什么东西呢？皮科答道：是人本身的发展、完善、自我选择、自我实现，是人的创造性潜能的实现，是人充分发挥、实现自己的创造性潜能从而使自己成为可能成为的最完善的人。[③] 这种观点——人本身的发展、完善和自我实现是最高价值——能成立吗？答案是肯定的。

因为，一方面，人本身的自我实现所满足的乃是每个人的最高需要。现代心理学——特别是马斯洛心理学——的成果表明：人有五种基本需要，按照从低级到高级的顺序，依次是生理需要、安全需要、爱的需要、自尊需要、自我实现需要。人本身的自我实现所满足的既然是人的最高需要，因而也就具有最

① 罗国杰编：《人道主义思想论库》，449页，华夏出版社，1993。

② 康德：《道德形而上学原理》，87页，上海人民出版社，1986。

③ 周辅成编：《从文艺复兴到十九世纪资产阶级哲学家政治思想家有关人道主义人性论言论选辑》，33—34页，商务印书馆，1965。

高价值,最高价值岂不就是满足最高需要的价值?另一方面,人本身的自我实现能够最大限度地满足全社会和每个人的一切需要。因为任何社会的财富,不论是物质财富还是精神财富,统统不过是人的活动的产物,不过是人的能力之发挥、潜能之实现的结果。所以,人本身的自我实现越充分、人的潜能实现得越多,社会的物质财富和精神财富便越丰富,社会便越繁荣进步,而每个人的需要也就会越加充分地得到满足。反之,人本身的自我实现越不充分、人的潜能实现得越少,社会的物质财富和精神财富便越贫乏,社会便越萧条退步,而每个人的需要的满足也就越不充分。所以,人本身的自我实现乃是一切财富的源泉,是最根本、最重要、最伟大的财富,因而也就能够最大限度地满足全社会和每个人的需要,从而具有最高价值。

可见,说包含着诸多负价值(缺点、残忍、病痛、嫉妒、不幸等)的人本身是最高价值,实乃浅层的外在的皮相的初级的真理;而内在的深层的本质的高级的真理则是:人本身的自我实现是最高价值。既然如此,那么不言而喻,应该使人自我实现,使人发展、实现自己的创造性潜能而成为可能成为的最有价值的、最完善的人——亦即所谓"使人成为人"——这是待人的最高原则。因此,人道主义论者大都把"使人成为人"与"人本身的自我实现是最高价值"并列,一起作为人道主义的根本特征。人道主义便是认为人本身的发展、完善、自我实现是最高价值从而把人本身的发展、完善、自我实现奉为待人最高原则的思想体系,便是认为人本身的自我实现是最高价值从而把"使人自我实现而成为可能成为的最有价值的人"——亦即"使人成为人"——奉为待人最高原则的思想体系。

这样一来,人道主义有两种:广义的浅层的初级的人道主义是视人本身为最高价值从而将"把人当人看"当作待人最高原则的思想体系,不妨名之为"博爱的人道主义";狭义的深层的高级的人道主义则是认为人本身的自我实现是最高价值从而把"使人成为人"奉为待人最高原则的思想体系,不妨名之为"自我实现的人道主义"。准此观之,所谓人道,也具有相应的广义与狭义。一方面,就广义的人道来说,人道乃是视人本身为最高价值而善待一切人、爱一切人、把任何人都当人看待的行为,是基于人是最高价值的博爱行为,是把人当人看的行为,这是待人的最高原则。另一方面,就狭义的人道来说,人道乃是视人本身的完善为最高价值而使人成为可能成为的完善的人的行为,亦即视人的创造性潜能的实现为最高价值而使人实现自己的创造性潜能的行为,说到底，也就是视人的自我实现为最高价值而使人自我实现的行为，这是待人的最高原则。

人道与非人道之广狭定义表明，一方面，“把人当人看（即视人本身为最高价值而把任何人都首先当作人来善待）”是衡量一切行为是否人道的广义的、浅层的、初级的总原则。凡是把人当人看的行为，都是广义的、浅层的、初级的人道行为；凡是广义的、浅层的、初级的人道行为，也都是把人当人看的行为。所以，“把人当人看”是广义人道总原则。另一方面，“使人成为人（即视人本身的自我实现为最高价值从而使人自我实现而成为可能成为的最有价值的人）”则是衡量一切行为是否人道的狭义的、深层的、高级的总原则。凡是使人成为人的行为，都是狭义的、深层的、高级的人道行为；凡是狭义的、深层的、高级的人道行为，也都是使人成为人的行为。所以，“使人成为人”是狭义人道总原则。

不难看出，人道主义与其他道德理论，如利己主义与利他主义，有所不同。因为人道主义不仅与这些道德理论一样，是关于某种道德原则的理论；而且还与社会主义一样，是关于某种社会和国家的理论。社会主义是一种关于公有制的理想的社会和国家的理论；人道主义则是一种关于人道的理想的社会和国家的理论，是关于将人道奉为国家治理和国家制度最高价值标准的理想的社会、理想国家的理论，是关于把“将人当人看与使人成为人”奉为国家治理和国家制度最高价值标准的理想社会、理想国家的理论：在这种社会和国家中，一方面，每个人都被当作人、当作最高价值来善待；另一方面，每个人都能够实现自己的创造性潜能，成为一个可能成为的最有价值的人。

最能说明这一点的是，历代人道主义思想家努力追求的，并不是每个人如何善待他人的道德问题，而是要实现一种理想的社会和国家，一种人道的社会和国家，一种将人当人看和使人成为人的社会和国家。14—16 世纪文艺复兴时期的人道主义，正如宫岛肇所言，并不是每个人如何善待他人的道德理论，而是一种通过复兴古典文化来反对封建专制和宗教统治，从而“成为开辟人类历史新时代和新社会的社会革新的原理”[①]。17—18 世纪启蒙时期的人道主义，如所周知，乃是废除封建社会而代之以新的市民社会的资产阶级革命理论。19—20 世纪的人道主义——特别是社会主义的人道主义——则是一种关于克服资本主义各种弊端的新的人道社会的理论。

---

① 沈恒炎、燕宏远主编：《国外学者论人和人道主义》，第三辑，735 页，社会科学文献出版社，1991。

可见，所谓人道主义，固然是一种关于道德原则的理论，但是，就其实质来说，乃是一种关于理想社会和国家的理论，是一种关于人道社会和国家的理论，是一种将人道奉为社会和国家治理最高价值标准的理论，是一种将人道奉为社会和国家制度最高价值标准的理论。相应地，所谓人道，固然是一种应该如何待人的最高道德原则，但是，就其实质来说，乃是统治者应该如何善待被统治者的最高价值标准，是统治者应该如何治理社会和国家的最高价值标准，是社会和国家治理的最高价值标准，说到底，是社会和国家制度的最高价值标准。因此，潘扎鲁说："人道主义已经获得了一种政治纲领的意义……一种组织和管理社会的标准和法则。"①

2. 自由：最根本的人道

自由的价值 将人当人看与使人成为人是广义与狭义的人道总原则，却不是人道根本原则。诚然，后者比前者根本。但是，后者只是说应该使人成为人，而并未指明究竟怎样才能使人成为人？那么，怎样才能使人成为人呢？答案是：自由。自由乃是使人成为人——亦即使每个人实现自己的创造性潜能从而成为一个可能成为的最有价值的人——的最根本的必要条件，这是自由最重要的价值。

诚然，自由的价值首先在于它是人类的一种基本需要，是最深刻的人性需要，因而人的活动的基本目的之一，便是为了满足自由需要、实现自由欲望、达成自由目的。因此，自由有价值，根本说来，并不是因为它是达成其他有价值的、可欲的事物之手段，而是因为自由本身就是有价值的、可欲的。或者说，自由内在地就是宝贵的，自由具有内在价值、目的价值：自由是一种内在善。但是，由此不能说自由的价值仅仅是内在的。自由还有另一方面价值，那就是，它还是外在善，还具有外在价值，自由还是达成其他有价值的事物的一种手段。

自由所能达成的有价值事物，不胜枚举。因为自由就是一种能够的、可能的行为，是行为的可能性，亦即行为的机会。这就是说，自由的价值乃在于提供种种机会。因此，如果有自由，就有获得一切有价值的事物的机会，就可能获得各种有价值的事物；如果没有自由，就没有获得一切有价值的事物的机会，就不可能获得各种有价值的事物：自由乃是获得一切有价值的事物的必要

① 沈恒炎、燕宏远主编：《国外学者论人和人道主义》，第三辑，37页，社会科学文献出版社，1991。

条件。所以，哈耶克说："自由并不仅仅是许许多多价值中的一个，而是一切价值的根源。"①

自由是获得一切有价值的事物的必要条件，而其中最重要的事物，则正如人道主义论者所说，乃是自我实现，亦即实现自己的创造性潜能。因为所谓创造性，也就是独创性，创造都是独创的、独特的，否则便不是创造，而是模仿了。这样，一个人的创造潜能的实现，实际上便以其独特个性的发挥为必要条件，二者成正相关变化：一个人的个性发挥得越充分，他的创造性潜能便越能得到实现，他的自我实现的程度便越大；他的个性越是被束缚，他的创造性潜能便越难于实现，他的自我实现的程度便越低。这就是为什么古今中外那些大学者、大发明家、大艺术家、大文豪，大都是些特立独行的怪物。而越是不能容忍个性的社会，就越缺乏首创精神。"一个社会中的特立独行的数量，一般来说，总是和该社会中所拥有的天才、精神力量以及道德勇气的数量成正比。"②

那么，一个人的个性究竟如何才能得到充分发挥呢？不难看出，一个人个性的发挥和实现程度，取决于他所得到的自由的程度。因为，正如存在主义所说，一个人的个性如何、他究竟成为什么人，不过是他自己的行为之结果："人从事什么，人就是什么。"③于是，一个人只有拥有自由，能够按照自己的意志去行动，他所造成的自我，才能是具有自己独特个性的自我；反之，他若丧失自由、听任别人摆布，按照别人的意志去行动，那么，他所造就的便是别人替自己选择的，因而也就不可能具有自己独特个性的自我。

这样，自我实现的根本条件是个性的发挥，个性发挥的根本条件是自由。于是，说到底，自由便是自我实现的根本条件，二者成正相关变化：一个人越自由，他的个性发挥得便越充分，他的创造性潜能便越能得到实现，他的自我实现的程度便越高；一个人越不自由，他的个性发挥便越不充分，他的创造性潜能便越得不到实现，他的自我实现程度便越低。所以，马斯洛说："自我实现的个人比普通人拥有更多的自由意志和更少的屈从他人。"④

---

① 霍伊：《自由主义政治哲学》，40页，生活·读书·新知三联书店，1992。

② Robert Maynard Hutchins, *Great Books of the Western World*, volume 43, *On Liberty*, by John Stuart Mill, Encyclop Aedia Britannica, Inc., 1980, p. 299.

③ 海德格尔：《存在与时间》，288页，生活·读书·新知三联书店，1987。

④ Robert Maynard Hutchins, *Great Books of the Western World*, volume 43, *On Liberty*, by John Stuart Mill, Encyclop Aedia Britannica, Inc., 1980, p. 162.

自由是每个人自我实现、发挥创造性潜能的根本条件，同时也就是社会繁荣进步的根本条件。因为社会不过是每个人之总和。每个人的创造性潜能实现得越多，社会岂不就越富有创造性？每个人的能力发挥得越充分，社会岂不就越繁荣昌盛？每个人的自我实现越完善，社会岂不就越进步？诚然，自由不是社会进步的唯一要素。科学的发展、技术的发明、生产工具的改进、政治的民主化、道德的优良化等都是社会进步的要素。但是，所有社会进步的要素，统统不过是人的活动的产物，不过是人的能力发挥之结果，因而说到底，无不以自由——潜能发挥的根本条件——为根本条件。因此，自由虽不是社会进步的唯一要素，却是社会进步的最根本的要素、最根本的条件。所以，穆勒把自由精神叫作“前进精神”或“进步精神”而一再说：“进步的唯一无穷而永久的源泉就是自由。”[①]这样，若要社会进步，根本说来，便应该给人以自由；若是压抑自由，便从根本上阻碍了社会进步。换言之，自由的社会，必定繁荣进步；不自由的社会，必定停滞不前——若是它还能进步，那并不是因为它不自由，恰恰相反，乃是因为在这不自由的社会里，存在着勇于反抗而不畏牺牲的自由的斗士们。

这个道理，如果简单比较一下中西社会发展之异同，就更清楚了。为什么春秋战国时代中西同样繁荣进步？岂不就是因为那时的中国和西方同样崇尚自由：西方有普鲁泰克拉、苏格拉底、柏拉图、亚里士多德等百花齐放；中国有孔孟、老庄、墨子、韩非子等百家争鸣。为什么中世纪中西同样萧条停滞？岂不是因为中西同样专制而丧失了自由？为什么近代以来，西方突飞猛进，中国却极大地落伍了？岂不是因为西方摆脱了专制争得了自由，而中国却未能摆脱专制而争得自由？

自由是达成自我实现和社会进步的根本条件，因而也就是最根本的人道，是人道根本原则。因为自由是使人自我实现的根本条件显然意味着：使人自由是使人自我实现的根本原则。而使人自我实现乃是人道深层总原则。于是可以得出结论说：自由是人道的根本条件；使人自由则是人道的根本原则，简言之，自由是人道根本原则。所以，当代著名人道主义思想家保罗·库尔茨一再说：“人道主义的核心价值观是个人自由。”[②]

---

① Robert Maynard Hutchins, *Great Books of the Western World*, volume 43, *On Liberty*, by John Stuart Mill, Encyclop Aedia Britannica, Inc., 1980, p. 300.

② 保罗·库尔茨：《保卫世俗人道主义》，254 页，东方出版社，1996。

自由是人道根本原则,因而也就是国家制度和国家治理好坏的最高价值标准。因为,一方面,如前所述,人的自我实现乃是最高价值。所以,自由是自我实现的根本条件,便意味着:归根结底,自由是最高价值,因而也就是国家制度和国家治理好坏的最高价值标准。另一方面,如前所述,人道是国家制度和国家治理好坏的最高价值标准。所以,自由是人道根本原则,便意味着:归根结底,自由是国家制度和国家治理好坏的最高价值标准。最早发现这一至关重要国家学原理的,是文艺复兴时期的伟大人道主义思想家但丁,他说:"好的国家是以自由为宗旨的。"①

自由之为国家制度与国家治理好坏的最高价值标准,并非简单的、单一的标准,而是由多种标准组合而成的相当复杂的原则体系。这种原则体系,细究起来,原本由两大类型六原则构成,亦即自由的法治原则、自由的平等原则和自由的限度原则三个普遍原则以及政治自由原则、经济自由原则和思想自由原则三个具体原则。

自由的法治原则　任何社会都不可能没有强制而完全自由。那么,究竟怎样的社会才是自由的社会?社会不过是由无数人组成的大集体。所以,自由集体的特征也就是自由社会的特征。然而,怎样的集体才是自由的集体?不难看出,自由的集体乃是这样的集体,在这个集体中,所有的强制都是全体成员一致同意服从的。这样,该集体虽有强制,但每个人对它的服从,乃是在服从自己的意志,因而也就是自由的。举例说,打扑克、下象棋,都有种种必须服从的强制规则。可是,每个人都不感到不自由。为什么?岂不就是因为,这些强制规则是每个人都同意服从的?社会也是如此。如果一个社会的所有强制都符合该社会全体成员一致同意或认可的行为规范,那么,每个人对该社会强制的服从,同时也是在服从自己的意志,因而也就是自由的。

不过,一个社会、国家的全体成员往往数以亿计,怎样才能取得一致同意或认可?无疑只有实行民主政治,从而通过代议制和多数裁定原则而间接地取得一致同意。因为,代表们所制定的行为规范可能是很多公民不同意的,但代表既然是他们自己选举的,那么,这些他们直接不同意的规范,却间接地得到了他们的同意。多数代表所确定的规范,可能是少数代表不同意的,但他们

① 周辅成编:《从文艺复兴到十九世纪资产阶级哲学家政治思想家有关人道主义人性论言论选辑》,21页,商务印书馆,1973。

既然同意多数裁定原则，那么，这些他们直接不同意的规范，也就间接地得到了他们的同意。这种直接或间接得到全社会每个成员同意的行为规范（法和道德）便是所谓的"公共意志"。所以，只要实行民主政治，那么，不管一个社会有多少成员，该社会的法和道德都可以直接或间接得到每个成员的同意而成为"公共意志"，从而每个人对它的服从，也就是在服从既属于别人也属于自己的意志，因而也就是自由的。

可见，所谓自由国家，须具备两个条件。第一个条件是，该国家必须是法治而不能是人治。也就是说，统治者必须按照法律和道德进行管理，不能违背法律和道德而任意管理。第二个条件是，该国家的法律和道德必须由全体成员或其代表制定或认可，从而是公共意志的体现，而不能是个别人物意志的体现。合而言之，一个自由—人道国家的任何强制，都必须符合该国家的法律和道德；该国家的所有法律和道德，都必须直接或间接得到全体成员的同意。这就是衡量国家制度和国家治理好坏的自由的法治原则，这就是衡量一个国家是否自由、是否人道的法治标准，这就是国家治理和国家制度是否自由和人道的法治标准。

自由的平等原则　如果一个国家所有的强制都符合其法律和道德，并且所有的法律和道德都是公共意志的体现，那么，该国家就是自由的、人道的国家吗？还不够。自由的、人道的国家还须具备另一个条件，那就是：人人都必须同样地平等地服从强制，同样地平等地享有自由。否则，如果一些人必须服从法律，另一些人却不必服从法律；一些人能够享有自由，另一些人却不能够享有自由，那么，这种社会显然不是个自由国家。所以，哈耶克说："为自由而斗争的伟大目标，一直是法律面前人人平等。"①

自由应该为人人平等享有的依据，不仅在于自由是人道之本，是发挥人的创造性潜能从而使人成为人的根本条件，而且还在于自由是一种人权，是每个人作为人类社会的一员、一分子、一个人所应该得到的最低的、起码的、基本的权利："自由所能向个人提供的只是种种机会。"②自由既然是一种人权，也就应该为人人平等享有：在自由面前人人平等；而平等地享有自由同时也就意味着：平等地服从强制，平等地服从法律。用西方的话来说就是：在法律面前人

---

① Friedrich A. Hayek, *The Constitution of Liberty*, The University of Chicago Press, 1978, p. 85.

② Ibid., p. 71.

人平等;用中国的话来说则是:王子犯法,与庶民同罪。

于是,合而言之,人人应该平等地享有自由:在自由面前人人平等;人人应该平等地服从强制:在法律面前人人平等。这就是衡量国家制度和国家治理好坏的自由的平等原则,这就是衡量一个国家是否自由、是否人道的平等标准,这就是国家治理和国家制度是否自由和人道的平等标准。

自由的限度原则　一个国家,如果实现了自由的法治标准和平等标准,就是个自由的、人道的国家吗?为了弄清这个问题,让我们假设有这样一个国家,该国家全体成员都愿意像军人一样生活,从而一致同意制定并且完全平等地服从最严格的法律。如是,这个国家确实实现了自由的法治标准和平等标准,但它显然不是个自由的、人道的国家:它的强制的限度过大,而自由的限度过小。所以,自由、人道国家之为自由、人道国家,还含有一个要素:强制和自由的限度。

毫无疑义,若是没有一定的强制,任何国家都不可能维持其存在。不过,强制有两种:一种是坏的、恶的,如杀人越货;另一种则是好的、善的、必要的,如枪杀凶手、惩罚罪犯。然而,若从自由的价值来看,所谓好的、善的、必要的强制,仅仅是就其结果来说的;若就强制自身性质来说,则同样因其使人失去自由而不能不是恶,只不过是必要的恶罢了。必要的恶之必要性,无非有二。一是可以防止更大的恶。如阑尾炎手术,割开肚子,是害、是恶,但这种恶是必要的,因为它可以防止更大的恶:死亡。二是可以求得更大的善。如冬泳寒水刺骨,苦不堪言,是害、是恶,但这种恶是必要的,因为它可以求得更大的善:健康长寿。那么,国家必要的强制之必要性,究竟在于防止更大的恶,还是在于求得更大的善,抑或兼而有之?

国家强制这种恶的必要性,只在于防止更大的恶,而不在于求得更大的善。因为国家强制只能防止国家灭亡而保障国家的存在,却不能促进国家发展。这是因为,自由价值的研究表明:自由是每个人创造性潜能的实现和国家发展进步的最为根本的必要条件。这岂不意味着:强制、不自由是每个人创造性潜能的实现和国家发展进步的根本障碍?于是,合而观之,可以断言:长久地看,强制只能维持人类和国家的存在,而只有自由才能促进人类和国家的发展。

这就是说,在国家能够存在的前提下,国家的强制越多、自由越少,则每个人的创造性潜能的实现便越不充分,而国家的发展进步,长久地看,便越慢,因而人们也就越加不幸。反之,国家的强制越少、自由越多,则每个人的创造性潜能的实现便越充分，而国家的发展进步，长久地看，便越快，因而人们也就越加幸福。于是，我们可以得出结论说：一个国家的强制，应该保持在这个国家的存在所必需的最低限度；一个国家的自由，应该广泛到这个国家的存在所能容许的最大限度。这就是衡量国家制度和国家治理好坏的自由限度原则，这就是衡量一个国家是否自由、是否人道的自由限度之标准。

综上可知，自由的法治、平等与限度三大原则，乃是衡量国家制度和国家治理好坏的三大价值标准，是自由一人道国家的普遍原则，是衡量任何社会和国家是否自由和人道的普遍标准：符合三者的社会和国家便是自由的、人道的社会和国家；只要违背其一，便不配享有自由、人道社会和国家的美名。从这些普遍原则出发，便可望解决人类社会极其复杂的具体自由难题——政治自由、经济自由与思想自由——从而确立更为重要的三大具体的自由原则：政治自由原则、经济自由原则与思想自由原则。

政治自由原则 所谓自由，如所周知，就是能够按照自己的意志进行的活动。因此，政治自由就是能够使政治按照自己的意志进行的活动。那么，如何才能使政治按照自己的意志进行从而享有政治自由呢？无疑必须拥有政治权力。然而，不论任何国家，权力都仅为统治者、管理者所拥有；而被统治者、被管理者是不可能拥有权力的，被统治者、被管理者只拥有权利而不可能拥有权力。权力就是仅为社会的统治者或管理者拥有且被社会承认的迫使被统治者或被管理者服从的强制力量。这样一来，也就只有社会的统治者、管理者才拥有政治自由，而被统治者、被管理者是不可能拥有政治自由的。

政治自由必定只能为拥有政治权力的人所享有，因而必定只能为社会的统治者所享有。这显然仅仅是政治自由之事实如何的客观本性，而不是政治自由之应该如何的价值标准。那么，政治自由是否只应该为统治者享有而不应该为被统治者享有？否。政治自由是一种人权，根据人权应该完全平等原则，每个人——不论是统治者还是被统治者——都应该完全平等地享有政治自由，这就是关于政治自由的价值标准。这样，一方面，政治自由事实如何的客观本性是：政治自由只能为统治者所享有；另一方面，政治自由应该如何的价值标准却是：政治自由应该为每个公民所享有，应该为被统治者所享有。这岂不自相矛盾？岂不是圆的方、木的铁？

非也。试想，如果有这样一种国家，这种国家的被统治者能够反过来对统治者进行管理，从而变成统治者的管理者和统治者，那么，这种国家的被统治者岂不就与统治者一样拥有了政治自由?是的。被统治者就其是被统治者来说,是不可能拥有政治自由的;被统治者拥有政治自由,决不是因为他们是被统治者,而是因为他们在某种意义上变成了统治者。那么,一个国家,究竟怎样才能使被统治者同时也是统治者呢?只有一条途径,那就是:全体公民都直接或间接掌握国家最高权力。这样,被统治者就能够与统治者同样直接或间接掌握国家最高权力,同样是最高权力的掌握者,同样是国家的最高统治者,同样使国家的政治按照自己的意志进行,因而同样拥有最高的政治自由。可是,一个社会,究竟怎样才能使全体公民都直接或间接掌握国家最高权力呢?

答案无疑也只有一个:民主。因为民主就是全体公民直接或间接掌握最高权力的政治,是被统治者与统治者一样直接或间接掌握最高权力的政治,是被统治者与统治者一样是最高统治者的政治,是被统治者能够与统治者一样直接或间接地使国家政治按照自己的意志进行的政治,因而也就是被统治者与统治者一样拥有最高政治自由的政治。这样,民主政体通过使被统治者反过来成为统治者,便解决了"每个公民——不论是统治者还是被统治者——都应该拥有政治自由的价值标准"与"政治自由事实上只能为统治者所拥有的客观本性"之矛盾,从而使这一价值标准得以确立。

总而言之,每个公民——不论是统治者还是被统治者——都应该同样直接或间接掌握国家最高权力,应该同样是国家的最高统治者,应该同样使国家的政治按照自己的意志进行,说到底,应该同样拥有最高的政治自由。换言之,一个国家的政治,应该直接或间接地得到每个公民的同意,应该直接或间接地按照每个公民自己的意志进行,说到底,应该按照被统治者自己的意志进行。这就是政治自由原则,这就是政治自由国家的标准,这就是衡量国家制度和国家治理好坏的政治自由价值标准,这就是国家制度和国家治理是否自由和人道的政治自由标准。

经济自由原则 经济自由原则无疑创始于亚当·斯密,他称之为"自然自由制度":"一切特权的或限制的制度一旦完全被废除,简单而显著的自然自由制度就会自动建立起来。每一个人,只要不违反公正的法律时,就应该容许他完全自由地用自己的方法追求自己的利益,以其勤勉和资本而与任何其他人或阶级相竞争。"[①]

---

① Adam Smith, *An Inquiry into the Nature and Causes of the Wealth of Nations*, volume 2, Oxford: Clarendon Press, 1979, p. 687.

弗里德曼将其概括为一句名言:"政府应该是仲裁者而不应该是当事人",进而解释说:"自由市场的存在当然并不排除对政府的需要。相反地,政府的必要性在于,它既是'游戏规则'的论坛和制定者,又是解释和强制执行这些既定规则的裁判者。"[①]更确切些说,经济活动应该由市场机制自行调节,而不应由政府管制,政府的干预应仅限于确立和保障经济规则;而在这些经济规则的范围内,每个人都应该享有完全按照自己的意志进行经济活动的自由,都享有完全按照自己的意志进行生产、分配、交换和消费等经济活动的自由。

这就是经济自由原则,这就是衡量国家制度和国家治理好坏的经济自由价值标准。细究起来,该价值标准具有"人道"、"公正"、"人权"与"效率"四重根据。首先,从人道方面看,按照自由限度原则,一个国家的强制,应该保持在这个国家的存在所必需的最低限度;一个国家的自由,应该广泛到这个国家的存在所能容许的最大限度。换言之,只要国家能够存在,国家的强制便应该等于零而完全自由,强制只能维持国家存在,自由才能促进国家发展。这意味着,政府对于经济活动进行管制的依据全在于,没有政府管制,经济活动便不能存在。但是,诚如斯密所发现的,一方面,由于自由竞争这只看不见的手的作用,市场经济乃是没有政府管制而能够自发地存在发展的经济,自由竞争可以导致资源配置效率最佳状态;另一方面,没有政府确立和保障市场经济规则,市场经济不可能存在发展。因此,市场经济应该自发地存在与发展,而政府的干预应只限于确立和保障市场经济规则;超过确立和保障市场经济规则的任何政府管制都意味着违背人道的自由限度原则,因而都是不正当的。

其次,从公正方面看,唯有自由竞争才能够实现等价交换或公正;而政府管制——亦即政府对市场经济超出制定和保障市场经济规范实行的管理活动——则因其抑制和违背自由竞争而意味着创造垄断,意味着创造高于边际成本的垄断价格和超额利润,意味着创造超过机会成本的差价,意味着创租、设租和寻租,说到底,意味着不公正,垄断势必导致不等价交换。因为在自由竞争条件下,厂商为了利润最大化,势必将产量确定在边际成本等于价格的产量水平上。[②] 这就是说,自由竞争条件下的商品价格等于边际成本——亦即

① Milton Friedman, *Capitalism and Freedom*, The University of Chicago Press, 1962, p. 15.

② Paul A. Samuelson, William D. Nordhaus, *Microeconomics* (16th Edition), Boston: The McGraw-Hill Companies, Inc., 1998, p. 140.

等价交换——具有必然性，等价交换是自由竞争的价格规律。反之，垄断条件下的商品价格势必远远高于边际成本。[①] 这就是说，垄断价格高于边际成本——亦即不等价交换——具有必然性，不等价交换是垄断价格规律。

再次，从人权方面看，经济自由无疑只是一个人获得物质财富的前提、条件或机会，而并不就是物质财富之获得，一个拥有经济自由的人可能仍然是个极其穷困的人。因此，经济自由决不是什么高级的经济权利，而是每个人的最为基本的经济权利，是每个人必要的、起码的、最低的经济权利，是每个人的经济人权，属于人权范畴。因此，斯密写道："不论如何，禁止大众制造他们自己能够制造的东西，不准他们把资财与劳动投放到他们认为对自己最有利的地方，这是对神圣人权的公然侵犯。"[②]

最后，从效率方面看，经济自由有效率，而经济不自由则无效率。因为自由价值的研究表明：自由乃是每个人实现创造性潜能和社会发展进步的根本条件；反之，强制、不自由则是每个人实现创造性潜能和社会发展进步的根本障碍。这样，在经济活动能够存在的前提下，政府的管制越多而自由越少，则经济的发展进步，长久地看，必越慢；政府管制越少而自由越多，则经济的发展进步，长久地看，必越快。这就是为什么我们到处看到，哪个国家实行市场经济而经济自由，哪个国家的经济便繁荣昌盛，老百姓的生活水平便得到极大提高；哪个国家实行统制经济而经济不自由，哪个国家的经济便停滞不前，老百姓的生活水平便极其低下。

这样一来，经济自由便是一个极其重要的国家制度价值标准，它不但是衡量一种经济形态是否自由的国家制度价值标准，而且也因此是衡量一种经济形态是否拥有人权、是否公正、是否人道和是否有效率的标准。一种经济形态，如果符合经济自由原则，那么，该经济形态便不但是自由的，而且是人道的、人权的、公正的和高效率的经济形态；反之，如果违背经济自由原则，那么，该经济形态便不但是不自由的，而且是非人道、无人权、不公正和低效率的经济形态。

准此观之，自文明社会以降，人类社会显然只有一种经济形态，亦即没有

---

① 萨缪尔森：《经济学》，中册，192—193页，商务印书馆，1986。

② Adam Smith, *An Inquiry into the Nature and Causes of the Wealth of Nations*, volume 2, Oxford: Clarendon Press, 1979, p. 582.

政府管制的市场经济，符合经济自由原则，因而是自由的、人权的、公正的、人道的和高效率的经济形态；其他一切经济形态（政府管制的市场经济或所谓混合经济以及计划经济与自然经济）都程度不同地违背经济自由原则，因而都程度不同地是不自由、非人道、不公正、无人权和低效率的经济形态。

思想自由原则 所谓思想自由，毋庸赘言，亦即获得与传达思想活动的自由，而思想获得与传达的主要途径无疑是言论与出版。所以，思想自由，主要讲来，便是言论自由与出版自由。任何人的思想，都不可能在强制和奴役的条件下得到发展。因此，思想自由，确如无数先哲所论，是思想发展的根本条件而与其成正相关变化：一个社会的言论和出版越自由，它所能得到的真理便越多，它的科学与艺术便越繁荣兴旺，它所获得的精神财富便越先进发达；一个社会的言论和出版越不自由，它所能得到的真理便越少，它的科学与艺术便越萧条荒芜，它所创获的精神财富便越低劣落后。那么，言论和出版是否越自由便越好因而应该完全自由而不受任何限制呢？答案是肯定的。这不仅是因为思想的发展与自由的程度成正比，而且还因为对于言论和出版自由的任何限制都违背自由、人道社会的普遍标准。

首先，按照自由、人道国家的法治标准，一个国家的任何强制，都必须符合该国家的法律和道德，最终都必须得到全体成员的同意。这样，任何人，不论他的思想、意见多么荒谬危险，便都应该允许他发表，否则，谈何全体成员的同意？所以，不论禁止何人发表何种意见、思想，便都违背了自由、人道社会的法治标准。

其次，按照自由、人道国家的平等标准，人人应该平等地享有自由，平等地服从强制。因此，在思想自由面前便应该人人平等。于是，任何人，不论他的地位多么低、思想多么荒谬危险，便都应该允许他自由发表，否则，便意味着只允许一些人享有思想自由，便违背了自由人道国家的平等标准。

最后，按照自由、人道国家的自由限度标准，一个国家的强制，应该保持在这个国家的存在所必需的最低限度。能够危及国家存在的显然只有行动，而任何思想，不论多么荒谬危险，决不会危及国家存在。所以，科恩说："在民主国家中可以随心所欲地说和写，但不能随心所欲地做。"[①]只有行动的自由才应该有所限制，而思想自由则不应该有任何限制，否则，便违背了自由人道国

① 科恩：《论民主》，149页，商务印书馆，1988。

家的自由限度标准。

可见，每个社会成员都应该享有获得与传达任何思想的自由。或者说，每个社会成员获得与传达任何思想都不应该被禁止。说到底，言论与出版应该完全自由而不应该受到任何限制，否则便不是真正的思想自由，便不是真正自由、真正人道的国家。这就是思想自由原则，这就是衡量国家制度和国家治理好坏的思想自由价值标准，这就是国家治理和国家制度是否自由和人道的思想自由标准。

不言而喻，思想自由原则不如政治自由原则重要，也不如经济自由原则基本。但是，正如穆勒所言："人类一切福利都有赖于精神福利。"[①]思想自由乃是一个国家的科学、艺术和文化繁荣兴盛的根本条件，是一个国家的精神财富得以发展的根本条件，因而也就是一个国家的物质财富得以增进的根本条件，说到底，也就是国家的一切进步的最根本的条件。这样，思想自由原则便远远高于经济自由和政治自由原则。思想自由是自由的最高原则，是国家治理和国家制度是否自由和人道的最高价值标准。所以，伯里说："思想自由原则是社会进步的最高条件。"[②]

诚然，言论与出版完全自由往往会产生一些有害后果，如种种谬论流传而引人误入歧途。反对言论与出版完全自由的理由，说来说去，亦莫过于此：禁止错误思想。然而，这个理由，正如无数先哲所论，是不能成立的，一方面，禁者未必正确，被禁者未必错误，我们今天禁止的所谓错误，往往便是明天的真理；另一方面，就算被禁者是错误，也不应禁止，因为真理只有在同错误的斗争中才能发展起来，没有这种斗争，真理便会丧失生命力而成为僵死的教条。所以，密尔说："我们决不能确定我们所力图窒息的意见是一种错误的意见；即使我们能确定，要窒息它也仍然是一种罪恶。"[③]

因此，如果因言论和出版完全自由的危害而限制其自由，那么，这种限制所带来的危害，便远远大于言论与出版完全自由所带来的危害。所以，托克维

① Robert Maynard Hutchins, *Great Books of the Western World*, volume 43, *On Liberty*, by John Stuart Mill, Encyclop Aedia Britannica, Inc., 1980, p. 292.

② J. B. 伯里：《思想自由史》，129 页，吉林人民出版社，1999。

③ Robert Maynard Hutchins, *Great Books of the Western World*, volume. 43. *On Liberty*, by John Stuart Mill, Encyclop Aedia Britannica, Inc., 1980, p. 275.

尔说："为了能够享用出版自由提供的莫大好处，必须忍受它所造成的不可避免的痛苦。"[①]诚哉斯言！思想完全自由的危害与其所带来的巨大利益相比又算得了什么呢？难道人类不得不以小害而求大利的行为还少见吗？

那么，是否有不通过限制言论和出版完全自由的方法来防止其危害呢？有的。一种方法是提高听众和读者的鉴别力。诺兰说："建立一个信息灵通并且具有批判性敏感的社会，是防止言论自由所带来的风险的最好方式。"[②]而这样的社会显然只有通过思想完全自由才能建立起来。所以，思想完全自由的有害后果，通过思想自由本身便可逐渐防止。另一种方法是追究言论者和出版者的责任：每个人都必须对自己的言论和出版的有害后果承担责任。对自己言论和出版的危害性后果承担责任的恐惧，无疑既能有效防止自己言论和出版的危害性，同时又没有限制言论和出版的完全自由。所以，法国《人权宣言》规定："自由传达思想和意见是人类最宝贵的权利之一。因此，各个公民都有言论、著述和出版的自由。但在法律所规定的情况下，应对滥用此项自由负担责任。"

3. 自由主义：关于自由社会的人道主义理论

自由主义(liberalism)作为一种系统的理论肇始于 17 世纪英国革命，它的奠基者是洛克，是众所公认的。而后四百年来，自由主义一直是西方思想界的主流意识形态。因此，自由主义思想家多如繁星，不胜枚举。古典自由主义的代表人物，当推斯宾诺莎、洛克、弥尔顿、孟德斯鸠、卢梭、潘恩、杰斐逊、汉密尔顿、贡斯当、托克维尔、康德、休谟、柏克、斯密、边沁、穆勒、斯宾塞等；新自由主义的代表人物，则有格林、鲍桑葵、布拉德雷、霍布豪斯、杜威等；当代自由主义的代表人物，主要是哈耶克、弗里德曼、奥克肖特、波普、伯林、罗尔斯、诺齐克、德沃金、布坎南、萨托利等。

自由主义理论的出发点，无疑是自由的价值问题。对此，正如萨皮罗所言，不论自由主义论者的观点如何不同，却必定都崇尚自由、歌颂自由、倡导自由，认为自由具有非常重大的价值。"自由主义在所有时代的典型特征，是它坚定地相信自由对于实现任何一个值得追求的目标都是不可或缺的。"[③]一切

---

① 托克维尔：《论美国的民主》，下卷，203—207 页，商务印书馆，1996。

② R. T. 诺兰：《伦理学与现实生活》，379 页，华夏出版社，1988。

③ 李强：《自由主义》，19 页，中国社会科学出版社，1998。

自由主义论者都认为自由具有重大价值,却并不都认为自由具有至上价值。但是,就自由主义的科学的、完备的形态来说,却认为自由具有至上价值,自由主义(liberalism)亦即自由至上主义(libertarianlism)。因此,自由主义者斯皮兹在临终前所写下的自由主义的十大信条之第一条就是:"尊崇自由甚于其他价值,即使超过平等及正义。"①

为什么说自由至上主义是一种科学的、完备的形态的自由主义观点?因为,如前所述,每个人的自我实现——亦即他的创造性潜能之实现——具有最高价值,而自由是自我实现的最根本的条件和途径。因此,说到底,自由具有最高价值。既然如此,自由岂不就应该是国家制度和国家治理最高价值标准?这就是为什么阿克顿说:"自由的理念是最高贵的价值思想——它是人类社会生活中至高无上的法律。"②自由之为国家制度最高价值标准,就自由主义的科学的、完备的形态来说,当然并不是简单的、单一的标准,而是由多种原则——主要是自由的法治原则、自由的平等原则、自由的限度原则和政治自由、经济自由、思想自由原则等六大原则——组合而成的相当复杂的原则体系。自由主义,根本说来,无非是一系列的原则和规范体系,亦即国家制度和国家治理的价值标准体系。③

那么,究竟怎样才能实现这些原则从而使社会成为自由社会?这是关于自由社会原则的实现途径的问题,简言之,亦即自由社会的实现途径的问题。自由主义对于这个问题的比较完备的、科学的理论,如所周知,便是所谓"宪政民主论":宪政民主是实现自由原则和自由社会的充分且必要条件。萨托利一再说:"无论过去和现在,立宪制度事实上就是自由主义制度。可以说,自由主义政治就是宪政。"④

总而言之,自由主义,就其普遍形态来说,乃是一种关于自由社会的思想体系,凡是主张构建自由社会的理论都属于自由主义范畴。但是,自由主义,就其完备的形态来说,则是这样一种理论,它视人的自由为最高价值,从而一方面将自由奉为国家制度和治理最高原则,另一方面则将宪政民主奉为实现这些原则的途径:自由主义就是将自由奉为国家制度最高价值标准的思想体

---

① 顾肃:《自由主义基本理念》,3页,中央编译出版社,2003。

② 阿克顿:《自由与权力》,307页,商务印书馆,2001。

③ Friedrich A. Hayek, *The Constitution of Liberty*, The University of Chicago Press, 1978, p. 68.

④ 转引自刘军宁编:《民主与民主化》,73页,商务印书馆,1999。

系。因此,自由主义属于人道主义范畴,自由主义亦即自由人道主义。因为人道主义在其发展历程中由广及狭、由浅及深、由表及里、由标及本地演进为三种形态:古老的博爱人道主义认为人是最高价值;文艺复兴的自我实现人道主义认为人的创造性潜能的实现是最高价值;17 世纪以来西方主流意识形态的自由人道主义——亦即自由主义——认为人的自由是最高价值。

四、国家制度价值标准体系:发生冲突的取舍原则

增减每个人利益总量——特别是最大多数人最大利益和无害一人地增进利益总量——诸标准是国家治理和国家制度应该如何的终极价值标准;公正——特别是平等——诸标准是国家治理和国家制度应该如何的基本价值标准;人道——主要是自由——诸标准是国家治理和国家制度应该如何的最高价值标准。这三大系列标准结合起来,便构成了国家治理和国家制度应该如何的价值标准体系。但是,正如伯林所言,这些价值标准有时可能发生冲突而不能两全:“并非所有的善都相容一致,人类的全部理想就更难完全相容。”① 那么,在这种情况下,应该如何取舍?

究竟言之,最终无疑应该诉诸国家制度终极价值标准,特别是最大利益净余额。按照这一标准,应该保全和遵循价值较大的价值标准,而牺牲和违背价值较小的价值标准,从而使价值净余额达到最大化。可是,公正、平等与人道、自由究竟何者的价值大呢?最重要的东西的价值,无疑是最大的。因此,公正和平等是社会治理的最重要的价值标准,便意味着,公正和平等的价值大于人道和自由的价值,因而当二者发生冲突而不能两全时,应该牺牲人道和自由而保全公正和平等,亦即应该违背人道和自由原则而遵循公正和平等原则。公正和平等对于人道和自由来说,具有神圣不可侵犯的绝对优先性。

1. 公正:优先于人道与自由

首先,我们考察公正与人道的冲突。试以按需分配为例。真正讲来,按需分配只应该实行于以爱为基本联系的社会,而不应该实行于以利益为基本联系的社会。因为,如果一个社会,比如家庭,它的成员相互间的基本联系是爱,

---

① Isaiah Berlin, *Four Essay on Liberty*, Oxford, New York: Oxford University Press, 1969, p. 165.

而不是各自的利益,那么,该社会的成员便都不会计较利益得失,而会心甘情愿按需分配。这样,虽然按照公正原则,贡献较多者的所得应该较多,而贡献较少者的所得应该较少;但是,在家庭中,贡献多而需要少者分有较少权利,而贡献少需要多者分有较多权利,并不是不公正,并没有违背公正原则。因为在家庭中,贡献多而需要少者,是出于对贡献少而需要多者的爱,而完全自愿按需分配,因而也就是自愿把自己按照公正原则所应多得的权利转让、馈赠给了贡献少而需要多者。所以,按需分配如果实行于以爱为基础的社会,虽然不是公正的,但也不是不公正的,它是一个高于公正、超越公正因而无所谓公正不公正的仁爱原则、人道原则。这就是按需分配的人道原则应该实行于以爱为基本联系的社会的依据,它并不违背公正原则。

然而,如果一个社会,比如某工厂,它的全体成员的基本联系是各自的利益,而不是相互间的爱,那么,该社会的成员便会计较利益得失。因此,贡献较多而需要较少者,也就不会把自己按照公正原则所应分有的较多权利,自愿转让、馈赠给贡献较少而需要较多者。于是,如果实行按需分配,便是对贡献多而需要少者按照公正原则所应多得的权利的强行剥夺,便违背了公正原则,是不公正的。这样,按需分配的人道原则便与公正原则发生了冲突。在这种情况下应该怎么办?显然应该违背人道原则而放弃按需分配,从而遵循按贡献分配的公正原则。这就是按需分配之人道原则不应该实行于以利益为基本联系的社会的依据:它违背了公正原则,是不公正的。

可见,遵循人道原则是以不违背公正原则为条件的,只有当其不违背公正原则时,才应该遵循;而当其违背公正原则时,则应该牺牲人道原则而遵循公正原则。这就是说,当人道与公正发生冲突不能两全时,应该违背人道原则而遵循公正原则。公正原则的这种神圣不可侵犯的优先性,在它与自由原则发生冲突时,就更加明显了。因为公正显然是纯粹的善原则,符合公正原则的行为,必定是应该的、善的、好的,必定具有正价值。同样,平等原则也是如此。当然,平等未必是善的、公正的、应该的。但是,平等原则与平等根本不同,平等原则是最重要的公正原则。因此,平等原则也是纯粹的善原则,符合平等原则的行为,必定是善的、应该的,必定具有正价值。

相反地,自由原则并不是纯粹的善原则,而是可能善也可能恶但净余额是极其巨大的善的原则。因为自由的行为或符合自由原则的行为,未必是应该的,未必具有正价值。恰恰相反,杀人、放火、奸淫、抢劫等数不胜数的罪恶,无疑都可能是自由的结果。因此，罗兰夫人当年感叹道："自由啊自由，多少罪恶假汝以行！"这是因为，所谓自由，亦即没有外在障碍因而能够按照自己的意志进行的行为。按照自己意志进行的行为或自由的行为，无疑既可能符合善原则，从而是善的、应该的；也可能违背善原则，从而是恶的、不应该的。然而，无论自由或符合自由原则的行为可能造成的罪恶或负道德价值是何等的严重和众多，也都只是局部的、暂时的、非根本的，而它的正道德价值则是根本的、长久的、全局的。因为自由乃是每个人的创造性潜能得到实现和社会繁荣进步的最根本的必要条件：自由具有最高价值。于是，自由的行为或符合自由原则的行为的净余额，便是极其巨大的善了。这就是自由被确立为国家制度最高价值标准的缘故。

然而，能否由此——自由是国家制度最高价值标准——便断言自由不受其他任何价值标准限制，而只受更大的自由限制？阿克顿的回答是肯定的："自由乃至高无上之法律。它只受更大的自由的限制。"[①]这一次是阿克顿错了。因为自由原则所倡导的自由，无疑是无害他人、符合善原则的自由，是善的、应该的自由；而不是有害他人、违背善原则的自由，不是恶的、不应该的自由，只有符合善原则的行为方可自由，而违背善原则的行为则不可自由。一句话，所谓自由原则，只是给人以无害他人、符合善原则的行为之自由。

因此，自由原则之为价值标准——亦即自由原则之为社会治理的最高价值标准——完全是以接受善和公正等价值标准的限制为前提的，是以符合这些价值标准为前提的。只要自由或自由原则受到其他价值标准——特别是善和公正原则——的限制，从而符合善和公正等价值标准，那么，自由或自由原则就是纯粹的善了。这一道理，至为明显，以至自由主义大师贡斯当也承认，公共意志、人民主权或政治自由原则必须受到公正原则的限制："人民主权并非不受限制，相反，它应被约束在正义和个人权利所限定的范围之内。即使全体人民的意志也不可能把非正义变成正义。"[②]这样一来，当自由原则与公正原则或平等原则发生冲突不能两全时，显然应该违背自由原则而遵循公正或平等价值标准，公正与平等原则对于自由原则具有绝对的优先性。

举例说：按照自由原则，一个社会的任何强制——特别是对于每个人的权

---

① 阿克顿：《自由与权力》，310页，商务印书馆，2001。

② 贡斯当：《古代人的自由与现代人的自由》，63页，商务印书馆，1999。

利与义务的分配——必须直接或间接得到全体成员的同意。按照公正原则，社会应该任人唯贤，根据每个人所具有的品德与才能而分配与其相应的职务等权利。一般说来，这两个原则当然是一致的。但是，全体成员同意的，未必就是公正的，公共意志有时可能是不公正的。可以设想，有一个社会的全体成员一致同意制定这样一个原则：所有长官的任免均由财产多少决定。如果照此行事，无疑符合自由原则，却违背了"任人唯贤"的公正原则，自由原则与公正原则发生了冲突。在这种情况下，应该怎么办呢？显然不应该按照财产而应该任人唯贤，亦即应该违背自由原则而遵循公正原则，公正原则对于自由原则具有绝对的优先性。

2. 平等：优先于自由

平等原则是最重要的公正原则。因此，公正原则对于自由原则具有绝对的优先性，意味着：平等原则对于自由原则具有绝对优先性。试以经济平等原则与经济自由原则的冲突为例。按照经济平等原则，一方面，每个人不论劳动多少、贡献如何，都应该完全平等地分享基本经济权利（亦即经济人权）；另一方面，则应按每个人所贡献的社会必要劳动时间，而分配给他含有同量社会必要劳动时间的非基本经济权利（亦即非人权经济权利），以便使每个人所享有的非基本经济权利的不平等与自己所贡献的社会必要劳动时间的不平等的比例，完全平等。按照经济自由原则，经济活动应由市场机制自行调节，而不应由政府强制指挥，政府的干预应仅限于确立和保障经济规则；而在这些经济规则的范围内，每个人都应该享有完全按照自己的意志进行经济活动的自由，都享有完全按照自己的意志进行生产、分配、交换和消费等经济活动的自由。

一般说来，这两个原则当然是一致的。但是，如果强者的经济自由剥夺了那些运气不好的弱者的经济人权，那么，这种剥夺虽符合经济自由原则，却违背经济平等原则，经济自由原则与经济平等原则发生了冲突。在这种情况下，应该怎么办呢？显然应该牺牲经济自由原则而保全经济平等原则，亦即应该由政府干预和限制强者的经济自由——确立和保障经济规则的活动属于政府应该干预的领域——通过个人所得税等从强者的收入中拿出一部分补偿给弱者，从而使人们遵循经济平等原则，做到每个人完全平等地分享基本经济权利，平等原则对于自由原则具有优先性。平等原则对于自由原则所具有的这种优先性，在政治平等原则与政治自由原则的冲突中表现得更为复杂和曲折。

按照政治平等原则，每个公民应该完全平等地享有政治自由权利，亦即完全平等地享有共同执掌国家最高权力的权利，从而完全平等地享有共同决定国家政治命运的权利。按照政治自由原则，一个社会的政治，应该直接或间接得到每个公民的同意，应该直接或间接按照每个社会成员自己的意志进行，说到底，应该按照被统治者自己的意志进行。这两个原则显然是一致的。但是，正如托克维尔所言，多数公民可能滥用权力，从而导致对于少数公民的暴政。那么，按照多数公民的意志而实施对于少数公民的暴政，虽符合政治自由原则，却违背政治平等原则，政治自由原则与政治平等原则发生了冲突。在这种情况下，应该怎么办呢？显然应该牺牲政治自由原则而保全政治平等原则，亦即应该违背多数公民的意志，废除对于少数公民的暴政，从而遵循政治平等原则，做到每个人完全平等地享有共同执掌国家最高权力的权利：平等原则（亦即所谓权利原则）对于自由原则具有绝对的优先性。

因此，自由主义大师伯林在论及多数的暴政时写道："唯有权利——而不是权力——才可以被当作绝对的东西。这样，所有的人才拥有绝对的权利拒绝从事非人的行为，而不论他们是被什么权力所统治。"[①]就自由主义宪政思想传统来看，宪法的权利法案所体现和遵循的，也是这种权利原则——亦即平等原则——对于政治自由原则的绝对优先性："权利法案的真正宗旨，就是要把某些事项从变幻莫测的政治纷争中撤出，将其置于多数派和官员们所能及的范围之外，并将其确立为由法院来适用的法律原则。人的生命权、自由权、财产权、言论自由权、出版自由、信仰和集会自由以及其他基本权利，不可以受制于投票：它们不依赖于任何选举之结果。"[②]

然而，最能显示平等原则对于自由原则优先性同时也最令人困惑的，乃是波普所谓的"自由悖论"。这种悖论，在波普看来，首先由柏拉图成功地用来反对自由和民主原则："柏拉图在批评民主以及他对僭主的出现的叙述中，暗含地提出了如下问题：如果人民的意志是他们不应该执行统治，而应该由一个僭主来统治，这又如何呢？柏拉图提示，自由的人可以行使他的绝对自由，起先是蔑视法律，最后是蔑视自由本身，并吵吵嚷嚷地要求一个僭主。这并非完全

① Isaiah Berlin, *Four Essay on Liberty*, Oxford, New York: Oxford University Press, 1969, p. 165.

② 埃尔斯特：《宪政与民主》，224 页，生活·读书·新知三联书店，1997。

不可能，而且已经发生过多次了；而每次出现都使那些把多数或类似的统治原则作为政治信条的基础的民主派处在理亏的境地。"①

柏拉图的这种自由悖论，果然如波普所言，成功地否定了民主的原则——亦即政治自由原则——吗？当然没有。自由悖论只是表明：当政治自由原则与政治平等原则发生冲突时，应该否定政治自由原则而遵循政治平等原则。因为，如果像柏拉图所说的那样，发生了所谓自由悖论，亦即一个国家的多数公民的意志竟然是推举一个僭主，委托他进行专制统治，那么，按照多数公民的意志而由这个僭主进行专制统治，虽符合政治自由原则，却违背政治平等原则，政治自由原则与政治平等原则发生了冲突。在这种情况下，应该怎么办呢？显然应该牺牲政治自由原则而保全政治平等原则，亦即应该违背多数公民的意志，废除僭主专制而遵循政治平等原则，从而做到每个人完全平等地共同执掌国家最高权力：政治平等原则对于政治自由原则具有优先性。

可见，公正和平等既是国家制度和治理的最重要的价值标准，又是纯粹的善原则。反之，人道与自由虽然是国家制度和治理的最高价值标准，却不是最重要的价值标准；并且，自由原则是兼有善恶而只是净余额为善的原则，自由原则之为纯粹的善原则，是以符合公正和平等诸价值标准为前提的。因此，当公正、平等与自由、人道发生冲突而不能两全时，应该违背人道和自由原则而遵循公正和平等原则，公正与平等原则对于自由与人道原则具有绝对的优先性。所以，自由主义论者罗尔斯这样写道："公正是社会制度的首要善，正如真理是思想体系的首要善一样。一种理论，无论多么高尚和简洁，只要它不真实，就必须拒绝或修正；同样，某些法律和制度，无论怎样高效和得当，只要它们不公正，就必须改造或废除。每个人都享有一种基于公正的不可侵犯性，这种不可侵犯性即使是社会全体的幸福也不得逾越。"②

3. 增减每个人利益总量：优先于公正与平等

公正与平等并非对于任何价值标准都具有绝对的优先性，对于任何价值标准都具有绝对优先性的价值标准只能是国家制度终极价值标准：增减每个

---

① 波普：《开放的社会及其敌人》，130页，山西高校联合出版社，1992。

② John Rawls, *A Theory of Justice* (Revised Edition), Cambridge, Massachusetts: The Belknap Press of Harvard University Press, 2000, p. 3.

人利益总量。因为国家制度终极价值标准之为终极标准，就在于它是在任何条件下都应该遵守的绝对标准。这意味着：任何标准如果与终极标准发生冲突，都应该牺牲该标准，而遵循和保全国家制度终极价值标准。因此，当公正或平等原则与国家制度终极价值标准发生冲突而不能两全时，便应该牺牲公正与平等，而遵循和保全国家制度终极价值标准，国家制度终极价值标准是解决国家制度价值标准发生冲突的最终取舍原则。

就拿那个著名的理想实验"惩罚无辜"来说吧。按照这个理想实验，法官明知一个人无辜，但如果遵循公正原则，从而不惩罚和宣判这个无辜者死刑，一定要发生一场必有数百人丧命的全城大骚乱；如果违背公正原则，从而惩罚和宣判这个无辜者死刑，就可以避免那场必有数百人丧命的全城大骚乱。法官应该怎么办？显然应该惩罚无辜。诚然，按照公正原则，善有善报，恶有恶报，因而应该惩罚罪犯，而不应该惩罚无辜：惩罚无辜是不公正、非正义的。因此，如果遵循公正原则，就不应该惩罚无辜，不应该宣判这个无辜者死刑。可是，这样做却是不应该的。

因为遵循公正原则而保全一个无辜者的生命，却必定牺牲数百人的生命，净余额是负价值，因而违背了最大利益净余额的国家制度终极价值标准。反之，违背公正原则牺牲一个无辜者的生命，却能够保全数百无辜者的生命，净余额是正价值，因而符合最大利益净余额的国家制度终极价值标准。这样一来，公正原则与国家制度终极价值标准便发生冲突而不能两全。应该怎么办？显然应该违背公正原则而惩罚无辜，从而遵循最大利益净余额的国家制度终极价值标准，保全数百无辜者的生命。因为任何价值标准与终极标准发生冲突时都应该被放弃，而只应该遵循终极标准，国家制度终极价值标准对于任何道德原则和价值标准都具有绝对的优先性。

罗尔斯等众多思想家反对功利主义的理由，真正讲来，无非是因为遵循功利主义必然导致非正义。① 殊不知，功利主义和义务论虽然相反，却同样是关于道德终极标准（道德终极标准与国家制度价值终极标准是同一概念）的理论，因而必定同样导致非正义。因为只要正义与道德终极标准——不论是功利主义道德终极标准还是义务论道德终极标准——发生冲突，就应该违背正

① John Rawls, *A Theory of Justice*, Revised Edition, Cambridge, Massachusetts: The Belknap Press of Harvard University Press, 2000, p. 20.

义而遵循道德终极标准。否则,如果遵循正义而违背道德终极标准,那么,道德终极标准也就不是在任何条件下都应该遵循的道德标准,因而也就不称其为道德终极标准了。因此,不论是功利主义还是义务论的道德终极标准,只要它是道德终极标准,就必定导致非正义——当然是在正义与道德终极标准发生冲突而不能两全的条件下。

遵循功利主义和义务论的道德终极标准不但可能导致非正义,而且可能导致不平等、非人道、不自由、不诚实、不谦虚、不自尊、不勇敢等。一句话,不论是公正和平等,还是人道和自由,总而言之,任何道德原则、道德规范,只要与道德终极标准发生冲突都应该被否定、被违背和被牺牲,都必死无疑!这样一来,遵循功利主义或义务论道德终极标准何止必定导致非正义?岂不必定导致违背和否定所有道德规范——当然是在它们与道德终极标准发生冲突而不能两全的条件下!

遵循功利主义或义务论道德终极标准势必导致非正义,甚至导致违背和否定所有道德规范。但是,这种非正义、不道德和不应该,仅仅是行为的局部的、部分的性质,而不是行为的全局的、整体的性质。就行为的整体和全局性质来说,却不是非正义和不应该的,而是应该的和善的。因为惩罚无辜等固然是非正义、不应该和恶的,却能够避免更大的非正义和恶,净余额是正价值,符合最大利益净余额道德终极标准,因而就行为整体和全局的性质来说是应该的和善的。既然是应该的和善的,就决不会是非正义的,因为非正义属于不应该和恶的行为范畴,正义属于善的、应该的行为范畴。

这样一来,惩罚无辜等非正义的行为,仅仅就其局部和部分性质来说,才是非正义、不应该和恶的;而就其全局和整体性质来说,却是善的和应该的。整体大于部分,全局大于局部。因此,遵循道德终极标准所必然导致的惩罚无辜等违背正义、平等、人道和自由以及所有道德规范的行为,统统属于善的、应该的行为,而决不属于恶的、不应该的行为:它们都是为了遵循更重要的道德终极标准不得已而为之的必要的牺牲。当然也不能由此说惩罚无辜等是正义的、公正的,它们仅仅是应该的和善的,而无所谓正义不正义、公正不公正。

思考题:

1. 美国当代伦理学家哈曼曾设计两个著名的理想实验。一个理想实验是这样设计的:一个医生,如果把极其有限的医药资源用来治疗一个重病的人,另外五个病人就必死无疑；如果用来救活这五个病人，那个重病的人就必死无疑。医生显然应该救活五个人而让那一个重病的人死亡。反之，另一个理想实验是这样的。有五个分别患有心脏病、肾病、肺病、肝病、胃病的人和一个健康的人。这五个病人如果不进行器官移植，就必死无疑；如果杀死那个健康的人，把他的这些器官分别移植于这五个病人身上，这五个病人就一定能活命，而且会非常健康。医生应该怎么办？显然不应该杀死那一个健康的人而救活这五个人。（Louis P. Pojman，*Ethical Theory：Classical and Contemporary Readings*，second edition，Wadsworth Publishing Company，1995，pp. 478－479）问题恰恰就在于：为什么第一个案例应该为救活五个人而牺牲一个人，第二个案例却不应该为救活五个人而牺牲一个人？

2. 休谟说："如果每个人对他人都充满仁爱之心，或者自然供应的物品能够丰富到满足我们的一切需要和欲望，那么，利益计较——它是公正原则存在的前提——便不存在了；现在人们之间通行的有关财产及所有权的那些区别和限制也就不需要了。因此，人类的仁爱或自然的恩赐如果能够增进到足够的程度，就可以使公正原则毫无用处而代之以更崇高的美德和更有益的祝福。"（David Hume，*A Treatise of Human Nature*，Oxford：The Clarendon Press，1949，p. 199）试回答：为什么人们相互间充满仁爱之心，或者物品能够丰富到满足我们的一切需要，就不会有公正原则了？

3. 赵汀阳以为人权依据于"不做坏人"、"做道德人"："在道德上是人的人拥有人权，在道德上不是人的人不拥有人权。"（赵汀阳：《有偿人权和做人主义》，载《哲学研究》，21页，1996，第9期）邱本认为人权依据于"合法人"："一个合法的人就应该享有人权，只有依法认为不是人而必须剥夺其人权的人，才不应享有人权。"（邱本：《无偿人权和凡人主义》，载《哲学研究》，41页，1997，第2期）谁是谁非？人权的依据究竟是什么？

4. 伯林说，在不自由的社会里，并不乏才华横溢之士："如果这一点是事实，那么穆勒认为人的创造能力的发展是以自由为必要条件的观点，就站不住脚了。"（Isaiah Berlin，*Four Essay on Liberty*，Oxford University Press，1969，p. 130）究竟是谁——穆勒还是伯林——的观点站不住脚？

第六章　民主与非民主制国家制度之价值

提要　唯有民主制符合国家制度核心价值标准——亦即国家制度终极价值标准“增减全社会和每个人利益总量”和国家制度根本价值标准“公正与平等”以及国家制度最高价值标准“人道和自由”——而非民主制都程度不同地违背这些价值标准：专制极端违背，有限君主制次之，寡头共和制又次之。因此，不论何种民主制，不论民主制有多少弊端，民主制都是唯一具有正价值的、唯一应该的、唯一优良的、唯一好的、唯一善的和唯一正确的国家制度；不论何种专制等非民主制，不论专制等非民主制有多少优越，也都是不应该的、具有负价值的、恶劣的、坏的、恶的和错误的国家制度。

一、民主与非民主制的自身内在价值：根据国家制度最高价值标准

1. 民主：唯一符合政治自由标准的国家制度

一个国家的政治，如前所述，应该直接或间接地得到所有公民的同意，应该直接或间接地按照所有公民自己的意志进行，说到底，应该按照被统治者的意志进行，这就是衡量国家制度和国家治理好坏的政治自由标准。那么，如何才能使国家政治按照所有公民的意志进行呢？答案无疑是：只有所有公民共同执掌国家最高权力，说到底，只有实行民主。因为民主就是所有公民共同执掌国家最高权力，因而必定使国家政治按照所有公民的意志进行：民主就是政治自由的实现，因而完全符合政治自由标准。

究竟言之，所谓政治自由的国家，亦即民主国家，二者实为同一概念。因

为只要实行民主制，那么，不论统治者如何治理，必定都是全体公民掌握最高权力。这样，不论该国家的统治者如何治理，不论该国家如何不自由，该国家的政治却必定是按照全体公民自己的意志进行的，因而所有公民必定都拥有政治自由，该国家必定是一个政治自由国家。这个道理，就是极不欣赏古代民主的贡斯当，也不得不承认而一再说：古代斯巴达和罗马的民主制国家公民虽然极不自由，却享有完全的政治自由。①

相反地，所有非民主制——专制、寡头制和有限君主制——都程度不同地违背政治自由标准：专制极端违背，有限君主制次之，寡头共和制又次之。因为专制是一个人不受限制地独掌国家最高权力，因而国家政治只能按照君主一人的意志进行，从而也只有君主一人拥有政治自由，其他所有人则都处于政治被奴役状态；有限君主制是一人为主而与极少数人共同执掌最高权力，虽然限制君主独裁——因而分掌某些最高权力——的极少数人享有一定的政治自由，但是，主要讲来，无疑也只有君主一人享有政治自由，而这些极少数人仍然与其他所有人一样，都处于政治被奴役状态；寡头共和制是极少数公民平等地共同执掌最高权力，因而也就只有极少数公民享有政治自由，绝大多数公民则都处于政治被奴役状态。

2. 宪政民主：唯一符合全部自由标准的国家制度

不难看出，民主仅仅完全符合政治自由标准，仅仅是实现政治自由的充分且必要条件，而未必完全符合其他自由标准——如经济自由和思想自由等——因而不是实现其他自由标准的充分且必要条件。但是，政治自由无疑是最重要、最根本、最主要、最具决定性的国家自由，从而是真正实现其他全部自由标准和真正自由国家的最根本的必要条件。因为政治自由意味着：全体公民掌握最高权力，因而使国家政治按照全体公民自己的意志进行。这样，所有公民的其他自由，如言论自由、出版自由、结社自由和经济自由等，能否实现，便完全取决于自己的意志，因而是有保障的。反之，如果政治不自由，那么，国家最高权力便不是执掌于全体公民，而是执掌于君主或寡头，因而国家政治便是按照君主或寡头的意志进行，而不是按照全体公民自己的意志进行。这样，所有公民的其他自由能否实现，便完全取决于君主或寡头的意志，而不

① 贡斯当：《古代人的自由与现代人的自由》，27页，商务印书馆，1999。

是取决于自己的意志，因而是无保障的。

可是，究竟为什么民主只是实现全部自由标准——亦即自由国家——的必要条件而不是充分条件？原因只有一个：民主的政权可能是无限的（unlimited democracy），因而违背了自由原则，导致民主的暴政。民主的政权如果能够得到限制，遵循自由原则，那么，民主的国家便是自由的国家；反之，自由国家也就是最高权力受到自由原则有效限制的民主的国家。最高权力受到自由原则有效限制的民主，是实现自由国家的充分且必要条件。这种最高权力受到自由原则有效限制的民主，不是别的，正是所谓"宪政民主"。

因为就宪政思想的传统来说，宪法的主要法案——强调分权原理的政府的组织机构法案和强调自由等人权原理的权利法案——所体现和遵循的，乃是自由原则和平等标准。因此，就宪政思想的传统来说，宪政民主就是限制民主的权力而使之遵循自由和平等的宪法的民主，就是自由平等的宪政民主，因而也就是自由国家的充分且必要条件：一切宪政民主的国家，都是自由的国家；一切自由的国家，都是宪政民主的国家。换言之，宪政民主是唯一符合政治自由标准、经济自由标准和思想自由标准等全部自由标准的国家制度。

3. 民主：唯一符合人道标准的国家制度

所谓人道，如前所述，可以归结为两条标准："把人当人看（把每个人都当作最高价值来善待）"与"使人成为人（使每个人都实现自己的创造性潜能从而成为可能成为的最有价值的人）"。问题的关键在于，自由是每个人创造性潜能实现的最根本的条件。这样一来，民主是唯一符合自由全部标准的国家制度，不但意味着，唯有民主符合"使人成为人"的人道标准；而且意味着，唯有民主符合全部人道标准。因为民主是全体公民执掌最高权力，说到底，也就是没有官职的庶民控制最高权力，就是没有官职的庶民的统治。因此，民主就其制度本性来看，显然就是唯一能够防止暴政和捍卫人道的国家制度，侵犯人道的暴政无疑源于政治权力垄断。

非民主制的实质，说到底，都可以归结为政治权力垄断。因为非民主制——君主专制和寡头共和制以及有限君主制——都是一个人或少数公民执掌最高权力，都不是没有官职的庶民执掌最高权力，因而实质上都形成了政治权力垄断集团和毫无政治权力集团的对立：多数人或老百姓构成没有任何政治权力的集团；少数人或有官职或政治职务的人构成政治权力垄断集团。政治权力垄断集团与没有政治权力集团的根本关系必然是压迫和剥削关系：没有权力的群体，必定遭受相应的有权群体的压迫和剥削而不得自由；垄断权力的群体，必定压迫和剥削相应的无权群体而剥夺其自由。对于这个道理，休谟曾有深刻揭示："人们天生野心很大，他们的权欲永远不能满足。如果一个阶层的人在追求自己的利益时能够掠夺其他一切阶层，他们肯定会这么干，并使自己尽可能地专断一切，不受制约。"[①]

因此，专制等非民主制的国家治理不论如何自由和人道，这种国家制度所固有的压迫、剥削、不自由和非人道的本性决定了，这些自由和人道都必定是表面的、短暂的、偶尔的和无关根本的；而恒久和根本说来，无权群体必定遭受权力垄断群体非人道的压迫和剥削而不得自由。因此，专制等非民主制国家无论从国家制度来看，还是就国家治理来说，实质上都是非人道的，必定违背人道标准。相反地，民主制是没有官职的庶民控制最高权力，因而使没有官职或政治职务的老百姓，与占有官职的人一样执掌最高权力，从而消除了政治权力垄断，消除了政治权力垄断群体与没有政治权力群体之分。这样一来，也就消除了政治权力垄断群体对无权群体的压迫、剥削和剥夺自由的非人道行为，民主制是唯一符合人道标准的国家制度。

确实，非民主制——特别是专制——就其制度本性来说必定导致暴政。因为就制度本性来看，非民主制是一人或少数人执掌最高权力，是一人或少数人对绝大多数人的统治。一人或少数人依靠什么迫使多数人服从其统治呢？根本说来，只能依靠暴力。所以，非民主制统治的本性就是暴力，就是暴政，就是非人道，就是违背人道标准。想一想中国四千年和西方一千年的专制统治吧！岂不是充满惨绝人寰的血腥的非人道的历史？

相反地，民主的制度本性就是避免暴政，就是人道，就是符合人道标准。因为民主的制度本性就是多数裁定，就是多数人的统治。多数人依靠什么迫使少数人服从其统治呢？根本说来，显然不需要依靠暴力。因此，拉里·戴蒙德说："在所有的政府形式中，唯独民主政体依赖于最少的强制和最多的同意。"[②]民主的制度本性，进言之，乃是没有官职的老百姓执掌最高权力，是没有官职的老百姓的统治，是没有官职的老百姓对占有官职的人的统治。试问，

① 刘军宁：《民主二十讲》，41页，中国青年出版社，2008。

② 同上书，207页。

没有官职的老百姓能够将拥有官职的人怎么样呢？民主的制度本性，说到底，就是消除政治权力垄断。没有了政治权力垄断，人人都完全平等地拥有最高权力，怎么会出现暴政呢？

诚然，民主制国家的治理活动只是几乎不会出现暴政，而不是完全不可能出现暴政。我们恐怕无论如何也不能否定，雅典民主制的统治者处死苏格拉底是民主的暴行。但是，民主就其制度本性来说，与暴政无缘，因而就其治理活动来说，暴政的出现只能是偶尔的非常的特例，而不可能是恒久的正常的经常的常规。相反地，专制等非民主制就其本性来说，就是暴力，就是暴政，就是非人道，就是违背人道标准，因而就其治理活动来说，暴政的出现必定是恒久的正常的经常的常规，而决非偶尔的非常的特例。

二、民主与非民主制的自身内在价值：根据国家制度根本价值标准

1. 民主：唯一符合政治平等标准的国家制度

国家制度价值标准的研究表明，一方面，每个人不论具体政治贡献如何，都应该完全平等地享有政治自由，亦即完全平等地共同执掌国家最高权力从而完全平等地共同决定国家政治命运；另一方面，每个人又因其品德、才能和政治贡献的不平等而应该担任相应不平等的政治职务，从而使每个人所担任的政治职务的不平等与自己的品德、才能和政治贡献的不平等的比例完全平等，这就是衡量国家制度和国家治理好坏的政治平等标准。

那么，究竟怎样才能做到每个人都完全平等地执掌国家最高权力，从而完全平等地享有政治自由权利呢？只有实行民主，民主就是所有公民共同执掌国家最高权力。因此，只有实行民主，每个公民才能够完全平等地执掌国家最高权力，每个人才能够完全平等地享有政治自由权利，每个人才能够完全平等地是国家最高权力的掌握者，每个人才能够完全平等地是国家的最高统治者，每个人才能够完全平等地是握有最高权力的国家的主人。这样一来，人们相互间才能够真正达到平等；即使他们相互间的贫富贵贱相当悬殊，毕竟没有主奴之分，而同样是握有最高权力的国家的主人，因而根本说来是完全平等的。

因此，民主就是政治自由完全平等标准的实现，完全符合政治权利完全平等标准。相反地，所有非民主制无不违背政治权利完全平等标准：寡头共和制严重违背政治权利完全平等标准；有限君主制更加严重违背政治权利完全平等标准；专制完全且极端地违背政治权利完全平等标准。因为，如果实行专制等非民主制，那么，无论如何治理，无论明君贤臣如何倡导平等，国家最高权力毕竟掌握在一个人或少数人手中。这样一来，无论如何，岂不只有执掌最高权力的君主或寡头才是真正的主人，而其他人则都是最高权力执掌者的真正的奴隶？遍观古今中外专制国家，真正的主人岂不只有君主一人？这就是为什么只有他一人才被叫作“主公”。其他所有人，包括所谓“一人之下万人之上”的国家第二领导人，如宰相等，岂不都是专制者可以任意摆布和宰杀的奴才？因此，专制等非民主制国家，不论治理如何，人们相互间毕竟是一种地地道道的主奴关系，因而根本说来是极不平等的。

那么，是否也只有民主制才符合——而所有非民主制无不违背——政治职务比例平等的分配标准？答案是肯定的。因为按照该标准，作为政治职务分配依据的政治贡献和德才，乃是为国家服务的政治贡献和德才，说到底，也就是为每个国民服务的政治贡献和德才。民主是全体公民完全平等地共同执掌国家最高权力，因而分配政治职务的依据必定是为全体国民服务的政治贡献和德才。诚然，民主制国家分配政治职务的活动也难免错误而违背政治职务分配标准。但是，正如波普所言，民主与专制等非民主制根本不同，具有改正自己错误从而更换政府及其官吏的机制和制度。[①] 因此，民主必定会不断地改正错误，正确识别和选择真正能够增进国民自己利益的政府和官吏，因而恒久说来，必定符合政治职务分配标准：为全体国民服务的政治贡献和德才。

相反地，要奴才而不要人才原本是专制等非民主制的本性。因为在专制等非民主制国家，官吏首要的美德便是“忠君”、“忠臣”、“忠于君主或寡头”，亦即好奴才；官吏首要的才能就是“能臣”，亦即能干的奴才；官吏首要的贡献就是维护专制等非民主制的统治，就是维护君主一人或几个寡头执掌国家最高权力，从而剥夺所有国民平等执掌国家最高权力的权利。这样一来，忠臣和能臣首要的贡献和德才，说到底，就是既能够帮助专制者一人或几个寡头剥夺所有国民的各种平等权利，又能够使所有国民安乐于一个极端不平等、不公正的

---

① 波普：《开放的社会及其敌人》，132页，山西高校联合出版社，1992。

等级社会;就是既能够帮助专制者一人或几个寡头剥夺所有国民各种自由权利,使所有国民彻底丧失个性而不可能实现自己的创造性潜能,又能够使他们安乐于一个遭受全面奴役、异化和不自由的社会。因此,任何专制等非民主制,无论治理如何,都必定极端违背政治职务分配标准:为全体国民服务的政治贡献和德才。

2. 民主:唯一符合全部平等标准的国家制度

民主就其制度本性来说,不但是实现全部平等标准的根本保障,而且是实现全部平等标准的充分且必要条件。因为民主意味着每个国民完全平等地共同执掌国家最高权力。这样一来,国家如何给每个人分配权利便是由全体国民完全平等地共同决定的。那么,全体国民究竟会决定如何分配权利呢?最高权力执掌者的行为,如所周知,具有使自己利益最大化的必然趋势,怎样的行为能够给他们带来最大利益,他们就必然会怎样行动。因此,怎样分配权利对全体国民最有利,全体国民就必定会怎样分配权利。那么,怎样分配权利对全体国民最有利呢?

不难看出,一方面,按照每个人对全体国民的经济贡献来分配经济权利,能够使全体国民的利益最大化。因为按照每个人对全体国民的经济贡献来分配经济权利,意味着:谁对全体国民付出较多的劳动等经济贡献,谁就会享有较多的经济权利。这样一来,每个人为全体国民贡献经济利益,就等于为自己谋取经济利益,因而每个人都会像为自己那样积极为全体国民谋取利益,最终使全体国民的利益最大化。因此,民主制经济权利分配必定根据每个人对全体国民的经济贡献,因而必定符合经济平等标准:谁对全体国民付出较多的劳动等经济贡献,谁就会享有较多的经济权利;谁对全体国民做出较少的经济贡献,谁就会享有较少的经济权利。这样,每个人所享有的经济权利的多少,与他为全体国民所付出的劳动量等经济贡献的多少的比例完全平等。这岂不就是经济平等标准?

另一方面,国家或政府所提供的发展才德、做出贡献、竞争职务和地位以及权力和财富等非基本权利的机会,只有人人平等,才能够使全体国民的利益最大化。因为机会人人平等,意味着:人人都有机会发展自己的潜能和才德,从而做出自己所能够做出的贡献,成为可能成为的最有价值的人。这样一来,岂不就使全体国民的利益最大化?相反地,如果机会不能人人平等,则意味着：仅仅一些人有机会——而另一些人则没有机会——发展自己的潜能和才德，仅仅一些人有机会——而另一些人则没有机会——做出自己所能够做出的贡献，仅仅一些人有机会——而另一些人则没有机会——成为可能成为的最有价值的人。这样一来，岂不就不能使全体国民的利益最大化？因此，就制度本性来说，民主制对于机会权利的分配必定符合机会平等标准：国家或政府所提供的机会应该人人完全平等。

相反地，就制度本性来说，专制等非民主制不但必定违背政治平等标准，而且必定违背全部平等标准。因为非民主制国家最高权力执掌者是君主和寡头。君主和寡头使自己利益最大化的行为，无疑是维护自己对绝大多数人的统治。君主和寡头维护统治的首要行为，无疑是获得各级官员——特别是高级官员——的拥护。君主和寡头获得各级官员——特别是高级官员——的拥护的首要途径，无疑是使他们——特别是高级官员——获得在民主制得不到的巨大利益。否则，他们怎么会甘愿维护君主一人——或极少数寡头——独掌国家最高权力？他们怎么会同意自己应该与所有人共同执掌的最高权力被剥夺而甘愿做君主和寡头的奴才呢？

因此，君主和寡头要使自己利益最大化，要维护自己对绝大多数人的统治，就必定要对政治权利、经济权利和机会权利等一切权利进行不平等的分配，必定要赋予各级官员——特别是高级官员——以在民主制得不到的巨大的经济权利、机会权利等权利，因而必定要剥夺绝大多数人应该享有的政治权利、经济权利和机会权利等各种权利，严重违背政治平等标准、经济平等标准和机会平等标准。因此，宋翔凤论及中国专制社会的财富分配时这样写道："三代以下，未有不仕而能富者。"[①]这就是为什么，非民主制——特别是专制——社会必定是一种极端违背全部平等标准的等级制社会。

3. 民主：唯一符合人权和公正标准的国家制度

民主符合全部平等标准，意味着民主符合人权标准。反之，专制等非民主制违背全部平等标准，意味着专制等非民主制违背人权标准。因为平等标准就是权利平等分配标准，说到底，就是人权完全平等与非人权权利比例平等分配标准。不但如此，平等标准是最根本最重要的公正标准。因此，民主符合平

---

① 刘泽华：《中国的王权主义》，58页，上海人民出版社，2000。

等的全部标准，便意味着：民主，根本且主要讲来，完全符合公正标准；相反，专制等非民主制违背全部平等标准，根本且主要讲来，完全违背公正标准。因此，科恩说："所有政体之中，民主是最可能保证社会各成员及各阶层获得公正待遇的。"①

精确言之，毋宁说，只有民主才符合公正标准，而专制等非民主制都违背公正标准。因为，不论治理活动如何，民主制国家，恒久说来，决不可能不公正和无人权：不论是政治权利分配的不公正和无人权，还是经济等其他权利分配的不公正和无人权。因为民主制国家是人民执掌最高权力，因而每个公民不但必定享有政治自由、政治人权和政治公正，而且每个公民能否享有其他自由、人权和公正，如思想自由、经济自由和经济公正等，便完全取决于自己的意志，因而是有保障的。因此，民主国家人民倘若没有这些自由、人权和公正的状态必定是短暂的特例，而不可能是恒久的常规。

相反地，专制等非民主制国家，恒久说来，决不可能公正和有人权，不论是政治权利分配的公正和人权，还是经济等其他权利分配的公正和人权。因为专制等非民主制国家是一人或少数寡头执掌国家最高权力，因而人民所享有的自由、人权和公正无论多么多，都只能是非政治自由、非政治人权和非政治公正，如经济自由和思想自由等。人民所享有的这些自由、人权和公正，完全取决于专制者一人或少数寡头的意志，因而毫无保障，随时都会丧失。因此，这些自由、人权和公正必定是暂时的特例，而不可能是恒久的惯例。

如果说违背全部人权标准和全部公正标准是专制等非民主制国家的恒久惯例，那么，违背经济公正标准则与违背政治公正标准一样，乃是专制等非民主制国家的必然的、绝对的和无条件的固有特征。因为专制等非民主制国家必定剥夺国民的政治人权和违背政治自由权利分配的公正，不是所有人共同执掌最高权力，而仅仅是一人或少数寡头执掌国家最高权力，因而必定形成政治权力垄断，垄断政治权力的群体不但必定压迫而且必定剥削没有政治权力的群体。

因为剥削源于权力垄断。如果说经济权力垄断主要通过控制价格实现剥削，那么，政治权力垄断的剥削方式，主要讲来，乃是对公共资源的控制，亦即控制税收和国有资源、公共资源。当然，不论任何国家，政治权力都控制税收

① 科恩：《论民主》，218页，商务印书馆，1988。

和国有资源、公共资源。但是,政治权力对税收和国有资源、公共资源的控制未必导致剥削。因为实行民主制的国家,每个人完全平等地执掌最高权力,从而每个人也就完全平等地控制税收和国有资源、公共资源。每个人都完全平等地控制税收和国有资源、公共资源,显然不会导致剥削。

相反地,实行专制等非完全民主制的国家,一部分人垄断了最高权力和政治权力,另一部分人则没有政治权力,因而分为两大群体:垄断政治权力的群体和没有政治权力的群体。这样一来,便只有政治权力垄断群体才能控制税收和国有资源、公共资源,因而势必通过控制税收和国有资源、公共资源而无偿占有没有政治权力的群体的利益,控制税收和国有资源、公共资源是政治权力垄断的主要剥削方式。对于这个道理,赖特曾有详尽论述。通过这些论述,他得出结论说:"国家官僚精英占有剩余的能力建立在他们对社会生产性资源的有效控制的基础上。"①

剥削显然意味着经济不公正:剥削岂不就是含有无偿占有的不公正的利益交换活动?因此,专制等非民主制国家,不论治理活动如何,不但必定政治不公正,而且必定因政治不公正而导致经济不公正,政治和经济双重不公正是非民主制国家的必然的、绝对的和无条件的固有特征。相反地,实行民主制的国家,每个人都完全平等地执掌国家最高权力,从而不但实现了最根本的政治公正,而且消除了政治权力垄断,因而也就消除了政治权力垄断所必然导致的经济不公正。

诚然,生产资料私有制的民主国家不可能——只有公有制的民主制国家才能够——消除经济权力垄断,从而消除经济权力垄断所必然导致的剥削和经济不公正。但是,在生产还不够高度发展和国民思想觉悟尚未普遍提高的历史条件下,私有制和剥削或经济不公正虽然是恶,却能够避免更大的恶——效率低下和公有制的全权(政治权力+经济权力)垄断的剥削——因而是必要恶。必要恶属于善的范畴,因而不属于不公正:不公正只能属于恶的范畴。这意味着,在生产还不够高度发展和国民思想觉悟尚未普遍提高的历史条件下,经济不公正只有一个来源:非民主制的政治权力垄断。因此,在这种历史条件下,一个国家只要实现了民主——而不必实现公有制——就意味着实现了经济公正。

① 赖特:《后工业社会中的阶级》,36 页,辽宁教育出版社,2004。

只有在生产高度发展和国民思想觉悟普遍提高的历史条件下，私有制及其剥削或经济不公正才是有害无益的纯粹恶，因而才真正属于经济不公正范畴。只有在这种历史条件下，仅仅民主制还不能实现经济公正，而必须“民主制＋公有制”才能够实现经济公正。但是，真正讲来，即使在这种历史条件下，只要实行民主制，恒久说来，就必定实现了经济公正。因为在这种历史条件下，如果实现了民主制，那么，最高权力实际上必定执掌于没有生产资料或经济权力的人民大众手里。人民大众显然不会长久忍受对自己有害无益的私有制及其所造成的经济不公正，而必定废除私有制，消除经济权力垄断，从而实现经济公正。因此，不论在任何历史条件下，民主制就意味着经济公正，民主制国家，恒久说来，必定实现经济公正。

三、民主与非民主制的自身内在价值：根据国家制度价值终极标准

当我们运用国家制度价值终极总标准——增减每个人利益总量——来评估民主与专制等非民主制的价值的时候，就会感到每个人利益总量过于笼统，难以准确衡量民主与专制的价值。怎么办？科学的方法，恐怕正如穆勒所言，首先要对每个人利益总量进行分类，然后用所划分出来的更加具体的利益评估民主与专制等非民主制的价值，就可以准确无误了。[①]

可是，应该将每个人利益总量分成哪些具体种类呢？穆勒发现，可以分为国民品德与国家繁荣进步状况。[②] 诚哉斯言！因为国家制度好坏的价值终极总标准，是增减每个人利益总量；而增减每个人利益总量，归根结底，无疑取决于国民品德状况和国家繁荣进步而与其成正比：国民品德越良好，国家越繁荣进步，必定越增进每个人利益总量，因而必定符合国家制度价值终极总标准；国民品德越败坏，国家越停滞不前，必定越减少每个人利益总量，因而违背国家制度价值终极总标准。

然而，“增减每个人的利益总量”仅仅是国家制度价值终极总标准，它在国

① John Stuart Mill, *On Liberty* · *Representative Government* · *Utilitarianism*, Chicago: Encyclopaedia Britannica, Inc., 1952, p. 333.

② Ibid., pp. 336－337.

民利益不发生冲突的情况下表现为“无害一人地增加利益总量”价值终极分标准；在国民利益发生冲突的情况下则表现为“最大多数人的最大利益”价值终极分标准。显然，这两个价值终极分标准与笼统的国家制度价值终极总标准不同，本身已经足够具体，可以直接准确无误地衡量民主与专制的价值。这样一来，运用国家制度价值终极标准评估国家制度好坏的科学方法便可以归结为三个层次：首先，直接根据全部价值终极标准，主要是价值终极分标准，特别是最大多数人的最大利益标准，衡量对象则主要是专制等非民主制所固有的等级制；其次，根据国家繁荣进步；最后，根据国民品德状况。

1. 民主与非民主制的价值：解析等级制

专制等非民主制——君主专制和有限君主制以及寡头共和制——是一个人或几个寡头执掌国家最高权力的政体。这意味着，专制等非民主制，不论治理如何，同样都不能不保全专制者一人或几个寡头执掌国家最高权力，而违背最根本的人权原则“所有国民应该完全平等地共同执掌国家最高权力”，剥夺绝大多数国民应该享有的“完全平等执掌国家最高权力”这一最根本的权利；同样都不能不违背政治平等、经济平等和机会平等原则，剥夺绝大多数国民应该享有的各种平等权利，使他们生活于一个极端不平等、不公正的等级制社会；同样都不能不违背政治自由、经济自由和思想自由原则，剥夺绝大多数国民应该享有的各种自由权利，使他们生活于一个遭受全面的奴役、异化和不自由的社会，丧失个性而不可能实现自己的创造性潜能；同样都不能不违背人权原则、人道原则和公正原则，剥夺绝大多数国民应该享有的人权、人道和公正的权益，使他们生活于一个无人权、不公正和不人道的社会。

因此，专制等非民主制，无论治理如何，都极端违背“最大多数人的最大利益”和“增进每个人利益总量”等国家制度终极价值标准。不但此也！马克思说：“专制制度的唯一原则就是轻视人类，使人不成其为人……专制制度必然具有兽性，并且和人性是不相容的。兽的关系只能靠兽性来维持。”[①]诚哉斯言！专制等非民主制是一个人或几个寡头执掌国家最高权力——而剥夺每个公民原本应该享有的完全平等地共同执掌国家最高权力的权利——实已意味着：专制等非民主制，不论治理如何，都不能不只有专制者一人或几个寡头才

① 《马克思恩格斯全集》，第1卷，411、414页，人民出版社，1956。

是主人，而其他所有人毫无例外都是奴才、奴仆、牛羊、牲畜。所以，S. E. 芬纳说："专制是一种统治者与被统治者的关系是主奴关系的统治形式。"①

王道的开明的民本的专制主义与霸道的野蛮的非道德的专制主义的区别不过在于，后者不知爱惜奴才、牛羊和牲畜，却任意凌辱和虐待奴才、牛羊和牲畜，因而逼迫奴才、牛羊和牲畜反叛；而前者则知道爱惜和善待奴才、牛羊、牲畜，哄骗奴才、牛羊和牲畜不思反叛罢了。这就是王道的民本的开明的专制者和专制主义论者所谓"爱民"和"以民为本"之真谛。诚然，专制者和专制主义论者的"爱民"和"以民为本"可能是真诚的。但是，这种真诚，恰似养猪场厂长主张"爱猪"和"以猪为本"的真诚。

那么，一个专制者或几个寡头究竟是怎样将所有人都变成奴才、奴仆、牛羊、牲畜而服从其统治的呢？答案是：等级制。因为所谓等级制，首先意味着政治权力垄断，它将国人分为两大群体：垄断政治权力的官吏阶级和没有政治权力的庶民阶级。等级制，说到底，意味着特权："等级制度的遗传密码是什么呢？就是特权。"②这可以从两方面看。一方面，等级制意味着官民之间等级森严：每个官吏都享有他在民主制中得不到的巨大的政治权利、经济权利和机会权利等权利；另一方面，等级制意味着官吏之间等级森严，官越大，对于专制等非民主制统治能否稳定的作用就越大，所享有的特权就越大。

这样一来，专制者一人或几个寡头虽然剥夺了所有人各种自由权利、平等权利和人权，使所有人都沦为奴才，但是，每个官员毕竟有"得"有"失"，而"得"远远多于"失"。因为他不但必然获得在民主制中得不到的巨大的权益，而且他虽然不免是奴才，却同时也是主人；更何况他只是一个人、几个人或少数人的奴才，却是役使极其众多的奴才的主人。因为他的下级和所有的庶民都是他可以役使的奴才。即使他是小小的七品县令芝麻官，他也仍然是全县所有人的主人、父母官嘛，他所享有的权利，从很多方面来说，恐怕都远远大于和多于一个民主国家的总统！

这就是专制等非民主制将所有人都变成奴才、奴仆、牛羊、牲畜而使其服从的秘密：专制等非民主制国家的每个官员都享有他在民主制中不可能得到的巨大特权和权益。因此，专制等非民主制国家的官吏阶级必然要维护自己

---

① 戴维·米勒等编：《布莱克维尔政治学百科全书》，194 页，中国政法大学出版社，1992。

② 葛承雍：《中国古代等级社会》，5 页，陕西人民出版社，1992。

如此巨大的特权和权益，因而必然维护专制等非民主制统治，必然反对民主，从而成为维护专制等非民主制统治的主要力量。这就是等级制是专制等非民主制统治的诀窍，是专制等非民主制所固有的必然的普遍的不依人的意志而转移的根本特征。这就是专制等非民主制极难废除的最根本原因。这就是中国自大禹和他的儿子启开创家天下的专制制度，直至清朝，四千年一直未变的最根本原因。

然而，四千年来，不但官吏阶级而且庶民阶级也都认为等级制是公正合理的。原来，等级制不但有政治根源，是专制统治的诀窍；而且有理论根源，是“君子小人说”的制度化。因为自古以来，所谓君子便既指王侯、公卿和大夫等统治者或所谓“有位者”，说到底，亦即官吏阶级；又指贤者、有德者。反之，小人既指庶民和奴隶等被统治者或所谓“无位者”，说到底，亦即庶民阶级；又指无德者。从此出发，等级制将国民分为官民两大群体：官应该是精英，应该德才优异，贡献大，因而应该享有较多权益；民不应该是精英，德才应该不如官，德才优秀者应该是官而不是民——学而优则仕——因而应该享有较少的权益。一句话，等级制符合按照贡献分配权利的公正原则。

这真是一种似是而非的诡辩！姑且假定等级制的官职分配的理想和原则能够实现，从而德与位一致：官吏德才优异贡献大；庶民德才平庸贡献小。即便如此，等级制也极端不公正，根本违背最重要、最主要、最根本的公正原则：“基本权利完全平等和非基本权利比例平等。”因为根据这一原则，即使官吏德才优异贡献大，庶民德才平庸贡献小，一方面，每个庶民也与任何官吏完全一样地是缔结社会契约的一个成员、一个人、一个股东，因而应该与任何官吏完全一样地平等享有各种人权：(1)政治自由与政治平等权利，亦即每个人完全平等地共同执掌国家最高权力，完全平等地共同决定国家政治命运；(2)经济自由与经济平等权利，特别是享有与任何官吏一样满足最低的起码的必要的物质需要的权利；(3)言论出版完全自由和政府提供的机会完全平等权利。另一方面，每个庶民也应该与官吏一样，按照各自贡献大小，相应不平等地享有各种比较高级的非人权权利，亦即每个人所享有的比较高级的权利虽然应该不平等，但是，所享有的权利的不平等与贡献的不平等的比例，应该完全平等。换言之，如果一个官吏的贡献是3，庶民的贡献是1，那么，官吏所享有的比较高级的权利应该是3，而庶民所享有的比较高级的权利应该是1。

然而，等级制不但剥夺了庶民阶级所应该享有的全部比较高级的权利或非人权权利，而且剥夺了庶民阶级应该享有的人权。因为等级制意味着官吏阶级特权，等级制赋予官吏阶级多少特权，就意味着庶民阶级被剥夺和丧失多少权利，就意味着庶民阶级被强加多少不公正的义务。这样一来，庶民阶级所应该享有的权利，便因等级制而遭受双重的剥夺和侵犯：一方面被专制者所剥夺的各种自由权利、平等权利和人权等权利；另一方面被整个官吏阶级的特权所剥夺的各种政治权利、经济权利、机会权利和社会权利等权利。结果庶民阶级所应该享有的权利几乎丧失殆尽，而获得的几乎完全是义务；相反地，官吏阶级所得到的几乎完全是权利："几乎把一切权利赋予一个阶级，另一方面又几乎把一切义务推给另一个阶级。"[①]这就是为什么，专制国家小小的县太爷所享有的权利，从很多方面来说，都远远大于和多于一个民主国家的总统。

可见，等级制貌似符合按照贡献分配权利，貌似公正，实则极端违背按照贡献分配权利，最大限度剥夺和侵犯庶民阶级权利，因而极端不公正。等级制极端违背按照贡献分配权利原则，细究起来，还在于：贡献大者决不仅仅属于官吏阶级；恰恰相反，真正讲来，贡献最大的人，是精神财富与物质财富的创造者，是曹雪芹们和黄道婆们，是庶民而非官吏。但是，等级制却仅仅赋予官吏阶级以特权，而最大限度剥夺和侵犯庶民阶级——曹雪芹们和黄道婆们——的权利，岂不极端违背按照贡献分配权利原则？等级制之所以仅仅赋予官吏阶级以特权的秘密，岂不就是通过赋予每个官员都享有他在民主制中不可能得到的巨大特权，从而使其极力反对民主而维护专制统治？所以，等级制是专制者将所有人都变成奴才、奴仆、牛羊、牲畜而使其服从专制统治的根本手段。

这样一来，不论专制等非民主制国家的治理如何，不论专制或寡头如何仁慈明智，如何爱民，如何以民为本，专制等非民主制统治势必为了专制者一人和极少数人（亦即官僚阶级或政治权力垄断群体）的利益，而无所不用其极地极端残酷榨取绝大多数人的利益，势必使专制者一人和极少数人依靠他们所垄断的政治权力，尽其所能地极端残酷地压迫和剥削绝大多数人；否则，专制者或寡头必定失去官吏阶级的支持而垮台。因此，专制等非民主制极端地完全地违背了国家制度终极价值标准：极端违背"无害一人地增进利益总量"价值终极分标准，极端违背"最大多数人的最大利益"价值终极分标准，极端违背"增进每个人利益总量"价值终极总标准。

---

① 《马克思恩格斯全集》，第21卷，202页，人民出版社，1971。

专制等非民主制违背国家制度终极价值标准，显然意味着只有民主制才符合国家制度终极价值标准。确实如此。因为，如前所述，只有民主制符合国家制度根本价值标准“公正与平等”以及最高价值标准“人道和自由”；只有民主制才能保障每个人应该享有的各种平等权利和各种自由权利以及人权、人道和公正的权益；只有民主制才能使每个人都生活于一个自由和平等以及公正和人道的社会；只有民主制才能因每个公民完全平等地共同执掌最高权力而消除政治权力垄断和等级制，消除政治权力垄断群体与没有政治权力群体之分以及人与人之间的主奴之分，从而消除政治权力垄断群体和等级制对没有政治权力群体的压迫和剥削。如此等等，岂不充分说明：只有民主制才符合“增进每个人利益总量”和“无害一人地增进利益总量”以及“最大多数人的最大利益”等国家制度终极价值标准？

2. 民主与非民主制的价值：根据国家繁荣进步

唯有民主制符合——而专制等非民主制则都程度不同地违背——国家制度根本价值标准“公正与平等”以及国家制度最高价值标准“人道与自由”，意味着：民主制必定极大地促进国家繁荣进步；专制等非民主制必定极大地阻碍国家繁荣进步。因为，一方面，恒久说来，国家制度越符合公正标准，每个人的贡献与所得便越一致，每个人为国家和他人劳动的积极性便越高，从而效率也就越高，国家的繁荣进步便越快；国家制度越违背公正标准，每个人的贡献与所得便越背离，每个人为国家和他人劳动的积极性便越低，从而效率也就越低，国家的繁荣进步便越慢。另一方面，自由是最根本的人道，是每个人实现自己创造性潜能和国家繁荣进步的根本条件。因此，恒久说来，民主制岂不就必定因其实现每个公民的政治自由、经济自由和思想自由而成为每个人实现自己的创造性潜能和国家繁荣进步的最根本的必要条件？相反地，恒久说来，专制等非民主制岂不就必定因其剥夺每个公民的政治自由、经济自由和思想自由而成为每个人实现自己的创造性潜能和国家繁荣进步的极大障碍？

究竟言之，国家的繁荣进步无疑可以归结为满足每个国民需要的一切财富——物质财富和精神财富——之繁荣进步，亦即经济和文化之繁荣进步。经济能否繁荣进步的根本原因，显然在于是否拥有自由与公正的经济制度，说到底，乃在于是否实行没有政府管制的市场经济制度；文化能否繁荣进步的根本原因，则无疑在于是否拥有言论出版自由或思想自由制度。准此观之，民主国家恒久说来必定繁荣进步；专制等非民主制国家则不可能恒久繁荣进步。

因为，一方面，等级制意味着经济不自由与经济不公正，等级制赋予官吏阶级（政治权力垄断群体）多少经济特权，就意味着庶民阶级（没有政治权力群体）被剥夺多少经济权利，就意味着庶民阶级被强加多少不公正的经济义务。这样一来，专制等非民主制国家便因其固有等级制而不可能实行符合经济自由与经济公正标准的经济制度，说到底，不可能实行没有政府管制的市场经济制度。这就是专制等非民主制国家的经济发展不可能恒久繁荣进步的根本原因。相反地，只有民主制才能因每个公民完全平等地共同执掌最高权力而消除了政治权力垄断和等级制，消除了政治权力垄断群体与没有政治权力群体之分以及人与人之间的主奴之分，消除了政治权力垄断群体和等级制对没有政治权力群体的压迫和剥削，从而能够实现符合经济自由与经济公正的经济制度，说到底，能够实行没有政府管制的市场经济制度。这就是民主制国家的经济必定恒久繁荣进步的根本原因。

另一方面，思想自由乃是民主之所以是民主的根本条件，是民主的最深刻的本性和要求，是民主能够存在和成功的最根本的必要条件。因为，民主之所以是民主，民主区别于非民主的根本特征，岂不就是国家政治完全平等地按照每个人的意志进行，完全平等地得到每个国民的同意？因此，任何人，不论他的思想、意见多么荒谬危险，便都应该允许他发表，否则，谈何每个国民的同意？所以，政府不论禁止何人发表何种意见、思想，便都意味着国家政治并不是按照每个人的意志进行，并不是得到每个国民的同意，因而也就不是名副其实的民主制了。因此，民主制国家，恒久说来，必定实行言论出版自由或思想自由制度。这就是民主制国家的精神财富或文化事业必定繁荣进步的根本原因。相反地，专制等非民主制统治，不论专制者和寡头如何贤达仁慈明智，都极端违背公正、平等、人道和自由以及最大多数人的最大利益终极价值标准，因而都是邪恶的、罪恶的统治。这意味着，专制等非民主制实行的前提，乃是沦为奴才和牲畜的绝大多数国民不觉悟和不反抗，说到底，也就是言论出版不自由、思想不自由，禁止言论出版自由或思想自由无疑是专制者和寡头将绝大多数国民都变成奴才和牲畜而又使其服从自己统治的根本手段。这就是专制等非民主制国家的精神财富或文化事业决不可能恒久繁荣进步的根本原因。

可见，民主制是经济和文化恒久繁荣进步的根本原因；专制等非民主制是经济和文化不可能恒久繁荣进步的根本原因。国家的繁荣进步可以归结为满足每个国民需要的一切财富——物质财富和精神财富——之繁荣进步。于是,可以得出结论说:民主制是国家恒久繁荣进步的根本原因,民主国家恒久说来必定繁荣进步;专制等非民主制是国家不可能恒久繁荣进步的根本原因,专制等非民主制国家不可能恒久繁荣进步。毋庸赘言,世界上民主国家与专制等非民主制国家的历史和现实,充分证实了这一结论。

3. 民主与非民主制的价值:根据国民品德状况

不难看出,国民总体品德高尚与否,主要讲来,取决于国家的政治清明与否。一个国家的政治越清明,国民的德福——亦即美德与幸福——便越一致,国民做一个有美德的人的动力便越强大,他们做一个有美德的好人的道德愿望便越强大,他们善的动机便越强大以至能够克服恶的动机和实现善的动机的内外困难,他们的道德意志便越强大,他们的品德便越高尚;一个国家的政治越腐败,国民的德福便越背离,国民追求美德的动力便越弱小,他们做一个有美德的好人的道德愿望便越弱小,他们善的动机便越弱小以至难以克服恶的动机和实现善的动机的内外困难,他们的道德意志便越弱小,他们的品德便越低劣。

问题的关键在于,一个国家的政治之清明抑或腐败,正如中外史实所表明的,确与统治者的个人品德有关。昏君在位,必定小人当道、政治腐败,从而邪佞者有福而忠良者有祸;明君在位,必定贤人当道、政治清明,从而忠良者有福而邪佞者有祸。然而,依阿克顿勋爵所见,政治腐败与否,根本说来,并不取决于诸如昏君与明君等统治者的个人品质,而取决于政治制度本身所固有之本性。他将这一思想归结为一句广为传诵的至理名言:“权力导致腐败,绝对权力导致绝对腐败。”①诚哉斯言! 不过,精确言之,毋宁说,政治腐败与否之偶然的特殊的原因,在于统治者个人品质;而政治腐败与否之普遍的、必然的根源,显然与统治者个人的偶然品质无关,而全在于政治制度的固有本性。民主是政治清明的普遍的必然的根源;专制等非民主制是政治腐败的普遍的必然的根源。

这可以从两方面看:一方面,只有民主制才符合政治自由和政治平等两大国家制度价值标准。因为只有在民主制中,每个人才能完全平等地共同执掌

---

① 阿克顿:《自由与权力》,342页,商务印书馆,2001。

国家最高权力,从而完全平等地享有政治自由,亦即完全平等地使国家的政治按照自己的意志进行:一个顶一个,不能一个顶几个。这就是民主制能够保障政治清明的缘故:政治平等和政治自由——每个人完全平等地共同执掌国家最高权力——无疑是政治清明和德福一致的普遍的必然的根源。反之,非民主制——君主专制和有限君主制以及寡头共和制——显然皆违背政治自由和政治平等两大国家制度价值标准。尤其君主专制,乃是一个人不受限制地独掌国家最高权力的政体,一个人独掌国家最高权力,岂不意味着一个人拥有全部最高权力而所有人拥有的都是零?岂不意味着只有专制君主自己一个人拥有政治自由,而其他所有人都没有政治自由?岂不意味着极端的政治不自由和政治不平等?而政治不平等和政治不自由——一个人或少数人掌握最高权力——岂不是政治腐败和德福背离的普遍的必然的根源?

另一方面,民主制意味着国家最高权力完全平等地共同掌握在每个公民手中,因而造成最高权力最大限度地分散和分立,使立法、行政和司法等政治权力互相分立、牵制、监督和抗衡,从而能够有效防止各级官员的腐败和德福背离而保障其清廉和德福一致。反之,其他政体——特别是君主专制——则使最高权力掌握在一个人或少数人手中,造成最高权力的集中、独立和绝对,没有可以监督它而与之抗衡的权力,岂不势必导致政治腐败和德福背离?

可见,只有民主的政治体制才可能保障政治清明和德福一致而防止政治腐败和德福背离。因此,如果一个国家实现了民主,那么,恒久说来,该国的政治必定清明,国民的德福必定一致,他们做一个有美德的好人的动力必定强大,他们做一个有美德的好人的道德愿望必定强大,他们善的动机必定强大以至能够克服恶的动机和实现善的动机的内外困难,他们的道德意志必定强大,最终势必导致国民总体品德的普遍提高。民主制,恒久说来,是国民总体品德良好的根本原因。相反地,如果一个国家实行专制等非民主制,那么,恒久说来,该国的政治必定腐败,国民的德福必定背离,他们做一个有美德的好人的动力必定弱小,他们做一个有美德的好人的道德愿望必定弱小,他们善的动机必定弱小以至不能够克服恶的动机和实现善的动机的内外困难,他们的道德意志必定弱小,最终势必导致国民总体品德的普遍下降。专制等非民主制,恒久说来,是国民总体品德败坏的根本原因。

诚然,全面说来,一个国家国民品德状况,不仅取决于政治是否清明和德福是否一致,而且还取决于经济发展的快慢、财富分配公平与否和文化繁荣程度以及所奉行的道德之优劣。但是，如上所述，一方面，文化是否繁荣主要取决于是否拥有言论出版自由或思想自由制度；经济发展的快慢和财富分配公平与否，主要取决于是否实行自由与公正的经济制度，说到底，取决于是否实行没有政府管制的市场经济制度。另一方面，恒久说来，唯有民主制才可能实行——而专制等非民主制不可能实行——没有政府管制的市场经济制度和言论出版自由制度；唯有民主制才可能实行人道主义、自由主义和平等主义的优良道德制度，而专制等非民主制必定实行专制主义和等级制道德的恶劣道德制度。因此，民主制不但意味着政治清明，而且意味着经济发展迅速和财富分配公平以及文化繁荣和道德制度优良；相反地，专制等非民主制不但意味着政治腐败，而且意味着经济停滞、分配不公、文化萧条和道德制度恶劣。

于是，我们可以得出结论说：一个国家如果实行民主制，恒久说来，该国家的政治必定清明，经济发展必定迅速，财富分配必定公平，文化必定繁荣，所奉行的道德必定优良。这样一来，国民的德福必定一致，物质需要的相对满足的程度必定充分，做一个有美德的人的道德欲望和道德认识以及道德意志必定强烈，从而国民的总体品德必定高尚。民主制是国民总体品德良好的直接且终极原因。反之，一个国家如果实行专制等非民主制，恒久说来，该国家的政治必定腐败，经济发展必定缓慢，财富的分配必定不公平，文化必定萧条，所奉行的道德必定恶劣。这样一来，国民的德福必定不一致，物质需要的相对满足必定不充分，做一个好人的道德欲望和道德认识以及道德意志必定淡薄，从而国民总体品德必定恶劣。专制等非民主制是国民总体品德败坏的直接且终极原因。

因此，归根结底，国民品德只与政治制度成正相关变化：政治制度越民主，国民品德便越高尚；政治制度越专制，国民品德便越恶劣。所以，卢梭在总结自己毕生学术研究时说："我发现，一切都从根本上与政治相联系。不管怎样做，任何一国的人民都只能是他们政府的性质将他们造成的那样。"[①]爱尔维修亦如是说："在已证明大的报酬造成大的德行、荣誉之贤明的管理是立法家能够用以联结个人利益于公众利益而形成有德行的公民之最有力的纽带以后，在我想来，我是很正当地由此下结论说某种人民对德行之爱慕或冷淡就是他们的政体不同的结果。"[②]

① 卢梭：《忏悔录》，500页，人民文学出版社，1980。

② 爱尔维修：《精神论》，116页，辛垦书店，1928。

综上可知，一方面，衡量国家制度好坏的终极价值标准，是增减每个人利益总量；而增减每个人利益总量，归根结底，取决于国民品德状况和国家繁荣进步而与其成正比。另一方面，民主制不但是国民总体品德良好的直接且终极原因，而且是国家繁荣进步的根本原因，因而极大地增进每个人的利益总量，极其符合国家制度终极价值标准。相反地，专制等非民主制不但是国民总体品德败坏的直接且终极原因，而且是国家停滞不前的根本原因，因而极端减少每个人的利益总量，极端违背国家制度终极价值标准。

四、普世价值：民主与非民主制的外在适用价值

总观民主制与专制等非民主制价值，可知唯有民主制符合国家制度核心价值体系——亦即国家制度最高价值标准"人道与自由"和根本价值标准"公正与平等"以及终极价值标准"增进每个人利益总量"—— 而非民主制都程度不同地违背国家制度核心价值标准体系：专制极端违背，有限君主制次之，寡头共和又次之。因此，不论民主制有多少弊端，也都只有民主制才是唯一具有正价值的、应该的、优良的、好的、善的和正确的国家制度；不论专制等非民主制有多少优越，也都程度不同地是恶劣的、不应该的、负价值的、坏的、恶的和错误的国家制度。因此，像丘吉尔那样，说民主制是"最不坏"的国家制度，显然不正确；[①]但像密尔那样，说民主制是"最好"的国家制度也不确切。[②] 确切地说，民主制乃是"唯一好"的国家制度，只有民主制才是好的国家制度，而任何非民主制都是坏的国家制度：寡头共和是坏的，有限君主制更坏，专制最坏。

这就是民主制与非民主制国家制度的价值吗？是的。但这仅仅是民主制与非民主制国家制度的自身价值(value-in-itself)、内在价值(intrinsic value)或自身内在价值，三者是同一概念。民主制与非民主制国家制度，无疑还具有外在价值(extrinsic value)或适用价值、外在适用价值。因为不言而喻，问题的关键还在于：一方面，民主的"唯一好"的正价值是否普遍适用于一切国家？换言之，民主的"唯一好"的正价值是否具有普世性？民主是否具有普世价值？

---

① 刘军宁：《民主二十讲》，147页，中国青年出版社，2008。

② John Stuart Mill, *On Liberty · Representative Government · Utilitarianism*, Chicago: Encyclopaedia Britannica, Inc., 1952, p. 344.

是否具有普世正价值？也就是说，民主是否对于全世界一切时代的一切社会都具有“唯一好”的正价值？民主是否普适全世界一切时代的一切社会？另一方面，专制等非民主制都是恶的，都具有负价值，是否具有普世性？是否普遍适用于一切国家？是否具有普世负价值？也就是说，专制等非民主制是否对于全世界一切时代的一切社会都是恶的，都具有负价值？专制等非民主制的负价值是否普适全世界一切时代的一切社会？这就是民主制与非民主制的普世价值问题。

1. 普世价值概念

近年来，普世价值(universal values)概念在中国日渐流行，越来越热，但其含义究竟如何，却不免众说纷纭，莫衷一是。显然，界说普世价值的关键在于“普世”。普世(ecumeical)、普世主义(ecumenism)名词出现于希腊化时期，源于希腊文 oikoumene，意为凡是人所居住的地方；后被基督教引申为“普遍适用于所有世界”：基督教普遍适用于所有世界。普世概念之滥觞亦在于此，普世主义原本是基督教教义的基本原则之一。

因此，所谓普世，从概念的定义来看，可以顾名思义，就是普适于世、一世皆同，就是普遍适用于世间、世界、世世代代，对于一切世间、世界、世世代代都是相同的、共同的、普遍的，就是放之四海而皆准，行之万世而不悖，说到底，就是超阶级、超时代、超历史、超社会、超国家、超民族、超宗教而普遍适用于一切社会、一切时代、一切阶级、一切人，对于一切社会、一切时代、一切阶级、一切人都是共同的、普遍的。因此，所谓普世价值，就是普遍适用于所有世界、所有世代、所有人的共同价值，就是对所有世界、所有世代、所有人都适用的共同的、普遍的价值，就是放之四海而皆准、行之万世而不悖的价值，说到底，就是超阶级、超时代、超历史、超社会、超国家、超民族、超宗教而普遍适用于一切社会、一切时代、一切阶级、一切人的共同价值，就是超阶级、超时代、超历史、超社会、超国家、超民族、超宗教的普遍价值，就是对一切社会、一切时代、一切阶级、一切人都适用的共同的、普遍的价值。

许多学者否定普世价值的存在。细察他们的理由，可知否定普世价值的原因无非两方面。一方面，他们不懂得“普世价值”与“普世价值的认同或共识”根本不同：“某物是否有价值”与人们“认为某物是否有价值”根本不同。确实，多数人都认同的价值可能存在，因而有所谓价值共识，但是古往今来的一切人都认同的价值恐怕是不可能存在的。可是,一物,如西红柿,有没有价值,与人们认为它有没有价值无关。即使所有人都认为西红柿没有营养价值,西红柿也照样有营养价值。同理,普世价值之所以是普世价值,与人们的认同无关,一种普世价值,如自由,即使得不到所有人或多数人的认同和共识,也仍然是普世价值;一种非普世价值,如等级制,即使得到所有人或多数人的认同和共识,也不是普世价值。许多学者将“普世价值”与“普世价值的认同或共识”混同起来,因而由“任何人都认同的普世价值是不存在的”正确前提,得出错误的结论:普世价值不存在。

另一方面,普世价值否定论者只片面地看到价值是历史的、具体的、特殊的,只看到“没有两片相同的树叶”,而没有看到“没有两片完全不同的树叶”,没有看到价值的超历史的、普遍的、抽象的一面。殊不知,任何事物,不论如何不同,必定总有相同的方面。众口难调,口味是最不同的东西,似乎不可能有古往今来所有人都相同的口味。其实不然,岂不闻孟子曰:“口之于味,有同嗜焉。”确实,价值因人而异,因时因地而异。但是,这些价值不论如何特殊如何不同,却必定有共同点,亦即共同价值、普遍价值、一般价值。只不过,事物的范围和外延越大,事物越多,价值的特殊性和差别性就越多,而共同点和普遍性就越少。普世价值的外延和范围极大,包括一切社会、一切时代、一切阶级、一切人,因而普世价值的内涵和数量极少。

普世价值为数极少,却存在无疑。因为确如张东逊所言,善、公正、人道、幸福、诚实、自尊、谦虚、智慧、节制、勇敢等道德规范,无疑都是适用于一切社会、一切国家、一切宗教、一切民族、一切时代、一切阶级、一切人的共同的、普遍的道德规范,因而属于普世道德、普世价值范畴。“试问如诚实、自尊、爱人、忠尽、勤勉、慷慨、勇敢、公平、廉洁等等岂在基督教为道德而一至资产阶级即引为不道德乎?”[①]确实,古今中外,有哪一个社会、哪一个时代、哪一个阶级、哪一个宗教、哪一个民族、哪一个国家不倡导或不应该倡导诚实、自尊、爱人、忠尽、勤勉、慷慨、勇敢、公平、廉洁、善、幸福、谦虚、智慧、节制、勇敢等道德规范?谁敢说这些规范仅仅实行或应该实行于某些特定社会、特定时代、特定阶级,而不应该实行于一切社会、一切时代、一切阶级?

---

① 张东荪:《道德哲学》,644页,中华书局,1930。

2. 民主与非民主制的普世性和普世价值

最重要的社会发展规律之发现，如前所述，乃是经济制度的历史必然性与政体制度的偶然任意性。根据这一发现，一个国家究竟实行何种经济形态，亦即何种经济形态占据统治地位，说到底，六种经济形态——原始共产主义、奴隶制、封建制、资本主义、社会主义和共产主义——中的何种经济形态占据统治地位，皆取决于该国的生产力发展水平究竟如何，因而具有历史必然性，是历史的、必然的、不依人的意志而转移和不可自由选择的。反之，任何政体，不论是民主制还是非民主制，都曾出现于生产力发展的任何历史阶段，都曾出现于原始社会、奴隶社会、封建社会、资本主义社会和社会主义社会。因此，任何政体都不是被生产力和经济发展水平所必然决定的，都不具有历史必然性。

这意味着，任何社会在任何条件下实行任何一种政体，不论是民主制还是专制等非民主制，都不具有历史必然性，都是可能的、偶然的、可以自由选择的和依人的意志而转移的：实行何种政体绝对不具有历史必然性，是绝对偶然的、绝对可能的、绝对可以自由选择的和依人的意志而转移的。否则，如果一个社会只有在一定历史条件下才可能实行民主政体，那就无异于说，在不具备这种历史条件的时候，只可能实行非民主政体，非民主制具有历史必然性。因此，实行何种政体的偶然性如果不是绝对的，就等于说实行何种政体具有历史必然性。所以，一个社会实行何种政体，不仅不具有历史必然性，而且绝对不具有历史必然性；不仅是偶然的、可能的和可以自由选择的，而且是绝对偶然的、绝对可能的、绝对可以自由选择的。

因此，任何一种政体，不论是民主制还是专制等非民主制，在任何历史条件下，不论是否具备实现的条件，都具有实现的可能性，都是绝对可能的、绝对偶然的、绝对可以自由选择的和绝对依人的意志而转移的，都是绝对超经济、超历史、超社会、超阶级、超时代的，都绝对能够实行于任何国家、任何时代、任何生产力和经济发展水平，都具有绝对的普世性，这是民主制与非民主制的具有莫大意义的本性。因为，如果民主能够实行于任何时代、任何历史条件下的任何社会，那么，民主制就不但是唯一好的国家制度，而且对于任何时代、任何历史条件下的任何社会都是唯一好的国家制度，任何时代、任何历史条件下的任何社会都应该和适宜于实行民主制，民主制具有绝对的普世正价值。相反地，专制等非民主制不但都是坏的国家制度，而且对于任何时代、任何历史条件下的任何社会都绝对是坏的国家制度,任何时代、任何历史条件下的任何社会都不应该和不适宜于实行专制等非民主制,专制等非民主制具有绝对的普世负价值。这乃是——阿马蒂亚· 森在其《民主政治是普世价值》论文中一再说——人类一直到20世纪才得以发现的伟大真理:“在整个19世纪,民主政治的理论家们发现他们常常自然而然地讨论某个国家或另一个是否‘适合实行民主政治’。只是到了20世纪,这种讨论才发生变化。政治理论家们认识到,这个问题本身就是一个错误的问题:不需要判定某个国家是否天然适于实行民主政治,相反,国家必须通过实行民主来适合民主政治。把民主政治的适用范围扩展到具有不同历史、文化和富裕程度的全球数十亿民众,这的确是一项重大变化……我们今天已经无须一遍遍地从头开始去讨论某个具体的国家(如南非、柬埔寨或智利)是否适合于实行民主政治,尽管这类问题在19世纪非常流行,我们已经理所当然地认为,民主政治适合于每个国家。承认民主政治是放诸四海皆准的政治制度,并相应地认可民主政治为一种普世价值,这是人类思维上的一场重大革命,也是20世纪的主要贡献之一。”①

对“民主制具有普世价值”这一伟大真理的证明,根据我们关于民主与非民主制价值——自身内在价值与外在适用价值——的研究,可以归结为三组命题:

前提1:唯有民主制符合国家制度价值标准,因而是唯一好的国家制度;而专制等非民主制都违背国家制度价值标准,因而都是坏的国家制度。

前提2:民主制与专制等非民主制都绝对能够实行于任何国家、任何时代、任何生产力和经济发展水平,因而都具有绝对的普世性。

结论:民主制在任何社会、任何时代、任何历史条件下都绝对是唯一好的国家制度,因而具有绝对的普世正价值;专制等非民主制在任何社会、任何时代、任何历史条件下都绝对是坏的国家制度,因而具有绝对的普世负价值。

不难看出,对于民主普世价值的证明,关键在于前提2,亦即确证民主与专制等非民主制具有绝对的偶然性和可能性,绝对不具有历史必然性。因为,纵使民主是个好东西而专制是个坏东西,如果专制等非民主制国家制度像奴隶制那样具有历史必然性,那么,对于专制等非民主制是必然——亦即不可能实行民主——的那种历史条件下的社会来说,专制等非民主制就是具有正价

① 刘军宁:《民主二十讲》,233—234页,中国青年出版社,2008。

值的好东西了，就像奴隶制在其具有历史必然性的社会是具有正价值的好东西一样。这样一来，民主与专制的好坏便都是相对的、有条件的了，因而在一定历史条件下专制便可能是好东西而民主倒可能是不合时宜的坏东西了：民主不具有普世价值。这就是民主普世价值否定论的最主要根据。

3. 民主普世价值否定论

民主普世价值否定论者的理论根据，真正值得反驳的，有两个。一个就是民主与专制等非民主制具有历史必然性。这个根据是如此深入人心，以至陈独秀和李大钊——五四新文化运动反对孔子专制主义的主将——居然也一再说，孔子专制主义之所以是坏东西，只是因其“不适合于今日之时代精神”[①]；而对于孔子当时来说，却是好东西而具有正价值。“孔子的第二价值是建立君、父、夫三权一体的礼教。这一价值，在二千年后的今天固然一文不值，并且在历史上造成过无穷罪恶，然而，在孔子立教的当时，也有它相当的价值。”[②]为什么？陈独秀答道：“孔子生当此时，已预见封建颓势将无可挽救，当时的社会又无由封建走向民主之可能，于是乃在封建的躯壳中抽出它的精髓，即所谓尊卑长幼之节，以为君臣之义、父子之恩、夫妇之别普遍而简单的礼教……以维持那日就离析分崩的社会。”[③]

陈独秀这里说得很清楚，孔子专制主义之所以当时是好东西而具有正价值，是因为“当时的社会无由封建走向民主之可能”。因此，误以为民主与专制等非民主制具有历史必然性，乃是否定民主具有普世价值的根据。这种错误的根源，显然在于误以为一切国家制度都具有历史必然性，误以为一切国家制度都必然决定于经济基础和生产力，都具有历史必然性，因而都不具有普世性和普世价值。殊不知，只有以经济形态性质为划分根据的六种国家——原始公有制国家、奴隶制国家、封建制国家、资本主义国家、社会主义国家和共产主义国家——制度，才必然决定于经济基础和生产力，才具有历史必然性，才不具有普世性和普世价值；而以政体的根本性质——亦即执掌最高权力的公民人数——为划分根据，那么，所划分的民主制与专制等非民主制国家制度，则

---

① 李大钊：《李大钊文集》上，264 页，人民出版社，1984。

② 任建树等编：《陈独秀著作选》，第三卷，379 页，上海人民出版社，1993。

③ 同上书，380 页。

具有绝对的偶然性和可能性，绝对不具有历史必然性，绝对与经济发展的历史阶段没有必然联系，绝对是超经济、超阶级、超历史、超时代的，绝对能够实行于任何国家、任何时代、任何生产力和经济发展水平，因而都具有绝对的普世性和普世价值。

民主普世价值否定论者的另一个理论根据，则主要在于将民主实现的条件与民主实现的可能混同起来。这个根据也是如此令人信服，以至民主主义思想家科恩在证明民主制的正确性和正价值时一再声明，民主是可能的、正确的、好的和具有正价值，只有对于具备实现民主条件的社会来说才成立；而对于不具备实现民主制条件的社会，民主制就是不能够实行的和不正确的、不应该的、具有负价值的不合时宜的坏东西。[①] 俞可平亦如是说："民主是个好东西，不是说民主是无条件的。实现民主需要具备相应的经济、文化和政治条件，不顾条件而推行民主，会给国家和人民带来灾难性的结果。"[②]这岂不是说，对于不具备实现民主条件的社会，民主制就是不能够也不应该实行的坏东西？这样一来，民主岂不也就不具有普世价值了？

不难看出，这种民主普世价值否定论是一种双重错误。一方面，它误以为不具备实现民主的客观条件的国家不可能实现民主。殊不知，任何国家，不论如何不具备民主实现客观条件，都可能实现民主。因为民主实现的偶然任意性和普世性，决定了民主实现的客观条件，不论是经济条件还是社会条件抑或文化条件，与民主的实现都不具有必然联系，都不是民主的决定性因素，因而都既不是民主的充分条件，也不是民主的必要条件，而只是民主的有利条件与不利条件。民主能否实现的唯一决定因素，乃是民主的主观条件，亦即人们实行民主的欲求和行动。因此，不论民主的客观条件如何不具备，如何不利于民主的实现，只要欲求民主的人们的力量占据上风，民主就能实现；相反地，只要反对民主的人们的力量占据上风，不论如何具备民主的客观条件，不论客观条件如何有利于民主，民主都不能够实现。这就是为什么，尽管原始社会的客观条件极其有利于实现民主，却仍有非民主制产生；尽管封建社会的客观条件极其有利于实现专制，却仍出现过封建共和国；尽管资本主义社会的客观条件极其有利于实现民主，却仍有拿破仑和希特勒专制；尽管印度不但贫穷，而且其

---

① 科恩：《论民主》，209页，商务印书馆，2004。

② 俞可平：《民主是个好东西》，载《民主》，11页，2007(1)。

经济类型原本属于亚细亚生产方式，客观条件极其不利于实现民主，却仍然实现了民主。

另一方面，它误以为对于不具备实现民主的客观条件的国家来说，即使可能实行民主，民主也是不应该的、具有负价值的、不合时宜的，实行民主会带来灾难性结果。殊不知，不具备民主实现客观条件，仅仅意味着民主难以实现，而并不意味着民主不可能实现；仅仅意味着民主实现以后难以巩固，而并不意味着民主制不如非民主制好。民主制是唯一符合国家制度价值标准的制度，是唯一好的制度，怎么会不如非民主制好呢？最不具备民主客观条件的最不好的民主制，也比最好的非民主制好得多，以至德谟克利特亦如是说："宁在一种民主制度中受穷，也比在专制统治下享受所谓的幸福好，正如自由比受奴役好一样。"不具备民主客观条件的国家实行民主会带来什么结果？无非两种结果：一种是民主竟然得到巩固，民主化成功了，如印度，何灾难之有？另一种是民主没有巩固，民主化失败了，如民主化第三波中复辟非民主制的尼日利亚、苏丹和巴基斯坦等，有什么灾难是民主制造成的？

民主制，说到底，就是没有官职的老百姓执掌最高权力，就是没有官职的老百姓对官吏的统治。试问，没有官职的老百姓能够将官吏怎么样呢？没有官职的老百姓执掌最高权力，怎么会出现灾难性结果？

显然，认为不具备实现民主条件的国家不可能也不应该实行民主的观点，是不能成立的。究其根源，显然在于误以为民主与社会主义等国家制度一样，如果不具备实现的客观条件，不可能也不应该实行。确实，社会主义实现的客观条件是生产力高度发达，不具备这一客观条件，不可能也不应该实行社会主义。因为在生产力还不够发达——因而不具备实现社会主义客观条件——的情况下实行社会主义，会给国家和人民带来灾难性的结果，最终必定又回到资本主义。于是，俞可平由此类推：在民主实现的客观条件不具备的情况下，不可能也不应该实行民主制，实行民主会给国家和人民带来灾难性的结果。这样一来，俞可平与陈独秀的民主普世价值否定论的最终根据便完全一致，都在于误以为民主与专制以及社会主义和共产主义等一切国家制度都具有历史必然性，因而都不具有普世性和普世价值。

可见，两种民主普世价值否定论的错误，说到底，都在于不懂得实现民主与实现社会主义的客观条件的性质根本不同。社会主义具有历史必然性，决定了社会主义的客观条件——生产力高度发达——与社会主义的实现具有必然联系，是实现社会主义的必要条件：社会主义不能创造自身的必要条件。相反地，民主不具有历史必然性，决定了民主的客观条件——经济条件和文化条件以及社会条件——与民主的实现不具有必然联系，不是民主的必要条件，而只是民主的有利条件与不利条件：民主的客观条件可以在实现民主的过程中创造出来。这就是无论客观条件如何都能够且应该实行民主的根本原因，这就是民主具有普世性和普世价值的根本原因，这就是民主普世价值否定论不能成立的根本原因。

五、专制主义、精英主义与民主主义：关于民主制与非民主制价值之理论

令人沮丧的是，姑且不说中国诸子百家——儒家、墨家、法家和道家等——无不是专制主义者，就是从西方——民主理论的源流——国家理论传统来看，虽然有文艺复兴和启蒙运动波澜壮阔地抨击专制主义，弘扬自由主义，但是，自赫拉克利特、德谟克利特、苏格拉底和柏拉图以降，直至今日，两千多年来，民主的价值也一直遭到众多伟大思想家的断然否定。那么，他们否定民主制的理由和根据是什么？他们究竟主张怎样的非民主制及其理由和根据是什么？民主制究竟有哪些弊端？专制等非民主制究竟有哪些优越？两千年来思想家们围绕诸如此类有关民主与专制等非民主制价值的争论，虽然纷纭复杂，但究竟言之，可以归结为三大流派：专制主义、精英主义和民主主义。

1. 专制主义、精英主义与民主主义：谁是谁非

在日常生活和某些历史著述中，正如英文的“专制主义”与“专制”是同一名词(despotism)一样，“专制主义”有时与“专制”、“专制制度”或“专制政体”是同一概念，如所谓“罗马帝国专制主义”、“法老埃及的专制主义”、“西周专制主义”等。但是，不难看出，专制主义主要指专制理论，亦即为专制的价值进行辩护的理论。因为所谓专制，亦即君主专制，是一个人不受限制独掌国家最高权力的政体。“专制”是一个人不受限制地独掌国家最高权力的政体，显然意味着，“专制主义”就是为专制辩护的理论，就是认为专制是应该的理论，就是认为专制是应该的、具有正价值的、好的、善的理论，说到底，就是认为一个人不受限制地独掌国家最高权力的政体是应该的、具有正价值的、好的、善的理论。

确实如此。阿奎那、霍布斯和博丹是公认的专制主义论者，他们都认为君主专制或一人独掌国家最高权力是应该的、具有正价值的、好的、善的政体。阿奎那说："人类社会最佳的政府形式就是由一个人执掌的政体。"[①]霍布斯说："最绝对的君主制乃是政府的最好形态。"[②]博丹说："君主制国家最好。"[③]中国专制主义的最重要的代表，无疑是儒家。儒家专制主义理论可以归结和推演于孔子回答齐景公的那句千古名言："君君臣臣。"这就是说，君应该像君那样作为。可是，君究竟怎样作为才像君呢？首先就应该自己一个人独掌国家最高权力："天下有道，则礼乐征伐自天子出，天下无道，则礼乐征伐自诸侯出……天下有道，则政不在大夫，天下有道，则庶人不议。"[④]

这样一来，所谓民主主义，显然也就是为民主辩护的理论，就是认为民主是应该的理论，就是认为民主是应该的、具有正价值的、好的、善的理论，说到底，就是认为全体公民或人民执掌国家最高权力——亦即主权——的政体是应该的、具有正价值的、好的、善的理论。因此，公认的民主主义思想家洛克、卢梭和密尔都是著名的人民主权论者，都认为主权在民，人民应该执掌国家最高权力。洛克说："人民有行使最高权力的权利。"[⑤]密尔说："理想上最好的政府形式，就是主权或国家最高权力授予该共同体所有成员的那种政府。"[⑥]

专制主义与民主主义之界定，使何谓精英主义不言而喻：精英主义就是为少数精英或优秀人物执掌最高权力辩护的理论，就是认为少数精英或优秀人物执掌最高权力是应该的、具有正价值的、好的和善的理论。精英主义代表人物众多，如莫斯卡、帕累托、米歇尔斯以及米尔斯、戴伊、拉斯韦尔、熊彼特等。这些精英主义论者认为少数精英执掌最高权力是应该的理由，可以归结为一句话：所有国家的最高权力实际上都必定掌握在少数人手里："所有政府形式中实际权力都掌握在一个占统治地位的少数人手里。"[⑦]确实，如果所有国家

① A. P. D'entreve, *Aquinas Selected Political Writings*, Totowa, New Jersey: Barnes & Noble Books, 1981, pp. 6 - 7.

② Thomas Hobbes, *Decive, or, the Citizen*, Greenwood Press, Publishers Westport, Connecticut, 1982, p. 126.

③ 郭华榕：《法国政治思想史》，11 页，人民出版社，2010。

④ 《论语・季氏》。

⑤ John Locke, *Two Treatises on Civil Government*, London: George Routledge and Sons, Ltd., 1884, p. 320.

⑥ John Stuart Mill, *On Liberty · Representative Government · Utilitarianism*, Chicago: Encyclopaedia Britannica, Inc., 1952, p. 344.

⑦ 莫斯卡：《政治科学要义》，367 页，上海世纪出版集团，2005。

的最高权力都必定掌握在少数人手里，那么，显然应该由少数精英——而不是少数庸人——执掌最高权力，少数精英或优秀人物执掌最高权力是应该的。

精英主义流派源远流长，难免节外生枝。古希腊赫拉克利特、德谟克利特、苏格拉底、柏拉图和亚里士多德所代表的"优秀人物统治论"，和当代思想家莫斯卡、帕累托和米歇尔斯所代表的精英主义基本一致，属于反对民主主义的精英主义。这种精英主义的反民主主义性质，可以归结为米歇尔斯的一句话："任何形式的领导体制与民主的最基本的要件之间都是不相容的。"①相反地，韦伯和熊彼特所代表的精英主义，则是民主主义与精英主义的结合，因而被称为"精英民主论"。精英民主论所辩护和倡导的，无疑是一种民主制与寡头制的混合政体，亦即人民与精英共同执掌最高权力的政体：人民仅仅执掌选举统治者的最高权力，其余最高权力皆由少数精英寡头执掌。熊彼特将这种精英民主论归结为一句话："就'人民'和'统治'两词的任何毋庸置疑的意义来说，民主并不意味也不可能意味人民实际上的统治。民主的意思只能是：人民有机会接受或拒绝将要来统治他们的人。"②

那么，民主主义与专制主义以及精英主义究竟谁是谁非？民主与非民主制的价值研究表明，唯有民主制符合国家制度核心价值标准——亦即国家制度终极价值标准"增减全社会和每个人利益总量"和国家制度根本价值标准"公正与平等"以及国家制度最高价值标准"人道和自由"——而非民主制都程度不同地违背国家制度核心价值标准：专制极端违背，有限君主制次之，寡头共和又次之。因此，不论民主制有多少弊端，民主制都是唯一具有正价值的、唯一应该的、唯一优良的、唯一好的、唯一善的和唯一正确的国家制度；不论专制等非民主制有多少优越，也都是不应该的、负价值的、恶劣的、坏的、恶的和错误的国家制度。这意味着，唯有民主主义是真理，而专制主义和精英主义都是谬误。

然而，在民主主义的家谱上，不但没有一个像亚里士多德那样伟大的思想家，就是民主主义者也屈指可数，除了洛克、卢梭、潘恩、密尔、托克维尔、拉斯基、哈贝马斯、亨廷顿、科恩和萨托利，还有谁堪称民主主义的思想家？绝大多

---

① 米歇尔斯：《寡头统治铁律：现代民主制度中的政党社会学》，350页，天津人民出版社，2003。

② Joseph A. Schumpeter, *Capitalism, Socialism, and Democracy* (3rd Edition), New York: Harper & Brothers Publishers, 1950, pp. 284－285.

数思想家不是民主主义者的原因,正如阿伯拉斯特所言,乃在于他们多为民主的弊端和历代思想家们对民主的批评所惑:"在民主漫长历史的绝大部分时期,从古希腊时期到当代,民主被智者和有教养的人们看作政府和社会可以想象到的最坏形式。民主或多或少成为'乌合之众的法则'的同义词,而且精确地说,它是对一个文明有序社会所有核心价值的一种威胁。C. B. 麦克弗森非常恰当地阐述了这一点:'民主曾经是一个坏字眼。几乎任何一个人都认为,按照其最初的意义即人民统治或政府遵从大多数人的意愿,民主就会是一件坏事——对于个人自由和文明生活的优雅品质都是有致命危害的。从很早的历史时期直到大约100年以前,几乎所有智者都抱有这种观点。直到近50年,民主才开始变成好事情。'"[①]那么,民主究竟有什么弊端和危害?思想家们否定民主的理由和根据究竟是什么?

自赫拉克利特、德谟克利特、苏格拉底、柏拉图和亚里士多德以来,历代思想家对民主制的否定和批评,正如达尔所概括的,可以归结为三种类型:第一种类型以柏拉图等古希腊思想家为代表,可以称之为"民主不应该论"或"优秀人物统治论",它是专制主义与精英主义共同的理论根据;第二种类型以米歇尔斯和莫斯卡等当代思想家为代表,可以称之为"民主不可能论"或"新优秀人物统治论",它是精英主义独特的理论根据;第三种类型包括历代思想家所发现的民主的弊端,不妨叫作"民主弊端论"。[②] 此外,但丁等自由主义思想家否定民主主义的原因,无疑还有专制主义的独特理论根据对他们的影响。这些理论如能成立,专制主义和精英主义就是真理,而民主主义就是谬论了。因此,民主主义真理性的确证包括对这些理论的分析和批判。

2. 专制主义独特的理论根据:君权神授说、国家统一说和天无二日说

专制主义所特有——而不是与精英主义共有——的理论根据,比较简单,可以归结为"君权神授说"、"国家统一说"和"天无二日说"。"君权神授说"曾被洛克等思想家长篇大论予以驳斥,但今日看来,"君权神授说"实属无稽之

---

① 安东尼·阿伯拉斯特:《民主》,第三版,10页,吉林人民出版社,2005。

② Robert A. Dahl, *Democracy and its Critics*, New Haven and London: Yale University Press, 1989, p. 2.

谈，已无反驳价值。相反地，“国家统一说”和“天无二日说”尚须细细考量。首先，“国家统一说”的代表人物，主要是阿奎那、但丁和墨子。按照该说，任何社会，不论大小，不论人数多少，它存在与发展的最根本的条件，乃是统一，而只有专制才能带来国家的统一和存在，避免国家分裂和崩溃。[①]

诚然，任何社会，不论大小，不论人数多少，它存在与发展的最根本的条件，无疑是统一，是“完整地结合为一个单位”。只有当社会如同一个人那样“构成一个整体”，亦即成为一个统一体、一个“公共的大我”、一个“公共人格”，它才能够存在发展，否则，四分五裂、各行其是，势必崩溃灭亡。社会和国家分裂、崩溃、不复存在无疑是最大的、无与伦比的恶。因为人是社会动物，如果社会和国家分裂、崩溃、不复存在，那么，每个人便不可能生存，人类便会灭亡。还能有什么比这更大的恶吗？当然没有。因此，如果确如阿奎那、但丁和墨子所言，只有专制——亦即一个人独掌国家最高权力——才能造成社会、国家的统一和存在，而避免社会、国家的分裂和崩溃，那么，专制虽因其极端违背国家制度核心价值标准——亦即国家制度最高价值标准、根本价值标准和终极价值标准——而是一种极端的恶，却因其能够避免更大的恶——社会和国家的崩溃——而是一种必要的恶，因而归根结底也就是善的、应该的，而不是恶的、不应该的了。

但是，阿奎那、但丁和墨子的观点是不能成立的。因为毫无疑义，任何一种政体——君主专制和君主立宪以及寡头共和与民主共和——都能够保障社会的统一和存在而避免其分裂和崩溃。试问，难道只有专制——一个人独掌国家最高权力——才能统一，而民主——全体公民共同掌握国家最高权力——就不能统一吗？民主通过代议制和多数裁定原则所形成的“公众意志”不是统一是什么？难道民主的美国不是一个统一的国家吗？只不过，专制的统一是统一于一个人的意志，因而是一种异化、奴役和不自由的统一；而民主的统一则是统一于“公众意志”，因而是一种非奴役、无异化和自由的统一罢了。

民主不但因其所形成的是“自由的统一”而能够保障社会存在，而且能够促进社会迅速发展。反之，专制则因其所形成的是“不自由的统一”而只能保障社会存在，却不能够促进社会发展；不但不能促进社会发展，而且极端阻碍

---

① A. P. D'entreve, *Aquinas Selected Political Writings*, Totowa, New Jersey: Barnes & Noble Books, 1981, p. 54.

社会发展。专制社会之所以仍然能够缓慢发展，并不是专制本身的结果，恰恰相反，乃是那些自由的斗士勇于反抗专制的结果。因此，专制虽能保障社会的统一和存在而避免其分裂和崩溃，却极端阻碍社会发展，极端违背国家制度核心价值标准；相反地，民主不但能够保障社会存在，而且能够促进社会迅速发展，完全符合国家制度核心价值标准：国家制度最高价值标准、根本价值标准和终极价值标准。这样一来，任何一个国家，如果选择专制，虽能保障社会的统一和存在而避免其分裂和崩溃，但与选择民主比起来，净余额却是极大的负价值。因此，专制不是一种必要恶，而是一种纯粹恶。

诚然，专制之为纯粹恶的前提是：专制不具有所谓"历史必然性"，而完全是偶然的、可能的、可以自由选择的。因为，如果专制具有一定的历史必然性，亦即在一定的历史条件下是必然的、不可选择的、不依人的意志而转移的，那么，在这种历史条件下，专制岂不就不可言善恶？岂不就是天经地义的？细察孔子和阿奎那等专制主义论者著作可知，他们认为专制是应该的最主要的论据，原本就在于专制具有必然性。在他们看来，社会或国家的最高权力的掌握者只是一个人——亦即君主专制——乃是社会或国家的结构之本性，正如天上只有一个太阳、家庭只有一个父亲、人体只有一颗心、蜜蜂只有一个王、宇宙只有一个上帝一样，是自然的、必然的、不依人的意志而转移的客观本性，因而也就是天经地义的，是合理的，是应该的、善的。这种理论，不妨称为"天无二日说"。①

如果社会或国家的最高权力的掌握者只能是一个人，确如专制主义论者所言，如同天上只有一个太阳、人体只有一颗心、蜜蜂只有一个王、宇宙只有一个上帝一样，乃是社会或国家的结构之必然的、不可避免的、不可自由选择的本性，那么，专制——不论它如何违背道德原则和阻碍社会发展进步——确实是天经地义的，或者毋宁说，专制本身是不可言善恶的，而只有可以自由选择的某种专制——开明专制和暴君专制以及王道专制和霸道专制——才是可以言善恶的。

然而，这种观点——国家最高权力的掌握者只能是一个人乃国家结构之必然本性——也是不能成立的。当然，从社会或国家结构的本性来看，任何一

---

① A. P. D'entreve, *Aquinas Selected Political Writings*, Totowa, New Jersey: Barnes & Noble Books, 1981, p. 7.

种社会或国家的政治首脑或最高政治领导人，一般说来，确实必定都是一个人：一个酋长、一个军务总司令、一个州长、一个国家主席。即使是民主国家的最高领导人——亦即总统——也只是一个。可是，最高领导人是一个人，并不意味着，最高权力的掌握者是一个人，二者根本不同。因为在一个民主国家，最高领导人或总统虽然是该国权力最大的一个人，但他并不掌握最高权力。对于最高权力，他与任何一个公民是完全一样的："一个顶一个，不能一个顶两个。"这就是说，总统与每个公民是完全同等地掌握国家最高权力，否则，就不是民主国家了。专制主义论者认为专制乃是国家结构的必然本性的错误，就在于将"最高领导人是一个人"等同于"最高权力的掌握者是一个人"，因而由"最高领导人之为一个人乃是国家结构之必然本性"正确命题，得出错误结论：最高权力的掌握者只能是一个人——亦即君主专制——乃是国家结构之必然本性。

3. 专制主义与精英主义共同的理论根据：优秀人物统治论

"民主不应该论"或"优秀人物统治论"从道义上否定民主制，认为民主制虽然是可能的、可以实现的，却具有负价值，是不应该的、坏的，其代表人物主要是古希腊哲学家赫拉克利特、德谟克利特、苏格拉底、柏拉图和亚里士多德。亚里士多德集"优秀人物统治论"之大成，从而发现了似乎可以置民主制于死地的理论武器："政治职务和政治权利分配原则"。因为按照这一原则，执掌国家最高权力的人应该是才德最优秀的人；才德最优秀的人显然不可能是人民大众，而只能是极少数人，甚至只能是一个人。因此，亚里士多德一再说，民主制是不应该的，而只有非民主制才是应该的：如果有一个才德举世无双的人，就应该由他执掌国家最高权力，实行君主专制；如果没有这样的一个人，而是那些极少数才德优秀的人都差不多，就应该由这些极少数优秀的精英执掌国家最高权力。①

这种理论看似真理，实为片面谬论。殊不知，政治权利分为政治自由权利与政治职务权利，只有政治职务权利才应该按照才德分配，因而最优秀的人应该担任最高政治职务；政治自由权利则不应该按照才德分配，而应该不论每个人的才德如何都完全平等享有，因而每个人不论具体政治贡献和政治才德如何，都应该完全平等地共同执掌国家最高权力从而完全平等地共同决定国家

① 亚里士多德：《政治学》，173页，商务印书馆，1996。

政治命运，民主制是应该的。“民主制不应该论”的错误显然在于片面性：只看到政治职务权利分配原则，而没有看到政治自由权利分配原则，从而误以为国家最高权力和最高政治职务应该执掌于最优秀的人。

诚然，“民主制不应该论”或“优秀人物统治论”具有正反两面：“认为国家最高权力应该执掌于最优秀的人”只是其正面，而其反面则是“认为人民没有执掌最高权力的能力和知识”。如果确如“优秀人物统治论”所言，人民没有执掌最高权力——从而进行统治——的能力和知识，那么，即使执掌最高权力是人民的权利，人民自己也不应该执掌最高权力，而应该委托给人民的护卫者：“最好的统治者应该是德才兼备的护卫者们。”[①]那么，人民究竟有没有执掌最高权力进行统治的能力和知识呢？

答案是肯定的。因为人民或庶民执掌最高权力进行统治，并不是担任政治职务的直接统治，并不是担任政治职务从而对被统治者所进行的直接统治，说到底，并不是官吏统治；而是不担任政治职务的间接统治，是被统治者反过来对统治者进行统治，从而使统治者按照被统治者自己的意志和利益进行统治。这种统治统治者的间接统治、庶民统治或非官吏统治，说到底，也就是所谓的参政权——主要包括选举、罢免、创制、复决四种权利——的行使。因此，庶民执掌最高权力进行的统治，主要讲来，也就是庶民通过选举和罢免等对统治者的管理、统治，从而使统治者按照庶民的利益和意志进行统治。

因此，庶民究竟有没有执掌最高权力进行统治的能力和知识的问题，也就是庶民有没有能力和知识，选举按照庶民的利益和意志进行统治的官吏？有没有能力和知识，罢免不按照庶民的利益和意志进行统治的官吏？说到底，也就是庶民有没有能力和知识选举增进自己利益的好官，罢免损害自己利益的坏官？显然，庶民完全具有选举增进自己利益的好官和罢免损害自己利益的坏官的能力和知识。试想，就是在极端禁止言论思想自由等愚民专制统治下的古代中国人民，都完全具有辨别好官与坏官的能力和知识，更何况民主统治下的当家做主的人民，怎么能不具有辨别自己的公仆——好官与坏官——的能力和知识？“民主制不应该论”的谬误，主要讲来，就在于混淆“担任政治职务的直接统治”与“不担任政治职务的间接统治”，不懂得前者只有优秀人物能够胜

① Robert A. Dahl, *Democracy and its Critics*, New Haven and London: Yale University Press, 1989, p. 271.

任，而后者人人皆能胜任，以致由人民缺乏担任政治职务进行直接统治的能力之正确前提，得出错误的结论：人民缺乏执掌最高权力进行间接统治的能力。

4. 精英主义独特的理论根据：民主不可能论

"民主不可能论"是精英主义的独特的理论根据，它原本由古希腊的"民主不应该论"或"优秀人物统治论"发展演化而来；只不过，它不是从"应然性"而是从"现实性"上否定民主制，认为民主制即使是应该的，是好东西，却必定是不可能实现的，现实生活中不可能有真正的民主制，全体或多数人执掌最高权力的统治是不可能的。细究莫斯卡等精英论者对民主不可能的论证，或许令人困惑，因其最主要的根据，不过基于这样一种不言而喻的事实，亦即任何社会都必定官少民多，说到底，任何社会担任官职的都是极少数人或所谓优秀人物、精英；而绝大多数人都是没有官职的庶民、人民。

从这一毋庸置疑的真理出发，莫斯卡等精英论者进而推论说，担任政治职务或官职乃是拥有政治权力、进行政治统治的充分且必要条件：只有当官而担任政治职务，才拥有政治权力，才能够进行政治统治；而没有政治职务或官职的人民、庶民不可能拥有政治权力，不可能对担任官职的统治者进行统治。这样一来，任何社会便必然都是少数人——亦即官或官吏——统治，必然是少数人执掌和垄断全部政治权力、政治职能，从而形成垄断一切政治权力的统治阶级；多数人必然没有任何政治权力而只能服从和被统治，从而形成没有政治权力的被统治阶级，因而民主——全体或多数人执掌最高权力——是不可能存在的。[①]

这就是莫斯卡等精英论的"民主不可能论"：多数人、人民因其不可能担任任何官职而不可能执掌任何政治权力，更不可能执掌最高权力。这种理论的核心，显然在于等同政治职务、政治权力与政治统治，以为只有担任政治职务或官职，才能拥有政治权力和进行政治统治，因而由"任何社会担任官职的人必然是极少数人"的不争事实得出结论说：任何社会都存在垄断政治权力的极少数人构成的统治阶级与没有政治权力的绝大多数人构成的被统治阶级。这是对自柏拉图以来庶民或人民能够执掌最高权力的政体分类理论和实践的否定和挑战。这也是对人类迄今 99% 的时间里——亦即 300 万年的原始社会——都是生活在民主的无阶级社会的人类学家之共识的否定和挑战。这更

① 莫斯卡：《政治科学要义》，119 页，上海世纪出版集团，2005。

是对普选制的社会人人都完全平等地共同执掌最高权力的事实的否定和挑战，因为人人都完全平等地共同执掌最高权力，显然意味着不存在没有政治权力的个人和阶级：岂不只有在非民主制社会才存在没有政治权力的被统治阶级与垄断政治权力的统治阶级？

这种否定和挑战能否成功，说到底，显然在于能否推翻人民虽无政治职务却可以执掌最高权力的两种方式。一种是人民亲自行使最高权力，直接进行政治统治，直接管理国家大事，因而叫作直接民主，这种人民虽无政治职务却可以直接执掌最高权力的典型，就是雅典民主。另一种叫作间接民主，亦即代议制民主，就是人民通过选举代表来进行统治——而不是自己直接进行统治——的民主，就是人民将最高权力委托给官吏来代表自己进行统治的民主。英国的议会制代议制和美国的总统制代议制堪称人民虽无政治职务却可以间接执掌最高权力的典型。

莫斯卡断然否定雅典民主，因为即使在伯里克利时期的雅典，仍然是少数人执掌最高权力，而绝大多数人要么是奴隶，要么是外邦人，他们都没有公民权，因而雅典属于贵族制而非民主制。[①] 米歇尔斯进而指出，在人口众多的现代国家，人民直接执掌最高权力显然是不可能的："大众直接民主无论在机制上还是在技术上都是不可能的。"[②]因此，可能的民主也就只有代议制民主了。米歇尔斯此见虽然无可厚非，但他却与莫斯卡等精英论者一样，进一步论证说，在代议制民主中，根本不存在防止最高权力被滥用和篡夺的有效方法，最高权力被人民的代表或领袖滥用、篡夺和执掌是必然的，人民不可能执掌最高权力，因而代议制不是"民主"，而是"选主"："要而言之，政治党派的基本社会学规律可以用下面一段话来概括：'正是组织使当选者获得了对于选民、受委托者对于委托者、代表对于被代表者的统治地位。组织处处意味着寡头统治！'任何政党组织都代表了一种建立在民主基础上的寡头化权力。选举人和被选举人的存在是一种普遍现象。而且，我们总是发现当选领袖具有对于选举他们的大众几乎不受限制的权力……民主体制中寡头统治的产生是机构上的必然结果。"[③]

---

① 莫斯卡：《政治科学要义》，4页，上海世纪出版集团，2005。

② 米歇尔斯：《寡头统治铁律：现代民主制度中的政党社会学》，19页，天津人民出版社，2003。

③ 同上书，351—352页。

这就是米歇尔斯鼎鼎有名的"寡头统治铁律";这就是莫斯卡和米歇尔斯等民主不可能论者对人民执掌最高权力的两种方式——直接民主与代议制民主——的否定;这就是民主不可能论的主要论据。这些论据似是而非,根本不能成立。因为,一方面,莫斯卡根据伯里克利时期雅典仍然是少数人执掌最高权力便否定其为民主制,是错误的。殊不知,雅典之所以是民主,只是因为最高权力被全体公民执掌,亦即被所有公民都可以参加——发言和表决——的公民大会执掌;而其他各种国家机关,如五百人议事会、陪审法庭、贵族院、十将军委员会、执政官都隶属于公民大会。诚然,当时雅典城邦国家的公民只占人口的一小部分,约十分之一,而多数人——奴隶、妇女和外邦人等——都不是公民。这样一来,雅典虽然是全体公民执掌最高权力,却仍然是少数人执掌最高权力。但是,据此不能说雅典不是民主,而只能说雅典民主是一种非普选的——因而是不完全和不完善的——民主。因为民主乃是所有公民或多数公民——而未必是所有人或多数人——执掌最高权力的政体。莫斯卡根据雅典仍然是少数人执掌最高权力便否定其为民主制的根源,显然在于误以为民主是所有人或多数人执掌最高权力的政体。

另一方面,寡头统治铁律也是错误的。诚然,寡头统治的铁律意义重大,影响深远:它深刻揭示了代议民主的致命弊端,充分显示了最高权力被人民的代表篡夺和滥用的极大可能。因为这种政体中,最高权力的唯一合法所有者——人民——并不亲自行使最高权力,而是将其委托给政府及其官吏来代表自己进行统治。然而,最高权力被人民的代表篡夺和滥用从而蜕变为寡头统治,至多不过是一种难以避免的大趋势,而决非不可避免的必然规律,决非铁律。因为不论就理论逻辑来看,还是就历史现实来说,都存在着防止最高权力被人民的代表或公仆篡夺的有效方法。这些方法,一言以蔽之,就是孟德斯鸠的"以权力约束权力":"从事物的性质来说,要防止滥用权力,就必须以权力约束权力。"[①]可是,究竟怎样"以权力约束权力"呢?主要讲来,就是以人民的"四权结合"制约代议士的"三权分立"。

孙中山一再强调,若要最高权力由代议士行使而归人民所有,人民必须亲自行使四种直接民主权力:选举权、罢免权、创制权和复决权。[②] 确实,在代议制

---

① 孟德斯鸠:《论法的精神》,上卷,154页,商务印书馆,1993。

② 孙中山:《孙中山选集》,下卷,758—759页,人民出版社,1956。

民主中，欲防止最高权力被代议士滥用和篡夺，必须四权结合，不可偏废。那么，是否只要人民亲自行使这四种直接民权，就足以防止最高权力被代议士滥用和篡夺？否。四权结合仅仅是以人民的权力制约代议士的权力；防止最高权力被滥用和篡夺还必须使代议士所行使的权力相互制约。人民委托代议士行使的权力相互制约的基本原则就是分权，亦即将最高权力分为立法、行政和司法三部分，分别委托三种平等的代议组织独立行使，相互制约，这就是所谓的三权分立。比如说，将最高行政权力、最高立法权力和最高司法权力分别平等地委托给总统、议会和最高法院独立行使，相互制约。

这样一来，总统、议会和最高法院所执掌和行使的权力无论如何重大，充其量也只可能是本部门的最高权力，而不可能是国家最高权力，在三个独立行使相互制约的平等的权力中不可能存在最高权力。无论哪一个代表或代议组织所行使的权力有多么重大，都不可能是国家最高权力，因而也就不可能篡夺国家最高权力了。因此，三权分立既可以将国家最高权力委托给人民代表，又可以有效防止人民代表篡夺和滥用国家最高权力，从而保障人民永远拥有国家最高权力，人民代表只能行使最高权力。因此，梁启超说："凡凡一国家，必有其最高主权。最高主权者，唯一而不可分者也。今之权既分矣，所谓最高主权者，三机关靡一焉得占之。然则竟无最高主权乎？曰仍在国民之自身而已。"①

可见，"三权分立"与"四权结合"—— 亦即以人民的四权结合统辖和支配代议士的三权分立——实乃防止最高权力被人民代表篡夺的有效方法。人民凭借亲自行使选举权、罢免权、创制权和复决权，委托和监督三种代议组织分别行使立法权、行政权和司法权，便可以达到国家最高权力归人民所有而为代议士所行使，最终确保代议士真正是人民的代表和公仆，完全按照人民的意志进行统治。

因此，米歇尔斯的寡头统治的铁律——亦即认为最高权力被人民代表篡夺从而蜕变为寡头统治是不可避免的铁律——是不能成立的；米歇尔斯和莫斯卡等精英论者否定人民能够直接和间接执掌最高权力都是不能成立的，因而等同政治职务、政治权力与政治统治从而以为只有担任政治职务才能拥有政治权力和进行政治统治是不能成立的；最终由"任何社会担任官职的人必然是极少数人"的事实得出"任何社会都存在由垄断政治权力的极少数人构成的

---

① 梁启超：《饮冰室合集·文集第七册》，14页，上海中华书局，1937。

统治阶级与没有政治权力的绝大多数人构成的被统治阶级”的结论是不能成立的。

5. 民主制的弊端：民主悖论、不可能性定理与民主效率低下论

“民主不应该论”与“民主不可能论”属于否定民主制而主张非民主制的思想家们对于民主制的批评。他们的否定虽然不能成立，却也发现了民主制的种种真实弊端，如柏拉图的“民主悖论”和米歇尔斯“寡头统治的铁律”所显示的代议民主制的致命弊端：最高权力被人民的代表篡夺和滥用。自赫拉克利特以来，历代思想家所发现的民主的弊端看似纷纭复杂、千头万绪，但是，总而言之，可以归结为两大类型。一大类型源于柏拉图的“民主悖论”，主要是民主制所固有的少数服从多数或多数统治原则之弊端，如托克维尔和哈耶克的“多数暴政”、孔多塞的“投票悖论”、阿罗的“不可能性定理”。另一大类型则是托克维尔、熊彼特和拉里·戴蒙德等思想家所发现的“民主制效率低下”之弊端。

所谓民主悖论，在波普看来，首先由柏拉图成功地用来反对民主制所固有的多数裁定原则：“柏拉图在批评民主以及他对僭主的出现的叙述中，暗含地提出了如下问题：如果人民的意志是他们不应该执行统治，而应该由一个僭主来统治，这又如何呢？柏拉图提示，自由的人可以行使他的绝对自由，起先是蔑视法律，最后是蔑视自由本身，并吵吵嚷嚷地要求一个僭主。这并非完全不可能，而且已经发生过多次了；而每次出现都使那些把多数或类似的统治原则作为政治信条的基础的民主派处在理亏的境地。”[①]

不难看出，民主悖论成功地显示了民主制的弊端：民主制的根本原则——多数裁定——可能是自相矛盾的。因为多数裁定或少数服从多数原则，确实可以导致极其严重的错误，甚至可以导致民主制的根本否定，亦即导致独裁或专制：“多数人可能决定应由一个专制君主的统治。”[②]孔多塞发现的“投票悖论”，正如阿罗所言，从逻辑上揭示了少数服从多数原则的自相矛盾；[③]阿罗的“一般可能性定理”则通过公理化方法和严密的数学推理，进一步证明了孔多塞的“投票悖论”和柏拉图的“民主悖论”。[④]

---

① 波普：《开放的社会及其敌人》，130 页，山西高校联合出版社，1992。

② 波普：《开放的社会及其敌人》，232 页，中国社会科学出版社，1999。

③ 阿罗：《社会选择与个人价值》，第二版，2 页，上海世纪出版集团，2010。

④ 同上书，68 页。

这些理论所发现的民主制的多数裁定原则的弊端，可以归结为无法避免“自相矛盾”、“非常不合理的选择”，甚至可以导致“独裁专制”，多数裁定原则无法避免非常不合理的、极其严重的错误。毋庸置疑，多数并不意味着真理和正确，有时甚至可能恰恰相反。因此，多数裁定原则确实无法避免非常不合理的、极其严重的错误。对于这些错误，托克维尔、贡斯当和哈耶克等思想家曾从理论和事实两方面予以深刻揭示，其中最为著名的批评，便是所谓“多数暴政”。①

然而，如果由多数裁定的这些弊端否定多数裁定原则和一切民主制，以及将多数裁定的弊端当作一切民主制的普遍的弊端，认为任何民主制都无法避免非常不合理的、极其严重的错误，都是不能成立的。诚然，多数裁定原则是民主制固有的根本原则，没有多数裁定原则也就没有民主制。但是，多数裁定原则乃是民主制的无奈的原则。因为民主制的本意是所有公民完全平等地共同执掌最高权力，所有公民完全平等地共同做出决定和选择。但是，所有公民的意见不可能完全一致，而势必存在分歧和不一致，因而所有公民完全平等地共同做出决定和选择是不可能的，于是只好少数服从多数，多数裁定：多数裁定最接近——亦即比少数裁定和一人独裁更接近——所有公民完全平等地共同做出决定和选择。因此，民主制选择多数裁定原则并不是因其没有弊端，而是出于无奈：多数裁定是不好的，但其他裁定更不好；多数裁定是坏的，但其他裁定更坏。

多数裁定是比其他任何裁定都更好或更不坏，可以从两方面看。一方面，如前所述，衡量任何国家制度和国家治理好坏的终极价值标准是“增进所有国民利益”；最高价值标准是“人道和自由”，说到底，是“政治自由”；根本价值标准是“公正与平等”，说到底，是“政治平等”。“增进所有国民利益”、“政治自由”与“政治平等”等国家制度核心价值标准，最终可以归结为一句话：所有国民应该完全平等地共同执掌国家最高权力，从而完全平等地享有政治自由，亦即完全平等地共同决定国家政治命运。显然，唯有多数裁定接近符合这些核心标准，而少数裁定严重违背这些核心标准，一人独裁极端违背这些标准。因此，多数裁定比其他任何裁定都更好或更不坏。

另一方面，其他任何裁定都与多数裁定一样无法避免自相矛盾的悖论，并

① 托克维尔：《论美国的民主》，上卷，288页，商务印书馆，1996。

且必定导致更加不合理的、更加严重的错误。试想,如果说多数人可能决定应由一个专制君主或少数寡头执掌最高权力,那么,反过来,专制者和寡头岂不也可能决定应由所有公民共同执掌最高权力?这样一来,专制者的一人裁定和寡头的少数人裁定岂不也无法避免自相矛盾?因此,波普说:“柏拉图已接近发现自由和民主的悖论。但是,柏拉图和他的信奉者们却忽视了其他的统治权学说也导致类似的矛盾。所有的统治权学说都是自相矛盾的。例如,我们可以选择‘最有智慧的人’或‘最好的人’作为统治者。然而,‘最有智慧的人’在他的智慧中可能发现,不是他而是‘最好的人’应该执行统治,而‘最好的人’在他的善心中也许决定‘多数’应该执行统治。”①

一人独裁和少数裁定不但与多数裁定一样无法避免自相矛盾的悖论,而且必然导致更加不合理的、更加严重的错误:一人独裁和寡头裁定就其本性来说意味着“剥削”、“压迫”和“暴政”;多数裁定就其本性来说意味着“剥削、压迫和暴政之消除”。因为“民”绝对是多数,“官”绝对是少数,因而多数裁定就是没有官职的庶民裁定,一人独裁与少数裁定则属于官吏裁定。因此,多数裁定意味着庶民与官吏一样拥有政治权力,因而消除了政治权力垄断,也就消除了统治阶级(垄断政治权力的群体)和被统治阶级(没有政治权力的群体),消除了赋予各级官吏以相应的剥削和压迫庶民的特权的等级制。相反地,一人独裁统治与少数寡头裁定的统治使没有官职的庶民毫无政治权力,造成专制者和少数寡头及其官吏对于政治权力的垄断,形成统治阶级(垄断政治权力的群体)和被统治阶级(没有政治权力的群体)以及赋予各级官吏以相应的剥削和压迫庶民的特权的等级制,等级制是一人独裁与少数寡头裁定使官吏阶级维护其独裁和寡头统治的根本手段。

这样一来,少数裁定与一人独裁就其本性来说便必定导致暴政。因为一人或寡头使绝大多数人服从其统治,使被统治阶级服从统治阶级的压迫和剥削,根本说来,无疑只能依靠暴力。相反地,多数裁定的本性就是避免暴政。因为多数人使少数人服从其统治——更何况这种统治是非压迫和非剥削的——根本说来,显然不需要依靠暴力。特别是,多数裁定就是没有官职的庶民裁定,没有官职的老百姓能够将拥有官职的人怎么样呢?诚然,多数裁定只是几乎不会出现暴政,而不是完全不可能出现暴政。但是,多数裁定就其本性

① 波普:《开放的社会及其敌人》,131页,山西高校联合出版社,1992。

来说，与暴政无缘，因而暴政的出现只能是偶尔的非常的特例，而不可能是恒久的正常的经常的常规。相反地，一人独裁和少数裁定就其本性来说，就是暴力，就是暴政，因而暴政的出现必定是恒久的正常的经常的常规，而决非偶尔的非常的特例。

可见，一人独裁与少数裁定不但与多数裁定一样无法避免自相矛盾的悖论，并且必定导致更加不合理的、更加严重的错误：剥削、压迫和暴政。因此，多数裁定固然存在重大弊端，无法避免非常不合理的、极其严重的错误，却可以避免一人独裁与少数裁定的更大的弊端，可以避免其更加不合理的、更加严重的错误，因而是必要的恶，是最不坏的原则。然而，丘吉尔等人却将多数裁定的弊端当作一切民主制的普遍的弊端，认为任何民主制都无法避免非常不合理的、极其严重的错误，断言民主制是“最不坏”的政体：“民主是最坏的政体，只不过其他政体更坏。”[①]

丘吉尔此言差矣！因为多数裁定固然是民主制的固有的普遍的原则，却不是民主制唯一的、独一无二的原则。民主制还可以存在避免多数裁定原则弊端的原则，如补偿和保护少数（特别是保护少数的杠杆作用）原则、协商民主原则、三权分立原则和宪政民主原则等。这样一来，民主制便可以分为两种：一种是受避免多数裁定原则弊端的原则——补偿少数原则、协商民主原则、三权分立原则和宪政民主原则——限制的民主制，这种民主制存在多数裁定却没有多数裁定的弊端，因而是“唯一好”的政体；另一种是不受限制的民主制，这种民主制存在多数裁定的弊端，因而是“最不坏”的政体。

因此，自相矛盾的悖论、非常不合理的、极其严重的错误乃至所谓“多数暴政”，固然是民主制普遍的必然的固有的“多数裁定原则”之弊端，却不是民主制普遍的、固有的和必然的弊端，不是遵循权利法案和自由的宪法的“宪政民主”和“协商民主”的弊端；而仅仅是——正如哈耶克所言——不受限制的、“非宪政民主”、“非协商民主”的弊端：“再说一遍，我认为，不是民主，而是不受限制的民主，同任何不受限制的政府相比好不了多少。”[②]那么，究竟如何才能使民主遵循权利法案和自由的宪法，遵循补偿、保护少数并与之协商等原则，从而成为宪政民主、协商民主，最终实现免于“多数裁定弊端”的人道与公正以及

---

① 王绍光：《民主四讲》，3页，生活·读书·新知三联书店，2008。

② 哈耶克：《经济、科学与政治》，426页，江苏人民出版社，2000。

自由与平等的社会呢？最根本的途径，诚如托克维尔所言，就是实行分权或三权分立。[①]

确实，三权分立乃是宪政民主和协商民主的根本保障，它不仅可以根本防止代议民主的致命弊端——最高权力被人民的代表篡夺和滥用——而且可以根本保障民主遵循权利法案和自由的宪法而成为宪政民主，最终实现消除“多数裁定弊端”的民主制。这样一来，柏拉图、孔多塞、托克维尔、哈耶克和阿罗等思想家所发现的民主制所固有的“多数裁定弊端”，就仅仅是民主制所固有的多数裁定原则的弊端，而不是民主制所固有的弊端，不是民主制的固有的、普遍的和不可避免的弊端，而只是民主制的偶然的、特殊的、可以避免的弊端。那么，民主制是否存在普遍的、固有的和不可避免的弊端呢？

答案是肯定的。但是，不难看出，民主制普遍的、固有的和不可避免的弊端大都无足轻重。这些弊端，就某种意义来说，都可以融入那个真正值得辩驳的弊端：民主政府效率低下。但是，民主政府效率低下论真可谓皮相之见。殊不知，民主制乃是最高级最复杂的管理模式，寡头制次之，君主专制则是最低级最简单的管理模式。试想，动物社会，如猴群、狮群和狼群等，就其管理模式来说，岂不都是专制？民主制，特别是代议民主制，岂不只有在人类社会才可以见到？民主制最高级最复杂，也就难以存活，难以持久，难以统一，难以稳定等。这些困难，真正讲来，并不是民主制的弊端，正如生物比非生物难以存在并不是生物的弊端一样。断言民主制固有效率低下的弊端更是不能成立的，越是高级越是复杂的东西岂不越应该有效率？

诚然，就各种具体的国家和政府的治理活动的效率来说，民主政府远不如专制和寡头等非民主制政府。比如，一项好的政策、议案或行政措施，民主政府往往需要反复辩论，最终可能还被否决；就是通过了好的政策、议案或行政措施，贯彻实行起来也多有困难、节外生枝。相反地，非民主政府则只要专制者一句话或几个寡头一个碰头会就可以搞定；贯彻实行起来，可谓立竿见影、雷厉风行，绝非“公说公有理，婆说婆有理”的民主制所能比拟。选贤任能，就效率和甄别能力来说，民主制显然也远不如非民主制。除非是民主国家的缔造者和开创者——如华盛顿、杰斐逊和富兰克林——民主政府几乎尽为平庸之辈，而没有伟大的政治家，令人不免有“世无英雄，遂使竖子成名”之慨叹。

---

① 托克维尔：《论美国的民主》，上卷，291页，商务印书馆，1996。

特别是，民主政府官员的民选和短任期等制度必定使每届政府官员花费很大精力于应付对手和保全职位，施政趋于眼光短浅，迎合民众和反对派的当下需求，宁要有利于下一次选举的而不要有长期回报的真正好的政策、议案或行政措施。相反地，专制和寡头等非民主政府，就其制度本性来说，没有这些弊端，非民主政府无疑更具有长远眼光，更稳定持久，更有一贯性，更坚定不移，更思想统一，更工作细致，更能准确甄选官员，更趋于诞生伟大的政治家。

然而，如果由此断言民主政府比非民主政府效率低下，那就大错特错了。因为只是就各种具体的国家和政府的治理活动的效率来说，民主政府远不如专制和寡头等非民主制政府。但是，如果就国家和政府的治理活动的整体的全局的效率来说，民主政府却必定远远胜过专制和寡头等非民主制政府。这可以从两方面看：

一方面，民主制必定极大地促进效率和国家繁荣进步，不仅因其是国民品德良好的终极源泉，也不仅因其符合国家制度根本价值标准——公正与平等，更主要地，乃是因其符合国家制度最高价值标准——“自由”。相应地，专制等非民主制极大地降低效率和阻碍国家繁荣进步，不仅因其是国民品德败坏的终极源泉，也不仅因其极端违背公正和平等标准，更主要地，乃是因其极端违背自由标准。因为自由是最根本的人道，是每个人实现自己创造性潜能的根本条件，从而也就是国家和社会繁荣进步的根本条件。这就是就政府治理活动的整体和全局来说，民主制必定极大地促进效率和国家繁荣进步——而专制则必定极大地降低效率和阻碍国家繁荣进步——的最根本原因。因此，托克维尔历数民主政府的弊端之后，仍然这样写道：“民主政府尽管还有许多缺点，但它仍然是最能使社会繁荣的政府。”①

另一方面，民主不但意味着必定政治自由，而且——长远和恒久说来——意味着必定经济自由和思想自由等其他一切自由。因此，民主政府乃是管得最少的政府，它只应该是经济和精神财富活动规范的制定者及仲裁者，而不应该是经济和精神财富活动的指挥者：“政府应该是仲裁者而不应该是当事人。”②这样一来，民主政府虽然管得最少、投入最少，却能够产出最多，达到物质财富和精神财富的最大繁荣进步，因而整体和全局说来，岂不是最有效率的

① 托克维尔：《论美国的民主》，上卷，265页，商务印书馆，1996。

② 弗里德曼：《自由选择》，10页，商务印书馆，1982。

政府？相反地，专制等非民主制不但意味着必定政治不自由，而且——长远和恒久说来——意味着必定经济不自由和思想不自由等。因此，专制等非民主制乃是管得最多的政府，它是经济和精神财富等一切社会活动的指挥者。这样一来，专制等非民主制虽然管得最多、投入最多，却产出最少，极大阻碍物质财富和精神财富的繁荣进步，因而整体和全局说来，岂不是效率最低的政府？

可见，"民主政府效率低下论"是极其片面、极其错误的，它只看到一件件具体的政府治理活动之效率，而没有看到政府的整体的全局的治理活动之效率。殊不知，民主政府——特别是宪政民主政府——不但管得最少，而且它的管理活动不过是宪法和法律的实现："政府除非执行众所周知的规则决不可以强制个人。"[①]这就是为什么民主政府罕见伟大的政治家：最少且不过是法的实现的政治管理活动显然不需要伟大政治家。相反地，非民主制政府——特别是一人独掌国家最高权力的君主专制政府——能够诞生名声显赫的伟大政治家：管得多和权力大无疑需要且更能够造就名声显赫的伟大政治家。但是，专制政府拥有伟大政治家，却不可能使国家繁荣进步；民主政府没有伟大的政治家，却能够使国家繁荣进步。托克维尔因此感叹不已："民主并不给予人民以最精明能干的政府，但能提供最精明能干的政府往往不能创造出来的东西：使整个社会洋溢持久的积极性，具有充沛的活力，充满离开它就不能存在和不论环境如何不利都能创造出奇迹的精力。"[②]

综上可知，自赫拉克利特、德谟克利特、苏格拉底、柏拉图和亚里士多德以降，直至今日，否定民主而主张非民主制的理论，虽然堪称主流理论，但这些理论——亦即"民主不应该论" 或"优秀人物统治论"和"民主不可能论"或"新优秀人物统治论"——却都是完全错误的。至于所谓民主制的弊端，真可谓五花八门、千头万绪，大有诉说不尽之势，可是，经过逐一辨析，真正能够成立的弊端，却只有一个：民主制所固有的多数裁定原则无法避免非常不合理的、极其严重的错误。

但是，多数裁定乃是无奈的选择，因为非多数裁定（一人独裁和少数裁定）不但与多数裁定一样无法避免自相矛盾的悖论，而且必然导致更加不合理、更加严重的错误，多数裁定是最不坏的原则。更何况，多数裁定虽为民主制所固

① Friedrich A. Hayek, *The Constitution of Liberty*, The University of Chicago Press, 1978, p. 205.

② 托克维尔：《论美国的民主》，上卷，280 页，商务印书馆，1996。

有，却不是民主制的唯一原则。民主制还可以存在避免多数裁定弊端的原则，如补偿和保护少数原则、协商民主原则、三权分立原则和宪政民主原则等。因此，民主制分为两种：一种是接受避免多数裁定弊端的原则限制的民主制，可以称为"宪政民主"，这种民主制虽然固有多数裁定原则，却能够避免其弊端，因而堪称白玉无瑕，是"唯一好"的政体；另一种是非宪政民主，这种民主制不能避免多数裁定的弊端，因而堪称白玉微瑕，是"最不坏"的政体。

于是，一方面，即使最坏的民主制——亦即非宪政民主或不能避免多数裁定的弊端的民主制——也远远优越于任何非民主制，也是最好的国家制度，也是"最不坏"的国家制度。另一方面，最好的民主制——亦即宪政民主或能够避免多数裁定弊端的民主制——就是完善的国家制度，就是"唯一好"的国家制度。不过，究竟言之，也可以说任何民主制都是"唯一好"的国家制度。因为，如上所述，不论对于任何时代任何历史条件下的任何社会来说，都只有民主制才真正符合国家制度核心价值标准，亦即国家制度终极价值标准"增减全社会和每个人利益总量"和国家制度根本价值标准"公正与平等"以及国家制度最高价值标准"人道和自由"；而非民主制都程度不同地违背国家制度核心价值标准：专制极端违背，有限君主制次之，寡头共和又次之。

因此，不论在任何条件下，不论何种民主制，不论民主制有多少弊端，民主制都是唯一具有正价值的、唯一应该的、唯一优良的、唯一好的、唯一善的和唯一正确的国家制度，都是唯一符合人道主义、自由主义、平等主义和功利主义的国家制度；不论在任何条件下，不论何种专制等非民主制，不论专制等非民主制有多少优越，也都是不应该的、负价值的、恶劣的、坏的、恶的和错误的国家制度，都是违背人道主义、自由主义、平等主义和功利主义的国家制度。因此，民主主义不但是真理，而且是普遍适用于任何时代、任何历史条件下的任何社会的普世真理和绝对真理；相反地，专制主义和精英主义不但是谬误，而且对于任何时代、任何历史条件下的任何社会来说都是谬误，都是普世谬误和绝对谬误。

思考题：

1. 波普说："即使民主国家采取了坏的政策，也比屈从哪怕是明智的或仁慈的专制统治更为可取。"(波普：《开放社会及其敌人》，132 页，山西高校联合出版社，1992)此言当否？

2. 哈耶克说："自由民族，就其本义来说，未必是一个由自由人构成的民族；而个人自由也并不必须享有这种集体自由。"(Friedrich A. Hayek, *The Constitution of Liberty*, The University of Chicago Press, 1978, p. 13) "因为对民族自由的追求并不总是增进个人自由:它有时会使人们宁可选择一个自己民族的专制君主,而不要异族多数构成的自由政府。"(Friedrich A. Hayek, *The Constitution of Liberty*, The University of Chicago Press, 1978, p. 15) 这种观点能成立吗? 你宁可选择一个自己民族的专制君主,还是异族多数构成的自由政府?

3. 我们从古到今一直认为等级制是公正合理的。因为等级制将国民分为官民两大群体:官应该是精英,应该德才优异,贡献大,因而应该享有较多权益;民不应该是精英,德才应该不如官,德才优秀者应该是官而不是民——学而优则仕——因而应该享有较少的权益。这就是为什么,我国古代一个小小的七品芝麻官县太爷,他所享有的权利,从很多方面来说,恐怕都远远大于和多于一个民主国家的总统。等级制是否公正合理?

4. 专制者和专制主义论者的"爱民"和"以民为本"可能是真诚的。但是,这种真诚,是否如同养猪场厂长主张"爱猪"和"以猪为本"的真诚? 问题的关键,是否并不在于养猪场厂长主张"爱猪"和"以猪为本"如何真诚,而在于"猪们"一听到养猪场厂长主张"爱猪"和"以猪为本",便感激涕零:"厂长说啦,他要以我们为本呢,生逢爱猪盛世多幸福啊!"

第七章　资本主义价值:工资与劳动必定不等价交换

提要　资本主义私有制使资本家有权成为支配和领导工人的雇主,使工人成为被领导、被支配和必须服从的雇员,势必导致双方对于劳动价格的决定作用的不平等:雇主或劳动买方是价格的决定者和控制者;而雇员或劳动卖方则是价格的接受者。因此,资本主义劳动市场不可能是自由竞争市场,而必然是买方垄断市场。任何垄断,不论是产品市场的卖方垄断,还是劳动市场的买方垄断,都同样意味着垄断者在一定程度上控制价格,因而势必导致价格与价值的背离,导致不等价交换。不等价交换是垄断价格规律,正如等价交换是自由竞争的价格规律一样。只不过,产品市场的卖方垄断导致的是价格高于价值或边际成本。反之,劳动市场的买方垄断导致的则是价格低于价值,亦即劳动价格或工资低于劳动价值,低于劳动的边际产品。工资低于劳动价值或劳动的边际产品的差额,就是劳动者所创造的被资本家无偿占有的剩余价值,也就是所谓资本主义剥削。因此,资本主义剥削的根源,直接说来,是劳动市场买方垄断;归根结底,则是资本主义私有制。

导　　言

不难看出,研究以经济形态为划分根据的六种国家的价值之核心和关键,乃是确证资本主义国家的价值。因为原始共产主义国家无疑不是人类理想的国家。奴隶制国家和封建制国家,姑且不论如何违背国家制度价值标准——公正与平等以及人道、自由和最大多数人最大利益——至少远不及资本主义国家进步,是不言而喻之理,因而皆非人类理想国家。但是,资本主义国家是否符合国家制度价值标准,是否人类理想的国家,却是个争论不休的大问题。

如果资本主义国家符合国家制度价值标准，社会主义与共产主义岂不就失去了存在的价值和根据？因此，资本主义国家价值之考量，乃是研究其他各种国家价值的前提、基础和核心。

确证资本主义国家的价值，说到底，也就是确证资本主义价值。因为资本主义国家就是资本主义经济制度居于支配地位的国家。那么，资本主义是否违背国家制度价值标准，是否人类理想的经济制度？我们曾阐明，一方面，市场经济制度是唯一符合经济自由等国家制度价值标准和可以导致资源配置效率最佳状态的经济制度；另一方面，资本主义是资本通过雇佣劳动而增值的市场经济制度。合而言之，资本主义就其为市场经济制度来说，完全符合国家制度价值标准，堪称理想的经济制度，然而，就其为资本通过雇佣劳动而增值的经济制度来说，它符合国家制度价值标准吗？符合公正与平等以及人道、自由和最大多数人最大利益吗？这是一直争论不休而极难确证的问题。因此，资本主义价值考量之核心，并不是考量其市场经济，而只是考量其资本通过雇佣劳动而增值，也就是考量资本家是否剥削雇佣劳动者的问题，说到底，也就是工资或劳动价格是否等于劳动价值？是否等于劳动的边际产品价值？

如果工资或劳动价格等于劳动价值，等于劳动的边际产品价值，因而资本家没有剥削雇佣劳动者，资本主义国家就是理想的国家，那样一来，社会主义与共产主义就失去了存在的价值和根据，否则，如果资本必定剥削雇佣劳动，资本主义国家就违背国家制度价值标准，就应该代之以理想国家，如社会主义。这个道理，克拉克亦表赞同："许多人指责现在的社会制度，说它'剥削劳动'。他们说，'工人常被夺去他们的劳动成果。这种剥削是通过竞争的自然作用，并在法律的形式下实现的。'如果这种说法被证实，那么，每一个正直的人都应当变成社会主义者，而他对改革产业制度的热情的高低，就可以表现和衡量他的正义感的程度。"①

然而，工资或劳动价格是否等于劳动价值，这恐怕是经济学最复杂难解的问题，以至被经济学家们称为"分配之谜"。该问题之所以复杂难解，是因为它是商品的价值与价格的特例：商品的价值与价格无疑是经济学最根本、最核心、最重要、最艰深的问题。维克塞尔说："价值理论在经济学中具有根本的和

---

① 克拉克：《财富的分配》，3页，商务印书馆，1984。

普遍的重要性。"[①]庞巴维克说:"价值、价格和成本之间的联系,我想如果我说,清楚地理解这一联系就清楚地理解了政治经济学的精华,并非夸大其词。"[②]马克思《资本论》第一章主要研究商品价值,他也这样写道:"万事开头难,每门科学都是如此。所以本书第一章,特别是分析商品的部分,是最难理解的。"[③]

劳动的价值与价格是商品的价值与价格的特例,因而就更加复杂难解。商品的价值与价格是比较抽象、一般和简单的范畴;劳动的价值与价格则是比较具体、个别和复杂的范畴。因为抽象和具体的关系,正如马克思所说,也就是内涵比较简单的范畴与包含它的比较复杂的范畴的关系:"具体之所以具体,因为它是许多规定的综合,因而是多样性的统一。"[④]价值与剩余价值是抽象与具体的关系:价值是内涵比较简单、比较片面的范畴,而剩余价值则是内涵包含价值的比较复杂、比较全面的范畴。商品的价值价格与劳动的价值价格也是抽象与具体的关系:商品的价值价格是内涵比较简单、比较片面的范畴;而劳动的价值价格则是内涵包含价值的比较复杂、比较全面的范畴。

这样一来,如果不理解商品的价值与价格,也就不可能理解劳动的价值与价格。因为不懂一般和抽象,也就不可能懂内涵包含它们的更加复杂的个别和具体。不懂得鱼是什么,也就不可能懂得内涵包含鱼的更加复杂的大马哈鱼是什么。所以,科学体系的各个范畴相互间的排列、推演顺序,正如马克思所指出的,乃是从抽象到具体;而如果走相反的道路,则两者都无法理解:"只要知道了剩余价值的各个规律,利润率是容易理解的。如果走相反的道路,则既不能了解前者,也不能了解后者。"[⑤]因此,要弄清比较具体的劳动价值与价格,必须首先弄清比较抽象的商品价值与价格。于是,考究资本主义国家的价值,考究资本主义是否属于剥削制度,说到底,考究资本主义工资或劳动价格是否等于劳动价值,必须考究商品价值与价格以及劳动的价值与价格,必须考究这些经济学最根本、最核心、最重要、最艰深的问题。

---

① Knut Wicksell, *Lectures on Political Economy*, London: George Routledge and Sons, Ltd., 1934, p. 6.

② Eugen V. Böhm-Bawerk, *The Positive Theory of Capital*, New York: G. E. Stechert & Co., 1930, p. 224.

③ 马克思:《资本论》,第1卷,7页,人民出版社,1975。

④ 《马克思恩格斯选集》,第2卷,103页,人民出版社,1977。

⑤ 《马克思恩格斯全集》,第23卷,242页,人民出版社,1971。

一、商品价值

1. 商品价值概念：商品价值递减定律

不难看出，商品价值是商品所具有的满足人的需要的效用：满足物主自己直接使用需要的效用叫作商品使用价值；满足物主用以与其他商品相交换的需要之效用叫作商品交换价值。这就是自亚里士多德以降的所谓效用论商品价值概念。这种概念能否成立？答案是肯定的。不过，精确言之，商品价值固然是商品的效用，但是，商品使用价值乃是商品的边际效用，而商品交换价值则是商品边际效用对于换取其他商品的效用。

"边际"(margin)的词源含义，不论中西，都是边缘、界限、限度和极限的意思。它原本是称谓两种变量关系的数学概念，边际效用论经济学家则进一步用以表达经济现象的这样两种变量的关系：一个变量的最后界限的单位增量所导致的另一变量的单位增量。因此，所谓边际，说到底，就是最后界限的单位增量，就是最后的单位增量；所谓边际效用就是最后增加一个单位所增加的效用；所谓商品边际效用就是最后增加的那个单位商品的效用。[1]

这样一来，如果说商品使用价值是商品对人的使用、消费需要和欲望的效用，固然不错，但是，精确言之，商品使用价值乃是商品的边际效用。因为商品使用价值是商品对于人的使用、消费需要的效用，无异于说，商品使用价值是对人的还没有满足的使用、消费需要的效用，而不是对已经满足的使用、消费需要的效用。需要和欲望一旦得到满足，便不再是需要和欲望。商品使用价值是对人的还没有满足的需要的效用——而不是对已经满足的需要的效用——意味着：商品使用价值也就是对人的剩余需要的效用，是对人的剩余需要的满足。

因此，每个单位商品的使用价值也就同样都是对人的"减去其他商品已经满足的需要"之后所剩余的需要的满足，是对人的减去其他商品已经满足的需要之后所"剩余的需要"的效用，因而也就是最后增加的那个单位商品对人的

---

① Paul A. Samuelson, William D. Nordhaus, *Microeconomics* (16th Edition), Boston: The McGraw-Hill Companies, Inc., 1998, p. 81.

需要的效用，是最后增加的那个单位商品对人的需要的满足效用，也就是对全部商品所满足的一切需要中最不重要、最后置的需要的满足效用，说到底，也就是商品的边际效用。因此，商品使用价值与商品边际效用实为同一概念：单位商品使用价值是商品边际效用，商品总使用价值则是每个商品的边际效用之和。①

举例说，假设现有10个暖瓶。每个暖瓶的使用价值都同样是对人的还没有满足的需要的效用，都同样是对人的剩余需要的效用，说到底，也就都同样是对减去其他9个暖瓶已经满足的需要之后所剩余的需要的满足，因而也就是最后的那个暖瓶——亦即第10个暖瓶——的效用，也就是暖瓶的边际效用。10个暖瓶各自的边际效用之和，构成10个暖瓶的总使用价值。

那么，商品交换价值是什么？商品之所以能够进行交换，从而具有交换价值，正如李嘉图所说，只是因为商品具有使用价值；不具有使用价值的东西不可能具有交换价值。"一种商品如果毫无用处，换言之，如果它对我们欲望的满足毫无用处，那么，不论它怎样稀少，也无论获得它耗费多少劳动，也不会具有交换价值。"②因此，所谓商品交换价值，不过是商品使用价值对人的交换需要的效用；而商品使用价值则是交换价值的原因、实体和物质承担者。

这样一来，使用价值是商品边际效用，便意味着：商品交换价值就是商品的边际效用对于换取其他商品的效用。因此，商品有多少边际效用量——亦即有多少使用价值量——就有多少交换价值量，商品的交换价值量与其边际效用量相等。这个公式，正如庞巴维克所说，乃是商品价值量的决定规律："统摄价值量的规律，可以归结为一个相当简单的公式：一件物品的价值是由它的边际效用量来决定的。"③

于是，单位商品的价值——使用价值与交换价值——必定随着该商品的增多而递减。因为商品越多，人的需要和欲望得到满足便越多，而没有得到满足的需要和欲望——亦即剩余的需要和欲望——便越少且越不重要，最后的

---

① Paul A. Samuelson, William D. Nordhaus, *Microeconomics* (16th Edition), Boston: The McGraw-Hill Companies, Inc., 1998, p. 81.

② Divid Ricardo, *Principles of Political Economy and Taxation*, London: George Bell and Sons, 1908, p. 6.

③ Eugen V. Böhm-Bawerk, *The Positive Theory of Capital*, New York: G. E. Stechert & Co., 1930, p. 149.

单位增量所能够满足的需要和欲望也就最少且最不重要，商品的边际效用也就最小，单位商品的使用价值也就越小，单位商品的交换价值实体也就越小，因而单位商品的交换价值也就越小。这个定律堪称商品价值递减定律，该定律的核心内容无疑是商品边际效用递减，因而被叫作边际效用递减定律。“边际效用递减定律可以归结为：当一种消费品的量增加时，该消费品的边际效用趋于递减。”①

2. 商品价值的源泉和实体：劳动、土地与资本

边际效用论发现使用价值原来是商品边际效用，交换价值不过是商品的边际效用对于换取其他商品的效用——商品有多少边际效用量就有多少交换价值量——从而科学地说明了使用价值是交换价值产生的源泉和存在的实体。那么，使用价值产生的源泉和存在的实体是什么？不难看出，商品使用价值实体是商品的事实属性，亦即不依赖人的任何需要而存在的属性，如暖气片的使用价值实体就是它的保暖属性，这种属性固然能够满足人的取暖需要，却不依赖人的取暖需要而存在，因而属于事实属性范畴。这样一来，暖气片的使用价值，说到底，也就是暖气片所具有的保暖之事实属性对人的消费需要的效用性。因此，商品使用价值，说到底，也就是商品的事实属性对人的消费需要的效用性。那么，商品的事实属性又是什么？

商品如果不是人类劳动的产品，其事实属性或使用价值实体，主要讲来，无疑仅仅是自然物质。就拿马尔萨斯所说的海边偶然拾到的砖石来说，它没有花费什么劳动，没有经过劳动改变，但它同样可以买卖，属于商品范畴。这种砖石商品的事实属性或使用价值实体显然仅仅是一种自然物质。但是，绝大多数商品无疑都是劳动产品。商品如果是产品，那么，它的事实属性或使用价值实体，显然就是经过劳动而有所改变的自然物质，使用价值就是“经过劳动而有所改变的自然物质”所具有的满足人的消费需要的效用。这种经过劳动而有所改变的自然物质，如暖气片，虽然具有满足人的消费需要的效用，却不依赖人的消费需要而存在，因而属于事实属性范畴。因此，“经过劳动而有所改变的自然物质”并不是使用价值，而是使用价值产生的源泉和存在的实

① Paul A. Samuelson, William D. Nordhaus, *Microeconomics* (16th Edition), Boston: The McGraw-Hill Companies, Inc., 1998, p. 81.

体，使用价值是“经过劳动而有所改变的自然物质”对于人的消费需要的效用。

经过劳动而有所改变的自然物质，显然是劳动与自然物质的结合。因此，使用价值产生的源泉和存在的实体，说到底，就是劳动与自然物质的结合，使用价值是由劳动与自然物质两种生产要素创造的。然而，细究起来，劳动或改变自然物质的过程，正如马克思所指出的，不能不借助一定的工具：“劳动只要稍有一点发展，就不能没有经过加工的资料。在最古老的洞穴中，我们发现了石制工具和石制武器。”[①]这些生产工具虽然属于劳动产品范畴，但与自然物质或劳动对象一样，可以称为“生产资料”。因此，使用价值产生的源泉和存在的实体便可以进一步归结为劳动与生产资料两大生产要素，使用价值是由劳动与生产资料两要素创造的。

生产资料依其是否为劳动产品而分为两类：一类是劳动产品，是经过劳动改变的自然物质，这些产品被用作投入以便进一步生产物品，如工厂、机器、设备等，无疑不但属于物质财富或财货范畴，而且是能够生利、增值或产生和带来财富的物质财富或财货，是能够增值的价值，因而叫作资本；另一类是非劳动产品，是没有经过劳动改变的自然物质，亦即以土地为代表的自然资源，只是物质财富或财货的源泉，而并不是物质财富或财货本身，因而并不属于资本范畴。[②]

这样一来，归根结底，“劳动”与“土地（自然物质）”以及二者的结合物或中介物“资本”便是生产或创造使用价值的三大生产要素，使用价值产生的源泉和存在的实体可以归结为劳动、土地和资本。使用价值是交换价值产生的源泉和存在的实体。于是，全面言之，劳动、资本和土地乃是使用价值的直接的源泉和实体，是交换价值的间接的终极的源泉和实体，从而也就是商品一切价值的源泉和实体。

3. 分配之谜：劳动、资本和土地各自创造多少价值

劳动、资本和土地等自然资源不但是创造商品价值的三个源泉和实体，而且任何商品价值，正如萨缪尔森所言，都是三者相辅相成、共同创造或生产出来的。[③] 那么，在劳动、资本和土地等自然资源相辅相成共同创造的商品中，

---

① 马克思：《资本论》，第1卷，167页，中国社会科学出版社，1983。

② Paul A. Samuelson, William D. Nordhaus, *Microeconomics* (16th Edition), Boston: The McGraw-Hill Companies, Inc., 1998, p. 33.

③ Ibid., p. 214.

究竟如何才能确定这些生产要素各自创造的价值份额？究竟如何才能确定劳动、资本和土地等自然资源各自究竟生产了多少产品？这个被经济学家称为"分配之谜"的难题，确如萨缪尔森所言，一直到1900年左右，才最终由克拉克所系统论证的边际生产力分配理论予以科学的解决。[①]

边际生产力分配理论的核心概念是边际产品："某种生产要素的边际产品是在其他生产要素保持不变时，由于增加该生产要素一个单位而增加的产品或产量。劳动的边际产品是在其他投入物保持不变时，增加一个单位的劳动量而增加的产量。同样，土地的边际产品是在其他投入物保持不变时，增加一个单位的土地而导致的总产量的变动，如此等等。"[②]边际生产力分配理论的根据和出发点，就是边际效用论的基本原理，亦即商品价值可以归结为商品的边际效用、边际产品效用或边际产品价值：单位产品价值量＝边际产品价值量。从此出发，克拉克推论说，劳动、资本和土地等生产要素所创造的商品价值份额同样可以归结为劳动、资本和土地的边际效用、边际产品效用或边际产品价值：单位生产要素所创造的价值量＝生产要素边际产品价值量。他这样写道："有一个商业原则使任何商品的最后部分或边际部分对全部商品的价值起着重要作用。例如，所有麦的价值，和边际一斗的麦的价值是相符的。如果有边际的工人，其意义和边际的麦、棉、铁等等相同，这些最后的工人或是边际的工人，同样是占着重要的地位，因为他们的产品提供了各人工资的标准。"[③]"任何一批工人对雇主的价值，总是等于上面所举例子中最后一批工人的产量。"[④]"任何一个人对他的雇主的实际价值，等于他停止工作给他雇主所带来的损失。这种损失就是工人队伍里任何一个工人的实际产量。"[⑤]

这种劳动的边际产品，正如克拉克所言，无疑是可以识别和测量的。因为劳动的边际产品就是最后增加的劳动所增加的产量，也就是最后减少的劳动所减少的产量。"这种产量要怎样来衡量呢？把一个单位的社会劳动抽出来，看看这一个单位退出以后会遇到什么损失，或是增加一个劳动单位，看看增加

---

① Paul A. Samuelson, William D. Nordhaus, *Microeconomics* (16th Edition), Boston: The McGraw-Hill Companies, Inc., 1998, p. 214.

② 萨缪尔森：《经济学》，中册，223页，商务印书馆，1986。

③ 克拉克：《财富的分配》，68页，商务印书馆，1984。

④ 同上书，134页。

⑤ 同上书，126页。

一个单位会得到什么利益。不论是抽去或是增加,都可以观察得出单独归功于一个单位劳动的、和其他因素无关的产量……如果我们上面所说的单位的社会劳动是由一百人组成的,而他们离开的结果,各个产业减产的价值总共是二百元,那么这二百元便是可以完全归功于那一百人的生产量。”①

这样一来,对于劳动与资本以及土地合作生产出来的产品,我们虽然无法直接识别哪些是劳动所创造的价值,哪些是资本所创造的价值,哪些是土地所创造的价值,但是,我们可以识别最后增加的劳动、资本或土地所增加的产量,可以识别最后减少的劳动、资本或土地所减少的产量,亦即可以识别劳动的边际产品、资本的边际产品和土地的边际产品,从而间接识别劳动、资本或土地所创造的价值:单位劳动所创造的价值量=劳动边际产品价值量;单位资本所创造的价值量=资本边际产品价值量;单位土地所创造的价值量=土地边际产品价值量。对于这个道理,克拉克曾屡次以劳动为例解释说:“每一个单位劳动的价值,是等于最后单位劳动的产量。在劳动队伍完全建立以后,任何一千个工人,如果退出,就会使整个社会的产量减低,所减低的数量等于最后一批工人的产量。任何一个单位劳动的实际价值,总是等于整个社会利用它的全部资本所生产的东西,减去在那个劳动单位被抽去时社会所生产的东西的数额。”②一言以蔽之,“每个工人对企业的价值都等于最后一个工人的边际产品价值”③。

二、商品价格

1. 价格概念:价格的契约本性

商品交换价值,正如马克思所言,是一种摸不到看不见的东西,只有通过商品相交换的量的关系或比例才能表现出来:“交换价值首先表现为量的关系,表现为不同种使用价值彼此相交换的比例。”④一件上衣的交换价值究竟

---

① 克拉克:《财富的分配》,128页,商务印书馆,1984。

② 同上书,133页。

③ Paul A. Samuelson, William D. Nordhaus, *Microeconomics* (16th Edition), Boston: The McGraw-Hill Companies, Inc., 1998, p. 216.

④ 马克思:《资本论》,第1卷,12页,中国社会科学出版社,1983;参阅 Divid Ricardo, *Principles of Political Economy and Taxation*, London: George Bell and Sons, 1908, p. 6;杜冈—巴拉诺夫斯基:《政治经济学原理》,上册,86页,商务印书馆,1989;杰文斯:《政治经济学理论》,79页,商务印书馆,1984;西尼尔:《政治经济学大纲》,28—29页,商务印书馆,1997。

是多少？只能通过与其他商品相交换的比例表现出来。上衣与麻布相交换的量的比例是：一件上衣＝20 米麻布。这就意味着：一件上衣的交换价值等于20 米麻布。一件上衣同 20 米麻布相交换，使自己的交换价值通过 20 米麻布相对地表现出来，因而叫作相对价值形式；而 20 米麻布是表现一件上衣交换价值的商品，叫作等价形式或等价物。

因此，商品相交换的量的比例并不是交换价值，而是交换价值的表现形式，亦即价格。价格就是交换价值的表现形式，就是商品相交换的量的关系或比例：一件商品的价格就是该商品与其他任何商品相交换的量的关系或比例。因为，说到底，价格就是价值的表现、规定和确定。不但货币可以确定、表现其他商品的价值，因而是价格；而且任何商品都可以用来确定表现其他商品的价值，因而都是价格。杜尔阁论及价格时曾列举“一蒲式耳谷物交换六品脱葡萄酒”的例子说：“在这次交换中，一蒲式耳谷物的价格是六品脱葡萄酒，六品脱葡萄酒的价格是一蒲式耳谷物。”[①]只不过，唯有货币因其充当一般等价物而充当商品的一般的绝对的价格，而其他商品则只能充当特殊的等价物，因而只能充当特殊的相对的价格罢了。

可见，商品价格与商品交换价值不同。然而，二者的根本区别是什么？答案是：契约。商品价值或交换价值绝对不是人制定或约定的，不属于契约范畴。不但商品价值而且一切价值都不属于契约范畴，一切价值都不是人制定或约定的。试想，玉米、鸡蛋、猪肉的营养价值怎么能是人制定或约定出来的呢？难道我们约定、规定猪肉有价值，猪肉就有价值？

商品价值或交换价值不是人制定或约定的，不属于契约范畴，人只能根据商品价值或交换价值约定商品相交换的量的关系或比例，亦即只能根据商品价值制定或约定商品价格，说到底，只能就商品相交换的量的关系或比例达成某种同意或契约。价格就是商品相交换的量的关系或比例之契约，就是人们就商品相交换的量的关系或比例所达成的契约：有意识制定或无意识约定俗成的、政府管制或市场自发形成的。

价格是人制定的，是人们就商品相交换的量的关系或比例所制定的契约，意味着：不论价格如何被价格规律决定，不论价格具有怎样必然的、不依人的意志而转移的客观规律，价格也都具有可以自由选择的偶然性和主观任意性，

---

① 杜尔阁：《关于财富的形成和分配法考察》，24 页，华夏出版社，2007。

只不过,违背价格规律的行为必定遭到价格规律的惩罚罢了。这意味着,以商品价格和商品价值为核心的经济学是一门地地道道的规范科学。因为价格是具有可以自由选择的偶然性和主观任意性的契约,显然意味着,人们既可能缔结自由的、公平的、道德的、应该的价格契约,也可能缔结不自由的、不公平的、不道德的、不应该的价格契约。这就是为什么自柏拉图、亚里士多德以来,便有所谓"公平价格"概念。

2. 自由竞争:自由价格与公平价格之实现

任何契约的应然性或规范性,如所周知,都可以归结为两个方面:缔约过程和缔约内容。就价格缔约过程的主要价值标准来说,无疑是"契约自由"。按照这一标准,价格应该是每个买者和卖者自由、无强制、心甘情愿缔结的,而不应该是被迫、被强制、不自由、不情愿缔结的。每个买者和卖者自由、无强制、心甘情愿缔结的价格,叫作"自由价格",符合契约自由原则,因而是善的、应该的和道德的价格;一些买者和卖者被迫、被强制、不自由、不情愿缔结的价格,叫作"强制价格",违背契约自由原则,因而是恶的、不应该的和不道德的价格。

就价格缔结内容的主要价值标准来说,无疑是"契约公平"。按照这一标准,价格分为两类:公平价格与不公平价格。公平价格就是与商品价值相等的价格。因为商品价格与商品价值相等,意味着,用来充当价格的商品与它所交换的商品的价值量相等,亦即等价交换。等价交换无疑是公平的商品交换;不等价交换则是不公平的商品交换。然而,按照商品价值量决定规律,商品价值=商品边际效用;按照成本定律,商品价值=商品边际成本。因此,商品价值=商品边际效用=商品边际成本。因此,公平价格,直接说来,是与商品价值相等的价格;根本说来,是与商品边际效用相等的价格;最终说来,是与边际成本相等的价格。相反地,不公平价格,直接说来,是与商品价值不相等的价格;根本说来,是与商品边际效用不相等的价格;最终说来,是与边际成本不相等的价格。

那么,究竟怎样才能实现自由价格和公平价格而避免强制价格和不公平价格?答案是:实现自由竞争而避免垄断。因为在自由竞争条件下,一方面,每个经济人,不论是厂商或卖者还是消费者或买者,对于价格的决定作用是完全平等的,都同样是价格接受者,谁也强制不了谁,不存在任何强制,因而都是同样自由、无强制、心甘情愿——而不是被迫、被强制、不自由、不情愿——地按照完全由市场供求关系决定的价格进行商品的买卖交换。因此,在自由竞争条件下,这种完全由市场供求关系决定的市场价格乃是自由价格,而不是强制价格。

另一方面,在自由竞争条件下,价格完全由供求关系决定,亦即由市场需求曲线和市场供给曲线的交点决定。于是,每个厂商面临的需求曲线都是一条高度等于市场价格的水平线。这样一来,便正如萨缪尔森所发现的,厂商为了利润最大化,势必将产量确定在边际成本等于价格的产量水平上。[①] 价格等于边际成本,不但是公平价格,而且意味着资源配置效率最佳状态。因为边际成本与边际效用相等,因而价格等于边际成本,亦即价格等于边际效用。这样一来,就实现了资源配置效率最佳状态:厂商因价格等于边际成本而实现了利润最大化;消费者因价格等于边际效用而获得了最大满足。[②]

相反地,垄断条件下的商品价格无疑是强制价格和不公平价格。因为垄断是一个或为数不多的几个厂商控制了该行业的全部供给,从而成为价格的决定者。这样一来,消费者便不但只能是价格的接受者,而且没有选择其他卖者的自由,不论如何不情愿也只能接受和同意垄断价格,否则就买不到该行业的商品。因此,垄断条件下的价格是消费者不得不同意和接受的,因而属于强制价格范畴。

垄断条件下的商品价格也是不公平价格,并且必定伴随资源的浪费和低效率。因为垄断厂商均衡的根本特征就在于:一方面,垄断厂商的价格高于其边际成本;另一方面,垄断厂商的平均成本 AC,不是最低的 AC,垄断厂商以较高成本生产数量较少产品。换言之,垄断厂商是通过减少产量和提高价格来获得垄断经济利润。这样一来,一方面,社会需要花费较高成本生产较少数量的产品,因而造成资源的浪费和低效率;另一方面,消费者获得较少数量的产品,却为之支付过高的、远远高于边际成本的价格,因而极不公平。

3. 等价交换:价格的规范与规律

多年来,经济学家们一直将等价交换当作价值规律,认为商品以其价值量

---

① Paul A. Samuelson, William D. Nordhaus, *Microeconomics* (16th Edition), Boston: The McGraw-Hill Companies, Inc., 1998, p. 139.

② Ibid., p. 152.

为基础而进行等价交换具有必然性，可以称为等价交换规律，仅仅是规律而不是规则和原则。殊不知，价格是人制定的，是人们就商品相交换的量的关系或比例所制定的契约，因而是可以自由选择和主观任意的。所以，价格与价值相等或等价交换，就其自身来说——亦即就等价交换的普遍形态来说——便与等利交换等公正原则一样，并不具有必然性，而只具有合理性和应然性，是可以违背的，因而并不是规律，而是法则——法则既包括规律又包括规则——是价格法则，是价格应该与价值相等的道德法则，是商品交换的道德规则、道德原则。因此，林德布鲁姆说："等价交换原则是天经地义的道德准则。"①

但是，就等价交换的具体形态来看，等价交换又具有必然性。因为在自由竞争条件下，商品价格等于边际成本——亦即等价交换——具有必然性，因而属于规律范畴，可以称为等价交换规律，等价交换是自由竞争的价格规律。反之，垄断条件下的商品价格高于边际成本——亦即不等价交换——具有必然性，因而也同样属于规律范畴，可以称为不等价交换规律，不等价交换是垄断价格规律。

可见，等价交换既是道德原则又是价格规律，就其自身来说，并不具有必然性而只具有应然性，因而属于道德原则范畴；就其具体实现来说，则可能既具有应然性又具有必然性——等价交换是自由竞争的价格规律。不独等价交换，许多道德原则都是如此。举例说，政治自由与政治平等，就其自身来说，无疑仅仅具有应然性，是社会治理应该如何的两大道德原则。但是，就其具体实现来说，政治自由和政治平等两大道德原则却可能既具有应然性又具有必然性：政治自由与政治平等在民主社会具有必然性，可以称为"民主政体的本性和规律"；政治不自由与政治不平等在专制社会具有必然性，可以称为"专制政体的本性和规律"。

三、劳动的价值与价格

1. 劳动与劳动力的价值

不难看出，劳动的使用价值就是劳动生产产品的效用；劳动的交换价值则

---

① 林德布鲁姆：《市场体制的秘密》，102页，江苏人民出版社，2002。

是劳动的使用价值——劳动的生产产品的效用——换取其他商品的效用。因此，劳动生产多少产品，就应该换取多少商品：劳动的交换价值量应该等于劳动所生产的产品的价值量。然而，劳动仅仅是生产要素之一，产品并非单纯由劳动生产，而是劳动、资本和土地等生产要素相辅相成、共同生产出来的。那么，劳动究竟生产了多少产品？这个被经济学家称为"分配之谜"的难题，如前所述，最终由美国经济学家克拉克的边际生产力分配理论所解决：单位资本所创造的价值量＝资本边际产品价值量；单位土地所创造的价值量＝土地边际产品价值量；单位劳动所创造的价值量＝劳动边际产品价值量。

劳动力，正如马克思所言，与劳动不同："劳动力只存在于劳动者的身体内，它不同于它的职能即劳动，正如机器不同于机器的运转一样。"[①]但是，劳动与劳动力的用途或效用并无不同。诚然，劳动与劳动者——如工人和农民或奴隶等——的用途或效用根本不同。因为工人和农民或奴隶等劳动者的用途或效用，除了劳动，显然还包括其他东西，如进行战争或角斗游戏等。但是，劳动力与劳动者根本不同，劳动力仅仅是工人和农民或奴隶等劳动者的一种能力，仅仅是劳动者的劳动能力。因此，劳动力只有一种用途或效用，那就是劳动。

因此，劳动力与劳动固然不同，但二者的用途、效用或价值并无不同：劳动力的价值就是劳动力的劳动的价值；劳动的价值就是劳动力的劳动的价值。这样一来，一方面，劳动和劳动力使用价值就是劳动力的劳动满足劳动力买者生产需要的效用，就是劳动力的劳动生产产品的效用；另一方面，劳动和劳动力交换价值就是它们的使用价值——亦即劳动力的劳动生产产品的效用——满足换取其他商品的需要之效用，就是劳动力的劳动生产产品的价值换取其他商品的效用，就是劳动力的劳动的边际产品价值。这就是为什么经济学家论及劳动价值时往往并不区分劳动价值与劳动力价值。

2. 劳动与劳动力的价格

商品价格是商品价值的表现、规定和确定，是商品相交换的量的关系或比例。一件上衣可以换回 20 米麻布，20 米麻布就是一件上衣价值的表现、规定和确定，因而就是一件上衣的价格。劳动或劳动力可以换回维持劳动者生存

---

① 马克思：《资本论》，第 1 卷，556 页，中国社会科学出版社，1983。

所需要的生活资料,维持劳动者生存所需要的生活资料就是劳动或劳动力的价值的表现、规定和确定,因而就是劳动或劳动力的价格:劳动或劳动力的价格就是劳动或劳动力商品与其他商品——如工资、货币或维持劳动者生存的生活资料——相交换的量的关系或比例。这就是为什么,李嘉图认为维持劳动者生存所需要的生活资料是劳动的自然价格,属于劳动价格范畴。①

不过,精确言之,维持劳动者生存的生活资料不是劳动或劳动力的自然价格,而是劳动或劳动力的最低价格。试想,厂商要得到劳动或劳动力的最低的代价,显然是必须使劳动者能够生存,劳动者生存所需要的生活资料是厂商购买劳动或劳动力的最低价格。工人或劳动和劳动力所有者除了劳动和劳动力一无所有,为了生存不得不出卖劳动和劳动力。他们出卖自己的劳动或劳动力的最低价格,显然也是必须使自己能够生存,因而也是维持自己的生活所必需的生活资料。因此,维持劳动者生存所需要的生活资料,乃是资本家所愿意支付的最低价格,也是雇用工人所能够接受的最低价格,因而是劳动或劳动力的最低价格。

维持劳动者生存的生活资料是劳动或劳动力的最低价格,因而也就是工资的最低标准。因为所谓工资,如所周知,就是劳动的报酬。劳动的报酬,不论是货币还是实物,都是劳动所换回的东西,都是劳动的价值的表现、规定和确定,被当作劳动价值的等价物,因而也就是劳动的价格:工资是劳动的价格。这是不难理解的。因为工资是劳动的报酬,显然意味着:工资与劳动原本是一种商品交换关系。在这种关系中,一方面,劳动可以换回工资,工资是劳动价值的表现、等价物,是劳动的价格;另一方面,工资可以换回劳动,劳动是工资价值的表现、等价物,是工资的价格。因此,萨缪尔森说:"工资无非是劳动的价格。"②

3. 工资与劳动必定不等价交换:资本主义剥削之秘密

不难理解,工资如果等于劳动价值,亦即等于劳动的边际产品价值,那么,不论工资多么低,即使低到维持劳动者生存的生活资料之下,工资与劳动的交

① Divid Ricardo, *Principles of Political Economy and Taxation*, London: George Bell and Sons, 1908, p. 70.

② Paul A. Samuelson, William D. Nordhaus, *Microeconomics* (16th Edition), Boston: The McGraw-Hill Companies, Inc., 1998, p. 213.

换也是等价交换，因而也就是公正的工资，并不存在资本家对剩余价值——劳动多于工资的价值——的无偿占有，不存在资本家对工人的剥削。相反地，工资只要低于劳动价值，亦即低于劳动的边际产品价值，那么，不论工资多么高，即使远远高于劳动者所需要的生活资料，工资与劳动的交换也是不等价交换，因而也就是不公正的工资，存在着资本家对剩余价值——劳动多于工资的价值——的无偿占有，存在资本家对工人的剥削。因此，工资是否公正或剥削是否存在的问题可以归结为：工资是否等于劳动的边际产品？

毋庸置疑，在自由竞争——特别是完全的自由竞争——条件下，工资必然等于劳动的边际产品价值。因为在完全竞争条件下，厂商为了利润最大化，势必将产量确定在边际成本等于价格的产量水平上。“在完全竞争条件下企业的供给法则是：当企业将其产量定在边际成本等于价格的水平时，就实现了利润的最大化。”①这一原则无疑也是厂商使用劳动生产要素的原则。因为在完全竞争的劳动市场，劳动的买家与卖家对于劳动价格的决定作用是完全平等的，都同样无力控制劳动价格，都同样是劳动价格的接受者，劳动价格完全由供求关系的市场机制决定。这样一来，当劳动的边际收益产品大于其边际成本时，厂商便会不断追加劳动量，从而使企业的总收益不断增加。但是，劳动和资本生产力递减规律表明，不断追加劳动量，必然导致劳动的边际产量或边际收益递减。那么，厂商将在何时停止追加劳动量呢？

必然在劳动的边际收益产品等于其边际成本或劳动价格时。因为这时厂商总收益达到最大化，如果继续追加劳动量，就不会带来收益的增加，却会造成收益的减少。所以，正如萨缪尔森所言，厂商为了利润最大化，势必将产量确定在劳动的边际产品等于劳动价格或工资的产量水平上：“在完全竞争条件下，边际收益产品等于价格乘以边际产品。在完全竞争条件下，当边际产品乘以产出价格等于投入价格时，厂商就得到了利润最大化的投入组合：劳动的边际产品×产出价格＝劳动的价格＝工资。”②

可见，等价交换是自由竞争的价格规律。在完全的自由竞争条件下，工资必然等于劳动的边际产品价值，因而工资与劳动的交换必然是等价交换，工资

① Paul A. Samuelson, William D. Nordhaus, *Microeconomics* (16th Edition), Boston: The McGraw-Hill Companies, Inc., 1998, p. 140.

② Ibid., p. 216.

必然是公正的，必然不存在资本家对剩余价值——劳动多于工资的价值——的无偿占有，必然不存在资本家对工人的剥削。因此，克拉克说："在完全的自由竞争下，一切工人的工资倾向于和由劳动单独生产出来的产品相等。劳动的'最后单位'的产品，和各个单独的劳动单位的产品相等。如果正常的趋势起作用，那么，不但就各个劳动单位来说，而且就整个劳动队伍来说，产品和工资是相等的。"①

可是，问题的关键在于，资本主义的或私有制的劳动市场，就其本性来说，不可能是完全自由竞争市场，而必然是买方垄断市场。因为任何完全自由竞争市场的根本特征就在于，每个经济人，不论是卖者还是买者，对于价格的决定作用都是完全平等的，都同样是价格接受者，谁也强制不了谁，不存在任何强制，因而都是同样自由、无强制、心甘情愿地按照完全由市场机制决定的价格进行商品的买卖交换。然而，资本主义或私有制的劳动市场，劳动的买方与卖方对于劳动价格的决定作用不可能是平等的，不可能同样是劳动价格的接受者。这一点，可见于斯密和霍布斯等众多经济学家的论述。② 斯密说："劳动者的普通工资不论哪里都取决于劳资双方通常所订的契约。双方的利害关系决不一致，劳动者渴望尽可能多得，雇主则尽可能少给。劳动者为提高工资而结合，雇主为降低工资而联合。然而，在一般的场合，要预知双方谁占有利地位，谁能迫使对方接受自己的条件，并非难事。雇主人数较少，团结容易得多；此外，法律和当局至少并不禁止他们的联合。但劳动者的结合却为法律和当局所禁止。我们有许多议会的法令取缔为提高劳动价格而结合的团体，却没有一个法令取缔为减低劳动价格而结合的团体。在这种争议的整个过程中，雇主远比劳动者更能坚持长久。地主、农业家、制造业主或商人，即使不雇用一个劳动者，通常靠已经蓄得的资本也能维持一两年的生活；而失业的劳动者，绝大多数不能支撑一周生活，能支撑一月的更少，能支撑一年的简直没有。"③

不过，劳动的买方与卖方对于劳动价格的决定作用之所以不可能是平等的，根本说来，乃在于资本主义私有制。因为正如霍布斯和斯密所言：财富就是权力。④ 私有制或财富能够使劳动的买方或资本家成为雇主，使劳动卖方

---

① 克拉克：《财富的分配》，6页，商务印书馆，1984。

② 参阅霍布森：《财富的科学》，65—70页，上海人民出版社，1968。

③ Adam Smith, *The Wealth of Nations*, Books I-III, England Penguin Inc., 1970, p. 169.

④ Ibid., p. 134.

或工人成为雇员,从而使资本家拥有指挥工人为自己劳作的具有合法性的强制力量或权力,权力岂不就是仅为管理者拥有且被社会承认的使被管理者服从的具有强制性的力量?因此,私有制或财富就意味着权力,权力就意味着不平等。私有制或财富使资本家(劳动买方)有权成为支配和领导工人(劳动卖方)的雇主,使工人成为被领导、被支配和必须服从的雇员。劳动的买方与卖方地位的不平等,势必导致对于劳动价格的决定作用的不平等:雇主或劳动买方必定是价格的决定者和控制者;而雇员或劳动卖方则只能是价格的接受者。因此,资本主义或私有制的劳动市场不可能是完全自由竞争市场,而必然是买方垄断市场。有鉴于此,萨缪尔森一再说,不论工会抵消买方垄断的力量有多么大,不论工会提高工资的作用有多么大,劳动市场也总还是买方垄断或不完全竞争市场:“在现实生活中,劳动市场并不是完全竞争的。不管是否存在着工会,雇主们对工资总是拥有某种控制力。”[①]“任何规模的厂商都必须有一个工资政策这一事实是劳动市场的不完全性的又一个证明。”[②]

任何垄断,不论是产品市场的卖方垄断,还是劳动市场的买方垄断,都同样意味着垄断者在一定程度上控制价格,因而势必导致价格与价值的背离,导致不等价交换。不等价交换是垄断价格规律,正如等价交换是自由竞争的价格规律一样。只不过,产品市场的卖方垄断因其是卖方垄断,所导致的价格与价值的背离,当然是价格高于价值或边际成本:“垄断的最大祸害并不是它榨取垄断利润,而是它规定的垄断价格远远高于社会按照边际成本所决定的价格……垄断的真正祸害是人为造成的P与MC的背离。”[③]

反之,劳动市场的买方垄断因其是买方垄断,所导致价格与价值的背离,则显然是价格低于价值,亦即劳动价格或工资低于劳动价值,低于劳动的边际产品。工资低于劳动价值或劳动的边际产品的差额,无疑是劳动者所创造的被资本家无偿占有的剩余价值,因而也就是资本家对劳动者的剥削,亦即所谓资本主义剥削。罗宾逊界说资本主义剥削便这样写道:“所谓剥削通常是指工资小于劳动的边际物质产品按其售价所估计的价值。”[④]因此,资本主义剥削或资本家对劳动者的剥削　　亦即工资低于劳动价值或劳动的边际产品的差

---

① 萨缪尔森:《经济学》,中册,303页,商务印书馆,1986。

② 同上书,288页。

③ 同上书,192—193页。

④ 罗宾逊:《不完全竞争经济学》,235页,商务印书馆,1961。

额——正如萨缪尔森所言,乃是劳动市场买方垄断的必然结果:“剥削来源于雇主在购买劳动时的垄断力量(即所谓‘买方垄断’)。”[①]劳动市场买方垄断源于资本主义私有制,因而资本主义剥削,说到底,乃是资本主义私有制的必然结果,资本主义私有制是资本主义剥削的根源。

四、商品价值理论:劳动价值论与边际效用论

1. 劳动价值论的理论根源:价值反论

所谓劳动价值论,如所周知,亦即认为劳动是创造和决定商品价值或交换价值的唯一的源泉、实体的理论,其主要代表人物是斯密、李嘉图和马克思。[②]然而,劳动价值论并不否认——也没有任何经济学家否认——劳动与土地是创造使用价值的两个源泉或实体,而只是否认劳动与土地是创造价值或交换价值的两个源泉或实体。那么,究竟为什么劳动价值论认为劳动与土地只是使用价值——而不是交换价值或价值——的两个源泉或实体?

斯密、李嘉图和马克思的著作表明,劳动价值论的理论前提或认识论根源可以归结为斯密的“价值反论”:“使用价值极大的东西,往往具有极小或没有交换价值;反之,交换价值极大的东西,往往具有极小或没有使用价值。没有什么东西比水更有用,但用水不能购买任何物品,也不会拿任何物品与水交换。相反,金刚钻几乎没有任何使用价值,却须具有大量其他物品才能与之交换。”[③]

价值反论显然意味着:创造使用价值与交换价值的实体或源泉不可能完全相同。如果创造使用价值与交换价值的实体或源泉完全相同,都是劳动与土地,那么,交换价值与使用价值的大小便必定成正比例,而决不可能相反或无关。因此,劳动价值论既然承认交换价值与使用价值大小相反或无关,便必定否认创造使用价值与交换价值的实体或源泉完全相同。这样一来,他们承认劳动与土地等自然物质是创造使用价值的两个源泉或实体,便意味着:劳动与土地等自然物质不可能是创造交换价值的两个源泉或实体。那么,创造交

① 萨缪尔森:《经济学》,中册,232页脚注,商务印书馆,1986。

② Adam Smith, *The Wealth of Nations*, Books I-III, England Penguin Inc., 1970, p. 133.

③ Ibid., pp. 131-132.

换价值的源泉和实体是什么？显然只能是劳动了，劳动是创造交换价值或价值的唯一的源泉和实体！

可见，劳动价值论是两个前提——“交换价值与使用价值大小相反”与“劳动和土地是创造使用价值的两个源泉或实体”——的必然结论。劳动和土地是创造使用价值的两个源泉或实体，既然是一种不争的事实和常识，那么，劳动价值论的真正的理论前提和认识论根源便可以归结为“交换价值与使用价值大小相反”，亦即所谓斯密的“价值反论”。因此，米克将劳动价值论否定土地是创造价值的源泉的理由和前提，归结为价值（亦即交换价值）与财富（亦即使用价值）的根本不同，亦即所谓“价值反论”。①

因此，劳动价值论能否成立的关键在于价值反论能否成立。价值反论虽然根本不能成立，但自斯密提出，百年来几乎无人反对：交换价值与使用价值大小相反或无关似乎是个不争的事实和共识。这种谬见，直至100年后，才被边际效用论经济学家识破。这些经济学家，如戈森、门格尔、杰文斯、瓦尔拉斯、庞巴维克和维塞尔等，通过发现“边际效用递减定律”，科学地说明了使用价值乃是交换价值的源泉和实体，二者必定成正比例变化，所谓价值反论不过是一种令人困惑的假象罢了。

本来，不难看出，使用价值是交换价值所由以产生的原因、源泉和实体；交换价值不过是使用价值对于交换需要的效用罢了。因为商品之所以能够进行交换，从而具有交换价值，显然是因为商品具有使用价值；不具有使用价值的东西不可能具有交换价值，使用价值是交换价值的原因、实体和物质承担者。但是，交换价值实体和源泉是使用价值，显然意味着，交换价值量的多少大小是由商品的使用价值价值量的多少大小决定的，二者必定成正比例变化。然而，斯密的价值反论却表明，事实上，交换价值与使用价值大小往往相反。交换价值与使用价值大小相反，无疑意味着，使用价值不可能是交换价值的源泉和实体。这就是为什么马克思否定使用价值是交换价值的源泉和实体，而仅仅承认使用价值是交换价值的物质承担者。确实，使用价值是不是交换价值的源泉和实体，取决于二者是否成正比例变化：如果使用价值是交换价值的源泉和实体，二者必定成正比例变化；如果二者大小相反或完全无关，使用价值便决非交换价值的源泉和实体。

---

① 米克：《劳动价值学说的研究》，42页，商务印书馆，1979。

边际效用递减定律表明，单位商品使用价值是商品的边际效用，是商品的最后单位增量的效用；商品的边际效用随着该商品的增多而递减，因而单位商品使用价值便随着该商品的增多而递减。因此，钻石交换价值大，决不是因其效用和使用价值小；恰恰相反，钻石交换价值大，只是因其数量小，因而边际效用大，从而使用价值大。水交换价值小，决不是因其效用大，而是因其数量多，因而边际效用小，从而使用价值小。

这样一来，边际效用递减定律便科学地说明了交换价值与使用价值必定成正比例变化，从而科学地阐释了为什么使用价值乃是交换价值的源泉和实体。于是，一方面，劳动和土地是使用价值产生的源泉和实体；另一方面，使用价值是交换价值产生的源泉和存在的实体。合而言之，劳动和土地便是交换价值的源泉和实体，它们是使用价值的直接源泉和直接实体，是交换价值的间接源泉和间接实体，从而也就是商品一切价值的源泉和实体。这意味着，以为劳动是创造价值的唯一源泉的劳动价值论是根本不能成立的。

李嘉图和马克思等劳动价值论思想家们误以为劳动是创造价值的唯一源泉，说到底，就是因为他们被价值反论所惑，误以为使用价值往往与交换价值成反比，因而不可能是交换价值的源泉和实体。这样一来，使用价值的源泉和实体——劳动和土地——也就不可能是交换价值的源泉和实体了，否则，交换价值怎么能够与使用价值的大小相反呢？那么，交换价值和价值的源泉和实体是什么？显然只有劳动。劳动是创造价值的唯一源泉。确实，如果劳动是创造价值或交换价值的唯一源泉，那么，价值或交换价值与使用价值往往相反就可以理解了。因此，有关劳动是创造价值唯一源泉之争论，说到底，乃在于价值反论能否成立：误以为价值反论能够成立，乃是劳动价值论最深刻的理论根源或认识论根源；只要价值反论不能成立，交换价值与使用价值的大小成正比，从而使用价值是交换价值的源泉和实体，那么，劳动与土地等自然资源便无疑是创造价值的两个源泉，劳动价值论便不能成立了。

2. 劳动价值论的阶级根源：揭露阶级剥削的理论

价值反论仅仅是劳动价值论的认识根源、理论根源；劳动价值论还有阶级根源。劳动价值论堪称解释人类社会剥削——特别是资本主义剥削——现象的最为简明直接、最令人信服和最有感染力量的学说。人类社会剥削现象——亦即一些人或阶级的劳动被另一些人或阶级无偿占有——正如伯恩斯坦所言，乃是众所周知的“一件经验的、可以根据经验证明的事实”[①]。因此，揭露剥削的理论远比否定剥削的理论更令人信服。这就是为什么马克思的劳动价值论比萨伊的生产要素论更令人信服。

萨伊的生产要素论令人难以置信，它掩盖剥削的本质和否定剥削的事实。因为他的生产要素论表明劳动、资本和土地是创造价值的三个源泉，表明这三个要素所有者因其要素所创造的价值而取得相应的报酬——工资、利息和地租——因而并不存在劳动的无偿占有或剥削。反之，劳动价值论则令人信服，它使人感到，它极其充分地说明了剥削现象，从而使剥削的本质暴露无遗。因为劳动价值论证明劳动是创造价值的唯一源泉，显然意味着：劳动的全部产品应该完全属于劳动者所有，不劳而获者无偿占有了劳动者的劳动，剥削了劳动者。因此，正如恩格斯所指出的，剥削原本是劳动价值论的应有之义。[②]

对于这个道理，庞巴维克亦曾有十分深刻的分析：“劳动是价值的原因和来源。既然如此，迟早一定有人会问：一切价值既然都是劳动创造的，劳动者为什么不能获得他们所创造的全部价值呢？这个问题不论何时提出，根据这种价值理论，唯一的答案只能是，社会上有一个马蜂一般的资本家阶级，他们侵吞了另一阶级——工人阶级——独自生产的产品的一部分。”[③]

这就是劳动价值论的阶级根源，这就是被剥削阶级及其思想家——特别是无产阶级及其思想家——相信劳动价值论的原因：“即使这种理论更差些，他们也会相信。”[④]劳动价值论的阶级根源和理论根源虽然根本不同，却必将随着科学的边际效用论的胜利而一同断绝或消亡。因为科学的边际效用论表明，科学的或边际效用主义的生产要素论并没有否定剥削；相反地，唯有边际效用主义的生产要素论，才科学地揭露了剥削现象的本质。因为克拉克依据边际效用论提出的边际生产率分配理论，科学地解决了所谓“分配之谜”：劳动、资本和土地等生产要素各自生产了多少产品。按照这一理论，劳动价值就是劳动的边际效用、劳动边际产品效用或劳动边际产品价值：单位劳动价值量＝

---

① 伯恩斯坦：《社会主义的前提和社会民主党的任务》，94页，生活·读书·新知三联书店，1965。

② 《马克思恩格斯选集》，第1卷，329页，人民出版社，1995。

③ Eugen V. Böhm-Bawerk, *Capittal and Interest-A Critical History of Economical Theory*, New York: Brentano's, 1922, p. 316.

④ Ibid., p. 319.

劳动边际产品价值量。

从此出发，不难发现，资本主义剥削乃是资本主义私有制的必然结果。因为资本主义私有制使资本家（劳动买方）有权成为支配和领导工人（劳动卖方）的雇主，使工人成为被领导、被支配和必须服从的雇员。劳动的买方与卖方地位的不平等，势必导致对于劳动价格的决定作用的不平等：雇主或劳动买方必定是价格的决定者和控制者；而雇员或劳动卖方则只能是价格的接受者。因此，资本主义或私有制的劳动市场不可能是完全自由竞争市场，而必然是买方垄断市场。资本主义剥削或资本家对劳动者的剥削——亦即工资低于劳动价值或劳动的边际产品的差额——显然是劳动市场买方垄断的必然结果，说到底，是资本主义私有制的必然结果，资本主义私有制是资本主义剥削的根源。

3. 边际效用论与劳动价值论：两种客观价值论

边际效用论堪称经济学领域群星璀璨、学派最多的流派，该流派包括：(1)门格尔、维塞尔和庞巴维克代表的奥地利学派；(2)瓦尔拉斯和帕累托代表的洛桑学派，洛桑学派和杰文斯又形成数理学派，而与以奥地利学派为代表的心理学派珠联璧合；(3)克拉克代表的美国学派；(4)维克塞尔代表的瑞典学派；(5)马歇尔代表的剑桥学派；(6)杰文斯、门格尔和瓦尔拉斯于19世纪70年代初，几乎同时独立发现边际效用论基本原理，因而成为所谓"边际革命"的始作俑者；(7)劳埃德、朗菲尔德、古尔诺、杜皮特和戈森等经济学家则是边际效用论的先驱。那么，究竟何谓边际效用论？

赫奇逊界定边际效用论时强调，边际效用论的特征，与其说是效用价值论，不如说是边际主义："'边际效用'这个词里重要的部分是那形容词，而不是那名词。"[①]确实，边际效用论固然属于效用价值论范畴，却是一种极其特殊的效用价值论，是认为商品价值仅仅决定于商品的一种极其特殊的效用——边际效用——的价值理论，是认为商品价值决定于商品的边际效用的价值理论，是认为商品价值决定于商品最后的单位增量的效用的价值理论，是认为商品价值决定于最后增加的那个单位商品的效用的理论。因此，边际效用论确为真理，却缘何颇受非议？不论中西，最主要、最普遍、最致命的批评，无疑在于指责边际效用论是一种主观价值论、主观论的价值理论或主观主义价值论。

---

① 布莱克等编：《经济学的边际革命》，166页，商务印书馆，1987。

果真如此,那它就是谬论而不是真理了。那么,边际效用论究竟是不是主观论或主观主义的价值理论?

所谓主观主义价值论,如所周知,就是认为价值的源泉是主体的需要和欲望的理论,就是认为价值完全是主观的理论,就是认为价值完全依人的意志而转移的理论。边际效用论的根本特征,则在于认为商品价值决定于商品的边际效用。因此,问题的关键在于:商品边际效用究竟是不是一种完全主观的东西?答案是否定的。因为所谓主观和客观无疑具有双重含义:一方面,主观指意识、精神,客观指意识或精神之外的事实和事物;另一方面,主观指事物的依人的意志而转移的属性,客观指事物的不依人的意志而转移的属性。就第一种含义来看,商品边际效用不是商品事实属性,而是商品的事实属性对主体或人的需要和欲望的效用。因此,边际效用便由商品事实属性与主体需要或欲望两方面构成:商品事实属性是边际效用产生的源泉和存在的载体、本体、实体,可以名之为"边际效用实体";主体或人的需要和欲望则是边际效用从商品事实属性中产生和存在的条件,是衡量商品事实属性的边际效用之有无、大小、正负的标准,可以名之为"边际效用标准"。因此,边际效用决不是一种完全主观的东西,而是一种基于客观的主客统一物,就其存在的源泉和实体来说是商品的事实属性;就其存在的条件和标准来说是主观的心理欲望。

就主观和客观的第二种含义——是否依人的意志而转移——来看,边际效用也是这样一种基于客观的主客统一物。因为依据是否依人的意志而转移,需要或欲望可以分为主观与客观两类。所谓主观需要或欲望,也就是依人的意志而转移的需要或欲望,说到底,也就是特殊需要或欲望。因为每个人的特殊的需要或欲望,如打扑克和下象棋等,显然都是偶然的、可变的、可以自由选择的,因而具有依自己的意志而转移的主观性。主体特殊需要的主观随意性,决定了边际效用具有主观随意性:满足主体特殊需要或欲望的边际效用就是主观的、特殊的边际效用。

但是,另一方面,边际效用又具有客观性,因为存在着客观的普遍的需要和欲望:"口之于味,有同嗜焉。"所谓客观需要,就是不依人的意志而转移的需要,说到底,就是主体或人的普遍需要。人的普遍的需要和欲望原本都是必然的、不可改变的、不能自由选择的,因而具有不依人的意志而转移的客观性。举例说,每个人都具有饮食男女需要。这种普遍需要之所以是每个人都具有的,岂不就是因为它是客观的、必然的、不依人的意志而转移的吗?主体普遍需要或欲望的客观性决定了边际效用具有客观性:满足主体普遍需要或欲望的边际效用就是客观的、普遍的边际效用。

边际效用之所以是客观的,还因为边际效用的源泉和实体,乃是商品的不依人的意志而转移的事实属性:边际效用乃是商品的事实属性对于主体的需要或欲望的效用。商品的事实属性是不依赖主体的需要或欲望而存在的。白菜的边际效用,并不仅仅取决于人们的口味,更重要的,还取决于白菜所具有的那些不依人的意志而转移的事实的属性,如含有蛋白质、脂肪、碳水化合物、钙、胡萝卜素、核黄素等。如果白菜没有这些属性,而具有其他一些事实属性,比如说,乙肝病毒和艾滋病病毒,我们还能说白菜有用吗?即使一个人不喜欢吃白菜,白菜对于他也是具有营养效用的。所以,白菜因其含有蛋白质、脂肪、碳水化合物等事实属性而具有的效用性,是不依赖主体的口味、嗜好、欲望、愿望而转移的,因而是客观的。

可见,边际效用决不是一种完全主观的东西,而是一种基于客观的主客统一物:就其存在的源泉和实体来说,是商品的客观的事实属性;就其存在的条件和标准来说,是主观的心理欲望。于是,一方面,边际效用便因其标准(主体的需要和欲望)具有特殊性,而是特殊的、依人的意志而转移的,亦即主观的特殊的边际效用,可以称为主观使用价值:主观使用价值就是满足主体特殊需要或欲望的边际效用,就是特殊的、依人的意志而转移的边际效用。另一方面,边际效用又具有不依人的意志而转移的客观性和普遍性,亦即客观的普遍的边际效用。因为不但边际效用的实体和源泉(商品的事实属性)是客观的、不依人的意志而转移的,而且它的标准(主体的需要和欲望)具有普遍性,遂使边际效用也是客观的、必然的、不依人的意志而转移的。这种边际效用叫作客观使用价值:客观使用价值就是满足主体普遍需要或欲望的边际效用,就是客观的、普遍的、必然的、不依人的意志而转移的边际效用。交换价值的源泉和实体,无疑是客观的普遍的使用价值而不是主观的特殊的使用价值,说到底,无疑是客观的普遍的边际效用而不是主观的特殊的边际效用。

边际效用的这种不依人的意志而转移的客观性与普遍性的典型表现,无疑是"戈森定律"或"戈森需要饱和定律"、"边际效用递减规律"、"边际产量递减规律"、"替代规律"和"成本定律"。因为所谓规律或定律,岂不就是不依人的意志而转移的客观的与普遍的东西吗?特别是边际效用论的成本定律——边际效用与边际成本应该且必然相等——最能够显示边际效用的客观性和普遍性。因为商品的最根本的事实属性，说到底，无疑是所谓生产成本，亦即商品所凝结或耗费的生产要素：劳动、资本与土地。边际效用不依人的意志而转移的客观性和普遍性，说到底，就是边际效用必然被生产成本等商品的事实属性所决定。因为，正如萨缪尔森所言，在自由竞争条件下，边际效用与边际成本必然相等："ⓐ当消费者达到最大满足时，边际效用恰好等于价格。ⓑ当竞争的生产者供给物品时，他们选择使边际成本恰好等于价格时的产量。ⓒ因为 MU＝P 且 MC＝P，所以 MU＝MC。这样，在完全竞争条件下，生产某一物品的边际社会成本，正好等于以物品或是以所放弃的闲暇来衡量的边际效用价值。"①

可见，边际效用论决非主观主义价值论。因为边际效用的客观性与普遍性表明，边际效用论将价值归结为边际效用，决不意味价值的源泉是主体的需要和欲望，决不意味价值完全是主观的，决不意味价值完全依人的意志而转移。那么，边际效用论是否属于客观论价值理论？答案是肯定的。因为围绕价值——包括商品价值和道德价值等一切价值——的本质问题，形成了四大哲学价值理论："客观论"、"实在论"、"主观论"和"关系论"。

与主观论或主观主义价值论相反，客观论或客观主义价值论乃是一种认为价值存在于客体之中的理论。客观论可以分为两派。一派是温和客观论，其代表人物有柏拉图、亚里士多德、阿奎那、沙夫兹伯利、赫奇逊、康德、歌德、黑格尔、摩尔和罗尔斯顿等。在温和客观论看来，价值存在于客体之中；但是，离开主体，客体自身并不存在价值：客体是其存在的源泉；主体是其存在的条件。这一点，罗尔斯顿说得最清楚："观赏建构了花的价值，这种价值不是某种与人的观赏无关的、早就存在于花中的价值。但它仍然是这样一种价值：它们虽然表现为人的主观意识的产物，却仍然是客观地附丽在绽开于草丛中的鲜花身上的。"②

极端客观论则认为价值是客体的一种可以离开主体而独立存在的事实，因而叫作"实在论"。邦德、布云克、威根斯、麦克道尔、博伊德、斯图尔根、麦考德、普来特斯以及乔德，都属于实在论。他们正确地看到：价值存在于客体中。但是，他们却否认主体的需要——及其转化形态——是价值存在的条件，

① Divid Ricardo, *Principles of Political Economy and Taxation*, London: George Bell and Sons, 1908, p. 15.

② 罗尔斯顿：《环境伦理学》，153 页，中国社会科学出版社，2000。

认为价值并不依赖主体的需要、欲望、目的而为客体独自具有，是客体的一种可以离开主体而独立存在的事实，是一种实在，是客体固有或事实属性。这一点，邦德讲得最清楚："一切价值都是客观的，也就是说，它们是独立于欲望和意志而存在的。……价值是一种独立的存在。在这个世界上，即使没有人，即使没有有意识、有食欲的力量，价值也能够独立存在。"①

马克思的劳动价值论无疑属于实在论的价值论。因为马克思认为商品价值就是凝结在商品中的一般的无差别的人类劳动或抽象的人类劳动。商品中凝结的人类劳动，它的存在显然并不依赖于人的需要，甚至也不依赖于人。一件金首饰所凝结的人类劳动，即使人类灭亡了，它也照样凝结在该金首饰中。因此，商品中凝结的人类劳动，乃是商品的不依赖人的需要而存在的属性，是一种独立于人而存在的实在，是商品的固有属性或事实属性。这样一来，如果商品价值是凝结在商品中的人类劳动，岂不意味着商品价值是商品的固有属性或事实属性？是的，马克思确实认为价值是商品的固有属性或事实属性："生产使用物所耗费的劳动，表现为这些物固有的性质，即它的价值。"②

关系论是认为价值存在于客体与主体的关系之中的价值理论。关系论观点的代表有文德尔班、兰菲尔德、朱光潜等。关系论貌似真理，因为它正确地看到"在孤立的主体或客体身上都不存在着价值"③，于是便得出结论说：价值必产生于、存在于客体与主体的关系之中，是一种主客关系。文德尔班写道："价值决不是作为客体自身的某种特性而被发现的。它存在于与某个欣赏它的心灵的关系之中。"④

不难看出，唯有温和客观论是真理。因为事实确如温和客观论所言，价值存在于客体之中，但是，离开主体，客体自身并不存在价值：客体是价值存在的源泉；主体是价值存在的条件。反之，实在论或极端客观论和主观论以及关系论都是夸大客观论这一真理的某些方面而导致的错误。实在论夸大价值产生的源泉和存在的实体方面，因而只看到客体是价值产生的源泉和存在的实体，而抹杀主体是价值产生的条件和存在的标准，从而误以为价值是客体的一种可以离开主体而独立存在的事实；主观论则夸大价值产生和存在的条件方面，

---

① E. J. Bond, *Reason and Value*, Cambridge University Press, 1983, pp. 84 - 85.
② 马克思：《资本论》，第1卷，39页，中国社会科学出版社，1983。
③ 李德顺：《价值论》，124页，中国人民大学出版社，1987。
④ 罗尔斯顿：《环境伦理学》，150页，中国社会科学出版社，2000。

因而把价值产生和存在的条件当作了价值产生和存在的源泉，从而误以为价值存在于主体中；关系论则把“价值是客体的关系属性”夸大成“价值是客体与主体的关系”，把“价值是客体在与主体发生关系时产生的”夸大成“价值是在客体与主体的关系中产生的”，从而误以为价值产生于、存在于主客关系，是一种主客关系。

显然，边际效用论与劳动价值论一样，都属于客观论范畴。但是，边际效用论不是极端客观论或实在论，而是温和客观论。因为边际效用论将商品价值归结为商品的边际效用，意味着：商品价值虽然存在于商品的事实或固有属性之中，却并不是商品的事实属性或固有属性，而是商品的事实属性和固有属性对主体或人的需要的效用，因而与事实或固有属性恰恰相反，乃是商品依赖人的需要而具有的属性，是商品的事实属性或固有属性与主体的需要发生关系时所产生的属性，是商品的关系属性。因此，离开主体或人的需要，商品自身便不具有价值；只有当商品事实属性与主体或人的需要发生关系时，商品才具有价值。这样，商品价值便由商品事实或固有属性与人或主体需要两方面构成：商品事实或固有属性是价值存在的源泉和实体；人的需要是价值存在的条件和标准。这不正是典型的温和客观论吗？

这就是为什么熊彼特将边际效用论取代马克思和古典经济学派的劳动价值论，比作日心说取代地心说：“日心说取代地心说和边际效用理论取代‘古典经济学说’，是同一种类的业绩，两者实质上都是通过简化和统一来改造原有的理论。这种对比使我们感到荒谬，只是因为天文学和经济学的知识地位不同。”[①]诚哉斯言！因为经济学的基石、根本和核心问题无疑是价值与价格；而价格不过是价值的表现、规定和确定，不过是人们根据商品价值就商品相交换的量的关系或比例所制定——有意识制定或无意识约定俗成——的契约。因此，经济学的基础和核心，说到底，乃是价值问题。这样一来，一种经济学是否科学，说到底，便取决于它的价值理论是否科学：基于劳动价值论等错误的价值理论的经济学，不可能是科学的经济学；唯有基于科学的价值理论——亦即边际效用论——的经济学，才可能是科学的经济学。因此，边际效用论的发现乃是经济学的革命，边际效用论堪称是划时代——亦即开辟科学的经济学时代——的伟大理论。

---

① 熊彼特：《经济分析史》，第三卷，251 页，商务印书馆，1991。

思考题:

1. 马克思坚信等价交换是一切商品交换——工资与劳动或劳动力交换也不例外——的内在规律,因而是剩余价值理论的根据和起点:"货币转化为资本,必须根据商品流通的内在规律来加以说明,因此,等价物的交换应该是起点。我们那位还只是资本家蛹的货币所有者,首先必须按照商品的公平的价值购买商品,然后按照商品的价值出卖商品,但最后,他必须取出比他预付的价值更大的价值。"然而,问题在于:等价交换是一切商品交换——不论自由竞争还是垄断——的内在规律吗?

2. 有两棵在一块土地生长的同样可卖100元的树:一棵是农民买树苗栽种的;一棵完全是自然长成的,没有花费一点儿劳动。这两棵树的交换价值是否相同?劳动价值论的回答是否定的:只有农民栽种的树有交换价值,而那棵自然长成的树没有交换价值。这种观点能成立吗?

3. 马克思认为只有劳动才能创造价值,而机器等生产工具只能转移价值:机器等生产工具加到产品上的价值只是自身所消耗掉的价值。可是,我们能说收割机和播种机只能转移价值,而只有农民刀割火种才能创造价值吗?我们能说收割机和播种机加进产品中的价值只是本身所消耗掉的价值,没有形成一个价值增额或新价值,而只有农民刀割火种才能形成一个价值增额或新价值吗?

第八章 理想国:共产主义

提要 国家制度价值标准与社会发展规律以及人性定律,乃是共产主义制度科学假设的三个前提:马克思历史唯物主义所揭示的社会发展规律与儒家所发现的“爱有差等”的人性定律是共产主义制度科学假设的依据;公正与平等以及人道与自由等国家制度价值标准是共产主义制度科学假设的标准。从此出发,便可以科学假设:共产主义经济制度除了具有公认的公有制和高度发达的生产力特征之外,必定还具有两个特征,亦即按劳分配和没有政府管制的市场经济。因为,一方面,“爱有差等”的人性定律,决定了共产主义仍然是一种计较利益得失的社会,因而实行按需分配——而不是按劳分配——必定导致经济不公,违背经济公正等国家制度价值标准。另一方面,如果废除市场经济,必定违背经济自由等国家制度价值标准;因为人类社会只有一种经济形态,亦即没有政府管制的市场经济,符合经济自由等国家制度价值标准,其他一切经济形态(计划经济和自然经济以及存在政府指挥的市场经济或混合经济)都或多或少违背经济自由等国家制度价值标准。

导 言

资本主义是资本支配和剥削雇佣劳动从而攫取剩余价值的经济制度,意味着,资本主义国家制度虽然远远优良于奴隶制和封建制,却仍然违背国家制度价值标准。它既不公正和平等,亦不人道和自由,更违背最大多数人最大利益终极标准,因而仍然是一种不理想的、强制、异化、不公正、非人道、恶的、坏的、不应该的和具有负价值的国家。这样一来,理想的好的国家制度也就只能是共产主义了。确实,共产主义,就其实质来说,并不是事实,而是应该,是理想的好的社会制度。这种理想的社会制度之所以叫作共产主义,就是因其最根本的特征,乃是消除阶级和剥削,实现经济公正和经济自由,因而必须废除私有制而代之以公有制:生产资料私有制或经济权力垄断是阶级和剥削之根源。

但是,共产主义毕竟是一种未来的理想的国家制度。因此,关于共产主义国家究竟如何,难免仁者见仁,智者见智,众说纷纭,莫衷一是。特别是,共产主义理想源远流长,流派众多,歧义丛生,堪称富有争议的人类思想理论之最。从柏拉图的理想国和孔夫子的大同社会,到今日世界各国的社会主义理论,对共产主义社会的构想真可谓五花八门、形形色色。那么,究竟怎样的共产主义假设才是科学的?

国家制度,如前所述,虽然都是人制定的、约定的,但是,只有恶劣的、坏的、不应该的和具有负价值的国家制度才可以随意制定、约定。反之,理想的、优良的、应该的、好的或具有正价值的国家制度决非可以随意制定,而只能通过国家目的(国家制度价值标准),从人性与社会发展规律等国家事实如何的客观本性(国家制度价值实体)中推导、制定出来。因此,国家制度是否优良、理想,直接说来,取决于是否符合国家目的或国家制度价值标准,归根结底,取决于是否符合人性和社会发展规律。符合国家制度价值标准和人性以及社会发展规律,就是理想的、好的、应该的、正确的、善的和具有正价值的国家制度;违背国家制度价值标准和人性以及社会发展规律,就是坏的、不应该的、错误的、恶的和具有负价值的国家制度。

这意味着,国家制度价值标准和人性以及社会发展规律乃是对共产主义——理想国家制度——进行科学假设的三个前提:国家制度价值标准是共产主义制度科学假设的标准;人性和社会发展规律则是共产主义制度科学假设的双重依据。准此观之,按需分配违背爱有差等的人性定律;计划经济违背经济自由等国家制度价值标准;生产力不发达的共产主义违背经济制度具有历史必然性的社会发展规律。三者都是坏的、不应该的、错误的、恶的和具有负价值的国家制度,因而不可能是共产主义制度。因此,共产主义经济制度除了公认而毋庸赘述的公有制和高度发达生产力特征之外,必定还具有两个亟待证明的特征:按劳分配与市场经济。

一、按劳分配

1. 按需分配:共产主义社会不公正的分配原则

按照马克思——以及绝大多数空想社会主义者——的观点,共产主义社会的分配原则是按需分配,它是使每个人的需要同等得到满足从而达到事实平等和真正公正的原则。[①] 殊不知,按需分配绝对不是公正原则,却也未必是不公正原则。它究竟是个什么原则,取决于实行它的社会究竟是一个什么样的社会:是"以爱为基础的社会"还是"以利益为基础的社会"?如果是一个以利益为基础的社会,那么,社会的全体成员相互间的基本的、主要的和起决定性作用的联系便是利益而不是爱,因而该社会的成员便会计较利益得失。这样一来,贡献较多而需要较少者也就不会把自己按照公正原则所应分有的较多权利自愿转让、馈赠给贡献较少而需要较多者。因此,如果实行按需分配便是对贡献多而需要少者所应多得的权利的强行剥夺,便侵犯了贡献多需要少者的权利,因而是不公正的。所以,按需分配如果实行于以利益为基础的社会,便是个不公正的原则。

如果是以一个爱为基础的社会,那么,该社会成员相互间的基本的、主要的和起决定性作用的联系是爱而不是利益,因而该社会的成员便都不会计较利益得失,而会心甘情愿按需分配。这样,虽然贡献多需要少者分有较少权利,而贡献少需要多者却分有较多权利,却并非不公正。因为贡献多需要少者是出于对贡献少需要多者的爱,而完全自愿按需分配,因而也就是自愿把自己按照公正原则所应多得的权利转让、馈赠给了贡献少需要多者。反之,贡献少需要多者也就只是接受而并未侵犯贡献多需要少者所转让、馈赠的权利。因此,按需分配如果实行于以爱为基础的社会,便是个高于公正、超越公正而无所谓公正不公正的人道或仁爱原则。

因此,问题的关键全在于:共产主义社会究竟是以爱还是以利益为基础?诚然,共产主义社会人的道德觉悟极大提高,人们相互间的爱和无私利他行为远远多于今日的我们。但是,无论他们道德觉悟何等高,无论他们的爱何等

---

① 《马克思恩格斯选集》,第 3 卷,12 页,人民出版社,1973。

多，他们的爱也不可能不是对快乐和利益的心理反应：给他们快乐和利益，他们不可能不爱；给他们痛苦和损害，他们也不可能不恨。既然对于共产主义社会的人来说，爱也是对给予自己利益和快乐的东西的心理反应，那么，谁给他的利益和快乐较少，他对谁的爱必较少，谁给他的利益和快乐较多，他对谁的爱必较多，说到底，他对他自己的爱必最多：自爱必多于爱人，为己必多于为人；每个人必定恒久为自己，而只能偶尔为他人。这就是“爱有差等”之人性定律。这一定律意味着，它是一切人——不论是古代人还是现代人抑或将来人——的共同的普遍的本性，因而也同样是共产主义社会人的本性。

共产主义社会每个人必定自爱多于爱人、为己多于为人，显然意味着：共产主义社会，不论人们如何相爱，也必定会计较利害得失，是一种以利益为基础的社会，而不可能不计较利害得失，不可能是以爱为基础的社会。显然，任何较大的社会，任何国家——国家是最大的社会——都只能是以利益为基础的社会，而不可能是以爱为基础的社会。国家的发展规律是越来越少，因而也越来越大。共产主义国家将是人类历史上最大的国家——亦即只有一个主权和一个世界政府的全球国家——它不可能像莫尔设想的那样，是个以爱为基础的大家庭。那终生不会相见的广大社会成员相互间怎么能够像夫妻父母子女那样恩恩爱爱不计较利益呢？共产主义社会只是生产资料公有，而消费资料却仍然私有制、个人所有制，是“在协作和共同占有包括土地在内的一切生产资料的基础上，重新建立劳动者的个人所有制”[①]。试问，这样一种消费资料个人所有制的社会怎么可能不是以利益为基础呢？以爱为基础的社会岂不只可能存在于那种共有消费资料的家庭式的极小的社会单位吗？这就是为什么马克思、恩格斯将那种认为共产主义社会是以爱为基础的观点叫作“爱的呓语”。[②]

既然共产主义社会仍然是一种以利益——而不是以爱——为基础的社会，那么，按需分配便会侵犯、剥夺需要少而贡献多者按照公正原则所应该多得的权利，因而便是个不公正的原则了。诚然，如果共产主义社会产品极大丰富，以至谁需要什么，便可以分配给他什么，而决不会因此影响别人需要的满足，每个人的需要都可以得到充分的完全的满足，那么，实行按需分配确实不

① 《马克思恩格斯选集》，第 2 卷，412 页，人民出版社，1995。

② 《马克思恩格斯全集》，第 3 卷，275 页，人民出版社，1971。

会侵犯和剥夺需要少而贡献多者的权利，不会侵犯和剥夺任何人的权利，因而也就不会是不公正的。就像今日社会，虽然以利益为基础，但空气极大丰富，谁需要呼吸多少就可以呼吸多少，而决不会侵犯和剥夺别人呼吸的权利，每个人呼吸空气的需要都可以得到充分的完全的满足，因而“按需要呼吸空气”也就不会是不公正的。

马克思——以及莫尔、摩莱里、欧文等空想社会主义者——所设想的正是这样的共产主义社会。然而，这样的共产主义社会纯属空想，是不可能存在的。不可能存在每个人的需要都得到充分、完全满足的社会，更不用说充分满足之后还有极多的剩余产品了。因为需要是生产的动因，是社会发展的动因。生产的发展永远落后于需要的增长，每个人的需要注定都永无充分、完全满足之时，否则，社会便不可能发展了。共产主义社会产品固然极大丰富，财富的一切源泉都充分涌流，但水涨船高，每个人的需要也极大提高，因而永远不可能得到完全满足。

既然共产主义社会每个人的需要决不可能完全满足，广大社会成员相互间的基本联系又仍然是利益而不是爱，那么，实行按需分配便会侵犯和剥夺需要少而贡献多者按照公正原则所应得的较多的权利，因而便是不公正的。因此，共产主义社会决不应该实行按需分配，按需分配在共产主义社会是一种不公正不道德的恶的分配原则。那么，共产主义社会究竟应该实行怎样的分配原则？应该按劳分配。

2. 按劳分配：共产主义社会公正的分配原则

毋庸赘言，所谓分配，也就是对于物质财富的分配，说到底，是对产品的分配。不言而喻，每个人只有为社会贡献产品，社会才有产品分配给每个人。社会分配给每个人的产品，无非是每个人所贡献的产品，无非是每个人所贡献的产品之交换而已。准此观之，便应该按照每个人所贡献的产品的交换价值，而分配给他含有等量交换价值的产品，亦即等价值分配、等价分配或等值分配，等价分配是分配领域的公正原则。

因为，正如柏拉图所指出的，善有善报和恶有恶报便是所谓的公正。① 善有善报是等利交换；恶有恶报，是等害交换，公正就是等利交换与等害交换，就

---

① 柏拉图：《理想国》，8页、13页，商务印书馆，1994。

是等利害交换，就是同等利害相交换的行为。这意味着，公正有正反两面：等利交换是正面的、肯定的、积极的公正；而等害交换则是反面的、否定的、消极的公正。这样一来，等价交换与等价分配显然不过是等利交换的公正原则在交换和分配两大领域的表现和实现：等价交换是商品交换的等利交换原则，是物质财富或产品交换领域的等利交换原则，是交换的公正原则；等价分配是物质财富或产品分配领域的等利交换原则，是分配的公正原则。

问题的关键在于，共产主义社会生产资料公有，因而劳动便是创造和决定交换价值的唯一源泉或实体。因为生产资料——资本和土地等自然资源——公有制，显然意味着：每个人使用资本和土地等自然资源，就如同使用自己的东西一样，都无需代价，都是无偿的；只有劳动才是个人私有的，因而只有劳动才是有偿的，才是需要支付代价的。这样一来，资本、土地和劳动固然是创造产品价值——使用价值与交换价值——的三个源泉和实体，[①]但在共产主义社会，产品的交换价值却显然与资本和土地等无需支付代价的公有物无关，而仅仅决定于需要支付代价的劳动，劳动是创造和决定交换价值的唯一的源泉或实体。

产品的交换价值实体是产品中所凝结的一般人类劳动，意味着：产品的交换价值量决定于产品的创造所需要的社会必要劳动时间。于是，在共产主义社会，最终说来，一方面，便应该按照每个人所提供的产品的社会必要劳动时间进行交换：等劳交换。另一方面，则应该按照每个人所提供的产品的社会必要劳动时间，分配给他含有等量社会必要劳动时间的产品：按劳分配。因此，正如等价交换说到底就是等劳交换一样，等价分配说到底也就是按劳分配，也就是按照每个人所提供的产品的社会必要劳动时间而分配给他含有等量社会必要劳动时间的产品，等价分配与按劳分配是同一概念。因此，分配领域的公正原则，说到底，乃是按劳分配，亦即按照每个人所提供的产品的社会必要劳动时间而分配给他含有等量社会必要劳动时间的产品。

这样，按劳分配或等价分配便使每个人贡献了包含多少社会必要劳动时间的产品，最终就可以得到包含多少社会必要劳动时间的产品，便使每个人创

① 商品中所凝结和耗费的生产三要素——劳动、资本和土地——是交换价值的源泉和实体：它们是使用价值的直接的源泉和实体，是交换价值的间接的、终极的源泉和实体，从而也就是商品一切价值的源泉和实体。（见本书第七章“商品价值”部分）

造了多少价值的财富，最终就可以得到多少价值的财富。因此，按劳分配是丝毫不存在所谓的剩余价值和剩余劳动——亦即剩余价值和剩余劳动丝毫也不会被别人无偿占有——的分配，是完全和彻底消除了剥削和经济异化的分配，是共产主义国家的公正的和唯一道德的、善的、应该的分配原则，是共产主义国家最高级、最美好的分配原则。

3. 驳论：按劳分配所体现的资产阶级法权

马克思认为，按劳分配所体现的原则与商品等价交换中所体现的原则一样，都是等量劳动相交换；这种等量劳动相交换的平等权利仍然是资产阶级法权。[①] 这种平等权利之所以是资产阶级法权，不仅因为它是资本主义法律所承认的权利，更重要的，是因为“这个平等权利还仍然被限制在一个资产阶级的框框里”[②]，亦即具有资产阶级的特点，属于资产阶级所特有的平等权利。这种资产阶级平等权利的特点就在于，它不是事实平等，不是真正的平等，不是实际的、实质的平等，不是内容的平等，而只是一种形式的平等：“就它的内容来讲，它像一切权利一样，是一种不平等的权利。”[③]只有按需分配才完全超出了资产阶级法权的狭隘眼界，因为按需分配所体现的平等，是需要满足的平等，亦即每个人的需要都得到平等的满足。这种平等是事实平等，是内容的、实际的、实质的、真正的平等：“从形式上的平等转到事实上的平等，即实现‘各尽所能，按需分配’的原则。”[④]

马克思的这种观点能成立吗？答案是否定的。试想，美国和英、法、瑞典等资本主义民主宪法和法律赋予每个人都同样拥有的选举权、言论自由权、结社集会权、公民权等，堪称资本主义平等权利，我们能说这种平等权利只是形式平等，而不是事实平等吗？恰恰相反，所有社会主义国家——中国除外——宪法和法律所赋予的平等权利，如选举权、公民权、言论自由权和结社集会权等，恰恰不是事实平等，不是真正的平等，而只是一种形式的平等。因此，断言“形式平等与事实不平等”是资本主义或资产阶级法权特征，岂不十分荒谬可笑？

① 《马克思恩格斯选集》，第3卷，11页，人民出版社，1972。

② 同上。

③ 同上。

④ 《列宁选集》，第3卷，257页，人民出版社，1972。

按需分配的平等与按劳分配的平等的关系，决非事实平等与形式平等的关系，而是仁爱或人道的平等与公正的平等的关系，是仁爱或人道与公正的关系。因为按劳分配是计较利益得失的公正原则；而按需分配则超越和高于公正，是不计较利益得失的仁爱或人道原则，是人类社会最崇高、最美好的分配原则。因此，按需分配的平等固然超越和高于按劳分配的平等，是人类最美好、最完美、最理想的平等，但是，按劳分配的平等却是价值更根本、更大、更优先的平等。因为人道或仁爱原则固然高于公正原则，却没有公正原则根本和重要，因而当二者发生冲突时，应该牺牲人道或仁爱原则而保全公正原则。

试想，为什么按需分配只应该实行于以爱为基础的社会（如父母与子女构成的小家庭）？只是因为在这种社会，贡献多而需要少者，是出于对贡献少而需要多者的深情挚爱，而自愿把自己按照按劳分配的公正原则所应多得的权利转让、馈赠给贡献少而需要多者。所以，按需分配如果实行于以爱为基础的社会，虽然不是公正的，但也不是不公正的，而是一个高于公正、超越公正因而无所谓公正不公正的仁爱或人道原则。这就是按需分配的人道或仁爱原则应该实行于以爱为基本联系的社会的依据，它并不违背任何公正原则。

然而，如果一个社会，比如某工厂，它的全体成员的基本联系是各自的利益，而不是相互间的爱，那么，该社会的成员便会计较利益得失。如果实行按需分配，便是对贡献多而需要少者的按照按劳分配原则所应多得的权利的强行剥夺，是不公正的。这样，按需分配的仁爱或人道原则便与按劳分配的公正原则发生了冲突。在这种情况下应该怎么办？显然应该违背仁爱或人道原则而放弃按需分配，从而遵循按劳分配的公正原则。这就是按需分配之仁爱或人道原则不应该实行于以利益为基本联系的社会的依据，它违背了按劳分配的公正原则，是不公正的。

可见，实行按需分配的仁爱或人道的平等是以不违背公正原则为条件的。按需分配的平等只有当其不违背按劳分配的平等之公正原则时，才应该实行；而当其违背按劳分配公正原则时，则应该遵循按劳分配的公正原则，而牺牲按需分配的人道原则。因此，按需分配的满足平等虽然超越和高于按劳分配的权利平等，是人类最美好、最完美、最理想的平等，按劳分配的权利平等却是价值更大、更根本、更优先的平等。因此，决不能说按需分配是内容平等、实质平等和真正平等，而按劳分配并非真正平等，并非实质的、实际的平等，仅仅是形式平等。按劳分配与按需分配乃是公正与人道的关系，而并不存在形式与内容、现象与实质以及名义与实际的关系。

马克思的错误无疑在于,只看到按需分配的平等超越和高于按劳分配的平等,是人类最美好、最完美、最理想的平等,是人类社会最美好的分配原则,却既没有看到按劳分配的平等是更根本、更重要、更优先的平等,又没有看到共产主义虽系人类最美好的社会,社会成员相互间却必定仍然计较利益得失,进而将"人类社会最美好的分配原则"与"人类最美好的社会(共产主义)的分配原则"混同起来,误以为按需分配是人类最美好的社会(共产主义)的分配原则,误以为不计较利益得失的按需分配超越了——而计较利益得失的按劳分配没有超越——资产阶级法权的狭隘眼界。殊不知,一方面,按需分配及其平等是不计较利益得失的社会(如父母子女小家庭)的仁爱原则和计较利益得失的社会(共产主义等所有国家)的不公正原则;另一方面,按劳分配及其平等是共产主义国家公正的和唯一善的分配原则。

二、市场经济

1. 市场经济:唯一符合国家制度价值标准的经济形态

如果说共产主义经济制度的根本特征是公有制,高度发达的生产力是这种制度的唯一经济基础,实行按劳分配,那么,共产主义经济形态究竟如何?是商品经济或市场经济——二者是同一概念——还是计划经济?马克思、恩格斯与莫尔、康帕内拉、摩莱里等众多空想社会主义者一样,认为共产主义社会已经不存在商品交换,因而也就不存在商品经济或市场经济,共产主义必定且应该实行计划经济。①

然而,共产主义的经济形态究竟是不是计划经济,无疑取决于计划经济是不是理想的经济形态。因为共产主义乃是完全符合国家制度价值标准——国家制度根本价值标准"公正与平等"和国家制度最高价值标准"人道与自由"以及国家制度终极价值标准"增减每个人利益总量"——的理想社会。因此,共产主义的经济形态,不论如何,必非强制的、不自由、不公正、不平等和非人道的经济类型,而无疑是人道的、自由的、公正的经济形态,在这种经济形态中,

---

① 马克思:《资本论》,第3卷,436页,人民出版社,1958。

每个人都平等享有经济自由和经济公正权利。准此观之，共产主义社会的经济形态决非计划经济，而必定是市场经济。

因为人类社会的经济形态虽然纷纭复杂，但总而言之，无非自然经济与交换经济；后者又分为计划经济与市场经济。至于商品经济，则与市场经济是同一概念。因为商品经济也就是市场配置资源的经济，因而也可以叫作市场经济。只不过，商品经济有两个定义："商品经济是市场配置资源的经济"是以经济运行的手段的特征为根据的定义；"商品经济是为了交换价值而发生的经济"是以经济运行的目的特征为根据的定义。这样一来，经济形态实际上便分为自然经济、计划经济与市场经济（或商品经济）三类。

所谓自然经济，亦即自给自足经济，其基本的特征在于：生产是为了直接满足生产者个人或经济单位的需要而不是为了交换。那么，在这种经济体制下，每个人是否享有经济自由呢？从人类社会发展史来看，答案基本是否定的。因为如所周知，典型的自然经济乃是奴隶社会和封建社会的经济体制。奴隶社会自然经济的根本特征，是劳动者的人身占有；封建社会自然经济的根本特征，是劳动者的人身依附：二者显然意味着经济奴役、经济不自由。即使自然经济是自由的，如原始社会的自然经济，也决非人类理想社会的经济自由。因为自给自足的经济无论如何自由，都是人类社会效率最低、最低级、最落后的经济体制，它是人类在生产力低下和社会分工不发达的历史阶段所不得不生活于其中的经济形态。

因此，经济学家分析经济形态类型时，大都排除自然经济，而认为只有计划经济与市场经济或商品经济两类。弗里德曼说："根本说来，只有两种方法统筹千百万人的经济活动。一个是包括使用高压政治手段的中央指挥：军队和现代极权主义国家的方法。另一个是个人自愿的结合：市场配置的方法。"[①]那么，究竟哪一种经济体制符合公正与平等以及人道与自由等国家制度价值标准？

市场经济与计划经济同样是自然经济的对立面，都属于"非自然经济"或"交换经济"范畴。二者的根本区别，如所周知，只在于资源的配置者。计划经济亦即统制经济、命令经济，是由政府依靠国家政权掌握资源，决定物价，通过强制命令，亦即指令性计划，来配置资源，解决经济活动的三大问题：生产什么

---

① Milton Friedman, *Capitalism and Freedom*, the University of Chicago Press, 1962, p. 13.

和生产多少、如何生产、为谁生产。相反地,市场经济则是非统制经济、非指令经济,它不是由政府的权力控制,而是通过以价格机制或价值法则为核心的市场机制,自发地调节经济资源在社会生产的各个部门之间的分配,解决经济活动的三大问题:生产什么和生产多少、如何生产、为谁生产。

计划经济是统制经济、命令经济,显然意味着,在这种经济体制下,每个人不可能享有经济自由,他生产什么和生产多少、如何生产、为谁生产都不是由自己决定的。因此,计划经济违背自由竞争或经济自由原则,因而不但是不自由的,而且是非人道、无人权、不公正和低效率的经济形态,计划经济是根本违背国家制度价值标准的经济形态。反之,市场经济是一种没有外在强制的自发的、自愿的经济,意味着在这种经济体制下,每个人都享有经济自由,他生产什么和生产多少、如何生产、为谁生产都是由自己决定的。因此,唯有市场经济才符合自由竞争或经济自由原则,因而不但是自由的,而且是人道的、人权的、公正的和高效率的经济形态,市场经济是唯一符合国家制度价值标准的经济形态。

2. 没有政府管制的市场经济:共产主义经济形态

诚然,问题的关键在于,没有政府的指挥、干预或管制,市场经济仅仅依靠自身是否能够存在发展?答案是肯定的。因为正如斯密所发现,原本有一只"看不见的手"——亦即自由竞争——可以在没有政府的指挥、干预或管制的情况下,导致市场经济资源配置效率最佳,自由竞争乃是实现自由价格和公平价格——避免强制价格和不公平价格——从而导致资源配置效率最佳状态的唯一途径。因为在自由竞争条件下,价格不仅是自由的,而且厂商为了利润最大化,势必将产量确定在边际成本等于价格的产量水平上,公平价格就是与边际成本相等的价格。这样一来,就实现了资源配置效率最佳状态:一方面,厂商因价格等于边际成本而实现了利润最大化;另一方面,消费者因价格等于边际效用而获得了最大满足。[①] 这就是为什么,没有政府的指挥、干预或管制,市场经济能够自发地存在发展。但是,这是否意味着,没有政府的任何管理活动,市场经济也能够自发地存在发展?

---

① Paul A. Samuelson, William D. Nordhaus, *Microeconomics* (16th Edition), Boston: The McGraw-Hill Companies, Inc., 1998, pp. 139 - 140.

否。因为任何社会，小到家庭，大到国家，如果没有道德和法律规范，都是不可能存在发展的。市场经济没有政府的指挥、干预或管制而能够自发地存在发展，无疑以其遵循市场经济道德以及法律为前提，市场经济道德以及法律乃是市场机制有效调节和市场经济存在发展的必要条件。制定市场经济道德以及法律并保障其实行，显然是政府职责之所在。因此，市场经济存在发展固然可以离开政府的指挥、干预或管制，却离不开政府的适当管理活动：制定和保障市场经济道德以及法律的实行。但是，政府对市场经济的管理应该仅仅限于制定和保障市场经济道德以及法律的实行，从而建立完善的市场经济体制，最终保障市场机制有效调控市场经济的存在发展；而决不应该取代和违背市场机制，决不应该指挥、干预或管制市场经济活动。政府应该是并且仅仅是经济活动规范的制定者与仲裁者，而不应该是经济活动的指挥、干预或管制者。这就是政府适当管理的"适当"概念之界限。这也就是经济自由主义名言"政府应该是仲裁者而不应该是当事人"①之真谛。

可是，究竟为什么，政府应该是并且仅仅是市场经济规范的制定者与仲裁者，而不应该是市场经济的指挥、干预或管制者？为什么政府仅仅应该规范——亦即制定市场经济运行规范并保障其实行——而决不应该指挥、管制或干预市场经济？当我们仔细思考这一难题时，不难看出，政府对市场经济的管理原本分为两类。一类是政府对市场经济如何运行的规范、规制或规定，亦即制定和保障市场经济道德以及法律的实行，属于市场经济制度范畴，因而属于纯粹市场经济范畴，并不属于市场经济与计划经济相结合的"混合经济"范畴。另一类则是超出制定和保障市场经济规范实行的管理活动，如对微观经济的管理，因而不妨像西方学者那样，称之为"政府管制"，亦即我们通常所说的政府对市场经济的指挥、干预或管制——指挥与管制或干预在这里是同一概念。因此，政府管制实乃指令经济之本质，乃是政府下达命令和计划，强制市场经济行为者如何进行经济活动。这就或多或少取代和违背了市场机制，特别是违背了"自由竞争"机制和原则，从而导致垄断。因此，政府管制的市场经济不属于纯粹的市场经济范畴，而属于市场经济与指令经济相结合而形成的"混合经济"范畴，通常被叫作"有计划的商品经济"、"政府主导型市场经济"或"以市场为基础的政府导向型市场经济"等。

---

① Milton Friedman, *Capitalism and Freedom*, the University of Chicago Press, 1962, p. 15.

因此，政府对于市场经济的任何指挥、管制或干预便都因其或多或少违背自由竞争或经济自由——从而导致垄断——等国家制度价值标准而是一种恶。它只有在能够带来更大的善（使市场经济更好）或防止更大的恶（市场经济崩溃）的条件下，才是必要恶，才是善的、应该的和具有正价值的。但是，政府管制不可能使市场经济更好。因为唯有自由竞争才能够实现自由价格和公平价格从而导致资源配置效率最佳状态；政府对市场经济的任何指挥、管制或干预，都因其违背自由竞争而必定导致垄断，导致强制价格、不公平价格和低效率，从而只能使市场经济更坏，而不可能使市场经济更好。

这样一来，政府指挥、管制或干预市场经济的正当性的理由，便只能在于防止更大的恶：市场经济崩溃。这一理由意味着，没有政府的指挥、干预或管制，市场经济必定崩溃而不能存在发展。但是，这一理由也不能成立。因为，如上所述，市场经济没有政府指挥、干预或管制，也能够存在发展；没有政府确立和保障市场经济规范，则必定崩溃而不可能存在发展。因此，政府的管理应该只限于确立和保障市场经济规范；除此以外，政府对市场经济的任何管理——亦即政府管制——便都因其违背自由竞争、导致垄断而是一种纯粹恶，是不应该、不正当和具有负价值的。

诚然，市场不是万能的，经济活动中存在着市场失灵的领域，如提供公共物品和调节收入分配以及建立社会保障体系或福利国家制度，这些领域应该由政府承办。这虽然属于经济活动和政府干预经济活动范畴，却显然既不属于市场经济活动，也不属于政府对市场经济的管制、指挥或干预活动，而属于计划经济、指令经济或统制经济范畴。任何计划经济原本都因其违背经济自由等国家制度价值标准而是一种恶。但是，这种提供公共物品和调节收入分配以及建立社会保障体系的计划经济却因为只有它才能实现更大善——满足国民对公共物品的需求和实现公平分配——而是一种必要恶。因此，由政府应该提供公共物品等活动只能得出结论说，计划经济是市场失灵领域的必然的无奈的选择，却得不出政府应该指挥、干预或管制市场经济的结论。

可见，唯有不存在政府指挥、管制或干预的市场经济——亦即自由竞争的市场经济——才能够实现自由价格和公平价格从而导致资源配置效率最佳状态，因而符合国家制度最高价值标准“自由与人道”和国家制度根本价值标准“公正与平等”以及国家制度终极价值标准“增减每个人利益总量”，是唯一好的、理想的、应该的、具有正价值的经济制度，因而是共产主义经济形态；相反地，政府管制的市场经济（亦即所谓混合经济）和计划经济都程度不同地导致垄断、强制价格、不公平价格和低效率，因而都不同程度地违背国家制度最高价值标准“自由与人道”和国家制度根本价值标准“公正与平等”以及国家制度终极价值标准“增减每个人利益总量”，都程度不同地属于不自由、非人道、不公正和低效率的坏经济制度。计划经济是最不自由、最不人道、最不公正、最无效率、最坏、最恶的交换经济制度，它只有在市场失灵领域才因其能够带来更大善而成为必要恶；政府管制的市场经济则介于计划经济与自由的市场经济之间。管制越多，就越加违背自由竞争，就越加垄断，就越加违背自由与人道以及平等与公正等国家制度价值标准，就越无效率，就越减少每个人利益总量而违背国家制度终极价值标准，就越坏、越恶、越不应该、越不正当。塔罗克和克鲁格等经济学家于20世纪70年代开创的寻租经济学系统证明，政府管制之不自由、非人道、不公正、低效率和减少每个人利益总量的最主要的表现，就是寻租：寻租是政府管制市场经济的必然产物。

3. 政府管制的市场经济：寻租现象之因果

界说“寻租”的前提显然是：究竟何谓“租”？“租”的英文是 rent，最初是指地租，亦即使用土地的代价，也就是购买土地使用权的价格。[①] “租”的中文含义也是如此。《说文解字》曰：“租，田赋也。”然而，所谓地租，只是粗略看来，才是使用土地的代价；精确言之，则正如威廉·佩第以来的经济学家——特别是斯密——所发现的，乃是投资土地的超额利润，是投资土地所得到的超过其机会成本的部分，是土地使用者所得到并缴给地主的超额利润，是投资土地所得到并缴给地主的超过其机会成本的余额。[②]

为什么土地产品的价格可能违背平均利润率规律，以至获得超额利润而高于其机会成本？显然是因为土地供给的稀缺性及其所有权和经营权垄断，土地产品的价格是土地供给的稀缺性及其所有权和经营权垄断所导致的垄断价格。因此，斯密说：“作为使用土地的代价的地租，当然是一种垄断价格。”[③]

地租是垄断价格！这就是为什么地租不遵循平均利润率规律而是一种超

---

① 萨缪尔森等：《经济学》，203页，华夏出版社，1999。

② 亚当·斯密：《国民财富的性质和原因的研究》，上卷，137页，商务印书馆，2004。

③ 同上书，138页。

过其机会成本的超额利润,平均利润率规律只是自由竞争——而不是垄断——的规律。反之亦然,商品价格超过其机会成本的原因全在于垄断。因为,如果不是垄断,必是自由竞争,商品价格必定等于其机会成本。因此,“垄断价格”与“超过机会成本的商品价格”原本是同一概念:凡是商品价格超过机会成本,必因垄断;凡是垄断,价格必定超过机会成本。问题的关键还在于,正如穆勒等经济学家所指出的,不独土地,任何一种生产要素、资源或商品都可能在一定时期内供给固定、缺乏弹性、具有稀少性,从而成为一种被垄断的东西。[①]

这样一来,任何一种生产要素、资源或商品的价格,便都可能因其稀少、没有供给弹性而被垄断,以致超过其机会成本。土地产品价格超过其机会成本的余额是土地的租、租金,叫作地租;其他生产要素、资源或商品价格超过其机会成本的余额则是其他生产要素、资源或商品的租、租金,马歇尔称之为“准地租”或“准租”[②],后来学者将地租和准地租合起来而称为“经济租”、“经济租金”,简称为“租”或“租金”。因此,所谓租或租金,亦即经济租,也就是垄断价格的超额利润,是任何一种生产要素、资源或商品因其稀少、没有供给弹性而被垄断,从而价格超过其机会成本的余额,简言之,租就是商品的垄断价格超过其机会成本的余额。于是,所谓创租或设租就是创造垄断、垄断价格和超额利润,就是抑制自由竞争和形成垄断从而造成超过机会成本的差价收入;寻租则是寻求垄断、垄断价格和超额利润,是寻求超过机会成本的差价收入。

准此观之,政府对市场经济的任何管制——亦即政府对市场经济超出制定和保障市场经济规范实行的任何管理活动——既然或多或少都抑制和违背自由竞争,因而都或多或少意味着垄断,意味着创造垄断价格,意味着创造超额利润,意味着创造超过机会成本的差价,说到底,意味着创租、设租和寻租。诚然,并非只有政府管制才产生创租与寻租活动。租金可以分为两类:一类是自然形成的租金,如土地和音乐、表演、绘画、体育等方面的天才因其稀缺本性所形成的差价收入;另一类是人为形成的租金,如企业家的创新和政府管制形成的垄断价格和超额利润。然而,为什么寻租经济学家们将寻租现象仅仅锁定在政府管制?

① 贺卫:《寻租经济学》,84页,中国发展出版社,1999。

② 马歇尔:《经济学原理》,669—670页,华夏出版社,2012。

原来,寻租之所以具有科学研究价值而成为一门科学——寻租经济学——的核心范畴,全在于政府管制所形成的独特的创租与寻租现象:它不但导致极其严重的腐败、不公和低效率,而且以保障市场经济的政府职责之假象出现,因而能够堂堂正正持久地存在、发展和壮大,极大阻碍经济发展和损害国民利益,极具作为一门科学对象加以揭示和研究的价值,构成了与传统经济学所研究的生产性寻利根本不同的领域:非生产性的寻租活动。

寻租经济学通过寻租现象对政府管制所导致的不自由、不公平和低效率进行了具体的经济分析:(1)企业为了获得垄断租,就愿意花费不大于垄断租的成本来游说、疏通和贿赂官员——腐败是寻租最直接的后果——以谋取垄断地位;(2)一旦确立了这一地位,他们就会继续花钱努力保持它;特别是,这种垄断不仅造成低配置效率,而且使企业缺乏动机改进技术、提高产品质量、降低成本、改善服务、增强市场竞争力,造成低效率;(3)当企业间为获得垄断地位的竞争达到均衡状态时,所花费的成本与垄断租相等;(4)失败的众多寻租者所花费的成本;(5)消费者群体阻止垄断价格所耗费的资源;(6)这些资源转移收益的机会成本,特别是用于科研开发和技术创新的机会成本;(7)政府管制所花费的成本;(8)寻租滋生既得利益集团,成为经济发展和社会变革的巨大障碍。

如此等等,寻租造成的损失总共有多大?科兰德尔答道:“大约是我们国民生产总值的50%,并且毫无疑问,估计的寻租福利损失可能超过此数。”[①]据贺卫《寻租经济学》记载,1988年我国租金总额约占国民生产总值的30.06%,以至于贺卫称寻租是“政治和经济生活中的艾滋病毒”[②];而奥尔逊通过《集体行动的逻辑》和《国家兴衰探源》两部论著的研究,甚至得出结论说:如果一个国家不经历战争一类突发性的制度变化——有人称之为“奥尔逊震荡”——就不能打破寻租形成的强大既得利益集团,经济增长必定越来越慢,最终陷于停滞。[③]

可见,寻租经济学充分证明,寻租源于政府管制,源于政府管制因抑制自由竞争而创造的垄断、垄断价格和超额利润,说到底,源于政府管制所创造的超过机会成本的差价:租金。因此,极其严重的腐败、不公、既得利益集团、社

---

① 科兰德尔:《寻租理论导引》,载《经济社会体制比较》,6页,1988(6);科兰德尔:《寻租理论导引》,载《经济社会体制比较》,32页,1988(6)。

② 贺卫:《寻租经济学》,139页,中国发展出版社,1999。

③ 科兰德尔:《寻租理论导引》,载《经济社会体制比较》,6页,1988(6)。

会资源浪费和低效率的原因,直接说来,是寻租;根本说来,则是政府管制。因此,政府管制极大阻碍经济发展和损害国民利益,极端违背国家制度根本价值标准"公正与平等"和国家制度最高价值标准"人道与自由"以及国家制度终极价值标准"增减每个人利益总量",是最根本、最深重、最巨大的纯粹恶。这就是为什么,不但唯有市场经济而且唯有没有政府管制的市场经济,才符合国家制度价值标准而堪称理想的经济制度:共产主义经济制度。

三、全球国家、世界政府与宪政民主

1. 全球国家和世界政府:共产主义国家显著特征

共产主义国家是完全符合国家制度价值标准——公正与人道以及增减每个人利益总量——的理想国家,因而决不仅仅是经济制度完全符合国家制度价值标准,如实行没有政府管制的市场经济、按劳分配和生产力高度发达等;其他方面,如国体和政体,也必定完全符合国家制度价值标准。准此观之,共产主义国家与以往国家根本不同。它必定是一种完成了全球化的国家,亦即只拥有一个主权和一个世界政府的一个包容全人类的全球国家,这就是完全符合国家制度价值标准的理想国家最显著的整体特征。因为,如前所述,人乃是社会动物,每个人的生存发展需要不但只有通过社会才能够获得满足,而且这些需要的满足程度,显然与社会规模的大小成正比:社会的规模越小,分工协作便越简单,每个人的需要获得满足的程度便越低越少越差;社会的规模越大,分工协作便越复杂,每个人的需要获得满足的程度便越多越高越好。这样一来,人类就其本性而言,便不仅需要和追求社会,而且需要和追求最大的社会,需要和追求最大的国家,需要和追求只有一个主权和一个世界政府的全球国家。因此,最大的国家或全球国家乃是人类社会的终极理想,是符合国家制度价值标准的理想国家的终极特征。它不但使每个人的需要获得最完备、最充分、最优良的满足,而且无疑是唯一可以消灭战争和废除常备军的国家。试想,全球只有一个国家,全人类都在一个主权的治理之下,哪里还会发生战争?没有了战争,还要耗资巨大的常备军干什么?

然而,任何国家,不论大小,不论人数多少,它存在与发展的最根本的条件,无疑是统一,是"完整地结合为一个单位"。只有当国家如同一个人那样

“构成一个整体”，亦即成为一个统一体、一个“公共的大我”、一个“公共人格”，它才能够存在发展；否则，四分五裂、各行其是，势必崩溃灭亡。国家的规模与统一显然具有反比例关系：国家越大，便越难以统一；国家越小，便越易于统一。这就是人类追求国家最大化却又不断合而又分、分而又合的缘故：统一存则合，统一亡则分。有鉴于此，罗贯中的《三国演义》开篇第一句话就是：“话说天下大势，分久必合，合久必分。”

但是，罗贯中未能看到：天下大势，终归于合。因为随着人类的进步，大国统一之困难必定会逐步被克服，从而必定不断实现国家最大化。事实正是如此。我们已经由公元前一千年多达一百万个国家，最大化为今日两百来个国家，最终岂不必定会最大化或全球化为只有一个主权和一个世界政府的共产主义全球国家？确实，人类学家恩伯就曾这样写道：“据罗伯特·卡尼尔罗估算，公元前一千年，世界上可能有十万到一百万个独立的政治实体，而在今天却只有不到两百个了。在民族志资料中，过去一百五十年内所描述过的大约两千个社会有大约百分之五十只存在着地方政治实体。这就是说，在相当近代的社会中，约有一半的社会其最高层次的政治整合体就是社区。这样看来，独立政治实体在数量上的减少大多数都发生在近代。这种趋势对未来有些什么启示呢？一些研究人员提出，也许近在23世纪，最晚也不会晚于公元4850年，整个世界就会最终在政治上整合起来。”①

这种只有一个主权和一个世界政府的全球国家将诞生于23世纪抑或公元4850年之前，殊难预料。但是，共产主义国家是只有一个主权和一个世界政府的全球国家确凿无疑。因为共产主义国家是经济制度完全符合国家制度价值标准——亦即实现了没有政府管制的市场经济、按劳分配和生产力高度发达——的理想国家，实已蕴含：共产主义国家是只有一个主权和一个世界政府的全球国家。因为市场经济和高度发达的生产力的本性就是跨越国境，就是无国界，就是全球化，就是经济全球化和经济一体化。

因此，经济全球化与市场经济如影随形，肇始于市场经济最早居于支配地位的国家，亦即资本主义国家：“经济全球化的进程是随着世界资本主义的出现就开始了的。”②毋庸赘述，经济全球化必然导致政治、法律、文化、军事诸方

① 恩伯：《文化的变异》，414页，辽宁人民出版社，1988。

② 星野昭吉：《全球政治学》，158页，新华出版社，2000。

面全球化，经济全球化的开端就是全球化的开端。如果说经济全球化肇始于资本主义市场经济，那么，当全世界主要的和众多的国家都实行市场经济体制时，经济全球化的时代就到来了，全球化的时代就到来了。因此，正如俞可平和杨雪冬等学者所言，我们的时代堪称全球化时代。①

全球化时代的根本标志无疑是全球治理的兴起，是全球治理的高度制度化。这种制度化表现在两方面：一方面是所谓"全球规则"(global regimes)、"国际规制体制"(international regimes)体系——亦即全球化的权力规范体系——的确立；另一方面则在于全球化治理的权力机构体系的形成。因为没有全球化的权力规范体系，全球化固然不可能存在发展，但没有全球治理权力机构体系，全球化的规范体系如同一纸空文。这种全球化治理的权力机构，既有政府间的国际组织，如联合国、世界贸易组织、世界银行、国际货币基金组织等，也有不胜枚举的非政府间的国际组织。这些国际组织纵横交错，形成了庞大的全球化治理的权力机构体系。

全球治理的高度制度化具有极其巨大和深远的意义。姑且不说全球治理的高度制度化，只是全球治理便已经意味着：就全球治理的对象或事务(诸如全球安全、生态环境、国际经济、跨国犯罪和人权等)来说，一方面，全球化的权力规范，如 WTO 规则和《联合国宪章》等，高于各成员国的权力规范，后者必须服从前者；另一方面，全球治理权力机构所拥有的权力高于各成员国的国家权力，后者必须服从前者。这就是说，仅就全球治理的对象或事务来看，全球治理权力机构所拥有的权力是最高权力，高于各个成员国的国家权力；各个成员国对于本国属于全球治理范围的事务，不拥有最高权力。这就是所谓主权转让、让渡和分享的问题，每个成员国都将本国属于全球治理的事务的最高权力或主权转让给全球化权力机构。这种最高权力或主权的转让和分享，正如戴维·赫尔德所言，乃是全球化的根本特征。②

随着全球化的深度和广度的不断拓展，全球治理的对象或事务势必不断增加，各成员国治理的对象或事务势必相应地不断减少。这意味着：全球化治理的权力机构的最高权力所统领的事务越来越多，各成员国最高权力所统领

---

① 俞可平：《全球化：全球治理》，20页，社会科学文献出版社，2003。

② 戴维·赫尔德等著：《全球大变革：全球化时代的政治、经济与文化》，40页，社会科学文献出版社，2001。

的事务越来越少。这就是所谓民族国家主权的削弱、减少、衰落。人类最深刻的本性——追求国家最大化或全球化因而最终追求只有一个主权和一个世界政府的全球国家——注定了全球化最终结果必定是各成员国的全部事务均由全球治理的权力机构的最高权力所统领，从而各成员国转让和共享各自的全部主权，形成只有一个主权的全球国家，这就是全球化的完成。全球化的主体当然是世界各国，全球化就是各个国家的全球化，就是各个国家向全球化国家的转化，因而全球化的完成岂不就是全球国家？所以，全球化的实质就是最高权力或主权的转让和分享，就是主权全球化，就是各国主权转化为一个主权，从而使各民族国家转化为一个全球国家。因此，全球化就是去国界化，就是无国界化，就是国家最大化，就是国家全球化，就是众多国家向一个全球国家的转化，就是民族国家的终结和全球国家的形成。

只有一个主权和一个世界政府的全球国家，不但是人类最深刻的追求，不但是完全符合国家制度价值标准的理想国家，而且已经是一种现实的可能性，它正在实现。因为当今全球治理的高度制度化已经意味着，全球国家和世界政府正在形成。试问，何谓政府？政府岂不就是执掌和行使最高权力的一切管理组织或机关。全球化治理的权力机构体系，如联合国、世界贸易组织、世界银行、国际货币基金组织等，就其治理的对象或事务来说，拥有最高权力，乃是拥有、执掌和行使最高权力的管理组织或机关，因而也就属于政府范畴，是一种世界政府。只不过，与各成员国的主权或最高权力相比，这种全球化治理的权力机构体系所拥有的最高权力还相当弱小，因而只是弱小的、生成和发展中的世界政府或世界政府的雏形罢了。

如果说联合国和世界贸易组织是世界政府的雏形，那么，迄今拥有 15 个成员国和 3.6 亿人口的欧盟，堪称全球国家的雏形。因为欧盟不但与国家一样，拥有高于各成员国的立法机构、行政机构和法院，不但通过《单一欧洲法令》撤销了各成员国之间的内部边界，而且《欧洲联盟条约》将一体化范围从经济领域扩展到政治、外交、防务、司法与内务，实现了各成员国的主权向欧盟的大规模和深层次的转让。特别是，单一货币欧元完全取代了各成员国作为经济主权主要象征的国家货币，标志着各成员国的经济主权已经彻底转让给欧盟，而不复拥有经济主权了。欧盟已经拥有经济主权，并且必将逐渐拥有其他主权。欧盟是一个正在发展和形成中的国家，是一个国家的雏形。当它像拥有经济主权一样拥有其他主权时，它就是一个真正的、完全成熟的国家了：一个全球国家的雏形、一个国家全球化的典范。

星星之火可以燎原,因为这符合事物发展的客观本性。与世界政府和全球国家相距甚远的欧盟和联合国、世界贸易组织、世界银行以及国际货币基金组织等,终将演进为只有一个主权和一个世界政府的全球国家,因为这是最深刻的人性追求。彼得·辛格和格罗索普等思想家甚至认为世界政府和全球国家乃是21世纪亟待完成的历史使命:"21世纪面临的任务是发展一种适合这个独一无二的世界的政府形式。"①"亟须的是一个拥有立法权力的世界议会,加上一个世界法庭和指定的、拥有执法权的行政机关。"②汤因比在展望21世纪时亦如是说:"必须剥夺地方国家的主权。一切都要服从于全球的世界政府的主权。这是我一贯的主张。当然即或成立了世界政府,现在的地方国家还是作为地方行政单位,继续担负着有益的、不可缺少的地方自治任务——正像联邦国家中各成员国所起的作用一样。我预料,随着人们活动规模的继续扩大,现在各个地方国家的行政权限要逐渐地转移到世界政府手中。"③

2. 宪政民主:共产主义政体

"只有一个主权和一个世界政府的全球国家"乃是一定能够实现并且正在实现的人类社会的终极理想,因而便与"没有政府指挥的公有制市场经济"、"按劳分配"、"高度发达的生产力"一起,构成了完全符合国家制度价值标准的理想国家——亦即共产主义国家——的四大特征,全球国家无疑是共产主义国家区别于以往国家的最显著的特征。那么,是否可以将共产主义国家特征归结为这样四大特征呢?否。因为这些特征均与政体无关,而政体无疑是共产主义国家的一个极其重要的方面。诚然,"只有一个主权和一个世界政府的全球国家"的特征,不但意味着共产主义国家消除了战争和常备军,而且意味着将消除专制和极权而实现民主。因为实在难以想象一个人独掌全球国家最高权力:全世界的人都屈从一个人的意志。更何况,当今之世界日益民主,民主化浪潮融汇全球化浪潮浩浩汤汤,顺之者存,逆之者亡。试问,全球国家实现之日,怎么能够不是民主的全球国家实现之时?

---

① 彼得·辛格:《一个世界:全球化伦理》,205页,东方出版社,2005。

② 俞可平主编:《全球化:全球治理》,171页,社会科学文献出版社,2003。

③ 池田大作、汤因比:《展望21世纪》,211页,国际文化出版公司,1985。

诚然，共产主义全球国家的政体必为民主，除了全球国家本性，还有更重要和更具必然性的原因，那就是，共产主义国家乃是符合国家制度价值标准的理想国家。而如前所述，唯有民主制符合国家制度价值标准，因而是唯一具有正价值的、应该的、优良的、好的、善的和理想的国家制度；专制等非民主制都程度不同地违背国家制度价值标准，因而都程度不同地是恶劣的、不应该的、负价值的、坏的和恶的国家制度。但是，民主只是理想国家之必要条件。

因为，一方面，所谓民主，就其本质来说，固然是全体公民掌握最高权力，但是，就其实现来说，却只能是多数裁定。这样一来，便正如托克维尔所言，多数公民极可能滥用多数裁定，去反对他们的对手。[①] 托克维尔将这种多数对于多数裁定的滥用，叫作“多数暴政”。多数暴政的民主国家显然不是符合国家制度价值标准的理想国家。另一方面，即使民主不导致多数对于少数的暴政，却仍然可能导致暴政：一种侵犯个人自由和个人权利的暴政。因为最高权力就其本性来说即与无限权力相通，极易演进为无限权力，因而正如托克维尔所言，国家的最高权力无论掌握在君主手里，还是掌握在人民手里，都可能成为无限权力而沦为暴政。[②]

可见，权力就其本性来说——不论它掌握在谁的手里——便倾向于被滥用而趋于无限与绝对，最终侵犯个人自由与个人权利而沦为暴政。这就是民主只是符合国家制度价值标准的理想国家的必要条件而不是充分条件的缘故：民主的政权可能是无限的，因而可能违背国家制度价值标准，导致民主的暴政。这意味着，如果民主的政权得到国家制度价值标准有效限制，从而遵循国家制度价值标准，那么，民主国家便是符合国家制度价值标准的理想国家了，符合国家制度价值标准的理想国家也就是最高权力受到国家制度价值标准有效限制的民主的国家。因此，最高权力受到国家制度价值标准有效限制从而遵循国家制度价值标准的民主，乃是实现符合国家制度价值标准的理想国家的充分且必要条件。

这种最高权力受到国家制度价值标准有效限制的民主，不是别的，正是所谓“宪政民主”(constitutional democracy)。因为所谓宪政，顾名思义，就是立宪政体或立宪政府(constitutional government)，是一种权力有限的政府或政

---

① 托克维尔：《论美国的民主》，上卷，288页，商务印书馆，1996。

② 同上书，289页。

体，是以宪法及其所衍生的法律限制政府权力从而使之遵守宪法和法律的政体。各国的宪法虽可能有遵循与违背自由等国家制度价值标准之分，但是，就宪政思想的传统来说，宪法的主要法案——强调分权原理的政府的组织机构法案和强调自由等人权原理的权利法案——所体现和遵循的，乃是自由和公正等国家制度价值标准。因此，就宪政思想的传统来说，宪政民主就是限制民主的权力而使之遵循宪法的民主，说到底，就是限制民主的权力而使之遵循自由和公正等国家制度价值标准的民主。

这样一来，宪政民主便优良于协商民主等任何民主政体，乃是最优良、最完善、最理想的民主。因为，一方面，协商民主仅仅意味着所有公民——多数与少数或没有多数的多元少数——平等协商共同执掌最高权力，而未必是宪政民主，未必遵循宪法，未必遵循国家制度价值标准，从而仍然可能沦为民主的暴政。另一方面，宪政民主必定遵循宪法，必定遵循自由和公正等国家制度价值标准体系，从而不但必定是完善的政治民主和经济民主以及社会民主，而且必定遵循多数裁定和保护少数权利原则，必定是多数与少数平等协商而共同执掌最高权力：宪政民主必定是协商民主。这就是共产主义政体必为宪政民主的缘故。

3. 共产主义国家：六大特征

综观共产主义国家，可以将其本性归结为六大特征："高度发达的生产力"、"生产资料公有制"、"按劳分配"、"没有政府管制的市场经济"、"只有一个主权和一个世界政府的全球国家"和"宪政民主"。六大特征结合起来便构成完全的完善的共产主义国家，因而是完全的完善的共产主义国家充分且必要条件；六大特征分离开来，则分别是共产主义国家的必要条件。在这些条件中，最根本、最重要、最具决定意义的是高度发达的生产力，因为它乃是具备其他五大条件的最根本的必要条件。

这可以从两方面看：一方面，毋庸赘述，高度发达的生产力无疑是实现"只有一个主权和一个世界政府的全球国家"的最根本的必要条件。另一方面，高度发达的生产力也是建立公有制和民主制以及按劳分配和没有政府管制的市场经济的最根本的必要条件。因为在生产力还不够发达因而产品还不能满足全体社会成员物质需要的时候，国民政治觉悟与思想品德不可能普遍提高。在这种情况下，如果废除私有制，不但必定导致效率低下，而且势必导致专制等非民主制、全权垄断的阶级与剥削以及政府官员拥有控制国民全权的奴役制社会主义。只有在生产力高度发达的条件下，废除私有制和实行社会主义，才能因国民政治觉悟、公民文化和思想品德普遍提高，从而既能够保障公有制经济高效率发展，又能够实行民主制，消除政治权力和经济权力垄断，消除阶级和剥削，实现没有政府管制的市场经济和按劳分配。

于是，共产主义国家特征最终可以归结为“高度发达的生产力”以及被它决定的“生产资料公有制”、“按劳分配”、“没有政府管制的市场经济”、“只有一个主权和一个世界政府的全球国家”和“宪政民主”。“高度发达的生产力”和“没有政府管制的市场经济”意味着共产主义国家物质财富极大丰富，每个人的物质需要都可以得到相当充分的满足，因而实现自己创造性潜能的劳动可能成为每个人的生活第一需要；“公有制”、“宪政民主”和“按劳分配”意味着共产主义国家消除了政治权力垄断和经济权力垄断以及社会权力垄断和文化权力垄断，消除了阶级、阶级压迫与阶级剥削。“只有一个主权和一个世界政府的全球国家”意味着共产主义国家消除了战争和常备军，实现了世界大同。六大特征，总而言之，意味着完全符合公正与人道以及增减每个人利益总量等国家制度价值标准的理想国家之实现。这就是真正堪称科学的共产主义国家观，这就是符合国家制度价值标准与人性以及社会发展客观规律的理想国，这就是一定能够实现并且不久的未来即将实现的人类社会的终极理想：“这将是古代氏族的自由、平等和博爱的复活，但却是在更高级形式上的复活。”①

四、社会主义与社会主义国家

1. 社会主义：理想的社会制度

厘清了共产主义和共产主义国家，也就不难理解社会主义和社会主义国家了。诚然，社会主义属于最难定义的范畴之列，以至柯尔的巨著《社会主义思想史》开篇第一句话就说：“人们往往强调，给社会主义下明确定义是不可能的，而且时常引以为憾。”②其实，各门科学的基本范畴，如个人主义、自由主义

---

① 《马克思恩格斯选集》，第4卷，175页，人民出版社，1972。

② 柯尔：《社会主义思想史》，第1卷，7页，商务印书馆，1977。

和平等主义等，大都难以定义。对于这些范畴，只要从其词源含义出发，比较人类以往各种界说和用法及其来龙去脉，考察其所称谓的事物之根本特征，便可能捕捉到它的精确定义。更何况，共产主义的概念解析实已提供了界说社会主义的钥匙。

据柯尔考证，社会主义一词初次出现于 1832 年的法文期刊《地球报》，用以表示圣西门学说的特征；而在 1827 年，欧文主义者的《合作杂志》则已经使用"社会主义者"一词来称呼欧文合作学说的信徒。那么，欧文和圣西门学说的根本特征是什么？无疑是改造社会的意见和计划。所以，柯尔认为社会主义和社会主义者的根本内涵就是改造社会的意见和计划："用这两个词来称呼某些改组社会的意见和计划是相当方便，也是十分自然的；到了十九世纪三十年代，日常用语中已经需要一种大体上切合的词来称呼这类改组社会的意见和计划了。"①

确实，社会主义就是一种改造社会的意见和计划，就是一种理想的应该的良好的——亦即符合国家制度价值标准的——社会之意见和计划，就是理想的应该的良好的符合国家制度价值标准的社会制度，就是关于理想的应该的良好的符合国家制度价值标准的社会制度的学说。从词源上看也是如此。社会主义一词源于古拉丁文 socialis，本意为同伴的、社会的，引申为改造社会的、理想社会的。社会主义就是理想的社会制度，主要是理想社会的经济制度。因此，柯尔说："在社会主义一词用开以前，人们已经谈到过'社会制度'这一含义大致相同的术语。'社会主义者'一词指的就是在许多种'社会制度'中拥护其中一种的人。这些'社会制度'在内容上虽然彼此有出入，但都一致反对经济学中流行的个人主义制度，一致反对当时一般人在人类关系和如何正确安排公众事务的看法和态度上把政治问题列在社会问题和经济问题前面的见解。"②

然而，究竟什么社会制度才是理想的、好的、应该的呢？答案自然是仁者见仁，智者见智，众说纷纭。这就是为什么社会主义流派之众多无与伦比，这就是为什么圣西门和傅立叶并不主张废除私有制却仍然被冠以社会主义者。但是，随着社会主义和理想社会思想的发展，社会主义和理想社会便越来越以

---

① 柯尔：《社会主义思想史》，第 1 卷，8 页，商务印书馆，1977。

② 同上。

生产资料社会所有制或公有制为根本特征了:理想社会必定消除剥削因而必定废除私有制或经济权力垄断而代之以社会所有制或公有制。社会主义的根本特征是社会所有制或公有制,因而社会主义也就是共产主义而属于共产主义范畴。因为一个社会只要实行了生产资料公有制,就堪称共产主义社会,共产主义社会就是实行生产资料公有制的社会。这就是为什么马克思主义经典作家会将社会主义看作共产主义的同义语。

这样一来,正如柯尔所言,社会主义和共产主义的渊源便是历代相沿,一直可以追溯到古希腊柏拉图的理想国:"这些原先用来称呼傅立叶派、圣西门派、欧文派、伊加利亚主义者(卡贝的信从者)和十九世纪初叶其他流派的名称,很快也被用来称呼某些早期思想家和理想社会的设计者。他们的思想和上述各类人物在某种程度上大致相似。到后来,对于以往各种各样的学说,只要所强调的是共同生活、集体所有制、以社会道德为中心内容的教育,或者主张对规范人类生活的习惯和制度等客观条件进行集体的社会计划和控制,一概都称之为'社会主义的'和'共产主义的'。"①

2. 社会主义:不完全而求完全的共产主义

社会主义就是共产主义。但是,正如列宁所言,社会主义是不完全、不完善的共产主义,是共产主义的第一阶段或低级阶段;而不是完全的完善的共产主义,不是共产主义的高级阶段:"马克思把通常所说的社会主义称作共产主义社会的'第一'阶段或低级阶段。既然生产资料已成为公有财产,那末'共产主义'这个名词在这里也是可以用的,只要不忘记这还不是完全的共产主义。"②于是,两个名词——社会主义与共产主义——最终便又区别开来:"共产主义"一词用来称谓完全的、完善的共产主义或共产主义高级阶段;"社会主义"一词则用来称谓共产主义第一阶段或低级阶段,亦即不完全而求完全、不完善而求完善的共产主义。

那么,这种不完全、不完善而求完全、求完善的共产主义的根本特征是什么?这种共产主义第一阶段或低级阶段的根本特征是什么?说到底,社会主义的根本特征是什么?社会主义与共产主义的区别何在?马克思、恩格斯答

① 柯尔:《社会主义思想史》,第1卷,14页,商务印书馆,1977。

② 《列宁选集》,第3卷,255页,人民出版社,1972。

道：社会主义的根本特征是生产资料公有制、按劳分配和没有商品货币关系的计划经济。列宁的《国家与革命》亦持此说。然而，理论是暗淡的，而生活之树则是常青的。十月革命后，社会主义从抽象的理论变成了现实。从现实来看，社会主义的根本特征是什么？列宁的回答令人震惊："我们还不能阐述社会主义的特征，社会主义将来是个什么样子，什么时候达到完备的形式——这些我们都不知道，也不能说。"[①]如今，经过半个多世纪的世界社会主义实践，堪称主流的社会主义特征观似乎可以归结为：社会主义是全民和集体两种公有制、按劳分配和有计划的市场经济；而共产主义则是全民所有制、按需分配和产品计划经济。

这些观点是不能成立的。因为，如前所述，按需分配与计划经济违背人性、社会发展规律和国家制度价值标准，都是不公正、不应该、恶的、具有负价值的经济制度，因而决不是共产主义制度；按劳分配与市场经济是唯一符合人性、社会发展规律和国家制度价值标准的经济制度，是唯一公正的、善的、应该的、理想的、具有正价值的经济制度，因而不但应该实行于社会主义，而且应该实行于共产主义。按劳分配和市场经济决不是社会主义区别于共产主义的特征。

这样一来，社会主义也就没有什么与共产主义不同的经济制度，社会主义与共产主义的区别仅仅在于完全与不完全。完善的、完全的共产主义，亦即共产主义高级阶段，也就是完全符合国家制度价值标准的理想社会制度；社会主义则是共产主义的低级阶段，是不完全而求完全的共产主义，也就是不完全符合而求完全符合国家制度价值标准的共产主义，也就是努力追求并且逐渐接近完全符合国家制度价值标准的共产主义，也就是以完全符合公正与平等以及人道与自由等原则为基本价值和终极目标的共产主义。因此，社会党国际和"二战"后各国社会党，普遍在其政党纲领中将公正与平等以及人道与自由等叫作社会主义基本价值，奉为社会主义理想和政策的根据，成为社会主义努力实现的目标。但是，不完全而求完全符合公正与平等以及人道与自由等原则，只是社会主义制度努力实现的基本价值、终极目标和整体特征，而并不是社会主义制度具体特征。那么，在这样一种基本价值和终极目标支配下，社会主义制度具有哪些具体特征呢？

---

① 《列宁全集》，第27卷，118页，人民出版社，1958。

完善的、完全的共产主义，如前所述，完全符合国家制度价值标准因而具有四大特征："高度发达的生产力"、"生产资料全民所有制"、"按劳分配"、"没有政府管制的市场经济"。这就是共产主义——亦即完全的共产主义或共产主义高级阶段——的四大特征，这就是人类终极的理想社会经济制度的根本特征。因此，所谓完全的共产主义或共产主义高级阶段，说到底，也就是完全具有这四大特征的经济制度或经济形态；只要不具备其中一个特征，就是不完全、不完善的共产主义，亦即社会主义。社会主义就是不完全的共产主义，就是不完全符合国家制度价值标准的共产主义，就是不完全具备共产主义四大特征(高度发达的生产力、全民所有制、按劳分配和没有政府指挥的市场经济)的共产主义。

这样一来，共产主义的根本特征便可以归结为完全具有这四大特征——高度发达的生产力、全民所有制、按劳分配和没有政府指挥的市场经济——社会主义的根本特征则可以归结为不完全具有这四大特征。更确切些说，社会主义至少必须具备其中一个特征：公有制。否则，就不是社会主义了。公有制是社会主义的充分且必要条件。在公有制的基础上，具备其他特征(高度发达的生产力、按劳分配和没有政府管制的市场经济)越少，就越不发达、越不完善，就是相对不发达、不完善的社会主义；具备其他特征越多，就越完善、越发达，就是相对发达和完善的社会主义；完全具备这些特征，就超越社会主义而进入共产主义了。

3. 社会主义国家：公有制居于支配地位的国家

社会主义的概念解析，使社会主义国家概念迎刃而解。社会主义是一种经济形态、经济制度，社会主义国家就是社会主义经济制度居于支配地位的国家。公有制是社会主义充分且必要条件，因而公有制居于支配地位就是社会主义国家充分且必要条件，社会主义国家就是公有制居于支配地位的国家。社会主义是不完全、不完善的共产主义，因而社会主义国家就是不完全、不完善的共产主义国家。"完善"的、"完全"的共产主义国家，如前所述，乃是完全符合国家制度价值标准的理想国家，因而具有六大特征："生产资料公有制"、"高度发达的生产力"、"按劳分配"、"没有政府指挥的市场经济"、"只有一个主权和一个世界政府的全球国家"和"宪政民主"。因此，不完全具备这些特征的共产主义国家，亦即不完全符合制度道德的共产主义国家，就是不完全、不完善的共产主义国家，因而也就是社会主义国家。

于是，说到底，社会主义国家的根本特征便可以归结为公有制居于支配地位和不完全具备其他五大特征，亦即“高度发达的生产力”、“按劳分配”、“没有政府指挥的市场经济”、“只有一个主权和一个世界政府的全球国家”和“宪政民主”，具备这些特征越少，就越不完善、越不发达，就是相对不完善、不发达的社会主义；具备这些特征越多，就越完善、越发达，就是相对完善发达的社会主义；完全具备这些特征，就超越社会主义国家而进入共产主义国家了。

这六大特征分别是完全的、完善的共产主义国家的必要条件，结合起来则是完全的、完善的共产主义国家充分且必要条件。但是，这些特征，除了公有制，皆非社会主义国家必要条件和充分条件；唯有公有制——或公有制居于支配地位——是社会主义国家充分且必要条件。然而，公有制并非社会主义国家最根本、最重要、最具决定意义的特征；社会主义国家最根本、最重要、最具决定意义的特征是生产力高度发达。因为如前所述，高度发达的生产力乃是其他特征的最根本的必要条件：不但是全球国家的最根本必要条件，而且是建立公有制和民主制以及没有政府管制的市场经济和按劳分配的最根本的必要条件。

准此观之，前苏联和东欧八国以及中国、朝鲜、越南、蒙古这13个国家的社会主义堪称真正的社会主义，这些国家确实是社会主义国家。因为公有制在这些国家无疑居于支配地位，公有制居于支配地位是社会主义国家充分且必要条件。但是，这些国家的社会主义显然属于极不完善的社会主义范畴，它们除了公有制居于支配地位，几乎不具备或不完全具备其他五个特征的任何一个：“高度发达的生产力”、“按劳分配”、“没有政府管制的市场经济”、“只有一个主权和一个世界政府的全球国家”和“宪政民主”。不过，对于这些实行了社会主义制度的国家的具体分析，特别是对于前苏联社会主义模式以及苏东社会主义的改革与剧变的分析，显然属于社会主义和共产主义的实现问题，因而是下卷《实现论：理想国家如何实现之条件》的研究对象。

思考题：

1.共产主义无非是一种符合国家制度价值标准的理想社会，可是，为什么这种理想社会叫作共产主义？

2.普列汉诺夫等马克思主义思想家从历史唯物主义出发，认为将共产主义基于人性或公正与人道等价值标准之上的方法是错误的:"既然十九世纪的空想社会主义者持有人的天性的观点,因之,他们只是重复了十八世纪思想家的错误。"(普列汉诺夫:《论一元论历史观之发展》,29 页,生活·读书·新知三联书店,1965)此言当否?

3.18 世纪唯物主义者和 19 世纪空想社会主义者认为,共产主义是人类最理想、最美好的社会,因而那里人们的道德觉悟程度极高,相互间充满了爱,都积极为社会和他人谋利益,而决不计较自己的利益得失,甚至毫不利己、专门利人。这种观点能成立吗?

4.政府应该是并且仅仅是经济活动规范的制定者与仲裁者,而不应该是经济活动的指挥、干预或管制者。此见是否错误?

5.市场失灵领域无疑应该是政府管制领域,但是,它究竟是政府管制的市场经济领域,还是政府指挥的计划经济领域?

6.毕焦在编译布坎南等著的《关于寻租社会的理论》时曾这样总结其观点:"(1)专制政体乃是寻租活动原因的原因,即垄断的根源。(2)从君主专制到民主政体的嬗变转换,正是寻租活动由兴至衰的一个历史轨迹。"(毕焦:《从专制到民主:寻租社会由兴至衰的历史轨迹》,载《腐败:权力与金钱的交易》,204 页,中国经济出版社,1993)布坎南此见能否成立?能否从等级制是专制等非民主制的固有特征推导出:政府管制是专制等非民主制的固有特征?

第九章 阶级与剥削：基于经济形态不同的六种国家制度之价值

提要 阶级是人们因权力——主要是经济权力与政治权力——的垄断所导致的压迫与剥削关系而分成的不同群体。任何阶级和剥削制度，就其自身来说，都是恶的，只不过恶的程度有所不同。它恶的程度无疑与其权力垄断的程度成正比：权力垄断越多越大越重，无权者越多而有权者越少，压迫与剥削的程度便越深越重越广，该国家的阶级与剥削制度便越恶。因此，奴隶制国家的阶级和剥削制度最恶；封建制国家的阶级和剥削制度次之；资本主义国家的阶级和剥削制度又次之。社会主义国家是公有制经济形态居于支配地位的国家，它既可能实行普选民主制，也可能实行专制等非民主制。如果实行普选民主制，那么，每个人完全平等地执掌最高权力，因而不存在政治权力垄断。这样，社会主义国家不但不存在因政治权力垄断而分成的官吏阶级与庶民阶级，而且因生产资料公有制也不存在经济权力垄断，不存在因经济权力垄断而分成的阶级，因而远远先进和优越于资本主义国家。可是，如果社会主义国家实行专制等非民主制，主要国民便分化为两大群体：政治权力垄断群体（官吏阶级）和没有政治权力群体（庶民阶级）。官吏阶级不但垄断政治权力，而且因控制国有资源而垄断了生产资料或经济权力，进而垄断了结社集会等社会权力与言论出版等文化权力，从而沦为最恶的国家制度：全权垄断的阶级和剥削制度。

导　言

我们业已阐明，资本主义是资本支配和剥削雇佣劳动从而攫取剩余价值的经济制度，因而违背国家制度价值标准，是恶的、坏的、不应该的和具有负价值的国家制度——奴隶制与封建制就更坏了——而唯有共产主义符合国家制度价值标准，是好的、理想的国家制度。但是，一方面，就各种国家制度的自身内在价值来说，社会主义是共产主义的初级阶段，是不完善、不完全的共产主义，特别是专制等非民主制的社会主义，如所谓苏联社会主义模式，比资本主义，特别是比瑞典或英法福利国家的资本主义以及美国的宪政民主的资本主义，究竟谁好谁坏？说到底，六种国家制度——原始共产主义国家、奴隶制国家、封建制国家、资本主义国家、社会主义国家和未来共产主义国家——在价值层次的链条上究竟是何关系？另一方面，就各种国家制度的外在适用价值来说，六种国家制度是否具有普世性和普世价值？共产主义究竟是在任何历史条件下都是好制度，还是只在一定历史条件下才是好国家制度，而在另一历史条件下则是坏制度？资本主义究竟是在任何历史条件下都是坏制度，还是仅仅在一定历史条件下才是坏国家制度，而在另一历史条件下则是好制度？六种国家制度是否都是如此？

这就是本章的研究对象：六种国家制度价值——自身内在价值与外在适用价值——之比较。这种比较的核心、基础和依据，乃是剥削和压迫以及人们因剥削和压迫关系而形成的不同群体：阶级。因为六种国家制度之好坏，直接说来，取决于是否符合国家制度价值标准；归根结底，则正如历代共产主义思想家所指出的，取决于是否存在阶级、剥削与压迫及其程度如何。一种国家制度的阶级压迫和剥削的程度越深越重越广，便越加严重违背国家制度价值标准，负价值便越大，便越恶、越坏、越恶劣、越落后、越野蛮；阶级压迫和剥削的程度越少越窄越轻，便越加轻微违背国家制度价值标准，负价值便越小，恶的程度便越轻，从而相对说来也就越好、越优良、越进步、越文明；完全符合国家制度价值标准的理想国家制度必定没有阶级和剥削。因此，鲍尔斯说："阶级和剩余产品是理解不同的经济制度怎样运作和变革的关键。"[①]"不论是考察奴隶制、封建制、资本主义，还是其他制度，每一经济制度都以其不同的阶级关系为特征。"[②]这就是为什么本章的标题叫作"阶级与剥削：基于经济形态不同的六种国家制度之价值"。

---

① Samuel Bowles, Richard Edwards and Frank Roosevelt, *Understanding Capitalism: Competition, Command, and Change*, Third Edition, New York: Oxford University Press, 2005, p. 122.

② Ibid., p. 127.

一、阶级与剥削概念

1. 剥削

何谓剥削？剥削是凭借私有财产无偿地攫取他人劳动成果的行为，这就是流行的剥削定义，亦即所谓马克思主义的剥削定义。按照这个定义，仅仅无偿攫取他人劳动成果，还不是剥削；只有凭借私有财产无偿攫取他人劳动成果，才是剥削。确实，仅仅无偿攫取他人劳动成果，还不是剥削；抢劫和偷盗都是无偿攫取他人劳动成果，却皆非剥削。但是，是否只有凭借私有财产无偿攫取他人劳动成果才是剥削呢？否。恩格斯说："分工的规律就是阶级划分的基础。但是这并不妨碍阶级的这种划分曾经通过暴力和掠夺、狡诈来实现，这也不妨碍统治阶级一旦掌握政权就牺牲劳动阶级来巩固自己的统治，并把对社会的领导变成对群众的剥削。"[①]恩格斯这里所说的剥削，是凭借政治权力无偿攫取他人劳动成果。这意味着：并非只有凭借私有财产无偿攫取他人劳动成果才是剥削；凭借政治权力无偿攫取他人劳动成果也是剥削。因此，流行定义——剥削是凭借私有财产无偿地攫取他人劳动成果的行为——犯了以偏概全的错误。那么，剥削究竟是什么？

就剥削的西文"exploitation"来看，原本含有开发、利用之意；如果利用的对象是人而不是物，则含有为了自己的利益而不公正、不道德地利用之意。《新帕尔格雷夫经济学大辞典》的"剥削（开发）"词条也这样写道："广义而言，开发一物是指为某种目的而加以利用，如为社会福利或私人收益而开发自然资源。如果用于取利于他人，则开发一词也含有不道德之意。如被利用之人当时处于无能为力状态，像贫民之与他们的财主、债主等，则该词又有压迫之意。"就中文来看，"剥"原本有裂、割之意。《说文解字》："剥，裂也，从刀从录，录，刻割也。""削"与"剥"大体相同，原本有分开之意。《说文解字》："削，鞞也，一曰析也，从刀肖声。"因此，"剥"、"削"二字可以顾形思义，原本都有用刀分割之意；合为一词，遂有"分割"、"压榨"和"侵夺"诸义。所以，魏征《为李密檄蒙守郇王庆文》曾如是说："剥削黔黎，涂毒天下。"

---

① 《马克思恩格斯全集》，第20卷，306页，人民出版社，1971。

可见，从词源来看，不论中西，剥削都有不公正、不道德地利用他人，从而分割、压榨和侵夺他人一部分利益的意思。从概念定义来看，与其词源含义大体一致：剥削就是分割、压榨和侵夺他人利益而无偿占有其中一部分的不公正行为，就是分割、压榨和利用他人而无偿占有剩余利益的不公正行为。确实，剥削就是一种不公正的行为，属于不公正范畴。但是，不公正并不都是剥削。譬如，我们可以说恩将仇报是不公正，却不能说恩将仇报是剥削。那么，剥削究竟是一种怎样的不公正？

所谓公正，就是等利交换（善有善报）和等害交换（恶有恶报）的善行，就是同等的利害相交换的善行，就是等利（害）交换的善行；而不公正则是不等利（害）交换的恶行，就是不等害交换和不等利交换的恶行。那么，剥削究竟是哪一种不公正？剥削的本质无疑是通过利益交换而无偿占有，而与损害交换或报复无关。因此，不等害交换无论善恶都无关剥削，因而剥削必是不等利交换的恶行。剥削就是恶的、不道德的或不公正的不等利交换，就是不等利交换的不公正，说到底，也就是含有无偿占有的不公正的利益交换活动。

这就是剥削的定义。对于这一定义，柯尔、罗默和赖曼等今日分析马克思主义思想家多有论述。赖曼曾将这些论述归结为一句话："我认为，有一种广义上的剥削，即不公正地或非互惠地从别人那里获取利益。"[①]赖曼的这个定义无疑是深刻的，但遗憾的是，不够精确，或者毋宁说，是白璧微瑕。它有见于剥削直接属于不公正范畴，却无见于不公正属于交换范畴，因而无见于剥削最终属于交换范畴，遂以为剥削是非互惠的。殊不知，剥削属于利益交换范畴，因而必定是互惠的；只不过剥削的互惠是不等利交换的互惠，是含有无偿占有的不公正互惠。准此观之，那个令赖曼困惑的为什么"抢劫和盗窃是不公正不道德的无偿占有却不是剥削"的难题就可以理解了：抢劫和盗窃都不属于利益交换范畴。

剥削属于利益交换范畴。因此，并非只有劳动成果或经济利益的交换活动才存在剥削，剥削决不仅仅是一个经济概念；剥削是一个极为广泛的社会范畴，一切利益交换都可以存在剥削。只要是含有无偿占有的不公正的利益交换活动，就都叫作剥削，不管这种利益是经济利益还是社会利益抑或精神利益。确实，如果说一个地主无偿占有一个农民的劳动成果是剥削，那么，他无

① 罗伯特·韦尔和凯·尼尔森编：《分析马克思主义新论》，236页，中国人民大学出版社，2002。

偿占有该农民的其他利益——如偶然捡到的一块宝石——岂不也是剥削？一个博士生导师依靠录取权力而役使一个考生为自己收集和整理文献资料、无偿占有其劳动成果是剥削，那么，他依靠录取权力无偿占有该考生的其他利益——如美色——岂不也是剥削？

综上可知，剥削原本属于不公正和交换范畴："不公正"是剥削的最邻近类概念；"交换"是剥削的终极类概念；"无偿占有"或"不等利"交换是剥削的种差：剥削就是含有无偿占有的不公正的利益交换活动。如图：

- 交换
  - 等利（害）交换＝公正
  - 不等利（害）交换
    - 善的不等利（害）交换＝仁爱和宽恕
    - 恶的不等利（害）交换＝不公正
      - 恶的不等害交换
      - 恶的不等利交换＝剥削

2. 阶级

何谓阶级？《新帕尔格雷夫经济学大辞典》阶级（class）词条说："这个词语起源于拉丁文 classis，其用法中含有依据财富细分人口的意思。"《韦氏英语大辞典》和《牛津高阶英汉双解词典》"阶级"词条也这样写道：阶级亦即种类、类别，是具有相同的社会或经济地位的人所结成的群体。从中文来看，"阶级"由"阶"和"级"合成。"阶"和"级"原本同义，都是台阶的意思。《说文解字》："阶，陛也。"《礼记・曲礼上》："拾级聚足，连步以上。""阶"和"级"合成的"阶级"一词，也是台阶的意思。陆龟蒙《野庙碑》："升阶级，坐堂宴。"引申为不同等级——特别是官位俸给的等级——的群体。《三国志・吴志・顾谭传》云："臣闻有国有家者，必明嫡庶之端，异尊卑之礼，使高下有差，阶级逾邈。"

可见，从词源来看，不论中西，阶级都是指人群的划分、种类和类别，亦即人们所分成的一些群体或集团，这些群体或集团的内部成员具有某种相同性，而群体相互间则根本不同。只不过，西文词源含有阶级划分的根据在于财富，而中文词源含有阶级划分的根据在于官位罢了。那么，从概念的定义来看，阶级究竟是什么？毫无疑义，就概念定义来看，与其词源含义一致，阶级也是指人群的划分、种类和类别，亦即人们所分成的一些群体或集团。这些群体或集团，就划分的根据来说，一方面，相互间根本不同乃至恰恰相反；但是，另一方面，每一群体内部成员则完全相同。问题的关键在于：阶级划分的根据究竟是什么？

对于阶级的概念分析将令我们惊奇地发现，阶级划分的根据，竟然也与其中西词源含义相同，乃在于经济权力与政治权力。影响深远的马列主义阶级划分根据和阶级定义，与阶级的西文词源含义大体相同，认为阶级划分的根据是经济关系，说到底，是对生产资料的占有或垄断关系：阶级是人们因生产资料的占有或垄断而形成的不同集团。列宁说："所谓阶级，就是这样一些集团，这些集团在历史上一定社会生产体系中所处的地位不同，对生产资料的关系（这种关系大部分是在法律上明文规定了的）不同，在社会劳动组织中所起的作用不同，因而领得自己所支配的那份社会财富的方式和多寡也不同。所谓阶级，就是这样一些集团，由于它们在一定社会经济结构中所处的地位不同，其中一个集团能够占有另一个集团的劳动。"①

然而，细究起来，马列主义的阶级定义和阶级划分根据理论是不确切、片面和不科学的。首先，它将生产资料的占有或垄断——而不是经济权力垄断——作为阶级划分根据，不能科学地说明阶级关系的根本特征。因为所谓阶级，主要讲来，不外乎奴隶主与奴隶阶级、地主与农民阶级、无产阶级与资产阶级以及统治阶级与被统治阶级，因而阶级关系的根本特征，诚如马列主义所言，是"一个集团能够占有另一个集团的劳动"，是剥削与被剥削以及压迫与被压迫的关系。但是，仅仅生产资料或财产的垄断并不能造成——只有当生产资料或财产的垄断转化为经济权力垄断才能造成——剥削与被剥削以及压迫与被压迫的关系。因为，前一章对资本主义剥削秘密的研究表明，资本主义生产资料私有制或生产资料垄断之所以是剥削的根源，就是因为生产资料垄断转化为经济权力垄断，亦即生产资料垄断者通过建立雇佣关系，使自己成为支配和领导没有生产资料者的雇主，成为劳动价格的决定者和控制者，说到底，成为经济权力的垄断者，从而才能够无偿占有没有经济权力的雇佣劳动者的剩余劳动，经济权力垄断是剥削发生的直接原因。

对于生产资料或财产垄断通过雇佣关系而转化为经济权力垄断的道理，斯密曾有深刻论述："霍布斯说：财富就是权力。但是，获得或继承巨大财产的人，未必就获得或继承了任何政治权力——不论是民事还是军事方面。他的财产，也许可以提供他一种获得两者的手段，但仅有财产未必就拥有政治权力。财产使他立即和直接拥有的权力，乃是购买力，是某种对于市场上各种

① 《列宁全集》，第29卷，382页，人民出版社，1953。

劳动或劳动生产物的支配权。他的财产的大小与这种支配权的大小恰成比例,亦即与他所能购买或所能支配的他人劳动量或他人劳动生产物数量的大小恰成比例。"[①]罗默进而将这番道理归结为一句话:"生产关系就是经济权力关系。"[②]

但是,生产资料或财产并不是经济权力,生产资料或财产只有作为资本雇用劳动者,才转化为经济权力。这个道理,戴伊早有洞见:"把个人财富与经济权力等同起来是错误的……单单拥有个人财富,哪怕有一亿美元,也还不能保证能有经济实权……经济学家阿道夫·伯利在论述个人财富与机构权力之间的关系时说得好:'今天的美国和西欧,富人之所以权力很小,就是因为他富有……假使他希望得到一个有权力的职位,他必须到他的银行户头之外去找。'"[③]

如果生产资料和财富的垄断者并不用以雇用工人而成为雇主,并不使其生产资料和财富垄断转化为经济权力和经济权力垄断,那么,生产资料和财富的垄断者就仅仅是个生产资料和财富的垄断者,就仅仅是个钱口袋和守财奴,而不可能成为压迫者和剥削者。没有被雇佣者,生产资料和财富的垄断者去压迫和剥削谁呢?这样的生产资料和财富的垄断者群体,显然构不成任何阶级:既不是奴隶主阶级也不是地主阶级,更不是资产阶级,而仅仅是生产资料和财富的垄断者群体,仅仅是钱口袋和守财奴群体,仅仅是富人群体。因此,阶级划分的根据,真正讲来,并不是生产资料或财产垄断,而是——正如赖特所指出的——经济权力垄断:"以剥削为基础的阶级概念把我们的注意力指向这么一个事实,即阶级关系是权力关系。"[④]因此,马克思主义将生产资料的占有或垄断——而不是经济权力垄断——作为阶级划分根据是不确切的,不能科学地揭示阶级关系的根本特征:压迫与剥削。

其次,马克思主义仅仅将对生产资料的占有或垄断作为阶级划分根据,不能科学地界定无产阶级与中间阶级。马克思、恩格斯以及众多马克思主义思想家,如所周知,都从阶级划分根据是生产资料的占有或垄断出发,界定无产

① Adam Smith, *The Wealth of Nations*, Books I-III, England Penguin Inc., 1970, p. 134.

② John E. Roemer, *Free to Lose*, Cambridge, Massachusetts: Harvard University Press, 1988, p. 109.

③ 托马斯·戴伊:《谁掌管美国》(第二版),53 页,世界知识出版社,1983。

④ 赖特:《后工业社会中的阶级》,36 页,辽宁教育出版社,2004。

阶级为没有生产资料的雇佣劳动者群体："无产阶级是指没有自己的生产资料，因而不得不靠出卖劳动力来维持生活的现代雇佣工人阶级。"[①]殊不知，属于经理人员的白领工人，虽然也是没有生产资料的雇佣劳动者，却拥有行使一定经济权力的管理权，因而并不属于无产阶级，而属于新中间阶级：新中间阶级的根本特征就是没有生产资料却有经济权力。因此，阶级划分的根据，与其说是生产资料垄断，毋宁说是经济权力垄断：经济权力垄断是阶级划分的深层根据；生产资料垄断是阶级划分的表层根据。从此出发，才能科学地界定资产阶级、无产阶级和中间阶级：资产阶级是拥有生产资料并作为资本和经济权力雇佣劳动者的群体；无产阶级是没有生产资料和经济权力的被雇佣劳动者群体；中间阶级是介于雇佣与被雇佣之间的群体，亦即没有生产资料却有经济权力（经理人员）和有生产资料却无经济权力（小资产阶级和农民）的群体。

最后，正如波朗查斯所指出的，马列主义的阶级定义和划分根据理论是片面的，他称之为"经济主义"："'经济主义'的社会阶级概念完全根据生产关系的经济方面确定社会阶级的定义，尤其是把社会阶级作为它们与生产资料的所有制关系所起的作用来解释。"[②]确实，这种所谓经济主义的阶级定义和阶级划分根据，虽然在一定程度上能够说明人类历史上最重要的三大对立阶级——奴隶主阶级与奴隶阶级、封建地主阶级与农民阶级以及资产阶级与无产阶级——却失之片面：它不能说明统治阶级与被统治阶级。

统治阶级亦即官吏阶级，被统治阶级亦即庶民阶级，二者的形成源于非民主制。因为一个国家如果实行民主制，特别是普选制民主，那么，全体公民和国民便共同执掌最高权力，因而不存在政治权力垄断，不存在垄断政治权力群体与没有政治权力群体，说到底，不存在统治阶级（官吏阶级）与被统治阶级（庶民阶级），而只存在统治者（官吏）与被统治者（庶民）。相反地，一个国家如果实行非民主制，那么，众多公民和国民必定毫无政治权力，因而便存在政治权力垄断，便存在垄断政治权力群体与没有政治权力群体，亦即统治阶级与被统治阶级：统治阶级亦即官吏阶级，说到底，就是垄断政治权力的群体；被统治阶级亦即庶民阶级，说到底，就是没有政治权力的群体。

因此，统治阶级与被统治阶级划分的根据并不是生产资料或经济权力的

---

① 《马克思恩格斯选集》，第1卷，272页，人民出版社，1995。

② 波朗查斯：《政治权力与社会阶级》，104页，中国社会科学出版社，1982。

占有、垄断，而是政治权力的垄断或有无。这样，一个人即使一无所有，只要成为官吏，就属于统治阶级，而不属于被统治阶级；相反地，一个人即使是亿万富翁，只要不是官吏，没有政治职务和政治权力，就属于被统治阶级，而不属于统治阶级。所以，波普说："统治阶级总是某些人。无论他们可能曾经属于哪个阶级，一旦成为统治者，他们就属于统治阶级。"①

因此，阶级划分的根据或标准并不仅仅是经济关系，并不仅仅是生产资料与经济权力垄断关系，还应该包括政治职务与政治权力的垄断关系。因此，将阶级定义为人们因生产资料、经济地位和经济权力占有或垄断关系不同而形成的不同集团，是片面的；人们因政治权力之有无或垄断而分成的不同集团——亦即统治集团与被统治集团——也属于阶级范畴：统治阶级（官吏阶级）与被统治阶级（庶民阶级）。

然而，恩格斯说："国家照例是最强大的、在经济上占统治地位的阶级的国家，这个阶级借助于国家而在政治上也成为占统治地位的阶级，因而获得了镇压和剥削被压迫阶级的新手段。因此，古代的国家首先是奴隶主用来镇压奴隶的国家，封建国家是贵族用来镇压农奴和依附农的机器，现代的代议制国家是资本剥削雇佣劳动的工具。"②

这就是说，在经济上占统治地位的阶级，在政治上也占统治地位，在经济上被统治的阶级，在政治上也被统治，因而统治阶级也就是垄断生产资料的阶级，亦即奴隶主阶级、地主阶级和资产阶级；被统治阶级也就是没有生产资料的阶级，亦即奴隶阶级、农民阶级和无产阶级。这样一来，阶级划分的根据也就只有经济关系，亦即对生产资料和经济权力的占有或垄断关系。这种观点能否成立？

否。因为阶级社会的历史和现实告诉我们，在经济上占统治地位的阶级，未必在政治上也占统治地位。恰恰相反，在经济上占统治地位的阶级，常常在政治上处于被统治地位；而在经济上被统治的阶级，在政治上却处于统治地位。古代雅典民主城邦的统治者，就不是奴隶主阶级，而是比较贫穷的平民。因此，亚里士多德称梭伦"建立了雅典'平民政体的祖制'"③，并反复强调雅典

① 波普：《猜想与反驳》，491 页，上海译文出版社，1988。

② 《马克斯恩格斯选集》，第 4 卷，168 页，人民出版社，1972。

③ 亚里士多德：《政治学》，103 页，商务印书馆，1996。

平民政体是按照穷人的意志进行统治，以穷人的利益为依归："平民政体则以穷人的利益为依归……平民政体的定义为人数甚多的贫民控制着治权。"①

古代如此，当代亦然。实行普选制民主的资本主义国家的最高权力，虽然为全体国民共同执掌，却势必按照多数国民的意志进行统治，因而往往是按照经济上处于被统治地位的广大人民群众的意志——而不是按照在经济上占据统治地位的资产阶级的意志——进行统治。否则，就无法解释典型的资本主义国家瑞典所实行的《雇员投资基金法案》。该法案被称为西方世界从来未目睹过的对资产阶级的最大规模的没收举动②，结果激起资产阶级的强烈反抗，以致 1983 年 10 月 4 日组织了一次 7.5 万人游行，抗议《雇员投资基金法案》。但是，瑞典议会还是于同年 12 月 12 日通过了该法案。

可见，认为在经济上占统治地位的阶级在政治上也占统治地位的观点是不能成立的，因而将阶级划分的根据归结为经济关系或生产资料垄断的观点也就不能成立了。确实，所谓统治阶级，无疑是所有统治者所组成的群体。一个人无论多么富有，无论他拥有多大经济权力，无论他在经济上"统治"多少人，只要他没有政治职务、官职或政治权力，他都不是统治者，他都不属于统治阶级。我们能说一个大资本家或大地主是统治者吗？我们不但不能说他是统治者，而且——严格讲来——也不能说他"统治"工人或农民，而只能说他管理、支配和领导工人或农民。"统治"和"统治阶级"纯粹是一个政治概念，统治阶级与官吏阶级是同一概念。

因此，统治阶级与被统治阶级划分根据乃是政治权力，决不是经济关系或经济权力。有鉴于此，波朗查斯认为阶级划分的根据或标准应该是多元的："马克思、恩格斯、列宁和毛泽东无论什么时候在分析社会阶级时都远非把自己仅仅局限于经济标准，他们都明确谈到政治标准和意识形态标准。"③从此出发，波朗查斯给阶级下定义说："社会阶级是按照它们在整个社会实践中的地位，也就是它们在包括政治和意识形态关系在内的整个劳动分工中的地位来决定的。"④

诚然，阶级定义和阶级划分根据多元论避免了经济一元论的片面性，可以包括所有阶级。但是，这种多元论的阶级定义显然不但犯了定义过宽的逻辑

---

① 亚里士多德：《政治学》，134—135 页，商务印书馆，1996。

② 戴维·加尔森：《神话与现实》，76 页，工人出版社，1986。

③ 康文龙：《马克思主义阶级概念的多重解释》，《学术论坛》，17 页，2006(3)。

④ 同上。

错误,而且含混不清,实际上无异于说:阶级由人们的全部社会关系决定。殊不知,阶级划分不但与意识形态无关,而且与政治职务或政治权力之外的政治——如政治立场和政治观点等——无关。恩格斯是无产阶级导师,其政治立场、政治观点和意识形态无疑都属于无产阶级,但是,恩格斯却是资本家,不属于无产阶级,而属于资产阶级,属于资产阶级的知识阶层。

究竟言之,阶级划分的根据实际上只有两个:经济权力与政治权力之垄断。因为人类社会迄今所有阶级——奴隶主阶级与奴隶阶级、地主阶级与农民阶级、资产阶级与无产阶级以及中间阶级、统治阶级与被统治阶级——显然都是以经济权力与政治权力之垄断关系为根据划分的。因此,可以断言:阶级就是人们因经济权力与政治权力之垄断而分成的不同群体。这样一来,阶级显然不仅是个经济范畴,而且是经济与政治的综合范畴。我们不妨沿用赛维斯的用语,将经济权力垄断所形成的阶级叫作经济阶级(亦即垄断经济权力的阶级与没有经济权力的阶级);将政治权力垄断所形成的阶级叫作政治阶级(亦即垄断政治权力的官吏阶级与没有政治权力的庶民阶级)。[①] 这种阶级定义和阶级划分,既不同于"经济一元论"—— 波朗查斯称之为"经济主义"——亦不同于"经济、政治和意识形态多元论",不妨称之为"二元论",亦即"经济权力与政治权力二元论"。

但是,这种二元论恐怕还不配享有真理的美名,因其仍然不符合分类的逻辑规则:一次划分只能有一个根据。显然,要避免这种弊端,阶级划分的标准必须是一元的,而不能是二元或多元的。可是,究竟有没有这样一种阶级划分的根据,它既能够包括全部阶级,又可以避免各阶级外延部分重合?有的,那显然就是权力垄断:经济权力与政治权力无疑都属于权力范畴。这样一来,阶级定义和阶级划分根据的"经济权力与政治权力二元论",就可以转化为"权力一元论":权力垄断是阶级划分的根据,阶级是人们因权力之有无或垄断而分成的不同群体。这个道理,波朗查斯已有洞见。他再三说:"关于权力和社会阶级之间关系的问题,我们已经可以得出某些结论。阶级关系就是权力关系。"[②]"阶级关系在每一个方面都是权力关系。"[③]"阶级关系就是表现在每一个方面的权力关系。"[④]丹尼尔·贝尔也这样写道:"最终说来,阶级并不意味

① 参阅易建平:《部落联盟与酋邦》,207页,社会科学文献出版社,2004。

② 波朗查斯:《政治权力与社会阶级》,103页,中国社会科学出版社,1982。

③ 同上书,105页。

④ 同上书,107页。

着一个特殊的人群，而是把取得、掌握和转移不同权力及其有关特权的程序制度化的一种体系。”①

准此观之，马克思主义以为阶级仅仅是个经济范畴的片面性就更加明显了。因为政治权力虽然与经济权力不同，却毕竟同样是权力，而且是统率、指挥、命令和役使经济权力的权力，无疑比经济权力更加严重和可怕，更加具有迫使人服从的强制性、压迫性和剥削性。如果说因生产资料或经济权力的垄断而形成的群体是阶级，那么，我们有什么理由说因政治权力的垄断而形成的群体不是阶级？统治阶级与被统治阶级岂不明明白白就是因政治权力的垄断而形成的不同群体吗？统治阶级岂不就是垄断政治权力的群体？被统治阶级岂不就是没有政治权力的群体？

然而，精确言之，阶级是人们因权力之有无或垄断而分成的不同群体，作为阶级定义，还不够全面。因为，一方面，如前所述，权力垄断必然导致剥削；另一方面，不言而喻，权力垄断必然导致压迫。哪里有权力垄断，哪里分为无权群体与有权群体，哪里就必定存在压迫与剥削。没有权力的群体，必定遭受相应的有权群体的压迫和剥削，因而叫作被压迫和被剥削阶级；垄断权力的群体，必定压迫和剥削相应的无权群体，因而叫作压迫和剥削阶级。只有在共产主义社会才因实行生产资料公有制和普选制民主政体，每个人都完全平等地执掌生产资料和国家最高权力，每个人都完全平等地拥有经济权力和最高政治权力，从而消除了权力垄断，因而也就消除了阶级，不复存在压迫剥削阶级与被压迫被剥削阶级。

因此，权力垄断与压迫及剥削如影随形，权力垄断是阶级划分的根据，实则蕴含压迫与剥削是阶级划分的根据。毋宁说，权力垄断是阶级划分的表层的实在的根据；剥削与压迫是阶级划分的深层的潜在的根据：阶级是人们因权力垄断所导致的压迫与剥削关系而分成的不同群体。所以，赖特认为阶级是一个以剥削为核心和基础的概念：“以剥削为基础的阶级概念把我们的注意力指向这么一个事实，即阶级关系是权力关系，而不仅仅是特权。”②“尽管马克思有时利用统治和压迫来描绘阶级关系，阶级对立的最根本的决定因素仍是剥削。”③考茨基也曾这样写道：“我们所说的阶级，只可以指这样一种集团，它

① 丹尼尔·贝尔：《后工业社会的来临》，399页，商务印书馆，1984。

② 赖特：《后工业社会中的阶级》，36页，辽宁教育出版社，2004。

③ 同上。

同另一集团或阶级是处在剥削者或被剥削者的关系之中，或者，它如果不是努力抗拒这种关系，便是力图进入这种关系。”[①]

诚然，阶级的这一定义——阶级是人们因权力垄断所导致的压迫与剥削关系而分成的不同群体——能否成立，显然还取决于：以权力垄断及其所导致的压迫和剥削为根据，所划分出来的阶级，可以包罗一切阶级吗？答案是肯定的。因为不言而喻，阶级因权力垄断的种类不同而分为两类：政治阶级与经济阶级。政治阶级是因政治权力垄断而形成的阶级，分为两类：统治阶级（官吏阶级）与被统治阶级（庶民阶级）。经济阶级是因经济权力或生产资料垄断而形成的阶级，分为七类：奴隶主与奴隶阶级、地主与农民阶级、资产阶级与无产阶级以及中间阶级。除此之外，还有其他阶级吗？显然没有了。这样一来，阶级的这一定义——阶级是人们因权力垄断所导致的压迫和剥削关系而分成的不同群体——便既包括了所有阶级，又揭示了阶级区别于其他群体的根本特征——权力垄断及其所导致的压迫与剥削——因而堪称阶级的精确的科学的定义。

3. 阶层

要最终确证阶级的定义，还必须将阶级（class）与阶层（stratum）区别开来。因为很多学者都将二者混同起来。美国社会学家劳埃德·沃纳就曾通过对新英格兰扬基城 99%的家庭等级进行考察，于 1941 年宣布：“有六个群体界限明确，足以被称为阶级”，亦即上上层阶级、下上层阶级、上中层阶级、下中层阶级、上下层阶级和下下层阶级。[②] 这一阶级划分理论在当代西方社会学家中影响极大，以至吉尔伯特和卡尔在其基础上，进一步提出当代美国存在着六个阶级：资本家阶级、上中层阶级、中层阶级、工人阶级、劳动—贫穷阶级和下层阶级。[③] 究其实，沃纳所谓六个阶级都不是什么阶级，而是阶层，是六个阶层。吉尔伯特和卡尔所谓六个阶级则将阶级与阶层混为一谈。

因为阶级与阶层虽然都是社会的不同群体，但是，二者根本不同。阶层的划分根据可以是任何一种与利益获得——特别是不平等——有关的属性，如

---

① 考茨基：《唯物主义历史观》，第四册，20 页，上海人民出版社，1964。

② 吉尔伯特、卡尔：《美国阶级结构》，29 页，中国社会科学出版社，1992。

③ 同上书，394 页。

收入、财富、职业、声望、生产资料的占有、经济权力垄断、政治权力垄断、性别、知识、年龄等。而阶级的划分根据仅仅是一种极其重要的特定的属性，亦即权力垄断：经济权力垄断与政治权力垄断。沃纳的所谓六个阶级——上上层阶级、下上层阶级、上中层阶级、下中层阶级、上下层阶级和下下层阶级——并不是六个阶级，而是六个阶层；因其划分的根据不是权力垄断，而是声望等级，是财富、收入和职业，是职业、住宅类型、居住地区、收入来源等项标准的综合指数。吉尔伯特和卡尔所谓的六个阶级——资本家阶级、上中层阶级、中层阶级、工人阶级、劳动—贫穷阶级和下层阶级——将阶级与阶层混为一谈，因其资本家阶级与工人阶级划分的根据是经济权力垄断（前者垄断了生产资料而后者没有生产资料）属于阶级范畴，而其余四个阶级划分根据是收入和财富，则属于阶层范畴。

阶层的划分根据是任何一种与利益获得的不平等有关的属性；而阶级的划分根据则仅仅是一种独特的与利益获得不平等有关的属性：权力垄断。因此，阶层与阶级乃是一般与个别的关系，亦即上位概念与下位概念的从属关系。阶层不都是阶级，但阶级却都是阶层。阶级是一种特殊的、独特的阶层，亦即以权力垄断为根据所划分出来的阶层：阶级是人们因权力之有无或垄断而分成的不同社会阶层。因此，美国费尔采尔德主编的《社会学辞典》“阶层”词条写道：“从横的方面把社会划分为完全固定的和同等的许多层次，像阶级、门阀等级、地位身份等。”

这样一来，阶层与阶级虽然是上位概念与下位概念的从属关系，但是，阶层划分根据的众多性，就使所划分出来的各种阶层与阶级处于多种交叉和包括等复杂关系之中。因此，同一社会阶层可以包括多种阶级，如上层阶层可以包括地主阶级、资产阶级和统治阶级等；知识分子阶层可以分属统治阶级、庶民阶级、资产阶级、中间阶级、无产阶级等。反之亦然，同一阶级也可以包括许多阶层，如中产阶级可以包括中产阶级上层阶层、中层阶层和下层阶层；无产阶级可以包括知识分子阶层、白领工人阶层和蓝领工人阶层等。

可见，阶级与阶层根本不同。阶层划分根据纷纭复杂，多种多样，未必攸关人们的根本利益，未必重要和根本；相反地，阶级划分根据则仅仅是一种，却攸关人们最根本、最主要、最重要的利益：权力垄断。阶级是一种特殊的、独特的、最根本、最主要、最重要的阶层，亦即以权力垄断为根据所划分出来的阶层：阶级是人们因权力之有无或垄断而分成的不同社会阶层。阶级是如此独特的阶层，以至因权力而分成的群体也未必都是阶级。阶级仅仅是人们因权力之有无或垄断——而不是权力拥有之多少——而分成的不同社会阶层。如果以权力拥有之多少——而不是以权力之有无或垄断——为划分根据，那么，所划分出来的群体就仅仅是阶层，而不是阶级。譬如，所谓“大资产阶级”的划分根据就是经济权力拥有之多少，因而“大资产阶级”并不是一个阶级，而是一个阶层，亦即资产阶级的一个阶层。

二、阶级与剥削的起源及发展

1. 阶级起源

阶级是人们因权力垄断而分成的不同群体，意味着：阶级起源于权力垄断，无权力垄断则不存在阶级。因此，说到底，阶级起源于生产资料私有制和非民主制；生产资料公有制和普选民主制则意味着阶级的消灭。因为，一方面，生产资料私有制意味着社会存在着两类人群：一类群体拥有生产资料，因而享有支配和领导无生产资料群体的经济权力，叫作资产阶级或地主阶级等；另一类群体没有生产资料，因而没有经济权力，只能服从拥有生产资料群体的支配和领导，叫作无产阶级或农民阶级等。反之，生产资料公有制则意味着：每个人都完全平等地拥有生产资料，完全平等地享有经济权力，因而不存在经济权力的垄断，不存在垄断经济权力的群体和没有经济权力的群体，不存在相应的阶级。

另一方面，普选民主制意味着，所有人都完全平等地直接或间接共同执掌最高权力，所有人都完全平等地是最高统治者，因而不存在政治权力垄断，不存在垄断政治权力的官吏阶级或统治阶级和没有政治权力的庶民阶级或被统治阶级。反之，普选民主制之外的政体——限选民主制、寡头共和制、有限君主制和专制君主制——则意味着并不是所有人执掌最高权力，而仅仅是一些人甚至一个人执掌最高权力，因而存在着政治权力垄断。拥有政治权力和政治职务的群体叫作官吏阶级或统治阶级；没有政治权力和政治职务的群体叫作庶民阶级或被统治阶级。

可见，阶级起源于权力垄断，起源于经济权力与政治权力垄断，说到底，起源于生产资料私有制和普选民主制之外的政体：非普选民主制、寡头共和制、有限君主制和专制君主制。由此可以理解,为什么阶级不是从来就有的,在人类历史的百分之九十九以上的时间里并没有阶级:历经二三百万年的原始社会并不存在阶级。因为考古学和人类学的研究表明,原始社会按其历史发展的一般顺序,呈现三种性质不同的社会形态:游群、部落和酋邦。游群是人类最早的社会形态,因而与人类同时诞生,大约出现于二三百万年前,终结于一万年前,历时约二三百万年,人类的游群时代也就是旧石器时代。部落原本在旧石器时代和中石器时代就已经存在,但只有到新石器时代,亦即距今约八九千年,才广泛地散布于世界各地。

考古学和人类学的研究表明,游群和部落实行生产资料公有制和普选民主制,没有独立的、专门的和正规的政治组织。这样,一方面,每个人都完全平等地拥有生产资料,完全平等地享有经济权力,因而不存在经济权力的垄断,不存在垄断经济权力的群体和没有经济权力的群体,不存在相应的阶级;另一方面,每个人都完全平等地直接或间接共同执掌最高权力,因而不存在政治权力垄断,不存在垄断政治权力的官吏阶级和没有政治权力的庶民阶级。诚然,部落时代曾出现过专制等非民主政体。但正如摩尔根所言,民主是部落政体的主流;专制等非民主政体不过是昙花一现的特例。特别是,部落时代不具有政治权力垄断群体或官吏阶级所赖以产生的基础:专门的、正式的、独立的、常设的官僚管理机构和政治组织。因此,昙花一现的专制等非民主政体显然不足以形成官吏阶级与庶民阶级。

只是到了酋邦时代晚期,亦即原始社会末期,阶级才开始形成。酋邦虽与部落一样,仍处于农耕和畜牧阶段,但其生产专门化的程度较高,出现较多剩余产品,因而从部落的实物和劳役的互惠原则,转化为行政性的再分配制度,产生了专门的、正式的、独立的、常设的官僚管理机构和政治组织。这种正式的、常设的官僚管理机构无疑使酋长的权力和地位极大提高,使酋长家庭成员及其亲族群家庭成员的地位高于普通家庭成员,从而处于社会的中心位置,形成一种不平等的等级制社会。

这样一来,一方面,随着社会分工和商品交换的发展,酋邦成员便逐渐出现了贫富差距。酋长及其各级官员势必利用职权侵占剩余产品和生产资料,从而与那些富裕氏族成员一起,形成经济权力和生产资料的垄断群体:奴隶主阶级。这种群体叫作奴隶主阶级,因其将战争俘虏和无力偿还债务的贫穷氏族成员变成奴隶,从而成为奴隶主。这就是人类历史上最早产生的阶级:奴隶主阶级与奴隶阶级。

另一方面，酋邦所形成的专门的、正式的、独立的、常设的官僚管理机构和政治组织，显然是政治权力垄断群体或官吏阶级所赖以产生的基础。部落时代曾出现过专制等非民主政体，却没有形成官吏阶级或政治权力垄断群体，主要就是因为部落时代尚未形成专门的、正式的、独立的、常设的官僚管理机构和政治组织。酋邦具有专门的、正式的、独立的、常设的官僚管理机构和政治组织，意味着，只要一出现没有政治权力的奴隶，专门的、正式的、独立的、常设的官僚管理机构和政治组织的官员们就会蜕变为垄断政治权力的群体：官吏阶级。因此，随着奴隶阶级的产生，就形成了没有政治权力的群体和政治权力垄断群体，亦即官吏阶级与庶民阶级。这就是人类历史上最早产生的统治阶级与被统治阶级。

可见，阶级起源于晚期酋邦社会——亦即原始社会末期——的权力垄断，起源于晚期酋邦社会的经济权力和生产资料垄断，起源于晚期酋邦社会政治权力和政治职务的垄断。但是，正如赛维斯和弗里德等现代人类学家所证实，酋邦社会并不是阶级社会，而是处于平等的部落社会向阶级社会过渡阶段的等级社会。因为，一方面，这种不平等的社会分层和等级，因最高权力仍然完全平等地执掌于每个人手中，并没有造成政治权力垄断，没有形成官吏阶级与庶民阶级。另一方面，这种不平等的社会分层和等级，只在政治和社会方面，而并不在经济方面。酋邦社会各个不同的社会阶层和等级之间，并无截然不同的经济差异，并没有生产资料私有制，并没有那样的经济地位不同的集团，以致某些集团依靠生产资料的独占而能够剥削另一些集团所创造的剩余价值。因此，整体说来，正如赛维斯所言，酋邦仍然属于无阶级社会。[①]

然而，综上所述，不难看出，权力——经济权力与政治权力——垄断仅仅是阶级的直接起源；阶级的最终根源，正如马克思主义所指出的，乃在于生产力的发展程度："阶级的存在仅仅同生产发展的一定历史阶段相联系。"[②]确实，在生产力极其低下，以至一个人用全部时间劳动也只能生产勉强维持自己生存的生活资料的历史条件下，不可能有阶级和阶级剥削。因为在这种条件下，正如马克思所指出的，每个人都不可能有剩余时间来为他人劳动："而没有

---

① 转引自易建平：《部落联盟与酋邦》，207页，社会科学文献出版社，2004。

② 《马克思恩格斯选集》，第4卷，547页，人民出版社，1995。

这种剩余时间，就不可能有剩余劳动，从而不可能有资本家，而且也不可能有奴隶主，不可能有封建贵族，一句话，不可能有大私有者阶级。”①

只是到了原始社会末期，随着生产力和生产专门化的程度提高，出现了较多剩余产品，因而一方面，战俘不再被杀死而被当作奴隶，以便无偿占有其剩余产品，从而产生奴隶主与奴隶阶级；另一方面，较多剩余产品使部落的实物和劳役的互惠原则，转化为行政性的再分配制度，产生了专门的、正式的、独立的、常设的官僚管理机构和政治组织，进而蜕变为垄断政治权力的群体，亦即官吏阶级。因此，阶级——不论是经济阶级还是政治阶级——固然因权力垄断而形成，但归根结底，则是生产发展的结果，是被生产发展所产生和决定的。权力垄断（生产资料或经济权力垄断和政治权力垄断）是阶级形成的直接根源；生产发达程度则是阶级形成的终极根源。

2. 剥削起源

不难看出，剥削主要起源于权力垄断，说到底，主要起源于阶级，阶级、权力垄断与剥削如影随形。毋宁说，权力垄断是阶级划分的表层的实在的根据；剥削是阶级划分的深层的潜在的根据，阶级是人们因权力垄断所导致的剥削关系而分成的不同群体。因为哪里实行生产资料私有制和非民主政体，哪里有权力垄断，哪里分为无权群体与有权群体，哪里有阶级，哪里就必定存在压迫与剥削。垄断权力的群体或阶级，必定依靠所垄断的权力，尽其所能地剥削和压迫无权群体或阶级。休谟早就看清了这一点：“人们天生野心很大，他们的权欲永远不能满足。如果一个阶层的人在追求自己的利益时能够掠夺其他一切阶层，他们肯定会这么干，并使自己尽可能地专断一切，不受制约。”②那么，垄断权力的群体究竟如何剥削无权的群体？

首先，经济权力垄断可以分为两大类型：产品市场的卖方垄断与劳动市场的买方垄断。这两种垄断之所以是剥削的根源，正如萨缪尔森所言，乃是因为垄断——不论是产品市场的卖方垄断还是劳动市场的买方垄断——意味着垄断者在一定程度上控制价格，因而势必导致价格与价值的背离，导致不等价交换。不等价交换是垄断价格规律，正如等价交换是自由竞争的价格规律一样。

---

① 《马克思恩格斯选集》，第2卷，401页，人民出版社，1995。

② 刘军宁：《民主二十讲》，41页，中国青年出版社，2008。

只不过，一方面，产品市场的卖方垄断因其是卖方垄断，所导致的价格与价值的背离，当然是价格高于价值或边际成本："垄断所导致的 P 与 MC 的脱离意味着对劳动的'剥削'……工会在垄断企业中提高工资的行动并不能消除这种剥削。受到剥削的是整个社会，改变这种状况是反托拉斯政策的一个任务。"①

另一方面，劳动市场的买方垄断因其是买方垄断，所导致的价格与价值的背离，则显然是价格低于价值，亦即劳动价格或工资低于劳动价值，低于劳动的边际产品。工资低于劳动价值或劳动的边际产品的差额，无疑是劳动者所创造的被资本家和地主无偿占有的剩余价值，因而也就是资本家和地主对劳动者的剥削："剥削来源于雇主在购买劳动时的垄断力量（即所谓'买方垄断'）。"②

可见，剥削源于经济权力垄断，亦即源于劳动市场的买方垄断与产品市场的卖方垄断。因此，罗默说："在资本主义制度下，任何商品都受到剥削，而不仅仅是劳动力。"③那么，剥削的主要根源是否可以归结为产品市场的卖方垄断与劳动市场的买方垄断？罗宾逊的回答是肯定的："剥削由以产生的场合可分为三类：首先，虽在对个别雇主的劳动供给是完全有弹性的时候也能出现的场合，这是由对商品的垄断而造成的。其次，当劳动供给是不完全有弹性的时候（虽然商品是在完全竞争条件下来出售的）；第三，当劳动供给是不完全有弹性的时候，而且雇主在购买劳动时能实行价格歧视；这两类是由于对劳动的买方独占而引起的。"④

殊不知，剥削源于权力垄断，因而势必与所垄断的权力的高低大小强弱成正比：权力越高越强越大，剥削便越深重；权力越低越弱越小，剥削便越轻浅。一个国家或社会的最高权力无疑属于政治权力范畴，因而政治权力统治和支配经济权力，高于大于重于经济权力，是最高最大最强的权力。因此，如果经济权力垄断必定导致剥削，那么，政治权力垄断就必定导致更加深重的剥削。罗默将政治权力垄断的剥削方式叫作"地位剥削"（status exploitation）："地位剥削的存在源于大规模的中央计划和为自己创造特权的官僚职能发展的结果。"⑤

---

① 萨缪尔森：《经济学》，中册，171 页，商务印书馆，1986。

② 同上书，232 页脚注。

③ John E. Roemer, *Free to Lose*, Cambridge, Massachusetts: Harvard University Press, 1988, p. 106.

④ 罗宾逊：《不完全竞争经济学》，236 页，商务印书馆，1961。

⑤ John E. Roemer, *Free to Lose*, Cambridge, Massachusetts: Harvard University Press, 1988, p. 146.

那么,政治权力垄断的剥削方式是什么? 马拥军答曰:"政治剥削集中表现为特权,即对公共资源的垄断。享有特权的个人借对公共资源的垄断无偿占有其他个人的劳动成果。"[①]诚哉斯言! 不过,全面讲来,控制税收和国有资源、公共资源,只是政治权力垄断的剥削方式之一,只是官吏阶级依靠政治权力垄断剥削庶民阶级的手段之一。官吏阶级依靠政治权力垄断对庶民阶级进行剥削的另一种方式,则是所谓政府管制,亦即政府对市场经济超出"制定和贯彻市场经济规范"的管理活动。因为政府管制意味着抑制和违背自由竞争,意味着创造垄断,意味着创造高于边际成本的垄断价格和超额利润,意味着创造超过机会成本的差价,意味着创租、设租和寻租,说到底,意味着官吏阶级及寻租者对绝大多数庶民的剥削。

诚然,一方面,不论任何国家,政治权力都控制税收和国有资源、公共资源。但是,政治权力对税收和国有资源、公共资源的控制未必导致剥削。因为实行普选民主制的国家,每个人完全平等地执掌最高权力,从而每个人也就完全平等地控制税收和国有资源、公共资源。每个人都完全平等地控制税收和国有资源、公共资源,显然不会导致剥削。反之,实行专制等非民主制的国家,官吏阶级垄断了政治权力,庶民阶级则没有政治权力。这样一来,便只有官吏阶级才能控制税收和国有资源、公共资源,因而势必通过控制税收和国有资源、公共资源而无偿占有庶民阶级的利益:控制税收和国有资源、公共资源是一种政治权力垄断的剥削方式。因此,赖特说:"国家官僚精英占有剩余的能力建立在他们对社会生产性资源的有效控制的基础上。"[②]

另一方面,民主制国家也会存在政府管制,甚至会有极其特殊的民主国家,这些国家的政府管制竟然比专制国家有过之而无不及,如 20 世纪 90 年代以前的印度。然而,民主就是庶民做主。因此,在民主国家,是否进行政府管制,最终是庶民说了算。相反地,在专制等非民主制国家,主人是专制者一人或几个寡头及其官吏阶级,因而是否进行政府管制,全由专制者一人或几个寡头及其官吏阶级说了算。政府管制是官吏重大特权,是官吏压迫和剥削庶民的重要手段。所以,在专制等非民主制国家,实行政府管制意味着主人压迫和

---

① 马拥军:《论剥削的历史形式》,载《福建省社会学 2006 年年会论文集》,352 页,中国期刊网期刊全文数据库。

② 赖特:《后工业社会中的阶级》,36 页,辽宁教育出版社,2004。

剥削奴才,是一种必然的普遍的正常的固有的制度:政府管制是政治权力垄断所固有的剥削方式。相反地,民主国家如果实行政府管制,岂不意味着:庶民竟然自己做主让仆人——官吏——压迫和剥削自己?岂不是一种反常的偶然的现象?确实,民主国家实行政府管制,不论如何严重,根本说来,只是一种错误的认识问题——亦即绝大多数庶民误以为政府管制是必要的——因而纯属偶然,是一种随时随地都可能被消除的偶然现象。

3. 阶级与剥削的发展:六种国家制度内在价值之比较

剥削与阶级就其自身来说无疑都是恶,都是恶的、不公正的、不应该的、具有负价值的。因为,如前所述,一方面,所谓剥削,就是恶的、不道德的或不公正的不等利交换,就是不等利交换的不公正,说到底,也就是含有无偿占有的不公正的利益交换活动;剥削主要起源于权力——主要是经济权力与政治权力——垄断。另一方面,所谓阶级,就是人们因权力垄断所导致的剥削关系而分成的不同群体:没有权力的群体,必定遭受权力垄断群体的压迫和剥削,因而叫作被压迫和被剥削阶级;垄断权力的群体,必定压迫和剥削无权群体,因而叫作压迫和剥削阶级。因此,任何国家的阶级和剥削制度,就其自身内在价值来说,都是恶的,只不过恶的程度有所不同罢了。

不难看出,一个国家的阶级和剥削制度的恶的程度与其权力垄断——权力垄断是阶级与剥削之根源——的程度成正比。权力垄断越多越大越重,无权者越多而有权者越少,压迫和剥削的程度便越深越重越广,便越加严重违背国家制度价值标准,该国家的阶级与剥削制度便越恶、越坏、越恶劣、越落后、越野蛮;权力垄断越少越小越轻,无权者越少而有权者越多,压迫和剥削的程度便越浅越轻越窄,便越加轻微违背国家制度价值标准,该国家的阶级与剥削制度的恶的程度便越轻,从而相对说来也就越好、越优良、越进步、越文明。

因此,奴隶制国家的阶级和剥削制度恶于封建国家的阶级和剥削制度;封建国家的阶级和剥削制度恶于资本主义国家的阶级和剥削制度。因为奴隶主阶级垄断的权力最多,不但垄断全部生产资料或经济权力,而且垄断以人身占有为基础的超经济权力,因而对奴隶阶级的压迫和剥削程度最重,违背国家制度价值标准的程度最严重,是人类历史上最恶劣、最落后、最坏的阶级和剥削制度。地主阶级垄断的权力无疑比奴隶主阶级少。因为地主阶级只是占有绝大部分土地和生产资料,农民或农奴虽然完全没有土地或只有极少土地,却毕竟拥有部分生产资料，如农具、牲畜、种子等。特别是，地主阶级对农民或农奴只拥有以人身依附——而不是人身占有——为基础的超经济权力。这样一来，地主阶级对农民或农奴的压迫和剥削，无疑远不及奴隶主阶级对奴隶阶级的压迫和剥削深重。因此，封建国家的阶级与剥削，与奴隶制相比，违背国家制度价值标准较轻，因而比奴隶社会进步、文明、优良，比奴隶社会好。资产阶级垄断的权力比封建地主阶级更少。因为资产阶级仅仅垄断生产资料或经济权力，而并不拥有以人身依附为基础的超经济权力。资产阶级与无产阶级的关系，无论如何，毕竟是一种卖者与买者的商品买卖关系，亦即劳动与工资的商品交换关系。因此，资产阶级对无产阶级的压迫和剥削，与封建制相比，违背国家制度价值标准较轻，因而比封建地主对农民或农奴的压迫和剥削更加进步、文明、优良，比封建社会更好。

不仅此也！奴隶制国家、封建国家和资本主义国家主要的阶级，并不仅仅是奴隶主阶级与奴隶阶级、地主阶级与农民阶级以及资产阶级与无产阶级。因为阶级是因权力——经济权力与政治权力——垄断而分化的不同群体。奴隶主阶级与奴隶阶级、地主阶级与农民阶级以及资产阶级与无产阶级都是因经济权力——或人身占有和人身依附等超经济权力——垄断而分化的不同群体，而不是因政治权力或政治职务垄断而分化的不同群体。奴隶制国家、封建国家和资本主义国家主要的阶级，无疑还包括因政治权力垄断而分化的不同群体：垄断政治权力的群体（亦即统治阶级）与没有政治权力的群体（亦即被统治阶级）。

不言而喻，一个国家的统治阶级及其压迫和剥削的进步程度与其拥有政治权力和没有政治权力的人数比例成正比：一个社会没有政治权力的人数越少，拥有政治权力的人数越多，该社会被政治权力压迫与剥削的人数便越少，因而违背国家制度价值标准的程度便越轻，该国家的阶级与剥削便越加进步和优良；反之，没有政治权力的人数越多，拥有政治权力的人数越少，被政治权力压迫与剥削的人数便越多，因而违背国家制度价值标准的程度便越严重，该国家的阶级与剥削便越加落后和恶劣。准此观之，奴隶制国家的统治阶级和阶级剥削最恶劣最落后。因为奴隶制国家拥有政治权力的人数最少，统治阶级的成员不但几乎都是奴隶主贵族，而且排除所有女人。例如，在古希腊城邦国家中，女人便与奴隶一样，都不享有政治权力。古罗马最初也只有贵族享有政治权力，到公元前3世纪通过霍腾西阿法案后，所有自由民才获得政治权力。

封建国家拥有政治权力与没有政治权力的人数比例，无疑远远高于奴隶制国家。因为封建国家统治阶级成员或拥有政治权力者，固然主要是地主阶级成员，但决不仅仅是地主阶级成员，而或多或少包括农民或农奴。就拿中国一千年左右的封建科举制度来说，一个人，不论属于哪个阶级，只要考中进士举人，岂不都可以成为统治阶级的一员？因此，与奴隶制国家相比，封建国家的统治阶级及其剥削远为进步。但若与资本主义国家相比，却远为落后了。因为只是随着资产阶级革命胜利，政治权力才迅速由少数人的特权向每个国民普及，尽管仍然存在着性别和财产等限制。直到第二次世界大战以后，在大多数国家中，才逐渐实现普选制民主，从而政治权力才逐渐不分性别、阶级、职业和文化程度等而为每个国民所平等拥有。这样一来，在普选制民主的资本主义国家，每个人都完全平等地执掌最高权力，不存在政治权力垄断，因而也不存在因政治权力垄断而分化的不同群体：统治阶级（官吏阶级）与被统治阶级（庶民阶级）。

可见，奴隶制国家的阶级和剥削制度最恶、最坏、最落后；封建国家的阶级和剥削制度次之；资本主义国家的阶级和剥削制度又次之。那么，社会主义国家制度究竟如何？任何私有制，即使是最高级、最进步、最好的资本主义，也因经济权力垄断及其必然导致的压迫和剥削，违背国家制度价值标准而属于坏国家制度；唯有公有制才能消除经济权力垄断及其压迫和剥削制度，从而符合国家制度价值标准，是好国家制度。社会主义国家就是生产资料公有制居于支配地位的国家。那么，社会主义国家必定消除了阶级和剥削，因而是符合国家制度价值标准的好国家吗？

未必。因为社会主义是不完全、不完善的共产主义社会，因而既可能符合国家制度价值标准而实行民主制，也可能违背国家制度价值标准而实行专制等非民主制。如果社会主义实行民主制，每个人完全平等地执掌最高权力，从而不存在政治权力垄断，那么，社会主义便不但不存在因政治权力垄断而分成的官吏阶级与庶民阶级，而且也不存在因经济权力垄断而分成的阶级。因为政治权力控制国有资源，而社会主义国有资源包括公有制的生产资料。因此，如果社会主义实行民主制，每个人便因完全平等地执掌最高权力而完全平等执掌公有制生产资料，人人拥有经济权力，不存在经济权力垄断。因此，民主制的社会主义社会不存在阶级和剥削，无疑远远优越于资本主义。

可是，如果社会主义国家实行专制等非民主制，主要国民便分化为两大群体:官吏阶级(政治权力垄断群体)和庶民阶级(毫无政治权力群体)。官吏阶级不但垄断政治权力,而且因控制国有资源——国有资源包括全国主要的处于支配地位的生产资料——而垄断了经济权力,进而垄断社会权力(结社集会等权力)和文化权力(言论出版等权力),从而是庶民阶级绝大多数成员无可选择的唯一雇主;庶民阶级的绝大多数成员不但没有政治权力,而且——除了生产资料私有者或所谓民营企业家——因没有政治权力不可能控制国有资源而没有经济权力以及社会权力和文化权力,成为无可选择的唯一雇主——政府官吏——的可以被自由选择的雇员。这意味着,国民不服从政府和官吏就意味着没有食物,就意味着饿死。在这种制度下,即使是鲁迅,恐怕也得乖乖服从。因为不服从他就没工作,全家岂不必定饿死?因此,专制等非民主制的社会主义是一种不服从者不得食的国家制度,是一种政府官员拥有控制国民全权的极权主义新奴隶制度、准奴隶制度或马克思所谓的"普遍奴隶制"。这就是专制等非民主制的社会主义社会的国民最富奴性的缘故。

这样一来,专制等非民主制的社会主义国家的阶级和剥削制度便远远恶于资本主义国家。因为毋庸赘言,"不服从者亦得食"是自由的最根本的必要条件。资本主义堪称"不服从者亦得食"的国家。因为生产资料主要为私有者所拥有,而并不为政府和官吏所垄断,因而政府和官吏没有控制国民的全权:不服从政府和官吏亦可得食。私有者也没有控制无产者的全权,因为生产资料并不是统一掌握在哪一个私有者或大财团手中,而是分散地为众多独立的私有者所掌握,因而没有人必须为面包而出卖自由:此处不留爷,自有留爷处。这个道理,哈耶克曾有十分透辟的阐述:"只是因为生产资料分别掌握在许多个独立行动的人的手里,才无人有控制我们的全权,我们作为个人才能自己决定自己去做的事情。如果所有的生产资料都归属于一个人掌握,不管它名义上是属于整个'社会'的,还是属于一个独裁者的,谁控制它,谁就有全权控制我们。"①

专制等非民主制的社会主义国家的阶级和阶级剥削制度,不但远远恶于资本主义国家,而且就某些方面看,恶劣程度不逊于奴隶制。因为,一般说来,不论是资本主义社会还是封建社会抑或奴隶社会,经济权力垄断的压迫和剥削方式,与政治权力垄断的压迫和剥削方式都是分开的。换言之,没有哪一个

---

① Friedrich A. Hayek, *The Road to Serfdom*, George Routledge & Sons Ltd., 1944, p. 78.

阶级既垄断了政治权力又垄断了经济权力以及社会权力与文化权力。奴隶主阶级和封建地主阶级的压迫和剥削方式,只是经济权力垄断和超经济权力强制:人身占有和人身依附。资产阶级的剥削方式是纯粹的生产资料或经济权力垄断。这些社会即使实行专制等非民主制,一般说来,官吏阶级的压迫和剥削方式也仅仅是单纯的政治权力垄断。压迫和剥削源于权力垄断,与所垄断的权力的大小成正比。因此,全权垄断的专制等非民主制的社会主义压迫和剥削程度,必定远远深重于私有制社会——资本主义和封建制以及奴隶制——官吏阶级单纯的政治权力垄断的压迫和剥削方式,更远远深重于资本主义单纯的经济权力垄断的压迫和剥削方式,而与奴隶主阶级的压迫和剥削方式——经济权力垄断和人身占有的超经济权力强制相结合——难分伯仲。

综上可知,虽然唯有公有制才能消除经济权力垄断及其压迫和剥削制度,从而符合国家制度价值标准,是好国家制度,但是,一方面,原始公有制不过是人类在生产力极端低下和分工极端不发达的历史阶段不得不挣扎于其中的最为落后的自然经济制度,算不上好国家制度;另一方面,社会主义却可能因实行专制等非民主制而导致最坏的国家制度:全权垄断的阶级和剥削制度。即使社会主义实行民主制,因而消除了政治权力与经济权力垄断,消除了阶级和剥削,远远优越于资本主义,仍然并非完全符合国家制度价值标准而是好国家制度。

因为社会主义是不完全、不完善的共产主义,民主制的社会主义仍然可能违背国家制度价值标准,如实行计划经济和非宪政民主等;更不用说非全球国家和世界政府,因而仍然拥有军队和可能进行战争了。因此,唯有未来共产主义国家——亦即具有生产力极端发达、生产资料全民所有制、按劳分配、没有政府管制的市场经济、宪政民主和全球国家六大特征的国家——完全符合国家制度价值标准而是好国家制度。因此,共产主义是唯一好的国家制度;资本主义堪称最好的阶级和剥削制度;专制等非民主制社会主义则是最坏的阶级和剥削制度而与奴隶制不相上下。这就是以经济制度为根据的六种国家制度自身内在价值之真谛。

三、历史必然性与非普世价值:各种国家制度外在适用价值之比较

阶级和剥削是恶,无疑意味着:应该消灭阶级和剥削,废除阶级和剥削制

度。但是,政治权力垄断所形成的阶级和剥削,与经济权力垄断所形成的阶级和剥削根本不同。因为,我们对于国家本性的研究表明,一方面,政体制度具有绝对的偶然任意性。根据这一本性,专制等非民主制及其政治权力垄断所形成的阶级和剥削制度——亦即官吏阶级与庶民阶级的阶级和剥削制度——都不是被生产力和经济发展水平所必然决定的,都是偶然任意而不具有历史必然性,因而在任何国家、任何时代、任何生产力和经济发展水平条件下都能够且应该被废除,具有绝对的普世价值:专制等非民主制及其官民阶级和剥削制度在任何条件下都是纯粹恶而绝对应该废除。这就是专制等非民主制所形成的阶级和剥削制度的外在适用价值。

另一方面,经济制度具有相对的历史必然性。根据这一本性,私有制——奴隶制与封建制以及资本主义——及其经济权力垄断所形成的阶级和剥削制度,如奴隶主阶级与奴隶阶级以及资产阶级与无产阶级等阶级和剥削制度,都被生产力发展水平所必然决定,都具有不依人的意志而转移的历史必然性,都只应该实行于一定的国家一定的时代,而不应该实行于一切国家一切时代,因而都不具有普世价值。私有制及其经济权力垄断所形成的各种阶级和剥削制度在一定历史条件下都是一种必要恶,因而属于善的范畴,不应该废除。就连惨绝人寰的奴隶制的阶级和剥削制度也曾经是一种必要恶,因为它避免了更大的恶:战俘变成奴隶从而不再被杀死和吃掉。这就是私有制所形成的各种阶级和剥削制度的外在适用价值。

然而,私有制——奴隶制与封建制以及资本主义——的阶级和剥削制度是一种必要恶的前提无疑在于:它们都具有历史必然性而不可跨越。否则,譬如说,如果从原始社会向阶级社会过渡可以跨越奴隶制而直接进入封建制或资本主义,那么,惨绝人寰的奴隶制显然不如封建制或资本主义,就是纯粹恶而不是必要恶了。问题的关键恰恰在于,人类社会发展史实,似乎正如众多学者所言,否定了所谓五种社会形态——原始社会、奴隶社会、封建社会、资本主义社会和共产主义社会——的历史必然性,如美国跳过封建社会而由奴隶制直接进入资本主义国家,欧洲和亚洲的很多国家是从原始社会直接进入封建社会,而没有经过奴隶制。就连五种社会形态历史必然性的始作俑者马克思本人,也认为俄国可以跨越卡夫丁峡谷:资本主义。这样一来,经济制度岂不与政体制度一样不具有历史必然性?私有制及其经济权力垄断所形成的阶级和剥削制度,岂不与专制等非民主制及其政治权力垄断所形成的官民阶级和剥削制度一样不具有历史必然性,因而岂不一样在任何条件下都是纯粹恶而绝对应该废除?答案是否定的。五种社会形态都具有历史必然性而不可跨越。

1. 社会主义和共产主义的历史必然性:消灭阶级和剥削的条件

原始共产主义无疑具有历史必然性,因为任何国家和社会,说到底,无不起源于原始社会,而不可能逾越原始社会,它们的终极源头无疑都是原始国家、原始社会。人类学和考古学的研究表明,在人类历史的百分之九十九以上的时间里,人类都是生活在原始社会,已历经二三百万年。

社会主义和共产主义也都具有历史必然性,因为私有制及其经济权力垄断所形成的阶级和剥削制度的产生、存在和消灭,被生产力的发展所决定,具有历史必然性。在生产力极其低下,以至一个人用全部时间劳动也只能生产勉强维持自己生存的生活资料的历史条件下,不可能有阶级和阶级剥削;能够创造剩余产品的生产力无疑是私有制及其经济权力垄断所形成的阶级和阶级剥削产生的必要条件。在生产力还不够发达,还不能达到满足社会全体成员的需要的条件下,私有制及其经济权力垄断所形成的阶级和剥削必然存在而不可能消灭,生产力高度发达是废除私有制而代之以社会主义公有制的必要条件。

因为,一方面,国民思想品德普遍提高是保障公有制经济有效率的根本条件。而国民思想品德的高低,直接说来,取决于国民做一个好人的道德需要的强烈程度;根本说来,则取决于国民的物质需要相对满足的程度:国民的物质需要满足得越充分,做一个好人的道德需要便越多越强烈,国民的品德便越高尚。因此,生产力高度发达——从而使每个人的物质需要得到相对满足——乃是国民思想品德普遍提高的根本条件,说到底,是公有制经济高效率发展的根本条件。如果生产力不够发达,产品还不能满足全体社会成员的物质需要,国民思想品德和政治觉悟决不可能普遍提高。这样一来,便唯有私有制才有效率,而公有制则注定无效率。

另一方面,生产力不发达的社会主义国家的建立,几乎不可能通过民主的议会的道路,而势必通过非民主的、为民做主的武力征服、暴力革命道路,暴力革命是生产力不发达的社会主义革命的普遍规律。暴力地、不民主地、为民做主地夺取的政权,势必成为一种暴力的、不民主的、为民做主的政权,势必继续为民做主执掌政权，从而导致专制等非民主制的社会主义。这就是为什么所有生产力不发达的社会主义国家——中国除外——都实行名义民主而实为专制政体。

这样一来，在生产力不发达的条件下，废除私有制实行社会主义，不但必定导致效率低下，而且势必导致专制等非民主制、全权垄断的阶级与剥削以及政府官员拥有控制国民全权的奴役制社会主义，最终必定如苏东九国社会主义那样，又回到资本主义。因为在生产力不发达的条件下，资本主义私有制虽然是剥削的根源，是恶的、不公平的、不应该的、具有负价值的，却能够避免更大的损害和不公，能够避免更大的恶——效率低下、全权垄断的阶级与剥削、政府官员拥有控制国民全权的新奴隶制度和专制等非民主制等——因而是一种必要恶，是应该的、善的，具有正价值的。

因此，马克思、恩格斯一再说，生产力高度发达是实现社会主义的必要条件；如果在这一条件还不具备的时候就实行社会主义，即使胜利了，也必定是暂时的，是一种堂·吉诃德式的荒唐行为。[①] 诚哉斯言！只有在生产力高度发达的条件下实行社会主义，国民政治觉悟、公民文化和思想品德才能普遍提高，从而不但能够保障公有制经济高效率发展，而且能够实行民主制，从而消除政治权力和经济权力垄断，消除阶级和剥削。首先，生产力高度发达的社会主义国家的建立，能够且应该通过民主的议会的道路，而避免通过不民主的武力征服、暴力革命道路，民主的议会的道路堪称生产力高度发达的社会主义革命的普遍法则。民主地取得的政权，势必成为一种民主的政权。

其次，生产力高度发达的社会主义实行民主制，意味着，每个人完全平等地执掌最高权力，从而不存在政治权力垄断。这样一来，社会主义便因为实行公有制和民主制而消除了权力——经济权力与政治权力——垄断，从而消除了阶级和阶级剥削：既因民主制而消除了政治权力垄断，从而消除了官吏阶级与庶民阶级；又因废除私有制而消除了经济权力垄断，消除了一切因经济权力垄断所形成的阶级。

最后，生产力高度发达的社会主义，消除了权力垄断，也就意味着：一方面消除了建立社会组织的权力垄断，因而公民社会和公民文化——民主制的至关重要的基础——必定高度发达；另一方面则消除了权力垄断者的主子文化

① 《马克思恩格斯全集》，第46卷(上)，106页，人民出版社，1979。

和无权者的奴才文化，从而消除了专制等非民主制的至关重要的基础：臣民文化。

总而言之，在生产力高度发达——从而国民思想品德和政治觉悟普遍提高——的时候，废除私有制而代之以社会主义，既能实现民主，真正消除阶级和剥削，又能保障经济高效率发展，因而私有制、阶级和剥削便由必要恶而演进为纯粹恶。当此之际，消灭私有制、阶级和剥削，从而实现无阶级无剥削的社会主义和共产主义的时代便必然到来了。因为阶级和剥削都是恶，人类之所以生活其中，只是因其能够避免更大的恶——譬如全权垄断的阶级和剥削以及效率低下等——而是必要恶。当阶级和剥削已经不再是必要恶而是纯粹恶的时候，它们的消灭就具有了历史必然性。

因为人类社会发展的历史大趋势无疑是进步而不是倒退。正如人类不可能长久在一种纯粹错误的思想指导下生存一样，人类不可能长久——更不可能永远——生活于一种纯粹恶的制度，而或迟或早必然要消灭这种纯粹恶的国家制度。更何况，在生产力高度发达的条件下，国民的思想觉悟普遍提高，他们显然决不可能继续生活于已经变成纯粹恶的阶级和剥削制度，而必然选择消灭这种制度的无阶级无剥削的社会主义和共产主义："生产力高度发达"加上"国民思想觉悟的普遍提高所导致的废除阶级和剥削运动"是阶级和剥削消灭的充分条件。这就是私有制及其经济权力垄断所形成的阶级和剥削制度消灭的历史必然性，因而也就是社会主义和共产主义的历史必然性。

2. 跨越卡夫丁峡谷：资本主义的历史必然性

不难看出，资本主义具有历史必然性。因为，一方面，私有制、阶级和剥削的消灭具有历史必然性，而高度发达的生产力是消灭私有制、阶级和剥削的必要条件；另一方面，不但奴隶制和封建制等自然经济制度不可能，而且社会主义公有制经济制度也不可能，而只有资本主义——亦即私有制＋市场经济——才能够创造消灭私有制、阶级和剥削所必需的高度发达的生产力。因此，资本主义是任何国家都必然要经过的经济制度，具有普遍的绝对的历史必然性。任何国家，如果不经过资本主义，或不经过资本主义的充分发展，就直接进入社会主义，那么，该国决不可能创造消灭阶级和剥削所必需的高度发达的生产力，决不可能消灭阶级和剥削，决不可能进入比资本主义更高更好的经济形态。

然而，在马克思看来，俄国在一定历史条件下却有可能跨越资本主义而直接进入更高级的共产主义社会："我们暂且不谈俄国公社所遭遇的苦难，只来考察一下它的可能的发展。它的情况非常特殊，在历史上没有先例。在整个欧洲，只有它是一个巨大的帝国内农村生活中占统治地位的组织形式。土地公有制赋予它以集体占有的自然基础，而它的历史环境（资本主义生产和它同时存在）又给予它以实现大规模组织起来的合作劳动的现成的物质条件。因此，它可以不通过资本主义制度的卡夫丁峡谷，而吸收资本主义制度取得的一切肯定成果。它可以借使用机器而逐步以联合耕种代替小土地耕种，而俄国土地的天然地势又非常适合于使用机器。如果它在现在的形式下事先被引导到正常状态，那它就能直接变成现代社会所趋向的那种经济体系的出发点，不必自杀就能获得新的生命。"①

这就是马克思"跨越资本主义卡夫丁峡谷"理论。诚然，俄国因其土地公社所有制是占统治地位的组织形式，因而在一定历史条件下可以跨越资本主义而直接过渡到社会主义。就这一点来说，马克思的"跨越资本主义卡夫丁峡谷"理论酷似真理，正如列宁关于社会主义可以在生产力不发达的俄国取得胜利的理论酷似真理一样。俄国十月社会主义革命的胜利似乎证实了这一真理。而后东欧又相继有 8 个生产力不发达的国家——南斯拉夫、阿尔巴尼亚、保加利亚、匈牙利、波兰、捷克斯洛伐克、罗马尼亚、民主德国——走上社会主义道路，似乎更加充分地证实了这一真理。这样一来，似乎就可以断言，资本主义不具有普遍的绝对的历史必然性，就可以断言资本主义在俄国不具有历史必然性，就可以断言这些国家可以跨越资本主义，可以不经过资本主义或不经过资本主义充分发展，就能够建立比资本主义更高更好更进步的社会主义。

这是错的。因为不论是马克思的跨越资本主义的社会主义，还是列宁的跨越充分发展资本主义的社会主义，因其生产力不够发达从而人们思想觉悟不可能普遍提高，如前所述，必定一方面导致效率低下，不可能创造消灭阶级和剥削所必需的高度发达的生产力；另一方面则必定导致专制等非民主制，形成远远恶劣于资本主义的全权垄断的阶级和剥削。因此，这种社会主义国家虽然当时成功地跨越了资本主义或充分发展的资本主义，但或迟或早，必然抛弃社会主义而选择或复辟资本主义：完全和突变地或不完全和渐进地复辟资

① 《马克思恩格斯全集》，第 19 卷，447 页，人民出版社，1963。

本主义。因此，资本主义是任何国家都必然要经过的经济形态，是任何国家消灭阶级和剥削的必由之路，是最高最后最好的阶级和剥削制度，因而具有普遍的绝对的历史必然性。苏东九国半个多世纪的社会主义统治最终无一不导致资本主义复辟的事实，充分证明了这一真理。

3. 跨越奴隶制或封建制：奴隶制与封建制国家的不完全的历史必然性

奴隶制和封建制是否具有历史必然性？答案是肯定的。原始社会不可能跨越奴隶制或封建制而直接进入资本主义国家。因为资本主义国家乃是一种交换经济、商品经济或市场经济居于支配地位的国家，原始国家不可能直接进入商品经济居于支配地位的国家。因为一个国家的商品经济居于支配地位的必要条件，无疑是大规模的商品生产和广阔的市场：国内市场和世界市场。大规模的商品生产和广阔的市场无疑又以遍布全国的城市和技术革命、工业革命以及机器大工业为必要条件。

因此，商品经济成为一个国家的占统治地位的制度的必要条件，从而资本主义生产方式或资本主义国家建立的必要条件，说到底，就是形成遍布全国的城市和技术革命、工业革命以及机器大工业。这就是为什么，通常说来，资本主义国家或资本主义生产方式是在18—19世纪英、法等国发生的工业革命的基础上确立的。因此，资本主义国家建立的最根本的必要条件，说到底，乃是从15世纪、16世纪以来的技术和工业的改革及革命——如罗盘、火药、铸铁、机械纺织法的发明等——到18世纪的技术大革命和工业大革命。因此，鲍尔斯说："断定资本主义和技术变迁的大喷发何者出现在先是困难的。无论真相如何，持续的、迅速的、影响深远的科学发现和技术创新差不多与资本主义同时出现。"①

显然，没有外来资本主义国家的介入，任何原始国家、原始社会的末期，无论商品经济如何发达，都远远不可能具有这些建立资本主义国家的必要条件，因而不可能直接建立资本主义国家。这是由原始国家晚期的生产力发展水平所必然决定的。原始国家晚期的生产力属于新石器时代，晚期之末出现了铜

---

① Samuel Bowles, Richard Edwards and Frank Roosevelt, *Understanding Capitalism: Competition, Command, and Change*, Third Edition, New York: Oxford University Press, 2005, p. 6.

器。在这种低下的生产力基础上，无论出现了多么伟大的领袖和群众，无论他们怎么努力，显然都不可能建立遍布全国的城市和诞生技术革命、工业革命以及机器大工业，从而不可能建立资本主义国家。在这种低下的生产力基础上，他们显然只可能直接建立与原始国家同样属于自然经济的国家：奴隶制国家或封建制国家。经过奴隶制或封建制国家自然经济的数以千年计的漫长发展，才可能建立遍布全国的城市和诞生技术革命、工业革命以及机器大工业，从而建立资本主义国家。

这样一来，一方面，原始国家和资本主义国家具有历史必然性；另一方面，原始国家不可能直接建立资本主义国家。于是，合而言之，从原始国家过渡到资本主义国家的中间阶段的国家——奴隶制国家或封建制国家——便具有了历史必然性，原始国家必然经过奴隶制或封建制国家才能建立资本主义国家。因此，没有外来社会的介入，继原始国家而起的必然是奴隶制或封建制国家，任何国家或社会都必然要经过奴隶制或封建制阶段：封建制或奴隶制国家具有历史必然性。但是，与原始国家、资本主义国家、社会主义国家和共产主义国家的完全的历史必然性有所不同，奴隶制国家与封建制国家只有合起来才具有完全的必然性；若是分开来，不论是奴隶制国家还是封建制国家都只有半个必然性或不完全必然性，亦即半必然半偶然。换言之，任何原始国家虽然必然经过奴隶制或封建制才可能建立资本主义国家，却既可能只经过奴隶制而跨越封建制，也可能跨越奴隶制而只经过封建制，还可能既经过奴隶制又经过封建制。古希腊罗马从原始国家到资本主义国家，既经过了奴隶制又经过了封建制；美国跳过封建社会而由奴隶制直接进入资本主义国家；欧洲和亚洲的很多国家，则正如苏联学者所指出的，是从原始社会直接进入封建社会，而没有经过奴隶制。①

这是因为，奴隶制和封建制不但与原始国家一样，都属于自然经济形态，而且同样是超经济强制的自然经济形态。只不过，奴隶制的超经济强制是人身占有，封建制的超经济强制是人身依附罢了。这样一来，封建制虽然比奴隶制优良、进步和高级，却与奴隶制一样，完全可能建立在原始国家末期生产力水平之上。试想，在原始国家末期的铜器生产力和自然经济的基础上，难道只能建立奴隶制的人身占有的自然经济？岂不也可以建立封建制的人身依附的

① 苏联科学院主编：《世界通史》，第3卷，4页，生活·读书·新知三联书店，1961。

自然经济？

显然，在原始国家末期，究竟建立奴隶制还是封建制，与原始国家末期的铜器生产力和自然经济形态没有必然联系，而完全取决于当时社会的具体的特殊的——因而也是偶然的——情况。其中最重要的情况，恐怕就是战争俘虏，这种情况显然更容易导致奴隶制而不是封建制。因为战争胜利者或权力垄断集团握有对俘虏的生杀予夺权力，可以随意处置俘虏。他们无疑更愿意使俘虏成为自己的一种私有财产，亦即完全占有俘虏人身，使其沦为奴隶，而不是仅仅使其人身依附自己，成为农民或农奴。这就是为什么在没有外来社会介入的情况下，原始社会大都直接演进为奴隶制而不是封建制国家。

可见，奴隶制与封建制具有历史必然性，只不过不是完全的历史必然性，而是不完全或半个历史必然性，人类社会的发展可以跨越其一而不可能全部跨越。不但此也！奴隶制与封建制的历史必然性还是相对的，是相对的历史必然性。所谓相对的历史必然性，亦即有条件的历史必然性，这个条件就在于是否有外来社会的介入或影响。只有在没有外来社会介入或影响的条件下，奴隶制或封建制才是人类社会发展的必经阶段，因而其历史必然性是有条件的、相对的。如果没有这个条件，或者说，如果有外来社会——如资本主义国家——介入或影响，某些原始国家就可能迅速获得资本主义的生产力，因而成功跨越奴隶制和封建制而直接成为商品经济居于统治地位的资本主义国家。

这是奴隶制或封建制与资本主义的历史必然性的根本不同之处。因为只有资本主义才能够创造实现社会主义的必要条件：高度发达的生产力。所以，无论有无外来社会介入或影响，任何国家都不可能跨越资本主义或充分发展的资本主义，直接建立社会主义国家；资本主义是任何国家无论有无外来社会介入和影响都必然要经过的经济形态，因而具有绝对的历史必然性。三种公有制国家——原始国家和社会主义国家以及共产主义国家——的历史必然性显然也是如此。因为无论如何，任何国家无疑都绝对必然地从原始国家而来；绝对必然向共产主义国家而去；绝对必然要经过不完全、不完善的共产主义国家——亦即社会主义国家——才可能达到完全的、完善的共产主义国家。

可见，以经济形态为划分根据的六种国家——原始国家、奴隶制国家、封建制国家、资本主义国家、社会主义国家和共产主义国家——都具有历史必然性，都是人类社会发展的必经阶段。只不过，一方面，奴隶制国家与封建制国家只有半个必然性或不完全必然性，人类社会的发展可能跨越其一而不可能全部跨越。反之，原始国家、资本主义、社会主义和共产主义则都是人类社会的发展所不可能跨越的必然阶段，因而都具有完全的历史必然性。另一方面，只有在没有外来社会介入的条件下，奴隶制或封建制才是人类社会发展的必经阶段，因而其历史必然性是有条件的、相对的。反之，无论有无外来社会的介入和影响，原始国家、资本主义、社会主义和共产主义都是人类社会发展的必经阶段，因而其历史必然性是无条件的、绝对的。

4. 六种国家制度：不具有普世性与普世价值

以经济形态为划分根据的六种国家——原始国家、奴隶制国家、封建制国家、资本主义国家、社会主义国家和共产主义国家——之所以具有历史必然性，显然是因为经济形态具有历史必然性；而经济形态之所以具有历史必然性，如前所述，则是因为一个国家究竟实行何种经济形态，取决于该国的生产力发展水平究竟如何。如果某种生产关系或经济形态、经济制度——三者实为同一概念——适合生产力，就会促进生产力发展，就会给人们带来巨大利益，那么，即使人们讨厌和不想实行这种生产关系，或迟或早也必定实行这种生产关系；相反地，如果某种生产关系不适合生产力，就会阻碍生产力发展，就会给人们带来巨大损失，那么，即使人们喜欢与渴望实行这种生产关系，或迟或早也必定改变和抛弃这种生产关系，而代之以与生产力相适合的生产关系。

这样一来，以经济形态为划分根据的六种国家制度的历史必然性，就印证了马克思关于经济制度历史必然性的伟大发现：一个国家究竟实行何种经济制度，亦即何种经济形态占据统治地位，说到底，六种经济形态——原始共产主义、奴隶制、封建制、资本主义、社会主义和共产主义——中的何种经济形态占据统治地位，皆取决于该国的生产力发展水平究竟如何，因而具有历史必然性，是历史的、必然的、不依人的意志而转移和不可自由选择的。

于是，正如马克思所发现的，随着生产力不断发展，经济形态或经济制度便会发生相应的变化，便会由原来适应和促进生产力发展，变成阻碍和不适应生产力发展。那时，经济形态或经济制度变革的时代就到来了。随着经济形态或经济制度的变革，以其为划分根据的国家制度也会发生相应的变革。[①] 所以，以经济形态为划分根据的六种国家制度都不具有普世性和普世价值，它

---

① 《马克思恩格斯选集》，第 2 卷，32 页，人民出版社，1995。

们都因时因地而异，只可能和只应该实行于一定的国家、一定的社会、一定的时代，而不可能和不应该实行于一切国家、一切社会、一切时代。

因此，一种经济形态或经济制度不论就其自身内在价值来说如何恶，当其适应和促进生产力发展的时候，就是必要恶，因而就是善的、好的、应该的和具有正价值的，相应地，基于此种的国家制度也是必要恶，因而也就是善的、好的、应该的和具有正价值的。但是，随着生产力的发展，当同一种经济形态或经济制度阻碍和不适应生产力发展的时候，即使该种经济形态就其自身内在价值来说是好的，它也都是坏的、不应该的和具有负价值的了，相应地，基于此种的国家制度也是坏的、不应该的和具有负价值的。

试想，惨绝人寰的奴隶制，就其自身内在价值来说，是最坏的国家制度，却因其适应原始社会末期生产力而是必要恶，因而是善的、好的、应该的和具有正价值的国家制度。不过，奴隶制岂不仅仅对于它所取代的原始社会来说才是好的、应该的和具有正价值的？岂不仅仅在原始社会生产力水平逐渐提高以至出现了剩余产品的时代才是好的、应该的和具有正价值的？而对于其他任何时代任何社会岂不都是最坏的制度？资本主义就其自身内在价值来说，也属于阶级和剥削制度范畴，是坏的、不好的和不应该的制度。但是，就其外在适用价值来说，资本主义是坏制度岂不仅仅对于生产力高度发达的社会才能成立？对于生产力不够发达的社会，资本主义岂不是最好的制度？就自身内在价值来说，共产主义是唯一好的国家制度，但是，就其外在适用价值来说，共产主义岂不也仅仅对于生产力高度发达的社会才是好制度？而对于生产力不够发达的国家来说，共产主义岂不必定带来莫大灾难而是坏制度？

可见，一方面，以经济形态为划分根据的六种国家制度——原始共产主义、奴隶制、封建制、资本主义、社会主义和共产主义——都不具有普世性和普世价值，都只应该实行于一定的社会、一定的时代，而不应该实行于一切社会、一切时代；都是历史的、时代的，而不是超历史、超时代的；都仅仅对处于一定发展水平的生产力的一定的国家、一定的社会、一定的时代，才是应该的、善的、好的和具有正价值的；而对于另一发展水平的生产力及其国家、社会和时代则是不应该的、恶的、坏的和具有负价值的。另一方面，以经济形态为划分根据的六种国家制度之所以都仅仅适用于一定历史时代而不具有普世性和普世价值，只是因为一个国家实行何种经济形态具有历史必然性，是被生产力的发展水平所必然决定的，是历史的、必然的、不依人的意志而转移和不可自由选择的。

思考题：

1.列宁将阶级定义为人们因经济地位或生产资料占有关系不同（实际上是经济权力垄断）而形成的不同集团，是否片面？人们因政治权力之垄断而分成的不同集团——统治阶级与被统治阶级——岂不也是阶级？这样一来，阶级岂不是人们因权力——经济权力与政治权力——之垄断而分成的不同群体？但是，恩格斯说，在经济上占统治地位的阶级，在政治上也占统治地位，因而统治阶级也就是垄断生产资料的阶级，被统治阶级也就是没有生产资料的阶级。这样一来，阶级划分的根据也就只有经济关系，亦即对生产资料的占有或垄断关系。恩格斯此见能否成立？

2.普列汉诺夫曾断言俄国实行土地国有化的社会主义革命势必导致亚细亚生产方式复辟。中国、印度和俄国等东方原始社会向阶级社会的转化和过渡，形成的就是“亚细亚生产方式”，这种生产方式在中国一直持续到清朝灭亡。亚细亚生产方式的根本特征是以土地“公有”或“国有”为其现象的土地“国王及其官吏阶级所有制”，说到底，是官吏阶级全权垄断：不仅垄断了政治权力，而且垄断了经济权力，进而垄断了结社集会等社会权力和言论出版等文化权力。普列汉诺夫的断言是否荒谬无稽、大错特错？

3.恩格斯认为生产力高度发达是废除私有制和实现社会主义的必要条件：“能不能一下子就把私有制废除呢？不，不能……只有在废除私有制所必需的大量生产资料创造出来之后才能废除私有制。”（《马克思恩格斯选集》，第1卷，219页，人民出版社，1972）列宁则否定生产力发达之为实现社会主义的必要条件：“‘俄国生产力还没有发展到可以实行社会主义的高度’，第二国际的一切英雄们，当然也包括苏汉诺夫在内，把这个论点真是当作口头禅了。……我们为什么不能首先用革命手段取得达到这个一定水平的前提，然后在工农政权和苏维埃制度的基础上赶上别国人民呢？”（《列宁选集》，第4卷，277页，人民出版社，1995）谁是谁非？是否可以说，只有资本主义才能够——而社会主义不可能——创造废除私有制和实现社会主义的必要条件：高度发达的生产力？

下　卷

实现论：理想国家如何实现之条件

导　论

中卷《价值论：国家制度应该如何》的研究表明，一方面，以执掌最高权力的公民人数（或政体）为划分根据的诸种国家制度——民主共和与寡头共和以及有限君主制与专制君主制——唯有民主制符合国家制度价值标准体系，从而是唯一好的理想的国家制度；另一方面，以生产资料所有制（或经济形态）为划分根据的诸种国家制度——原始公有制、奴隶制、封建制、资本主义、社会主义和共产主义——唯有共产主义符合国家制度价值标准体系，从而是唯一好的理想的国家制度。民主制不但是唯一好的理想的国家制度，而且是在任何历史条件下都能够且应该实行的好的理想的国家制度：民主制具有普世性和普世价值。相反地，共产主义不具有普世性和普世价值：共产主义仅仅在生产力高度发达的条件下才是好的理想的国家制度。

不难看出，任何理想的国家制度，不但不具有普世价值的共产主义，而且具有普世价值的民主，其实现都不是无条件的；相反地，都需要一定的主客观条件。因为民主制虽然具有普世正价值，虽然是在任何条件下都应该实行的唯一好的国家制度，却显然不是在任何条件下都能够实现的。民主制和共产主义实现的主客观条件，构成本卷《实现论：理想国家如何实现之条件》的研究对象。但是，民主和共产主义显然并非两种独立的理想国家制度，而可以是一种理想国家制度（共产主义民主共和国）的两种——普遍与特殊——构成部分：民主具有普世性和普世价值，是普遍适用的国家制度，是理想国家的普遍性制度；共产主义不具有普世性和普世价值，是特殊的具体的国家制度，是理想国家的特殊性制度。

第十章　实现社会主义和共产主义的条件

提要　社会主义和共产主义政党在它的奋斗历程的三大阶段中,应该——而非事实——发生两次大转型,亦即由第一阶段的资本主义国家的全民党,转型为第二阶段的社会主义国家的阶级党,再转型为第三阶段的共产主义国家的新的全民党。在第一阶段,亦即在实现社会主义必要条件——民主、资本主义和生产力高度发达——还不具备的条件下,党的指导思想是改良而不是革命,是社会主义的民主主义,亦即社会民主主义。它的指导原则可以归结为三条:(1)实现民主;(2)发展资本主义生产力,达到高度发达;(3)通过福利国家和经济民主制度,限制资本主义剥削和压迫,使资本主义剥削最小化和无产阶级利益最大化。党的最终指导原则是最大限度接近国家制度价值标准:公正、平等、人道、自由和增进每个人利益总量。在第二阶段,亦即在民主、资本主义和生产力高度发达已经实现的条件下,党的指导思想是革命,是民主主义的社会主义,亦即民主社会主义。党的指导原则可以归结为两条:(1)实现社会主义的飞跃式革命,废除资本主义私有制而代之以全民所有制;(2)逐步实现宪政民主、按劳分配、没有政府管制的市场经济,最终实现只有一个主权和一个世界政府的全球国家,完成共产主义的渐进式革命。党的最终指导原则是不断接近完全实现国家制度价值标准:公正、平等、人道、自由和增进每个人利益总量。在第三阶段,亦即共产主义社会,共产主义政党必定仍然存在,并将永存。因为有人群就必定有分歧;有民主就必定有党派。更何况,共产主义社会必定仍然不断发展变化:一方面是进步,越来越完善;另一方面是退步,可能出现专制等非民主制以及全球国家之分裂等。因此,共产主义社会仍会存在共产党等政党。党的目标、任务和指导思想无疑是巩固和完善共产主义，反对退步和堕落而背离共产主义。党的最终指导原则是完全实现国家制度价值标准：公正、平等、人道、自由和增进每个人利益总量。

一、实现社会主义的客观条件：高度发达的生产力以及民主与资本主义

社会主义是共产主义的低级阶段，是不完全而求完全的共产主义。因此，人类不可能越过社会主义而直接实现共产主义。那么，怎样才能实现社会主义呢？或者说，实现社会主义需要哪些条件？生产力高度发达，如前所述，乃是废除私有制、实现社会主义的客观必要条件。然而，细究起来，只有资本主义与民主相结合，才能够创造实现社会主义所必需的高度发达的生产力。因此，生产力高度发达只是实现社会主义客观的直接必要条件，而资本主义与民主则是实现社会主义客观的根本必要条件。

1. 民主：生产力高度发达的政体制度条件

民主是生产力高度发达的必要条件。因为民主与专制等非民主制价值的研究表明，首先，只有民主制才能够实现经济自由与经济公正，才能够实现唯一符合国家制度价值标准和可以导致资源配置效率最佳状态的经济制度：没有政府管制的市场经济制度。因为专制等非民主制国家最高权力执掌者不过是一人加上寡头，因而只有一人加上寡头才是主人、主子，而绝大多数人都是奴才、奴仆。一人加上寡头将绝大多数人都变成奴才而服从其统治的诀窍，只能是等级制。因为等级制的本质就在于赋予每个官员都享有他在民主制中不可能得到的巨大特权和权益，从而必定使官吏阶级反对民主而拥护专制等非民主制。官吏阶级最重要的特权和权益无疑是政府管制及其垄断利润（租金），政府管制乃是专制等非民主制的必然的普遍的固有的特征。因此，专制等非民主制国家不可能实现经济自由与经济公正，不可能实行没有政府管制的市场经济制度；只有民主制才能因每个公民完全平等地共同执掌最高权力而消除了政治权力垄断和等级制，从而能够实现经济自由与经济公正，实行没有政府管制的市场经济制度。

其次，只有民主制才能——专制等非民主制则不能——达成国家繁荣进

步。因为唯有民主制符合——而专制等非民主制都程度不同地违背——国家制度终极价值标准“增进每个人利益总量”、国家制度根本价值标准“公正与平等”以及国家制度最高价值标准“人道与自由”。特别是，自由乃每个人自我实现、发挥创造性潜能的根本条件，同时也就是国家和社会繁荣进步的根本条件。因为社会和国家不过是每个人之总和。每个人的创造性潜能实现得越多，国家和社会岂不就越富有创造性？每个人的能力发挥得越充分，国家和社会岂不就越繁荣昌盛？每个人的自我实现越完善，国家和社会岂不就越进步？这样一来，民主制及其治理活动，恒久说来，岂不就必定因其实现每个公民的政治自由、经济自由和思想自由而成为每个人实现自己的创造性潜能和国家繁荣进步的最根本的必要条件？相反地，专制及其治理活动，恒久说来，岂不就必定因其剥夺每个公民的政治自由、经济自由和思想自由而成为每个人实现自己的创造性潜能和国家繁荣进步的极大障碍？

最后，只有民主才能——而专制等非民主制则不能——导致国民总体品德良好。因为一个国家如果实行民主制，恒久说来，该国家的政治必定清明，经济发展必定迅速，财富分配必定公平，文化必定繁荣，所奉行的道德必定优良，这样一来，国民的德福必定一致，物质需要的相对满足的程度必定充分，做一个有美德的人的道德欲望和道德认识以及道德意志必定强烈，从而国民的总体品德必定高尚：民主制是国民总体品德良好的直接且终极原因。反之，一个国家如果实行专制等非民主制，恒久说来，该国家的政治必定腐败，经济发展必定缓慢，财富的分配必定不公平，文化必定萧条，所奉行的道德必定恶劣，这样一来，国民的德福必定不一致，物质需要的相对满足必定不充分，做一个好人的道德欲望和道德认识以及道德意志必定淡薄，从而国民总体品德必定恶劣：专制等非民主制是国民总体品德败坏的直接且终极原因。这意味着，只有民主制才能够——而专制等非民主制则不能够——达成实现社会主义所必需的生产力高度发达。因为，一方面，国民品德状况无疑是决定国家能否繁荣进步的一个极其重要的全局性因素。如果国民品德良好，国民必定积极谋求国家和他人利益，从而必定极大地促进国家繁荣进步。相反地，如果国民品德败坏，国民决不会积极谋求国家和他人利益，从而必定极大地阻碍国家繁荣进步。另一方面，国民品德良好本身直接就是实现社会主义的必要条件。因为社会主义就是公有制处于支配地位的社会；而国民品德普遍良好，乃是公有制有效率的根本条件。如果国民品德普遍低下，那就唯有私有制才有效率，而公有制则注定无效率。因此，只有民主制才能够达成国民总体品德良好，便意味着，只有民主才能保障公有制有效率：民主是实现社会主义的必要条件。

可见，民主是达成社会主义所必需的生产力高度发达的必要条件和政体制度条件，直接说来，因为只有民主才能达成可以导致资源配置效率最佳状态的经济制度，亦即没有政府管制的市场经济制度；全面说来，因为只有民主才能促进国家迅速繁荣进步；根本说来，只有民主才能使国民总体品德良好，保障公有制有效率。这样一来，生产力高度发达岂不就是实现社会主义的直接必要条件，而民主则是实现社会主义的根本必要条件？

诚然，民主是实现社会主义的根本必要条件，不但因为民主是达成高度发达的生产力的必要条件，而且还因为资本主义国家的普选制民主是社会主义政党通过民主的方式夺取政权和实现民主的社会主义的根本条件。因为，如果实现了普选制民主，那么，是否夺取政权和实行社会主义便完全由人民自己决定，社会主义便可以通过民主方式实现，从而所建立的社会主义势必是民主的社会主义：民主的社会主义是消除了权力垄断以及阶级和剥削因而远远优越于资本主义的国家制度。相反地，如果没有实现民主，那么，社会主义势必通过非民主的、为民做主的暴力革命的方式实现。暴力地、不民主地、为民做主地夺取的政权，势必成为一种暴力的、不民主的、为民做主的政权，势必继续为民做主执掌政权，从而导致专制等非民主制的社会主义，亦即最坏的国家制度：官吏阶级全权垄断的不服从者不得食的阶级和剥削制度。

2. 资本主义：生产力高度发达的经济制度条件

民主并不是实现社会主义唯一的根本必要条件；资本主义乃是实现社会主义的另一个根本必要条件。或者毋宁说，民主是实现社会主义的政体制度的根本必要条件；资本主义则是实现社会主义的经济制度的根本必要条件。二者缺一不可，民主如果与资本主义分离开来，便都只是没有政府管制的市场经济的必要条件，只有二者结合起来才成其为充分条件。因为资本主义与封建制以及奴隶制自然经济根本不同，乃是一种市场经济，是资本通过雇佣劳动而增值的市场经济制度。

因此，一方面，不论如何民主，奴隶制和封建制经济形态都不可能是市场经济，更不可能是没有政府管制的市场经济；另一方面，如果没有民主，而是实行专制等非民主制，那么，资本主义虽然是市场经济，却不可能是没有政府管制的市场经济，而必定是政府管制的市场经济。只有资本主义与民主结合起来，才能实现没有政府管制的市场经济，才是可以导致资源配置效率最佳状态的经济制度，才可以创造高度发达的生产力。

那么，是否可以说，只有民主和资本主义才能够创造废除私有制、实现社会主义所必需的高度发达的生产力？列宁的回答是否定的。他修正恩格斯关于实现社会主义的根本条件理论，认为生产力高度发达的水平并不是社会主义取代资本主义的必要条件，因为在生产力水平不够发达的条件下，社会主义只要取得胜利，是能够——并且比资本主义更能够——创造高度发达的生产力的。[①] 列宁当时还不可能看到，在生产力不够发达从而国民思想品德和政治觉悟不可能普遍提高的条件下，唯有资本主义私有制才有效率，而社会主义公有制则必定无效率，社会主义不可能创造废除私有制、实现社会主义所必需的高度发达的生产力。

可见，只有资本主义与民主结合起来，才能够创造实现社会主义所必需的高度发达的生产力。因此，生产力高度发达乃是实现社会主义的直接的必要的客观条件，而资本主义与民主则是实现社会主义的根本的必要的客观条件。不实现生产力高度发达，说到底，不实现民主与资本主义，决不可能实现优越于资本主义的社会主义，而只可能实现一种远远恶劣于资本主义的奴役制社会主义，一种亚细亚生产方式的复辟：效率低下和全权垄断的社会主义。而后，或迟或早必定由这种奴役制社会主义回到资本主义：资本主义是任何社会发展的必由之路，是实现社会主义和共产主义的必由之路。只有经过资本主义和民主制度充分发展，达到生产高度发达的时代，才应该废除私有制，实现社会主义，进而逐步实现共产主义制度。因此，实现共产主义理想国家的途径原本由三个台阶构成：第一个台阶是实现和发展民主与资本主义，创造高度发达的生产力；第二个台阶是废除私有制，实现社会主义；第三个台阶是实现共产主义，亦即不断完善社会主义，逐步实现高度发达的生产力、全民所有制、按劳分配、没有政府指挥的市场经济、宪政民主和只有一个主权和一个世界政府的全球国家。

3. 生产力高度发达的标志：社会主义取代资本主义的根本原因

生产力高度发达的标志，粗略看来，无疑是双重的：一方面是资本主义生

---

① 《列宁选集》，第4卷，777页，人民出版社，1995。

产关系不再适合它的发展；另一方面是唯有社会主义生产关系适合它的发展。马克思、恩格斯显然更加强调前者，认为生产力发展到生产关系已经不再适合它的发展而与之发生冲突的程度，就是生产力高度发达的标志，就是实现社会主义的客观的必要条件已经具备的标志。在长达数十年的时间里，马克思、恩格斯一直认为，生产力已经发展到与资本主义生产关系发生冲突的程度。[①]

可是，事实如何呢？自马克思、恩格斯断言资本主义生产关系不再适合生产力发展，至今已经过去了一个半世纪。资本主义生产社会化程度越来越高，已经进入全球化和一体化阶段。但是，资本主义社会的生产力不但没有停滞不前，而且迅速提高，取得了长足的发展，不断掀起新科技革命浪潮。生产力的巨大发展，使劳动人民的实际工资不断提高，生活质量不断改善。结果自不待言，阶级矛盾日趋缓和，工人阶级的革命意识和历史使命感逐渐淡化以至于消失。

事实充分证明，马克思、恩格斯关于资本主义生产关系已经不再适合生产力发展以及阶级结构和阶级矛盾的观点，是根本错误的。那么，错误的原因究竟在哪里？马克思、恩格斯的错误，说到底，恐怕在于不懂得国家制度价值标准，不懂得经济制度的价值本性，不懂得计划经济违背——而唯有市场经济才符合——经济自由等国家制度价值标准，因而误以为唯有计划经济才能适合——而市场经济则不适合——社会化的高度发达的生产力。从这种谬见出发，马克思、恩格斯误以为资本主义生产关系不再适合生产力发展，这种不适合表现为所谓资本主义三大矛盾，亦即生产的社会化与资本主义私人占有的矛盾冲突、个别企业生产的有计划性与整个社会生产的无政府状态的矛盾冲突以及无产阶级与资产阶级的矛盾冲突。

殊不知，没有政府管制的市场经济制度，乃是唯一符合国家制度价值标准和可以导致资源配置效率最佳状态的经济制度；而其他一切经济制度（计划经济和自然经济以及存在政府指挥的市场经济或混合经济）都程度不同地违背国家制度价值标准，都程度不同地属于不自由、非人道、不公正和低效率的经济制度。恩格斯所谓个别企业生产的有计划性与整个社会生产的无政府状态，无非就是市场经济状态，因而也就是唯一符合国家制度价值标准和可以导致资源配置效率最佳的经济状态。这种状态存在的矛盾和冲突，没有政府管

① 《马克思恩格斯选集》，第3卷，741—753页，人民出版社，1995。

制的市场经济制度能够予以最好的解决,因而绝对不应该诉求于计划经济,计划经济是不自由、非人道、不公正和低效率的经济制度。

马克思、恩格斯断言生产的社会化与资本主义私人占有的矛盾是资本主义基本矛盾,也是不能成立的。因为并非只有公有制才能够适合——私有制也可以通过股份制和社会资本等方式适合——生产社会化。诚然,私有制意味着经济权力垄断,因而必然直接导致阶级、剥削、经济不公、经济异化和经济不自由,最终必然导致两极分化和经济危机,从而破坏和阻碍生产力发展。但是,这是私有制的永恒的本性,而并不是私有制与生产社会化冲突的结果。无论私有制是否与生产社会化冲突,无论私有制通过股份制而与生产社会化相适合,还是没有股份制而与生产社会化相冲突,私有制都必然直接导致剥削、经济不公和经济不自由,最终导致两极分化和经济危机。因此,资本主义可以消除——通过股份制——生产的社会化与资本主义私人占有之间的矛盾冲突,却消除不了剥削、经济不公、两极分化和经济危机。生产的社会化与资本主义私人占有之间的矛盾,既然能够被资本主义通过股份制等方式予以消除,那也就不可能是什么资本主义基本矛盾了。

这就是马克思、恩格斯根据所谓资本主义三大矛盾断言资本主义生产关系已经不再适合生产力发展是错误的根本原因。殊不知,资本主义生产关系,就其总体效用说来,永远都不会阻碍任何生产力的发展;在资本主义生产关系中,任何生产力永远都不会停滞不前,而必定不断地向前发展。因为资本主义生产关系,就其本性来说,具有促进任何生产力发展的永恒动力机制:市场经济与私有制。这可以从两方面看:一方面,没有政府管制的市场经济制度乃是唯一符合经济自由等国家制度价值标准和可以导致资源配置效率最佳状态的经济制度;另一方面,最根本的人性定律是爱有差等——每个人必定恒久为自己而只能偶尔为他人——岂不意味着,即使在生产力高度发达——因而国民品德普遍提高——的条件下,私有制也比公有制更加符合人性,更加能够调动人的劳动积极性,更能够促进生产力的发展?

诚然,资本主义私有制具有两面性:它虽然比公有制更能够调动劳动积极性,促进生产力的发展,却必定导致剥削、经济不公、两极分化和经济危机,从而破坏和阻碍生产力发展。但是,整体说来,亦即就资本主义生产关系适合、促进与不适合、阻碍生产力发展的净余额来说,无疑是适合、促进生产力发展的,甚至能够适合、促进任何生产力的发展,不论它达到何等发达程度。因为生产关系的高低与生产力高低成正比例定律决定了：生产关系越高级、越完善、越符合国家制度价值标准，就越能够适合更高级更发达的生产力。生产力高度发达的社会主义和共产主义，是最高级最完善的生产关系或经济形态，是完全符合国家制度价值标准的生产关系或经济形态，因而能够适合、促进最高级最发达的生产力。无论生产力达到何等高级发达的程度，社会主义和共产主义岂不都能够适合、促进其发展？

社会主义与共产主义所能够适合的生产力的高级和发达程度，是没有止境的。生产力永远不会达到这样的高级和发达程度，以至社会主义和共产主义不再适合它的发展了：社会主义与共产主义生产关系对于生产力的不断的高度发展具有永恒的适合性。否则，假如生产力的发展可以达到这样一种发达程度，以至社会主义和共产主义——亦即完全符合国家制度价值标准的生产关系——不再适合它的发展了，那岂不只有不符合国家制度价值标准的生产关系才能适合它的发展？岂不只有不完善的、低级的生产关系才能适合它的发展？岂不荒谬绝伦？因此，社会主义和共产主义是人类社会的终极状态，无论生产力如何发展，无论生产力如何高级，社会主义和共产主义都能够适合其发展。

资本主义是人类社会仅次于社会主义和共产主义的相当高级和完善的生产关系，因而也能够适合、促进任何高级和发达的生产力的发展。只不过，社会主义和共产主义完全符合国家制度价值标准，是最高级最完善的生产关系，因而对于任何高级和发达的生产力的发展都只有促进作用，而没有阻碍作用，没有剥削、两极分化和经济危机；资本主义不完全符合国家制度价值标准，是次高级次完善的生产关系，因而虽然能够适合、促进任何发达的生产力的发展，却具有相当严重的不适合和阻碍作用，亦即生产资料私有制所导致的剥削、两极分化和经济危机。

因此，废除资本主义而代之以社会主义的根本原因，如果像马克思、恩格斯所说的那样，是因为资本主义生产关系阻碍和不再能够容纳生产力发展，那就永远不应该废除资本主义了。因为资本主义虽然因其私有制所导致的剥削、两极分化和经济危机而阻碍生产力发展，但整体说来，却能够适合、促进任何高级和发达的生产力的发展。这就是资本主义社会生产力至今仍然迅猛发展的缘故。因此，废除资本主义而代之以社会主义的根本原因，真正讲来，只能是因为生产力高度发达，从而能够满足社会全体成员物质需要和国民品德普遍提高，以至无阶级无剥削的社会主义——亦即人类理想社会——生产关系终于能够适合生产力的发展而可以实现了。

这一时代的到来无疑还相当遥远，因为20世纪80年代英国、法国等国家推行国有化和公有制最终失败表明，生产力还远远没有发达到社会主义生产关系可以与之相适合的高度。但是，只要生产力高度发达——从而能够满足社会全体成员物质需要和国民品德普遍提高——因而社会主义能够适合其发展，那么，不论资本主义如何适合生产力发展，不论资本主义社会生产力如何迅猛发展，不论阶级矛盾如何缓和，都应该废除资本主义而代之以社会主义。因为这时实现社会主义，必定因国民政治觉悟、公民文化和思想品德普遍提高，既能够保障公有制经济高效率发展，又能够实行完全民主制，从而真正消除政治权力和经济权力垄断，消除阶级和剥削，而决不会导致效率低下和全权垄断的奴役制社会主义。这时应该废除资本主义，因为资本主义私有制所必然导致的剥削、两极分化和经济危机，已经不再是一种能够防止更大恶——亦即效率低下和全权垄断的奴役制社会主义——的必要恶，因而是一种不必要的恶，是一种纯粹恶，是纯粹不公平、不应该、具有负价值的东西。

总而言之，社会主义取代资本主义的根本原因和理由，只在于生产力高度发达，因而社会主义——亦即人类的理想社会——能够适合、促进其发展，而与资本主义是否不再适合生产力发展无关。马克思、恩格斯认为废除资本主义而代之以社会主义的根本原因，乃在于资本主义生产关系阻碍和不再能够容纳生产力发展，是根本错误的。究其原因，恐怕正如任何思想巨匠往往都会绝对化自己所发现的伟大理论一样，马克思、恩格斯也难免绝对化他们所发现的历史唯物主义伟大理论，以至认为生产力发展到一定程度，必然会与生产关系发生冲突，而不论这种生产关系多么高级、完善，甚至共产主义生产关系也不例外。这样一来，他们就看不见，生产关系越高级、越完善、越符合国家制度价值标准，就越具有适合、促进任何生产力发展的永恒性；他们就看不见，共产主义——亦即完全符合国家制度价值标准的人类理想社会——具有适合、促进任何高级和发达的生产力的永恒性；他们更看不见，资本主义生产关系整体说来也具有适合、促进任何生产力发展的永恒性。

二、实现社会主义和共产主义的主观条件：实现社会主义和共产主义力量的阶级分析

当生产力高度发达从而社会主义能够适合其发展的时候，就具备了实现

社会主义和共产主义的客观条件。这时,人类的理想社会——社会主义和共产主义——能否实现,显然完全取决于实现社会主义和共产主义的主观条件:人类实行社会主义和共产主义的自由活动。不难看出,这种人类自由活动,正如马克思所发现的,乃是一种阶级斗争。因为社会主义和共产主义的根本特征就是生产资料公有制。这样一来,实行社会主义和共产主义就意味着消灭私有制,因而必定引起生产资料占有者、垄断者群体(资产阶级)的反抗和克服这种反抗的无生产资料群体(无产阶级)的斗争:阶级斗争。因此,实现社会主义和共产主义的主观条件,说到底,就是阶级斗争。那么,在具备实现社会主义客观条件——亦即生产力高度发达——的社会,究竟存在着哪些阶级和阶层?哪些阶级和阶层是实现社会主义的力量?哪些阶级和阶层是反对实现社会主义的力量?

1. 阶级分类:资产阶级与无产阶级以及中间阶级

不言而喻,在具备实现社会主义客观条件——亦即生产力高度发达——的社会,只可能存在三个阶级:资产阶级和无产阶级以及中间阶级。因为具备实现社会主义客观条件的社会,只能是生产力高度发达的民主的资本主义社会。它是民主的社会,每个人平等执掌国家最高权力,因而虽然存在官吏与庶民,却不存在政治权力垄断,不存在垄断政治权力的群体(官吏阶级)和没有政治权力的群体(庶民阶级)。它是生产力高度发达的资本主义社会,因而既不存在奴隶主阶级与奴隶阶级,也不存在地主阶级与农民阶级,而仅仅存在资产阶级和无产阶级以及中间阶级。因此,研究实现社会主义和共产主义的主观条件,主要讲来,也就是研究三大阶级——资产阶级和无产阶级以及中间阶级——围绕实现社会主义和共产主义而展开的阶级斗争。

不难看出,所谓资产阶级,说到底,就是拥有生产资料并作为资本和经济权力雇佣劳动者的资本家群体,就是拥有生产资料并作为资本从而拥有支配雇佣劳动者的经济权力的阶级,就是拥有生产资料和经济权力的阶级。相应地,无产阶级之所以为无产阶级,与资产阶级之所以为资产阶级恰恰相反,乃在于没有生产资料和经济权力:无产阶级就是没有生产资料和经济权力的雇佣劳动者群体,就是没有生产资料和经济权力——因而完全处于被管理被支配的执行者地位——的雇佣劳动者群体。因此,无产阶级与工人阶级并不是同一概念。一方面,无产阶级未必都是工人。一个雇佣劳动者,譬如一个技术员，只要他既无生产资料又无经济权力，他就属于无产阶级。另一方面，工人未必都属于无产阶级。一个工人是否属于无产阶级，不但要看他是否有生产资料，而且要看他是否有管理权或经济权力。蓝领工人都是体力劳动者，既没有生产资料，也没有管理权或经济权力，因而都属于无产阶级。白领工人则不然。因为白领工人虽然也都没有生产资料，却并不都没有管理权或经济权力。属于管理人员的白领工人拥有行使一定经济权力的管理权，因而并不属于无产阶级。

然而，马克思、恩格斯以及众多马克思主义思想家论及无产阶级定义，竟然都忽略经济权力，而认为无产阶级就是没有生产资料的雇佣劳动者群体。[①]这一定义实难成立。因为随着生产力的发展，特别是所谓"管理革命"的发生，形成了一种日益壮大的特殊的没有生产资料的雇佣劳动者群体：经理群体。他们也属于无产阶级吗？按照马克思、恩格斯的定义，答案无疑是肯定的。这是不能成立的。因为没有生产资料的经理人员虽然属于雇佣劳动者，却并不属于无产阶级。据《美国新闻与世界报道》1982 年 5 月的调查资料，在美国 349 家最大企业高级管理人员中，有 26 人年薪为 100 万—266.85 万美元；74 人年薪为 70 万—100 万美元；102 人年薪为 50 万—60 万美元。最高的年薪 266 万美元是美国总统年薪 20 万美元的 13 倍。[②] 说这些企业高管属于无产阶级，岂不荒唐可笑之极！

如果企业高级管理人员不属于无产阶级，那么，中级和低级管理人员也就不能属于无产阶级。因为在资本的所有权与管理权分离的情况下，高级、中级和低级管理人员同样都没有生产资料，因而同样都没有将生产资料作为资本来雇佣和支配工人的经济权力。经济权力完全归资本家所有，而仅仅由管理人员代理行使，却并不归管理人员所有。因此，高级、中级和低级管理人员都属于享有经济权力的行使权——而并不享有经济权力的所有权——的同一个阶级的不同阶层。

高级、中级和低级管理人员三个阶层既然都不属于无产阶级，那么，他们属于资产阶级吗？答案也是否定的。因为资产阶级是拥有生产资料并作为资本从而拥有支配雇佣劳动者的经济权力的资本家阶级，是拥有生产资料和经

① 马克思：《资本论》，第 1 卷，674 页，人民出版社，1995。

② 转引自倪力亚：《论当代资本主义社会的阶级结构》，152 页，中国人民大学出版社，1989。

济权力的资本家阶级。在资本的所有权与管理权分离的情况下，高级、中级和低级管理人员同样都仅仅享有经济权力的行使权，而既没有资本或生产资料，也没有经济权力，因而不属于资本家，不属于资产阶级。这样一来，在资本的所有权与管理权分离的情况下，高级、中级和低级管理人员都既不属于无产阶级，又不属于资产阶级。那么，他们究竟属于哪一个阶级？属于中间阶级。

所谓中间阶级，亦即中产阶级——其英文均为 Middle Class——就是介于无产阶级与资产阶级之间而兼具二者特征的阶级。中间阶级分为新老中间阶级。老中间阶级就是所谓自我雇佣者群体，也就是拥有少量生产资料的小资产阶级和农民，也包括自由职业者。老中间阶级的根本特点是经济活动的独立自主，既没有经济权力雇佣和支配他人，也不受他人经济权力的雇佣和支配。新中间阶级就是没有生产资料或资本的管理人员群体。它是新中间阶级，因为它的产生和发展是资本主义生产和经营管理方式新的变化的结果。这种新的变化，主要是所谓的“管理革命”，亦即资本所有权与管理权的分离，从而形成了一个没有生产资料却行使经济权力的庞大的管理人员群体，所谓“白领雇员”、“白领职业者”大都属于这一群体。

合观新老中间阶级可知，中间阶级与资产阶级和无产阶级一样，也是根据生产资料和经济权力之有无所划分出来的一个阶级。因为一方面，新中间阶级没有生产资料，被资本家雇佣和支配，同时却行使经济权力支配雇佣劳动者；另一方面，老中间阶级是既不被他人雇佣也不雇佣他人的自我雇佣者，他们虽然有一定生产资料因而不被资本家雇佣和支配，但其所有的生产资料却太少，以至没有经济权力雇佣和支配他人。这样一来，中间阶级便是这样一个阶级，一方面，它或者拥有生产资料或者执掌经济权力或者不被他人雇佣，因而具有资产阶级特征，与无产阶级根本不同；另一方面，它或者没有生产资料或者没有经济权力或者被资本家雇佣，因而具有无产阶级特征，与资产阶级根本不同。一言以蔽之，中间阶级是既被雇佣又雇佣他人或既不被雇佣也不雇佣他人的群体，是介于雇佣和被雇佣之间的群体，是没有生产资料却有经济权力或有生产资料却无经济权力的群体，说到底，是根本不同于资产阶级与无产阶级同时却又兼具二者根本特征的群体，是介于无产阶级与资产阶级之间的亦此亦彼的矛盾群体。

可见，根据生产资料或经济权力之有无或垄断，生产力高度发达的资本主义社会可以划分出三个阶级：资产阶级是拥有生产资料并作为资本和经济权力雇佣劳动者的群体；无产阶级就是没有生产资料和经济权力的雇佣劳动者群体；中间阶级是介于雇佣与被雇佣之间的群体（管理人员和小资产阶级、农民以及自由职业者），主要是没有生产资料却有经济权力（经理人员）和有生产资料却无经济权力（小资产阶级和农民）的群体。这就是小资产阶级、农民、自由职业者和管理人员群体叫作中间阶级的缘故。

2. 阶层分类：官吏阶层与知识阶层

细究起来，不难看出，不论在各个阶级——资产阶级与无产阶级以及中间阶级——内部还是外部，都存在着各种社会阶层。毋庸赘述，就这些阶级内部来说，都可以分为上层与下层或上层、中层和下层。这些阶级外部的社会阶层，也并不复杂，真正讲来，恐怕只有一个：官吏阶层。官吏阶层，大体说来，无疑独立于资产阶级和无产阶级以及中间阶级之外。因为，大体说来，一个官吏，不论如何富有，他都不会是雇主，因而不会是资本家；不论如何贫穷，他都不会是雇佣劳动者，因而不会是工人或无产者；他更不会是经理或自我雇佣者，因而不会是中间阶级。但是，庶民阶层并不独立于资产阶级、无产阶级和中间阶级以及其他阶层之外，而恰恰是由其构成：拥有生产资料并作为资本和经济权力雇佣劳动者的庶民群体是资产阶级；没有生产资料和经济权力的雇佣劳动者庶民群体是无产阶级；介于雇佣与被雇佣之间的庶民群体是中间阶级。

那么，有没有既存在于三大阶级之内也存在于三大阶级之外的阶层？有没有普遍存在于一切阶级和阶层的社会阶层？有的，那就是知识阶层（或知识分子阶层）与非知识阶层（或非知识分子阶层）。划分的标准无疑是一定的学历和学力，一般说来，亦即是否具有大学学历和学力：具有大学学历和学力的人就是所谓知识阶层；没有大学学历和学力的人就是所谓非知识阶层。知识阶层与非知识阶层，与其他阶层或阶级的存在方式有所不同。资产阶级和无产阶级以及中间阶级和官吏阶层，就其成员构成来说，都是互相排斥而不相互包含的独立存在的群体。譬如，无产阶级成员中，不会有资产阶级成员，不会有资本家，也不会有中间阶级成员，更不会有政府官吏。相反地，整个非知识阶层和知识阶层相当大的一部分成员，分散存在于几乎所有阶级和阶层之中。

不过，分散存在于几乎所有阶级和阶层之中的知识分子，无论如何众多，并非知识阶层的核心和主体。知识阶层的核心阶层也是独立存在的群体，亦即专门从事精神财富活动——亦即文化活动——的知识分子群体，说到底，亦即从事精神财富的研究、创造、传播、传授和学习的知识分子群体，如哲学家、社会科学家、科学家、作家、画家、书法家、思想家、音乐家、编辑和记者以及学校教育系统、科学研究机构、新闻广播、出版单位、戏剧影视等各种文化部门的知识分子群体。

3. 支持与反对：各阶级与阶层在实现社会主义中的作用

生产资料私有制或生产资料垄断，如前所述，势必导致劳动市场的买方垄断，导致工资与劳动的不等价交换，导致工资低于劳动的边际产品，说到底，导致资产阶级对无产阶级的剥削。这样一来，无产阶级便属于坚决废除私有制和实现社会主义的群体。它坚决主张废除生产资料私有制，不仅因为它没有生产资料，更主要地，是因为只有废除私有制、实现社会主义和共产主义，它才能摆脱资产阶级的压迫和剥削。相反地，资产阶级则属于坚决反对废除私有制和实现社会主义的群体。它坚决反对废除生产资料私有制，不仅因为它拥有生产资料，更主要地，是因为废除了私有制，它就不能够支配、压迫和剥削无产阶级。

中间阶级的情况比较复杂。老中间阶级（拥有少量生产资料的小资产阶级和农民以及自由职业者）属于自我雇佣者群体，既没有经济权力雇佣和支配工人，也不受资产阶级经济权力的雇佣和支配。因此，老中间阶级既不被资产阶级压迫和剥削，也不压迫和剥削无产阶级。这样一来，正如马克思主义所指出的，它在废除私有制和实现社会主义的阶级斗争中，便既具有革命性，同时也存在政治上的动摇性、斗争中的软弱性和革命的不彻底性。但是，这一中间阶级随着生产力的发展日渐萎缩，因而日益丧失昔日它在阶级斗争中的重要作用。

新中间阶级（没有生产资料或资本的管理人员群体）没有生产资料，被资本家雇佣和支配，同时却行使经济权力支配雇佣劳动者，因而是介于压迫工人与被资本家压迫以及剥削工人与被资本家剥削的矛盾关系。高级管理人员的压迫与被压迫以及剥削与被剥削的净余额，显然是压迫和剥削，因而与资产阶级一样，属于压迫者和剥削者群体，势必反对废除生产资料私有制和实现社会主义。但是，高级管理人员毕竟没有生产资料，废除私有制和实现社会主义并没有直接剥夺他们什么。更何况，资本主义生产关系的社会化程度越来越高，私人资本不仅发展为社会资本,而且社会资本大量股份化、大众化、分散化、全球化,从而越来越具有社会主义因素。这样一来,高级管理人员的管理工作岂不越来越具有社会主义的性质?因此,他们与资产阶级毫不动摇地反对社会主义必将有所不同,在一定条件下,可能动摇于无产阶级与资产阶级之间,甚至倒戈加入废除私有制的社会主义群体。

低级管理人员的压迫与被压迫以及剥削与被剥削的净余额,无疑是被压迫与被剥削。因为正如米尔斯所言,白领大众与普通工人的收入与工作相差无几。这样一来,白领大众或低级管理人员便与无产阶级一样,属于被压迫与被剥削群体,势必支持废除私有制和实现社会主义。中级管理人员介于高级管理人员与低级管理人员之间,因而压迫与被压迫以及剥削与被剥削的净余额是零,是介于压迫与被压迫以及剥削与被剥削之间的典型中间群体,势必动摇于资产阶级与无产阶级之间,动摇于支持和反对废除私有制之间。

官吏阶层,就其最根本的职能和作用来说,属于维护资本主义私有制的群体,属于反对废除资本主义私有制和实现社会主义公有制的群体。因为资本主义国家的政府官吏,显然只能维护资本主义,维护资本主义私有制:维护资本主义私有制乃是资本主义国家政府官吏阶层之最根本的任务和职能。但是,维护资本主义私有制和反对实行社会主义公有制,仅仅是官吏阶层之最根本的任务和职能,而并不是其全部的任务和职能。就其全部的任务和职能来说,随着资本主义国家普选制民主的实现和社会的发展,随着政府官吏的更迭越来越完全取决于全体国民的选票,官吏阶层的目标、任务和职能也就越来越凌驾于阶级和阶层之上而具有全民性,具有为所有阶级和全体国民谋利益的本性,否则势必下台。

特别是欧洲各国普遍实行的福利国家和经济民主制度,充分表明资本主义国家及其政府官吏阶层的目的,是为所有阶级和全体国民谋利益:它保护资本主义私有制,因而是为资产阶级谋利益;它又严厉限制资本主义的剥削和压迫,使其最小化,使无产阶级和劳动人民的利益最大化,因而是为无产阶级和劳动人民谋利益。更何况,官吏阶层的成员虽然可以既贵且富,甚至大富大贵,但是,他们毕竟生活于民主的而不是专制等非民主制的资本主义国家,因而不可能拥有生产资料。因此,废除资本主义私有制而代之以社会主义公有制,并没有剥夺它什么;相反地,他们在社会主义生产资料公有制社会,却能够拥有他们在资本主义社会所没有的东西,亦即与全民共同拥有生产资料和经济权力。因此，就其根本利益说来，他们骨子里赞成废除私有制而代之以社会主义公有制。

诚然，具体说来，官吏阶层具有两面性，超越或动摇于无产阶级和资产阶级之对立。因为整个阶级或阶层的政治立场虽然取决于其经济地位；但是，该阶级和阶层的某些成员的政治立场却未必取决于其经济地位。当实现社会主义必要条件已经具备的时候，可以断定，社会主义政党或社会民主党执政的资本主义国家官吏阶层，将赞成废除私有制而代之以社会主义公有制，并且是实现社会主义的领导力量；而资产阶级政党执政的官吏阶层，将反对废除私有制而代之以社会主义公有制，成为实现社会主义的阻碍力量。

但是，无论如何，与资产阶级全体一致、始终不渝、毫不动摇地反对社会主义根本不同，官吏阶层——特别是中下层官吏——的具体成员将会审时度势，随机应变，动摇于无产阶级与资产阶级之间，在一定条件下，更可能加入废除私有制的社会主义群体。这或许就是很多学者都将中下层官吏与中下层经理一起归入中间阶级的缘故。

知识阶层更加复杂和重要。因为知识阶层可以分为两个阶层：分散的外围阶层与独立的核心阶层。所谓外围阶层，就是分散存在于各个阶级和阶层而为其成员的知识分子。这一阶层的知识分子无疑执掌、控制和行使所谓知识社会——亦即发达资本主义社会——绝大部分经济权力和政治权力。因为官吏和经理——特别是高级官吏和高级经理——的绝大多数都是知识分子。他们对于废除私有制和实现社会主义的态度，大体说来，势必与他们所属的各个阶级与阶层的态度一致。诚然，背叛自己阶级和阶层的知识分子也相当可观，但毕竟是例外而非常规。譬如，恩格斯就其经济地位来说，是资本家，属于资产阶级。但是，恩格斯却主张废除私有制和实行社会主义，是无产阶级的思想和政治领袖。这显然是例外而非通则。诚然，细究起来，恩格斯之所以能够成为这样的例外，恐怕因为整体说来，与其说他属于资产阶级知识阶层，毋宁说他属于所谓独立存在的核心的知识阶层：专门从事精神财富创造的知识阶层。

马克思、恩格斯、列宁、布哈林、李卜克内西、拉萨尔、蒲鲁东、魏特林、卡贝、圣西门、傅立叶、欧文、康帕内拉、梅林等社会主义思想家和著作家们，都属于从事精神财富创造的独立的核心知识阶层。在资本主义社会，在各个阶级和阶层之外独立存在的所谓“核心知识阶层”，乃是精神财富的主要创造者，正如无产阶级是物质财富的主要创造者一样。但是，就核心知识阶层的本性来说，他们没有生产资料，不是资本家，既不属于资产阶级及其管理人员，因而没有经济权力；也不属于官吏阶层，因而没有政治职务权力。因此，他们必定遭受有权群体——官吏阶层和资产阶级以及管理阶层——的压迫和剥削：他们属于被压迫和被剥削群体。因此，不论其现实态度如何，就其内在本性来说，该阶层势必反对资本主义，向往实现人类的理想社会：社会主义和共产主义。

综观各阶级和阶层在实现社会主义中的利益、态度和作用可知，资本主义是一种阶级压迫与阶级剥削制度，压迫与剥削的根源是生产资料或经济权力的有无或垄断。被压迫与被剥削群体包括无产阶级、中间阶级下层和独立知识阶层；压迫与剥削群体包括资产阶级、中间阶级的高层；官吏阶层介于二者之间或超越于二者之上。因此，一方面，实现社会主义的主要反对者是资产阶级，资产阶级政党执政的官吏阶层和中产阶级的高层则是资产阶级的同盟军和领导者。另一方面，实现社会主义的主力军是无产阶级；[①]先锋队、领导者和领袖是核心知识阶层和社会主义政党执政的官吏阶层；同盟军是中间阶级的下层和社会主义政党执政的官吏阶层的中下层；争取的对象是中间阶级的中层、资产阶级等非社会主义政党执政的官吏阶层的下层和中层。这样一来，实现社会主义和共产主义的主观条件，也就是无产阶级与资产阶级——围绕实现社会主义和共产主义——所进行的夺取国家政权的阶级斗争；也就是围绕废除私有制、实现社会主义和共产主义，无产阶级及其同盟军在其政党和独立知识阶层领导下，与资产阶级及其同盟军在其政党领导下所进行的夺取国家政权的阶级斗争：无产阶级的胜利就意味着社会主义的实现。那么，无产阶级应该通过怎样的途径——暴力革命还是议会道路——才能真正取得胜利从而实现社会主义呢？

---

① 近年来，无产阶级是主力军的观点遭到一些学者质疑。在他们看来，无产阶级就是蓝领工人、蓝领劳动者，中间阶级主要是白领雇员，遂由发达资本主义国家白领雇员人数超过蓝领劳动者的事实，而得出结论说：中间阶级是多数而无产阶级是少数。殊不知，没有管理权力的白领雇员与蓝领劳动者一样，都属于无产阶级——无产阶级是没有生产资料和经济权力的雇佣劳动者群体——而只有那些没有生产资料却有经济权力的白领雇员才属于中间阶级：新中间阶级就是没有生产资料却有经济权力的经理人员群体。因此，就人数来说，如果像吉登斯等西方学者那样撇开老中间阶级——老中间阶级越来越迅速地衰落和萎缩——而仅就新中间阶级来说，那么，中间阶级的人数远远少于无产阶级。因为无产阶级是没有经济权力的被管理者，而中间阶级是拥有管理权的管理者：无权的被管理者的人数岂不必定远远多于有权的管理者！因此，赖特一再说："即使采用狭义的定义，工人阶级仍然是发达资本主义社会阶级结构中最庞大的阶级位置。"（赖特：《后工业社会中的阶级》，75页，辽宁教育出版社，2004）

三、实现社会主义和共产主义的主观条件：实现社会主义和共产主义的目标与手段以及途径与历程

1. 夺取政权和实现社会主义的途径：议会道路与暴力革命的价值分析

夺取国家政权和实现社会主义，意味着建立和产生一种新国家，意味着重新缔结一种关于国家最高权力的契约。因为国家起源的研究表明，任何权力必然都产生、形成和起源于社会成员的普遍同意；任何两个以上的人就某种利益交换关系所达成的同意都是契约。因此，最高权力或国家便必然直接产生、形成和起源于契约，起源于社会成员就最高权力所缔结的契约，但究竟起源于何种最高权力契约则是偶然的：唯有起源于民主地缔结的民主的最高权力契约，才符合契约自由与契约正义原则，才是善的、应该的和道德的，否则便是恶的、不应该的和不道德的。可是，如果通过非民主或暴力所诞生的是先进的和能够给人民带来巨大利益的新国家，这种暴力也是恶吗？暴力革命也是恶吗？法国大革命是恶吗？

答案是肯定的。因为任何暴力革命，一方面，不但都意味着流血牺牲，意味着千万人头落地，而且都属于强制缔约，都违背契约自由标准，因而就其自身来说，都是恶。另一方面，暴力革命诞生的国家势必为专制国家。因为暴力革命所缔结的最高权力契约，既然是一种暴力的、强制的、非民主的契约，那么，不论这种契约内容如何民主，这种契约的实际执行势必是非民主的，势必是专制或专政，是形式民主而实质专制或专政。马克思亦承认：无产阶级的阶级斗争和暴力革命必然导致无产阶级专政："这个专政不过是达到消灭一切阶级和迈入无阶级社会的过渡。"[①]因此，暴力革命所取得的新政权势必形式民主而实质专制或专政，最可能是专制(个人独裁)而不是专政(阶级独裁)。因为暴力革命的最高领导者，势必是新国家最高权力的执掌者，他决不会乖乖将他九死一生夺取的最高权力，拱手奉献给毫无权力的平民百姓，兑现他建立民

① 《马克思恩格斯选集》，第4卷，547页，人民出版社，1995。

主国家的诺言。这就是为什么通过暴力革命实现的所有社会主义国家——中国除外——几乎都是形式民主而实质专制。

因此,暴力革命,就其自身来说,都是一种恶。只不过,暴力革命既可能是一种必要恶,也可能是一种纯粹恶:如果新旧社会更替不可能通过民主的方式,而只可能通过暴力革命的方式,那么,暴力革命就是一种必要恶,因而属于善的范畴,是应该的、善的和具有正价值的;如果新旧社会更替可能通过民主的方式,那么,暴力革命就是一种纯粹恶,因而属于恶的范畴,是不应该的、恶的和具有负价值的。

法国大革命等资本主义暴力革命,一般说来,都是必要恶。因为正如伯恩斯坦所言,封建专制主义国家更替为资本主义国家几乎不可能通过民主的方式,而只可能通过暴力革命的方式:"具有各种僵化的等级制度的封建主义几乎到处都必须用暴力来炸毁。"[①]相反地,社会主义暴力革命,一般说来,则是纯粹恶。因为,如前所述,任何社会的发展,都必然经过资本主义阶段,资本主义是社会发展的不可逾越的历史阶段。因此,社会主义所取代的社会只能是资本主义。

问题的关键恰恰在于,与封建专制等以往国家制度根本不同,资本主义国家最主要、最普遍、最典型的政体无疑是民主制,以至今日世界上所有资本主义国家几乎都实行民主制。因此,即使还没有实现民主的资本主义国家,也与封建专制帝国根本不同:前者极有可能实现民主制,而后者几乎不可能实现民主制。这样一来,社会主义取代资本主义就可能通过民主的方式。因为资本主义民主制,特别是资本主义普选权制民主,使社会主义国家取代资本主义国家可能通过民主的和平的方式,而不必诉诸暴力革命。

因为普选权制民主意味着,每个成年国民都完全平等享有选举权和被选举权,完全平等享有政治自由权利,完全平等共同执掌国家最高权力。这样一来,由于无产阶级等被剥削被压迫的劳动人民占据人口绝大多数,因而代表他们利益的社会主义政党便可能通过竞选获得多数选票成为执政党,取得国家政权,推行公有制,实现社会主义和共产主义。因此,恩格斯指出,在人民代议

---

① 爱德华·伯恩斯坦:《社会主义的前提和社会民主党的任务》,208页,生活·读书·新知三联书店,1965。

机关执掌最高权力——亦即实现普选权制民主——的国家里，社会主义国家取代资本主义国家可能通过民主的和平的方式。[①]

可是，在一个资本主义国家没有实现民主或很难实现民主——以及虽然实行民主但人民却不选择社会主义和社会主义政党——的情况下，社会主义政党通过暴力革命取得政权和实现社会主义是否应该？否。因为与封建专制帝国实现民主几乎没有可能性不同，某个资本主义国家实现民主再困难，却毕竟可能实现，因而也就可能通过民主的方式取得政权，而不必诉诸暴力革命。因此，在还没有实现民主的国家，社会主义政党首先应该努力实行民主，然后通过民主的方式取得政权，实现社会主义。

然而，迷信暴力革命的政党却在没有民主的情况下，不全力以赴争取民主；在虽然实行民主但人民不选择社会主义和社会主义政党的情况下，不全力以赴争取人民的选择。相反地，他们却想方设法和理直气壮地通过暴力革命夺取政权来实现社会主义。

殊不知，这是对人民的最大损害。因为在已经实现或可能实行民主的情况下，不通过民主的方式而通过暴力革命夺取政权，不但意味着让人民毫无必要地充当炮灰、流血牺牲，而且意味着为民做主、强奸民意和强迫人民缔结最高权力契约，因而意味着对人民所应享有的最根本、最主要、最重大的权利和利益——政治自由权利——的剥夺，意味着对人民所应享有的最根本、最主要、最重大的权利和利益——执掌最高权力的权利——的践踏：这岂不是对人民的权利和利益的最大损害？

不但此也！这种政党既然为民做主夺取政权，势必继续为民做主执掌政权，从而导致专制等非民主制，形成垄断政治权力的官吏阶级与没有政治权力的庶民阶级：官吏阶级不但因非民主制而垄断了政治权力，而且通过公有制垄断了全国主要经济权力，成为全权垄断的统治阶级；庶民阶级不但遭受人类历史上最深重的压迫与剥削——全权垄断的压迫与剥削——而且不服从政府和官吏就意味着没有工作，就意味着活活饿死：不服从者不得食。

这就是为什么，当我们读到恩格斯的政治遗言——亦即逝世前几个月写就的《卡尔·马克思〈1848 年至 1850 年的法兰西阶级斗争〉一书导言》——不禁感慨万端，唏嘘不已，崇敬之情油然而生。因为在该遗言中，恩格斯修正了

---

① 《马克思恩格斯全集》，第 22 卷，273 页，人民出版社，1971。

他和马克思的暴力革命理论，转而盛赞德国社会民主党利用普选权竞选所取得的成就，认为它是无产阶级争取解放的最锐利的武器。[①]

恩格斯逝世后，社会民主党分化为左派和右派：左派继续主张暴力革命的科学社会主义；右派主张议会道路的民主社会主义。十月革命胜利后，俄国社会民主党更名为共产党，得到其他国家社会民主党左派的普遍响应，纷纷另建共产党。社会民主党的右派继续主张议会道路的民主社会主义，并于 1923 年建立了国际组织"社会主义工人国际"。从 1919 年到 1949 年的 30 年间，总共有德、英、法、瑞典、丹麦等十几个欧洲的社会民主党先后通过多党平等竞选的方式上台执政：单独或联合执政。1951 年，社会民主党建立了社会党国际，通过了《民主社会主义的目标和任务》的纲领。苏东剧变后，这些国家的共产党绝大部分都改名换姓，最终都转变为社会党或社会民主党。截至 1991 年，世界五大洲的社会党已经有 151 个，先后有 40 多个社会党通过议会道路、多党平等竞选等民主方式上台执政，而且连续执政时间较长，特别是瑞典社会民主党，累计执政 60 多年。

这一事实，岂不充分证明恩格斯的最后遗言——社会主义政党可以通过民主方式取得国家政权——的真理性？诚然，严格说来，社会民主党通过竞选纷纷成为执政党或参与执政，仅仅证实社会主义政党可以通过民主方式取得国家政权，而并未证实可以通过民主方式实现社会主义国家。因为还没有一个执政的社会民主党使公有制居于国家经济支配的地位，从而实现社会主义国家。但是，这并不是因为社会民主党不可能通过民主的方式废除资本主义私有制、实现社会主义。恰恰相反，英法等众多国家的社会民主党通过民主的方式取得政权和推行生产资料公有化制度的实践充分证实：社会主义政党可以通过民主方式取得国家政权和实现社会主义。

社会民主党推行公有化、实现社会主义最终失败，并不是因为民主的方式不可能推行公有化、实现社会主义制度，而是因为这些国家都不具备实行生产资料公有制和社会主义的必要条件：生产力高度发达。在生产力还没有高度发达的条件下，废除私有制而代之以公有制必定导致效率低下。社会民主党推行国有化最终失败，根本说来，岂不就是因为国有企业效率低下？否则，如果英法等国的国有化企业效率高，那么英法等国的社会民主党使公有制经济

---

① 《马克思恩格斯选集》，第 4 卷，521—524 页，人民出版社，1995。

占据主导地位——从而实现社会主义——岂不易如反掌？

民主的方式或议会道路，不但能够使社会主义政党取得政权和实现社会主义，而且能够避免在不具备实现社会主义的必要条件下——生产力高度发达——强行实现社会主义的莫大的错误和灾难。试想，为什么40多个社会主义政党——社会民主党——执政或参与执政，却没有一个国家实行社会主义？说到底，岂不就是因为这些社会民主党都是通过民主的方式取得政权和推行公有化？岂不就是议会和人民的选票阻止了废除资本主义私有制、实现社会主义的错误？否则，如果取得政权和推行公有化不是通过民主的方式，而是通过专制和暴力等非民主的方式，那么，信奉社会主义和共产主义的专制者，岂不更可能借助暴力不断扩大公有化比重，直至实现社会主义，最终导致人类历史上最具奴役性的"不服从者不得食"的阶级和剥削制度：全权垄断的阶级和剥削？

可见，通过民主方式，不但可以取得国家政权和实现社会主义，而且可以在实现社会主义的必要条件——生产力高度发达和国民觉悟普遍提高——不具备时避免强行社会主义。因此，取得政权和实现社会主义，只有通过民主的方式或议会道路才是善，而通过非民主的方式或暴力革命都是纯粹恶。

2. 社会主义与共产主义政党的奋斗目标：在实现社会主义客观条件不具备的情况下

社会主义政党通过民主的方式或议会道路，取得政权、实现社会主义和共产主义，显然并非一朝一夕之事，而必定要经过一个漫长的奋斗历程。那么，这一奋斗历程可以分为几个阶段？每个阶段党的目标、任务和使命是什么？社会主义和共产主义政党的奋斗目标，显然可以分为直接目标、根本目标和终极目标：直接目标是实现、发展民主与资本主义，创造实现社会主义的必要条件，亦即高度发达的生产力；根本目标是废除私有制，实现和不断完善社会主义；终极目标是实现、巩固和完善共产主义。这样一来，社会主义和共产主义政党的奋斗历程便分为三大阶段：第一阶段是实现和发展民主与资本主义，从而创造高度发达的生产力；第二阶段是废除私有制，实现和不断完善社会主义，逐步实现高度发达的生产力＋全民所有制＋按劳分配＋没有政府指挥的市场经济＋宪政民主＋只有一个主权和一个世界政府的全球国家；第三阶段是实现、巩固和完善共产主义，反对退步和堕落而背离共产主义。

社会主义和共产主义政党奋斗历程第一阶段的目标是创造实现社会主义的必要条件:高度发达的生产力。可是,实现社会主义所必需的高度发达的生产力,只有资本主义与民主结合起来才能够创造。因此,社会主义和共产主义政党奋斗历程第一阶段的目标、使命和任务,主要说来,就是实行民主,保护资本主义私有制和发展资本主义生产力,从而创造实现社会主义的必要条件:高度发达的生产力。

然而,这岂不意味着:实现社会主义的必要条件乃是民主资本主义发展的必然结果?社会主义者岂不应该等到这种客观条件具备之后,再组织政党带领群众来实现社会主义?非也。因为社会主义者不但应该积极创造实现社会主义的客观条件——这无疑是社会主义的首要任务——而且更重要的乃在于:废除资本主义私有制而代之以社会主义和共产主义的目的,就是为了消除资本主义的剥削和压迫,实现公正与自由。这样一来,在生产力还没有高度发达因而不具备实现社会主义客观条件的情况下,社会主义者虽然应该保护而不是废除资本主义私有制和实现社会主义,却无疑应该努力限制、减少资本主义的剥削和压迫程度,使资本主义的剥削和压迫最小化,使无产阶级和劳动人民的利益最大化,从而最大限度接近公正与自由,最终促进生产力迅猛发展,尽快达成实现社会主义的必要条件:这乃是在不具备实现社会主义必要条件下社会主义政党之所以为社会主义政党的独特且根本的目标、使命和任务,因而是社会主义政党在不具备实现社会主义必要条件下的身份特征。

百年来,欧洲各国社会主义政党——社会民主党——通过议会道路竞选成为执政党的成功和失败,使他们改正的最大的错误,就是废除私有制的主张。各国社会党都经历了从主张废除资本主义私有制的错误,到正确主张保护和促进资本主义私有制的根本转变。他们错误的根本原因,显然是囿于社会主义根本特征就在于废除私有制、实行公有制,囿于社会民主党既然是社会主义政党,因而务必主张废除私有制,否则就不是社会主义政党:废除私有制而代之以公有制是社会主义政党的身份特征。

殊不知,社会主义与社会主义政党根本不同。社会主义的根本特征或身份特征就是废除私有制、实行公有制,否则就不是社会主义。但是,如果由此断言社会主义政党的根本特征或身份特征就是废除私有制、实行公有制,否则就不是社会主义政党,那就大错特错了。因为社会主义和共产主义政党要实现社会主义必定要经过漫长的因而可以分为不同历史阶段的奋斗历程。不言而喻,我们不能根据一个政党在不同历史阶段的使命不同,就说它不是一个政党而是不同的政党。

我们更不能根据社会主义和共产主义政党在三个阶段的任务和目标不同,就说它是三个政党而不是同一个政党。在第一阶段,社会主义和共产主义政党显然应该保护资本主义私有制,限制资本对雇佣劳动的剥削,而不是废除资本主义私有制。当今世界,显然还不具备实现社会主义的必要条件——生产力高度发达——因而各国社会主义和共产主义政党都处于第一阶段。因此,各国社会主义和共产主义政党都应该保护——而不是废除——资本主义私有制。所以,我们决不能因为这些政党保护——而不是废除——资本主义私有制,就说他们不是社会主义和共产主义政党。

然而,保护资本主义私有制,显然并不是社会主义政党区别于其他政党的特征,并不是社会主义政党的身份特征;社会主义政党区别于其他政党的身份特征,乃在于限制、减少资本主义的剥削和压迫程度,使资本主义的剥削和压迫最小化,使无产阶级和劳动人民的利益最大化,从而最大限度接近公正与自由。可是,在不废除资本主义私有制的条件下,究竟怎样才可能做到这一点呢?毫无疑义,只有一条路,那就是执掌国家政权,亦即使自己的政党成为执政党或参与执政。因为资本就是经济权力,就是雇佣、剥削和压迫劳动者的经济权力。权力只有权力才能加以限制。如果没有权力,限制资本主义的剥削和压迫岂不就是一句空话?因此,社会主义政党只有执掌或参与执掌国家政权,才能在不废除资本主义私有制的条件下,有效限制资本主义的剥削和压迫程度,从而做到使资本主义的剥削和压迫最小化,使无产阶级和劳动人民的利益最大化。

百年来,欧洲各国社会民主党最大的历史功勋,就是通过议会道路执政或参与执政,并通过执政或参与执政而实现政治民主、经济民主和社会民主,从而卓有成效地限制了资本主义的剥削和压迫程度,几乎做到了资本主义的剥削和压迫最小化、无产阶级和劳动人民的利益最大化,最大限度接近公正与自由。社会民主党达成这些目标的最主要、最根本的手段,无疑是建立福利国家制度和参与共决的经济民主制。

3. 福利国家与经济民主:限制剥削和最大限度接近公正的主要手段

资本主义的剥削和压迫,源于生产资料或经济权力的垄断,源于生产资料私有制使资本家有权成为支配和领导工人的雇主，说到底，源于雇主是价格的决定者和雇员是价格的接受者。因此，限制资本主义的剥削和压迫而使其最小化的途径——正如欧洲各国社会民主党通过执政或参与执政已经普遍做到的——就是削弱和减少雇主对经济权力的垄断，使雇员与雇主共同拥有经济权力，亦即建立参与共决等经济民主制度，使雇员在劳资工资协议和企业决策等经济活动中，拥有信息权、协商权、共决权、监督权、提要权等经济权力，从而能够与雇主共同商定雇员工资、经济战略、劳动组织、职业教育等方针大计。

参与共决的经济民主赋予工人参加决策和管理的权力，激发了他们的生产积极性和创造性，从而大大提高了企业的经济效益。据统计，在1972—1976年间，联邦德国实行参与共决制的企业，工人平均产值提高了17%，而没有实行这种制度的企业，人均产值只提高了4%。[①] 但是，整体说来，欧洲各国的参与共决制的经济民主，主要是从经济权力——而不是经济权利——方面，限制资本主义剥削和压迫、实现其最小化的手段。从经济权利方面限制资本主义剥削和压迫、实现被剥削被压迫群体利益最大化的手段，则主要是社会民主党政府所建立的福利国家制度。

典型的福利国家制度为二战后英国工党政府首创。在1945年的大选中，工党提出的一个主要的政策主张就是创造福利国家。1945—1951年的艾德礼工党政府履行了这一诺言。该政府根据英国经济学家贝弗里奇的《社会保障及有关各种服务的报告》，通过1945—1948年间的一系列立法——包括国民教育、医疗卫生、国民保险、国民救济、家庭补助、住房等各个方面——为所有公民创造了一套"从摇篮到坟墓"的社会保障制度，被人们称为"典型的福利国家"(classic welfare state)。这种福利国家制度，使每个人的生、老、病、死、孤、寡、衣、食、住都得到了基本的保障，都能够过上正常而体面的生活。

英国工党政府的福利国家制度，为欧洲社会民主党执政或参与执政树立了榜样，以至先后纷纷建成福利国家："'社会福利国家政党'的形象到处都成了社会民主党的标志。"[②]社会民主党政府的福利国家以及参与共决的经济民主等制度，有效限制了资本主义的剥削和压迫程度，几乎达到资本主义的剥削、压迫最小化和劳动人民的利益最大化。这可以从两方面看：

---

① 李宏：《另一种选择：欧洲民主社会主义研究》，82页，法律出版社，2003。

② 托马斯·迈尔：《社会民主主义的转型》，38页，北京大学出版社，2001。

一方面,无产阶级和劳动人民劳动时间大幅度减少。以1993年为例,雇员每周平均劳动时间,德国37.6小时,法国38.6小时,英国43.1小时,丹麦31.5小时,挪威36.8小时,西班牙36.2小时,奥地利34.5小时。同年,德国开始讨论试行每周4天工作制。80年代西欧各国实行支付薪金的父母假、教育假和年度假。瑞典政府规定生育子女的妇女和她的丈夫可以一起享受为期15个月的休假,而且在孩子年满12岁以前每年父母都可以休假90天。年度休假一般是一个月左右。加上各种传统的、法定的节假日,雇员每年劳动时间大幅度减少,以至有西欧社会已从劳动社会进入休闲社会的说法。①

另一方面,无产阶级和劳动人民工资和实际收入水平相当高。据统计,1993年,工人每小时工资,法国是50.63法郎;英国是6.25英镑;瑞典是98.47瑞典克朗;联邦德国是23.79马克。20世纪70年代末和80年代初,联邦德国的工人,47%拥有房产;95%有储蓄簿;47%进行休假旅行;61%拥有私人小汽车;一个工人的薪金相当于70名俄罗斯工人的工资。②

然而,问题在于,经济民主固然公正,但福利国家似乎并不公正:高税收岂不侵犯资本家和富人的权利?非也。因为无论如何参与共决,无论如何经济民主,根本说来,雇主与雇员的关系都是一种支配和被支配的关系,都是一种权力和服从关系,都是一种不平等的关系:雇主是拥有经济权力或较多经济权力的支配者;雇员是没有经济权力或只有较少经济权力的服从者。否则,如果雇主与雇员拥有平等的经济权力,因而不再是支配和被支配的关系,那就无所谓雇主与雇员之分了。就拿参与共决制实施得最好的德国来说,联邦德国1976年法令规定,在监委会主席选举中选票不足2/3的多数时,由资方决定主席人选,享有双票权;在监督委员会表决时,最后的决定权掌握在主席手中;企业董事会中的劳方经理人选由资方提名,不必得到监委会中劳方代表的认可;工厂委员会同资方进行协商时不得使用罢工手段进行威胁。③

可见,在生产资料私有制的条件下,参与共决的所谓经济民主制度,真正讲来,并不是也不可能是经济民主,而只可能是最大限度地接近经济民主,只可能是一种"准经济民主":它只可能最大限度地接近而不可能做到雇员与雇

---

① 张世鹏:《当代西欧工人阶级》,70—82页,北京大学出版社,2001。

② 同上。

③ 李宏:《另一种选择:欧洲民主社会主义研究》,86页,法律出版社,2003。

主完全平等地执掌经济权力；只能限制而并不能剥夺雇主支配雇员的经济权力；只能限制而并不能剥夺雇主决定劳资价格的经济权力；只能限制而并不能剥夺劳动市场的买方垄断，因而也就只能限制而并不能消除雇主对雇员的剥削和压迫。因此，仅仅依靠参与共决准经济民主制度，仍然会存在相当严重的剥削、压迫和贫富差距。这一点的明证，就是连参与共决经济民主最完善的瑞典，收入最高的10%的国民，与收入最低的60%的国民的贫富差距，税前收入仍然高达144倍。赖有瑞典高税收的福利国家制度，才使税后收入的贫富绝对平均差距降为3倍。据英国官方机构对1982年7428个家庭收入的调查，收入最低的20%的家庭与收入最高的20%的家庭的税前收入之比是1∶120；而税后收入缩小为1∶4。[①]

这意味着，社会民主党所创造的福利国家制度乃是比参与共决更重要更有效的限制资本家剥削和最大限度接近经济公正的手段。不但此也！真正讲来，福利国家制度乃是一种在任何时代都应该实行的——因而具有普世价值的——确保公正的国家制度。因为，即使在不存在阶级和阶级剥削的理想国家，即使在没有生产资料私有制或经济权力垄断（因而没有劳动市场买方垄断）的完全自由竞争条件下（因而商品完全等价交换）的公正的理想的市场经济社会，仍然有能力大、贡献大者或强势群体和能力小、贡献小者或弱势群体之分。

然而，按照公正原则，一方面，每个人不论具体贡献如何不同，却因其最基本的贡献完全相同——每个人一生下来便都同样是缔结、创建社会的一个股东——而应该完全平等地享有基本权利。另一方面，贡献大者应该享有较多的非基本权利，贡献小者应该享有较少的非基本权利，但是，每个人所享有的非基本权利的不平等，与自己所做出的具体贡献的不平等的比例，应该完全平等。不过，在这种非基本权利比例平等的分配中，正如罗尔斯“差别补偿原则”所主张的，获利较多者还必须给较少者以相应的补偿权利。因为能力大、贡献大的获利多者，比能力小、贡献小的获利少者，较多地利用了双方共同创造因而应该平等利用的资源——社会合作（亦即所谓社会资本）——侵占了获利较少者的权利。被侵占的权利应该获得权利补偿：这就是为什么获利较多者必须给较少者以相应的补偿权利。

---

① 王绍西：《西欧“福利国家”之得失》，见《西欧研究》，38页，1987(1)。

可是，这种非基本权利补偿和基本权利的平等享有，如何才能得到真正的实现和充分的保障呢？无疑只有通过福利国家制度。如果没有福利国家制度，没有高额累进税和高税收的社会再分配，不但不可能真正实现绝大多数公民所应该享有的非基本权利补偿，也不可能真正保障那些弱势群体的基本权利。因此，福利国家制度乃是任何时代任何社会真正实现绝大多数公民所应该享有的非基本权利补偿和弱势群体的基本权利的根本途径，是任何时代任何社会真正实现分配公正、经济公正与社会公正的根本的国家制度：福利国家制度实乃具有普世价值的实现权利和公正的国家制度。因此，马歇尔、吉登斯和韦伦斯基等思想家一再强调，福利国家并非慈善制度，而是公民权利的实现："福利国家是一个长期的公民权演进过程所达到的最高峰。"①"福利国家的关键是政府保证所有公民享有最低标准的收入、营养、健康、住房、教育和就业机会。这些保障表现为公民的政治权利而不是以慈善的形式出现。"②

4. 实现社会主义和共产主义的历程：社会主义与共产主义政党必经的两次大转型

社会主义和共产主义政党奋斗历程的第一阶段，亦即在实现社会主义必要条件——生产力高度发达——还不具备的条件下，党的奋斗目标是实现和发展民主以及资本主义，从而创造高度发达的生产力。因此，在第一阶段，社会主义和共产主义政党主要的任务和使命不是废除资本主义私有制，而是保护资本主义私有制，是实现福利国家和参与共决的经济民主制度。这种制度能够最大限度地限制资本主义私有制所必然导致的剥削和压迫，使资本主义的剥削和压迫最小化，使无产阶级和劳动人民的利益最大化，从而最大限度地接近公正和自由。

因此，在实现社会主义必要条件还不具备的条件下，一方面，社会主义和共产主义政党奋斗的目标是改良而不是革命：不是废除资本主义私有制，而是保护资本主义私有制，是实现和发展资本主义。这意味着，资产阶级和资本主义不是社会主义和共产主义政党的敌人，而是社会主义和共产主义政党的朋友、伙伴和被保护者。所以，20世纪中叶以来，欧洲各国社会民主党纲领或政

---

① 安东尼·吉登斯：《第三条道路：社会民主主义的复兴》，11页，北京大学出版社，2000。

② 和春雷：《社会保障制度的国际比较》，65页，法律出版社，2001。

策都一再强调雇主与雇员、政府与企业、公营与私营之间应该是伙伴关系；并将团结互助奉为社会主义基本价值之一。①

另一方面，社会主义和共产主义政党奋斗的目标，是福利国家和参与共决的经济民主制度，是限制资本主义私有制所必然导致的剥削和压迫程度，使资本主义的剥削和压迫最小化，使无产阶级和劳动人民的利益最大化。这意味着，社会主义和共产主义政党的阶级立场是被压迫和被剥削阶级，是无产阶级和劳动人民；而不是剥削阶级和压迫者阶级，不是资产阶级。

这样一来，社会主义和共产主义政党就不是只为某些阶级谋利益的阶级党，而是一个为所有阶级或全民(不论无产阶级还是资产阶级抑或中间阶级，不论官吏阶层还是庶民阶层抑或知识阶层)谋利益的全民党：它保护资本主义私有制和发展资本主义，因而是为资产阶级谋利益；它使资本主义的剥削和压迫最小化，使无产阶级和劳动人民的利益最大化，因而是为无产阶级和劳动人民谋利益。然而，迟至20世纪50年代，欧洲各国社会民主党方有此觉悟，先后由阶级党转型为全民党。影响深远的德国社会民主党1959年通过的《哥德斯堡纲领》宣布："社会民主党已经从一个工人阶级的政党变成了一个人民的政党。"

因此，在第一阶段，亦即在实现社会主义必要条件还不具备或不完全具备的情况下，社会主义和共产主义政党，就其身份特征来说，虽然站在无产阶级与劳动人民立场，但就其性质来说，却是为所有阶级谋利益和由所有阶级构成的全民党。它在这一历史阶段的奋斗目标，仅仅是为了实现社会主义必要条件，亦即实现和发展民主以及资本主义从而创造高度发达的生产力，因而也就是包括资产阶级在内的所有阶级和国民共同的奋斗目标：实现和发展民主以及资本主义——从而创造高度发达的生产力——岂不也是资产阶级奋斗的一个极其重大的目标？因此，在这一历史阶段，它应该领导所有国民为了实现一个共同目标"实现和发展民主以及资本主义"而奋斗。

当社会主义和共产主义政党实现了第一阶段目标——民主、资本主义和生产力高度发达——的时候，才转型为阶级党，成为废除资本主义私有制和实现社会主义的无产阶级政党：无产阶级政党或阶级党是实现社会主义必要条件已经完全具备情况下的社会主义和共产主义政党的转型，是奋斗历程第二

① 托马斯·迈尔：《社会民主主义的转型》，7页，北京大学出版社，2001。

阶段的社会主义和共产主义政党，是为了实现社会主义和共产主义的政党。在这一历史阶段，社会主义和共产主义政党的历史使命，首先是实现社会主义的飞跃式革命，亦即在高度发达的生产力基础上，完成废除资本主义私有制而代之以全民所有制的飞跃式革命；而后是逐步实现宪政民主、按劳分配、没有政府管制的市场经济，最终实现只有一个主权和一个世界政府的全球国家，完成共产主义的渐进式革命。

在第三阶段，亦即共产主义社会，共产主义政党必定仍然存在，并将永存。因为有人群就必定有分歧；有民主就必定有党派。更何况，共产主义社会必定仍然不断发展变化：一方面是进步，越来越完善；另一方面是退步，可能出现专制等非民主制以及全球国家之分裂等。因此，共产主义社会仍会存在共产党等政党。但是，共产主义政党无疑将转型为新的全民党：无阶级社会的全民党。党的目标、任务和指导思想无疑是巩固和完善共产主义，反对退步和堕落而背离共产主义。

因此，社会主义和共产主义政党在它的奋斗历程的三大阶段中，应该——而非事实——发生两次转型而构成一个否定之否定的三段式，亦即由第一阶段的资本主义国家的全民党，转型为第二阶段的社会主义国家的阶级党，再转型为共产主义国家的新的全民党：否定之否定。社会主义和共产主义政党的转型只是应该或至少必经两次。但是，社会主义和共产主义乃是人类从未有过的理想社会，人类在追求和实现这种理想社会的奋斗历程中难免错误、挫折和失败。因为错误、挫折和失败乃是成就任何崭新而伟大事业之母。因此，事实上，社会主义和共产主义政党在其奋斗历程中必定错误多多，挫折连连，误走很多弯路，因而需要通过多次——而不是两次——转型才能踏上正确的道路。

社会主义和共产主义政党——欧洲社会民主党——在本来不应该发生转型的第一阶段（亦即不具备实现社会主义必要条件阶段），如所周知，就已经发生了两次大转型。第一次大约是19世纪末到20世纪初，由错误的暴力革命党到正确的议会道路党的转型。第二次是20世纪中叶由错误的阶级党到正确的全民党的转型。经过这两次大转型，欧洲社会民主党才走上它们建党伊始就应该走的唯一正确之路：全民党。

诚然，当代资本主义国家各种政党趋同，在某种意义上都是全民党。但是，这种趋同只是现象，而不是本质。因为作为社会主义和共产主义政党的全民党，与作为资产阶级等政党的全民党根本不同。首先，党的目标不同。社会主义和共产主义政党的全民党的直接目标（实现民主、资本主义和生产力高度发达）虽然无异于作为资产阶级政党的全民党，但是，作为社会主义和共产主义政党的全民党的根本目标和终极目标（废除私有制、实现社会主义和实现共产主义）显然根本不同于作为资产阶级政党的全民党。其次，阶级立场不同。作为社会主义和共产主义政党的全民党，站在被剥削和被压迫的阶级立场，限制资本的经济权力对雇佣劳动者的剥削和压迫，使无产阶级和劳动人民的利益最大化；相反地，作为资产阶级政党的全民党，则站在资产阶级立场，维护资本的经济权力对雇佣劳动者的剥削和压迫，使资产阶级利益最大化。最后，党所主张的基本价值根本不同。作为社会主义和共产主义政党的全民党所主张的基本价值是公正和自由，因其限制资本对雇佣劳动的剥削和压迫，使其最小化；相反地，作为资产阶级政党的全民党，不论其言辞如何漂亮，但其实际主张的基本价值却是不公正和不自由，因其维护资本对雇佣劳动的剥削和压迫，使资产阶级利益最大化。

社会主义和共产主义政党在不同历史阶段的转型，使其指导思想和指导原则有所不同。在第一阶段，社会主义和共产主义政党是社会主义全民党，就其主要使命来说，也可以称之为“民主党”。因为它的指导思想是改良而不是革命，是社会主义的民主主义，亦即社会民主主义。它的指导原则可以归结为三条：(1)实现普选制民主；(2)发展资本主义生产力，达到高度发达；(3)通过福利国家和经济民主制度，限制资本主义剥削和压迫，使资本主义剥削最小化和无产阶级利益最大化。它的最终指导原则是最大限度地接近国家制度价值标准：公正、平等、人道、自由和增进每个人利益总量。

在第二阶段，社会主义和共产主义政党是社会主义阶级党，就其主要使命来说，也可以称之为“社会党”、“社会主义党”或“共产党”。因为它的指导思想是革命，是民主主义的社会主义，亦即民主社会主义。它的指导原则可以归结为两条：(1)在高度发达的生产力基础上建立全民所有制；(2)逐步实现宪政民主、按劳分配、没有政府指挥的市场经济，最终实现只有一个主权和一个世界政府的全球国家。它的最终指导原则是不断接近完全实现国家制度价值标准：公正、平等、人道、自由和增进每个人利益总量。

在第三阶段，社会主义和共产主义政党是共产主义新的全民党，就其主要使命来说，可以名副其实地称之为“共产党”。因为它的指导思想是共产主义的革命和改良，是实现、巩固和完善共产主义。它的指导原则是实现、巩固和完善共产主义国家制度，亦即实现、巩固和完善高度发达的生产力＋全民所有制＋按劳分配＋没有政府指挥的市场经济＋宪政民主＋只有一个主权和一个世界政府的全球国家。它的最终指导原则是完全实现国家制度价值标准：公正、平等、人道、自由和增进每个人利益总量。

可见，社会主义和共产主义政党在每一历史阶段的直接的具体的指导原则和指导思想都是不同的。但是，口之于味，有同嗜焉。无论这些历史阶段的指导原则和指导思想如何不同，却存在着共同点，存在着一以贯之的普遍的终极的指导原则和指导思想。这个普遍的终极指导原则就是国家制度价值标准：根本标准"公正与平等"、最高价值标准"人道和自由"以及终极价值标准"增进每个国民利益"。因此，欧洲各国社会民主党一致将这些标准奉为社会民主党的基本价值，作为党在任何历史时期的普遍指导原则。1996 年 9 月，布莱尔和施罗德在共同声明中特别强调："公平和社会公正，自由和机会平等，团结和对他人负责，这些价值是永恒的。社会民主主义永远不会牺牲这些价值观。"

只不过，在第一阶段，亦即在实现社会主义必要条件还不具备的情况下，社会主义和共产主义政党是全民党，它的指导原则是通过福利国家和经济民主最大限度地接近这些国家制度价值标准。在第二阶段，亦即在实现社会主义必要条件已经具备的情况下，社会主义和共产主义政党是阶级党，它的指导原则是通过废除资本主义私有制而由部分到完全地逐步实现国家制度价值标准。在第三阶段，亦即在共产主义国家，共产主义政党是新的全民党，它的指导原则是全面地完全地——通过高度发达的生产力＋全民所有制＋按劳分配＋没有政府指挥的市场经济＋宪政民主＋只有一个主权和一个世界政府的全球国家——实现国家制度价值标准。

二战后，国家制度价值标准——公正与人道以及平等与自由——逐渐成为各国社会民主党的普遍的指导原则。1951 年《法兰克福声明》写道："社会党人之所以反对资本主义……最主要的是因为它违背了社会党人的正义感。"社会党的"目标就是一个社会公平合理、生活美好、自由与世界和平的制度"。1959 年《德国社会民主党基本纲领》（即《哥德斯堡纲领》）首次明确将社会民主党的指导原则归结为"社会主义基本价值"。在该纲领的题目就是"社会主义的基本价值"的第一条中这样写道："自由、公正相助和从共同的结合中产生出来的彼此间所承担的义务,即是社会主义意向的基本价值。”

1989年德国社会民主党《柏林基本原则纲领》进一步明确将这些基本价值作为国家制度价值标准和社会民主党的指导原则:“自由、公正、团结互助是民主社会主义的基本价值。它们是我们判断政治现实的标准,是衡量一种新的和更好的社会制度的尺度,同时也是每个男女社会民主党人的行动指南。”

这些所谓民主社会主义基本价值,先后被各国社会党所接受,并经1989年社会党国际第十八大的《原则声明》确认,正式成为各国社会党的指导原则:“民主社会主义是争取自由、社会公正和团结的国际运动。它的目标是实现一个和平世界,在这个世界中,这些基本价值能得到增进,人人都能过有意义的生活,男男女女的个性与天赋都能得到充分发展,人权与公民权利都能在民主的社会框架中得到保障。”

这样一来,社会主义和共产主义政党在任何历史阶段的普遍的终极的指导思想,便都应该是关于国家制度价值标准——根本价值标准“公正与平等”、最高价值标准“人道和自由”以及终极价值标准“增进每个国民利益”——的理论和真理。国家制度价值标准的研究告诉我们,一方面,国家制度终极价值标准的谬误是义务论;真理是全面的科学的功利主义,亦即增进每个人利益总量:它在利益冲突条件下表现为最大多数人最大利益标准,而在利益不相冲突条件下表现为不害一人地增进利益总量。另一方面,国家制度最高标准和根本标准的谬误是专制主义;真理是人道主义、自由主义和平等主义。因此,社会主义和共产主义政党在任何历史阶段的普遍的终极的指导思想,都应该是全面的科学的功利主义、人道主义、自由主义和平等主义。

这显然意味着,一方面,社会主义和共产主义政党在任何历史阶段的指导思想,都应该包括自由主义而并不局限于自由主义,都应该包括平等主义而并不局限于平等主义,都应该包括人道主义而并不局限于人道主义,都应该包括功利主义而并不局限于功利主义——应该是人道主义、自由主义、平等主义和功利主义的总和而不应该仅仅是其中之一——否则就会堕入片面性和教条主义的谬误之泥潭。另一方面,社会主义和共产主义政党在任何历史阶段的指导思想,都应该包括马克思主义而不局限于马克思主义,否则就会堕入片面性和教条主义的谬误之泥潭。

因为,毫无疑义,马克思主义属于功利主义、人道主义、自由主义和平等主义范畴,但并不等于功利主义、人道主义、自由主义和平等主义,更不是也不可能是完善的不必修正的功利主义、人道主义、自由主义和平等主义。《哥德斯堡纲领》说的不错："在欧洲植根于基督教伦理学、人道主义和古典哲学的民主社会主义不想宣布任何最后的真理。"《法兰克福声明》亦如是说："不论社会党人把他们的信仰建立在马克思主义的分析社会的方法上，还是建立在其他的方法上，不论他们是受宗教原则的启示还是受人道主义原则的启示，他们都是为了共同的目标而奋斗。这个目标就是一个社会公平合理、生活美好、自由与世界和平的制度。"

思考题：

1. 马克思、恩格斯根据资本主义三大矛盾——生产的社会化与资本主义私人占有的矛盾、个别企业生产的有计划性与整个社会生产的无政府状态的矛盾、无产阶级与资产阶级的矛盾——断言资本主义生产关系已经不再适合生产力发展，能否成立？资本主义生产关系，就其市场经济与私有制的本性来说，是否具有促进任何生产力发展的永恒动力机制？废除资本主义而代之以社会主义的根本原因，是否在于生产力高度发达以至社会主义与资本主义一样能适合其发展？

2. 暴力革命是一种恶，资本主义暴力革命是必要恶，社会主义暴力革命是纯粹恶，这三个判断都能成立吗？

3. 新自由主义和经济自由主义思想家们认为，福利国家制度侵犯公民个人自由权利和市场经济自由权利，这种观点是否正确？福利国家制度是否必定掉进"福利陷阱"，从而造成劳动力成本昂贵、企业竞争力下降和劳动积极性削弱，最终导致经济衰退、低效率、失业和依赖文化？为什么西欧国家普遍实行——而堪称世界最发达、最自由、最民主的美国却没有实行——参与共决的经济民主和从摇篮到坟墓的福利国家制度？

第十一章　社会主义和共产主义实现条件的理论

提要　马克思、恩格斯无疑是世界最顶级的理论巨匠，就其理论成就来说，仅《资本论》一部书稿，就足以与柏拉图、亚里士多德和孔子、老子并列，远远高于伯恩斯坦、考茨基等民主社会主义理论家。马克思、恩格斯是博大精深的科学社会主义理论之创造者；而伯恩斯坦、考茨基不过是马克思、恩格斯所创造的科学社会主义理论之运用者和修正者而已。然而，问题的关键在于，民主社会主义理论家们虽然是马克思、恩格斯的学生，他们却因此而得以站在伟大导师的肩膀上，经历伟大导师逝世以后的世界新变化和新实践，因而可以见马克思、恩格斯所未见，看得更加高远、清楚和确切。特别是，实践是检验真理的唯一标准。在科学泰斗马克思、恩格斯面前，伯恩斯坦、考茨基等民主社会主义理论家虽然渺小至极，甚至如马克思曾轻蔑地称之为"天生的俗种"，但当这些渺小平庸之辈运用伟大导师的科学社会主义理论于实践时，却足以发现和修正科学社会主义的谬误，从而形成民主社会主义之真理。科学社会主义实乃民主社会主义之母；没有科学社会主义就没有民主社会主义。

导言　社会主义理论流派分类：科学社会主义与民主社会主义

社会主义的根本特征是生产资料公有制。这是否意味着，只有主张废除私有制而代之以公有制的理论，才堪称社会主义理论，因而不主张废除私有制的圣西门和傅立叶学说不属于社会主义理论？否。据柯尔考证，"社会主义"一词初次出现于1832年的法文期刊《地球报》，就是用以表示圣西门学说；而在1827年，欧文主义者的《合作杂志》则已经使用"社会主义者"一词来称呼欧文合作学说的信徒。为什么主张公有制的欧文学说与不主张公有制的圣西门学说都被叫作社会主义？为什么社会主义的根本特征是公有制，而不主张公有制的圣西门学说却被叫作社会主义？

原来，欧文和圣西门学说的根本特征是改造社会的意见和计划；而社会主义和社会主义者的根本内涵，在柯尔看来，就是改造社会的意见和计划。[①] 确实，社会主义就是一种改造社会的意见和计划，就是一种理想的应该的良好的——亦即符合社会制度价值标准的——社会之意见和计划，就是理想的应该的良好的符合社会制度价值标准的社会制度，就是关于理想的应该的良好的符合社会制度价值标准的社会制度的学说。从词源上看也是如此。"社会主义"一词源于古拉丁文 socialis，本义为同伴的、社会的，引申为改造社会的、理想社会的：社会主义就是理想的社会制度，主要是理想社会的经济制度。

然而，究竟什么社会制度才是理想的、好的、应该的呢？答案自然是仁者见仁，智者见智，众说纷纭。这就是为什么社会主义流派之众多无与伦比，这就是为什么圣西门和傅立叶并不主张废除私有制却仍然被冠以社会主义者。但是，随着社会主义和理想社会思想的发展，社会主义和理想社会便越来越以生产资料社会所有制或公有制为根本特征了：理想社会必定消除剥削，因而必定废除私有制而代之以社会所有制或公有制。因此，宽泛地说，圣西门和傅立叶学说以及一切关于理想社会的理论，都可以叫作社会主义，但严格讲来，却唯有主张公有制的理想社会理论，才堪称社会主义。

这样一来，社会主义也就是一种共产主义，从而属于共产主义范畴。因为一个社会只要实行了生产资料公有制，就堪称共产主义社会：共产主义社会就是实行生产资料公有制的社会。这就是为什么马克思主义经典作家会将社会主义看作共产主义的同义语。因此，社会主义理论和共产主义理论及其流派，大体说来，便可以作为同义语来看待，而不必分离开来进行研究。

然而，社会主义和共产主义思想流派极为众多，纷繁复杂，据说仅在19世纪的欧洲，就有260余种。[②] 徐觉哉的《社会主义流派史》曾将众流派归结为25种，分为25章一一研究。但是，这些划分，如"空想社会主义"、"封建社会

---

① 柯尔：《社会主义思想史》，第1卷，8页，商务印书馆，1977。

② 刘玉安等：《从民主社会主义到社会民主主义》，3页，人民出版社，2010。

主义”、“基督教社会主义”、“工场社会主义”、“农民社会主义”等，显然都是基于某种流派的某种特征，而并不是按照分类的逻辑规则。因此，这些社会主义流派的类型，并列杂陈，没有内在联系，因而并不是社会主义流派的分类。堪称社会主义或共产主义流派的科学分类，无疑必须以社会主义和共产主义理论的某种根本性质为根据进行划分：首先依此性质之不同而将所有社会主义理论分为几大流派；然后再将各大流派以某种性质为根据继续划分为众多的小流派。这种科学分类的起点显然是：各种社会主义和共产主义理论最根本的性质或最具区别性的特征是什么？

不难看出，社会主义和共产主义理论的全部内容无非两方面：一方面是社会主义和共产主义社会制度；另一方面是实现这种社会的条件和途径。对于社会主义和共产主义社会制度究竟如何，思想家们虽有不同看法，却没有因此形成不同流派。更何况，绝大多数社会主义思想家都认为社会主义的根本制度是生产资料公有制。特别是，马克思、恩格斯也与莫尔、康帕内拉、温斯坦莱、摩莱里、马布利、欧文、卡贝等众多思想家完全一样，都认为未来的共产主义社会实行公有制、按需分配、计划经济、消除了商品和货币，因而也就不存在商品经济或市场经济了。所以，各种社会主义和共产主义学说的根本区别——特别是马克思、恩格斯与其他社会主义和共产主义思想家的区别——说到底，乃在于如何实现社会主义和共产主义社会，亦即实现社会主义和共产主义的条件和途径究竟如何。

因此，各种社会主义和共产主义理论最根本的性质或最具区别性的特征，并不是社会主义和共产主义社会制度究竟如何，而是究竟如何实现这种社会的条件和途径。围绕社会主义和共产主义实现的条件和途径问题，社会主义和共产主义理论分为两大对立流派，亦即“暴力社会主义”与“非暴力社会主义”或“和平社会主义”：暴力社会主义就是主张通过暴力手段取得政权和实行社会主义的社会主义思想体系；非暴力社会主义就是主张通过非暴力手段取得政权和实行社会主义的社会主义思想体系。

暴力社会主义的代表人物，主要有16世纪的闵采尔、17世纪的康帕内拉、18世纪的巴贝夫和梅叶、19世纪的布朗基、德萨米和魏特林；马克思、恩格斯和列宁则是暴力社会主义之集大成者。因为马克思、恩格斯和列宁不但构建了融会以往社会主义成果的暴力社会主义思想体系——从1873年起马克思、恩格斯自己将他们的暴力社会主义称为“科学社会主义”——而且在这种体系的指导下,1917 年在俄国取得社会主义革命胜利;到 1949 年,在东欧建立了 8 个社会主义国家,在亚洲建立了 4 个社会主义国家;到 1988 年,又增加了 3 个国家(1959 年建国的古巴、1975 年建国的柬埔寨和老挝),全世界有 16 个信奉暴力社会主义的共产党执政的社会主义国家。

非暴力社会主义理论的代表人物主要有古希腊哲学家柏拉图、16 世纪的莫尔、17 世纪的维拉斯和温斯坦莱、18 世纪的摩莱里和马布利、19 世纪的圣西门、傅立叶、欧文和卡贝;民主社会主义则集非暴力社会主义之大成。因为民主社会主义不但是一种满载以往社会主义成果的思想体系,不但是一种通过普选制民主取得政权和实行社会主义的科学体系,而且在这种体系的指导下,自 1919 年以来,先后有 40 多个社会党上台执政,欧洲政治版图呈现一片耀眼的粉红色。特别是,从 1989 年到 1991 年,信奉暴力社会主义的共产党执政的国家垮掉了 11 个(东欧八国加上苏联、蒙古和柬埔寨),这些国家的共产党最终大都转变为信奉民主社会主义的社会民主党。

因此,自柏拉图的理想国和孔夫子的大同社会问世以来,社会主义和共产主义理论的各种流派,虽然纷繁复杂,不胜枚举,并且不断修正更新,实在令人眼花缭乱;但经过近一百多年世界各国的实践之成功与失败的检验,最终融会贯通为两种相反而又皆有强大生命力的流派:民主社会主义与科学社会主义。所有社会主义和共产主义理论流派之精华,都作为某种构成要素,而凝结于——或者可以凝结于——民主社会主义与科学社会主义。因此,对于社会主义和共产主义理论流派的分析,最终便可以归结为对于科学社会主义和民主社会主义的分析。对科学社会主义和民主社会主义的分析,显然应该围绕二者所争论的四大问题——社会主义的必然性与应然性问题、国家政权本性问题、夺取政权和实现社会主义途径问题、经济建设的改良与革命问题——进行。

一、社会主义的必然性与应然性:社会主义的价值标准和指导原则

围绕社会主义的必然性与应然性问题,科学社会主义观点,如所周知,可以归结为三组命题。命题 1:科学是揭示事物必然性、规律性或普遍性的知识体系,科学社会主义是揭示社会主义历史必然性的思想体系。命题 2:社会主

义的历史必然性在于,社会主义是生产力发展与资本主义生产关系的矛盾冲突之必然结果,这种冲突可以归结为三大矛盾——生产的社会化与资本主义私人占有的矛盾、个别企业生产的有计划性与整个社会生产的无政府状态的矛盾、无产阶级与资产阶级的矛盾——及其导致的经济危机。命题3:科学社会主义区别于以往的、空想的、非科学的社会主义的根本特征就在于:后者从正义、平等、人道和自由等原则出发,是一种应然的、应当的、道德的、理想的思想体系;前者则从生产力、经济、政治、阶级和阶级斗争等事实出发,是一种具有历史必然性和规律性的思想体系。相反地,民主社会主义观点也可以归结为三组命题。命题1:社会主义或者不具有历史必然性,或者是必然性与应然性之统一。命题2:社会主义是应然的,是一种符合公正、平等、自由、人道和互助等价值标准的理想社会。命题3:公正、平等、自由、人道和互助等道德原则是社会主义基本价值,是变革社会制度的价值标准和社会民主党人的行动指南。究竟谁是谁非?

1. 社会主义:价值科学还是事实科学

社会主义固然具有历史必然性,但是,马克思、恩格斯认为社会主义是生产力发展与资本主义生产关系的矛盾冲突——亦即所谓三大矛盾——之必然结果的理论,如前所述,是根本错误的。不仅此也!马克思、恩格斯更大的错误在于,由社会主义是必然的进而否定社会主义是应然的:“共产主义对我们来说不是应当确立的状况,不是现实应当与之相适应的理想。我们所称为共产主义的是那种消灭现存状况的现实的运动。”①

细察马克思的论述,不难发现,马克思内心深处原本为休谟难题——是与应该的关系——所困,因而与爱因斯坦和罗素一样,误以为科学只研究事实而不研究应该:“科学只能断言‘是什么’,而不能断言‘应该是什么’。”②这也是马克思为什么居然认为商品价值是商品固有属性:商品价值作为经济科学对象只能是商品的事实属性——固有属性属于事实属性范畴——亦即凝结于商品中的劳动。

殊不知,口之于味有同嗜焉。应该、价值和道德也具有普遍性和必然性,

---

① 《马克思恩格斯选集》,第1卷,87页,人民出版社,1972。

② 《爱因斯坦文集》,第3卷,182页,商务印书馆,1979。

因而也是科学对象——科学是普遍性、必然性的知识体系——于是遂有事实科学与价值科学之分。价值科学比事实科学更为艰深复杂。因为事实科学只由事实判断构成；而价值科学则由事实判断和价值判断以及主体判断构成。因为元伦理学对于休谟难题的研究表明：价值、应该、应该如何是通过主体目的——亦即终极价值标准——从是、事实、事实如何中产生和推导出来的：应该等于事实与主体目的之相符；不应该等于事实与主体目的之相违。

准此观之，民主社会主义说得不错，社会主义乃是一种应该的、价值的、道义的或理想的科学：社会主义是一种道义的必然性。这样一来，社会主义理论便不像马克思所认为的那样简单，仅仅研究事实，而至少包括事实与价值以及二者之中介——主体目的——三大部分。

第一部分主要研究资本主义生产力、生产关系、经济制度和人性等事实，特别是私有制、市场经济与剩余价值之事实。这是社会主义和共产主义社会之应该如何的价值实体。第二部分主要研究国家制度好坏优劣之价值标准，诸如国家制度终极价值标准（亦即国家目的"增进每个国民利益"）和国家制度根本价值标准（公正与平等）以及国家制度最高价值标准（人道与自由）等。这是社会主义和共产主义社会之应该如何的价值标准、指导原则。第三部分则主要通过国家制度价值标准，从生产力、人性和剩余价值等事实如何，推导出国家制度之应该如何：资本主义不符合国家制度价值标准，是一种不理想的、不应该的、不好的、具有负价值的国家制度；社会主义和共产主义符合国家制度价值标准，是一种理想的、应该的、好的、具有正价值的国家制度。这是社会主义和共产主义社会应该如何之价值、理想或道义性。

因此，只有将科学社会主义看作一种价值科学或道义的必然性，才能真正将科学社会主义建立在唯物史观与剩余价值理论基础之上：剩余价值理论说明资本主义属于阶级剥削制度，不符合国家制度价值标准，是一种不理想的、坏的、具有负价值的因而应该摈弃的经济制度；唯物史观说明消灭阶级剥削——因而符合国家制度价值标准——的社会主义制度取代资本主义的历史必然性。

然而，马克思、恩格斯却片面地认为科学社会主义仅仅研究事实，以至认为社会主义仅仅建立在资本主义必然崩溃的事实，而不是建立在剩余价值所揭示的资本主义制度的不公平的基础上："如果我们说，这是不公平的，不应该这样，那么这句话同经济学没有什么直接的关系。我们不过是说，这些经济事实同我们的道德感有矛盾。所以马克思从来不把他的共产主义要求建立在这样的基础上，而是建立在资本主义生产方式的必然的、我们眼见一天甚于一天的崩溃上；他只说了剩余价值由无酬劳动构成这个简单事实。”①

2. 社会主义和共产主义制度究竟如何

问题的关键在于：社会主义和共产主义制度究竟如何，究竟是按需分配还是按劳分配？是计划经济还是市场经济？是国有制还是全民所有制？是否应该消灭商品和货币？夺取政权后，就应该实行公有制和计划经济，还是应该等到生产力高度发达时再实行公有制和计划经济抑或永远都不应该实行计划经济？解决这些难题全赖国家制度价值标准：公正与平等以及人道与自由。因为公正与平等以及人道与自由乃是国家制度好坏优劣的价值标准和指导原则，是社会主义和共产主义制度究竟应该如何的价值标准和指导原则，是我们究竟应该在怎样的条件下实行怎样的社会主义和共产主义等国家制度的价值标准和指导原则。

这样一来，科学社会主义摈弃自柏拉图以来视正义、平等与自由为国家制度价值标准的传统，将公正与平等以及人道与自由等国家制度价值标准排除于科学社会主义领域之外，就使我们失去了究竟应该在怎样的条件下实行怎样的国家制度的价值标准和指导原则，就使社会主义和共产主义究竟应该如何失去科学的价值标准和指导原则，而成为没有科学的价值标准的一套僵化不变的高调——最高级、最理想、最美好——教条：各取所需的按需分配和消灭了商品和货币的计划经济等。

殊不知，人类社会只有一种经济形态，亦即没有政府管制的市场经济，符合经济自由等国家制度价值标准，是符合国家制度价值标准的经济形态；其他一切经济形态（计划经济和自然经济以及存在政府指挥的市场经济或混合经济）或多或少都不符合经济自由原则，都是违背国家制度价值标准的经济形态。因此，社会主义和共产主义的经济形态只应该是没有政府管制的市场经济。

马克思科学社会主义的褊狭性，不仅在于将公正与平等以及人道与自由等国家制度价值标准排除于科学社会主义领域之外，而且作为科学社会主义

① 《马克思恩格斯全集》，第21卷，209页，人民出版社，1971。

对象的事实也极为狭窄，仅仅包括生产力、剩余价值、经济、阶级斗争等，而不包括空想社会主义所关注的人性等事实。这也是为什么，他所设想的某些共产主义制度——如按需分配等——竟然不符合国家制度价值标准，是一种不公正的制度。

因为，如前所述，共产主义社会的人仍然是人，因而绝不可能违背"爱有差等"的人性定律：每个人都自爱必多于爱人，为己必多于为人。这样一来，共产主义社会人与人的关系必定仍然是一种以利益为基础的社会。既然如此，那么，按需分配岂不剥夺需要少而贡献多者按照公正原则所应该多得的权利？因而岂不是一种不公正的制度？

然而，马克思和列宁科学社会主义只看到社会主义的历史必然性而无视国家制度价值标准的最大恶果，恐怕还是主张通过违背国家制度价值标准的方法——亦即非民主或暴力革命和无产阶级专政——实现社会主义，特别是当苏联社会主义模式（公有制和计划经济）导致效率低下和全权垄断阶级，因而极端违背"增进每个人利益"等国家制度价值标准时，仍然坚持实行公有制和计划经济，致使国民遭受莫大的剥削和压迫，生活于一种"不服从者不得食"的奴役制社会主义社会。

相反地，民主社会主义继承柏拉图以来，视正义、平等与自由为国家制度价值标准的传统，将这些国家制度价值标准奉为社会主义基本价值，作为变革社会制度的标准和行动指南，因而主张只应该通过民主——唯有民主符合国家制度价值标准——的方法夺取政权和实现社会主义；特别是，当公有化和计划经济导致效率低下因而违背"增进每个人利益"等国家制度价值标准时，能够代之以混合经济、市场经济、经济民主和福利国家制度，遂使国民的利益极大增进，生活于一种民主、平等、自由和繁荣的国度。

3. 伦理社会主义

诚然，伯恩斯坦等民主社会主义论者否定社会主义历史必然性是一种根本性错误。但是，并非所有民主社会主义论者都否定社会主义历史必然性。很多民主社会主义论者，如饶勒斯和莱昂·勃鲁姆以及康拉德·施密特、路德维希·沃尔特曼和卡尔·福尔伦德尔等，都主张社会主义必然性与应然性的统一。民主社会主义这种将社会主义必然性与应然性统一起来的所谓伦理社会主义观点，堪称真理。

然而，多年来，人们大都追随马克思的科学社会主义，仅仅看到经济和政治的力量，以为道德是软弱无力的，因而否定社会主义的伦理基础，否定伦理社会主义。这是根本错误的。殊不知，正如伦理社会主义论者纳尔松和埃希勒所引证的康德名言："政治是得到运用的伦理。"[①]因为没有规矩不成方圆。人类的一切社会活动，如经济和政治等，都应该且必须遵循规范，都应该且必须遵循法和道德，因而都是法和道德的实现：法是权力规范；道德是非权力规范。

问题的关键在于，如前所述，法自身仅仅是一些具体的、特殊的、琐碎的规则，法自身没有原则；法是以道德原则为原则的：法的原则就是道德原则。法的原则，如所周知，是正义、平等、自由等。这些原则并不属于法或法律范畴，而属于道德范畴。因此，人类的一切社会活动，如经济和政治等，说到底，都是道德原则的实现，都是国家制度价值标准——公正与平等以及人道与自由——的实现。这意味着，社会主义，说到底，乃是道德原则的实现，是国家制度价值标准——公正与平等以及人道与自由——的实现。这岂不意味着，唯有伦理社会主义是真理？

二、国家政权的本性：阶级专政的机器还是为全民服务的工具

科学社会主义认为，一切国家——不论是民主国家还是专制国家——的政权都是一个阶级压迫和剥削另一个阶级的阶级专政：奴隶制国家政权是奴隶主阶级剥削和压迫奴隶阶级的奴隶主阶级专政；封建制国家政权是贵族地主阶级剥削和压迫农民阶级的贵族地主阶级专政；资本主义国家政权是资产阶级剥削和压迫无产阶级的资产阶级专政；社会主义国家政权是无产阶级镇压资产阶级的无产阶级专政。而民主社会主义认为，以往非民主制国家政权是剥削阶级剥削和镇压被统治阶级的阶级专政机器；而实行普选制的资本主义国家政权性质发生了根本转变，已经从镇压劳动人民的阶级专政，转变成为全民服务的工具，从而可以转变为解放大多数人——无产阶级和劳动人民——的手段。孰是孰非？答案是：前者根本错误而后者大体正确。

---

① 转引自殷叙彝：《民主社会主义论》，118页，中央编译出版社，2007。

1. 古希腊雅典民主:是否奴隶主阶级专政

国家政权是否是一个阶级镇压另一个阶级的阶级专政机器,显然完全取决于谁执掌国家最高权力和按照谁的意志进行统治,因而完全取决于国家政体。如果国家最高权力执掌者是一个剥削阶级——亦即奴隶主阶级和地主阶级或资产阶级——按照该阶级的意志进行统治,那么,国家政权确实是该剥削阶级压迫和剥削被剥削阶级的阶级专政机器。但是,阶级社会的历史和现实告诉我们,任何民主国家的最高权力的执掌者都不可能是一个这样的剥削阶级,不可能有按照这样一个剥削阶级的意志进行统治的民主国家政权。

因为民主的定义是全体公民执掌最高权力;民主的实现途径、原则和形式是按照多数公民的意志进行统治:获得多数选票的政党是执政党。这样一来,如果一个国家实行民主政体,那么,全体公民便共同执掌国家最高权力,国家政权必定按照多数公民的意志进行统治,必定为全体或多数公民谋利益,而不可能是一个阶级(奴隶主阶级、地主阶级或资产阶级)镇压另一个阶级(奴隶阶级、农民阶级或无产阶级)的阶级专政机器。诚然,有些史实——特别是古希腊雅典民主——似乎足以否定这一点。

粗略看来,雅典民主政权确实是奴隶主阶级镇压和剥削奴隶阶级的奴隶主阶级专政,是少数富人对多数穷人的专政。因为雅典民主制全盛时代——伯里克利时代——公民只占全部人口(约 40 万)的十分之一左右,约 4 万人;奴隶(约 20 万)和外邦人(3.2 万)以及全部妇女都不是公民。这样一来,雅典民主制便是执掌最高权力的十分之一的人(公民)的民主,便是这十分之一的少数人对十分之九的多数人的专政。然而,问题的关键在于,能否说雅典民主政权是奴隶主阶级专政?是富人对穷人的专政?

答案是否定的。因为,雅典的公民由贵族与平民构成:贵族亦即贵族奴隶主;平民亦即农民和手工业者,包括工商业奴隶主。问题的关键正如亚里士多德所说,穷人总是多于富人:“世上常常是富户少而穷人多。一个城邦组织内,全部都是自由的公民,而富于资财的人则限于其中较小部分。”[①]据统计,当时雅典自由民 16.8 万人,按财产资格划分为四个等级:第一等级和第二等级加起来人数不过 4000 人;其余都属于第三等级和第四等级。[②] 因此,无论如何,

---

① 亚里士多德:《政治学》,135 页,商务印书馆,1996。

② 参阅徐海山主编:《古希腊简史》,143 页,中国言实出版社,2006。

奴隶主——贵族奴隶主与工商业奴隶主——都不可能占雅典公民多数;多数必定是比较贫穷的平民。而占据多数的雅典贫穷平民,正如威廉·威斯特曼所考证的,不可能是奴隶主:“柏拉图在《法律篇》中阐述了他那个时代雅典的实际情况,穷困的雅典公民没有奴隶,必须亲自工作。”[①]

因此,雅典民主政权,虽然为全体公民执掌,虽然为贵族和平民共同执掌,却必定是按照平民的意志——而不可能按照贵族的意志——进行统治;必定是按照比较贫穷的平民(他们是多数公民)的意志进行统治,而不可能按照奴隶主阶级(他们是少数公民)的意志进行统治;必定是按照穷人的意志进行统治,而不可能按照富人的意志进行统治。

因此,亚里士多德将雅典的民主政体叫作平民政体,指出梭伦“建立了雅典‘平民政体的祖制’”[②];并反复强调平民政体是按照穷人的意志进行统治,以穷人的利益为依归:“平民政体的确解应该是自由而贫穷——同时又为多数——的人们所控制的政体。”[③]“寡头政体以富户的利益为依归;平民政体则以穷人的利益为依归……平民政体的定义为人数甚多的贫民控制着治权。”[④]

这样一来,雅典的民主政权不但不是为奴隶主和富人服务的阶级专政工具,恰恰相反,倒往往是剥夺奴隶主阶级利益而为贫穷平民服务的工具。因此,亚里士多德论及雅典民主时这样写道:“当代的平民英雄们热衷于取媚平民群众,往往凭借公众法庭没收私财以济公用。(译者注:平民城邦的公众法庭因陪审员以平民[贫民]为多,没收富室财产的法案时常提出。)……极端平民政体一般地施行于人口繁盛的城邦,这种城邦的公民,要是没有津贴,就难于出席公民大会。如果事先缺乏充分的库藏来支付这种津贴,则负担势必落到贵要阶级身上,于是当局便假手恶劣的法庭实行苛罚或没收私产,并举办财产税等方法,聚敛所需款项。”[⑤]

阮炜的学术专著《不自由的希腊民主》亦曾这样描述雅典民主政权:“前5世纪中叶以降,一个比一个激进的民主措施被推出,富人周期性、制度性地被民众剥夺。”[⑥]“希腊人非常喜欢法律,表面上看也很尊重法律,但他们尊重法

① 威廉·威斯特曼:《古希腊罗马奴隶制》,29页,大象出版社,2011。

② 亚里士多德:《政治学》,103页,商务印书馆,1996。

③ 同上书,185页。

④ 同上书,134—135页。

⑤ 同上书,324页。

⑥ 阮炜:《不自由的希腊民主》,179页,上海三联书店,2009。

律的方式，却带有明显的以众暴寡的性质。事实上，多数人掠夺少数人成为激进民主的常态……雅典样式的均贫富行为不仅在当今发达国家，就是在中国、马来西亚、泰国一类发展中国家也已不可接受。”①

可见，雅典的民主政权不但不是为奴隶主和富人服务的阶级专政工具，恰恰相反，往往倒是剥夺奴隶主阶级利益而为贫穷平民服务的工具。因此，雅典民主并不是奴隶主阶级专政，并不是对奴隶主阶级的民主和对奴隶阶级的专政，并不是对富人的民主和对穷人的专政。诚然，雅典全部奴隶都没有民主，都是被剥削和被镇压的专政对象。但是，并不能说雅典民主是奴隶主阶级镇压和剥削奴隶阶级的奴隶主阶级专政。

因为，一方面，被剥削和被镇压的专政对象，并不仅仅是奴隶阶级，而且包括属于奴隶主阶级的全部妇女，包括属于外邦人的全部奴隶主；另一方面，执掌最高权力和政权的不但不仅仅是奴隶主阶级，而且占据多数的是贫穷的平民。这样一来，雅典民主政权的执掌者便是居于少数的一部分奴隶主和占据多数的贫穷平民；而且参与执掌最高权力的奴隶主无疑是奴隶主阶级中的小部分，而绝大多数奴隶主（属于奴隶主阶级的全部妇女和属于外邦人的全部奴隶主）都是专政对象。

可见，绝不能说雅典民主是奴隶主阶级专政，绝不能说雅典民主是奴隶主阶级镇压和剥削奴隶阶级的奴隶主阶级专政。但是，如所周知，一方面，专政是垄断最高权力和政权，是一个人、一部分人或阶级的独裁政权，而不是所有人和阶级共同执掌的政权。另一方面，阶级是人们因权力——政治权力和经济权力——垄断所导致的剥削与压迫关系而分成的不同群体：垄断政治权力或经济权力的群体是一个阶级；没有政治权力或经济权力的群体是另一个阶级；至于拥有较多和较少政治权力或经济权力的不同群体则属于阶层范畴。

准此观之，雅典民主虽然不是奴隶主阶级专政，却仍然是一种专政，并且是一种阶级专政：它是垄断政治权力的公民阶级对没有政治权力的非公民阶级的专政，是对垄断政治权力的公民阶级的民主和对没有政治权力的非公民阶级的专政，说到底，是对少数人的民主和对多数人的专政。不仅雅典民主，而且包括资本主义国家在内的任何非普选制民主——亦即公民仅仅是一部分

① 阮炜：《不自由的希腊民主》，271页，上海三联书店，2009。

国民的民主——显然都是如此:都是垄断政治权力的公民阶级对没有政治权力的非公民阶级的专政。

2. 普选制民主:是否阶级专政

普选制民主意味着公民与国民外延相等:所有国民都是公民。因此,普选制民主必定是所有国民共同执掌最高权力,必定是所有阶级共同执掌最高权力,因而国家政权势必为每个国民和所有阶级谋利益,必定是对所有国民的民主,而不可能是对任何国民的专政:不可能是一部分国民镇压另一部分国民的专政,不可能是一个阶级镇压另一个阶级的阶级专政。

普选制民主是资本主义国家的伟大创造——主要是无产阶级和劳动人民的伟大创造——是人类历史的最伟大的进步。普选制的资本主义民主的公民与国民外延相等。因此,普选制的资本主义民主必定是所有国民——资产者与无产者等——共同执掌最高权力,必定是所有阶级共同执掌最高权力——因而国家政权势必为所有国民和所有阶级服务——必定不可能只有资产阶级执掌最高权力,而无产阶级不执掌最高权力,必定不可能是对资产阶级的民主和对无产阶级的专政。

自20世纪初至今,一百多年来,欧洲社会民主党执政或参与执政的实践充分证明,实行普选制民主的资本主义国家政权是为全民谋利益的工具,而决非资产阶级镇压无产阶级和劳动人民的资产阶级专政机器。举例说,1918年,英国工党把生产资料公有制写入党章第四条,作为党的奋斗目标。战后,英国工党成为执政党,便一方面开始将第四条付诸实施,掀起了生产资料公有化的高潮,另一方面进行福利国家建设。

这种社会民主党执政的资本主义国家政权推行生产资料公有化,显然不是为了资产阶级利益,而是为了无产阶级和劳动人民的利益。同样,他们创造福利国家的主要目的,也不是为资产阶级谋利益,而是为无产阶级和劳动人民谋利益,是使无产阶级和劳动人民利益最大化,使资本主义剥削和压迫最小化。因为福利国家制度的实质,就是通过累进税,对高收入者和富人课以重税,再由政府通过社会保障方式部分地将税收收入补贴给社会中下层收入者,说到底,也就是剥夺资产阶级和富人相当大的一部分收入,再分配给无产阶级和劳动人民。

据英国——典型福利国家——官方机构对1982年7428个家庭收入的调查,

收入最低的20%的家庭与收入最高的20%的家庭的税前收入之比是1∶120；而税后收入比缩小为1∶4。另一个典型的福利国家瑞典，收入最高的10%的国民，与收入最低的60%的国民，税前收入差距高达144倍；税后收入的贫富绝对平均差距仅3倍。面对这些事实，还能说资本主义国家政权是资产阶级镇压无产阶级和劳动人民的资产阶级专政机器吗？

然而，资本主义国家政权为无产阶级和劳动人民谋利益的明证，恐怕还是瑞典政府所实行的《雇员投资基金法案》。该法案规定，雇员投资基金通过两条途径筹集资金，一是利润分享税，每年对税后利润超过50万克朗的企业征收20%的利润分享税；二是养老税，所有雇主必须支付提高了的养老税金，1984年为各企业工资总额的0.2%，逐步增加到0.5%。雇员投资基金将用于购买瑞典企业的股份。这样一来，据计算，只要企业的利润率为10%—15%，转移到职工名下的雇员投资基金可在25—30年内，占有企业股份的50%。[①]

该法案被认为是对资产阶级的正面进攻，[②]是对资产阶级所进行的"西方世界从来未目睹过的最大规模的没收举动"[③]。结果，激起资产阶级的强烈反抗，1983年10月4日组织了一次7.5万人的游行，抗议《雇员投资基金法案》。但是，瑞典议会还是于1983年12月12日通过了《雇员投资基金法案》，于1984年1月1日开始实行。

该法案的目的显然不是为资产阶级谋利益，而是为无产阶级和劳动人民谋利益。但是，瑞典并不是社会主义国家，而是典型的资本主义国家，94%的生产资料还集中在100家大资本家手中。因此，资本主义国家政权可以是为无产阶级和劳动人民谋利益。不但社会主义政党——社会民主党——执政的资本主义国家如此，资产阶级政党执政的资本主义国家也是如此。因为资产阶级等非社会主义政党执政的欧洲各国，并没有废除社会民主党所创立的福利国家制度。只不过，与社会民主党不同，他们实行福利国家制度是不敢不实行，是惧怕无产阶级和劳动人民的选票，不得已而为之；如果他们胆敢废除经济民主和福利国家制度，就一定会被无产阶级和劳动人民的选票赶下台。所以，不是别的，正是普选制的民主，使国家政权不可能不为——也不敢不

① 袁群：《瑞典社会民主党的历史、理论与实践》，134页，云南人民出版社，2009。

② 鲁塞弗尔达特等：《欧洲劳资关系——传统与转变》，240页，世界知识出版社，2000。

③ 戴维·加尔森：《神话与现实》，76页，工人出版社，1986。

为——全民谋利益。

确实，普选制的民主，使国家政权不可能不为——也不敢不为——全民谋利益。即使是社会主义政党执政的普选制的资本主义国家政权，虽然必定是为无产阶级和劳动人民谋利益，但也并不仅仅为无产阶级和劳动人民谋利益；它也必定为资产阶级谋利益，是为所有阶级和所有公民谋利益：它保护资本主义私有制和发展资本主义，因而是为资产阶级谋利益；它使资本主义的剥削和压迫最小化，使无产阶级和劳动人民的利益最大化，因而是为无产阶级和劳动人民谋利益。

诚然，普选制的资本主义民主仅仅是资本主义民主的普通类型；资本主义民主也可以有非普选制民主类型。非普选制资本主义民主意味着：国民并不都是公民，公民仅仅是一部分国民。但是，显而易见，非普选制资本主义民主只有在一种情况下是对资产阶级的民主和对无产阶级和劳动人民的专政，那就是：只有资产阶级是公民，而无产阶级和劳动人民都不是公民。

因为只有如此，资本主义民主——亦即资本主义国家全体公民执掌最高权力——才意味着只有资产阶级执掌最高权力，因而才是对资产阶级的民主和对无产阶级以及劳动人民的专政。但是，这种情况——亦即只有资产阶级是公民而无产阶级和劳动人民都不是公民——显然从未有过，也不可能有。因此，断言资本主义民主——不论是否普选制——是对资产阶级的民主和对无产阶级以及劳动人民的专政，是根本不能成立的。

3. 社会主义民主：是否无产阶级专政

社会主义民主也不可能是无产阶级专政，不可能是对无产阶级的民主和对资产阶级的专政。因为社会主义民主必定是社会主义国家所有公民共同执掌最高权力，否则就不是民主。普选制的社会主义民主则必定是所有国民——资产者与无产者等——共同执掌最高权力，必定是所有阶级共同执掌最高权力，必定不可能只有无产阶级和劳动人民执掌最高权力而资产阶级不执掌最高权力，因而必定不可能是对资产阶级的专政和对无产阶级的民主，必定不可能是无产阶级专政：无产阶级专政必非社会主义民主。

诚然，社会主义民主并非绝对不可能是无产阶级专政。不难看出，社会主义民主只有在一种情况下是无产阶级专政——亦即对无产阶级和劳动人民的民主和对资产阶级的专政——那就是废除普选制民主：只有无产阶级和劳动人民是公民，而资产阶级不是公民。因为只有如此，社会主义民主——亦即社会主义国家全体公民执掌最高权力——才意味着只有无产阶级和劳动人民执掌最高权力，因而才是对无产阶级和劳动人民的民主和对资产阶级的专政。但是，一方面，从理论上看，这种情况——资产阶级不是公民——是不可能的。因为这意味着社会主义民主极端野蛮和狭隘，远远低劣和狭隘于资本主义民主；而社会主义民主在科学社会主义看来乃是人类历史上最高级最广泛的民主。因此，无产阶级专政必非社会主义民主。另一方面，从实践上看，苏联等所有社会主义国家的无产阶级专政，不但皆非社会主义民主，而且无不是徒有民主形式的极端暴虐的专制，无不属于形式民主而实质专制政体。

因此，所谓"资产阶级民主"与"无产阶级民主"乃是极不科学的术语；科学的术语只能是资本主义民主与社会主义民主。因为资产阶级民主就意味着资本主义国家最高权力被——并且仅仅被——资产阶级全体成员执掌；无产阶级民主就意味着社会主义国家最高权力被——并且仅仅被——无产阶级全体成员执掌。这样的资本主义和社会主义国家都是不存在也不可能存在的；存在的只能是资本主义民主与社会主义民主。所谓"资产阶级民主与无产阶级民主"理论的错误就在于：一方面，将资本主义民主与资产阶级民主等同起来，误认为资本主义民主就是资产阶级民主，就是对资产阶级民主和对无产阶级专政；另一方面，则将社会主义民主与无产阶级民主或无产阶级专政等同起来，误认为社会主义民主就是无产阶级民主，就是无产阶级专政，就是对无产阶级的民主和对资产阶级的专政。

4. 专制等非民主制：官吏阶级对庶民阶级的专政

民主的国家政权——不论是奴隶制民主还是资本主义民主抑或普选制民主与非普选制民主——都不可能是奴隶主专政和资产阶级专政以及无产阶级专政。那么，专制等非民主制的国家政权是否一个阶级对另一个阶级的专政？所有非民主制——君主专制和有限君主制以及寡头共和制——的国家最高权力都被专制者一人或若干寡头垄断，而绝大多数国民则没有最高权力。因此，专制等非民主制国家政权，必定都是垄断最高权力的一个人或若干寡头对绝大多数国民的专政。可是，一个人或若干寡头究竟是怎样使绝大多数国民服从其专政统治的呢？答案是：等级制。

因为，如前所述，等级制意味着特权。一方面，等级制意味着官民之间等级森严:官吏阶级(政治权力垄断群体)享有他们在民主制中得不到的巨大的政治权利、经济权利和机会权利等权利。就拿专制国家小小的七品芝麻官县长来说吧。他可是父母官、县太爷呀!他所享有的权利,从很多方面来说,恐怕都远远大于和多于一个民主国家的总统!至于专制国家的高官所享有的特权之大就更不必说了。因为等级制的另一方面,意味着官吏之间等级森严:官越大,对于专制等非民主制统治能否稳定的作用就越大,所享有的权利就越大;宰相等高官所享有的权利,就某些方面说,已经很接近君主了。

这就是一个人或若干寡头使绝大多数国民服从其专政的诀窍:非民主制国家的每个官员都享有在民主制中不可能得到的巨大特权和权益。因此,非民主制国家的官吏阶级,必然要维护自己如此巨大的特权和权益,因而必然维护非民主制。这样一来,专制等非民主制国家政权,直接说来,必定是垄断最高权力的一个人或若干寡头对绝大多数国民的专政;根本说来,则必定是一个阶级对另一个阶级的专政,亦即垄断政治权力的官吏阶级对没有政治权力的庶民阶级的专政:官吏阶级对庶民阶级的专政。

因此,专制等非民主制国家政权必定是一个阶级对另一个阶级的专政。但是,这种专政只是一个政治阶级(垄断政治权力的阶级或官吏阶级)对另一个政治阶级(没有政治权力的阶级或庶民阶级)的专政,而不是一个经济阶级(亦即垄断经济权力的阶级,如奴隶主阶级和地主阶级以及资产阶级)对另一个经济阶级(亦即没有经济权力的阶级,如奴隶阶级和农民阶级以及无产阶级)的专政。

因为任何非民主制国家的官吏阶级的所有成员,都不可能仅仅由某一个经济阶级的所有成员构成,而必定由若干个经济阶级的某些成员构成。专制等非民主制国家官吏阶级构成的典型,恐怕当推中国隋唐以来逐渐完备的科举取士制度。因为该制度使所有经济阶级的成员都可能通过科举入仕而成为官吏阶级的成员,致使官吏阶级由所有经济阶级的成员构成。这样一来,官吏阶级对庶民阶级的专政,虽然属于阶级专政范畴,却仅仅是一个政治阶级对另一个政治阶级的专政,而不可能是一个经济阶级对另一个经济阶级的专政。

5. 结论

综上可知,根本就没有也不可能有科学社会主义所说的奴隶主专政和地主阶级专政以及资产阶级专政。首先，非民主制国家政权，直接说来，必定是垄断最高权力的一个人或若干寡头对绝大多数国民的专政；根本说来，则必定是垄断政治权力的官吏阶级对没有政治权力的庶民阶级的专政。其次，限选制民主国家废除了官吏对政治权力的垄断，因而不存在垄断政治权力的官吏阶级，却没有废除公民对政治权力的垄断，致使国家政权成为垄断政治权力的公民阶级对没有政治权力的非公民阶级的专政。最后，唯有普选制民主，必定是所有国民共同执掌最高权力，必定是所有阶级共同执掌最高权力，因而国家政权势必为每个国民和所有阶级谋利益，必定是对所有国民的民主，而不可能是对任何国民的专政：不可能是一部分国民镇压另一部分国民的专政，不可能是一个阶级镇压另一个阶级的阶级专政。

科学社会主义的错误就在于，从经济上占据统治地位的阶级必定在政治上也占据统治地位——亦即垄断经济权力的阶级也必定垄断政治权力——的似是而非的教条出发，进而错误地断定：奴隶制国家政权必定为奴隶主阶级垄断，必定是奴隶主阶级专政；封建制国家政权必定为地主阶级垄断，必定是地主阶级专政；资本主义国家政权必定为资产阶级垄断，必定是资产阶级专政。考茨基等民主社会主义者原本深信这一教条，但普选制民主的实践使他们修正了这一教义，认识到实行普选制民主的资本主义国家政权的本性发生了根本转变，不再是少数人对多数人的专政，而是可以被所有国民共同执掌，从而按照多数国民的意志进行统治，最终成为被剥削阶级和劳动人民——他们占据人口绝大多数——获得解放的工具。

“现代民主国家不同于以前各种形式的国家的地方在于，国家机器这样被利用来为剥削阶级服务并不是现代国家的本质所决定的，并不是和现代国家的本质不可分割地联系在一起的。正相反，现代民主国家就其素质而论，并不像以前的国家那样，注定要成为少数人的器官，而毋宁注定要成为多数居民中的、即劳动阶级的器官……愈能这样，民主国家就愈不再仅仅是剥削阶级的工具，国家机器于是在某些情况下就开始转过来反对剥削阶级，也就是开始执行和它至今的活动恰恰相反的职能。它就开始从镇压被剥削者的工具转变为解放被剥削者的工具。”①

---

① 考茨基：《唯物主义历史观》，第五分册，301—302页，上海人民出版社，1964。

三、实现社会主义的途径:暴力革命与无产阶级专政还是普选制民主

1. 马克思暴力革命与无产阶级专政理论

不言而喻,实现社会主义的途径——暴力革命与无产阶级专政还是普选制民主——取决于国家政权本性:国家政权究竟是阶级专政的机器还是为全民服务的工具。国家政权本性的研究表明,普选制民主是全体国民和所有阶级共同执掌最高权力,因而实现普选制民主的国家政权势必为全体国民和所有阶级谋利益,而不可能是对任何阶级和国民的专政。这意味着:科学社会主义认为无产阶级只能通过暴力革命——而不可能通过民主方式——取得政权和只能通过无产阶级专政实现社会主义的观点,是不能成立的;相反地,民主社会主义认为社会主义政党只应该通过普选制民主的方式——而不应该通过暴力革命与无产阶级专政——取得国家政权和实现社会主义的观点,是完全正确的。

因为只有在"资本主义普选制民主政权是资产阶级镇压无产阶级和劳动人民的资产阶级专政机器"能够成立的前提下,才可以得出结论说:无产阶级只能通过暴力革命——而不可能通过民主方式——取得政权。相反地,如果实行普选制民主的资本主义国家政权是为全体国民和所有阶级服务的工具,而不是资产阶级镇压无产阶级和劳动人民的资产阶级专政机器,那么,无产阶级和劳动人民的政党岂不就可以凭借占人口绝大多数的优势,通过竞选获得多数选票成为执政党?这样一来,社会主义政党岂不就可以通过普选制民主的方式——而不通过暴力革命——取得国家政权?

事实胜于雄辩。从1919年到1949年的30年间,总共有德、英、法、瑞典、丹麦等十几个欧洲的社会主义政党——社会民主党、工党和社会党——先后通过多党平等竞选的方式上台执政:单独或联合执政。截至1991年,世界五大洲的社会主义政党已经有151个,先后有40多个通过普选制民主的方式上台执政,而且连续执政时间较长,特别是瑞典社会民主党,累计执政60多年。这岂不充分证明,科学社会主义关于社会主义政党只能通过暴力革命——而不可能通过民主方式——取得政权的观点,大谬不然?

诚然,1871年巴黎公社暴力革命失败以后,马克思、恩格斯的思想发生了变化,认为无产阶级及其社会主义政党取得政权,既可能通过和平的民主的途径,也可能采取暴力革命的途径;如果可能通过和平的民主的途径,就应该采取和平的民主的途径;如果不可能通过和平的民主的途径,就应该采取暴力革命的途径。恩格斯逝世前夕——1895年4月——谈及无产阶级和平的和反暴力策略时还这样写道:"我谈的这个策略仅仅是针对今天的德国,而且还有重大的附带条件。对法国、比利时、意大利、奥地利来说,这个策略就不能整个采用。就是对德国,明天它也可能就不适用了。"①

这种和平民主与暴力革命两条途径的观点,似乎很全面和正确,实则不然。因为社会主义暴力革命与资本主义暴力革命根本不同。资本主义暴力革命,一般说来,是必要恶,因而是应该的、善的、具有正价值的。因为,一方面,正如伯恩斯坦所言,封建专制主义国家更替为资本主义国家几乎不可能通过民主的方式,而只可能通过暴力革命的方式:"具有各种僵化的等级制度的封建主义几乎到处都必须用暴力来炸毁。"②另一方面,资产阶级暴力革命所建立的资本主义,无论如何,必定远远先进于封建专制主义,因而是一种历史的进步。

相反地,社会主义暴力革命必定都是纯粹恶,必定都是不应该的、恶的、具有负价值的。因为资本主义国家最主要、最普遍、最典型的政体无疑是民主制,以至今日世界上所有资本主义国家几乎都实行民主制。因此,即使还没有实现民主的资本主义国家,也与封建专制根本不同:前者极有可能实现民主制,而后者几乎不可能实现民主制。这样一来,资本主义国家不论如何专制,社会主义政党都有可能通过民主的方式取得政权:首先使专制等非民主制的资本主义国家转变为民主的资本主义国家,然后通过普选制民主取得政权。不论资本主义国家由专制转变为民主需要多么漫长的时间,都只应该如此!

因为在可能实行民主——无论如何困难——的情况下,不通过民主的方式而通过暴力革命夺取政权和实现社会主义,不但意味着让人民不必要地充当炮灰、流血牺牲,而且意味着为民做主、强奸民意和强迫人民缔结最高权力

---

① 《马克思恩格斯全集》,第39卷,436页,人民出版社,1974。

② 爱德华·伯恩斯坦:《社会主义的前提和社会民主党的任务》,208页,生活·读书·新知三联书店,1965。

契约，因而意味着对人民所应享有的最根本、最主要、最重大的权利和利益——政治自由权利——的剥夺，意味着对人民所应享有的最根本、最主要、最重大的权利和利益——执掌最高权力的权利——的践踏，这岂不是对人民的权利和利益的最大损害？

不但此也！这种为民做主的社会主义政党既然暴力地、不民主地、为民做主地夺取政权，势必继续暴力地、不民主地、为民做主地执掌政权，从而导致专制等非民主制的社会主义。这就是为什么通过暴力革命实现的所有社会主义国家——中国除外——几乎都是形式民主而实质专制。问题的关键在于，资产阶级暴力革命所建立的资本主义，不论如何专制，总比封建专制主义先进；而无产阶级暴力革命所建立的专制的社会主义国家，必定远远恶劣于它所取代的专制的资本主义国家。

因为资本主义不论如何专制，官吏阶级毕竟仅仅垄断了政治权力，而并没有垄断经济权力。相应地，庶民阶级仅仅没有政治权力，而并没有丧失经济权力。因此，资本主义不论如何专制，都堪称“不服从者亦得食”的国家。因为生产资料主要为私有者所拥有，而并不为政府和官吏所垄断，因而政府和官吏没有控制国民的全权：不服从政府和官吏亦可得食。

相反，在非民主制社会主义社会，官吏阶级不但垄断了政治权力，而且通过垄断国有资源和公有制生产资料，垄断了全国主要经济权力，是全权垄断阶级，是人类历史上权力垄断最多最大的官吏阶级。相应地，庶民阶级不但没有政治权力，也没有经济权力，是人类历史上权力丧失最干净最彻底的庶民阶级。这样一来，庶民阶级不但遭受人类历史上最严重的压迫与剥削——全权垄断的压迫和剥削——而且不服从政府和官吏就意味着没有工作，就意味着饿死，不服从者不得食。

这种政府官员拥有控制国民全权的奴役制社会主义，显然远远恶劣于资本主义，这就是苏东九国资本主义复辟的根本原因。这就是为什么，不论资本主义国家由专制转变为民主需要多么漫长的时间，都应该首先使专制等非民主制的资本主义国家转变为民主的资本主义国家，然后通过普选制民主取得政权。否则，通过暴力革命、流血牺牲所建立的社会主义却必定远远恶劣于它所取代的资本主义，最终必定像苏东九国那样复辟资本主义。

因此，不但马克思、恩格斯认为无产阶级只能通过暴力革命取得政权的理论是极端错误的，而且认为夺取政权应有两种途径——和平民主与暴力革命——的理论也是错误的，只不过错误的程度较轻罢了。这种错误之根本原因显然在于，马克思、恩格斯为当时历史环境所局限而几乎不可能看到资产阶级暴力革命与无产阶级暴力革命之双重不同：一方面，资本主义取代封建专制不可能通过民主的方式，而社会主义取代资本主义则可能通过民主的方式。另一方面，资产阶级暴力革命所建立的资本主义总比封建专制主义先进，因而是一种进步的暴力革命；相反，无产阶级暴力革命所建立的势必是全权垄断的奴役制社会主义，远远恶劣于资本主义，因而是一种退步的暴力革命。

这就是为什么，真理乃为生活于新的历史环境——民主社会主义模式与苏联社会主义模式——的民主社会主义所发现：夺取政权和实现社会主义只应该有一种途径，亦即只应该通过民主。民主意味着，每个人平等地执掌最高权力，从而不存在政治权力垄断。因此，民主的社会主义社会不但不存在因政治权力垄断而分成的官吏阶级与庶民阶级，而且也因公有制而不存在经济权力垄断，不存在因经济权力垄断而分成的阶级。这样一来，民主的社会主义社会也就意味着阶级和阶级剥削的消灭，无疑远远先进于因私有制而存在经济权力垄断的资本主义社会：民主与否乃社会主义是否优越于资本主义的决定性因素。因此，在任何条件下无产阶级都只应该通过民主夺取政权和实行社会主义：民主社会主义此见实乃具有普世价值之绝对真理也！

2. 列宁社会主义一国胜利理论

列宁不但抛弃晚年马克思、恩格斯无产阶级革命两种途径理论而退回到《共产党宣言》，认为无产阶级只能通过暴力革命取得政权，而且抛弃马克思、恩格斯实现社会主义必要条件——生产力高度发达——和社会主义在生产力发达的多国同时胜利理论，提出恰恰相反的理论：社会主义可能且应该在生产力比较落后的一国（俄国）通过暴力革命和无产阶级专政获得胜利。这一理论更加违背实现社会主义的客观条件和主观条件，更加偏离真理，因而不能不遭受更加可怕的失败的惩罚。

首先，必定遭受效率低下的惩罚和苦难。因为，如前所述，生产力高度发展——从而使每个人的物质需要得到相对满足——乃是国民思想品德和政治觉悟普遍提高的根本条件。如果生产力不够发达、产品还不能满足全体社会成员的物质需要，国民思想品德和政治觉悟决不可能普遍提高。这样一来，便唯有私有制才有效率，而公有制则注定无效率：生产力比较落后的社会主义必定效率低下。这就是苏联等生产力落后而通过暴力革命和无产阶级专政所建立的社会主义国家——中国除外——无一不效率低下、停滞和倒退之根本原因。

其次,必定导致暴虐且巩固的专制。因为民主实现和巩固的客观条件无非有四:经济条件、政治条件、社会条件和文化条件。生产力落后,意味着不具备民主的经济条件。国民政治觉悟低下,意味着臣民文化盛行和公民文化衰微,不具备民主的文化条件。生产力落后和臣民文化盛行,意味着公民社会不发达,不具备民主的社会条件。暴力革命,意味着暴力地、不民主地、为民做主地夺取政权,势必继续暴力地、不民主地、为民做主地执掌政权,因而不具备民主的政治条件。这就是苏联等生产力落后而通过暴力革命和无产阶级专政所建立的社会主义国家——中国除外——无一不实行极端暴虐且巩固专制之根本原因。

最后,必定导致极端残酷的全权垄断的阶级剥削和阶级压迫。因为只要实行非民主制,就意味着政治权力垄断,就意味着存在垄断政治权力的官吏阶级和没有政治权力的庶民阶级。社会主义实行非民主制,意味着全权垄断,意味着官吏阶级不但垄断了政治权力,而且通过垄断国有资源和公有制生产资料,垄断了全国主要经济权力,进而垄断社会权力与文化权力。社会主义实行专制,意味着专制者一人的全权垄断,意味着亚细亚生产方式——亦即生产资料形式上为国有而实质上却为专制者一人及其官吏阶级所有——的阶级和剥削制度的复辟。社会主义实行极端暴虐且巩固的专制,意味着专制者一人的极端暴虐且巩固的全权垄断,意味着极端暴虐且巩固的亚细亚生产方式复辟,因而意味着人类历史上最全面、最深重、最极端、最极权、最可怕的阶级和剥削制度:庶民阶级不但遭受专制者一人及其官吏阶级的全权垄断的压迫和剥削,而且所有国民——除了专制者一人——不服从的最好的下场就是不得食而活活饿死。这就是哈耶克断言社会主义是通往奴役之路的缘故,这就是苏联等生产力落后而通过暴力革命和无产阶级专政所建立的社会主义国家——中国除外——人们争先恐后将奴才的锁链当作花环来佩戴的缘故!

3. 科学社会主义与布朗基暴力革命理论

马克思说:“通向地狱的道路是由良好的意图铺成的。”[①]诚哉斯言!苏东

---

① 马克思:《资本论》,179页,中国社会科学出版社,1983。

九国人民饱尝半个多世纪列宁“生产力落后国家通过暴力革命和无产阶级专政实现社会主义”理论苦果，最终通过民主方式抛弃社会主义而复辟资本主义，充分证实这一理论之谬误。它恐怕是人类所能犯下的通过美好愿望而将我们带向地狱的最可怕的谬误。我们不禁要问，这样一种给人类带来如此巨大灾难的极端错误的所谓科学社会主义理论，比它的前辈——巴贝夫、布朗基、德萨米以及魏特林——的所谓空想社会主义的暴力革命和革命专政理论，究竟更加正确还是更加错误？

答案恐怕是：二者实质上并无根本不同。只不过，前辈们未能成功夺取政权，没有使人民遭受人类最深重、最具奴役性的全权垄断的阶级剥削和阶级压迫之苦难，最终没有被人民抛弃而复辟资本主义；后继者则成功夺取政权，使人民饱尝数十年人类最深重、最具奴役性的全权垄断的阶级剥削和阶级压迫之苦难，最终被人民抛弃而复辟资本主义。诚然，按照马克思、恩格斯和列宁的观点，他们的暴力革命与无产阶级专政理论，与布朗基等人的暴力革命和革命专政理论根本不同，因为他们的暴力革命与无产阶级专政理论基于唯物史观和剩余价值学说：唯物史观和剩余价值学说使他们的暴力革命与无产阶级专政理论变成了科学，成为科学的暴力革命和无产阶级专政理论。

然而，一方面，如前所述，唯物史观固然是伟大发现，但科学社会主义却由唯物史观——特别是社会主义具有历史必然性——进而否定社会主义的应然性，摈弃自柏拉图以来视正义、平等与自由为国家制度价值标准的传统，致使劳动人民生活于一种“不服从者不得食”的奴役制社会主义社会。试问，究竟这种基于唯物史观的暴力革命和无产阶级专政理论更加错误，还是布朗基的暴力革命和革命专政——没有发现唯物史观因而没有摈弃柏拉图以来视正义、平等与自由为国家制度价值标准的传统——的理论更加错误？

另一方面，如前所述，马克思的剩余价值理论并不科学，它未能科学地证明资本主义剥削的必然性；它所赖以成立的劳动价值论，也是根本不能成立的。即使剩余价值理论是科学的，它也成不了被剥削阶级进行暴力革命和无产阶级专政理论的基础。因为马克思、恩格斯抛弃柏拉图以来视正义、平等与自由为国家制度价值标准的传统，将公正与平等以及人道与自由等国家制度价值标准排除于科学社会主义领域之外，以至认为社会主义仅仅建立在资本主义必然崩溃的事实基础上，而不是建立在剩余价值所揭示的资本主义制度的剥削或不公平的基础上。试问，究竟这种“不是基于资本主义制度的剥削或不公平的基础上”的暴力革命和无产阶级专政理论更加错误，还是布朗基的“基于资本主义制度的剥削或不公平的基础上”的暴力革命和革命专政的理论更加错误？

四、经济纲领：改良与革命

1.两种经济纲领

科学社会主义认为，社会主义政党取得政权之后，应该废除资本主义私有制和市场经济，而代之以社会主义公有制与计划经济，从而解决资本主义生产关系与生产力的矛盾冲突，消除阶级和剥削，使无产阶级和劳动人民获得解放和幸福。这恐怕是人类所能创造的动机最美好而效果最邪恶的谬误。因为，如前所述，一方面，在生产力还没有高度发达——因而国民品德不可能普遍提高——的条件下，唯有私有制才有效率，才能促进生产力发展；而公有制必定无效率，必定阻碍生产力发展。另一方面，人类社会只有一种经济制度，亦即没有政府管制的市场经济制度，是符合经济自由等国家制度价值标准和可以导致资源配置效率最佳状态的经济制度；其他一切经济制度（计划经济和自然经济以及存在政府指挥的市场经济或混合经济）都程度不同地违背国家制度价值标准，都程度不同地属于不自由、非人道、不公正和低效率的经济制度。

因此，社会主义政党取得政权之后，一方面，只有在生产力高度发达和国民品德普遍提高的条件下，才应该废除私有制而代之以公有制；另一方面，在任何条件下，都不应该废除市场经济而代之以计划经济，只应该不断完善市场经济制度。否则，如果废除市场经济而代之以计划经济，如果在生产力还不够发达——因而国民品德没有普遍提高——的条件下废除私有制而代之以公有制，不但必定导致效率低下，而且必定导致全权垄断：官吏阶级不但垄断政治权力，而且因控制国有资源和公有制生产资料而垄断了经济权力以及社会权力和文化权力；庶民阶级不但没有政治权力，而且没有经济权力以及社会权力和文化权力。这样一来，庶民阶级不但遭受人类历史上最严重的压迫与剥削——全权垄断的压迫和剥削——而且不服从政府和官吏就意味着没有工作，就意味着活活饿死，以至几乎丧失全部自由而与奴隶实无二致。

这并非纸上谈兵，而是苏联等社会主义国家实行公有制和计划经济的实践所昭示的极端可怖之真理。民主社会主义和社会民主党当初也无不深信这种科学社会主义教义，因而将废除私有制和实行计划经济写入党纲；并且各国社会民主党夺取政权之后，便纷纷推行公有制、国有化和计划经济。只不过，民主的纠错机制——特别是人民的选票——使社会民主党的公有化和计划经济不久就被废除，因而没有导致全权垄断的阶级和剥削制度。

这些事实迫使民主社会主义根本修正了科学社会主义的公有制和计划经济理论，进而提出基于社会主义基本价值的经济目标和达成这一目标的四大手段——以资本主义私有制为基础的混合所有制经济、政府干预的自由且公正的市场经济、经济民主和福利国家——的新理论。该理论堪称生产力不够高度发达——因而国民品德没有普遍提高——条件下的伟大真理。

首先，选择和摈弃任何经济制度的唯一正确的标准，确如民主社会主义所指出的，只能是社会主义基本价值，亦即国家制度价值标准，说到底，亦即国家制度终极价值标准"增进每个人利益"和根本价值标准"公正与平等"以及最高价值标准"人道与自由"。问题的关键在于，在生产力不够高度发达的条件下，唯有资本主义私有制符合——而社会主义公有制则不符合——国家制度价值标准；在任何条件下，唯有政府干预的市场经济符合——而计划经济则不符合——国家制度价值标准。因此，这些年来，民主社会主义在生产力不够高度发达的条件下主张资本主义私有制和政府干预的市场经济制度，是完全正确的。

其次，资本主义私有制和政府干预的市场经济虽然能够导致经济繁荣，却不能够真正达成经济公正与平等。因为资本主义私有制与市场经济必然导致资本家经济权力垄断及其对劳动人民的剥削和压迫。因此，正如民主社会主义所指出的，为了实现社会主义基本价值，还必须削弱和减少雇主对经济权力的垄断，使雇员与雇主共同拥有经济权力，从而达到资本主义的剥削和压迫最小化、无产阶级和劳动人民的利益最大化。因此，民主社会主义创造了参与共决等经济民主制度，使雇员在劳资工资协议和企业决策等经济活动中，拥有信息权、协商权、共决权、监督权、提要权等经济权力，从而能够与雇主共同商定雇员工资、经济战略、劳动组织、职业教育等方针大计。

最后，参与共决制的经济民主，主要是从经济权力——而不是经济权利——方面，限制资本主义剥削和实现经济公正的手段；从经济权利方面限制资本主义剥削和实现经济公正的手段，则是民主社会主义所创造的福利国家制度。福利国家制度无疑是限制资本主义剥削和实现经济公正——从而达到资本主义的剥削最小化和劳动人民的利益最大化——的最主要的手段。这一点的明证,恐怕就是连参与共决经济民主最完善的瑞典,收入最高的10%的国民,与收入最低的60%的国民,税前收入的差距仍然高达144倍;赖有瑞典福利国家制度,才使税后收入的贫富绝对平均差距降为3倍。

2. 实践检验

究竟哪一种——民主社会主义与科学社会主义——经济建设理论,堪称使人类获得解放和幸福的真理?实践是检验真理的唯一标准。20世纪70年代末和80年代初,实行民主社会主义的联邦德国的工人,47%拥有房产,95%有储蓄簿,47%进行休假旅行,61%拥有私人小汽车,一个工人的薪金相当于70名俄罗斯工人的工资。[①] 还在1939年,苏联人口11%—12%的上层人的收入就已经占国民收入的50%左右,差距比美国的还大,当时美国10%的上层人的收入占国民收入的35%。民主社会主义国家恰恰相反,不用说瑞典,就连英国,收入最低的20%家庭与收入最高的20%家庭,税前收入之比是1∶120,而税后收入比则仅为1∶4。[②]

瑞典、英、法、德等民主社会主义与苏联等科学社会主义经济建设的实践充分证明:民主社会主义的基于资本主义私有制的混合经济与市场经济以及经济民主和福利国家理论,乃是在生产力不够高度发达的条件下使劳动人民获得解放和幸福的伟大真理。但是,这一真理无论如何伟大,却毕竟是相对真理,它只有在生产力不够发达——因而国民品德不可能普遍提高——的条件下才是真理;而在生产力高度发达——因而国民品德普遍提高——的条件下,维护资本主义私有制的民主社会主义理论就是谬误,唯有废除私有制而代之以公有制的共产主义理论才是真理。

因为在生产力不发达的条件下,资本主义私有制及其所导致的经济权力垄断,虽然是剥削和压迫的根源,是恶的、不公平的、不应该的和具有负价值的,却能够避免更大的恶——效率低下、全权垄断的阶级与剥削、政府官员拥有控制国民全权的新奴隶制度和专制等非民主制等——其净余额是利和善,

① 张世鹏:《当代西欧工人阶级》,70—82页,北京大学出版社,2001。

② 王绍西:《西欧"福利国家"之得失》,载《西欧研究》,38页,1987(1)。

因而是一种必要恶，是应该的、善的、具有正价值的。因此，在生产力不发达的条件下，维护资本主义私有制的民主社会主义理论是真理。

但是，到生产力高度发达——从而国民思想品德和政治觉悟普遍提高——的时候，资本主义私有制及其导致的剥削和压迫就不再是必要恶，而是有害无益的纯粹恶，是纯粹不公平、不应该、具有负价值的东西。因为在这时废除私有制必定——因国民思想品德和政治觉悟普遍提高——既能够保障公有制经济高效率发展，又能够实行完全民主制，从而消除政治权力垄断和经济权力垄断，消除阶级和剥削。因此，在生产力高度发达的条件下，反对废除资本主义私有制的民主社会主义理论就是谬误了。

这样一来，真理显然是：在生产力不够发达的条件下应该保护资本主义私有制而只进行改良；在生产力高度发达条件下应该废除资本主义私有制而进行革命。遗憾的是，民主社会主义也没有避免那些伟大真理发现者们的惯常错误：忽略伟大真理的适用条件以至将相对的有条件的真理夸大为绝对的无条件的真理。因为在民主社会主义看来，可以通过经济民主和福利国家制度消灭剥削和压迫，实现公正和自由。这意味着，经济民主和福利国家使资本主义私有制不再是剥削和压迫的根源，因而只要有经济民主和福利国家制度——无论生产力是否高度发达——就不应该进行革命废除资本主义私有制了。这就是为什么民主社会主义会堕入改良主义，亦即反对废除资本主义私有制的革命而仅仅主张改良资本主义。

3. 民主社会主义改良主义之谬

民主社会主义的改良主义是根本错误的。因为生产资料私有制或经济权力垄断乃是剥削和压迫的根源；不废除私有制和经济权力垄断，不可能消除剥削和压迫。参与共决的经济民主和福利国家制度虽然堪称解放人民的伟大发明，但如前所述，在不废除资本主义私有制的条件下，无论如何都不可能消除——只可能限制和减少——资本家的剥削和压迫；只有废除资本主义私有制而代之以社会主义和共产主义公有制，才可能断绝剥削和压迫的根源——经济权力垄断——才可能消除剥削和压迫。因此，对资本主义的改良发展到一定程度——亦即达到生产力高度发达——便应该且必然要进行废除资本主义的社会主义革命：社会主义和共产主义革命是社会主义政党的最终目标。

细察民主社会主义改良主义，可知其根据，除了如上所述——亦即经济民主和福利国家制度使资本主义私有制不再是剥削和压迫的根源——还有三个。一个是“社会不断发展变化，永无止境；没有最终目的，运动就是一切”；另一个是“所谓共产主义制度——公有制和按需分配以及计划经济等——并不是一个有着明确规定的社会模式，未必符合社会主义基本价值，是不可靠和不能信赖的，因而不可能作为最终目的”。最后一个，则是否定社会主义和共产主义的历史必然性，否则，如果社会主义和共产主义具有历史必然性，岂不就应该成为社会主义政党的最终目的？

这些根据——除了最终目的问题——如前所述，都是不能成立的。那么，最终目的之根据能否成立？否。诚然，社会不断发展变化，永无止境。但是，这并不能否定一个人或一个政党应该怀抱奋斗目的：直接的最近的目的和长远的最终的目的。因为任何一个人和一个政党的任何行为，都是有目的的，否则就不是行为：行为就是主体为了达到一定的目的而进行的实际活动过程。问题的关键在于，有目的就必定有直接的最近的当下的目的和长远的根本的最终的目的。试问，一个人都有长远的根本的最终的目的，一个政党——特别是社会主义政党——怎么能没有长远的根本的最终的目的？社会主义政党之所以叫作社会主义政党，岂不就是因为它的最终目的是实现社会主义和共产主义？

人类的社会和国家虽然不断发展变化永无止境，但是，人类也应该怀抱最终目的，那就是建立符合国家制度价值标准——公正与平等以及人道与自由——的国家和社会。这种国家和社会的具体的、微观的和细节的制度，虽然不可预测，但宏观的、普遍的和必然的制度，却无疑是可以科学预测的，那就是：它必定不存在剥削和压迫，因而必定不存在剥削和压迫的根源：权力——经济权力和政治权力——垄断。

因此，一方面，它必定是生产力高度发达，因而可以废除私有制而代之以公有制，从而消除经济权力垄断；另一方面，它必定是宪政民主，每个人都完全平等地执掌国家最高权力，从而消除政治权力垄断。合而言之，这种符合国家制度价值标准的未来的理想的国家必定具有六个特征：高度发达的生产力＋全民所有制＋按劳分配＋没有政府指挥的市场经济＋宪政民主＋只有一个主权和一个世界政府的全球国家。

试问，这种以公有制为其最根本特征的国家不是共产主义又能称为什么？因此，共产主义应该是社会主义政党乃至全人类的最终目的。它是人类追求的最终目的，因为唯有它符合——而其他任何非共产主义社会都不符合——国家制度价值标准。所以，人类最终只应该追求共产主义社会，而不应该追求其他任何社会，追求其他任何非共产主义社会都意味着追求不符合国家制度价值标准的社会。因此，共产主义是人类追求的最终目的。

但是，这并不意味着共产主义实现之日，就是人类社会停止之时。共产主义必定仍然不断发展变化，永无止境。这种发展变化显然表现为两方面。一方面是进步，它会越来越完善：它的生产力会越来越发达；它的公有制形式会不断改变，从而越来越符合人性，越来越有利于调动人的劳动积极性；它的宪政民主会越来越名副其实、日益进步；它的按劳分配越来越精确，它的市场经济会越来越自由且公正；它的只有一个主权和一个世界政府的全球国家越来越繁荣。另一方面是退步，它如逆水行舟，不进则退。因为共产主义仍然是人类社会，不是神仙社会，仍然可能出现专制等非民主制，可能出现全球国家之分裂等。

因此，共产主义社会仍然会存在共产党和民主党等政党，它们仍然有奋斗目的，那就是使社会沿着进步路线不断前进和日益完善，阻止和反对社会沿着退步路线下滑和堕落。因此，民主社会主义的改良主义是错误的，误以为社会不断发展就意味着不可能有最终目的；误以为资本主义私有制＋经济民主＋福利国家＝消除剥削和压迫；误以为按需分配和计划经济等违背国家制度价值标准的制度是共产主义的特征；误以为社会主义和共产主义不具有历史必然性。

改良主义无疑是民主社会主义的致命伤。因为毫无疑义，只有将公有制或共产主义作为最终目的，对资本主义进行的改良——经济民主和福利国家制度——才属于社会主义政党的身份特征。相反地，如果否定最终目的，只主张对资本主义进行改良而反对最终废除私有制和代之以公有制的社会主义革命，那么，对资本主义进行的改良——经济民主和福利国家制度——就不再是社会主义政党的身份特征，而这种主张也就不再是社会主义理论：民主社会主义不是真正的社会主义。因为社会主义的充分且必要条件就是生产资料公有制，反对废除私有制而代之以公有制的理论不属于社会主义范畴。这就是为什么，就连托马斯·迈尔等民主社会主义理论家也认为社会民主党应该放弃民主社会主义概念，而代之以社会民主主义："我现在倾向于使用'社会民主主义'这个概念。我要说的是，在过去很长的时间里，我也喜欢'民主社会主义'

这个概念。但是，自从1989年以来，世界形势发生了深刻、巨大的变化。我认为‘民主社会主义’这个概念已不可能准确描述社会民主主义的原则和方法。这并不是因为社会民主主义的方法发生了基本的变化，而主要是因为政治主题发生了改变。在我们的新党纲中，不再坚持那种在生产资料社会化意义上的社会主义了。我们的原则与方法的基础就是基本的经济社会权利。很清楚，我们倡导的社会民主主义，就是以实现社会、经济基本权利为基础的民主。”①

五、总结：科学社会主义与民主社会主义之是非

综观科学社会主义与民主社会主义可知，二者是围绕四大问题而形成的截然相反的社会主义理论。首先，围绕社会主义的必然性与应然性问题，科学社会主义误以为科学只研究事实或必然而不研究应该或应然，因而从社会主义具有历史必然性的伟大发现出发，进而错误地否定社会主义是应然的，以至摈弃自柏拉图以来视正义、平等、人道与自由为国家制度价值标准的传统，误将其排除于科学社会主义领域之外，遂使社会主义和共产主义制度究竟应该如何——以及究竟应该在怎样的条件下实行怎样的社会主义和共产主义制度——失去科学的价值标准和指导原则。相反，一些民主社会主义论者虽然错误地否定社会主义历史必然性，却能够与那些“正确主张社会主义必然性与应然性之统一”的民主社会主义论者一样，正确地将国家制度价值标准——公正与平等以及人道与自由——奉为社会主义基本价值，作为变革社会制度的标准和行动指南。

其次，围绕国家政权本性问题，科学社会主义从“经济上占据统治地位的阶级必定在政治上也占据统治地位”的似是而非的教条出发，进而错误地断定：国家政权是一个阶级压迫和剥削另一个阶级的机器，资本主义民主政权是资产阶级剥削和压迫无产阶级的机器，是对资产阶级的民主和对无产阶级的专政。民主社会主义则正确发现普选制民主国家政权必定为全民服务，而不可能是一个阶级镇压另一个阶级的专政，阶级专政必非普选制民主。

再次，围绕夺取政权和实现社会主义的途径，科学社会主义误认为夺取政

① 何秉孟等编著：《欧洲社会民主主义的转型：与德国、瑞典学者对话实录》，25页，社会科学文献出版社，2010。

权和实现社会主义只能通过暴力革命和无产阶级专政；相反，民主社会主义则正确地认为只应该通过普选制民主的方式——而不应该通过暴力革命与无产阶级专政——取得国家政权和实现社会主义。列宁认为社会主义可能且应该在生产力比较落后的一国（俄国）通过暴力革命和无产阶级专政获得胜利，就更加偏离真理了。

最后，围绕经济建设纲领，科学社会主义错误地摈弃自柏拉图以来视正义、平等与自由为国家制度价值标准的传统，失去究竟应该在怎样的条件下实行怎样的社会主义和共产主义制度的科学的价值标准，以致误以为取得政权之后，无论如何，都应该废除资本主义私有制和市场经济而代之以社会主义公有制与计划经济，即使当公有制和计划经济导致效率低下和全权垄断阶级——因而极端违背"增进每个人利益"等国家制度价值标准时——也仍然坚持实行公有制和计划经济。反之，民主社会主义则继承了柏拉图以来国家制度价值标准理论传统，因而当公有化和计划经济导致效率低下——因而违背"增进每个人利益"等国家制度价值标准时——能够正确地代之以符合国家制度价值标准的"基于私有制的混合经济、市场经济、经济民主和福利国家制度"，但却错误地否定最终目的而堕入改良主义。

可见，在社会主义基本理论的所有方面——社会主义指导原则与国家政权本性以及夺取政权、实现社会主义途径和经济建设纲领——科学社会主义都是极其错误的。因此，与19世纪差不多所有的社会主义者都声称自己的学说科学而实际上并不科学一样，马克思、恩格斯自称的科学社会主义，实际上也是不科学的。相反地，在这些方面，民主社会主义几乎完全正确，因而堪称科学社会主义。诚然，在这些方面，民主社会主义有一个——并且只有这一个——错误，那就是否定最终目的而堕入改良主义。这一错误，从理论上看，关系社会主义政党身份特征，无疑极其重大，但从实践上看，它现在带给我们的实际危害却微不足道。

因为所谓最终目的就是废除资本主义私有制而代之以生产资料公有制，就是实现社会主义和共产主义。可是，正如马克思所指出："人类始终只提出自己能够解决的任务，因为只要仔细考察就可以发现，任务本身，只有在解决它的物质条件已经存在或者至少是在生成过程中的时候，才会产生。"[①]问题

① 《马克思恩格斯选集》，第2卷，33页，人民出版社，1972。

的关键在于，现在世界各国距离具备实现社会主义和共产主义的物质条件和思想条件——亦即生产力高度发达和国民品德普遍提高——无疑还十分遥远。在这种情况下，坚持还是放弃最终目的，便因其是十分遥远的未来而对现在的我们的利害关系显然不大，甚至是微不足道的。这恐怕就是为什么伯恩斯坦一再强调"最终目的仅仅对我来说才是微不足道的"之真谛。

那么，民主社会主义放弃最终目的，对于遥远未来的我们是否会有重大损害？答案恐怕也是否定的。因为当实现社会主义和共产主义的物质条件以及思想条件终于到来的时候，民主社会主义势必放弃改良而主张废除资本主义私有制。因为到那时，资本主义私有制和经济权力垄断所必定导致的剥削和压迫，就不再是一种能够防止更大恶——效率低下和全权垄断的奴役制社会主义——的必要恶，而是一种纯粹恶。正如人类不可能长久在一种纯粹错误的思想指导下生存一样，人类不可能长久生活于一种纯粹恶的制度，而或迟或早必然要消灭这种纯粹恶的制度。特别是，在生产力高度发达的条件下，国民的思想觉悟普遍提高，他们显然决不可能继续生活于已经变成纯粹恶的资本主义的阶级和剥削制度，而必然选择消灭这种制度的无阶级无剥削的社会主义和共产主义。试问，在这种情况下，以为全民谋幸福为宗旨的民主社会主义，怎么可能不主张废除资本主义而代之以社会主义和共产主义呢？

诚然，无论如何，科学社会主义与民主社会主义毕竟互有对错，但大体说来，前者是谬论而后者是真理，无疑能够成立。真理势必使信奉者成功；谬误注定使信奉者失败。这就是为什么，半个多世纪以来，民主社会主义给予人民的是名副其实的民主、自由、平等、富裕和幸福：民主社会主义是人民翻身解放的理论武器。相反地，按照科学社会主义建立起来的所有社会主义国家几乎无不陷入效率低下、专制以及全权垄断的阶级剥削和阶级压迫之苦难：科学社会主义是极权主义全权垄断的官吏阶级剥削和压迫全权丧失的庶民阶级的冠冕堂皇的理论武器。

但是，这并非因为，科学社会主义理论家不如民主社会主义理论家伟大。恰恰相反，马克思、恩格斯无疑是世界最顶级的理论巨匠，就其理论成就来说，仅就《资本论》一部书稿，就足以与柏拉图、亚里士多德和孔子、老子并列，远远高于伯恩斯坦、考茨基等民主社会主义理论家。马克思、恩格斯是博大精深的科学社会主义理论之创造者；而伯恩斯坦、考茨基不过是马克思、恩格斯所创造的科学社会主义理论之运用者和修正者而已。

然而，问题的关键在于，民主社会主义理论家们虽然是马克思、恩格斯的学生，他们却因此得以站在伟大导师的肩膀上，经历伟大导师逝世以后的世界新变化和新实践，因而可以见马克思、恩格斯所未见，看得更加高远、清楚和确切。特别是，实践是检验真理的唯一标准。在科学泰斗马克思、恩格斯面前，伯恩斯坦、考茨基等民主社会主义理论家虽然渺小至极，甚至如马克思曾轻蔑地称之为“天生的俗种”，但当这些渺小平庸之辈运用伟大导师的科学社会主义理论于实践时，却足以发现和修正科学社会主义的谬误，从而形成民主社会主义之真理。科学社会主义实乃民主社会主义之母，没有科学社会主义就没有民主社会主义。这个道理，富有自知之明的伯恩斯坦自己倒说得很清楚：“问题不在于我同马克思比起来低劣到多大程度。任何在知识上和思想上远不能望马克思之项背的人在反对马克思时都可能是正确的。问题在于，我所确认的事实是否正确，它们是否能证明我由它们得出的结论是正确的。从前面说的可以清楚看出，连像马克思这样的人也不能摆脱这样的命运，即在英国大大地修改了他的先入之见，他也在英国背弃了他带到那里去的某些见解。”①

思考题：

1. 马克思、恩格斯为什么反对将人道与自由以及公正与平等——自柏拉图、亚里士多德以来这些道德原则一直被奉为国家制度价值标准——奉为社会主义价值标准或指导原则？

2. 雅典民主制全盛时代——伯里克利时代——公民只占全部人口（约40万）的十分之一左右，约4万人；奴隶（约20万）和外邦人（3.2万）以及全部妇女都不是公民。这样一来，雅典民主制便是执掌最高权力的十分之一的人（公民）的民主，便是这十分之一的少数人对十分之九的多数人的专政。能否说雅典民主政权是奴隶主阶级专政，是富人对穷人的专政？

3. 所谓“资产阶级民主”与“无产阶级民主”乃是极不科学的术语，科学的术语只能是资本主义民主与社会主义民主。因为资产阶级民主就意味着资本主义国家最高权力被——并且仅仅被——资产阶级全体成员执掌；无产阶级民主就意味着社会主义国家最高权力被——并且仅仅被——无产阶级全体成员执掌。这样的资本主义和社会主义国家都是不存在也不可能存在的；存在的只能是资本主义民主与社会主义民主。这种观点能成立吗？

4. 普选制民主是否使国家政权不可能不为——也不敢不为——全民谋利益？

① 爱德华·伯恩斯坦：《社会主义的前提和社会民主党的任务》，252页，生活·读书·新知三联书店，1965。

第十二章 民主实现的客观条件

提要 民主的经济条件虽然与民主的其他条件一样，只是民主实现的有利条件或不利条件，但是，经济条件却是民主诸条件中的始源性条件，而其他条件都是派生性条件。因为经济条件最终产生和决定民主的其他客观条件（社会条件、文化条件和政治条件）以及民主的主观条件：对民主有利的经济条件能够且迟早势必创造有利于实现民主的主观条件（庶民阶级争取民主的愿望和行动）、社会条件（公民社会）、文化条件（公民文化）和政治条件（言论、结社和建党自由）；相反地，对民主不利的经济条件则能够且迟早势必创造不利于民主实现的主客观条件。这就是为什么经济条件对于是否实行民主并不具有必然的决定作用，却又势必导致民主。这就是为什么经济现代化对于是否实行民主并不具有必然的决定作用，却又势必导致民主：就经济现代化这一有利于民主的经济条件自身来说，对是否实行民主并不具有必然的决定作用，但就经济现代化迟早势必造成实现民主的全部主客观条件来说，则势必导致民主，使民主的出现成为一种必然趋势。

任何社会都既有实行民主制的可能性，也有实行非民主制的可能性。然而，究竟为什么绝大多数封建社会都实行君主制，而绝大多数资本主义社会却实行民主制？究竟言之，这只是因为，可能变成现实需要一定的主客观条件。封建社会与资本主义社会虽然都有实行君主制和民主制的可能，但是，绝大多数封建社会却缺乏实行民主制的主客观条件，而具备实行君主制的主客观条件，因而使非民主制的可能性变成了现实，而没有使民主制的可能性变成现实；相反地，绝大多数资本主义社会则缺乏实行君主制的主客观条件，而具备实行民主制的主客观条件，因而使民主制的可能变成了现实，而没有使非民主制的可能变成现实。那么，民主制与非民主制从可能变成现实的主客观条件究竟是什么？民主实现的主观与客观条件是什么？

不难看出，民主实现的主观条件，也就是人们实行民主的政治活动，说到底，亦即人们实行民主的政治欲求与政治行动；而人们进行这些活动时的国家各方面状况，则是民主实现的客观条件，民主实现的客观条件就是当时国家各方面的状况。国家是拥有最高权力的社会，因而也就是最大且最高的社会，是一切社会的总和。这意味着，国家与社会不同，除了经济、政治和文化三大方面或三大领域，还包括一个领域，亦即社会，如所谓结社自由、各种社会团体等。这样一来，国家状况便正如马克思所指出的，分为政治、经济、社会和文化四大领域："物质生活的生产方式制约着整个社会生活、政治生活和精神生活的过程。"[①]伯纳德·E. 布朗则称之为社会体系四因素："任何社会体系皆有的四个主要成分：经济、社会结构、政治制度和充斥于整个社会并为强制统治辩护的价值观念。"[②]因此，民主实现的客观条件便可以归结为四个方面：经济条件、政治条件、社会条件和文化条件。

一、民主的政治条件

所谓民主的实现，亦即实现人民或全体公民执掌国家最高权力，说到底，亦即人民或全体公民真正地、名副其实地执掌最高权力。可是，究竟如何才算是人民或全体公民真正执掌最高权力呢？民主是一种政治制度。因此，人民或全体公民真正执掌最高权力，或民主的实现，必定是一种政治制度。那么，究竟怎样的政治制度才是民主的实现呢？使民主得到实现的政治制度，就是民主实现的政治制度条件，属于民主实现的政治条件范畴。

那么，民主的实现究竟需要什么样的政治制度？达尔认为主要有：(1)建立和加入组织的自由；(2)表达自由；(3)自由公正的选举。[③] 达尔所列举的政治制度条件，显然局限于选举制度和政党制度，而没有政府制度，因而是片面的。民主实现所需要的政治制度条件，真正讲来，恐怕应该包括这样三大方面：(1)"言论自由：民主的选举制度条件"；(2)"建党自由：民主的政党制度条件"；(3)"分权：民主的政府制度条件"。

---

① 《马克思恩格斯选集》，第2卷，32页，人民出版社，1995。

② 西里尔·E. 布莱克编：《比较现代化》，239页，上海译文出版社，1992。

③ Robert A. Dahl, *Polyarchy*, New Haven and London: Yale University Press, 1971, p. 3.

1. 言论自由:民主的选举制度条件

民主就是全体公民执掌国家最高权力,说到底,就是人民、庶民的统治。人民或庶民没有政治职务或官职,不可能进行常务统治,因而只能委托和监督官吏代表自己进行常务统治。那么,人民究竟如何委托和监督官吏代表自己进行常务统治呢?显然只有一条途径:选举。人民选举能够按照自己的意志进行常务统治的人,将全国各级最高权力委托给他们,任命他们为各级最高官吏,监督他们按照自己的意志进行全国各级常务统治,并根据他们的统治和业绩,随时罢免违背人民意志的官吏,而代之以遵循人民意志的官吏:任命与罢免是选举的正反面。这样一来,岂不就实现了人民的统治?岂不就实现了民主?

因此,选举是民主实现的唯一途径,是民主实现的根本政治条件,是民主的固有特征和必然属性。反之,专制等非民主制虽然也进行选举,但选举并非其固有的、必然的属性。因为专制等非民主制是一人或若干寡头执掌国家最高权力,专制者和寡头都属于官吏范畴,都担任一定的政治职务或官职,因而都能够进行常务统治,而不必选举代表。事实也是如此,不论中西,世袭制专制政体显然比选举制专制政体更加普遍。

但是,并非任何选举都是实行民主的政治条件。因为君主及其官吏也可以通过选举产生。德意志帝国的皇帝和罗马教皇都曾经通过选举产生;中国古代君主专制的选拔官吏制度——荐举和科举——也属于选举范畴。这些专制等非民主制的选举,与成为民主实现条件的选举显然根本不同。

一方面,选举权和被选举权在专制等非民主政体中不可能为全体公民平等享有,特别是享有选举权者,只可能是极少数人,亦即官吏、贵族和君主等。因为专制等非民主制乃是专制者一人或少数寡头执掌最高权力的政体,该政体根本的原则就是等级制,就是不平等,特别是政治权利不平等,说到底,就是选举权和被选举权的不平等。相反地,成为民主实现条件的选举,选举权和被选举权应该为全体公民平等享有:“普遍的选举是民主的圣约柜。”①因为民主制就是全体公民完全平等执掌最高权力的政体,这种政体的根本原则就是平等,特别是政治平等与机会平等。按照政治平等原则,全体公民应该完全平等

① 转引自杨云彪:《公民的选举》,7页,中国大百科全书出版社,2008。

地执掌最高权力，因而应该完全平等地享有选举权，应该完全平等地共同决定——亦即一人一票——哪些公民担任各级最高官职。按照机会平等原则，全体公民应该完全平等地享有被选举权，应该完全平等地竞争各级最高官职。

另一方面，被选举的官吏，在专制等非民主政体中，必非全部各级最高官吏，更非全部官吏，否则，就意味着消除等级制，就意味着消除特权，就不是专制等非民主制了。相反地，成为民主实现条件的选举，必须选举——直接或间接——全部官吏，特别是全部各级最高官吏，亦即中央和地方各级议会、行政和法院最高官吏。因为民主是全体公民共同执掌最高权力的政体，如果某些最高官吏不为民选，就意味着某些最高权力不被全体公民执掌和拥有，就不是民主政体了。

因此，选举之为民主实现的政治条件，可以归结为一句话：全部官吏皆为全体公民选举；全体公民皆可竞选官吏，官吏皆为民选，全民皆可为官。这意味着，作为民主实现政治条件的选举，必须是自由和平等的定期选举。它必须是定期的选举之缘故，原本不言而喻。因为不是定期的，就难以罢免违背人民意志的官吏和任命遵循人民意志的官吏。定期之长短的原则显然应该是：只要官吏的统治能够进行下去，越短越好。这恐怕就是雅典选举的定期是一年的缘故。作为民主实现政治条件的选举，必须是自由和平等的选举，则意味着：一方面，全体公民都可以平等地按照自己的意志，选举全国任何一个公民担任任何官职；另一方面，全体公民都可以平等地按照自己的意志竞选全国任何官职。这样一来，全体公民必须了解每一个竞选者；每个竞选者也必须让全体公民了解自己。因此，每个竞选者便都应该有平等的机会向全体公民宣传自己的施政纲领，都应该有平等的机会反对其他人的施政纲领；全体公民也都应该有平等的机会听取每个竞选者的施政纲领，都应该有平等的机会知晓竞选者们的相互反对和斗争。要想做到这一点，显然正如亨廷顿所言，只有一条途径，亦即每个公民都必须平等地享有言论出版自由："言论、出版、集会和结社等社会和政治自由的存在，对于政治辩论和竞选必不可少。"①

因此，作为民主实现政治条件的选举，就必须是基于言论出版自由的定期选举。只有言论出版自由的定期选举，才可能是自由和平等的选举，才堪称民

① Samuel P. Huntington, *The Third Wave: Democratization in the Late Twentieth Century*, Norman: University of Oklahoma Press, 1991, p. 7.

主实现的政治条件;而没有言论出版自由的定期选举,必定不是自由和平等的选举,不堪称为民主实现的政治条件。因此,亨廷顿一再说:“选举是民主的本质。从这一本质中产生了民主制度的其他特征,只有存在着某种程度的言论自由、集会自由、新闻自由,只有反对派候选人和政党能够批评现任的统治者而不害怕受到报复,才有可能进行自由、公平和竞争性的选举。”①

2. 竞争性政党制度:民主的政党制度条件

亨廷顿一再强调:“公开、自由和公正的选举是民主的实质,是民主的必要条件。”②确实,言论出版自由等关涉选举制度的条件,仅仅是民主实现的必要条件,而不是充分条件;民主的实现还必须有关涉政党制度的条件:建党自由或竞争性政党制度。竞争性政党制度就是任何政党都可以自由建立并通过竞选竞争政权的制度,包括多党制、两党制和一党独大制;非竞争性政党制度亦即一党独裁制,就是一党独掌政权且不允许他党存在或与其竞争政权的制度。

不难看出,竞争性政党制度是民主实现的必要条件。因为除非国家极小,民主政体都必然遭遇一个莫大的难题:选民和候选人数不胜数,彼此互不相识,政治偏好千差万别、极为分散,如何表达和形成数以百万计的公民之公意?无疑只有一个办法,那就是允许一些抱有共同政治目标的选民和候选人由少到多、由近及远滚雪球式地聚集起来,结成不同团体,亦即结成不同政党——政党就是一些人为了实现共同的政治目标而自愿结成的团体——每个政党都协议推荐候选人,将候选人及其政党介绍给全体选民。这样,各个政党的候选人便可以通过自己政党的宣传而使数以百万计的选民了解自己和自己的政党,认同其政治目标乃至加入其政党,形成共同的政治目标和政策,选举他们认为能够代表自己的候选人。当选的候选人就是全体选民的代表,因而当选的候选人及其政党的政治目标和政策就是代表全体选民的公意。

这样一来,岂不就解决了民主的两大难题——众多公民如何选举代表和如何形成众多公民之公意——从而使民主得到实现?否则,如果没有政党,每个人都自己宣言做候选人,不但宣传能力微不足道,而且候选人和选民同样数

---

① 亨廷顿:《第三波——20世纪后期民主化浪潮》,6页,上海三联书店,1998。

② Samuel P. Huntington, *The Third Wave: Democratization in the Late Twentieth Century*, Norman: University of Oklahoma Press, 1991, p. 9.

不胜数。这样一来,每个候选人便不可能使数以百万计的选民了解自己,数以百万计的选民和候选人势必各自为政,如同一盘散沙,不可能形成公意,不可能形成共同的政治目标和政策,从而选票必定至于涣散,选举必定归于失败,因而也就不可能实现民主。

因此,允许和保障全体公民自由建立不同政党参加竞选的竞争性政党制度,实为众多公民选举代表所必需,实为表达和形成众多公民之公意所必需。表达功能(表达和形成公意)和代表功能(政党的当选候选人是选民的代表),这就是任何团体皆不具有而为政党所独具的两大功能。因此,布赖斯说:"政党是必不可免的。哪一个大的自由国家没有政党呢?代议政府没有政党怎样可以实行呢?"[①]夏特·施耐德也这样写道:"应该直截了当地说,政党创造了民主,现代民主没有政党是难以想象的。"[②]因此,民主实现的最根本的必要条件,就是建党自由,就是允许和保障公民自由建立不同政党参加竞选,就是竞争性政党制度,说到底,就是多党制或两党制以及一党独大制;而非竞争性政党制度或一党独裁制则意味着没有民主。

3. 分权:民主的政府制度条件

言论自由的选举制度和建党自由的政党制度,分离开来,都只是民主实现的必要条件。那么,二者结合起来,是否民主实现之充分且必要条件?否。因为二者结合起来,也仅仅是人民将最高权力如何委托给自己的代表(亦即如何产生官吏和政府)才能保障人民拥有——而不至失去——最高权力,仅仅是保障民主或主权在民的最高权力如何委托的条件。仅仅具备主权如何委托条件,显然还不足以确保主权在民;确保主权在民,无疑更加需要代表(官吏和政府)如何行使最高权力的条件:官吏和政府如何行使最高权力——分权还是集权——是民主实现的更加关键的条件,属于民主实现的政府制度条件。

最能说明这一点的,恐怕就是,纳粹党不是通过别的,恰恰正是通过言论自由的选举制度和建党自由的政党制度,于1932年7月31日成为国会第一大党;党魁希特勒则于1933年1月30日上台,出任总理。希特勒上台组阁之前,德国是民主制;组阁执政之后,德国变为专制帝国。因此,希特勒专制产生

---

① 詹姆斯·布赖斯:《现代民治政体》,上册,120页,吉林人民出版社,2001。

② 王绍光:《民主四讲》,169页,生活·读书·新知三联书店,2008。

的直接原因，并不是没有言论自由的选举制度和建党自由的政党制度，并不在于最高权力如何委托；而在于最高权力如何行使，在于官吏和政府如何行使最高权力，在于集权而不是分权的政府制度，说到底，在于 1933 年 3 月 23 日国会通过的所谓《授权法》，授予希特勒内阁为期四年的独裁权力，在此期间内阁无须国会和参议院的同意就有权颁布法律。

那么，民主实现的政府制度条件就是分权吗？答案是肯定的。因为正如孟德斯鸠所说："一切有权力的人都容易滥用权力，这是万古不易的一条经验。"[①]最高权力更加容易被滥用，自不待言。更何况，最高权力的唯一合法所有者——人民——日常不可能亲自行使最高权力，而只能委托政府及其官吏代表自己行使。这样一来，政府及其各级最高官吏岂不极其容易篡夺原本属于人民所有的国家最高权力？那么，如何保障民主或主权在民，从而防止最高权力被最高官吏滥用和篡夺呢？

孟德斯鸠回答道："从事物的性质来说，要防止滥用权力，就必须以权力约束权力。"确实，防止最高权力被政府各级最高官吏滥用和篡夺的根本方法，就是使政府及其各级最高官吏所行使的权力互相制约；而权力相互制约的基本原则就是分权。所谓分权，也就是勿将最高权力委托给任何一个代表和任何一个代议组织，而是将最高权力分割为几部分，分别委托给不同的代表和代议组织独立行使，让他们处于平等地位，从而既相互制约监督又相互配合平衡。这样一来，无论哪一个代表或代议组织所行使的权力有多么重大，都不可能是国家最高权力，因而也就不可能篡夺国家最高权力了。那么，国家最高权力究竟应该分为几部分呢？

亚里士多德早就发现，一切国家权力或政治权力无非立法、行政和司法三部分。[②] 最高权力无疑属于国家权力或政治权力范畴，因而也无非立法权、行政权和司法权三部分。因此，人民应该将最高权力分为立法、行政和司法三部分，分别委托三种平等的代议组织独立行使，相互制约，这就是所谓的三权分立。比如说，将最高行政权力、最高立法权力和最高司法权力分别平等地委托给总统、议会和最高法院独立行使，相互制约。这样一来，总统、议会和最高法院所执掌和行使的权力无论如何重大，充其量也只可能是本部门的最高权力，

① 孟德斯鸠：《论法的精神》，上册，154 页，商务印书馆，1982。

② 亚里士多德：《政治学》，215 页，商务印书馆，1965。

而不可能是国家最高权力，在三个独立行使相互制约的平等的权力中不可能存在最高权力。因此，三权分立既可以将国家最高权力委托给人民代表，又可以有效防止人民代表篡夺和滥用国家最高权力，从而保障人民永远拥有国家最高权力，人民代表只能行使最高权力。因此，梁启超说："凡凡一国家，必有其最高主权。最高主权者，唯一而不可分者也。今之权既分矣，所谓最高主权者，三机关靡一焉得占之。然则竟无最高主权乎？曰仍在国民之自身而已。"①

可见，分权的政府制度实乃防止最高权力被政府及其官吏篡夺而永远归人民所有的最根本、最重要、最主要的方法，因而也就是言论自由的选举制度和建党自由的政党制度的根本保障。试想，岂不只有在人民执掌的最高权力没有被政府及其官吏篡夺的条件下，人民才能真正拥有言论自由和建党自由？否则，如果政府及其官吏篡夺了最高权力，岂不就可以为所欲为？人民的言论自由和建党自由岂不就成了政府及其官吏手中的玩物和装饰？

魏玛共和国沦为希特勒专制帝国，并不是因为没有言论自由的选举制度和建党自由的政党制度，而是因为希特勒上台组阁通过废弃分权的政党制度而代之以集权的政府制度，篡夺了最高权力，进而废弃言论自由的选举制度和建党自由的政党制度。因此，防止最高权力被政府及其官吏篡夺而永远归人民所有的政治条件，固然可以归结为言论自由的选举制度和建党自由的政党制度以及分权的政府制度，但分权的政府制度无疑是最根本、最重要的条件，是民主实现的最根本、最重要的政治条件。

然而，仅仅分权的政府制度并非民主实现的充分条件，而仍为其必要条件。因为没有言论自由的选举制度和建党自由的政党制度，便不可能有民选政府，又谈何分权的民选政府制度？因此，言论自由的选举制度和建党自由的政党制度以及分权的政府制度，分离开来，都仅仅是民主实现、主权在民的必要条件。那么，三者结合起来是否民主实现的充分且必要条件？答案是肯定的。

因为不言而喻，一个国家，如果建立了言论自由的选举制度和建党自由的政党制度以及分权的政府制度，它不是主权在民的民主国家，又能是什么呢？我们可以找到仅仅具备"言论自由的选举制度和建党自由的政党制度"的魏玛共和国沦为希特勒专制帝国，却找不到也不可能找到具备"言论自由的选举制度和建党自由的政党制度以及分权的政府制度"的非民主制国家。言论自由

① 梁启超：《饮冰室合集》，第七册，14页，中华书局，1937。

的选举制度和建党自由的政党制度以及分权的政府制度结合起来是民主实现的充分且必要条件。

二、民主的社会条件

1. 民主的社会条件:发达的公民社会

公民社会的英文是 Civil Society,又被译为"市民社会"或"民间社会"。顾名思义,这种社会的根本特点就是与"官"对立,就是"民",就是公民性、民间性、市民性、庶民性、人民性,非官方性。因此,公民社会就是一种民间公共组织,就是一种非官方的社会,就是独立于官吏和政府的自治性公共团体。这种自治性公共团体的根本特征无疑是民主,公民社会是非官方的民主自治公共团体。因为所谓公民,就是享有从事管理社会和国家等公共事务的权利的人。于是,所谓公民社会,就是这样一种社会,在这种社会中,每个成员都是公民,都是享有从事管理该社会公共事务的权利的人。每个成员都是享有从事管理该社会公共事务的权利的人,当然并不意味着每个成员都担任管理职务或政治职务,而只能意味着社会民主:每个成员都完全平等地执掌该公民社会最高权力。这样一来,公民社会所有成员相互间的关系,正如普特南所指出的,便都是平等互惠合作的水平型横向社会关系,而不是庇护—附庸型的等级制垂直社会关系。①

不难看出,一个国家中公民社会的发达程度,乃是民主制从可能到现实转化——亦即非民主制向民主制转化——的一个十分重要的客观条件。因为任何国家究竟实行民主制还是非民主制,完全取决于官与民、官吏阶级与庶民阶级的阶级斗争。如果庶民阶级争取民主的力量大于官吏阶级争取非民主制的力量,该国家就会实行民主制;否则,就会实行非民主制。庶民阶级与官吏阶级的力量大小和斗争成败无疑与公民社会的发达程度密切相关。试想,任何国家,无论官僚机构如何庞大臃肿,庶民阶级的人数都远远超过官吏阶级。但是,为什么庶民阶级的力量却小于官吏阶级?

究其社会原因,无疑可以归结为两个方面。一方面,正如小学课本中"筷

---

① 普特南:《使民主运转起来》,101 页,江西人民出版社,2001。

子的故事”告诉我们的，一根筷子容易断，一捆筷子则难折，团结力量大，分散无力量。庶民阶级没有力量的一个十分重要的原因，显然乃在于庶民阶级——特别是农民——的成员缺乏社会联系，像马铃薯一样不能团结起来，而是相互隔离、分散孤立、各自为政。这样孤立隔离的人即使数亿，他们的力量也只等于一个人或几个人的力量；正像分散开来的数亿根筷子的力量只等于一根筷子的力量一样。另一方面，庶民阶级的这种像马铃薯一样分散无力的状态，往往决定了他们不能自己捍卫自己的权益，而势必寻求明君和清官——庶民阶级的剥削者和压迫者——的庇护，从而形成庇护—附庸型的等级制垂直社会关系和臣民文化。

可见，从社会条件来看，分散无力以及因之而来的臣民文化，是庶民阶级的力量小于官吏阶级——从而实行的是非民主制而不是民主制——的根本原因，是民主制的可能性没有变成现实性的根本原因。因此，民主制的可能变成现实——从而实现非民主制向民主制的转化——的社会条件，便是庶民阶级组织起来，从而团结有力，摆脱臣民文化，形成争取民主制的巨大力量。庶民阶级团结起来和形成争取民主制的巨大力量的根本途径，正如普特南等公民社会理论家所发现的，就是缔结非官方的民主自治公共团体：公民社会。

因为公民社会具有双重效用：外部效应与内部效应。从外部效应看，公民社会是凝聚庶民阶级民主力量的蓄水池，公民社会越发达，庶民阶级成员社会联系便越广泛和团结，庶民阶级争取民主的力量便越大，反抗官吏阶级的力量便越大，这是不言而喻的道理。从内部效应来看，公民社会是培育庶民民主精神的学校，公民社会越发达，平等互惠合作的水平型横向社会关系便越发达，公民文化与民主精神便越发达；公民社会越发达，庇护—附庸型的等级制垂直社会关系就越衰落，臣民文化和专制等非民主精神便越衰落。

这样一来，公民社会的发达程度便与民主制实现的几率成正比：公民社会越发达，庶民阶级便越团结，公民文化便越发达，庶民阶级的力量便越大，官吏阶级的力量便越小，民主制实现的几率便越大；公民社会越不发达，庶民阶级便越不团结，臣民文化便越发达，庶民阶级的力量便越小，官吏阶级的力量便越大，民主制实现的几率便越小。因此，正如普沃斯基所发现的，专制等非民主制政府的共同特征，就是决不容许独立组织或公民社会的存在。[①]

---

① 亚当·普沃斯基：《民主与市场》，36—37页，北京大学出版社，2005。

2. 民主的社会条件：充裕的社会资本

近年来兴起的社会资本理论，进一步证明了公民社会与民主制的正相关关系。自 1980 年法国社会学家皮埃尔·布尔迪厄提出社会资本（social capital）概念，经过科尔曼和普特南的进一步阐发，如今已经成为国际学术界广泛采纳的跨学科范畴。然而，究竟何为社会资本，却众说纷纭，莫衷一是。究竟言之，资本原本属于经济范畴：资本就是能够产生财货的财货，就是能够产生物质财富的物质财富，就是能够增值的物质财富。但是，生利、增值或产生和带来财富之为资本的特征是如此根本，以至不仅物质财富，凡是能够生利、增值或产生和带来财富的有价值的东西，都可以叫作资本。社会资本就是能够生利增值的社会领域的事物。可是，能够生利增值的社会领域的事物究竟是什么意思？

原来，正如无数先哲所论，人是社会动物。脱离社会，人便无法生存。所以，每个人的一切利益，说到底，便都是社会给予的，社会对于每个人具有最高效用、最大价值。社会又不过是每个人的结合，不过是因一定人际关系而结合起来的人群，是两个以上的人因一定人际关系而结合起来的共同体：社会是每个人共同缔结和创建的。这样一来，社会便与金钱、机器和厂房等资本十分相似：社会也是一种有价值的东西；社会也是人类创造的东西；人类创造社会也需要付出一定的代价，如每个人必须循规蹈矩，牺牲不符合法律以及道德的欲望和自由等，这些代价远远小于每个人的社会收益，因为没有社会，每个人几乎必死无疑。

因此，社会就与金钱一样，是一种能够生利增值的有价值的事物。就金钱是一种能够生利增值的有价值的事物来说，金钱就是资本，叫作金融资本。就社会是一种能够生利增值的有价值的事物来说，社会也是一种资本，叫作社会资本。这样一来，每个人缔结和创建社会的代价，就是一种投资。这种投资所缔结的社会，就是属于每个人共同拥有的社会资本，每个人都是投资社会资本的一个股东。社会给予每个人的利益，就是每个人的社会资本收益，就是每个股东投资社会资本的回报。

可见，社会资本就是能够给拥有者生利增值的社会领域的事物。这种事物虽然复杂多样，但是，社会的定义——社会是两个以上的人因一定人际关系而结合起来的共同体——意味着，社会领域的事物不过两类：社会组织与人际关系。因此,社会资本不过两类:社会组织资本与人际关系资本。举例说,一个北京大学的教员就拥有这样两种社会资本:一个是北京大学的金牌子,属于社会组织资本;另一个是他在学术界的人脉,属于人际关系资本。因此,社会资本是能够给拥有者生利增值的社会领域的事物,说到底,也就是能够给拥有者生利增值的社会组织和人际关系。

社会资本虽然是能够生利增值的社会组织和人际关系,因而原本是每个社会成员共同创建的,但是,各个社会成员及其阶级所拥有的社会资本的数量和质量,显然是不相同的。每个人所拥有的社会资本的质量和数量——亦即其社会资本存量——的最根本的决定因素,无疑是他的社会地位,说到底,是他所拥有的权力。他的权力越大,他所拥有的社会组织的社会资本就越重要越多,他的人际关系就越关键越广泛,他的人际关系中的当权者就越多,他的人际关系中的权力含量和社会资本就越多;反之亦然。[①]

个人如此,阶级亦然。"不同的社会群体拥有不同质量或数量的资本。"[②]不难看出,个人或阶级所拥有的社会资本的多少,对其具有莫大的意义。因为人的最深刻的本性就是社会性,每个人或阶级的一切重大的利益和行为目的,都只有依靠社会资本才能达到。每个人或阶级获利益多少和目的实现程度,说到底,取决于所拥有的社会资本的多少而与其成正比。试想,一个农民的儿子即使与国家总理的儿子经商的能力相等,他们发大财的理想实现的可能性显然不可同日而语。社会资本如此重要,以至林南认为,保持既有的社会资本和获取没有的社会资本是个人和阶级的两个主要动机。[③]

确实,官吏阶级与庶民阶级斗争的一个十分重要的方面,就是并且应该是争夺社会资本。细细想来,为什么庶民阶级的人数远远多于官吏阶级,却不能实现对他们有利的民主制,而屈服于对他们有害而对官吏阶级有利的非民主制。因为,一方面,官吏阶级不但垄断了全部政治权力,也程度不同地垄断了经济权力;庶民阶级不但没有政治权力,绝大多数庶民也没有经济权力。另一方面,官吏阶级的组织化程度极高,联系极为密切;相反地,庶民阶级的广大成员,缺乏社会联系,分散孤立。合而言之,庶民阶级既无权力,也缺乏社会关系

---

① 包亚明主编:《布尔迪厄访谈录——文化资本与社会炼金术》,202 页,上海人民出版社,1997。

② 林南:《社会资本:关于社会结构与行动的理论》,122 页,世界出版集团 上海人民出版社,2005。

③ 同上书,44 页。

与人际联系；相反地，官吏阶级既垄断了权力，也垄断了社会关系与人际联系。这意味着，官吏阶级垄断了社会资本；庶民阶级丧失了社会资本，这就是庶民阶级失败和官吏阶级成功——亦即民主失败而非民主制成功——的社会原因。

因此，庶民阶级要战胜官吏阶级从而实行民主制，必须夺取社会资本，积累和扩大社会资本存量。为此目的，唯一的手段和途径就是创建和发展公民社会。因为，正如社会资本研究者所发现的，社会资本有各种类型，并不是所有类型的社会资本都是好东西，更不是所有类型的社会资本都有利于实行民主。庶民阶级实行民主制所需要的社会资本，乃是民主的社会资本，而不是专制等非民主制的社会资本。试看中国历代农民起义，虽然他们组织起来，团结奋斗，因而拥有巨量社会资本，却为什么始终没有实行民主制，而不过是以一些人执政的非民主制，替代了另一些人执政的非民主制？因为历代农民起义组织都不是民主制组织，而是起义领袖独掌最高权力的专制等非民主制组织；起义者相互间不是平等互惠合作的水平型横向社会关系，而是庇护—附庸型的等级制垂直社会关系。农民等庶民阶级在这种非民主制组织和庇护—附庸型社会关系中所形成的社会资本，不论如何巨大，都只能实行专制等非民主制，而不可能实行民主制。

因此，庶民阶级要战胜官吏阶级实行民主制，不但必须创建非官方组织，而且必须创建非官方的民主组织，必须创建非官方的民主自治公共团体，亦即必须创建公民社会；因为公民社会就是非官方的民主自治公共团体。农民等庶民阶级只有在这种民主制组织和平等互惠合作的水平型横向社会关系中所形成的社会资本，才是实行民主的社会资本，公民社会是民主的社会资本的唯一源泉。庶民阶级只有拥有这种民主的社会资本，才能摆脱历代农民起义换汤不换药——只更换统治者而不改变制度——的怪圈，才能真正实现整个庶民阶级当家作主而不是仅仅更换主人，才能真正打破官吏阶级对社会资本的垄断，才能实行民主制。这就是为什么创建和发展公民社会，乃是庶民阶级战胜官吏阶级从而实行民主制的唯一的社会手段。

3. 公民社会与社会资本：民主的必要条件还是充分条件

公民社会和社会资本对于实现和巩固民主如此重要，以至福山等学者认为它们是民主制的必要条件：“社会资本对现代经济的有效运行起着重要作用，同时也是自由民主制度保持稳定的必要条件……充裕的社会资本储备往往会产生紧密的公民社会，而公民社会反过来也普遍被看作自由主义民主制度的必要条件。用厄内斯特·盖尔那的话来说：'没有公民社会，就没有民主制度。'"①

这种观点是不能成立的。社会资本和公民社会既不是民主的必要条件，更不是民主的充分条件。因为，一方面，有些国家，如 20 世纪 80 年代末和 90 年代初的俄罗斯和罗马尼亚，并没有什么公民社会，却仍然实现了非民主制向民主制的转型。因此，公民社会和社会资本不是民主的必要条件。另一方面，有些国家，如新加坡，虽然公民社会发达，实行的却不是民主制。因此，公民社会和社会资本不是民主的充分条件。

社会资本和公民社会既不是民主的必要条件，也不是民主的充分条件，显然意味着：不论公民社会和社会资本如何，既不必然导致民主制，也不必然导致非民主制——公民社会及其社会资本不是实行民主制或非民主制的必然因素。公民社会和社会资本，与民主制或非民主制并没有必然联系，它们对于民主制或非民主制的实行只具有有利还是不利的关系。发达的公民社会及其充裕的社会资本是实行和保持民主制的重大有利条件；不发达的公民社会及其匮乏的社会资本是实行和巩固专制等非民主制的重大有利条件。由此可以理解，为什么普特南虽然强调公民社会及其社会资本是实行民主的决定性因素，却否定其为民主的必要条件："我自己关于意大利不同地区民主制度绩效的对比研究表明，社会资本是民主进步的一种重要的决定性因素。一些批评者以为我的研究成果证明'没有良好的公民传统就不可能有民主'这一'铁律'，我要强调指出，这不是我的观点。相反，我相信，这项研究的主要教训是，民主的改革者必须从基层开始，切实鼓励普通公民之间的民间约定。"②

三、民主的文化条件

1. 以伦理文化为核心的政治文化：国家制度的直接原因

毋庸赘言，文化就是人类的语言文字等符号和思想心智所创造的有价值的东西，就是人类通过语言进行的思想心智所创造的有价值的东西，说到底，

① 曹荣湘选编：《走出囚徒困境：社会资本与制度分析》，71、78 页，上海三联书店，2003。

② 普特南：《使民主运转起来》，2 页，江西人民出版社，2001。

就是人类思想的创造物:人类的思想通过改造自然物所创造出来的有价值的物质形态或有形物,叫作物质文化,如房屋、衣服、粮食、器皿等一切有形体的东西;人类的心智通过反映一切事物所创造的有价值的精神世界,叫作精神文化,亦即所谓狭义文化概念,如知识、经验、理性、科学、艺术、文学、宗教等一切无形体的东西;人类的心智通过缔结制度而创造的社会——社会组织和社会关系以及社会活动——叫作制度文化,如家庭、社团、国家、经济、政治、法律和道德等一切社会领域的事物。

物质文化、精神文化和制度文化相互作用、互为因果。但是,不论何种文化,既然是文化,就必定都是人类思想的创造物,必定都是人们在一定的思想指导下创造的。因此,任何文化的变化不论源于何种原因,发生变化之前,都必定首先要经历人们的思想心智、精神文化方面的变化;精神文化的变化是一切文化变化的先导,是导致一切文化变化的直接原因。因此,精神文化的发展变化乃是制度文化发展变化的直接原因。如果转换为狭义文化,这一命题就全等于:文化(精神文化与狭义文化是同一概念)是制度(制度不属于狭义文化范畴)的直接原因。因此,就直接的因果关系来说,丹尼尔说的不错:"文化为制度之母。"①

民主制与非民主制都是国家制度,都属于制度范畴。因此,文化是制度的直接原因意味着:文化是民主制与非民主制的直接原因,是民主制与非民主制从可能到现实转化的直接原因,是民主制与非民主制的实现和巩固的直接原因。但是,文化包括人类创造的全部思想观念,不可能一股脑儿统统都是民主制与非民主制的原因。譬如说,文化包括自然科学,自然科学不可能是民主制与非民主制的直接原因。那么,究竟什么文化才是民主制与非民主制的直接原因?民主制与非民主制是政治制度的分类。因此,作为民主制与非民主制直接原因的文化,显然是政治文化。

政治文化的核心,说到底,乃是伦理文化。因为政治应该是法律和道德的实现:"政府除非执行众所周知的规则决不可以强制个人。"②法律又是以道德原则——正义、平等、自由等——为原则的,因而也不过是道德原则的实现。

① 塞缪尔·亨廷顿、劳伦斯·哈里森:《文化的重要作用》,16页,新华出版社,2002。

② Friedrich A. Hayek, *The Constitution of Liberty*, The University of Chicago Press, 1978, p. 205.

因此,说到底,政治不过是道德原则的实现。这样一来,政治文化固然是政治制度的直接原因,然而究竟言之,伦理文化乃是政治制度的最为核心的直接原因。因此,陈独秀在五四新文化运动之际,连续发表论文,阐明政治制度变革的核心问题是伦理文化的变革;伦理文化不进行变革,纵使政治制度发生变革,最终必将复辟:"盖伦理问题不解决,则政治、学术,皆枝叶问题,纵一时舍旧谋新,而根本思想,未尝变更,不旋踵而仍复旧观者,此自然必然之事也。"①

2. 公民文化与臣民文化:民主制与非民主制的直接原因

确实,以伦理文化为核心的政治文化,乃是国家制度形成的直接原因。那么,究竟是怎样的政治文化及其伦理文化,能够直接造成民主制和非民主制?答案显然是:民主主义文化是民主制的直接原因;专制主义与精英主义文化是非民主制的直接原因。因为民主主义就是认为民主是应该的理论,亦即认为国家最高权力应该完全平等地执掌于全体或多数公民。民主主义最主要的理论根据就是政治自由权利应该人人完全平等享有原则。按照这一原则,每个人都应该完全平等地享有政治自由,都应该完全平等地共同决定国家政治命运,说到底,都应该完全平等地共同执掌国家最高权力:"每个人只顶一个,不准一个人顶几个。"②

相反地,专制主义认为专制是应该的,亦即认为国家最高权力应由一个最优秀的人独掌;而精英主义则认为寡头精英统治是应该的,亦即认为国家最高权力应该执掌于少数精英。二者都否定民主,可以合而称之为"非民主主义"。非民主主义最主要的理论根据就是政治职务分配原则:应该根据每个人的才德或贡献分配政治职务和政治权力。按照这一原则,执掌国家最高权力的人应该是才德最优秀的人。才德最优秀的人显然不可能是人民大众,而只能是极少数人,甚至只能是一个人。如果是一个人,如果有一个才德无双的最优秀的人,就应该由他一人独掌国家最高权力,实行君主专制;如果极少数才德优秀的人相差无几,就应该由这些极少数优秀者执掌国家最高权力,实行寡头精英统治:"最优良的政体就该是由最优良的人们为之治理的政体。这一类型的政体的统治者或为一人,或为一宗族,或为若干人。"③

---

① 《陈独秀文章选编》(上),144页,生活·读书·新知三联书店,1984。

② 《潘恩选集》,145页,商务印书馆,1963。

③ 亚里士多德:《政治学》,173页,商务印书馆,1996。

这样一来，非民主主义文化——专制主义与精英主义文化——的核心特征，就是认为等级制和特权理所当然。等级制意味着政治权力垄断，它将国人分为垄断政治权力群体（官吏阶级）和没有政治权力群体（庶民阶级）。官吏阶级享有他们在民主制中得不到的巨大的政治权利、经济权利和机会权利等特权，官越大所享有的特权就越大。官吏阶级必然要维护自己巨大的特权，因而必然维护非民主制，反对民主制，这就是君主和寡头将绝大多数人都变成丧失政治自由的奴才，而又能够使他们服从其统治的诀窍。因此，等级制和特权乃是非民主制的固有特征；而认为等级制和特权理所当然则是非民主主义文化——专制主义与精英主义文化——的固有特征。换言之，专制主义与精英主义文化认为官应该是精英，应该德才优异，贡献大，因而应该享有较多权益和特权，民不应该是精英，德才应该不如官，德才优秀者应该是官而不是民——学而优则仕——因而应该享有较少的权益。说到底，社会成员相互间的关系应该是主奴关系，应该是庇护—附庸型的等级制垂直社会关系，而不应该是平等互惠合作的水平型横向社会关系，这就是专制主义与精英主义文化的固有特征。

相反地，民主主义文化的核心特征是认为权利平等理所当然，认为应该消除等级制和特权。因为民主主义认为每个公民应该完全平等地执掌国家最高权力，应该完全平等地成为国家最高权力的掌握者，应该完全平等地成为国家的最高统治者，应该完全平等地成为握有最高权力的国家的主人。这样一来，就消除了政治权力垄断，消除了政治权力垄断群体与没有政治权力群体之分以及人与人之间的主奴之分，消除了等级制和特权，从而使人与人的关系真正达到了平等。因为人们相互间的贫富即使相当悬殊，毕竟没有主奴之分，而同样是握有最高权力的国家的主人，因而根本说来是完全平等的。因此，说到底，民主主义文化认为社会成员相互间的关系，应该是名副其实的平等关系，应该是平等互惠合作的水平型横向社会关系，而不应该是庇护—附庸型的等级制垂直社会关系，这就是民主主义文化的固有特征。

因此，民主主义文化与公民文化是同一概念。因为所谓公民，就是享有从事管理社会和国家等公共事务的权利的国民。因此，公民文化就是认为每个国民都应该享有从事管理社会和国家等公共事务权利的思想观念。然而，每个国民不可能都担任管理职务或政治职务，而只可能平等地共同执掌社会和国家最高权力。因此，公民文化也就是认为每个国民应该平等执掌社会和国家最高权力的思想观念,就是认为每个国民应该成为平等执掌社会和国家最高权力的主人的思想观念:公民文化与民主主义文化是同一概念。

相反地,非民主主义文化——专制主义与精英主义文化——与臣民文化是同一概念。因为臣民原本与君主相对而言:君主是独掌最高权力的那一个人,是臣民的主人、主子或主公;臣民是服从君主统治的一切人,是君主治下的官吏和庶民,是君主的奴仆、奴才或奴隶。不但君主与臣民的关系是主奴关系,而且臣民之间也是主奴关系:官吏是庶民的主人,庶民是官吏的奴才;大官是小官的主人,小官是大官的奴才。因此,臣民文化的根本特征就是认为主奴关系理所当然,就是认为等级制和特权理所当然,就是认为社会成员相互间的关系应该是主奴关系,应该是庇护—附庸型的等级制垂直社会关系,而不应该是平等互惠合作的水平型横向社会关系,这就是臣民文化的根本特征。因此,臣民文化就是非民主主义文化,就是专制主义和精英主义文化,就是认为社会成员相互间的主奴依附关系、等级制和特权理所当然的思想观念。

这样一来,公民文化显然就是民主制的直接原因;而臣民文化则是非民主制——君主制或寡头制——的直接原因。因为文化是制度的直接原因,任何制度都是人们在一定的思想意识指导下直接创造出来的。人们有什么样的思想文化,就会创造什么样的制度。如果人们崇尚公民文化,认为民主是应该的,专制是不应该的,从而热爱民主而痛恨专制,那么,他们就会创造民主制,而决不会创造专制制度:公民文化是民主制的直接原因。反之亦然,如果人们崇尚臣民文化,相信天无二日,民无二主,认为民主是不应该的,而专制是应该的,那么,他们显然决不会创造民主制,而只能创造君主制:臣民文化是非民主制的直接原因。

细究起来,公民文化和臣民文化不但是民主制与非民主制形成的直接原因,而且是它们能否巩固和持久的直接原因。具有公民文化传统的民族和国家,即使出现了专制等非民主制,也难以巩固和持久。因为人们崇尚公民文化,必定反对非民主制而赞同民主制,非民主制不具有合法性,而只有民主制才具有合法性。这样一来,人们就会努力废除专制等非民主制,而代之以民主制。这就是为什么原始社会虽然出现过专制等非民主制,但都是短命的,专制等非民主制与原始社会的人们崇尚民主的思想文化背道而驰。法国虽然出现拿破仑专制,但不过是昙花一现,而后专制与民主反反复复,最终只有民主制能够巩固和持久,岂不就是因为法国具有启蒙运动的公民文化传统?

相反地，具有臣民文化传统的民族和国家，即使出现了民主制，也难以巩固和持久，不是迅速垮台，就是挂羊头卖狗肉，形式民主而实为专制。因为人们崇尚臣民文化，必定赞同专制等非民主制而不支持民主制，因而民主制不具有合法性，而只有专制等非民主制才具有合法性："一种厚重的反民主的文化会阻碍民主规范在该社会的传播和否定民主制度的合法性。"[①]这样一来，民主制即使不垮台，也势必徒有虚名，而实际上被专制等非民主制所取代。试想，为什么辛亥革命推翻帝制，中国仍然没有实现民主？充其量，实现的不过是蒋介石的形式民主而实为专制？直接原因显然在于，国民大众缺乏公民文化精神，骨子里流淌的仍然是崇尚皇权和救星的主奴文化、臣民文化。

可见，文化乃制度之母：公民文化是民主制形成和巩固的直接原因；臣民文化是非民主制形成和巩固的直接原因。那么，能否说公民文化与臣民文化分别是民主制与非民主制的必要条件？许多学者的回答是肯定的。粗略看来，确实如此。因为不言而喻，一个人只有有了制作桌子的思想观念，他才会有制作桌子的行动，桌子的思想观念是制作桌子行动的必要条件。一个人只有有了建立民主制的实行意识、公民文化，才能进行创造民主制的行动，公民文化是民主制的必要条件。然而，细究起来，并非如此。因为与桌子的创造根本不同，民主制并不是一个人或几个人创造的，而是众多国人共同创造的。

问题的关键，正如阿尔蒙德和维巴所言，国人的思想文化不可能完全一致，而必定一些人崇尚公民文化，另一些人崇尚臣民文化，甚至同一个人也混合公民文化与臣民文化于一身。这样一来，崇尚公民文化的人想要建立民主制，崇尚臣民文化的人则想要建立非民主制。那么，是否只有公民文化占上风，才能建立民主制？是否只要公民文化占上风，就能够建立民主制？答案都是否定的。因为公民文化与臣民文化都仅仅分别是建立民主制与非民主制的条件之一；民主制与非民主制的建立，还需要其他条件，如社会条件、经济条件和政治条件等客观条件，以及庶民阶级与官吏阶级进行斗争的主观条件。因此，一方面，即使公民文化占下风，即使盛行臣民文化，如果其他条件具备，也可能实现民主制，如苏东九国的民主化。这意味着：公民文化不是民主制的必要条件。另一方面，即使公民文化占上风，如果其他条件不具备，也不能实现

① Samuel P. Huntington, *The Third Wave: Democratization in the Late Twentieth Century*, Norman: University of Oklahoma Press, 1991, p. 298.

民主制,如新加坡以及回归前的香港和澳门。这意味着:公民文化不是民主制的充分条件。显然,臣民文化与非民主制的关系也是如此。

公民文化虽然不是民主制的必要条件和充分条件,但却是民主制的直接原因,因而必定是有利于实现和巩固民主制的重要因素、重要条件;相反地,臣民文化虽然不是实行非民主制的必要条件和充分条件,却是非民主制的直接原因,因而必定是有利于实现和巩固非民主制的重要因素、重要条件。试想,如果一个国家臣民文化盛行,多数人崇尚臣民文化,那么,该国的主流文化就可以称为臣民文化,该国流行的就是以臣民文化为主的混合的政治文化。主流文化是臣民文化——亦即以臣民文化为主的混合的政治文化——的国家,如伊拉克、菲律宾、朝鲜、利比里亚,显然很容易实现和巩固非民主制,而难以实现和巩固民主制,臣民文化是有利于实现和巩固非民主制的重要条件。相反地,如果一个国家公民文化盛行,多数人崇尚公民文化,那么,该国的主流文化就可以称为公民文化,该国流行的就是以公民文化为主的混合的政治文化。主流文化是公民文化——亦即以公民文化为主的混合的政治文化——的国家,如英国和美国,显然很容易实现和巩固民主制,而难以实现和巩固非民主制,公民文化是有利于实现和巩固民主制的重要条件。因此,达尔一再强调,文化既不是民主的必要条件,也不是民主的充分条件,而是有利和不利民主的关键条件。①

3. 公民文化的发展路径:启蒙运动、公民社会和市场经济

公民文化是有利于实现和巩固民主制的重要条件;臣民文化是有利于实现和巩固非民主制的重要条件。那么,究竟怎样才能发展公民文化和削弱臣民文化呢? 马克思说:"不是人们的意识决定人们的存在,相反,是人们的社会存在决定人们的意识。"②公民文化是一种民主文化,因而只有在民主制度下才可能真正成为主流文化。但是,这并不意味着,公民文化只能产生于民主制社会,否则,非民主制就永远是非民主制,而民主制永无实现之日了。非民主制国家,一般说来,虽然臣民文化是主流,但也能够产生民主主义文化或公民文化。只不过,公民文化难以成为非民主制的主流文化罢了。那么,非民主制

---

① Robert A. Dahl, *On Democracy*, New Haven & London: Yale University Press, 1998, pp. 157–158.

② 《马克思恩格斯选集》,第4卷,32页,人民出版社,1995。

国家公民文化究竟来自何处？究竟怎样才能发展公民文化和削弱臣民文化？非民主制国家公民文化发展路径，细究起来，可以归结为三条：建立公民社会、实行市场经济和开展思想启蒙运动。

建立公民社会是发展公民文化和削弱臣民文化的最重要途径，因为臣民文化具有双重社会根源：官吏阶级与庶民阶级。臣民文化滋生的社会根源，就官吏阶级来说，是因为非民主制所固有的等级制，使官吏阶级享有在民主制中不可能享有的巨大的社会资本和特权。官吏阶级必定维护其巨量社会资本和特权，因而必定反对民主制而赞成非民主制，从而形成精英主义和专制主义的臣民文化：官吏阶级和官方组织是臣民文化的根本源泉。臣民文化滋生的社会根源，就庶民阶级来说，是因其成员既没有权力，又分散孤立，因而社会资本极端匮乏。这种毫无权力、分散无力和社会资本匮乏的状态，决定了他们无力捍卫自己的权益，因而势必寻求官吏阶级——特别是明君和清官——的庇护，从而形成庇护—附庸型的等级制垂直社会关系和臣民文化。

臣民文化的双重来源表明，虽然某些官员可能崇尚公民文化，但是，整个官吏阶级必定反对公民文化。因此，公民文化的源泉，不可能存在于官吏阶级和官方组织，而只能存在于庶民阶级及其非官方组织：公民社会。发展公民文化和削弱臣民文化的社会途径，说到底，就是庶民阶级——以及站在庶民阶级立场的个别官吏——建立公民社会。因为公民社会就是非官方的民主自治公共团体，因而具有双重效用：外部效应与内部效应。从外部效应看，公民社会是凝聚庶民阶级民主力量的蓄水池，公民社会越发达，庶民阶级成员社会联系便越广泛和团结，庶民阶级所拥有的民主的社会资本便越雄厚，便越能够自己捍卫自己的权益而不必寻求官吏阶级的庇护，从而摆脱臣民文化的羁绊。从内部效应来看，公民社会是培育庶民民主精神的学校，公民社会越发达，平等互惠合作的水平型横向社会关系便越发达，公民文化与民主精神便越发达；公民社会越发达，庇护—附庸型的等级制垂直社会关系就越衰落，臣民文化和专制等非民主精神便越衰落。

如果说建立公民社会是发展公民文化和削弱臣民文化的重要途径，那么，实行市场经济则是发展公民文化和削弱臣民文化的根本途径。因为所谓市场经济，亦即商品经济、非统制经济、非指令经济，就是由市场自发自然地配置资源——而不是由政府依靠权力强制人为地配置资源——的经济，政府仅仅是市场经济规范的制定者与仲裁者，而不是市场经济的指挥者。因此，一方面，市场经济能够形成独立于官方政治权力的经济权力，从而消除官吏阶级对于经济权力和政治权力的全权垄断，最终避免“不服从就不得食”的臣民文化。另一方面，正如马克思所指出的，市场经济的本性就是自由和平等。[①] 因此，市场经济滋生的思想文化的根本特征，就是认为社会成员相互间的关系应该是自由平等互惠合作的水平型横向社会关系，而不应该是庇护—附庸型的等级制垂直社会关系：市场经济是公民文化唯一的经济基础。

市场经济是公民文化唯一的经济基础，正如近年来民主化的研究成果所显示的，还有其他原因。因为市场经济不但是唯一高效率经济——自然经济和计划经济都是低效率经济——而且是不受政府和官方政治权力控制的经济。这样一来，随着市场经济的迅速发展，便造成了高度的城市化、全球化和教育水平的普遍提高，将庶民阶级——特别是农民——从分散无力状态解放出来，逐步形成强大的中产阶级、资产阶级和无产阶级及其独立于官方的各种公民社会。这三大庶民阶级——中产阶级、资产阶级和无产阶级——及其独立于官方的各种公民社会，无疑是民主化的主力军，是民主主义思想和公民文化的主要来源，以致亨廷顿一再说：“几乎在每一个国家民主化最积极的支持者都是来自城市中间阶级。”[②]摩尔也这样写道：“富有活力和独立的城镇市民阶级是议会民主成长过程中不可缺少的要素。没有资产阶级，就没有民主。”[③]

市场经济和公民社会虽然是发展公民文化和削弱臣民文化的重要途径，但是，二者毕竟是增强公民文化与削弱臣民文化的间接途径，而并不能直接实现由臣民文化到公民文化的质的飞跃。完成这一飞跃的，乃是启蒙运动。启蒙运动就是运用自己的理智破除迷信荒谬而把握真理的运动，因而西方迄今只有两大启蒙运动——古希腊思想文化大繁荣并不属于启蒙运动——14—16世纪以意大利为中心的文艺复兴运动和18世纪以法国为中心的欧洲启蒙运动。因为只有这两次思想文化运动的核心是破除荒谬的迷信：宗教或神学蒙昧主义迷信和专制主义理论迷信。

---

① 《马克思恩格斯全集》，第46卷（下），477页，人民出版社，1980。

② Samuel P. Huntington, *The Third Wave: Democratization in the Late Twentieth Century*, Norman: University of Oklahoma Press, 1991, p. 67.

③ Barrington Moore, JR., *Social Origins of Dictatorship and Democracy-Lord and Peasant in the Making of the Modern World*, Boston: Beacon Press, 1972, p. 418.

宗教或神学蒙昧主义是荒谬的迷信，自不待言，然而，专制主义理论为什么也是一种荒谬的迷信？因为所谓专制主义，亦即认为专制是应该的理论，说到底，亦即认为一个人不受限制地独掌国家最高权力的政体是应该的理论。一个人不受限制地掌握国家最高权力是应该的，岂不意味着：只有一个人应该是主人、主子、主公，而所有人都应该是奴才、奴仆、牛羊和牲畜？难道这不是一种荒唐绝伦的谬论吗？国民们居然深深相信这种谬论是真理，居然深深相信自己与所有人都应该是君主的忠诚的奴才、牛羊和牲畜，岂不是荒谬的迷信？

可见，专制主义理论与宗教或神学蒙昧主义一样，都属于荒谬迷信范畴。臣民文化的核心就是专制主义理论，因而也属于荒谬迷信范畴。这样一来，一个国家的臣民文化转变为公民文化的过程，就是破除荒谬迷信而代之以真理的过程，就是启蒙运动：启蒙运动是所有国家的臣民文化转变为公民文化的必由之路。但是，启蒙运动未必使一个国家的臣民文化转变为公民文化。因为启蒙运动与人类其他任何运动和活动一样，未必一定达成目的，获得成功。一个国家的启蒙运动能否达成臣民文化转化为公民文化，显然取决于启蒙运动能否成功地破除臣民文化而代之以公民文化。

不难看出，启蒙运动能否成功地破除臣民文化而代之以公民文化，取决于两个条件。一个是，启蒙运动的思想家所创造的公民文化思想成果，必须超过它想取代的臣民文化思想成果，从而才能克服臣民文化而代之以公民文化。这就要求启蒙运动思想家的思想成果比臣民文化思想家更加伟大、辉煌和众多。另一个条件是，启蒙运动的持续时间必须足够持久，因为正如康德所言："公众只能是缓慢地获得启蒙。"[①]试想，为什么西方两次启蒙运动都获得了成功？一方面，岂不在于，这两次启蒙运动都足够持久？文艺复兴持续300年；欧洲启蒙运动持续100年。另一方面，岂不在于，这两次启蒙运动的思想家堪称群星灿烂？岂不在于，他们所创造的思想成果远远超过了所要克服的神学蒙昧主义和专制主义的思想成果？

如果说五四新文化运动是中国的文艺复兴运动，或许不够十分贴切，但是，毫无疑义，五四新文化运动是中国的启蒙运动。因为这场运动的核心，正如陈独秀所指出的，就是破除孔教、礼法、忠孝、贞节和鬼神等黑暗荒谬迷信而

① 康德：《历史理性批判文集》，24页，商务印书馆，1990。

代之以真理的光明世界,说到底,就是破除儒家专制主义臣民文化的黑暗荒谬迷信,而代之以德先生和赛先生。[①] 鲁迅则更加深刻地揭示了迷信传统文化的荒谬性,因为传统文化是一种地地道道的侍奉主子的吃人的文化:"中国的文化,都是侍奉主子的文化,是用很多人的痛苦换来的。"[②]

确实,任何专制主义文化都是侍奉主子的主奴文化。中国是"普天之下,莫非王土;率土之滨,莫非王臣"的家天下的全权专制主义文化,是最极端、最残酷、最野蛮、最恶劣、最黑暗因而堪称吃人的侍奉主子的主奴文化。中国诸子百家——儒家、墨家、法家、道家等——两千多年竟然无不信奉和讴歌这种吃人的侍奉主子的主奴文化,岂不是极端黑暗的荒谬的迷信!因此,五四新文化运动是地地道道的破除荒谬迷信而代之以真理的运动,是地地道道的启蒙运动。然而,五四新文化启蒙运动为什么没有成功?为什么没有成功地使国民破除儒家专制主义臣民文化的迷信,而代之以德先生和赛先生?

一方面,岂不在于五四新文化运动过于短暂?令人爱不释手的杰作《五四运动史》的作者周策纵,认为五四新文化运动至多不过五年:"我们很有理由把'五四时代'定在 1917 年到 1921 年这段时期之内。"[③]另一方面,五四新文化运动没有成功地使国民破除儒家专制主义臣民文化的迷信,岂不在于,五四新文化运动思想家们在短短的几年里,远远没有——也根本不可能——创造出这样伟大的思想成果:足以克服源远流长博大精深的儒家专制主义文化。李慎之甚至说:"'五四'的作用是对旧制度、旧思想、旧文化,只擦破了一层皮。"[④]因此,陈乐民的《启蒙札记·卷首语》写道:"至此,我经过几十年的反复思考,只弄明白了一个简而明的道理:我挚爱的祖国多么需要一种彻底的'启蒙'精神。"[⑤]

四、民主的经济条件

民主的经济条件,亦即民主与经济的关系,极为复杂幽晦,蕴含着达尔称

① 《陈独秀文章选编》(上),317—318 页,生活·读书·新知三联书店,1984。
② 《鲁迅选集》,666 页,人民文学出版社,1952。
③ 周策纵:《五四运动史》,7 页,岳麓书社,1999。
④ 陈乐民:《启蒙札记》,194 页,生活·读书·新知三联书店,2009。
⑤ 同上书,1 页。

之为“令人焦虑”的奥秘。对于这一奥秘，利普赛特、亨廷顿、达尔和英格尔哈特等众多杰出学者以及现代化理论家已有极具价值的考察和研究。这种考察和研究看似全面，以至王绍光称之为“同时段跨国观察和跨国时间序列观察”①；可是，真正讲来，却是极其片面的。因为这种考察虽然跨国且结合历史与现实，却局限于19世纪民主化以来的历史和现实，充其量，也没有跳出资本主义以来的历史和现实。然而，考察民主的经济条件，归根结底，也就是考察经济对于民主的实现之作用。有比较才能有鉴别。因此，考察经济对民主实现的作用，应该全面考察各种不同经济形态对于民主实现的作用，说到底，应该考察六种社会——原始社会、奴隶社会、封建社会、资本主义社会、社会主义社会和共产主义社会——的经济形态对于民主实现的作用。只有如此才堪称全面，否则，只考察资本主义以来各国的经济发展对民主的作用，显然是极其片面的。

1. 原始社会：普遍实行民主的经济条件

原始社会整体来说实行的是民主制。因为，如前所述，占据原始社会99%以上时间的游群和部落，都是民主制；唯有占据不到1%时间的酋邦，才既可能实行民主也可能实行专制等非民主制。酋邦存在的时间不但极其短暂，而且属于原始社会向阶级社会过渡阶段，兼具二者特征，因而其特征——如专制等非民主制——严格说来，不能算作原始社会特征。因此，正如摩尔根所指出的，原始社会普遍实行民主制；专制等非民主政体不过是在原始社会末期偶尔出现的特例。②

原始社会之所以普遍实行民主制，主要讲来，无疑缘于当时的经济条件。因为每个人无不追求个人利益，尤其是个人权力，权力属于最重大的利益范畴。人们对于权力的追求的努力程度，显然与其高低大小成正比：权力越大，人们便越是努力追求。所以，人们对于一个国家的最高权力的追求，往往可以达到父子相残而置一切于不顾的疯狂地步。然而，为什么人们竟然会放弃原本应该属于自己的那部分最高权力——国家最高权力应由全体国民完全平等

① 王绍光：《民主四讲》，80页，生活·读书·新知三联书店，2008。

② Lewis H. Morgan, *Ancient Society*, Cambridge: The Belknap Press of Harvard University Press, 1964, pp. 110–111.

地共同执掌——而同意由一人或几个寡头独掌国家最高权力?

原来,最高权力究竟由全体公民共同执掌(民主)还是由一人或几个寡头执掌(专制等非民主制),在很大程度上,取决于人们相互间的关系——特别是经济关系——是否平等。如果存在着经济权力垄断,存在着依附、附庸或从属关系,存在着保护和服从关系,存在着"一群卑微的人对少数豪强严格的经济从属"[①],那么,依附者或附庸自然听命于其保护者,甚至以服从为天职,将本应该由自己执掌的那部分最高权力转让给其保护者。在这样的经济条件下,显然很难实现民主。

但是,如果是平等的社会,如果人们相互间是平等互惠的关系,那么,不论是谁,显然都不会——也没有必要——将本来应该由自己执掌的那部分最高权力转让给别人,而势必出现全体公民共同执掌最高权力的民主制度。原始社会正是这样的平等社会。因为原始社会实行生产资料公有制和产品平均分配的经济制度,因而不存在经济权力垄断,人们相互间处于平等互惠合作的水平型横向社会关系,而不是庇护—附庸型的等级制垂直社会关系。[②]

这就是原始社会普遍实行民主制度的经济条件和根本原因。但是,当原始社会经由游群和部落而发展到酋邦,亦即处于原始社会向阶级社会过渡阶段的时候,生产专门化的程度较高,出现较多剩余产品,因而从部落的实物和劳役的互惠原则,转化为行政性的再分配制度。这样一来,就使酋长拥有极其重要的控制剩余产品、进行再分配的经济权力,进而形成一种等级制社会。[③]

这就是酋邦社会的人们会将本来应该属于自己的那部分最高权力转让给酋长的经济条件和根本原因。这就是酋邦会出现专制等非民主制度的经济条件和根本原因。因此,原始社会的经济条件是其出现民主制与非民主制度的根本原因:经济平等——没有剩余产品和平均分配——是游群和部落民主制的主要原因;经济不平等——出现较多剩余产品和行政性的再分配制度——是酋邦社会出现专制等非民主制的主要原因。

细究起来,没有剩余产品和平均分配,之所以是原始社会普遍实行民主制的条件和原因,不仅是因为它使每个人都没有必要让渡本来应该属于自己的

---

① 马克·布洛赫:《封建社会》,701页,商务印书馆,2004。

② Carol R. Ember, Mevin Ember, *Cultural Anthropology*, Ninth Edition, Prentice Hall, Inc., 1999, p. 224.

③ 哈维兰:《当代人类学》,476页,上海人民出版社,1987。

那部分最高权力，而且因为它使独立的、专门的、正规的政治组织成为不可能，从而也就使官吏阶级的出现成为不可能，说到底，使等级制成为不可能：没有等级制就不可能有专制等非民主制。相反地，出现较多剩余产品以及再分配制度，之所以是原始社会末期出现专制等非民主制度的条件和原因，不仅因为它使人们同意让渡本来应该属于自己的那部分最高权力，而且因为它使独立的、专门的、正规的政治组织成为可能，从而也就使官吏阶级的出现成为可能，说到底，使等级制的出现成为可能：等级制是专制等非民主制所固有的必然的普遍的不依人的意志而转移的根本特征。

可见，没有剩余产品和平均分配是原始社会普遍实行民主的经济条件。因为，一方面，它使人人平等，谁都没有必要让渡本来应该属于自己的那部分最高权力，因而导致全体公民共同执掌最高权力；另一方面，它使等级制成为不可能，因而没有专制等非民主制赖以存在的主要支柱。相反地，出现较多剩余产品以及再分配制度是原始社会末期出现专制等非民主制度的经济条件。因为，一方面，它使酋长可以垄断再分配的经济权力，造成经济不平等，没有经济权力者往往不得不让渡本该属于自己的那部分最高权力；另一方面，它使等级制成为可能，因而具备专制等非民主制赖以存在的主要力量。

2. 奴隶社会、封建社会民主与非民主制的经济条件：古典的古代生产方式、庄园制度与亚细亚生产方式

人类原始社会普遍实行民主制，意味着：中国与西方一样，迄今99.9%以上的时间中都是实行民主制；专制等非民主制，充其量也不足0.1%的时间而已。然而，问题的关键在于，为什么同样从原始社会转变为阶级社会，西方仍然能够实行民主制，创造了辉煌灿烂、影响深远的古希腊民主制；而中国却背叛了祖先三百万年的民主传统，创造了人类最恶劣的专制——全权垄断的家天下的极权主义的专制制度？为什么西方即使最野蛮的专制主义论者，如马基雅维利之流，却又主张自由主义；而中国自大禹开创家天下的极权专制制度以来，直至清朝，不但一直是家天下的极权专制制度，而且几乎所有思想家——儒家、墨家、法家、道家和阴阳家等——竟然无不是专制主义论者？原因固然不胜枚举，但最根本、最重要、最主要的原因，无疑在于当时中国与西方的生产方式截然不同：中国实行亚细亚生产方式；而西方则实行"古典的古代"生产方式——亚细亚生产方式是专制的经济条件；古典的古代生产方式则是

民主的经济条件。

所谓亚细亚生产方式,如所周知,是马克思东方专制主义理论的基本概念。细察马克思东方专制主义理论,可以看出,原始社会向阶级社会的转化和过渡,东方与西方具有截然不同的路径,遂使东西方在原始社会末期和阶级社会初期乃至近世的生产方式呈现截然不同的形态。中国、印度和俄国等东方原始社会向阶级社会的转化和过渡,形成的就是所谓"亚细亚生产方式"。

这种经济结构的根本特点,就是以土地"公有"或"国有"为其现象和形式的土地"国王及其官吏阶级所有制",因而商品交换极不发达,是一种农业和手工业相结合的家族宗法制的、自给自足的、封闭的、孤立的、分散的经济。因为从外表和名义上说,亚细亚生产方式仍然与原始社会一样,土地属于公社所有,不存在土地私有制。然而,实际上,土地的真正所有者却是能够代表公社的个人,亦即公社首脑人物,说到底,乃是凌驾于一切公社之上的国家的首脑人物、专制君主;而公社和它的首脑人物以及每个人只不过是土地的占有者和使用者:"普天之下,莫非王土;率土之滨,莫非王臣。"[①]因此,亚细亚生产方式的根本特点,便是保留原始社会土地"公有"的躯壳和形式,而改变其灵魂和实质,代之以土地"国王及其官吏阶级所有制"。

既然亚细亚生产方式是以"公有"或"国有"为其现象的"国王及其官吏阶级所有制",既然在这种生产方式中不存在个人所有而只有个人占有,那么,无论在公社内部还是外部商品交换便必定都极不发达,商品经济便很难从这种生产方式自身发生,这就是东方社会在近代没有走上资本主义发展道路最为根本的原因。因此,亚细亚生产方式是一种农业和手工业的家庭相结合的家族宗法制的、自给自足的、封闭的、孤立的、分散的经济结构,这是源于国王及其官僚所有制的亚细亚生产方式的另一个根本特点。

西方原始社会向阶级社会的转化所形成的生产方式,马克思称为"古典的古代"的生产方式,以与"亚细亚的古代"的生产方式——亦即亚细亚生产方式——相区别。这种生产方式的根本特点,与亚细亚生产方式恰恰相反,并不保留原始社会土地"公有制"的躯壳或形式,而是干脆废除原始公社公有制而代之以阶级社会私有制。因此,每个公民都是私有者,公民作为私有者都是自由、独立和平等的;而公社和国家不过是这些自由、独立和平等的私有者的联合

---

① 《诗·北山》。

与保障。这样一来，在西方的“古典的古代”生产方式中，商品交换——它以独立的私有者的存在为前提——便远远发达于亚细亚生产方式而具有重要经济地位，这就是西方近代能够顺利而迅速走上资本主义发展道路最为根本的原因。

这样一来，亚细亚生产方式便正如马克思、恩格斯所指出的，乃是东方专制政体所由以产生的经济条件和根源。因为亚细亚生产方式是一种以“公有”或“国有”为其外在形式的极端不平等和不自由的私有制：只有国家首脑一个人是真正的私有者，他剥夺了所有人的土地，一个人拥有一切，而所有人却一无所有。对于一个拥有国家的全部土地或生产资料的国家元首，任何人——不论是官吏还是平民——胆敢反抗和不服从，岂不都意味着自己至少将被活活饿死？因此，亚细亚生产方式的国家，不仅是一个人——国家元首——独掌国家最高政治权力，因而是君主专制；而且是一个人独掌控制国家和所有人的全权，因而是最全面、最极端、最极权、最可怕的极权主义君主专制。

细究起来，亚细亚生产方式之为东方专制政体的经济条件和经济根源，还在于这种生产方式是一种分散于辽阔疆域的农业和手工业相结合的村社家族宗法制的封闭孤立的自给自足经济。这是因为，一方面，分散于辽阔疆域的农业和手工业相结合的村社家族宗法制自给自足经济，具有极大的封闭性、孤立性和分散性，遂使民众的利益与国家政治变化没有多少关系，因而对国家政治漠不关心。这样一来，民众就难以产生自愿的联合，形成民主政体，而——特别是面临治水等大规模的公共工程和反抗外来侵略的迫切需要——势必造成中央集权和专制独裁。

另一方面，这种亚细亚生产方式的村社家族宗法制度，显然是国家专制制度的基础。因为家庭乃是国家的细胞——家庭是最小的社会，而国家则是最大的社会——这样，亚细亚村社家族宗法制度使村社的权力集于家长一人，自然而然也就使国家的权力集于国家首脑一人，从而导致专制：“家族制度之与专制政治，遂胶固而不可以分析。”①更何况，在亚细亚生产方式中，全国的土地和生产资料皆为国家首脑一人拥有，这样的一个人岂不就是应该独掌国家政权的国父？所以，说到底，亚细亚村社家族宗法制度自然而然导致“家天下”的专制政体，宗法制是滋生专制的天然土壤。

可见，“分散于辽阔疆域的农业和手工业相结合的村社家族宗法制的封闭

---

① 赵清、郑成编：《吴虞集》，63页，四川人民出版社，1985。

孤立的自给自足经济”这一亚细亚生产方式基本特征，与其所由以产生的亚细亚生产方式的更为基本的特征——以“公有”或“国有”为其现象的“国王及其官吏阶级所有制”——一样，也是造成东方专制政体的重要经济条件和经济根源。所以，马克思、恩格斯一再说：“各个公社相互间的这种完全隔绝的状态，在全国造成的虽然相同但绝非共同的利益，这就是东方专制制度的自然基础。从印度到俄国，凡是这种社会形态占优势的地方，它总是产生这种专制制度。”[①]

与此相反，西方“古典的古代”生产方式则是民主制度的经济条件和牢固基础。因为，如上所述，在这种生产方式中，每个公民都是私有者，公民作为私有者都是自由、独立和平等的，公社和国家不过是这些自由、独立和平等的私有者的联合与保障，因而商品交换远远发达于亚细亚生产方式，具有重要的经济地位。这样一来，一方面，西方国家元首便不像中国国家元首那样，拥有国家的全部土地和生产资料；相反地，国家的公民和官员与国家元首一样，都独立拥有自己的财产，他们的财产并不像中国臣民那样，是通过国家元首的封赏而获得的，因而其生存并不依赖国家元首。所以，西方的部落酋长和国家元首便不拥有控制国民的全权，很难发展成为专制君主。另一方面，公民作为私有者都是自由、独立和平等的，商品交换远远发达于亚细亚生产方式而具有重要的经济地位，因而便能够产生自愿的联合和选举制度，从而造就民主政体。

西方“古典的古代”生产方式是民主制的经济条件和牢固基础，因而当其被封建制生产方式所取代，在长达一千多年的西方各封建制国家，除了佛罗伦萨共和国——威尼斯共和国则属于寡头共和国——统统实行专制等非民主制。这意味着，封建制生产方式是专制等非民主制的经济条件。可是，究竟为什么封建制生产方式是专制等非民主制度的经济条件和牢固基础？

原来，西方封建制生产方式就是所谓的庄园制度：“封建主义即庄园制度。”[②]封建制生产方式或庄园制度的核心，正如布洛赫所指出的，就是领主与附庸的等级制度，就是人身依附的等级制度，就是保护和服从的等级制度，说到底，就是“一群卑微的人对少数豪强严格的经济从属”[③]。这种庄园制度，决

① 《马克思恩格斯选集》，第2卷，624页，人民出版社，1977。

② 布洛赫：《封建社会》，699页，商务印书馆，2004。

③ 同上书，701页。

定了封建社会人际关系，根本说来，是一种主从等级关系，是一种主子与从属的等级关系，是依附者与保护者的等级关系。[①]

在这样一种人们相互间普遍为依附者与保护者之主从等级关系的国家，民主——国民完全平等地共同执掌最高权力——显然是一种最不可思议的怪事。相反地，最高权力理所当然地应由那一个最强大的人、最高领导人或国王执掌：君主制是天经地义的。因为，正如布洛赫所言，弱小与强大、依附与保护的主从等级关系是相对的。[②] 这样一来，最强大的人——最高领导人或国王——便是所有人的保护者；而所有人都是他的依附者或附庸。因此，最高领导人或所有人的保护者，理所当然应该执掌国家最高权力：君主制原本是封建社会——亦即人们相互间普遍为依附者与保护者的主从等级关系的社会——应有之义。问题的关键在于，人们相互间普遍为依附者与保护者的主从等级关系，如上所述，源于封建生产方式或庄园制度，源于“一群卑微的人对少数豪强严格的经济从属”。因此，说到底，君主制乃是封建生产方式的应有之义：封建生产方式或庄园制度是君主制的经济条件和牢固基础。这就是封建生产方式取代古典的古代生产方式之后，西方竟然普遍实行君主制长达一千余年的根本原因。

然而，同为封建君主专制，中西却大相径庭：西方封建专制与中国封建专制比起来，简直就是自由与平等的乐园了。因为中国封建专制是一种“不服从者不得食”的专制，亦即家天下的、极权的、全权垄断的专制，专制君主不但垄断了最高政治权力，而且垄断了经济权力、社会权力和文化权力，拥有控制国民的全权。相反地，西方封建专制则是一种“不服从者亦得食”的专制，亦即非家天下的、非极权的、非全权垄断的专制；专制君主仅仅垄断了最高政治权力，而并未垄断经济权力、社会权力和文化权力，并不拥有控制国民的全权。究其原因，显然在于二者的经济条件——亚细亚生产方式与庄园制度——根本不同：亚细亚生产方式使专制君主拥有控制国民的全权；而庄园制度则使专制君主仅仅拥有控制国民的政治权力。

综观奴隶社会、封建社会民主与非民主制的经济条件可知，一方面，亚细亚生产方式——亦即以“公有”或“国有”为其现象的“国王、官吏阶级所有制”

① 布洛赫：《封建社会》，249页，商务印书馆，2004。

② 同上书，254页。

及其所产生的农业手工业相结合的家族宗法制的自给自足经济——乃是中国自原始社会向阶级社会转变以来,四千余年极权专制的经济条件和经济根源,是专制制度最牢固的基础和最深刻的原因。相反,西方"古典的古代"生产方式——亦即每个公民都是真正私有者的自由和平等的私有制——则是西方原始社会向阶级社会转变以及奴隶社会所实行的民主制的经济条件和经济根源,是西方民主制度最牢固的基础和最深刻的原因。另一方面,西方封建生产方式或庄园制度,是西方一千余年普遍实行封建君主制的经济条件和经济根源;而西方封建君主专制与中国封建君主专制之不同——亦即非极权专制与极权专制——亦源于庄园制度与亚细亚生产方式之不同。

亚细亚生产方式与古典的古代生产方式根本不同,这就是在原始社会的民主制度向阶级社会过渡的时代,东方、中国形成的是一个人——炎黄二帝和尧、舜、禹——独掌最高权力的专制统治,而同时代的西方、希腊却是城邦民主统治之最深刻原因!这就是古希腊的梭伦、克利斯蒂尼和伯里克利的改革使民主政治繁荣鼎盛,而同时代的中国的管仲、李悝和商鞅的变法改制却是最大限度地加强专制之最深刻原因!这就是古希腊苏格拉底、柏拉图和亚里士多德极其丰富地展示了专制与民主各种政体的广阔天地,而中国诸子百家——儒家、墨家、法家和阴阳五行思想家——却统统是倡导和主张专制的专制主义论者之最深刻原因!

3. 资本主义:现代化时代民主的经济条件

西方史学界,一般说来,将人类历史分为古代、中世纪和现代:公元 5 世纪下半叶西罗马帝国灭亡为古代结束和中世纪的开端;17 世纪英国资产阶级革命的爆发为中世纪结束和现代的开端。但是,现代化理论家大都认为现代史开始于 16 世纪前后。[①] 因此,所谓现代化,也就是向现代社会的转变过程,亦即非现代社会、前现代社会或所谓传统社会向现代社会转变的过程,对于西欧来说,就是中世纪封建社会——它相对现代社会而言亦即传统社会——向现代社会的转变过程;对于世界来说,则是各种不同类型的传统社会或前现代社会向现代社会的转变过程。

---

① C. E. Black, *The Dynamics of Modernization: A Study in Comparative History*, New York: Harper Row, Publishers, Inc., pp. 5 - 6.

就人类社会经济形态的类型来说，传统社会或前现代社会主要是封建社会，至少是封建社会以前的社会；而无论如何，都不可能是封建社会以后的社会，不可能是资本主义或社会主义社会。那么，现代社会就其经济形态的性质来说是什么社会？在马克思看来，现代社会就是资本主义社会。[①] 但是，马克思没能看到，1917 年十月革命以后的 16 个社会主义国家。这些国家经济形态虽然高级和先进于资本主义，但生产力水平和工业化程度却落后于资本主义，亦处于现代化过程之中。这些国家显然也属于现代社会而不属于传统社会或前现代社会。因此，现代社会固然主要是资本主义，但也包括社会主义。这样一来，现代化就可以分为两大类型：资本主义现代化与社会主义现代化。

令人困惑的是，在现代化过程中，民主化浪潮波及世界各国，到 20 世纪后期已是第三波，导致全世界 60%多的国家都实现了民主。但是，在这些国家中，竟然没有一个社会主义国家，社会主义现代化国家——中国除外——无不实行专制等非民主制。诚然，这并不是说社会主义现代化国家不能实现民主。但是，这些国家，如苏东九国，一旦实行民主，立刻就转变成资本主义；或者毋宁说，只有变成资本主义现代化，才能实行民主？那么，究竟是什么因素导致资本主义现代化国家的民主化？又是什么因素导致社会主义现代化国家的专制等非民主制？现代化与民主化是什么关系？解决这些难题的起点恐怕是：现代化的动力究竟是什么？换言之，现代化诸方面——经济现代化和政治现代化以及社会现代化和文化现代化——的关系究竟如何？

不难看出，现代化的决定性力量或终极动力，正如许多现代化思想家所指出的，乃是自然知识、自然科学和技术革命，说到底，乃是生产力革命，是科学技术革命，是十五、十六世纪以来的科学技术革命。生产力或科学技术革命最直接的结果，显然是工业革命，是工业化，是传统农业社会向现代工业社会的转变，这就是所谓经济现代化。经济现代化最直接的结果，一方面，无疑是经济管理现代化，是政治现代化，因为对于经济活动的权力管理属于政治范畴；另一方面，则显然是城市化，是社会现代化，因为城市化属于社会范畴。科学技术革命、经济现代化、政治现代化与社会现代化的共同结果，是文化现代化，因为正如马克思所发现的，社会意识是社会存在的反映，文化现代化是科学技术革命、经济现代化、政治现代化与社会现代化的反映。

---

① 马克思：《资本论》，第 1 卷，11 页，人民出版社，1975。

于是，虽然现代化诸方面相互作用、互为因果，但生产力或科学技术发展或革命是现代化的根本原因和动力，经济现代化是现代化的核心和基础。这意味着，资本主义现代化国家的民主化与社会主义现代化国家的专制等非民主制的根本原因，只应该到二者的经济现代化以及生产力发展水平中去寻找：资本主义生产力发展水平和经济现代化是民主化的经济条件和根本原因；社会主义生产力发展水平和经济现代化是专制等非民主制的经济条件和根本原因。

确实，资本主义社会的科技革命或生产力革命和经济现代化——不妨简称为经济现代化——乃是资本主义国家民主化的经济条件和根本原因。因为经济现代化在一定程度上可以达成实现民主所需要的主观条件——亦即庶民阶级争取实现民主的主观意识以及实际行动——和客观条件：文化条件与社会条件以及政治条件。经济现代化可以达成这些条件，一方面缘于市场经济或商品经济的独立、自由和平等的本性，另一方面则是因为经济现代化使财富急剧增长。

原来，与传统社会或封建社会意味着"一群卑微的人对少数豪强严格的经济从属"恰恰相反，资本主义社会人们相互间的经济关系是一种独立、自由和平等的关系。因为资本主义完全属于商品经济或市场经济范畴，资本主义就是资本通过雇佣劳动而增值的商品经济或市场经济制度。市场经济或商品经济的根本精神就是自由。因为，一方面，市场经济原本就是一种没有外在强制的自发的、自愿的、自由的经济，在这种经济体制下，每个人都享有经济自由，他生产什么和生产多少、如何生产、为谁生产都是由自己决定的；另一方面，市场经济是非统制经济、非指令经济，它不是由政府权力控制和指挥的，而是通过市场经济的自由竞争机制，自发地调节经济资源在社会生产的各个部门之间的分配。

市场经济的根本精神是自由，实已蕴含着：市场经济行为主体相互间必定是独立的、平等的关系。确实，作为市场经济的行为主体，不论是谁，都是完全平等的、独立的，而决不存在谁高于谁、谁服从谁、谁依附谁的关系，他们都同样服从等价交换法则，他们的关系是讨价还价、你争我夺、谁也不肯吃亏的等价交换关系。因此，市场经济正如马克思所指出的，使人们相互间处于独立、自由和平等的关系。[①]

① 《马克思恩格斯全集》，第 46 卷(上)，197 页，人民出版社，1979。

传统社会人们相互间的依附者与保护者的主从等级关系，以及像马铃薯一样分散无力的状态，往往决定了他们不能自己捍卫自己的权益，而势必寻求明君和清官的庇护，从而形成专制主义臣民文化。相反地，资本主义社会人们相互间的独立、自由和平等的关系，势必激发人们独立自主、个性解放、自由竞争和人人平等精神，造就人们对政治参与、政治自由和政治平等的诉求，产生政府及其官吏应由人民自由——言论自由与建党自由——选举产生的民主意识，从而形成民主主义的公民文化。

因此，在资本主义社会，不论是谁，显然都不会——也没有必要——将本来应该由自己执掌的那部分国家最高权力转让给别人，而势必要求平等地共同执掌国家最高权力，要求政治自由和政治平等。特别是，资本主义市场经济使人们从传统社会像马铃薯一样相互孤立隔离、分散无力的封闭状态解放出来，可以在全国乃至全球范围内自由交往流动。这样一来，庶民阶级——特别是中产阶级和资产阶级以及无产阶级——势必团结起来，结成各种独立于官方的社会团体，亦即公民社会，将其政治自由和政治平等的渴望付诸行动。

资本主义市场经济使这种建立公民社会、实现政治自由的行动具备了成功的条件。因为资本主义市场经济使经济权力与政治权力分离开来，将经济权力从官吏阶级转移到庶民阶级——特别是资产阶级与中产阶级——手中，形成与官方政治权力相抗衡的独立的经济权力。诚然，经济权力不是政治权力。但是，经济权力无疑是最重要、最主要、最根本的政治资源。赖有这种资源，庶民阶级——特别是中产阶级和资产阶级以及无产阶级——便可以将市场经济使他们形成的公民文化付诸行动，争取言论自由和结社自由，建立各种公民社会团体，直至获得建党自由，可以自由建立不同政党参加竞选，从而达成民主实现的政治条件。

经济现代化在一定程度上可以达成实现民主所需要的各种客观条件和主观条件，另一方面原因，则在于经济现代化使财富急剧增长。经济现代化或现代社会的经济增长，正如库兹涅茨和布莱克所指出的，与传统社会的不同之处在于：现代经济增长“是以加速度的形式出现”①。“经济增长无疑对每一个人都发生着强大影响。在较发达的社会中，人均实际收入在过去二三百年里，大约提高了十到二十倍，甚至更多。这种增长的关键是科学技术革命，它通过劳

① 西里尔·E.布莱克编：《比较现代化》，275页，上海译文出版社，1992。

动的机械化，可能使生产的增长令人惊诧。"[①]

确实，经济的加速度增长对每一个人都发生着重大影响。但是，这种影响，如果就其对国家政体的意义来看，无疑在于唤醒或增强了庶民阶级对于自由和自我实现的觉醒与向往。因为马斯洛发现，人的自由和自我实现需要，归根结底，乃是生理需要（亦即物质需要或生存需要）相对满足的产物。[②] 不难看出，任何社会人们的物质需要或生存需要能否得到相对满足，说到底，均取决于人们所生活于其中的社会的经济发展速度：经济发展慢，财富的增加便慢，因而便不能适应人们物质需要的不断增长，不能满足人们不断增长的物质需要；经济发展快，财富的增加便快，因而便能够适应人们物质需要的不断增长，便能够满足人们不断增长的物质需要。

因此，现代社会便因其财富加速度增长而能够适应和满足人们不断增长的物质需要或生存需要，能够满足庶民阶级——特别是中产阶级和资产阶级——的物质需要。这样一来，伴随财富加速度增长所必然导致的文化和教育的普及和提高，便能够使庶民阶级产生自我实现——实现自己的创造性潜能从而成为可能成为的最有价值的人——的需要和欲求。而所谓创造性也就是独创性：创造都是独创的、独特的，否则便不是创造，而是模仿了。因此，一个人的创造性潜能的实现，便必定以其独特个性的发挥和自由为必要条件：一个人越自由，他的个性发挥得便越充分，他的创造性潜能便越能得到实现，他的自我实现的程度便越高。

这样一来，现代化经济的加速度增长最重要的结果，无疑是庶民阶级——特别是中产阶级和资产阶级——对自我实现和自由的欲求，说到底，就是对民主的诉求和公民文化的形成。因为唯有民主，每个人才能获得政治自由，每个人的思想自由和经济自由才有保障；而民主的诉求正是公民文化的核心：公民文化与民主主义文化原本是同一概念。相反地，传统社会——或经济发展缓慢、国民收入和普及教育低下的社会——庶民阶级物质需要、生存需要得不到满足，自我实现和自由的欲求也就几乎不可能产生，因而也就几乎不会有对自我实现和自由的欲求，说到底，也就不会有对民主的诉求，不会形成公民文化。

---

① C. E. Black, *The Dynamics of Modernization*: *A Study in Comparative History*, New York: Harper Row, Publishers, Inc., p. 19.

② Abraham H. Maslow, *Motivation and Personality*, second edition, New York: Harper & Row, Publishers, 1970, p. 59.

综上可知，资本主义经济现代化因其市场经济和财富加速度增长，不仅在一定程度上激发庶民阶级——主要是中产阶级和资产阶级以及无产阶级——争取实现民主的主观意识和实际行动，从而达成民主的主观条件；而且还在一定程度上达成了民主的客观条件，亦即民主的政治条件（言论、结社和建党自由）、社会条件（公民社会）和文化条件（公民文化）。这就是世界上绝大多数资本主义国家在现代化过程中都出现民主化的根本原因：经济现代化是资本主义国家民主化的经济条件和根本原因。

4. 社会主义与共产主义：全球化时代民主的经济条件

资本主义国家民主化的经济条件和根本原因，是经济现代化过程中出现的市场经济和财富加速度增长，意味着：社会主义经济现代化也势必造成民主化。因为社会主义经济现代化也势必出现市场经济和财富加速度增长。因此，现代化理论认为，民主是现代化——不论是资本主义现代化还是社会主义现代化——的应有之义。然而，为什么事实却恰恰相反：几乎所有社会主义现代化国家都实行专制等非民主制？

原来，几乎所有社会主义现代化国家都实行专制等非民主制，并不是因为现代化，更不是因为经济现代化，而是因为这些社会主义现代化国家都违背了生产力高度发达是实现社会主义必要条件的客观规律，强行在不发达的生产力基础上建立社会主义：落后生产力＋公有制＝社会主义现代化国家实行专制等非民主制的经济条件和根本原因。

因为，如前所述，生产力高度发展从而使每个人的物质需要得到相对满足，乃是国民思想品德和政治觉悟普遍提高的根本条件。在生产力不够发达、产品还不能满足全体社会成员物质需要的条件下，国民思想品德和政治觉悟决不可能普遍提高。这样一来，生产力落后，意味着不具备民主的经济条件。国民政治觉悟低下，意味着臣民文化盛行和公民文化衰微，不具备民主的文化条件和主观条件。生产力落后和臣民文化盛行，意味着公民社会不发达，不具备民主的社会条件。因此，生产力不发达的社会主义国家的建立，几乎不可能通过民主的议会的道路，而势必通过非民主的、为民做主的武力征服、暴力革命道路：暴力革命实为生产力不发达的社会主义革命的普遍规律。暴力地、不民主地、为民做主地夺取的政权，势必成为一种暴力的、不民主的、为民做主的政权，势必继续为民做主执掌政权，从而导致专制等非民主制的社会主义。

专制等非民主制意味着政治权力垄断，意味着社会主义社会分化为两大群体：政治权力垄断群体叫作官吏阶级；没有政治权力的群体叫作庶民阶级。问题的关键在于，社会主义是生产资料公有制。因此，与资本主义专制国家的官吏阶级仅仅垄断政治权力根本不同，专制社会主义国家的官吏阶级不但垄断了政治权力，而且通过垄断国有资源和公有制生产资料而垄断了经济权力，进而垄断了社会权力（如结社权力）和文化权力（如言论出版权力），因而是全权垄断阶级；庶民群体不但没有政治权力，而且没有经济权力、社会权力和文化权力，是全权丧失阶级。

官吏阶级垄断了政治权力与经济权力，庶民阶级既没有政治权力也没有经济权力，意味着，庶民阶级如果不服从政府和官吏就没有工作，就将被活活饿死，不服从者不得食。官吏阶级垄断社会权力，意味着垄断建立社会组织的权力，取缔结社自由，使一切社会组织，如学生会、工会等，都成为官方控制的社会组织，从而消灭任何非官方控制的社会组织：公民社会。官吏阶级垄断文化权力，意味着取缔言论自由、出版自由和思想自由，灌输臣民文化，灭绝公民文化。生活于这样一种极端缺乏民主客观条件的不服从者不得食的社会，人们争先恐后将奴才的锁链当作花环来佩戴，也就不可能具备民主的主观条件：对自由和民主的渴望与斗争。

可见，社会主义现代化国家之所以不具备民主的主观条件和客观条件，直接说来，是因为暴力革命和官吏阶级全权垄断；根本说来，则是因为生产力不发达和公有制：落后生产力加上公有制乃是社会主义现代化国家实行专制等非民主制的经济条件和根本原因。因此，几乎所有社会主义现代化国家都实行专制等非民主制，并不是因为现代化。恰恰相反，经济现代化无疑是有利于民主实现的重要经济条件。但是，在一种极度缺乏民主的主客观条件的社会，仅凭经济现代化显然不足以实现民主。

然而，不论社会主义社会如何缺乏民主的主客观条件，只要进行现代化建设，或迟或早，势必实现民主。因为即使是社会主义经济现代化，也必然不断创造民主的主客观条件，积累到一定阶段，民主势必出现。因为，如前所述，一方面，唯有市场经济是符合经济自由等国家制度价值标准和可以导致资源配置效率最佳状态的经济制度，而计划经济则违背国家制度价值标准，是不自由、非人道、不公正和低效率的经济制度；另一方面，在生产力不够发达、产品还不能满足全体社会成员物质需要的条件下，国民思想品德和政治觉悟决不可能普遍提高。这样一来，便唯有私有制才有效率，而公有制则注定无效率。因此，社会主义经济现代化进行到一定程度，势必废弃计划经济而代之以市场经济和进行私有化，不断缩小公有制的比例。否则，经济停滞不前，政权将丧失合法性，面临垮台的危险。

市场经济和私有化，一方面必定导致资源配置效率最佳状态，财富加速度增长，造就庶民阶级——特别是中产阶级和资产阶级——对自我实现、自由和民主的诉求，兴起公民文化；另一方面则意味着经济权力与政治权力分离开来，从官吏阶级转移到庶民阶级，消除了官吏阶级对经济权力的垄断，进而也就可以逐步消除官吏阶级对社会权力和文化权力的垄断，随之必定兴起公民社会和公民文化。这样一来，随着导致专制的原因——生产力不发达和公有制以及官吏阶级全权垄断——的逐渐消逝和民主的主客观条件逐步具备，民主的出现岂不在所难免？因此，经济现代化——市场经济和私有化以及财富加速度增长——乃是生产力不发达社会主义实现民主的经济条件和根本原因。

可见，虽然没有比在生产力不发达的社会主义国家实现民主更困难的了，但是，只要进行现代化建设，迟早总会出现民主：经济现代化具有造就民主的必然趋势。任何国家，不论如何根本不同，不论原来是封建社会还是殖民地，不论现在是资本主义还是社会主义，只要进行现代化建设，或迟或早，经济方面，势必选择市场经济，势必出现财富加速度增长；社会方面，势必兴起公民社会；文化方面，势必形成公民文化；政治方面，势必民主化。因此，正如大多数现代化理论家所指出的，现代化具有趋同趋势，是一个同质化过程。[①]

这种现代化的趋同趋势，还表现在社会形态演进的必然秩序和过程，亦即必定经过资本主义现代化，然后才能进行社会主义现代化，最后必定终结于共产主义全球化。任何国家，不论如何特殊，都必定要经过相当漫长的资本主义现代化，而决不可能跨越这一历史阶段——亦即跨越资本主义或充分发展的资本主义——直接进行社会主义现代化；否则，或迟或早，必定复辟资本主义，重新开始资本主义现代化。

因为生产力高度发达是实现社会主义的必要条件。在生产力不够发达从

---

① 西里尔·E.布莱克编：《比较现代化》，498页，上海译文出版社，1992。

而国民思想品德和政治觉悟不可能普遍提高的条件下，唯有资本主义私有制才有效率，才能够创造废除私有制、实现社会主义所必需的高度发达的生产力；而社会主义公有制必定无效率，不但不可能创造高度发达的生产力，而且势必导致专制等非完全民主制，形成全权垄断的官吏阶级和全权丧失的庶民阶级：人类历史上最恶的阶级和剥削制度。因此，在生产力还不够高度发达的条件下，资本主义私有制、阶级和剥削虽然是恶，却能够避免更大的恶——效率低下以及全权垄断的阶级和剥削——因而是必要恶。

然而，在生产力高度发达的条件下，国民政治觉悟、公民文化和思想品德势必普遍提高。这时废除资本主义而代之以社会主义，既能够保障公有制经济高效率发展，又能够实行民主制，从而消除政治权力和经济权力垄断，消除阶级和剥削，因而资本主义私有制、阶级和剥削便由必要恶而演进为纯粹恶。那时，废除资本主义民主而代之以社会主义民主的时代便必然到来了。因为执掌最高权力的思想觉悟普遍提高的人民，决不可能容忍已经变成纯粹恶的资本主义制度继续剥削和压迫自己，而必然选择无阶级无剥削的社会主义民主：生产力高度发达是名副其实的社会主义民主的经济条件和根本原因。

所谓名副其实的社会主义民主与生产力高度发达的社会主义民主实为同一概念。因为生产力不发达的社会主义几乎不可能实行民主：当其随着经济现代化的发展而终于实现民主之时，就是其覆灭而转化为资本主义民主之日。而当生产力高度发达的社会主义——不妨简称为发达社会主义——民主实现之日，距离共产主义民主实际上只有一步之遥，这一步就是：只有一个主权和一个世界政府的全球国家。因为，如前所述，共产主义乃是完全符合国家制度价值标准——公正与平等以及人道与自由——的理想国家，因而具有六大特征："生产资料公有制"、"高度发达的生产力"、"按劳分配"、"没有政府指挥——而只有政府适当干预——的市场经济"、"宪政民主"和"只有一个主权和一个世界政府的全球国家"。

不言而喻，发达社会主义民主意味着已经实现了共产主义的三大特征："高度发达的生产力"、"生产资料公有制"和"宪政民主"；而这些特征的实现，显然意味着"按劳分配"和"没有政府指挥的市场经济"也已经实现或极易实现，因而岂不也是发达社会主义应有和实有之义？所以，发达社会主义民主的实现，意味着：除了"只有一个主权和一个世界政府的全球国家"，共产主义其他五大特征都已经实现。因此，发达社会主义与共产主义的根本区别只在一点，亦即只有一个主权和一个世界政府的全球国家：发达社会主义就是尚未实现世界政府和全球国家的共产主义。

这样一来，共产主义及其民主，岂不就是现代化趋同趋势的最终结果？因为任何国家的现代化建设，或迟或早，势必选择市场经济；而市场经济的本性就是跨越国境，就是去国界，就是经济全球化，就是全球化：全球化就是无国界化，就是全世界所有国家向一个——只有一个主权和一个世界政府的——全球国家的转化；全球化的完成就是民族国家的终结，就是只有一个主权和一个世界政府的全球国家的形成。因此，戴维·赫尔德和乌·贝克以及赫尔伯特·迪特根等学者一再说："最好把全球化理解为'无领土的'。"[①]"全球化意味着非民族国家化。"[②]"民族国家正在终结。"[③]

因此，共产主义民主，最终说来，是现代化的结果；直接说来，则是全球化的结果，是全球化完成的结果：共产主义就是全球化的完成，就是只有一个主权和一个世界政府的全球国家。现代化的根本原因和动力是生产力或科学技术革命。因此，共产主义民主是全球化完成的结果，意味着：全球化完成时代极度发达的生产力乃是共产主义民主的经济条件和根本原因。问题是：全球化完成将在何年？恩伯猜测最近是23世纪："也许近在23世纪，最晚也不会晚于公元4850年，整个世界就会最终在政治上整合起来。"[④]这就是说，共产主义民主也许近在23世纪就会实现，23世纪极度发达的生产力乃是共产主义民主的经济条件和根本原因。

共产主义民主诞生于全球化完成时代，意味着：社会主义民主——社会主义民主与生产力高度发达的社会主义民主是同一概念——必定诞生于全球化完成之前，亦即全球化过程之中。因为，正如现代化是非现代国家向现代国家的转化，全球化则是非全球国家向全球国家的转化：全球化是全世界所有民族国家向一个全球国家的转化。因此，全球化开始应以全球化治理的权力机构——如欧盟和联合国、世界贸易组织、世界银行以及国际货币基金组织

① 戴维·赫尔德等著：《全球大变革：全球化时代的政治、经济与文化》，38页，社会科学文献出版社，2001。

② 乌·贝克：《全球化与政治》，25页，中央编译出版社，2000。

③ 俞可平等：《全球化与国家主权》，11页，社会科学文献出版社，2004。

④ 恩伯：《文化的变异》，414页，辽宁人民出版社，1988。

等——建立的时期为准。因此，正如斯图尔特所指出的，全球化真正的起点是20世纪中叶。[①]

这样一来，社会主义民主最早出现的时期也必定是在全球化开始之后。因为英国和法国国有化运动最终失败表明，直到20世纪90年代两国生产力还没有达到实现社会主义所必需的水平：高度发达的生产力。现在达到了吗？显然还没有。因此，社会主义民主最早出现的时期也不会早于21世纪初叶。所以，社会主义民主与共产主义民主都属于全球化时代，亦即现代化最高级或最后阶段。全球化时代高度发达的生产力是社会主义民主的经济条件和根本原因；全球化完成时代极度发达的生产力则是共产主义民主的经济条件和根本原因。

5. 总结：民主的经济条件的作用及其与民主其他条件的关系

综观民主的经济条件，首先，历时二三百万年的人类原始社会普遍实行民主，根本说来，只是因为生产力水平极端低下，没有剩余产品和平均分配，致使等级制——专制等非民主制赖以存在的主要支柱——成为不可能，结果人人平等，谁都没有必要让渡本来应该属于自己的那部分最高权力，因而导致全体公民共同执掌最高权力：民主。

其次，就奴隶社会和封建社会来说，中国自原始社会向阶级社会转变以来，四千余年之所以始终实行极权专制，只因为经济形态属于所谓亚细亚生产方式，亦即以“国有”为其现象的“国王、官吏阶级所有制”及其所产生的农业手工业相结合的家族宗法制的自给自足经济。相反地，一方面，西方“古典的古代”生产方式——亦即每个公民都是真正私有者的自由和平等的私有制——则是西方原始社会向阶级社会转变以及奴隶社会所实行的民主制的根本原因；另一方面，西方从奴隶社会转变为封建社会，一千余年普遍实行封建君主制以及与中国封建君主专制之不同——亦即非极权专制与极权专制之不同——的根本原因，亦在于西方封建生产方式或庄园制度及其与亚细亚生产方式之不同。

再次，世界上绝大多数资本主义国家在现代化过程中都出现民主化的根本原因，就在于市场经济和财富加速度增长，不仅激发庶民阶级——主要是中

---

① 简·阿特·斯图尔特：《解析全球化》，103页，吉林人民出版社，2003。

产阶级和资产阶级以及无产阶级——争取实现民主的主观意识和实际行动，从而达成民主的主观条件；而且还达成了民主的客观条件，亦即民主的政治条件（言论、结社和建党自由）、社会条件（公民社会）和文化条件（公民文化）。

最后，社会主义现代化国家几乎无不实行专制等非民主制的主要原因，则在于生产力不发达和公有制及其所导致的官吏阶级全权——政治权力、经济权力、社会权力和文化权力——垄断。随着社会主义经济现代化的发展，市场经济和私有化以及财富加速度增长必然逐渐消除这些专制等非民主制的原因，不断创造民主的主客观条件，积累到一定阶段，社会主义民主势必出现：全球化时代高度发达的生产力是社会主义民主的根本原因。

可见，任何政体——民主制与非民主制——就其本性来说，虽然并不具有历史必然性，而都是偶然的、可以自由选择的、依人的意志而转移的，但是，所有人类社会——原始社会、奴隶社会、封建社会、资本主义社会和社会主义社会以及未来共产主义社会——的民主与非民主制之演变表明，生产力和经济发展水平对于人们自由选择何种政体却具有根本的、决定性的作用，可以使人们几乎不由自主地选择民主制或非民主制，最终使一个国家是否实行民主政体具有某种近乎不依人的意志而转移的必然趋势。

确实，历时二三百万年的人类原始社会普遍实行民主，岂不表明，生产力水平极端低下、没有剩余产品和平均分配，使实行民主政体具有某种近乎不依人的意志而转移的必然趋势？中国自原始社会向阶级社会转变以来，四千余年始终实行全权垄断的极权主义专制，岂不表明，亚细亚生产方式，使实行极权主义专制具有某种近乎不依人的意志而转移的必然趋势？西方封建社会，一千余年普遍实行封建君主制，岂不表明，西方封建生产方式或庄园制度，使实行君主专制具有某种近乎不依人的意志而转移的必然趋势？绝大多数资本主义国家在现代化过程中都出现民主化，岂不表明，经济现代化——市场经济和财富加速度增长——使实行民主制具有某种近乎不依人的意志而转移的必然趋势？社会主义现代化国家几乎无不实行专制等非民主制，岂不表明，生产力不发达和公有制及其所导致的官吏阶级全权垄断，使实行极权主义专制具有某种近乎不依人的意志而转移的必然趋势？

但是，生产力和经济发展水平对实行民主制或非民主制的决定作用，只是具有某种近乎不依人的意志而转移的必然趋势，而并不具有不依人的意志而转移的必然性，并不是必然的决定作用，并不必然导致民主制或非民主制。否则，如果原始社会生产力水平极端低下、没有剩余产品和平均分配必然导致民主制，那么，任何原始社会岂不统统只能实行民主制？但是，事实恰恰相反，在原始社会，正如摩尔根所指出的，民主制只是主流，而不管怎样与人心背道而驰，还是出现过专制等非民主制。[①] 同样，封建社会也并不都实行君主专制，也曾存在过共和政体，如中世纪的威尼斯共和国。资本主义社会也并不都实行民主制，也曾存在过君主专制，如拿破仑、墨索里尼与希特勒专制。

这些事实充分说明，生产力和经济发展水平对于是否实行民主制，并不具有必然的决定作用。因此，正如亨廷顿所言，一定的生产力和经济发展水平虽然是民主实现的经济条件，却既不是民主实现的充分条件，也不是民主实现的必要条件："经济发展水平与民主之间存在着一种全面的相关性，然而，没有一种经济发展水平和模式自身是产生民主化的必要条件或充分条件。"[②]这就是为什么，不论经济现代化对于民主的决定作用多么巨大，却并不是民主的充分条件或必要条件。经济现代化或经济发达不是民主的充分条件，因为有些国家，如新加坡和伊拉克，经济发展水平很高，实行的却不是民主制。经济现代化或经济发达也不是民主的必要条件，因为有些国家，如印度，是个穷国，却仍然实现了民主。

生产力和经济发展水平既不是民主的充分条件，也不是民主的必要条件，那么，其为民主的条件，究竟是什么条件？答案是：有利条件与不利条件。一定的生产力和经济发展水平对于民主制或非民主制的实行只具有有利还是不利的关系，因而只是有利条件或不利条件。原始社会生产力水平极端低下、没有剩余产品和平均分配是实行民主的极其有利的条件和实行非民主制的极其不利的条件；亚细亚生产方式是实行极权主义专制的极其有利的条件和实行民主制的极其不利的条件；西方封建生产方式或庄园制度是实行君主专制的有利条件和实行民主的不利条件。经济现代化——市场经济和财富加速度增长——是实行民主的有利条件和实行非民主制的不利条件。

可是，究竟为什么民主的经济条件与社会条件以及文化条件一样，都只是民主实现的有利条件与不利条件，而唯独民主的政治条件是民主实现的充分

① Lewis H. Morgan, *Ancient Society*, Cambridge: The Belknap Press of Harvard University Press, 1964, pp. 110 - 111.

② Samuel P. Huntington, *The Third Wave: Democratization in the Late Twentieth Century*, Norman: University of Oklahoma Press, 1991, p. 59.

且必要条件？不难看出，民主的政治条件——言论自由的选举制度与建党自由的政党制度以及分权的政府制度——真正讲来，并不属于民主的客观条件，而是民主的自身内在条件，也就是民主本身，亦即民主自身的结构、民主的构成要素，说到底，就是民主的要件。这就是为什么民主的三大政治条件——言论自由的选举制度与建党自由的政党制度以及分权的政府制度——分别开来都是民主的必要条件，而结合起来则是民主的充分且必要条件。相反地，民主的经济条件与社会条件以及文化条件，都不是民主的内在条件，而是民主的外在条件；都不是民主自身，而是与民主根本不同的事物；都不是民主的要件，而是产生民主要件的原因，说到底，都属于民主的客观条件范畴。这就是为什么它们都不是民主实现的必要条件或充分条件，而仅仅是民主实现的有利条件与不利条件。

然而，问题在于，我们一方面说，经济条件对于是否实行民主并不具有必然的决定作用，并不是民主的必要条件和充分条件，而只是民主的有利条件或不利条件，另一方面却又说，只要进行现代化建设，迟早总会出现民主，经济现代化势必导致民主化，经济条件可以使一个国家是否实行民主具有某种必然趋势，这岂不是说经济条件对于是否实行民主具有必然的决定作用？这两方面岂不矛盾？

非也！民主的经济条件虽然与民主的社会条件、文化条件一样，都只是民主的有利条件或不利条件，但是，经济条件却是民主诸条件中的始源性条件，而其他条件都是派生性条件。换言之，经济条件是民主的最根本、最重要、最主要的条件，它最终产生和决定民主的其他客观条件（社会条件、文化条件和政治条件）以及民主的主观条件：对民主有利的经济条件能够且迟早势必——通过人的活动——创造和形成有利于实现民主的主观条件（庶民阶级争取民主的愿望和行动）、社会条件（公民社会）、文化条件（公民文化）和政治条件（言论、结社和建党自由）；相反地，对民主不利的经济条件则能够且迟早势必——通过人的活动——创造和形成不利于民主实现的主客观条件。

这样一来，一个国家如果具备有利于民主的经济条件，迟早势必具备民主实现的各种主客观条件，因而迟早势必实现民主；相反地，一个国家如果具备不利于民主的经济条件，迟早势必具备各种不利于民主实现的主客观条件，因而迟早势必实现专制等非民主制。因此，直接导致民主实现的，并不仅仅是经济条件，而是民主的全部主客观条件；经济条件仅仅是民主实现的间接的最终的根本的条件。这就是为什么经济条件对于是否实行民主并不具有必然的决定作用,却又能够势必导致民主,这就是为什么经济现代化对于是否实行民主并不具有必然的决定作用,却又势必导致民主:就经济现代化这一民主的经济条件自身来说,对是否实行民主并不具有必然的决定作用;但就经济现代化迟早势必造成实现民主的全部主客观条件来说,则势必导致民主,使民主的出现成为一种必然趋势。①

试以中国为例。亚细亚生产方式,正如马克思所指出的,虽然是东方专制的经济基础,却并不必然导致专制,而也有可能导致民主。② 因此,亚细亚生产方式只是实行专制的极其有利的经济条件和实行民主的极其不利的经济条件。这种经济条件之所以能够导致中国四千余年的专制,使专制成为一种必然趋势,就是因为它能够造成全权垄断,使君主及其官吏阶级不仅垄断了政治权力和经济权力,而且垄断了社会权力和文化权力,从而不但根除了公民社会和公民文化,使臣民文化和官方社会无孔不入,而且灭绝了庶民阶级争取民主的观念和愿望,使人们无不争先恐后将奴才的锁链当作花环来佩戴。这样一来,亚细亚生产方式就不仅仅是专制的经济条件,而且它还产生和形成专制的其他客观条件——社会条件、文化条件和政治条件——和主观条件(庶民阶级没有争取民主的观念和愿望):这就是为什么这种经济条件对于专制并不具有必然的决定作用,却又势必导致专制。

可是,无论如何,中国迟早势必进行经济现代化建设。经济现代化则是有利于民主的经济条件,这种经济条件则使中国实行民主成为一种必然趋势。因为或迟或早,经济现代化势必选择市场经济和私有化,因而一方面必定导致资源配置效率最佳状态,财富加速度增长,从而造就庶民阶级——特别是中产阶级和资产阶级——对自我实现、自由和民主的诉求,兴起公民文化;另一方面则意味着经济权力与政治权力分离开来,从官吏阶级转移到庶民阶级,消除了官吏阶级对经济权力的垄断,进而也就可以逐步消除官吏阶级对社会权力和文化权力的垄断,随之必定兴起公民社会和公民文化。这样一来,经济现代化就不仅仅是民主的经济条件,而且它还产生和形成民主的其他客观条件和主观条件。这就是为什么经济现代化对于实现民主并不具有必然的决定作

① Robert A. Dahl, *Polyarchy*, New Haven and London: Yale University Press, 1971, p. 78.

② 《马克思恩格斯全集》,第46卷(上),474页,人民出版社,1979。

用，却又势必导致民主。这就是为什么亨廷顿曾援引一位埃及人1989年的话说："现在民主是不可逃避的。"[①]

思考题：

1. 为什么辛亥革命推翻帝制，中国仍然没有实现民主，充其量实现的不过是蒋介石的形式民主而实为专制？

2. 究竟为什么，中国历代农民起义不能摆脱换汤不换药——只更换统治者而不改变制度——的怪圈？为什么庶民阶级不能当家作主而仅仅更换主人？

3. 为什么同样从历时三百万年的民主的原始社会转变为阶级社会，西方仍然能够实行民主制，创造了辉煌灿烂、影响深远的古希腊民主制；而中国却背叛了祖先的民主传统，创造了人类最恶劣的专制：全权垄断的家天下的极权主义的专制制度？为什么西方即使最野蛮的专制主义论者，如马基雅维利之流，却又主张自由主义；而中国自大禹开创家天下的极权专制制度以来，直至清朝，不但一直是家天下的极权专制制度，而且几乎所有思想家——儒家、墨家、法家、道家和阴阳家等——竟然无不是专制主义论者？

4. 在现代化过程中，民主化浪潮波及世界各国，到20世纪后期已是第三波，导致全世界60%多的国家都实现了民主。但是，在这些国家中，竟然没有一个社会主义国家；社会主义现代化国家——中国除外——无不实行专制等非民主制。那么，究竟是什么因素导致资本主义现代化国家的民主化？又是什么因素导致社会主义现代化国家的专制等非民主制？现代化与民主化是什么关系？

① Samuel P. Huntington, *The Third Wave: Democratization in the Late Twentieth Century*, Norman: University of Oklahoma Press, 1991, p. 105.

第十三章　民主实现的主观条件

提要　实现民主的主观条件，说到底，就是庶民阶级与官吏阶级争夺最高权力的阶级斗争。在这场斗争中，官吏阶级和地主阶级是民主的敌人；农民阶级和日渐萎缩的老中间阶级可能是民主的同盟军；资产阶级是民主强大的推动力量；无产阶级是普选制民主的主力军；日益强大的新中间阶级是普选制民主的先锋；而核心知识阶层则堪称普选制民主的领袖。但是，这种阶级斗争决不应该采取暴力征服等非民主的方式。否则，庶民阶级领袖既然暴力地、不民主地、为民做主地夺取政权，势必继续暴力地、不民主地、为民做主地执掌政权，从而导致专制等非民主制：暴力征服是民主化最根本的负相关条件。因此，这种阶级斗争只应该通过非暴力的方法，只应该通过民主的方法，努力创造民主实现的客观条件和主观条件，使核心知识分子团结起来，领导新中间阶级和无产阶级，形成非民主政府的反对派，联合政府改革派领袖，反对政府保守派，通过谈判、示威、游行、妥协和协议等非暴力手段，最终实现民主，建立民主统治的三大制度：言论自由的选举制度和建党自由的政党制度以及分权的政府制度。

民主实现的客观条件，如前所述，就是人们争取实现民主的活动所面临且为实现民主所需要的国家各方面状况，分为经济条件、政治条件、社会条件和文化条件；民主实现的主观条件，则是人们在这些条件下所进行的争取实现民主的活动，说到底，亦即人们争取实现民主的欲求与行动。因此，民主实现的主观条件比较简单，可以分为两类，亦即民主化的主观条件与民主的运作或民主的治理和制度。

所谓民主化，顾名思义，亦即非民主制向民主制的转化过程："民主化是指从一种非民主的体制转化为一种民主体制的过程。"①这一过程，显然应该包括非民主制与民主制的各种过渡区或卡罗瑟斯所谓的"灰区"，因而应该包括民主的巩固不巩固、民主的倒退、民主的崩溃等。因此，民主化不仅包括民主的诞生，而且包括民主的巩固。于是，所谓民主化的主观条件，说到底，乃是民主政权如何诞生和巩固的主观条件。

民主政权诞生和巩固之后，人民如何执掌最高权力进行统治和治理的活动，则是实现民主的另一类主观条件，可以称之为"民主的治理和制度"，亦即所谓"民主的运作"。因为国家制度是国家统治和治理活动的决定性因素：制度是大体，是决定性的、根本性的和全局性的，是实质；统治和治理活动则是小体，是被决定的、非根本的和非全局性的，是现象。因此，民主实现的主观条件"人民如何执掌最高权力进行统治和治理的活动"，说到底，可以归结为"人民如何执掌最高权力进行统治和治理的制度"，亦即"民主的制度"或"民主运作机制"；全面地说，则应该称之为"民主的治理和制度"："民主的治理和制度"与"民主的运作"是同一概念。言论自由的选举制度和建党自由的政党制度以及分权的政府制度结合起来，如前所述，乃是民主实现的充分且必要条件。因此，民主的运作分为三个方面：选举和政党以及政府。

一、民主化的主观条件：民主化动力

1. 民主化的主观条件：民主化的直接决定因素

民主的客观条件——亦即民主的经济条件、社会条件、政治条件和文化条件——无论如何有利于民主，有利于民主化，民主化和民主的实现也决不是必然的，决不具有不依人的意志而转移的必然性；而至多不过是一种必然的趋势，不过是近乎不依人的意志而转移的必然趋势。反之亦然，客观条件无论如何不利于民主和民主化，专制等非民主制也决不是必然的，而至多不过是一种必然的趋势。因为人类社会——经济、政治和文化等——无不是人的活动创造的，无不是人的活动的结果。因此，英格尔哈特说："现代化不会自动带来民主。"②确实，民主的经济条件是通过人的活动——而决不会自动——产生和

① 王绍光：《民主四讲》，74页，生活·读书·新知三联书店，2008。

② 伊诺泽母采夫主编：《民主与现代化》，134页，中央编译出版社，2011。

形成民主的社会条件、文化条件、政治条件以及民主的主观条件，最终造就民主：民主及其条件都是人的活动的直接产物。

人们实行民主的活动——亦即实行民主的欲求与行动——就是民主实现的主观条件，就是民主化的主观条件。因此，民主化或民主能否实现的直接决定因素，乃是民主的主观条件，是人们实行民主的欲求和行动；而民主的客观条件不过是有利或不利民主实现的条件，属于民主能否实现的间接的、最终的决定因素。因此，一个国家民主化能否成功，该国家是否实行民主的直接决定者，乃是当时人们的欲求和行动，是民主化的主观条件；经济等客观因素不过赋予人们实行民主以条件和可能："经济发展使民主成为可能，而政治领导则使民主成为现实。"[①]这就是为什么，尽管原始社会的经济条件极其有利于实现民主，却仍然存在非民主制；尽管封建社会的经济条件极其有利于实现专制，却仍然有封建共和国；尽管资本主义社会的经济条件极其有利于实现民主，却仍然有拿破仑和希特勒专制；尽管印度不但贫穷，而且其经济类型原本属于亚细亚生产方式，极其不利于实现民主，却仍然实现了民主。一言以蔽之，民主与专制等非民主制在任何经济等客观条件下都具有实行的可能性。

这是因为，如前所述，任何一种政体，不论是民主制还是专制等非民主制，在任何历史条件下，不论是否具备实现的经济等客观条件，都具有实行的可能性，都是绝对可能的、绝对偶然的、绝对可以自由选择的和绝对依人的意志而转移的，都是绝对超经济、超历史、超社会、超阶级、超时代的，都绝对能够实行于任何国家、任何时代、任何生产力和经济发展水平，都具有绝对的普世性：人们对民主与非民主制的欲求和行动——亦即民主的主观条件——是民主与非民主制由可能向现实转化的唯一途径，是民主化的唯一直接决定因素，是能否实现民主的唯一直接决定因素。

2. 民主化的主观条件：庶民阶级与官吏阶级争夺最高权力的阶级斗争

民主化的主观条件，民主实现的主观条件，固然是人们实行民主的欲求和行动，但是，究竟言之，却必定是一种阶级斗争。因为非民主制意味着政治权

---

① Samuel P. Huntington, *The Third Wave: Democratization in the Late Twentieth Century*, Norman: University of Oklahoma Press, 1991, p. 316.

力垄断，意味着国民分为两大群体：垄断政治权力的官吏阶级与没有政治权力的庶民阶级。任何一个国家究竟实行民主制还是非民主制，都不过是官民斗争的结果，都不过是官吏阶级与庶民阶级斗争的结果：官吏阶级必然反对民主制而维护非民主制；相反地，赞成民主制而反对非民主制的力量必然存在于庶民阶级之中。

因为等级制是专制等非民主制的固有特征，是专制等非民主制的最高权力执掌者——一个君主或几个寡头——使国民服从其统治的秘密。等级制，一方面意味着官民之间等级森严：君主和寡头赋予官吏阶级享有他们在民主制中得不到的巨大的政治权利、经济权利和机会权利；另一方面，则意味着官吏之间等级森严：官越大所享有的特权就越大。专制等非民主制国家的每个官员都享有他在民主制中不可能得到的巨大特权和权益，意味着，官吏阶级是非民主制的受益者，是民主制的受损者。因此，虽然总会有个别官吏及其领袖反对非民主制而拥护民主，但是，整个官吏阶级必然拥护专制等非民主统治，必然反对民主，从而成为维护专制等非民主统治的主要力量。

等级制赋予官吏阶级多少特权，就意味着庶民阶级被剥夺和丧失多少权利，就意味着庶民阶级被强加多少不公正的义务。这样一来，庶民阶级在民主制中所应该享有的权利，便因专制等非民主制统治而遭受双重的剥夺和侵犯：一方面被专制者和寡头所剥夺的原本应该人人平等执掌最高权力的权利，亦即各种自由权利、平等权利和人权等权利；另一方面被整个官吏阶级的特权所剥夺的各种政治权利、经济权利、机会权利和社会权利。因此，庶民阶级是非民主制的受害者。那么，庶民阶级是民主制的受益者吗？

答案是肯定的。因为民主就其实质来说，是全体公民平等执掌最高权力；就其实现原则——多数裁定原则——来说，却只能是多数公民执掌最高权力，说到底，是庶民执掌最高权力：庶民无疑占据公民多数。这就是全体公民执掌最高权力的政体叫作民主的缘故：民主制就是庶民执掌最高权力的政体。庶民阶级是民主制的受益者和非民主制的受损者，显然意味着，属于庶民阶级的各个阶级，如农民阶级，纵然在分散无力的条件下可能信奉臣民文化，寻求明君清官、官吏阶级和专制等非民主制的庇护，而不是反抗官吏阶级和争取实行民主制，但是，反对非民主制、官吏阶级和实行民主制的力量，必定存在于庶民阶级之中。

任何社会都既有实行民主制的可能，也有实行专制等非民主制的可能。

它究竟将哪一种可能变成现实,究竟实行民主制还是非民主制,完全取决于官与民、官吏阶级与庶民阶级争夺最高权力的阶级斗争。如果庶民阶级争取最高权力或民主的力量大于官吏阶级争取非民主制的力量,该社会就会实行民主制;否则,就会实行非民主制。因此,民主实现的主观条件,抽象地看,是人们实行民主的欲求和行动;具体讲来,则是庶民阶级与官吏阶级争夺最高权力的阶级斗争。

3. 庶民阶级分析:各阶级在民主化中的作用

实现民主的社会阶级状况比较复杂,关涉七个阶级。因为,一方面,争取实现民主的社会是非民主制,因而存在政治权力垄断:垄断政治权力的群体叫作官吏阶级;没有政治权力的群体叫作庶民阶级。另一方面,争取实现民主的社会不必生产力发达,因而不仅存在资产阶级和无产阶级以及中间阶级,而且存在地主阶级与农民阶级。

官吏阶级,大体说来,无疑独立于所有阶级——资产阶级、无产阶级、中间阶级以及地主阶级和农民阶级——之外,是一个单纯的、非复合的阶级。因为,大体说来,一个官吏,不论如何富有,他都不会是雇主,因而不会是资本家和地主;不论如何贫穷,他都不会是农民,不会是雇佣劳动者,因而不会是工人或无产者;他更不会是经理或自我雇佣者,因而不会是中间阶级。但是,庶民阶级显然并不独立于资产阶级、无产阶级、中间阶级以及地主阶级和农民阶级之外,而恰恰是由其构成,因而是由五个阶级结合起来的复合阶级。

官吏阶级是一个单纯的非复合阶级,意味着:不论其成员的观点、立场和利益如何不同,但作为一个阶级,他们的阶级利益是完全一致的。因此,不论有多少官吏赞成民主,整个官吏阶级必然反对民主而主张专制等非民主制,是实现民主的最坚决的、毫不动摇的反对力量,是民主的死敌。相反地,庶民阶级是由五个阶级结合起来的复合阶级,意味着,虽然庶民阶级是民主的受益者和非民主制的受损者,但庶民阶级所由以构成的五个阶级的阶级状况和阶级利益不同,甚至根本对立,因而各个阶级对民主的态度并不一致。

地主阶级就其本性来看,无疑是民主化的敌人,而农民阶级就其本性来看,也不会主动拥护和支持民主化。因为就地主阶级和农民阶级的社会人际关系来说,乃是一种人身依附的等级关系,是一种主从等级关系,是一种主子与从属的等级关系,是依附者与保护者的等级关系。这样一来,对于地主阶级和农民阶级来说，最强大的人——最高领导人或国王——便是所有人的保护者，而所有人都是他的依附者或附庸。因此，最高领导人或所有人的保护者，理所当然应该执掌国家最高权力：君主制原本是地主与农民社会的主从等级关系应有之义。

因此，地主阶级与农民阶级的社会，是一种典型的庇护—附庸型的等级制社会；地主阶级与农民阶级的文化，是一种典型的臣民文化。这就是地主阶级与农民阶级拥护君主制而反对民主的根本原因。诚然，民主对地主阶级与农民阶级的利害关系根本不同。民主虽然可以使地主阶级参与执掌国家最高权力，却必定因其平等原则而废除人身依附关系，从而使地主不再是地主，这对地主的损害无疑是致命的。这就是为什么巴林顿·摩尔等众多学者一再说地主阶级是民主的敌人。①

相反地，农民阶级无疑是民主的受益者和非民主制的受损者。但是，一方面，农民阶级所具有的臣民文化和庇护—附庸型的等级制社会关系，使他们认为民主是最不可思议的咄咄怪事，而君主制理所当然。另一方面，农民像马铃薯一样分散无力的状态，也决定了他们不能自己捍卫自己的权益，而势必寻求明君和清官的庇护，从而形成庇护—附庸型的等级制垂直社会关系和臣民文化。

但是，农民阶级毕竟是民主的受益者，因而与地主阶级不同，并不是民主的死敌，而具有两面性：一方面，农民阶级的社会关系与思想文化可能使其主动拥护君主制和反对民主，成为民主的障碍力量；另一方面，农民阶级的利益则使其可能在拥护民主的阶级和阶层的带动下，被动地拥护民主和反对非民主制，成为民主力量的同盟军。然而，使农民阶级成为民主同盟军和消除地主阶级抗拒民主的根本途径，正如摩尔所言，无疑是农业市场经济化，从而根除人身依附关系。②

可是，当农民和地主面向市场进行农业生产之时，他们就不再属于农民阶级与地主阶级，而转变为资产阶级与无产阶级了。资产阶级与无产阶级则都属于拥护民主和反对专制等非民主制的阶级。因为与地主阶级和农民阶级相互间普遍为依附者与保护者的主从等级关系恰恰相反，市场经济使人们相互

---

① Barrington Moore, JR., *Social Origins of Dictatorship and Democracy-Lord and Peasant in the Making of the Modern World*, Boston: Beacon Press, 1972, p. 309.

② Ibid., p. 301.

间处于独立、自由和平等的关系。作为市场经济的行为主体，不论是谁，都是自由、平等、独立的，而决不存在谁高于谁、谁服从谁、谁依附谁的关系。

这种关系势必激发人们——不论是无产阶级还是资产阶级——独立自主、个性解放、自由竞争和人人平等的精神，造就人们对政治参与、政治自由和政治平等的诉求，产生政府及其官吏应由人民自由——言论自由与建党自由——选举产生的民主意识。并且，市场经济使人们从传统社会像马铃薯一样相互孤立隔离、分散无力的封闭状态解放出来，可以在全国乃至全球范围内自由交往流动。这样一来，无产阶级与资产阶级势必结成各种独立于官方的社会团体，亦即公民社会，将其民主化的渴望付诸行动。

特别是，就阶级利益来说，无产阶级与资产阶级也都是民主的受益者和专制等非民主制的受损者。因为所谓资产阶级，就是拥有生产资料并作为资本和经济权力雇佣劳动者的资本家群体；而所谓资本主义，就是资本通过雇佣劳动而增值的商品经济或市场经济制度。因此，正如人身依附关系是地主阶级生死存亡的根本条件一样，自由平等的市场经济制度是资产阶级生死存亡的根本条件，说到底，实行经济自由和经济平等原则的没有政府管制的市场经济制度是资产阶级生死存亡的根本条件。

这样一来，资产阶级必然拥护民主而反对专制等非民主制。因为等级制赋予官吏阶级享有他们在民主制中得不到的巨大的政治权利、经济权利和机会权利等权利，因而是专制等非民主制统治的诀窍，是专制等非民主制的固有特征。但是，等级制显然意味着经济不自由与经济不公正、经济不平等。因为等级制赋予官吏阶级多少经济特权，就意味着庶民阶级被剥夺多少经济权利，就意味着庶民阶级被强加多少不公正的经济义务。因此，专制等非民主制国家因其固有等级制而不可能实行经济自由与经济平等或经济公正标准，不可能实行没有政府管制的市场经济制度。这就是资产阶级反对专制等非民主制的根本原因。

相反地，只有民主制才能因每个公民完全平等地共同执掌最高权力而消除了政治权力垄断和等级制，消除了政治权力垄断群体与没有政治权力群体之分以及人与人之间的主奴之分，消除了政治权力垄断群体和等级制对没有政治权力群体的压迫和剥削，从而能够实现经济自由与经济平等或经济公正标准，说到底，能够实行没有政府管制的市场经济制度。这就是资产阶级拥护民主的根本原因。

因此，亨廷顿逐一列举民主实现的条件时写道："一个强大的资产阶级（巴林顿·摩尔的简单公式：'没有资产阶级，就没有民主'）。"[①]但是，资产阶级就其阶级本性来说，拥护的自然是限选制民主，而不可能拥护普选制民主。因为普选制民主的原则是一人一票，因而意味着无产阶级的政治权力可能超过资产阶级，意味着资产阶级剥削和压迫无产阶级的权力可能被剥夺，瑞典《雇员投资基金法案》就是明证。

无产阶级无疑是实现普选制民主的主力军，因为普选制民主不但是无产阶级获得经济解放和政治解放的武器——至少可以使资产阶级剥削压迫最小化和无产阶级的利益最大化——而且无产阶级的工作条件赋予其根本不同于以往劳动者的内在组织能力，特别是创造工会和政党的强大组织能力。19世纪以来民主化第一波和第二波历史已经充分证明，普选制民主的实现主要是无产阶级及其政党和工会奋斗的结果。

诚然，随着经济发展，老中间阶级（拥有少量生产资料的小资产阶级和农民）日渐萎缩；而新中间阶级（没有生产资料或资本的管理人员群体）日益强大，日益成为民主实现的极其重要的力量。如果说无产阶级是民主化的主力军，日益强大的新中间阶级与核心知识阶层——亦即在各个阶级和阶层之外独立存在的专门从事精神财富的研究、创造、传播、传授和学习的知识分子群体——则堪称民主化的先锋队。因为新中间阶级与核心知识阶层属于对民主的渴求最强烈、最持久的群体，远远强烈于无产阶级等任何群体。

究其原因，乃在于新中间阶级与核心知识阶层属于对自由和自我实现——亦即实现自己创造性潜能，成为可能成为的最有价值的人——的渴求最强烈、最持久的群体。因为自由和自我实现需要诉求的强烈程度，无疑是物质需要的相对满足和文化教育提高的结果。新中间阶级与核心知识阶层显然属于物质需要已经得到相对满足和文化教育程度最高的群体。因此，他们对自由和自我实现的渴求最强烈、持久，从而对民主的渴求也就最强烈、持久；因为唯有民主，每个人才能获得政治自由，每个人的自由和自我实现才有保障。事实也是如此。利普赛特曾援引多国民意调查，证实了无产阶级对于自由和民主的诉求远远低于中间阶级。[②]

---

① Samuel P. Huntington, *The Third Wave: Democratization in the Late Twentieth Century*, Norman: University of Oklahoma Press, 1991, p. 37.

② 利普赛特：《政治人：政治的社会基础》，73—76页，商务印书馆，1993。

综上可知，官吏阶级和地主阶级是民主的敌人；农民阶级和日渐萎缩的老中间阶级可能是民主的同盟军；资产阶级是民主的强大推动力量；无产阶级是普选制民主的主力军；日益强大的新中间阶级是普选制民主的先锋；而核心知识阶层则堪称普选制民主的领袖，第三波民主化运动证实了这一结论。因此，实现民主的主观条件，也就是新中间阶级和无产阶级在核心知识阶层领导下，团结农民阶级、老中间阶级，而与官吏阶级以及地主阶级所进行的民主化和反民主化的阶级斗争，前者的胜利就意味着民主的实现。那么，新中间阶级和无产阶级在核心知识阶层领导下，究竟应该通过怎样的途径才能真正取得胜利从而实现民主呢？

二、民主化的主观条件：民主化过程

1. 民主化的途径：暴力革命是民主化最根本的负相关政治条件

诚哉斯言！因为暴力革命、武力征服或武装夺取政权意味着：通过暴力强制建立、缔建和产生一种新国家。建立、缔建和产生一种新国家，意味着：重新缔结一种关于国家最高权力的契约。因为任何权力，直接说来，必然都产生、形成和起源于社会成员的普遍同意或契约：失去社会成员普遍同意的权力便不再是权力，而仅仅是强制力量。因此，最高权力或国家——国家就是拥有最高权力的社会——直接说来，必然产生、形成和起源于国民的普遍同意或契约。

暴力革命、武力征服或武装夺取政权，显然意味着：征服者强迫被征服者以及所有国民，缔结一种暴力强制的新国家或最高权力的契约，意味着缔结一种暴力的、强制的、非民主的契约，意味着为民做主、强奸民意和强迫人民缔结最高权力契约，因而极端违背契约自由标准，是不应该的、恶的、具有负价值的；夺取国家政权、建立一种新国家、重新缔结一种关于国家最高权力的契约，显然只有通过民主的方式——亦即所谓选举道路——才符合契约自由价值标准，才是应该的、善的、具有正价值的。

武力征服、暴力革命或武装夺取政权，就其自身来说，违背契约自由价值标准，是一种内在恶；就其结果来说，则势必导致专制等非民主政体，违背国家制度价值标准，是一种外在恶。因为武力征服、暴力革命或武装夺取政权所缔结的最高权力契约，既然是一种暴力的、强制的、非民主的、为民做主的契约，那么，不论这种契约内容如何民主，这种契约的实际执行——亦即新国家的实际政治——势必是非民主的，充其量不过是形式民主而实质专制。

因为征服者既然暴力地、不民主地、为民做主地夺取政权，势必继续暴力地、不民主地、为民做主地执掌政权，从而导致专制等非民主制。特别是，武力征服、暴力革命或武装夺取政权，就其行为类型来说，无异于军事行为，因而需要高度集权。因为正如拿破仑所言，一庸将胜过二良将，这就是为什么一切军事行动都必须听从司令一个人指挥。这样一来，武力征服、暴力革命或武装夺取政权必然导致高度集权，导致最高领导一人独掌最高权力。①

然而，问题的关键在于，“暴力政治组织领导人独掌最高权力”与“军队最高统帅独掌军事最高权力”根本不同：前者执掌的是政治最高权力，因而属于专制政体；后者独掌军事最高权力，并非政体类型，根本谈不上专制抑或民主与否。更何况，武力征服或暴力革命的最高领导人，当然是新国家的最高领导人。他既然在武力征服或暴力革命中独掌最高权力，势必继续独掌新国家的最高权力而成为专制者。

这就是为什么，世界史表明，古今中外，那一件件一桩桩武力征服、改朝换代或暴力革命的历史故事的结局几乎无不是专制。即使以民主为目的的武力征服和暴力革命，也难逃这一专制等非民主制结局之怪圈和宿命。因为暴力革命的最高领导人决不会乖乖将他枪林弹雨九死一生中夺取的最高权力，拱手奉献给毫无政治权力的平民百姓，兑现他建立民主国家的诺言；只不过他会慷慨让与民主的形式和外表给拥戴他的人民，而将专制的内容和实质留给自己。这就是为什么通过暴力革命实现的社会主义国家——中国除外——几乎都是形式民主而实质专制。

可见，武力征服、暴力革命或武装夺取政权乃是民主实现的最根本的负相关政治条件。因此，亨廷顿说：“通观历史，武装的叛乱几乎从未产生过民主政权。”②那么，民主政体是怎么产生的呢？究竟应该通过怎样的途径才能实现民主？只应该通过非暴力的方法，只应该通过民主的方法，从而努力创造民主

---

① Samuel P. Huntington, *The Third Wave: Democratization in the Late Twentieth Century*, Norman: University of Oklahoma Press, 1991, p. 207.

② Ibid.

实现的客观条件和主观条件,最终实行民主。具体说来,核心知识分子应该团结起来,领导新中间阶级和无产阶级,形成非民主政府的反对派,联合政府改革派领袖,反对政府保守派,通过谈判、示威、游行、妥协和协议等非暴力手段,创造民主实现的各种客观条件和主观条件。

首先,推动经济体制改革,建立民主的经济条件:有政府适当干预而没有政府指挥的市场经济。其次,争取言论自由和结社自由权利,建立工会、学会等各种非官方团体,实现民主的社会条件:公民社会。再次,进行破除臣民文化和传播公民文化的启蒙活动,确立民主实现的文化条件:公民文化。最后,推动政治体制改革,实现自由公正的选举,使政府由全体公民自由——言论自由与建党自由——竞选产生。这种选举,正如达尔在总结民主实现的途径时所指出的,乃是非民主政权的最后防线。①

这就是民主化的唯一方法,这就是实现民主的唯一方法。倘若一个国家不具备使用这种方法的条件,那就只有首先创造这种条件,然后再用此法,不论需要多么漫长的时间,也都只能如此,舍此别无他法。否则,倘若用暴力的非民主的方法,就会像世界史告诉我们的那样,势必陷入一种专制被另一种专制更替的怪圈。诚然,就是自由竞选的方法,也只是一般——而非必然——说来,才可以产生民主政体,因为民选政府还必须进一步分权,才必定是民主政府:民主就是政府分权且由自由竞选产生的政体。但是,自由——言论自由和建党自由——竞选毕竟是民主实现的必要条件,因而只有经过自由竞选的方法,只有通过非暴力的民主的方法,才能创造名副其实的民主政体。因此,亨廷顿在总结世界民主化浪潮时这样写道:“民主是通过民主的方式产生的,没有其他方式。”②

2. 执政势力:全权垄断是民主化的最强大负相关政治条件

民主化能否成功,民主能否实现,在一定条件下,无疑取决于非民主当局执政势力的大小而与之成反比:势力越大,便越难实现;势力越小,越易实现。那么,非民主当局执政势力的大小取决于什么?主要讲来,取决于执政的合法

---

① 达尔:《多头政体》,8—9页,商务印书馆,2003。

② Samuel P. Huntington, *The Third Wave: Democratization in the Late Twentieth Century*, Norman: University of Oklahoma Press, 1991, pp. 164 - 165.

性、执政者的政治权力性质和国外支持。

非民主当局执政势力的大小取决于其合法性高低、强弱和有无。因为权力、政权的根本特征就是合法性:权力、政权就是具有合法性的强制力量;而所谓合法性,亦即权力、政权被国民普遍同意或承认的性质。所以,一种政权的合法性或国民同意的程度越高,该政权的势力就越强大;合法性或国民同意的程度越低,该政权的势力就越薄弱。执政当局政权的合法性,主要讲来,无疑取决于政府绩效、产生方式和政体传统。

因为,首先,政府有绩效,如经济繁荣、文化兴盛,就会获得国民高度同意和承认,就具有高度的合法性;否则,政府绩效不好,经济停滞,就具有低度的合法性,甚至丧失合法性。其次,政府经由国民选举产生,就意味着全体国民的同意承认,因而具有高度的合法性;否则,合法性就会处于低水平,甚至不具有合法性。最后,政体的历史传统——或被取代的政体——如果是民主政体,专制等非民主制就难以具有合法性;政体的历史传统——或被取代的政体——如果是专制等非民主制,专制等非民主政体就具有合法性。因此,民主化成功、民主实现的难易程度,直接说来,取决于非民主政权势力大小;根本说来,则取决于非民主政体的合法性高低。但是,专制等非民主政体,一般说来,不可能经由全体公民选举产生,因而就这一点来说,都不具有合法性。因此,非民主政权的合法性主要在于绩效和政治传统。

因此,民主化的成功、民主的实现,一方面,取决于非民主政权的绩效:执政者越昏庸无德,绩效越差,合法性就越低,非民主政权势力就越薄弱,民主就越易于实现;执政者越明智有德,绩效越好,合法性就越高,非民主政权势力就越强大,民主就越难于实现,明君是民主化的劲敌。另一方面,取决于政体传统:政体的传统如果是民主制,专制等非民主政权就难以具有合法性,因而势力比较薄弱,民主就易于实现;如果是专制等非民主制,非民主政权就具有合法性而势力比较强大,民主就难于实现:非民主制传统是民主化的障碍机制。

然而,长久说来,任何非民主制,即使是明君精英的非民主制,如果与民主制比较,绩效必定不好;明君精英的非民主制如果真有什么好绩效,只是相对昏庸无德的非民主制来说,才可能成立。这样一来,专制等非民主制的合法性便主要在于历史传统。可是,遍布全球的民主化浪潮已经使这一传统越来越难以赋予当代非民主政权以合法性。因为正如萨托利所指出的,到了 20 世纪

40年代后期,已经没有理论家和政治家公然捍卫非民主制而反对民主制。[①]因此,亨廷顿一再强调,民主化的首要准则,瓦解非民主制而代之以民主的首要准则,就是攻击非民主政权的绩效。[②]

民主化的负相关和正相关政治条件,诚如亨廷顿所言,还应该包括国外力量。[③] 但是,真正讲来,这些并没有包括民主化的最重要、最强大、最严重的负相关政治条件。因为这些条件不能说明,为什么与西方根本不同,中国自大禹开创家天下的专制制度,四千年来,一直没有实现民主?

原来,所谓非民主当局的执政势力,不言而喻,也就是垄断政治权力的官吏阶级的执政势力。官吏阶级的执政势力,根本说来,取决于国有生产资料或国有经济资源的多少:国有生产资料越多,官吏阶级的执政势力就越大。因为国有生产资料的控制权完全掌握于官吏阶级,国有生产资料越多,官吏阶级所拥有的经济权力就越大,进而所拥有的社会权力(如结社权力)就越大,所拥有的文化权力(如言论出版权力)就越大,就越接近全权(政治权力、经济权力、社会权力与文化权力)垄断。

全权垄断的典型是亚细亚生产方式和非民主制社会主义。因为一方面,亚细亚生产方式的典型是古代中国、印度和俄国;该生产方式的最根本特点,就是以土地国有为其形式的国王及其官吏阶级所有制:普天之下,莫非王土;率土之滨,莫非王臣。因此,以国王为代表的官吏阶级不但垄断了政治权力,而且垄断了经济权力,进而垄断了社会权力和文化权力。另一方面,非民主制的社会主义不仅意味着政治权力垄断:垄断了政治权力的官吏阶级通过控制国有资源和公有制生产资料,同时也垄断了经济权力,进而垄断了国家的社会权力和文化权力。

全权垄断的非民主国家官吏阶级的执政势力最为强大,民主的实现最为困难,全权垄断是民主实现的最根本的负相关政治条件。因为这种国家的官吏阶级不但垄断了政治权力,而且垄断了经济权力、社会权力和文化权力,成为全权垄断阶级,是人类历史上权力垄断最多最大的官吏阶级;相反地,庶民

---

① Giovanni Sartori, *The Theory Democracy Revisited*, Chartham, New Jersey: Chatham House Publisher, Inc., 1987, p. 3.

② Samuel P. Huntington, *The Third Wave: Democratization in the Late Twentieth Century*, Norman: University of Oklahoma Press, 1991, pp. 149 – 150.

③ Ibid., pp. 85 – 86.

阶级不但丧失了政治权力，而且丧失了经济权力、社会权力和文化权力，成为全权丧失阶级，是人类历史上权力丧失最干净最彻底的庶民阶级。

这样一来，首先，官吏阶级垄断了社会权力，不容许独立于官方的组织或公民社会的存在，庶民阶级像马铃薯一样处于分散无力状态，决定了他们不能自己捍卫自己的权益，而势必寻求明君和清官的庇护，从而形成庇护—附庸型的等级制垂直社会关系和臣民文化；其次，官吏阶级杜绝了公民社会和垄断了文化权力，使公民文化或民主文化无从生长，从而必定盛行臣民文化或主奴文化；再次，官吏阶级垄断了经济权力，庶民阶级不服从政府和官吏就意味着没有工作，就意味着饿死，不服从者不得食。

这就是在这种国家中，人们争先恐后将奴才的锁链当作花环来佩戴的缘故！这就是在这种国家中，人们自愿过着自由丧失殆尽的奴才般的"失掉尊严的、停滞的、苟安的生活"①的缘故！这就是中国自大禹开创家天下——亦即全权垄断——的专制制度以来，直至清朝，四千年来一直是专制制度的根本原因！这就是非民主制的社会主义国家极难民主化、极难实现民主的根本原因！

因此，全权垄断或极权主义政权是民主化的最强大的负相关政治条件，以至达尔这样写道："如果一个政府垄断了暴力和社会经济制裁，可以随意使用这些资源压迫反对派，就不可能有实现竞争性政治的机会。"②所以，消除全权垄断或极权主义也就是民主化成功和民主实现的极其重要的政治条件。然而，全权垄断的专制统治无疑极难推翻，以至孙哲这样写道："极权政权只有遭到外来暴力的毁灭性打击，才能被推翻，不能期望它内部和平演变，过渡到民主制度。"③

诚哉斯言！但是，正所谓此一时也，彼一时也。随着世界现代化和民主化的发展，在绝大多数国家都已经实现了民主的条件下，全权垄断作为民主化最强大的负相关政治条件已经风光不再，而日渐成为民主化的根本原因。因为，如前所述，民主制是国家恒久繁荣进步的根本原因；专制等非民主制是国家不可能恒久繁荣进步的根本原因，特别是全权垄断的极权主义专制，必定导致极

① 《马克思恩格斯选集》，第2卷，67页，人民出版社，1977。

② Robert A. Dahl, *Polyarchy*, New Haven and London: Yale University Press, 1971, p. 50.

③ 孙哲：《权威政治》，50页，复旦大学出版社，2004。

端的停滞不前。这样一来，在绝大多数国家都是专制等非民主制——因而都停滞不前——的条件下，全权垄断的极权主义专制还能够得到国民认可，具有合法性，因而成为民主化最强大的负相关政治条件，但是，在绝大多数国家都实行民主制——因而都繁荣进步——的条件下，全权垄断的极权主义专制就不再能够得到国民认可，只能具有低度的合法性，甚至丧失合法性，日渐成为民主化的根本原因。这就是为什么在谈到苏联解体的原因时，俄罗斯联邦共产党主席根·安·久加诺夫说，苏联和苏共的垮台缘于全权垄断："苏联和苏共垮台的基本原因是对财产、权力和真理的垄断。"

但是，这并不是说，在绝大多数国家都已经实现了民主的条件下，全权垄断不再是民主化最强大的负相关政治条件——全权垄断仍然是民主化最强大的负相关政治条件。在绝大多数国家都已经实现了民主的条件下，依靠国内力量推翻全权垄断的专制统治，仍然几乎是不可能的。但是，全权垄断的专制者要取得合法性从而维护其专制统治，必然要进行现代化建设。因此，民主派依靠国内力量推翻全权垄断的专制统治，虽然几乎是不可能的，却可以通过现代化建设，争取逐步实现市场经济、私有化以及结社自由和思想自由等方法，逐步消除全权垄断。因为市场经济和私有化意味着经济权力脱离政治权力，意味着消除政治权力对经济权力的垄断；结社自由意味着建立公民社会，意味着社会权力脱离政治权力，意味着消除政治权力对社会权力的垄断；思想自由意味着文化权力脱离政治权力，意味着消除政治权力对文化权力的垄断。这样一来，消除了全权垄断，也就可能进一步废除专制而代之以民主了。

3. 伟大政治领袖：民主实现最危险的负相关政治条件

不难看出，伟大政治领袖对于民主化成功、民主实现和巩固的作用，根本说来，取决于政治职务的本性和政治职务担任者的人性。从政治职务担任者的人性来看，每个人无不追求个人利益，尤其是个人权力。那些放弃个人权力的人，如释迦牟尼和庄子，之所以放弃王位和相位等权力，并不是因为不渴望个人权力，而是因为他们更加渴望其他东西——如得道成佛——而已。因为人是社会动物，每个人的一切利益，归根结底，无不是社会和他人给予的；他的最根本最重要的利益，就是社会和他人必须且应该给予他的利益，亦即他的受到权力和法律保障的利益，说到底，亦即他的权利：权利就是权力所保障的利益。

这样一来,权力本身岂不就是最大的利益?因此,人无不渴求权力,亦即求贵而避贱,以至连认为义利相反的道义论代表人物孔子和孟子也不得不承认:"欲贵者,人之同心也。"[①]人们对于贵或权力的追求的努力程度,显然与其高低大小成正比:权力越大,人们便越是努力追求。所以,人们对于一个国家的最高权力的追求,往往可以达到父子相残而置一切于不顾的疯狂地步。问题的关键还在于,权力的大小,无疑与同一权力握有者的人数成反比。因此,如有可能,每个人必定拼命追求或渴求一个人独掌社会或国家的最高权力。

另一方面,任何社会,不论大小,不论人数多少,它存在与发展的最根本的条件,无疑是统一,是"完整地结合为一个单位"。只有当社会如同一个人那样"构成一个整体",亦即成为一个统一体、一个"公共的大我"、一个"公共人格",它才能够存在发展,否则,四分五裂、各行其是,势必崩溃灭亡。这就是为什么,从政治职务本性来看,任何一种社会或国家的政治首脑、最高政治职务担任者或最高政治领导人,一般说来,必定都是一个:一个酋长、一个军务总司令、一个州长、一个国家主席。即使是民主国家的最高领导人——亦即总统——也只是一个。

最高政治职务执掌者或最高政治领导人是一个人,当然并不意味着,最高权力的执掌者是一个人:政治权力与政治职务根本不同。因为拥有政治职务固然拥有政治权力,但是,没有政治职务的庶民,也可以拥有政治权力,如通过选举而委任被选举者以政治职务的权力。古希腊民主国家的陶片放逐法,岂不充分显示没有政治职务的公民的巨大政治权力?

因此,政治职务与政治权力根本不同;最高政治职务的执掌者与最高政治权力的执掌者根本不同。在专制国家,最高政治职务执掌者与最高政治权力执掌者是同一个人:专制君主。相反地,在一个民主国家,主权在民,人民、庶民执掌最高权力;而最高政治职务执掌者、最高政治领导人或总统虽然是该国政治权力最大最多最重的一个人,却并不掌握最高政治权力。对于最高权力来说,他与任何一个公民是完全一样的:"一个顶一个,不能一个顶两个。"这就是说,总统与每个公民是完全同等地掌握国家最高权力,否则,就不是民主国家了。

最高政治职务与最高政治权力虽然根本不同,但是,最高政治职务执掌者

---

① 《孟子·梁惠王章句上》。

或最高领导人，就其人性来说，必定渴求独掌社会或国家的最高权力，因而也就使“最高领导人是一个人”，极易蜕变为“最高权力的掌握者是一个人”，从而变成专制君主，这就是专制产生和存在的“最高政治职务的本性及其执掌者的人性”之根源。

可见，最高政治职务执掌者的人性（渴求最高权力）和最高政治职务的本性（只能由一人执掌），决定了专制等非民主制远比民主更容易实现和巩固。因为专制就是一个人执掌国家最高权力的政体，因而完全符合最高政治职务执掌者的人性和最高政治职务的本性；而民主则是全体公民共同执掌国家最高权力的政体，因而极端背离最高政治职务执掌者的人性和最高政治职务的本性。

即使国家最高领导人是一个庸庸碌碌之辈，也很容易——因最高政治职务的本性及其执掌者的人性——独掌国家最高权力而成为专制君主。那么，如果这个最高领导人是伟大的领袖，岂不更容易独掌最高权力而成为专制君主？伟大政治领袖实乃民主的最危险的负相关政治条件。因为伟大领袖也是人，人所固有的，伟大领袖无不具有：他身居国家最高领导人也必定渴求独掌国家的最高权力。他不但渴求独掌国家最高权力，而且势必远比庸碌之辈更加强烈渴求独掌国家最高权力。因为正如普列汉诺夫论及伟大领袖所言，他的情商必定与其智商一样，远比庸碌之辈更加强烈：“他的见识要比别人的远些，他的愿望要比别人的强烈些。”①

问题的关键在于，与人类其他领域——如艺术和科学——的杰出人物一样，越是伟大，就越稀少；最伟大的政治领袖往往只有一个，只有他堪称先知先觉、高瞻远瞩的天才，而其他领袖只是围绕他旋转和弘扬他思想的能者。因此，伟大的政治领袖堪称韦伯所说的“魅力型”的统治者，他凭借其独一无二和无与伦比的天才、智慧等人格魅力，而赢得其他领袖的服从，赢得人民的崇拜和热爱。②

这样一来，他作为最高领导人，似乎顺理成章就掌握了最高权力，成为国民景仰的专制者：他夺取最高权力的渴望借助最高政治职务本性——亦即只能一人担任——和他的人格魅力自然而然就实现了。因此，如果排除其他条

① 《普列汉诺夫哲学著作选集》，第 2 卷，373 页，生活·读书·新知三联书店，1961。

② 马克斯·韦伯：《经济与社会》，上卷，241 页，商务印书馆，2006。

件——诸如防止身居最高领导的伟大政治领袖篡夺最高权力的措施等条件——抽象地看，那么，就可以得到一个等式：最高政治职务的本性（只能由一人执掌）＋最高领导人的人性（渴求最高权力）＋伟大领袖＝一人执掌最高权力＝君主专制。

因此，有一利必有一弊。不论我们多么需要伟大政治领袖，不论伟大政治领袖有多大贡献，他却是民主的最危险的敌人，是民主化成功和民主实现的重大负相关条件。这就是为什么，托克维尔会发现，美国人民有一种天然本能："这种天然本能在使人民排斥卓越人物当权。"[①]究竟言之，一方面，人类只需要伟大的政治理论家，如洛克、孟德斯鸠、托克维尔和穆勒等；另一方面，人类只需要开创民主制度的伟大政治领袖，如古希腊的梭伦、克利斯蒂尼、伯里克利和美国的国父华盛顿、杰斐逊等。

但是，已经实现伟大政治领袖所开创的民主制度——特别是比较完善的民主制度——的国家，就不再需要伟大政治领袖，而只需要按照民主制度进行治理的平庸政治领袖，亦即需要马克斯·韦伯所谓的"合法型"的统治者。[②]民主国家不需要伟大政治领袖！因为在真正实现了民主的国家，物质财富和精神财富的繁荣兴盛主要依靠制度——如经济自由与言论出版自由——保障，而并不需要伟大政治领袖的天才创造：任何这种创造就其最好的可能来说也不过是画蛇添足而已。因为政治原本是一种必要恶，而唯有经济（物质财富的创造）和文化（精神财富的创造）才是内在善。所以，只要经济和文化能够繁荣，政治越少越好，政治领袖越平庸越无为越妙。

这就是为什么，美国建国二百年来，就从一个贫弱的农耕国家，崛起而为世界唯一超级大国，但是，除了几位国父，所有的政治领袖却都是庸庸碌碌之辈。这岂不充分证明了那句名言：民主制唯有天才能够创造，却可以由傻瓜来实行！因此，民主国家不需要伟大政治领袖；除非当其陷入战争、动乱或革命等巨大社会危机的非常时期。就是在这种非常时期，民主国家对于伟大政治领袖的需要，也远逊于专制帝国：一人统治显然需要且造就了那一个人的伟大。这就是那个令托克维尔困惑不解的吃惊发现之根本原因："我到美国后，就吃惊地发现，被统治者中间真正人才荟萃，而统治者当中却很少有名流。今

① 托克维尔：《论美国的民主》，上卷，225页，商务印书馆，1996。

② 马克斯·韦伯：《经济与社会》，上卷，241页，商务印书馆，2006。

天,在美国,最卓越的人士很少去当官,乃是一个常见的现象。而且必须承认,这也是随着民主超出其原来的一切界限而产生的结果。显而易见,半个世纪以来,美国的政治世家大大减少了。"①

因此,在正常情况下,民主国家只需要——并且赖有思想自由等民主制度也确实能够诞生——伟大的思想家、理论家、艺术家等,而并不需要伟大政治领袖。不但不需要伟大政治领袖,恰恰相反,倒是需要像谨防最危险的敌人那样,谨防身居高位的伟大政治领袖篡夺国家最高权力。这就是雅典为什么会创造陶片放逐法,放逐那些著名政治家——非常时期又被召回。这就是为什么,古往今来的民主国家会挖空心思地设计防止伟大政治领袖篡权的种种措施。

早在原始社会,易洛魁氏族社会就曾——因防止身居最高职务的人篡夺最高权力——违背"最高政治职务势必一人"之本性而设立两名最高领导人。② 古希腊防止最高领导人篡夺最高权力最为有效的方法,恐怕就是陶片放逐法。该法是克利斯蒂尼改革——古希腊最彻底最伟大的民主改革——的重要措施之一,目的在于防止影响广泛的人民领袖或著名政治家僭夺最高权力、颠覆民主制。该法规定,一年最多只能放逐一人。每年专门召开一次公民大会,讨论是否实施陶片放逐法;如果与会者有一半以上赞同,就决定实施。公民在陶罐碎片刻上他要放逐的人——绝大多数都是著名政治家——的名字,然后由执政官清点票数。如果总票数没有达到六千,便宣布无效;如果达到六千,则得票最多的那一个人就会遭到放逐,离开雅典。十年后,被放逐者自动获得公民权并返回雅典。从公元前 488 年第一次实施到公元前 416 年最后一次,雅典约进行了 15 次陶片放逐。结果正如波普所言:"在雅典,任何人无须犯罪,只要太受人民欢迎,就会被流放。几位善于控制人心的政治家,阿里斯提得斯、地米斯托克利都是因此遭到流放……流放制度先发制人,杜绝他往独裁的方向继续前进。"③

现在看来,陶片放逐法未免不公且可笑,因为我们已经有更为完善和公正的防止伟大领袖篡权的方法,如自由——言论自由与建党自由——竞选、三权

---

① 托克维尔:《论美国的民主》,上卷,223 页,商务印书馆,1996。

② Lewis H. Morgen, *Ancient Society*, Chicago: Charles H. Kerr & Company, 1907, p. 151.

③ 刘军宁编:《民主二十讲》,146 页,中国青年出版社,2008。

分立、宪政民主、两党制和多党制等。但是，这些制度无疑是古希腊民主制度历经两千余年发展完善之结果。就当时还相当简陋不完善的雅典民主制度来说，陶片放逐法无疑有效避免了伟大政治领袖篡夺最高权力，捍卫了民主制度，因而具有莫大价值，堪称古希腊民主制度最伟大的创造之一。就是对于当代民主制度还不够巩固和完善的国家来说，陶片放逐法恐怕仍有莫大价值。

三、民主的运作：选举

1. 选举概念：投票与抽签

就中文词源来看，"选"就是挑选、选择。《说文》："选，一曰择也。"《小尔雅·广言》："选，择也。""举"就是抬起、往上托。李白诗曰："举头望明月。""选举"就是选拔，就是挑选提高，引申为选拔贤能优良者。《礼记·礼运》："选贤与能，讲信修睦。"因此，选举的概念含义，全面地看，就是从众多事物中选拔优良者——优良的人和决策——使其地位发生由低到高的变化；主要讲来，就是从多人中选拔优良的人，使其社会角色发生由低到高的变化；说到底，就是从多人中选拔官员。选举，主要地讲，就是选举官员，就是从多人中选拔官员的活动，就是从庶民中选拔官员和从低级官员选拔高级官员的活动，这就是选举概念的基本含义。中国古代史书中的《选举志》、《选举典》、《选举略》和《选举考》中的"选举"皆是此意：选拔官员。

西文选举 elections 的词源含义和概念含义亦然。《布莱克维尔政治学百科全书》"选举"词条写道："该词源于拉丁语动词 eligere，意为挑选。它是一种具有公认规则的程序形式，人们据此而从所有人或一些人中选择几个人或一个人担任一定职务。"[①]《美利坚百科全书》说："选举是由那些合格的人正式参加投票来选择公职人员或决定有关政策的一项程序。"《不列颠百科全书》亦如是说："选举是通过投票作出政治抉择的一种手段。"

那么，是否可以说选拔官员及其决策的活动就是选举概念之定义？答案是肯定的。选举的概念定义，主要讲来，就是官员之选拔活动，就是从多人中选拔官员的活动；全面地看，则是优良者之选拔活动，就是从多人及其决策中

---

① 米勒等编：《布莱克维尔政治学百科全书》，215 页，中国政法大学出版社，1992。

选拔优良者的活动:从多人中选拔官吏和从若干决策中选拔最佳决策。因此,选举虽然是世袭的对立面,远远优良于世袭,却未必就意味着民主,未必就是民主选举。即使最高权力执掌者经选举产生,也未必是民主选举。德国皇帝曾由选举产生,而非世袭。但是,这种选举却属于君主专制范畴,是一种非民主选举,选举有民主选举与非民主选举之分。

不难看出,真正能够实现民主——亦即全体公民完全平等地共同执掌国家最高权力——的选举方式,充其量,只有抽签和投票。然而,细究起来,恐怕只有抽签才是能够——而投票则不能够——完全实现民主的选举。因为全体公民完全平等执掌最高权力,说到底,就是全体公民完全平等地享有选举权和被选举权。抽签选举,不言而喻,一方面意味着,每个公民被选举的机遇和可能完全一样,因而每个人完全平等地享有被选举权;另一方面意味着,每个人的选举权利完全平等:完全一样委托签儿进行随机选举。因此,抽签能够保障全体公民完全平等地享有选举权和被选举权,从而实现全体公民完全平等地共同执掌国家最高权力。

诚然,抽象地看,投票也意味着每个人完全平等地享有选举权和被选举权。因为,一方面,一人一票,每个人都平等享有选举权;另一方面,每个人都同样可以成为候选人,因而平等享有被选举权。就拿英国选举法来说,每个公民同样只要有一名提议人、一名附议人和八名选民书面同意,就能够成为候选人。但是,实际上,金钱、能力和出身等因素左右着投票,结果只有所谓的精英才能够成为候选人,而绝大多数公民势必被排除在外,因而并不能平等享有被选举权。更何况,政党提名候选人已经成为今日世界各国的选举惯例,因而候选人实为政党精英和寡头垄断,每个人都可以成为候选人的权利不过是一句空话而已。因此,投票选举虽然能够保障每个公民平等享有选举权,却不能保障每个公民平等享有被选举权,使被选举权为精英和寡头垄断。因此,亚里士多德说:"拈阄(抽签)素来被认为属于平民性质,选举法则属于寡头性质。"①

然而,为什么抽签在古雅典是主要的选举方法,而后逐渐衰微,至18世纪中叶以后,则完全被投票选举所取代?最直接的原因,恐怕因其违背政治职务分配原则。因为按照该原则,每个人因其政治贡献(政治才能+道德品质)的不平等而应担任相应不平等的政治职务。换言之,每个人所担任的政治职务

① 亚里士多德:《政治学》,201页,商务印书馆,1996。

的不平等与自己的政治贡献(政治才能+道德品质)的不平等的比例应该完全平等。这就是政治权利比例平等原则,亦即政治职务分配原则。

抽签选举显然违背这一原则。因为抽签选举完全是随机的,每个人都拥有同等中签的机会,不论是谁,不论其才能和品德如何,只要中签就可以当官,甚至是最高级官员,因而违背按照德才分配政治职务原则。问题是,民主选举方式只有抽签和投票。那么,投票是否符合按照德才分配政治职务原则?答案是肯定的。诚然,投票难免为金钱财富、竞选谋略等左右,似乎并不符合政治职务分配原则。但是,不论如何,选民所选举的候选人和中选者毕竟才能出众——亦即所谓精英——因而基本符合按照德才分配政治职务原则。这也就是为什么孟德斯鸠等思想家断言投票选举具有贵族或精英性质。

那么,是否可以由此得出结论说:民主选举应该投票而非抽签?否。恰恰相反,应该抽签而非投票。因为政治权利平等原则分为政治自由权利完全平等原则(亦即人民主权原则)和政治职务权利比例平等原则(亦即按照德才分配政治职务原则)。按照前者,每个人不论德才如何,都应该完全平等地享有政治自由权利,亦即完全平等地共同执掌国家最高权力,说到底,人民应该执掌国家最高权力;按照后者,每个人因其德才不平等而应该享有担任相应不平等的政治职务权利:前者对于后者具有绝对的优先性。

抽签选举虽然违背按照德才分配政治职务原则,却能够保障全体公民完全平等享有选举权和被选举权,从而实现全体公民完全平等地共同执掌国家最高权力,因而符合政治自由权利完全平等原则,说到底,符合人民主权原则。投票选举虽然符合按照德才分配政治职务原则,却使被选举权为精英和寡头垄断,不能保障每个公民平等享有被选举权,最终违背全体公民平等共同执掌国家最高权力原则,违背政治自由权利完全平等原则,说到底,违背人民主权原则。人民主权原则对于按德才分配政治职务原则具有绝对的优先性,这就是为什么民主选举应该抽签而不应该投票。

不但此也!抽签选举违背按照德才分配政治职务原则,抽象地孤立地看,确实是不应该的、恶的、具有负价值的。但是具体讲来,抽签选举不但因其保障每个人都平等享有选举权和被选举权而是可以达到更大的善的必要恶,而且还因其破除精英垄断政权、扼杀伟大政治领袖于摇篮和降低官吏的价值而是可以防止更大的恶的必要恶。因为如前所述,伟大政治领袖乃是民主的最危险的负相关政治条件:最高政治职务的本性(只能由一人执掌)+最高领导人的人性(渴求最高权力)＋伟大领袖＝一人执掌最高权力＝君主专制。这就是为什么古往今来的民主国家会挖空心思地设计防止伟大政治领袖篡权的种种措施。

然而，防止伟大政治领袖篡权的最根本的方法，莫过于使伟大政治领袖无法诞生。抽签选举无疑可以扼杀伟大领袖于摇篮，使伟大政治领袖无法诞生，堪称防止伟大政治领袖篡权的不二法门。思想家们大都因此诟病抽签选举。殊不知，民主国家决不需要伟大政治领袖，而只需要按照民主制度进行治理的平庸政治领袖。因为在真正实现了民主的国家，物质财富和精神财富的繁荣兴盛主要依靠制度——如经济自由与言论出版自由——保障，而并不需要伟大政治领袖的天才领导。民主国家只需要并且必定能够诞生创造精神财富和物质财富的伟大领袖。

抽签选举使人人都可以担任官吏，无疑极大地降低了官吏和政治权力的重要性或价值。思想家们大都因此诟病抽签选举。殊不知，政治和法律都是一种必要恶，而唯有经济(物质财富的创造)和文化(精神财富的创造)才是内在善。所以，只要经济和文化能够繁荣——经济和文化的繁荣恰恰依靠经济自由与言论出版自由而不是强化政治权力——政治和官吏以及政治权力和政治强制越少越好：一个国家的政治和官吏以及政治权力和政治强制，应该保持在这个国家的存在所必需的最低限度；一个国家的自由，应该广泛到这个国家的存在所能容许的最大限度。因此，抽签极大地降低了官吏和政治权力的重要性或价值，实乃抽签的优越而非缺陷。

相反地，投票选举符合按照德才分配政治职务原则，抽象地孤立地看，确实是应该的、善的、具有正价值的。但是具体讲来，投票选举却是一种导致更大恶的善，是净余额为恶的纯粹恶。因为投票选举不但使被选举权为精英垄断而违背每个人都享有被选举权的人民主权原则，而且还导致精英垄断官职，赋予官吏和政治权力以极大的重要性，最终难免精英——特别是最伟大的那一个精英之精英——篡夺最高权力，遂使“选举”成为“选主”，葬送民主而沦为专制等非民主制。

可见，投票选举，就其自身来说，符合按照德才分配政治职务原则，因而是善的，但就其结果来说，却使被选举权为精英垄断，赋予官吏和政治权力以极大的重要性，最终难免精英篡夺最高权力，遂使“选举”成为“选主”，因而罪莫大焉。因此，投票选举“自身善”与“结果恶”的净余额是极大的恶，属于纯粹恶范畴，是不应该的、恶的和具有负价值的民主选举方式。相反地，抽签选举，就其自身来说，违背按照德才分配政治职务原则，因而是恶，但就其结果来说，不但保障了每个人都平等享有选举权和被选举权，而且还破除精英垄断政权、扼杀专制者于摇篮和降低官吏的价值，最终实现人民主权，因而善莫大焉。因此，抽签选举"自身恶"与"结果善"的净余额是极大的善，属于必要恶范畴，是应该的、善的和具有正价值的民主选举方式。

但是，这并不意味着民主国家所有官吏的选举统统都应该抽签而不应该投票。因为那些需要特殊知识和技能的职务，如将军，显然应该投票选举。凡是需要特殊知识和技能的官职，显然完全从属于国家各级最高政治职务。因此，只要国家各级最高官职抽签选举，那么，需要特殊技能的职务投票选举，与普选权以及人民主权原则并不发生冲突。因此，民主国家官吏，正如卢梭所指出的，应该采用抽签选举而辅之以投票选举，亦即国家各级政治职务都应该抽签选举，只有极少数需要特殊知识和技能的职务才应该投票选举。①

这种真正堪称民主的选举方式，如所周知，乃是古希腊民主选举的伟大创造。梭伦首创意义深远的"抽签投票混合法"：投票选举官吏候选人，然后再通过抽签从候选人中选举官吏。这一方法极大降低了官吏的神圣性和卓有成效地防止了专制，堪称人类选举的划时代飞跃，但仍然不能保障弱势群众享有被选举权。这一缺憾直至厄菲阿尔特和伯里克利时代才得以克服，进而改革为"完全抽签选举法"：官吏候选人也通过抽签选举。结果当时雅典每年大约选举 1100 名官吏，除 100 名需要特殊技能的官职，皆由抽签选任。显然，唯有这种完全抽签法才能够保障每个公民平等享有选举权和被选举权：完全抽签法是唯一名副其实的民主选举方法。

抽签法虽然是唯一名副其实的民主选举方法，但该法的实行却无疑是有条件的，说到底，需要双重条件：一方面，民主制度已经比较完善、巩固，因而不需要伟大政治领袖；另一方面，国民政治觉悟普遍提高，以至普遍具有管理国家的政治能力。因此，开创民主制度的时代，便因为需要伟大的天才的政治领袖而不宜于抽签选举，应该完全投票选举：候选人和正式官员都投票选举。但是，这样一来，国家最高权力便很可能被精英寡头垄断，最终被那一个最伟大的精英篡夺而沦为专制。因此，投票选举必须伴随防止精英垄断和篡权的一

---

① 卢梭：《社会契约论》，144 页，商务印书馆，1994。

系列有效措施，如宪政民主、政府分权、两党制和多党制、短任期、言论自由和结社自由等。

宪政民主制度一旦比较完善和巩固，就不再需要伟大政治领袖，因而应该废止投票选举而代之以抽签选举。不过，如果国民政治觉悟尚未普遍提高，以至绝大多数国民尚未实现政治动物之潜能，实际并不具有管理国家的政治能力，那么，显然应该投票抽签混合选举，亦即候选人投票选举和正式官员抽签选举：候选人投票可以避免无能者被选举；正式官员抽签可以防止伟大领袖中签而导致专制。宪政民主制度比较完善和巩固的国家，只有当其国民政治觉悟普遍提高，以至绝大多数国民已经实现了政治动物之潜能——亦即实际具有管理国家的政治能力——的时候，才应该完全抽签选举：候选人和正式官员都抽签选举。

2. 选举制度

没有规矩，不成方圆。投票和抽签等选举活动的规矩、规范或规则体系，就叫作选举制度。因为所谓制度，正如罗尔斯所言，是一定的行为规范体系："我将把制度理解为一种公开的规范体系。"[①]因此，所谓选举制度，也就是国家和社会制定、认可或奉行的关于选举的行为规范体系，亦即国家和社会制定、认可或奉行的关于选举的法——包括习惯法——和道德体系，简言之，选举制度就是选举行为规则总和。因此，民主选举制度，全面地看，乃是抽签和投票选举规则体系。但是，抽签选举规则极其简单，依靠经验就可以解决而构不成科学研究对象；相反地，投票选举规则极其复杂，至今学术界仍然众说纷纭，莫衷一是，实乃选举科学的主要研究对象。

这样一来，所谓选举制度，要言之，便是投票选举规则体系，说到底，亦即如何将选票转换为席位的规则体系。因此，选举制度主要包括选区划分规则、选票计算规则（亦即所谓选举公式）和当选门槛。选区划分规则比较简单，主要依据所选举的代表的人数而分为大选区制和小选区制。小选区制，又叫单名选区制或单数选区制，亦即每个选区只能选举一名代表的制度。英国、美国等都采用此制。1995 年英国全国划定 659 个选区，每个选区选举一名下院议

---

① John Rawls, *A Theory of Justice* (Revised Edition), Cambridge, Massachusetts: The Belknap Press of Harvard University Press, 2000, p. 47.

员，共 659 名。大选区制，又叫复数选区制或多名选区制，亦即每个选区可选举两名以上代表的制度。意大利等国采用此制。意大利全国分为 32 个选区，每个选区选举 4—47 名众议员，共计 630 名。

选票计算规则比较复杂，分为多数制、比例制和混合制。多数制，亦即多数代表制或多数决定制，是获得多数选票的候选人或其政党当选的制度，是最为早远和简单的选举制度。多数制虽然既可以实行于小选区，也可以实行于大选区，但实际上大都实行于小选区："多数决定公式在原则上可适用于单一选区乃至更大规模的选区。然而实际上，将多数决定公式适用于单一选区已经成了一种规则，适用于应选两席的选区已经相当罕见，适用于更大规模的复数选区更是绝无仅有，在全国为一个选区的选举中则是从未被使用过。"①

多数制分为相对多数制与绝对多数制。相对多数制，亦即简单多数制，是候选人及其政党只要选票较多而无须超过半数即可当选的制度。英国、加拿大和印度的下院选举和美国两院及总统选举都采用此制。绝对多数制，亦即过半数制，候选人及其政党的选票必须达到半数以上才能当选的制度。法国、奥地利、葡萄牙和希腊等国采用此制。

比例制是按照各政党候选人所得到的选票数比例而分配相同比例议席的当选制度，也就是各政党所获议席的比例与其所获选票的比例尽量吻合的当选制度，亦即各政党所得议席与其所得票数成正比的选票计算制度。比例制的当选票额，亦即所谓当选基数。当选基数比较著名的计算方法是黑尔发现的计算公式，叫作黑尔基数，亦即当选基数等于某选区有效选票总数除以该选区应选名额："黑尔基数，也就是以选区规模（M，每一选区应选之名额）除以总有效票数（V）：V/M。政党赢得多少基数即分配多少议席。"②

显然，比例制只能实行于大选区，而不可能实行于小选区："比例代表制在理论上的适用范围可以从应选两席的选区至全国为一选区的规模，而且实际上，比例代表制曾经在这个选区规模范围内的大多数情况下被使用过，但它适用于极小选区规模（2 席至 5 席）的情况相当罕见。"③比例制的出现晚于多数制，直到 20 世纪才得到比较广泛的采用。但是，比例制却堪称最普遍的选举

---

① 阿伦·李帕特：《选举制度与政党制度》，45 页，上海世纪出版集团，2008。

② 同上书，23 页。

③ 同上书，45 页。

制度，因为包括北欧和东欧在内的大多数欧洲大陆国家以及拉美大部分国家都实行比例制。

混合制是将多数制与比例制结合起来——部分议席按多数制选举而其他议席按比例制选举——的制度。混合制最早出现在“二战”后的联邦德国：全体议员中的一半以小选区制选举，获多数票者当选；另一半议员则按全国选区选举，各政党提出候选人名单，根据各政党所得票数按比例制当选。德国、匈牙利、日本、俄罗斯和新西兰等国家采用此制。

3. 选举制度之优劣

究竟何种选举制度优良？有一利必有一弊，每种选举制度都各有其优劣短长。那么，是否可以由此得出结论说，没有哪一种是最好的或最坏的？黑格和哈罗普的回答是肯定的：“许多文献也会讨论一些相关的问题，例如哪一种选举制度是‘最好’的。事实上并无这种定论，只能说不同的方法适用于不同的环境。”[①]此言差矣！因为选举制度的目的，正如黑格和哈罗普所言，全在于实行民主：“它们构成了民主制度的内部运作之关键。”[②]因此，是否符合民主或符合民主的程度便是评价选举制度优劣之唯一标准：一种选举制度，只要符合民主，不论它有多少缺陷，都是好的、应该的和具有正价值的选举制度；只要不符合民主，不论它有多少优越，都是坏的、不应该的和具有负价值的选举制度。

然而，如此说来，是否褊狭？否。因为，如前所述，唯有民主符合国家制度价值标准体系——国家制度根本价值标准“公正与平等”和国家制度最高价值标准“人道与自由”以及国家制度终极价值标准“增进每个人利益总量”——因而是唯一好的国家制度；专制等非民主制都程度不同地违背国家制度价值标准体系，因而都程度不同地属于坏的国家制度。这样一来，是否符合民主或符合民主的程度是评价选举制度优劣之唯一标准，归根结底岂不意味着：国家制度价值标准体系——公正、平等、人道、自由与增进每个人利益总量——是评价选举制度优劣之标准？

① 罗德·黑格、马丁·哈罗普：《比较政府与政治导论》，第五版，221页，中国人民大学出版社，2007。

② 同上书，215页。

准此观之，唯有比例制是好的，多数制是坏的，混合制则介于二者之间。因为所谓民主，就其定义来说，乃是全体公民——而不是多数公民——执掌最高权力的政体；多数裁定并非民主，而是民主的议事原则。因为全体公民及其代表议事时，意见不可能完全一致，而势必存在着分歧和不一致，因而全体公民及其代表完全平等地共同做出决定是不可能的，于是只好少数服从多数、多数裁定：多数裁定最接近——亦即比少数裁定和一人独裁更接近——全体公民完全平等地共同做出决定。

因此，民主——亦即全体公民执掌最高权力——的议事原则，只能是多数裁定：多数裁定是民主议事的无奈选择。但是，多数裁定与多数公民执掌最高权力根本不同。因为多数裁定乃是所有公民共同执掌最高权力之议事原则和实现途径，显然并没有剥夺少数公民所执掌的最高权力；少数公民仍然与多数公民共同执掌最高权力。然而，自柏拉图和亚里士多德以来，人们却将民主（所有公民执掌最高权力）与民主的议事原则、实现途径（多数裁定）等同起来，将多数裁定与多数公民执掌最高权力等同起来，因而误以为民主就是多数人执掌最高权力。对于这种错误，密尔曾痛加指责：

“两个很不同的观念在民主之名下常常混为一谈。纯粹的民主观念，根据其定义来说，是拥有平等代表权的所有人进行统治的全民政府。通常所认为的或迄今所实行的民主，则是排除少数人代表权的所有人的简单多数所治理的全民政府。前者和所有公民完全平等是同一概念；后者——奇怪地和前者混淆在一起——则是特权政府，有利于多数，实际上唯有这个多数在国家有发言权。这是现在的选举方法的不可避免的结果，完全剥夺了少数的选举权。”①

诚哉斯言！密尔所谓“目前采取的选举方法”，如所周知，亦即多数制。这种选举制度确实违背民主精神。因为民主代议机关或代议士之“代表”与“议事”乃是根本不同的两码事。“议事”无疑只能多数裁定，决策只能由多数人做出，而不可能全体公民一致同意。但“代表”却是全体公民的代表，亦即多数公民与少数公民的代表，而决不仅仅是多数公民的代表。因此，多数人与少数人都应该拥有发言权，都应该有自己的代表。只不过，多数人的代表应该多，少

① John Stuart Mill, *On Liberty* · *Representative government* · *Utilitarianism*, Chicago: Encyclopaedia Britannica, Inc., 1952, p. 370.

数人的代表应该少：多数人与其代表的量的比例，和少数人与其代表的量的比例应该相等。这就是说，如果多数人是少数人的10倍，那么，多数人代表就应该是少数人代表的10倍。

这样一来，显然唯有比例制符合民主的代表原则——少数人与多数人都有相应比例的代表——因而是唯一好的、应该的和具有正价值的选举制度；相反地，多数制则必定导致少数人没有自己的代表，所有代表都仅仅代表多数人，因而完全违背民主的代表原则，是坏的、不应该的和具有负价值的选举制度；混合制则无疑介于二者之间。究其错误原因，显然在于将"代表"与"议事"混同起来。民主议事、做决策，只能多数裁定，少数服从多数。但是，民主代表、选代表，却绝不可以多数裁定，少数服从多数，而必须少数人和多数人都有代表，否则，就导致多数人——而不是全体公民——执掌最高权力，就不是民主政体了。多数制的错误，就在于混同"代表"与"议事"，将民主的议事原则——多数裁定——滥用于竞选代表。

四、民主的运作：政党

1. 政党概念

就汉语来说，政党是一个外来词，在中国古籍词汇中，只有"党"而没有"政党"。古汉语的"党"，原本是指亲族和社区行政的基层单位，后来渐有以类相从之义，指一部分志同道合的人所结成的伙伴或朋友团体。《论语・里仁》云："子曰：'人之过也，各于其党。'"今日中文"政党"一词来自日语，日语又译自英语：party 或 political party。party 源于中世纪英语和古法语 parti 和 partie，其含义是"分开"。party 的拉丁文是 partiri，源于 pars，意为"部分"。从词源上看，西文 party 与中文"党"的含义相同，都是指一部分志同道合的人与其他人分离出来所结成的伙伴或朋友团体。所以，*The Oxford Illustrated Dictionary* 写道："党是在竞争等活动中一些立场相同的人所结成的团体，是一些人为了实现他们的奋斗目标和政策原则而结成的反对另一些人的团体。"①

那么，党是否也可以这样来定义呢？是的。因为从概念的定义来看，党就

① *The Oxford Illustrated Dictionary*, p. 615.

是一些人为了实现共同的目标而自愿结成的对另一些人——亦即反对者——进行斗争的团体，就是一些人为了实现共同的目标而自愿结成的与反对者进行斗争的团体。毫无疑义，任何党都是一些人为了实现共同的目标而自愿结成的团体。试想，东汉的钩党，唐代的牛党和李党，北宋的熙丰党、元祐党，明代的东林党，今日的国民党和共产党，西方古代罗马的贵族党和平民党，近代英国的辉格党和托利党，今日美国的民主党和共和党等，岂不都是一些人为了实现共同的目标而自愿结成的团体吗？但是，反过来，一些人为了实现共同的目标而自愿结成的团体，并不都是党。举例说，自唐代以来，经济互助性的结社团体纷纷出现，如元代农民自愿结合的耕作互助组织"锄社"、清末北京以慈善为目的的互助团体"窝窝头会"。这些都是一些人为了实现共同的目标而自愿结成的团体，但显然都不是党。那么，这些团体与党的区别何在？

原来，党的最为根本的特征就是所谓的"派性"：党是一些人为了实现共同的目标而自愿结成的对另一些人——亦即反对派——进行斗争的团体，就是一些人为了实现共同的目标而自愿结成的与反对派进行斗争的团体。试想，"窝窝头会"、"锄社"以及今日的各种社会团体，如伦理学会、工会乃至工厂、学校等，都是一些人为了实现共同的目标而自愿结成的社会团体，却为什么都不是党？岂不就是因为这些团体都不是与反对派进行斗争的团体？如果忽然出现了"窝窝头会"的反对派，出现了"反窝窝头会"，那么，"窝窝头会"和"反窝窝头会"就都是一种党了。确实，清末上海的流氓所结成的志同道合的社会团体，如"拆梢党"、"擦白党"、"豆腐党"等，为什么都叫作党呢？岂不就是因为这些团体都具有对反对派进行斗争的性质吗？钩党、牛党和李党、熙丰党、元祐党、东林党、国民党和共产党、辉格党和托利党、民主党和共和党等，为什么都叫作党呢？岂不就是因为这些团体都具有对反对派进行斗争的性质吗？

可见，党之所以是党，一方面在于它是一些人为了实现共同的目标而自愿结成的团体；另一方面则在于它是一些人对另一些人进行斗争的派系、派别。合而言之，党亦即派，就是一些人为了实现共同的目标而自愿结成的对反对者进行斗争的团体。不过，说党是宗派是不正确的。党是一种派、派别、派系，却未必是宗派。因为党是一些人为了实现共同的目标而自愿结成的对反对者进行斗争的团体，如果一些人的共同目标乃是社会和国家的公利，那么，这些人所结成的团体就不是宗派,而只是党,只是派、派别、派系;如果一些人的共同目标不过是他们的私利,那么,这些人所结成的团体就不仅是党、派,而且是宗派:宗派是图谋私利的党。这一点,萨托利说得很清楚:"宗派这个词在通常的用法上并没有失去其最初的含义,也就是说,宗派表达的仅仅是个人的钩心斗角,关心私利而不是公益的行为。用柏克的话说,宗派相争所代表的只是为权位和薪酬而进行卑劣而偏私的争夺。"①

但是,萨托利认为党与宗派是一对外延毫不相干的对立范畴,因而断言宗派不是党,这是不能成立的。难道宗派不也是一些人为了实现共同的目标而自愿结成的对另一些人进行斗争的团体——党——吗?只不过,宗派是一些人为了实现共同的私利目标而自愿结成的对另一些人进行斗争的团体,宗派是一种特殊党派,是图谋私利的党,而不是图谋公利的党。所以,党不都是宗派,但宗派却都是党。宗派与党并不是对立关系,而是从属关系:宗派都是党,党不都是宗派。

界定了党的概念,便不难理解何谓政党了。因为不言而喻,政党就是政治型的党,而不是经济型的党,也不是文化生活型的党。政党就是政治党派,就是政治派系,就是政治派别,因而也就是一些人为了实现共同的政治目标而自愿结成的对另一些人——亦即反对者——进行斗争的团体,就是一些人为了实现共同的政治目标而自愿结成的与反对者进行斗争的团体。任何政治目标实现的充分且必要条件无疑是执掌政治权力。于是,说到底,政党也就是一些人为了夺取政治权力、实现共同的政治目标而自愿结成的对另一些人——亦即反对者——进行斗争的团体。

2. 政党制度:政党数量计数规则

政党的价值,如前所述,主要在于解决了代议民主的两大难题——众多公民如何选举代表和如何形成众多公民之公意——从而使代议民主得到实现:政党是代议民主最根本的必要条件。但是,政党之为代议民主最根本的必要条件并不是无条件的,而是有条件的,是以一定类型的政党制度为前提的,只有一定类型的政党制度才可能实现代议民主。所谓政党制度,顾名思义,就是国家和社会制定、认可或奉行的关于政党的行为规范体系,亦即国家和社会制

① 萨托利:《政党与政党体制》,52页,商务印书馆,2006。

定、认可或奉行的关于政党的法——包括习惯法——和道德体系。

各国政党制度的类型往往各不相同。关乎代议民主能否实现的政党制度分类,正如杜维杰尔所发现,无疑是以政党数量为根据:一党制、两党制与多党制。但是,这样一来,我们就走进了一座迷宫:“政党体制的分类是一个迷宫,‘术语的混乱和多样成了一条通则’。”[①]造成这种混乱和困惑的难题主要在于,作为一个国家政党制度分类根据的政党数量,并不是该国存在的所有政党,而只是其中一部分政党。例如,英国目前有 200 多个政党登记在册,但英国并不是多党制而是两党制,因为作为政党制度分类根据的政党数量只有两个:工党与保守党。那么,为什么 200 来个政党都可以被忽略不计而只有工党与保守党才应该被计数?究竟什么样的政党才应该被计数?

原来,一个政党,不论如何大,只要它不属于执政党范畴——亦即不能单独执政、轮流执政或参加执政联盟——就不应该被计数;不论多么小,只要参加了执政联盟,因而属于执政党范畴,就应该被计数。因此,政党应该被计数与否,与其大小强弱并无直接关联,而完全取决于是否执政:应该被计数的政党只是执政党。这就是说,划分政党制度的最重要的根据固然是政党数量,却不是实际存在的所有政党的数量,也未必是实力强大的大党的数量,而只应该是执政党的数量。

因为政党之所以为政党,政党区别于其他团体的根本性质,就在于它是一些人为了执掌政权、实现共同的政治目标而结成的对反对者进行斗争的团体。于是,所谓政党制度,说到底,也就是国家制定、认可和奉行的围绕各政党如何执掌政权的行为规范体系,也就是围绕各政党如何执掌政权问题而形成的法和道德体系。因此,政党制度的核心问题是各政党如何执掌政权。各政党如何执掌政权的最重要、最主要、最根本的问题,无疑是执政党的数量:一党独掌政权还是两党轮流执政抑或多党联合执政?所以,执政党的数量乃是政党制度最重要、最主要、最根本的性质,因而是划分政党制度的最重要、最主要、最根本的根据。

以执政党数量为根据,政党制度可以分为四大类型:无党制、一党制、两党制和多党制。在一种政党制度中,如果规定执政党的数量是零,亦即不允许政党存在,就可以称为“无党制”:无党制就是不允许政党存在的制度,就是视政

---

① 萨托利:《政党与政党体制》,169 页,商务印书馆,2006。

党为非法的政党制度。无党制主要存在于专制国家，如中国自大禹开创家天下的专制制度直至清朝，在制度层面一直不允许政党存在，因而实行的都是无党制。不过，有些民主国家也可能实行无党制，如美国建国之初，因为国父们反对任何政党，实行的就是一种无党制。

执政党的数量如果是一个，是一党独掌政权，就叫作一党制：一党制就是一党独掌政权的政党制度。一党制分为一党独裁制与一党独大制两种。一党独裁制是一党独掌政权且不允许其他政党存在或竞争政权的非竞争性政党制度，如德国纳粹党的一党制、意大利法西斯党的一党制等。一党独大制则是一党独掌政权且允许其他政党竞争政权的竞争性政党制度，如日本自民党独掌政权的一党制、墨西哥革命制度党独掌政权的一党制、印度国大党独掌政权的一党制等。

执政党的数量如果是两个，是两党轮流执政或联合起来共同执政，就叫作两党制：两党制就是两个政党轮流（或联合）执政的竞争性政党制度。执政党的数量如果是三个以上，是三个以上政党轮流执政或联合起来共同执政，就叫作多党制：多党制就是三个以上政党联合（或轮流）执政的政党制度。典型的两党制国家有英国、美国、新西兰和加拿大等；而多党制国家则有法国、德国、意大利、丹麦、瑞典和以色列等。

两党制与多党制都是竞争性政党制度，因而实行这两种制度的国家都存在着众多自由竞争政权的政党。但是，在多党制国家，没有形成一个能够赢得议席绝对多数或可以单独执政的大党，而必须多党联合才能执政，因而执政党的数量是三个以上。反之，在两党制国家，虽然存在着众多政党，每个政党都被允许通过自由竞争执掌政权，但占据主导地位的却只有两个势均力敌的大党。这两大政党都可能赢得议席绝对多数或单独执政而无须与其他政党联盟，其他任何政党皆无法与之抗衡，不可能执掌政权。

这样一来，与多党制国家的政权必定执掌于三个以上政党不同，两党制国家政权则只可能执掌于两个大党，并且两个大党差距足够小，因而可以期望轮流（或联合）执政。换言之，在两党制国家，尽管一个党可能长期占据优势，甚至事实上长期执政，但任凭哪一个党都不可能期望永远独掌政权，而或迟或早势必轮流（或联合）执政。这一点，萨托利讲得十分透辟："'轮流执政'，应该作宽泛理解，它意味着对政府更替的期望而不是事实上发生。那么，'轮流执政'

只能意味着两个大党之间的差距足够小,或者说有足够的信誉,可以期望在野党有机会把执政党赶下台。"①

3. 政党制度之优劣

政党制度有无党制、一党制、两党制和多党制之分,那么,究竟何种政党制度优良?达尔对此亦一再追问:"哪一个更好?围绕两党制和多党制的相对价值,一直争论不休。"②问题的关键在于,民主政党制度的目的,与其选举制度的目的一样,全在于实行民主。因此,正如达尔所言,实现与符合民主的程度便是评价民主政党制度优劣的唯一标准:"哪一种选举和政党体制能够最好地实现民主的目的?"③准此观之,多党制是最好的民主政党制度;两党制是比较好的民主政党制度;一党独大是坏的民主政党制度。因为民主是全体公民——而不是多数公民——执掌最高权力的政体,说到底,是多数公民与少数公民共同执掌最高权力的政体。因此,少数公民应该与多数公民一样,都拥有自己的代表执政,只不过多数公民的代表应该相应地多,少数公民的代表应该相应地少罢了。

一党独大是一党独掌政权,意味着政府仅由多数公民的代表组成,而少数公民没有自己的代表。因此,一党独大违背"多数公民与少数公民共同执掌最高权力"的民主根本原则,因而是坏的、不应该的和具有负价值的民主政党制度。诚然,一党独大比一党独裁和无党制好得多,一党独大不是最坏的政党制度。最坏的政党制度是一党独裁和无党制。但是,一党独裁和无党制不是最坏的民主政党制度,因为二者属于非竞争性政党制度,属于专制等非民主政党制度。

两党制是两党轮流(或联合)执政,意味着,政权轮流执掌于多数公民代表和少数公民代表,基本符合"多数公民与少数公民共同执掌最高权力"的民主根本原则,因而是好的、应该的和具有正价值的民主政党制度。但是,两党制不是最好的民主政党制度;最好的民主政党制度是多党制。因为多党制是三

---

① 萨托利:《政党与政党体制》,271页,商务印书馆,2006。

② Robert A. Dahl, *On Democracy*, New Haven & London: Yale University Press, 1998, p. 135.

③ Robert A. Dahl, *How Democratic Is the American Constitution?*, New Haven & London: Yale University Press, 2001, p. 61.

个以上政党联合（或轮流）执政。这意味着，多党制与两党制有所不同：两党制是多数公民代表与第一少数公民代表轮流执政，第二少数公民以下的所有少数派都没有自己的代表执政；多党制则是多数公民代表与第一少数派以及第二少数派以下的众多少数派代表联合执政，最接近完全符合“多数公民与少数公民共同执掌最高权力”的民主根本原则，因而是最好的、最优良的民主政党制度。

诚然，问题是，多党制的执政党数量越多，代表性就越强越大，就越接近代表全体公民，就越接近完全符合“多数公民与少数公民共同执掌最高权力”的民主根本原则。那么，能否说多党制的执政党数量越多越好？否。因为在一定的历史条件下——如在生产力尚未高度发达因而国民觉悟未能普遍提高的历史条件下——可能确如亨廷顿所言，“政党数量与政党稳定成反比例”①，亦即执政党的数量与政局的稳定成反比：数量越多，政局就可能越不稳定；多到碎片化，就可能崩溃，甚至沦为专制等非民主政体。因此，只有在民主政体能够运作而不致崩溃的前提下，多党制执政党的数量才越多越好：多党制执政党的数量应该多到民主政体的运作所能容许的最大限度。这个最大限度，就是分配议席最低门槛的科学依据。

4. 政党制度成因

如果说多党制最为优良，那么，多党制究竟如何才能取代两党制和一党独大？取代的关键是什么？说到底，一党独大、两党制和多党制等各种政党制度的成因究竟是什么？主要是选举制度。这是不难理解的。因为政党制度——两党制还是多党制抑或一党独大——无疑取决于选民投票选举，说到底，取决于选民投票选举制度，亦即取决于多数制还是比例制抑或混合制及其当选门槛：国家制度是决定性的、根本性的和全局性的；而国民行为则是被决定的、非根本的和非全局性的。最早发现政党制度的根本成因是选举制度并予以系统证明的理论家是迪韦尔热。他发现，相对多数选举制倾向于产生两党制，因为这种选举制具有将所有小党都淘汰出局——从而导致两大党轮流执政的两党制——的“机械因素”和“心理因素”：“淘汰（重建两党制的第二个方式）本身是由两个因素混合而成的：一个是机械因素，一个是心理因素。前一个是第三党的‘损失代表名额’作用（第三党即最弱党），即它所得的席位百分比低于它所

① 亨廷顿：《变动社会的政治秩序》，456页，上海译文出版社，1989。

得选票的百分比。……心理因素也有着同样的隐晦之处。当第三党在一轮投票多数选举制之内运行时，选民很快就明白，如果他们继续投票支持第三党，他们的票是白投了，于是，他们会将选票转投给其余两个政党中没有那样坏的一个，以防止最坏的一党得胜，这是自然的倾向。”[①]

迪韦尔热进而发现，与相对多数制促成两党制相反，两轮投票多数制和比例代表制促成多党制：“两轮投票促成多党制这个趋势则是毫无疑问的。其原理相当简单：在此制度下，相类政党的多元性无损于它们的总体代表性，因为相类的政党可以在第二轮投票时集结起来。两极化和损失代表席位的现象在这里都不会发生，或者只会在第二轮投票时才会发生，因而每个政党在第一轮投票时都可以完整地保留机会。……第二轮投票制和比例代表制都具有促使政党数目增加的作用，因此，此两种制度的分别不在于它们所促成的政党数目，而在于政党内部结构所出现的变化……两轮投票制促成数目众多、个人性质和结构松散的政党，比例代表制促成数目众多但结构严密的政党。”[②]

迪韦尔热的发现无疑是正确的，甚至可以说是划时代的。但是，正像所有划时代理论都有夸大其适用范围的倾向一样，迪韦尔热尽管有所保留，仍然说：“我们可以仿效马克思的提法，将促成政党二元性发展视作一轮投票多数制的‘铁律’。”[③]这恐怕就是“多数制促成两党制和比例制促成多党制”被称为“迪韦尔热定律”的缘故。这是不能成立的。因为任何选举制度都不可能必然产生某一政党制度，而只可能有利于或不利于促成某一政党制度。迪韦尔热后来也看到了这一点：“选举规则与政党制度之间的关系，并非机械的与自动的，某一特定的选举制度并不必然会产生某一特定的政党制度，影响一个政党制度的形成有诸多助力与阻力的因素，而选举制度仅仅是助力因素之一。”[④]

五、民主的运作：政府

1. 政府概念

粗略地看，所谓政府，顾名思义，就是政治权力机关、政治权力组织，就是

① 莫里斯·迪韦尔热：《政党概论》，204页，香港青文文化事业有限公司，1991。
② 同上书，218页。
③ 同上书，205页。
④ 转引自王业立：《比较选举制度》，50页，台湾五南出版公司，2001。

国家各级政治权力机关组织:中央政府就是国家中央政权组织;地方政府就是国家的地方政权组织。然而,细考较去,却不尽然。因为政治就是权力管理。一所大学的管理机关也是权力机关,也属于政治权力机关,却不能称为政府或政府机构。所以,政府并不能定义为政治权力机关。那么,政府究竟是什么?

中文"政府"一词,据《词源》考证,原本指国家官吏办公的地方和机关:"政府,谓政事堂。"引申为管理国家的官吏团体组织或管理国家的政治权力机关、政治权力组织。《宋史·欧阳修传》说:"其在政府,与韩琦同心辅政。"西文政府 government 一词,源于希腊文 kubernan 和拉丁文 gubinere,意为指导、驾驭、管理和统治,引申为管理国家的政治权力组织、官吏组织,因而《简明不列颠百科全书》写道:"政府是治理国家或社区的政治机构。"

不难看出,政府的概念定义与其词源含义完全一致:政府就是管理国家的政治权力机关,就是管理国家的官吏组织。这就是说,政府属于政治权力机关、机构或组织范畴,属于官吏团体、官吏组织范畴。但是,政治权力机关、机构或组织并不都是政府,官吏团体组织并不都是政府;只有管理国家的政治权力机关才是政府,只有管理国家的官吏团体组织才是政府。

因此,美国《新标准百科全书》说:"政府是一个民族、一个帝国、一个公国、一个国家、一个城市或其他政治单元中的主要官员组成的政治组织或团体的形式。"美国《科里尔百科全书》说:"政府是指在一个有组织的社会中执行国家职能的机构或者执行这些职能的人们。"我国政治学的开拓者邓初民亦如是说:"政府不过是执行政治任务、运用国家权力的一种机关罢了。"[①]

可是,国家是什么呢?所谓国家,如前所述,乃是拥有最高权力或主权的社会。因此,政府是管理国家的政治权力机关,意味着:所谓政府,说到底,也就是国家最高权力机关,亦即执掌和行使最高权力(或主权)的一切管理组织,亦即掌握与行使最高权力的一切官吏组织,亦即掌握与行使最高权力的中央及地方的组织机关。

因此,卢梭说:"政府只不过是主权者的执行人。"[②]达尔说:"政府是指在

---

① 邓初民:《新政治学大纲》,110页,中国社会科学出版社,1984。

② 卢梭:《社会契约论》,76页,商务印书馆,1994。

一特定领土内成功地支持了独掌合法使用武力的权力以实施法规的任何治理机构。”①《布莱克维尔政治学百科全书》“政府”词条写道：“政府是国家的权威性表现形式。”我国学者杨幼迥也这样写道：“政府是国家的机关，是行使国家主权的工具，亦即是国家意志所借以发表的机关。”②

可见，政府只是国家的管理机关，只是管理国家的一种组织，是国家的领导集团，因而只是构成国家的一种要素，只是构成国家的一部分，也就是能够代表国家的那个部分，是国家的代表，正如一切社会的领导者和管理者都是该社会的代表一样。这个道理，在拉斯基那里曾有十分精辟的阐述：“国家需要一个人的团体替它行使它所掌握的最高的强制性的权威，而这个团体就被我们唤作国家的政府。政治学的基本原则之一，就是我们必须把国家和政府区分得清清楚楚。政府只是国家的代理人，它的存在，就是要贯彻执行国家的意旨。它本身并不是那个最高的强制权力，它不过是使那个权力的意旨发生效力的行政机构。”③

2. 民主政府制度：最高权力分立模式

任何国家，不论民主制还是专制等非民主制，显然都必定同样存在着政府。但是，民主的政府与专制等非民主制政府必定根本不同。那么，民主政府的根本特征是什么？是分权，亦即将国家最高权力或主权分割成几部分，分别委托给不同组织独立行使。因为，如前所述，分权是民主实现的政府制度条件，是民主的必要条件，因而是民主政府区别于专制等非民主制政府的根本特征：民主政府是分权政府；专制等非民主政府是非分权政府。那么，民主政府究竟如何分权呢？

最高权力的分割无疑有两大方面：一方面是最高权力在中央政府自身内部的分割；另一方面则是最高权力在中央政府与地方政府相互间的分割。因最高权力在中央与地方政府的分割与否，而形成三种政府制度：联邦制、单一制和邦联制。因最高权力在中央政府自身内部的分割方式而形成四种政府制度：总统制、议会内阁制、半总统制和委员会制。

---

① 罗伯特·A.达尔：《现代政治分析》，28页，上海译文出版社，1987。

② 杨幼迥：《各国政府与政治》，上册，1页，台湾中华书局，1981。

③ 拉斯基：《国家的理论与实际》，7页，商务印书馆，1959。

联邦制是中央与地方政府分享主权或最高权力的政府制度，是中央与地方政府共同执掌最高权力或主权的政府制度，也就是将最高权力分割为两部分，一部分由中央政府执掌，另一部分则由地方政府执掌的政府制度。因此，就中央与地方所分享的最高权力来说，二者并无高低从属关系，而同样是最高权力、最终决定权或主权。这样一来，就联邦制的根本特征——中央与地方政府分享最高权力——来说，联邦制乃是一种二元政府。美国无疑是典型的联邦制国家。

单一制与联邦制恰恰相反，亦即国家最高权力或主权完全执掌于中央政府的政府制度，也就是只有中央政府执掌最高权力——而地方政府只能执掌非最高权力——的政府制度，说到底，就是一元——亦即地方政府完全从属于中央政府——的政府制度。单一制的典型当推英国。

邦联制则是与单一制恰恰相反而介于联邦制另一极端的政府制度：邦联制是主权完全执掌于各成员国而中央机关没有主权的政府制度。美国独立战争时期堪称邦联制。

总统制是最高行政首脑或总统与立法部门，都分别由选民直接选出，因而相互独立而不对立法部门负责的政府制度。在这种政府制度下，行政部门与立法机构是分离独立的，成员之间互不重叠。总统和议会任期固定，都不能推翻对方而垄断全部权力。行政权集中在总统手中，内阁和部长只是作为顾问对总统负责。总统制的最根本特点，无疑是三权——行政权、立法权和司法权——的明确分立。总统制原本为美国的国父们创造，美国堪称总统制的典范。世界上绝大部分民主国家都实行总统制，据 1982 年统计，实行总统制的国家多达 84 个。

议会内阁制，亦即议会制或内阁制，是最高行政部门或内阁由议会选出并对议会负责的政府制度。在这种政府制度下，选民选出议会，议会选出首相，首相挑选内阁阁员形成最高行政部门：内阁。内阁制的最根本的特点，无疑是内阁对议会负责，受议会监督。如果议会通过对内阁的不信任案，那么，内阁或者全体辞职，或者解散议会，重新举行大选，选出新议会。如果新议会仍然对原内阁不信任，内阁必须辞职。但是，内阁是由议会多数党组成的，首相就是多数党领袖，阁员通常都是议会的议员，因而内阁实际上就是议会的核心，堪称议会的常务委员会。欧洲的民主国家，如英国、德国和意大利等，大都实行议会内阁制。据统计，实行议会内阁制的国家有 40 多个。

半总统制是民选总统与议会选出的内阁及其首脑相结合的政府制度，亦即行政首脑——国家总统与内阁总理——分别由选民和议会选举产生的政府制度：总统民选是总统制的根本特征；内阁及其总理由议会选举是议会制的根本特征，因而属于半总统半议会制的混合制政府制度。实行半总统制的国家有奥地利、芬兰、法国、冰岛、爱尔兰和葡萄牙等。

委员会制是几个委员完全平等执掌最高行政权并受议会控制的政府制度，亦即废除首相特权的议会制。瑞士是委员会制的典型。瑞士联邦宪法规定，联邦议会、联邦委员会和联邦法院分别行使联邦的立法权、行政权和司法权。委员会由议会选举7人组成，7人轮流担任主席，任期1年，不得连任，7人地位完全平等，集体议事，多数裁定，委员会任期4年。委员会是议会的执行机关，最终受议会监督和控制。因此，委员会制与其说是“集体总统制”，不如说是“无首相议会制”、“无首相内阁制”。

3. 内阁制：是否违背权力分立原则

内阁由议会多数党组成，无疑就是议会的核心，堪称议会的常务委员会。然而，众多思想家却由此进一步以为，内阁制实际上使立法权与行政权执掌于同一机构，因而背离权力分立原则。这种观点看似有理，实则大谬不然。它没有看到内阁制的深刻本质：竞争性政党制度或两个以上政党轮流（或联合）执政的政府制度。两党制意味着执政党是两个；多党制意味着执政党是三个以上。因此，无论两党制或多党制的内阁制如何融合立法权与行政权，甚至集三权于一身，都只是一种现象；而其实质则是分权：两党制的内阁制是分权于两党；多党制的内阁制则是分权于多党；一党独大内阁制（如日本）则主要是分权于党内之派系（如日本自民党之主流派和反主流派以及非主流派）。否则，如果不是分权而是融合立法权和行政权于多数党垄断的议会或内阁，那就是一党独裁制而不是竞争性政党制度，亦即不是一党独大、两党制与多党制，说到底，不是民主政府制度。

这种竞争性政党制度的内阁制之分权，细究起来，不但直接通过联合执政来实现，不但最终通过轮流执政来实现，而且更主要地是通过议会——特别是议会的反对党或反对派——对内阁的质询、辩论、审查和监督等方式来实现。诚然，议会中的反对党是少数派，似乎不起决定作用。但是，正如考克瑟等人所言，内阁制的议会实乃国民辩论之舞台，少数派凭借国民的视听和参与，足以成功阻挠内阁独裁而实现分权，最终轮流执政。[①]

可见，竞争性政党制度使内阁制呈现现象和本质的背离。一方面，多数党执政意味着，在通常情况下，必定是内阁领导议会，从而立法权与行政权融合在一起。然而，这仅仅是现象。因为，另一方面，从本质上看，两党轮流执政等竞争性政党制度意味着，议会与内阁融合的主流深处，一直流淌着议会与内阁分权的暗流，这种暗流时隐时现，时强时弱，最终势必通过不信任案等方式导致内阁下台。[②] 因此，正如爱尔伯德所指出的，内阁制与总统制一样，也是分权的政府制度，只不过"行政部与立法部权力分立是没有如美国宪法所规定的那样分明"[③]。那种以为内阁制背离权力分立原则的观点，不过是只见现象而不知本质的皮相之见罢了。

4. 政府制度：优劣之辩

因最高权力在中央与地方政府的分割与否而形成的三种政府制度——联邦制、单一制和邦联制——之优劣，原本不言而喻。因为，一方面，分权——亦即最高权力的分割——是民主的根本保障；另一方面，民主政府制度优劣评价标准，乃是民主政府制度的目的：民主的实现和巩固。准此观之，分权的政府制度必定优良于不分权的政府制度，因而联邦制必定优良于单一制。因为单一制是国家最高权力完全执掌于中央政府的政府制度；相反地，联邦制则将国家最高权力分割为两部分，一部分由中央政府执掌，另一部分则由地方政府执掌的政府制度。因此，与单一制中央政府独掌全国最高权力不同，联邦制中央政府执掌的最高权力，实际上仅仅是国家某个领域的最高权力，而并不是国家或全国最高权力；国家最高权力乃执掌于人民。这样一来，联邦制就能够避免——单一制则难以避免——人民所执掌的国家最高权力被中央政府篡夺而沦为非民主制，因而联邦制优良于单一制，堪称最优良的民主政府制度。

邦联制与单一制一样，都是最高权力不在中央与地方政府进行分割的制度，只不过单一制是地方政府毫无最高权力，最高权力完全执掌于中央政府；而邦联制是中央机关毫无最高权力，最高权力完全执掌于各成员国。这样一

① Bill Coxall, Lynton Robins and Robert Leach, *Contemporary British Politics* (4th edition), Gosport: Ashford Colour Press Ltd., 2003, p. 240.

② Ibid., p. 248.

③ 高纳：《政治学大纲》，283 页，世界书局，1935。

来，单一制虽然不及联邦制优良，却远远优良和高级于邦联制。因为邦联制的中央机关没有最高权力，意味着邦联不是国家，而是若干国家的不能够成为一个真正统一体的松散联合：最高权力是任何社会成为一个统一体的最根本的必要条件。因此，邦联原本是一种最低级的人类社会，邦联制是一种最低级的政府制度。它的实质和使命是转化和过渡：小国向大国过渡，最终过渡到只有一个主权和一个政府的联邦制全球国家。

然而，最高权力在中央与地方政府分割与否——因而形成联邦制、单一制和邦联制——对于一个国家是否民主并不具有决定性的作用；具有决定性作用的，乃是最高权力在中央政府自身内部分割与否，说到底，亦即是否实行总统制、议会内阁制或委员会制。因为一个国家即使实行单一制，如英国，却仍然是民主国家，但是，如果它的最高权力在中央政府内部不进行分割，如果它的立法权与行政权以及司法权不是分立的，那么，它就不可能是民主国家：中央政府内部分权是民主的必要条件。因此，最高权力在中央政府内部的分割及其形成的内阁制、总统制和委员会制之优劣，乃是民主政府制度的核心问题，这也就是围绕它学术界一直争论不休的缘故。

19 世纪下半叶，英美学者白芝浩与威尔逊就曾探讨内阁制与总统制之优劣，认为前者优越于后者。[①] “二战”期间，争论又起，普莱斯认为内阁制优越于总统制，拉斯基则认为各有千秋。[②] 到了 20 世纪 90 年代，美国政治学家胡安·林茨重启争端，引发了内阁制与总统制孰优孰劣的激烈大论战。[③] 这些争论，发人深省，不乏真知灼见。遗憾的是，真知灼见有余，而科学方法不足。因为双方都未曾论及政府制度优劣的评价标准，而只是逐条列举两种政府制度之优劣。通过这种优劣的逐条清点，卢瑞钟得出结论说：“综合以上分析，总统制之优点为 13 加 10，共 23 点，其总缺点为 3 加 33，共 36 点，两者相抵，为

---

① 参阅白芝浩：《英国宪法》，66—73 页，商务印书馆，2010；威尔逊：《国会政体》，93—104 页，商务印书馆，1986。

② 参阅 Don K. Price, "The Parliamentary and Presidential Systems", *Public Administration Review*, Vol. 3, No. 4, 1943 ; Harold J. Laski, "The Parliamentary and Presidential Systems", *Public Administration Review*, Vol. 4, No. 4, 1944.

③ 参阅 Juan J. Linz, "The Perils of Presidentialism", *Journal of Democracy*, Vol. 1, No. 1, 1990; Donald L. Horowitz, "Comparing Democratic Systems", *Journal of Democracy*, Vol. 1, No. 4, 1990; Juan J. Linz, "The Virtues of Parliamentarism", *Journal of Democracy*, Vol. 1, No. 4, 1990; Arend Lijphart, *Parliamentary Versus Presidential Government*, New York: Oxford University Press, 1992.

负13点。而内阁制之优点为13加19,共32点,总缺点为3加6,共9点,两者相抵得正23点。总计之下,两制之相差点为36点,内阁制较为优越。"①

这种枚举方法是不科学的。因为有一利必有一弊,任何政府制度都不可能尽善尽美,而必定利弊兼具。因此,科学的评价方法无疑是确立政府制度优劣评价标准:符合标准的政府制度,不论有多少缺陷,都是优良的;不符合标准的政府制度,不论有多少优越,都是恶劣的。那么,内阁制与总统制等民主政府制度的优劣评价标准究竟是什么?显然只能是民主政府制度的目的:民主的实现和巩固。

由是观之,不分权的政府制度固然最为恶劣,但也并非分权越彻底越极端越过度越好。因为分权虽然是民主制的必要条件,但是,民主的巩固程度,一般说来,却与分权的程度成反比:分权过度势必导致民主灭亡。因为不独民主政府,而且任何政府乃至任何社会,其存在与发展的最根本的条件,无疑是统一,是"完整地结合为一个单位"。只有当政府等社会如同一个人那样"构成一个整体",亦即成为一个统一体、一个"公共的大我"、一个"公共人格",它才能够存在发展,否则,四分五裂、各行其是,势必崩溃灭亡。

那么,政府或社会如何才能够成为一个统一的整体呢?显然不但需要权力,而且需要一种统率所有权力的最高的不可抗拒的权力。因为,如果只有权力而没有最高的不可抗拒的权力,人们势必各行其是,政府、社会便会处于四分五裂的无政府状态而崩溃瓦解。因此,最高权力乃是政府等社会成为一个统一的整体的最根本的必要条件。问题在于,分权恰恰就是分割政府所行使的最高权力而使其不再是最高权力,因而说到底,岂不就意味着使政府分裂、不统一而灭亡?因此,民主政府要成为一个统一体而不致灭亡,就必须适度分权。所谓适度分权,就是既能够三权分立或立法权与行政权分立,又能够使其中一权成为最高权力而统率其他权力,以保障民主政府成为一个统一体,从而能够巩固、存在和发展。

内阁制——源于以立法权为最高权力的洛克分权理论——恰恰就是这样一种适度分权的政府制度。因为内阁制,说到底,意味着议会主权,意味着内阁对议会负责,意味着唯有议会行使而内阁则不能行使最高权力,意味着唯有议会才能行使人民所拥有和委托的最高权力。这样,内阁制,一方面,便因其

---

① 卢瑞钟:《内阁制优越论》,IX页,台北开山书店,1995。

竞争性政党制度而实现了分权，使议会主权分掌于两个以上政党，因而导致议会的立法权与多数党内阁的行政权的分立，最终实现人民主权或民主；另一方面，这种内阁制毕竟因其议会主权而使内阁执掌的行政权从属于议会执掌的立法权，从而使民主政府成为一个统一体，保障了民主的巩固、存在和发展。

相反地，总统制则属于分权过度的民主政府制度。因为总统制的根本原则是三权分立，亦即使议会的立法权与总统的行政权以及法院的司法权分立且平等，因而也就使政府任何部门都既不能拥有也不能行使最高权力，说到底，政府三权并列，不存在最高权力。这样一来，固然可以避免最高权力被政府篡夺而确保人民主权或民主的实现，但是，三权并列而没有最高权力，无疑会导致政府各部门的僵局，难以成为一个统一体，难以巩固。这就是从白芝浩到林茨几乎所有内阁制优越论者都强调的总统制最根本的弊端。① 这就是为什么众多学者的实证研究都表明内阁制存活率高于总统制。②

可是，究竟为什么同样实行议会制，有些能够巩固存活，而另一些却不够巩固而灭亡？为什么同样实行总统制，有些灭亡而另一些却存活下来？为什么美国实行总统制，不但从开始至今存活 200 余年而毫无灭亡迹象，而且日益强盛？这是因为，正如林茨及其批评者所见，政府制度仅仅是政府存活的因素之一；决定政府存活的还有其他众多因素，如选举制度、政党制度以及民主的经济条件、社会条件、文化条件和政治条件等。③

因此，一方面，那些议会制政府之所以灭亡，并非因其实行议会制，而是因其选举制度和政党制度以及不利于民主巩固的经济条件、政治条件、社会条件和文化条件。如果这些因素相同，那么，议会制政府的存活率，因其易于成为一个统一体，必定高于难以成为一个统一体的总统制政府。另一方面，美国等总统制政府存活至今，甚至日益兴盛，决非因其实行总统制，而是因其有利于

---

① 参阅白芝浩：《英国宪法》，66—73 页，商务印书馆，2010；Juan J. Linz，"The Perils of Presidentialism"，*Journal of Democracy*，Vol. 1，No. 1，1990；Juan J. Linz，"Presidential or Parliamentary Democracy：Does It Make a Difference"，in Juan J. Linz，Arturo Valenzuela (eds.)，*The Failure of Presidential Democracy*，Baltimore：The Johns Hopkins University Press，1994.

② 王绍光：《民主四讲》，182 页，生活·读书·新知三联书店，2008。

③ 参阅 Donald L. Horowitz，"Comparing Democratic Systems"，*Journal of Democracy*，Vol. 1，No. 4，1990；Juan J. Linz，"The Virtues of Parliamentarism"，*Journal of Democracy*，Vol. 1，No. 4，1990；Scott Mainwaring，Matthew Soberg Shugart，*Presidentialism and Democracy in Latin America*，New York：Cambridge University Press，1997.

民主巩固的经济条件、政治条件、社会条件、文化条件以及政党制度等。如果这些因素相同,那么,总统制政府——因其难以成为一个统一体——的存活率必定低于议会制政府:议会制政府易于成为一个统一体。这就是为什么从统计学的意义来说,全世界议会制政府的存活率大大高于总统制政府。

总而言之,总统制政府因其三权分立平等而使最高权力化为乌有,难以成为一个统一体,难以巩固;议会制政府因其议会主权和竞争性政党制度,既实现了分权,又保全了最高权力,易于成为一个统一体,易于巩固。这样一来,议会制便比总统制更加符合民主政府制度优劣评价标准:民主的实现和巩固。因此,议会制不论有多少缺陷,都是比较优良的民主政府制度;总统制不论有多少优越,都是比较恶劣的民主政府制度。

然而,议会制优越于总统制,是否意味着混合制——亦即半总统制——的价值介于其间?否。半总统制恐怕是最坏的民主政府制度。因为总统制的一个根本弊端,就是总统权力过大,以至被称为暂时的独裁者;而半总统制中总统的权力却更加巨大:“这种体制中的总统通常对外交负有特殊责任,并且能够任命部长,包括总理,发起全民公决,否决立法以及解散议会。总统能够对外交事务提供一致的领导,而议会和政府对总统负责,专职处理错综复杂的国内事务。”①

这样一来,半总统制中总统,正如迈耶所指出的,实际上超过了美国总统的权力。诚然,一般说来,问题的关键取决于总统是否属于议会多数党。如果总统不属于议会多数党,那么,实权可能不在总统而在总理。但是,如果总统属于议会多数党,那么,正如黑格等人所言,他就可能像戴高乐那样成为独掌国家最高权力的君主:“戴高乐以其皇帝般的作风把总统的权力发挥到宪法限制的边缘,有时甚至可能超越了宪法的限制。实际上,第五共和国也常常被叫作‘共和君主国’。”②

因此,如果说议会制因其既民主又巩固而是优良的民主政府制度,总统制因其虽民主却不巩固而是比较恶劣的民主政府制度,那么,半总统制则因其本身就蕴含严重非民主因素而是最恶劣的民主政府制度。但是,议会制还不是

---

① 罗德·黑格、马丁·哈罗普:《比较政府与政治导论》,第五版,393页,中国人民大学出版社,2007。

② 同上书,395页。

最优良的民主政府制度，最优良的民主政府制度无疑是委员会制。因为委员会制就是无首相的内阁制，就是废除首相特权的内阁制：委员会制是几个委员轮流担任主席而完全平等地执掌最高行政权；内阁制则是首相与阁员不平等地执掌最高行政权。所以，委员会制所实现的民主程度远远高于内阁制，是更加民主的政府制度，因而也就更加符合民主政府制度优劣的评价标准，是更加优良的民主政府制度。诚然，委员会制如今只有瑞士一国实行而已。但这并不足以否定其为最优良的民主政府制度。恰恰相反，大凡最优良者，皆因其最为理想而难以实现，更难以普遍，而只能寄希望于未来。未来社会乃是人类理想之实现，到那时，委员会制必将如火之燃上和水之就下而不可防止于天下。

思考题：

1. 为什么，古今中外，那一件件一桩桩武力征服、改朝换代或暴力革命的历史故事的结局几乎无不是专制？为什么即使以民主为目的的武力征服和暴力革命，也难逃这一专制等非民主制结局之怪圈和宿命？

2. 为什么，美国人民，如托克维尔所发现的，有一种天然本能，“这种天然本能在使人民排斥卓越人物当权”？美国人民是否错了？

3. 大独裁者奥古斯都曾先后 13 次与别人一样拉选票，竞选执政官，但每次都只有他当选。试问，这是真民主选举还是假民主选举？真假民主选举的根本区别何在？

4. 为何美国建国之初，国父们都反对任何政党，实行不允许任何政党存在的无党制？党的最为根本的特征是派性吗？任何政党是否同样都是一些人为了实现共同的政治目标而结成的对另一些人——亦即反对者——进行斗争的派别，因而都同样固有排他性和封闭性，势必党同伐异，严重违背任人唯贤的社会公正原则？国父们做得对吗？

5. 安德鲁·海伍德说：“议会制政府是这样一种制度，即政府在议会中并通过议会或议院来实施统治，因此把立法机关和行政机关‘融合’在一起了。尽管议会和行政机关在形式上是不同的，但实际上二者却以背离权力分立原则结合在一起，从而使得议会制政府与总统制政府明显地区别开来。”这种观点能成立吗？

图书在版编目（CIP）数据

国家学原理 / 王海明著 .—北京：生活·读书·新知三联书店，2014.5

ISBN 978-7-108-04743-4

Ⅰ.①国… Ⅱ.①王… Ⅲ.①国家理论 Ⅳ.①D03

中国版本图书馆 CIP 数据核字（2013）第 251625 号

责任编辑：张　杰
装帧设计：朱丽娜　张　红
责任印制：卢　岳
出版发行：生活·讀書·新知　三联书店
（北京市东城区美术馆东街 22 号）
邮　　编：100010
网　　址：www.sdxjpc.com
经　　销：新华书店
印　　刷：北京市松源印刷有限公司
版　　次：2014 年 5 月北京第 1 版
2014 年 5 月北京第 1 次印刷
开　　本：720 毫米 ×1015 毫米 1/16 印张 32.25
字　　数：424 千字
定　　价：60.00 元

（印装查询：010-64002715；邮购查询：010-84010542）